张荣芳文集

第七卷 中国古代史（上）·先秦至唐代讲稿

张荣芳◎著

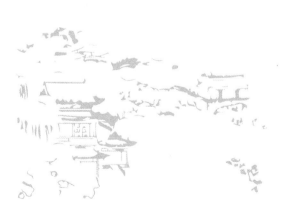

中山大学出版社
SUN YAT-SEN UNIVERSITY PRESS

·广州·

**图书在版编目（CIP）数据**

中国古代史（上）·先秦至唐代讲稿/张荣芳著.—广州：中山大学出版社，2023.12

（张荣芳文集；第七卷）

ISBN 978 - 7 - 306 - 07946 - 6

Ⅰ．①中…　Ⅱ．①张…　Ⅲ．①中国历史—研究—先秦时代—唐代　Ⅳ．①K220.7

中国国家版本馆 CIP 数据核字（2023）第 221109 号

ZHONGGUO GUDAI SHI（SHANG）·XIANQIN ZHI TANGDAI JIANGGAO

出　版　人：王天琪
策划编辑：王延红
责任编辑：罗雪梅
封面设计：周美玲
责任校对：梁锐萍
责任技编：靳晓虹
出版发行：中山大学出版社
电　　话：编辑部 020 - 84110283，84113349，84111997，84110779
　　　　　发行部 020 - 84111998，84111981，84111160
地　　址：广州市新港西路 135 号
邮　　编：510275　　　　传　真：020 - 84036565
网　　址：http://www.zsup.com.cn
　　　　　E-mail：zdcbs@mail.sysu.edu.cn
印　刷　者：恒美印务（广州）有限公司
规　　格：787mm×1092mm　　1/16
总　印　张：239
总　字　数：4818 千
版次印次：2023 年 12 月第 1 版　2023 年 12 月第 1 次印刷
总　定　价：780.00 元（全九卷）

# 本卷说明

  著者从 1980 年至 1992 年担任历史学系历史学专业和人类学系考古学专业、民族学专业本科生的中国古代史(上)·先秦至唐代课程教师，每周四节课，讲一个学期。讲稿历年都有修改、补充，这是最后一稿。本卷除收入讲稿之外，还收入教学大纲、有关问题资料、教学幻灯片目录、电视教材目录、课堂讨论题目、考试题目等资料。本课程是中山大学重点课程之一，因此也收入《中国古代史课程自评报告》及《中国古代史申报省级重点课程汇报提纲》等资料。这部讲稿反映了 20 世纪 80—90 年代这门课程的实际情况。为尊重历史原貌，基本未作改动，这是第一次出版。

  本卷整理者：吴小强、黄曼宜。

# 前　言

## 一、 为什么要学习中国古代史

我国是世界上最大的国家之一，从古代起，我们的祖先就在这块广袤的土地之上劳动、生息、繁殖。

我国现有十多亿人口，是世界上人口最多的国家。其中主要是汉族。此外，还有蒙古族、回族、藏族、满族、维吾尔族等五十多个民族。我国各民族在古代虽然文化发展程度不同，但是都有悠久的历史。我国各民族共同创造了祖国古代灿烂的文化。

我国的汉族和一些少数民族，与世界上许多民族一样，大都经历了大体相同的社会发展阶段。

本课程以马克思列宁主义、毛泽东思想为指导，以中国古代史为教学内容，要求以一学年的时间，通过具体的历史事实，着重阐明中国原始社会、奴隶社会和封建社会的产生、发展和衰亡的过程（从原始社会至清朝 1840 年鸦片战争前）。

通过学习中国古代史，我们可以认识和掌握社会发展规律，特别是了解中国历史发展的规律。总结经验教训，有助于进一步弄清国情，为实现四个现代化的决策提供依据。同时也增强了我们实现四个现代化和向共产主义前进的信心，把我们的共产主义信仰建立在可靠的科学的基础之上，批判否定或怀疑马克思主义的观点。

通过学习中国古代史，我们可以知道中国有悠久的历史和文化，有光辉灿烂的文明，中国的历史和文化对世界历史发展和世界文化宝库做出了伟大的贡献。中国人民在历史上曾经创造了光辉灿烂的物质文明和精神文明。毛泽东在《中国革命和中国共产党》一文中说："在中华民族的开化史上，有素称发达的农业和手工业，有许多伟大的思想家、科学家、发明家、政治家、军事家、文学家和艺术家，有丰富的文化典籍。"但是长期以来，中国历史在世界史上占据一个什么样的地位，中国文化对世界文化的发展做出了哪些贡献，并没有得到应有的公正的评价。李约瑟在《中国科学技术史》一书的序言中指出，西欧人原来认为"科学思想的发展起源于古代地中海各民族的经验和成就"，后来逐渐认识到"现在的比较成熟的科学思想，曾经受惠于古代埃及人的开拓工作，受惠于肥沃的新月地带各民族，如苏美尔人、巴比伦人、赫梯人等等的辛勤劳动"。他们对印度人的成就能够做出比较公正的评价，但是唯独"中国的文明对科学、科学思想和技术的贡献"，长期以来一直"为云翳所遮蔽，而没有被人们所认识"。李约瑟为中国所受到的这种不公正的对待深感不平。我们学习中国古代史，可以培养民族自尊心，培养爱国主义精神和国际主义精神，批判民族虚无主义和妄自菲薄、崇洋媚外的观点。五四运动以后，有所谓"全盘西化"的主张，就是对我们民族历史文化缺乏自信心的表现。近几年来，崇洋思想在一部分青年当中有所滋长，这与他们对祖国的历史文化缺乏了解和热爱，不能说没有关系。

通过学习中国古代史，我们可以知道中国历史是各族人民共同创造的，我国现有十多亿人口，除汉族外，有五十多个民族，是各族人民共同创造了祖国灿烂的文化。各族人民群众创造了社会物质财富和精神财富，他们是历史的真正创造者，是历史的主人。了解这一点，可以帮助我们树立劳动观点、群众观点、阶级观点，加强各民族间的友好团结，批判唯心主义的"英雄史观"。

通过学习中国古代史，我们可以知道中华民族是酷爱自由和富有革命传统的民族。在中国古代，有两个民主性的传统很值得我们珍视，即历代农民革命的传统和优秀知识分子大同理想的传统。中国历史上农民起义的次数之多和规模之大，在世界历史上是罕见的。关于农民起义的作用问题，史学界尚有不同意见，但有一点应该是肯定的，即农民革命的传统值得我们民族自豪。恩格斯曾经指出，16世纪德国农民战争的结果导致了德国分裂割据的加剧，但他同时以极大的热情把它视为德意志民族的骄傲。中国封建社会的农民战争有一个特点，就是斗争的矛头直指黑暗的封建王朝。汉、唐、明、清这四个强盛的王朝都出现在大规模的农民战争之后，与农民战争对黑暗封建统治的改造显然有很大关系。旧式农民战争由于它本身的局限性，不可能推翻封建制度，使国家走上近代化的道路。但是它表现了中国人民与黑暗势力作斗争的巨大决心和英勇气概。这种革命传统对近代中国人民反帝反封建的革命斗争起到了鼓舞作用。

在中国历史上，有不少知识分子对国家的命运和人民的疾苦表现出十分真诚的关心和同情。尽管他们没有改变封建地主阶级的立场，但是，他们那种忧国忧民的心情和行为理应得到我们充分的肯定。特别是一些优秀知识分子反对剥削和压迫的大同理想，更值得我们珍视。列宁说："剥削的存在，永远会在被剥削者本身和个别'知识分子'代表中间产生一些与这一制度相反的理想。这些理想对马克思主义说来是非常宝贵的。"从《礼记·礼运》篇描绘的一个大同世界开始，我国历代不断有优秀的知识分子提出与剥削制度相反的理想，如东晋的鲍敬言，宋元之际的邓牧，以及明末清初的黄宗羲、颜元、唐甄等。他们都希望出现一个没有人剥削人、人压迫人的社会，他们的理想给后人以启迪，激励人们为建设一个自由、幸福和富强的国家而奋斗。

## 二、 怎样学习、 研究中国古代史

这个问题很大，但是归结起来说就是两个方面，其一是立场、观点和思想方法；其二是怎样掌握历史资料。

首先说立场问题。

一个人站在什么立场上处理历史问题，这是历史研究的出发点。一般说来，阶级社会中的史学家总是站在剥削阶级的立场上，把历史作为为本阶级利益服务的工具。可以肯定地说，超阶级的史学家是没有的。一个人如果站在剥削阶级的立场上，是不能也不愿揭示历史真理的。能够揭示历史真理的只有无产阶级，因为只有无产阶级才能揭示历史发展的规律，给历史以科学的说明。因此，我们必须站在无产阶级的立场上来学习、研究中国的历史。

我们站在无产阶级的立场上，必须批判剥削阶级的历史观点。

（1）"正统主义"观点。中国古代的史学家，大多数是站在地主阶级的立场为封建主义服务的。在中国，所谓正统主义的观点，就是为封建主义服务的历史观点。所谓正统主义，就是以帝王将相为中心的历史主义。在正统主义者看来，所谓历史，就是一个皇帝加一个皇帝，一个王朝加一个王朝，把企图推翻地主阶级统治的农民污蔑为"盗""贼""匪""寇""叛逆""妖人"等。他们把帝王将相作为英雄豪杰来颂扬，把封建社会粉饰为"王道盛世"。对于历史的创造者——世代被压迫、剥削、奴役的人民群众则好像没有看见。如果说历史著作中有一些劳动人民的记录，除非这些人可以作为宣传封建道德的资料，例如孝子、烈女、节妇之类，而所记载的农民革命的领导人物，只能作为"叛逆"的典型，用以警戒大众。

我们学习、研究中国历史，应该站在劳动人民的立场，批判那种以帝王为中心的正统主义的历史观点，建立以劳动人民为中心的新的历史观点，研究劳动人民生产斗争、阶级斗争和科学实验的历史。当然，我们对封建统治阶级的代表人物也应该研究，因为他们对历史也起过一定的作用。但是，我们研究他们，只是给他们一定的历史地位，并不是颂古非今。

（2）"大汉族主义"观点。封建时期的中国史学家，还曾鼓吹大汉族主义。他们把汉族描写为神明华胄，把居住在中国境内的其他种族或部族说成是虫豸的后裔，例如《左传》闵公元年传云："戎狄豺狼，不可厌也！"《左传》襄公四年传："戎，禽兽也！"《国语·周语中》云："狄，封豕豺狼，不可猒也。"好像汉族天生是文明的，而其他种族或部族则天生是落后的，汉族的封建统治阶级从这里找到了征服中国境内其他各族人民的理论根据。

我们应该批判大汉族主义，重新学习、研究包括中国境内各族人民的历史在内的真正的中国历史。因为中国历史不只是汉族的历史，而是中国境内各族人民的历史的总和。在研究中国境内各族人民历史时，固然应该承认汉族人民在中国历史的发展过程中所起的主导作用和所占的重大比重。但同时也应该承认，不论汉族人民在中国历史发展过程中起着怎样重要的主导作用和占有多么大的比重，他们的历史也只能是中国历史的一个主要的组成部分而不能是全部。

同时，我们亦应该批判狭隘的"地方民族主义"。这是少数民族中剥削阶级的思想，在民族关系上的反映，是一种孤立、保守、排外的民族主义，这种思想影响甚至破坏祖国的统一和各民族的团结。

其次，说说观点问题。

所谓观点问题，就是对历史的看法和认识。一个人对历史的看法和认识不是偶然的，而是由他所属的阶级所决定的。也就是说，这是一个人的阶级意识在历史学上的表现。

在阶级社会中，由于人的阶级属性不同，在历史学上也就出现了各种不同的历史观。但归根到底是唯物史观还是唯心史观的问题。

我们必须用唯物史观去批判唯心史观。唯物史观和唯心史观的对立，主要表现在：

（1）是经济基础决定上层建筑还是上层建筑决定经济基础？在中国古典历史著作中，几乎都贯穿着唯心主义的观点，表现在对任何历史事件，都不联系当时的社会经济去给予说明，而是把这些历史事件归结为"卓越人物"的愿望。一部二十四史，其中的"巨像"就是皇帝、圣人和英雄。他们认为历史的存在和发展，就是因为有这些"卓越人物"的参与和推动，这些人物不管在什么历史条件下，想要创造怎样的历史，就可以创造怎样的历史。换言之，"卓越人物"的观念是推动历史发展的唯一动力。

唯心主义者不仅把历史发展的动力归结为"卓越人物"的愿望，还把"卓越人物"的愿望归结为神的启示。一部二十四史，那些王朝的开创者几乎都是感天而生、应天而王，他们是神，是圣，是上帝最宠爱的儿子，被派到人间世界来统治劳动人民，他们的行为是上帝授意的。这样，人类历史最终极的动力不存在于人类社会，而是要从神的启示中去寻找说明。

我们应该用唯物主义的观点来学习、研究中国历史，撕去上述骗人的神权主义的外衣，揭穿唯心主义者的阶级本质；正确地指出中国历史发展的动力，不是"卓越人物"的愿望，更不是神的启示，而是社会经济的发展。社会经济的结构是历史的真实基础。政治、法律、宗教、哲学及其他观念都是社会经济的派生物，只要社会经济一有变动，它们迟早都要跟着变动。社会经济决定历史的发展，也决定它的转变。因此，我们研究历史，必须研究历史上各个时期的社会经济和它的变化，必须分析由这种变化而产生的历史过程和具体事件，而不应该用偶然的因素、个人的作用乃至神的启示，来代替由生产力和生产关系的变化而引起的历史过程的客观规律性。总而言之，我们应该把历史发展的动力归结于物质生活资料的生产，归结于这些物质生活资料的生产方式，归结于社会经济基础。

当然，我们这样说，并不否认观念形态对历史所起的反作用。唯物主义者认为，观念形态不是消极地、被动地反映社会经济情况，而是积极地、能动地反作用于社会经济情况。因此，我们不仅要根据物质的实践去说明观念形态，也要从观念形态中去寻找它们对社会经济所起的反作用。

（2）是庸俗的进化论还是历史发展阶段论。过去的中国历史学也贯彻着进化论的观点。所谓进化论，就是不承认历史上有阶级斗争、有革命，不承认社会发展过程中有质变。他们认为中国的历史就是夏、商、周一代一代地因袭下去，古往今来只有王朝的更替，社会的本质并没有什么根本性的变革。因此，他们反对提社会性质问题，反对讨论历史阶段问题。

这种观点显然也是错误的。事实上，中国历史经过了一系列的历史阶段，从原始社会到奴隶社会再到封建社会，并且也曾孕育出资本主义因素，即使没有帝国主义的侵略，中国也会自发地走上资本主义的道路。这些相继而起的社会，本质上是不同的社会，而且从一个社会到另一个社会都不是和平进化，而是历史的突变、飞跃、革命。因此，我们研究中国历史，要根据社会经济性质划分历史阶段，要说明每一历史阶段所特有的基本经济法则和与此相适应的阶级关系、政治制度乃至意识形态，要说明从一个历史阶段发展到另一历史阶段的变革过程。

（3）是历史循环的观点还是历史发展的观点。在过去的中国历史学中，也贯彻着一种循环论的观点。孟子说："天下之生久矣，一治一乱。"（《孟子·滕文公下》）司马迁在《史记·高祖本纪》中说："三王之道若循环，终而复始。"自从邹衍五德终始说应用于中国历史学以后，历史循环更加定型化了。所谓五德，就是金木水火土五行的别称。所谓五德终始，就是五行循环。每一个王朝都是以五行之一为德而王，如秦以水德王，汉以火德王。中国的历史就是按照五行相生的秩序终而复始地转圈子，一直循环下去，以至于无穷。换句话说，中国的历史是不断地回到它的出发点。

这种观点也是错误的。历史的发展绝不是采取循环的道路，它是一个往前发展的过程，这个往前发展的过程不是一个圆圈，而是一个永远回不到出发点的螺旋纹。我们研究中国历史，就应该从千头万绪的复杂的史实中，去揭示那条过程曲折歪斜但始终向前发展的道路。

最后，说说方法问题。

所谓方法，就是用辩证唯物主义的方法来研究历史。我们的目的不仅是说明历史，而且是改变历史。

我们必须学会下列几种方法：

（1）学会分析史料，把史料变为历史。过去的历史学家以为史学家的任务就在于把史料堆积起来，以显示自己的博学。辩证唯物主义者认为，要做好历史研究，首先要掌握丰富的史料，因而搜集史料的工作是研究历史的基本工作。但无论如何，搜集史料只是为历史研究准备材料，并不是历史研究的终极目的。我们对历史的研究不能停留在史料的搜集、分类与排比上，而是要分析史料，要从史料的分析中总结出历史发展的规律，把历史发展的规律再投入现实的历史，作为无产阶级革命斗争的指导原则。

因此，用辩证唯物主义的方法研究中国历史，应该学会分析史料，把史料变成历史。

（2）学会抓大的、重要的问题，并把这些问题联系到历史发展的总体中去。过去，中国的史学家放着中国史上许多震撼全国乃至世界的大事变不闻不问，专门从中国史中挑选一些最偏僻、最微细、最无关紧要的问题，把这些问题孤立起来，大吹大擂。他们回避历史上的重要问题和关键问题，反对对历史的全面研究。

用辩证唯物主义来研究历史，应该学会从历史中选择重要的、关键性的问题，并把这些个别的问题当作历史总体中的一个组成环节来研究，看这些问题在历史总体中所占的比重、所起的作用。也就是说，把个别问题联系到历史的全面发展去进行研究。

（3）学会从历史现象中寻找本质的方法。过去的历史学家以为史学家的任务在于记述历史上的表面现象，如内乱、外患、党争等的发展过程，至于这些内乱、外患、党争为什么发生、发展，好像不是历史学应该回答的问题。也就是说，他们只叙述历史的演变，并不说明为什么会这样演变。

用辩证唯物主义的方法来研究历史，不仅要叙述"怎么样"，而且要说明"为什么"。因此，不能停留在历史的表面现象上，而是要从历史的表面现象的背后去发掘构成这些表面现象的基本东西，即社会经济结构，再用这种基本的东西去说明表面的现象。也就是说，要给历史现象以本质的说明。所以，我们要学会从历史现象背后寻找本质的方法。

（4）学会阶级分析的方法。过去的历史学家根本不承认中国历史上有阶级，更不承认有阶级斗争。他们认为中国历史上的农民战争不是由于阶级的对抗，而是由几个好乱成性的"盗贼"或"妖人"煽动起来的。

我们研究历史，必须学会阶级分析的方法。辩证唯物主义者不隐蔽历史上的阶级斗争，并且会公然地、坚决地站在无产阶级的立场，去揭露历史上的阶级斗争以及阶级斗争引起的社会变革。

因此，我们研究中国历史，必须把中国历史上的人物及其行动归纳到他所属的阶级予以说明。毛泽东说："在阶级社会中，每一个人都在一定的阶级地位中生活，各种思想无不打上阶级的烙印。"（《实践论》）就是说，在阶级社会中，任何个人都要隶属于一定的阶级，因而任何个人的行动也必然是阶级行动的一部分。

在奴隶社会，主要是奴隶和奴隶主的矛盾和斗争。在封建社会里，最主要的阶级矛盾是地主阶级与农民阶级之间的矛盾，但除此之外，还有次要的矛盾，如封建统治阶级内部的矛盾等。因此，我们在分析阶级关系时，要注意区别主要矛盾和次要矛盾。

同时，矛盾也不是固定的，而是在不断地变化、发展的，因此，我们分析阶级关系时，必须注意矛盾的发展和转化。

总之，用辩证唯物主义的方法来研究中国历史，就要学会从阶级矛盾中去寻找历史变革的原因。

以上是关于立场、观点和方法的问题。

关于怎样掌握历史资料、怎样阅读古书等，这些问题将会在"中国古代历史文选"课程中逐步介绍，在这里不准备详细讲了。

### 三、 本学期的教学内容

从原始社会到唐中叶，也就是讲授原始社会、奴隶社会和封建社会前期。

大体说，中国封建社会可分为前期和后期两个阶段。一般说，以唐朝中后期的两税法为转折点，以黄巢起义为枢纽，这一时期处在由前期到后期的转变过程中。

所以本学期讲授的内容是原始社会、奴隶社会的产生、发展和衰亡的历史和封建社会前期的历史。

### 四、 关于几本基本参考书

（1）中国社会科学院历史研究所编：《马克思、恩格斯、列宁、斯大林论资本主义以前诸社会形态》，文物出版社 1979 年版。

（2）朱绍侯主编：《中国古代史》上、中、下（高等院校文科教材），福建人民出版社 1979 年版、1980 年版、1982 年版。

（3）洪焕椿主编：《大学中国史论文选读》（第一册），江苏古籍出版社 1986 年版。

（4）郭沫若主编：《中国史稿》（第一、二、三册），人民出版社 1976 年版、1979 年版、1979 年版；《中国史稿》编写组：《中国史稿》（第四、五册），人民出版社 1982 年版、1983 年版。

（5）南开大学历史学系中国古代史教研室编：《中国古代史》（上），人民出版社 1979 年版。

（6）翦伯赞、郑天挺主编：《中国通史参考资料》（第一、二、三、四册），中华书局 1962 年版。

（7）郭沫若主编：《中国史稿地图集》（上册），中国地图出版社 1979 年版。

（8）辽宁大学历史系《中国古代史地图》编绘组编：《中国古代史地图》，辽宁大学历史系 1984 年版。

# 目　　录

# 附　录

# 第一编 原始社会

## 一、 中国历史的开端——原始人群

### （一）人类的起源

恩格斯讲："有了人，我们就开始有了历史。"（《自然辩证法》）

关于人类的起源，有种种说法。在古代，我国有女娲用泥土捏成人的传说；在西方则有上帝在七天内造人和万物的神话。《圣经》里说，上帝用泥土先造了一个男人——亚当，再在他身上吹一口气，使他睡熟，然后从他身上抽出一根肋骨，用这根肋骨做出他的妻子——夏娃。

近代生产力的发展促进了生物学、地质学、考古学和人类学的发展，这些学科为研究人类起源提供了大量科学根据，引起了人们对"上帝造人"神话的怀疑。1809 年，法国学者拉马克提出人类是由猿类进化来的。1859 年，英国生物学家达尔文发表了《物种起源》，证明物种是变化的，类人猿是人类最相近的亲属。后来他进一步提出：人类是由旧大陆某些已灭绝的古猿进化而来的。1863年，达尔文主义者、英国生物学家赫胥黎发表了《人类在自然界的位置》，提出了人类"是从类人猿逐步变化而来""是和猿类由同一个祖先分支而来"。他们的研究结果打破了"神造说"。但是，由于阶级和时代的局限，达尔文主义者虽然正确地指出人类从古猿进化而来，却不能认识到促进从猿到人的决定性因素是什么。

1876 年，恩格斯写了《劳动在从猿到人转变过程中的作用》这篇文献，以辩证唯物主义和历史唯物主义的观点，阐明了劳动在从猿到人进化过程中的决定性作用，指出了劳动促进了人类社会的形成和发展，从而建立了真正科学的人类起源的学说，成为研究人类起源的理论指南。

几百万年以前，在亚洲、非洲的一些热带、亚热带森林里生活着一种高度发展的古代类人猿（简称"古猿"）。这些古猿在森林中生活时，前肢从事攀援，后肢用来支撑身体。后来，大自然环境发生了变化，森林减少了，他们不得不从森林转移到陆地上生活。为了适应新环境和生存的需要，他们渐渐学会了直立行走。恩格斯说："这就完成了从猿转变到人的具有决定意义的一步。"身体直立，腿脚用以支撑身体和行走，手便专门承担劳动的任务，手足于是分工了。他们最初使用自然的木棒或石块当工具，后来才学会制造工具。古猿从会制造工具起，就变成了人。恩格斯说："劳动创造了人本身。"劳动是从制造工具开始的。最原始的人由于还保留着许多古猿的特征，因此被称为"猿人"。学术界有人提出将从猿到人经历的这个阶段称为"亦猿亦人"阶段。

## （二）中国猿人——元谋人、蓝田人、北京人

我国是人类发展的重要地区，有着悠久的历史和文化。从 100 多万年前起，远古的人类就已经生息、劳动、繁衍在祖国的土地上。目前发现的中国猿人有元谋猿人、蓝田猿人和北京猿人等。这些发现揭开了我国历史的序幕。

元谋猿人是 1965 年在云南省元谋县发现的。所发现的门齿化石，经测定属距今 170 万年左右的古人类。它是我国目前发现的最早的人类化石。同时发掘出的旧石器和灰烬，进一步证明了元谋猿人的活动情况。1961—1962 年间，在山西芮城县匼河村附近的西侯度发现的一处石器时代早期遗址，经测定距今 180 万年。

蓝田猿人是 1963—1964 年在陕西省蓝田县陈家窝村发现的。当时发现了头盖骨、上颌骨、下颌骨和牙齿的化石，还有石器和古动物化石。蓝田猿人生活的时代，距今有六七十万年。

北京猿人的遗骸化石是在北京周口店龙骨山的山洞中发现的。1927—1937 年，考古学家在这里发现了丰富的猿人化石及其文化遗存。新中国成立后继续进行发掘。到目前为止，这里发现了厚度达 40 多米的堆积物。前后发现了 6 个完整和比较完整的猿人头盖骨以及 40 多个老少猿人的肢骨、牙齿等。还发现了几万件石器、大量的灰烬和 100 多种动物化石。这是我国迄今发现的材料最丰富的猿人遗址。北京猿人生活的时代，距今有五六十万年。

## （三）从北京猿人的体质特征看"劳动创造了人"是科学真理

北京猿人的头部，猿类特征比较明显，额骨低平，眉脊突起，吻部前伸，下巴颏极小，牙齿粗大，脑容量也小（平均约为 1059 毫升，比现代猿类平均脑量 415 毫升大一倍以上，但只相当于现代人平均脑量 1400 毫升的 80%）。

北京猿人的四肢相对来说比头部要进步些，上肢已基本具备了现代人的特征；下肢虽然和现代人有相似之处，却还有若干原始性。

为什么北京猿人的身体构造，即四肢和头骨发展不平衡呢？这是猿向人的转变过程中，身体各部分器官在劳动时担负的功能和强度不同所引起的。科学界认为，由于从事劳动，猿人的上肢即手的肌肉、韧带和骨骼日益发达，手的灵巧性越来越高。猿人手的构造表明，他们使用手的灵活程度已与现代人差不多了。因此，手是最早向现代人方向发展的。手不仅是劳动的器官，而且是劳动的产物。下肢在四肢分化后，只担负支撑身体和行走的任务，所以它的发展落后于上肢。至于脑及头骨，则是随着手和四肢的分化而逐渐发展起来的，因此，北京猿人的头部还有较多的原始性。随着共同的劳动，语言也就产生了，劳动和语言又促进了北京猿人脑部的发展。北京猿人身体各部分发展的不平衡性，生动地证明了

"劳动创造了人本身"这一伟大真理。劳动促进了人类直立行走和双手的解放；劳动使大脑变得越来越发达；劳动促使了人类语言的产生；劳动使人们组成人类社会。所以说，劳动创造了社会物质财富，也创造了人类本身。

（四）猿人的劳动、生活与婚姻关系

北京猿人生活时代的周口店，其环境和现在有很大的差别。当时气候温暖、湿润，西北部的高山、丘陵长满了松树、桦树、朴树等，凶猛的剑齿虎、纳玛象、犀牛、豹、熊出没其间。东南是一望无际的草原，有成群的肿骨鹿、羚羊、野马、野羊、梅花鹿等。在沼泽河湖中，有各种鱼类、水牛和水獭等。北京猿人就是在这种环境中长期进行狩猎和采集，以求得自己的生存的。

北京猿人使用的工具很简单，选用各种坚硬的石料，用多种方式打造成不同类型的粗糙石器，有砍砸器、刮削器和尖状器。前者用以砍树，后两者用以剥兽皮、割肉和修整木棒。北京猿人使用这些粗笨的石器和木棒进行狩猎和采集，同自然界进行着艰苦卓绝的斗争。

北京猿人已经知道用火，在他们生活过的洞中发现成堆灰烬，有的高达6米，灰烬里有被火烧过的石块、兽骨、树的籽实、紫荆树木炭块。北京猿人能认识火、利用火并控制火，这是人类生活史的一个巨大飞跃。人类对火的认识是有一个过程的，在长期劳动和与大自然接触中，人类逐渐认识火的性能，并且用火为自己服务。在鄂伦春族的传说中，最初他们的祖先对火十分恐惧，也不会用火，后来经过千难万险才发现野火能烧烤兽肉，并掌握了用火的本领，又经过种种周折，才能保护火种和人工取火。这个传说较生动地描述了人类发明用火办法的事迹。

人类用火的历史是很久远的。在元谋人生活的地方就有炭屑和灰烬，还有颜色发黑的动物化石。这些化石是烧过的，说明170万年前的元谋人已经开始用火。

当时人们是怎样保存火种的？民族学提供了有关资料。原始民族最古老的保存火种的方法，主要是"篝火"：不断往火堆中投放木块，使用的时候让火燃得高些，冷天可使火长夜不熄，不用时用灰土盖上，使其阴燃，到一定时候再扒开灰土，添草木引燃。北京猿人的遗址灰烬堆积很厚，有些是成堆的。这些遗迹是供北京猿人取暖、制熟食和照明用的火堆，也是当时利用篝火保存火种的见证。

依据民族学资料，在当时，保管火是老年人，特别是老年妇女的事。我国鄂伦春族把火神描绘成妇女形象，这与妇女保管火种是有关联的。不过，他们使用的火是自然火。①用火扩大了食物的种类，变某些不可食的东西为可食，使生食变为熟食，从而使人类脱离了"茹毛饮血"的时代，促进了猿人体质的发展，特别是脑髓的发展，使他们能更快地摆脱猿类特征，向现代人迈进。②由于用火御寒，他们克服了气候变化带来的影响。③由于火可以防御猛兽，他们的自卫能力加强了，猛兽的威胁减少了。④火能照亮阴暗潮湿的洞穴，改善了居住条件。总之，火是人类从自然界获得解放的一个巨大推动力。

由于生产力水平低下，面对大自然和各种猛兽的威胁，个人的力量是极其微弱的，只有依靠集体的力量才能维护各自的生存。恩格斯说："以群的联合力量和集体行动来弥补个体自卫能力的不足。"（恩格斯：《家庭、私有制和国家的起源》）所以猿人经常是几十人住在一起，大家共同劳动，共同享有劳动成果，过着集体狩猎和采集的生活。采集和狩猎是当时社会两个主要的生产部门。采集，是采集可食的植物和野果。狩猎的对象，从北京猿人遗址发现的动物化石看，主要是这些动物：肿骨鹿、斑鹿、羚羊、三门马、德氏水牛、李氏野猪、剑齿虎、鬣狗、梅氏犀、豹、中华貉等。猿人组成了早期的人类社会——原始人群。在这个群体里，他们的婚姻关系处于原始的乱婚状态。这种乱婚状态，在我国古代文献中也有一些反映："昔太古尝无君矣，其民聚生群处，知母不知父，无亲戚兄弟夫妻男女之别，无上下长幼之道。"（《吕氏春秋·恃君览》）当时无所谓婚姻和家庭。他们的生活是异常艰苦的，因此他们的寿命一般都不长，在北京猿人40多个个体中，有1/3的人不到十五岁就死去了。

艰苦的生活折磨着猿人，但也锻炼了猿人。人类在不屈不挠的斗争中发展了自己。大约在30万年以前，中国猿人逐渐发展到古人阶段。古人的体质比猿人进了一步，但比现代人还要原始一些，所以称为"古人（即早期智人）"。古人阶段相当于考古学上的旧石器时代中期。这个阶段的人类化石，现在发现的有广东马坝人、湖北长阳人和山西丁村人。

古人的身体克服了不少猿人遗留下的原始性。如马坝人的头骨比猿人薄，前额也比猿人高了。长阳人的上颌骨也不像猿人那样显著地向前突出了。丁村人牙齿的某些特点也接近现代的蒙古人种。

古人使用的劳动工具虽然仍是木器、石器和骨器，但劳动经验的积累使他们掌握了更多的制造方法，因此石器的数量和种类也增加了。古人已懂得根据不同的用途来制造不同类型的工具。如从丁村人遗址发现的两千多件石器看，砍砸器就分单边刃的和多边刃的。刮削器有三角形的、四边形的、圆形的等。尖状器除了小型的外，还有厚的、大三棱形的，这时还出现了专门供打猎用的大大小小的球状器和类似手斧的石器，这些都是猿人所没有的劳动工具。劳动工具的进步使古人的生产力水平相比猿人有了一定的提高。他们除了狩猎和采集外，还进行渔捞，各种鱼类、河蚌、螺等成为食物的另一种来源。

**附：关于辽宁营口"金牛山人"的争论**

1984 年 9—10 月间，北京大学考古系旧石器时代考古实习队在辽宁营口县（今营口市）金牛山发现了较完整的早期人类骨架化石，这是当年国际考古十大发现之一。1985 年，北京大学受国家教育委员会委托，邀请吴汝康、贾兰坡、苏秉琦、安志敏、宿白、郭大顺等人举行了"金牛山人化石科学鉴定会"。关于金牛山人化石的意义，鉴定书上说："在于其头骨相当完整，在国内外的这一时期中都是少见的。而且除头骨外，还有若干体骨和肢骨，特别是相当完整的上肢的尺骨和手骨，下肢的髋骨和足骨，这些骨骼化石在国内是首次发现，在国外也是很少见的，填补了这方面的空白。"至于年代和类型，鉴定书上说："营口头骨化石的形态明显比周口店发现的北京猿人头骨为进步，而与陕西大荔发现的早期智人头骨更为接近，作为早期智人的一种类型，似较为合适。其生存的年代，根据头骨特征估计在距今 10 万年至 20 万年。铀系法测定人骨出土层位的初步结果是 31 万年，准确的年代有待结合其他方面的证据来确定。"

但是，关于"金牛山人"的类型，人们还存在着分歧，有以下几种意见。

（1）认为是"猿人"。有大量普及读物和宣传材料发表，如《金牛山猿人化石发现记》（《文史知识》1985 年第 4 期）、《金牛山猿人化石发现侧记》（《化石》1985 年第 2 期）、《金牛山猿人的发现和意义》（《北京大学学报》1985 年第 2 期）。

（2）针对上述现象，吴汝康发表《"金牛山人"是猿人吗？》一文（《光明日报》1987 年 6 月 14 日第 3 版）。他说："一再发表发现'猿人'的消息和通讯文章，而至今还没有一篇哪怕是最简单的人化石研究成果的正式报告。"他认为确定人类化石的类型"主要是根据形态"，"猿人头骨的形态样式是眼眶上方有粗厚的眶上圆枕，枕骨部分急剧转折，头骨壁厚，脑量小等等。而金牛山人头骨的眶上圆枕并不很粗厚；枕骨较为圆隆，没有急剧的转折；头骨壁较薄，其平均厚度为 4.5 毫米，远小于北京猿人（平均 8.1 毫米），只是稍大于现代人（平均 3.2 毫米）；金牛山人头骨的脑量约为 1390 毫升，明显大于大荔人（1160 毫升），而接近现代人的平均脑量（1400 毫升）。这样的形态特征组合，使金牛山人只能归为早期智人而不能是猿人（直立人）。从复原的整个头骨形态来看，金牛山人甚至可能比大荔人还要进步一些"。

（3）吕遵谔针对吴汝康的文章，发表《对〈"金牛山人"是猿人吗？〉一文的意见》（见《光明日报》1987 年 9 月 3 日第 3 版）。他认为，人类的演化是错综复杂的，"在晚期猿人和早期智人相衔接的两端就会出现体质特征彼此交叉和重叠的现象，这种人类既保留有猿人的某些原始特征，又有智人的某些进步的特征，这就出现了一个'中间类型'。……金牛山人的头骨既有直立人（猿人）的原始性，也有较多的智人特征，若单纯按照形态分类可以把它归为智人类型，但它所处的地质时代却又是距今 28 万年左右，因此，我们采用形态学和年代学相结合的方法，……将金牛山人划为晚期猿人阶段，考虑到它又有较多的智人特征，为了有别于晚期猿人，所以我们把它叫'智猿人'"。

经过研究，猿人向古人过渡之谜初步揭开。近期的研究工作取得了突破性的进展，有三点比较一致的结论：第一，根据地质年代和先后出土的古生物化石分析，可以认定金牛山猿人遗址属于更新世中期，出土猿人骨化石在 31 万年至 28 万年前，全部骨化石材料属于一个男性。第二，通过对完整的猿人头骨、脑量和脑的发育程度的研究，得知金牛山猿人头骨特征较同时期周口店猿人头骨特征进步，可能是处在猿人向古人转变时期的"智猿人"。有的专家认为，60 万年至 20 万年前，我国可能存在两支猿人，金牛山一支较为进步。第三，对完整的肋骨和脊椎骨，以及尺骨、腕骨、手骨、足骨的研究揭示了猿是如何通过直立行走和手的应用变为人的（据《羊城晚报》1986 年 9 月 14 日版报道）。

1987 年 6 月 14 日《光明日报》刊登的吴汝康的《"金牛山人"是猿人吗？》一文认为，"金牛山人"是早期智人而不是"猿人"。

古人阶段的婚姻关系已经脱离了猿人阶段的乱婚状态，父母同子女之间的婚姻关系已被禁止，而开始了只限于兄弟姐妹之间的婚姻关系。这种按照辈分区分的婚姻关系，叫"血缘婚姻"，它构成了"血缘家庭"，这是当时人类社会的组织基础，它是从原始人群向氏族制度过渡的重要环节。氏族制度由此萌芽。

## 二、 氏族的产生和以妇女为中心的母系氏族公社

### （一）新人时期的文化和氏族的产生

从四五万年前开始，我们的祖先由古人进化为新人。新人开始形成氏族制度。这一时期在考古学上属于旧石器时代晚期。

我国已发现的这一时期的人类遗址有广西"柳江人"和来宾"麒麟山人"，四川"资阳人"，内蒙古"河套人"和北京周口店"山顶洞人"。

新人的体质形态已逐渐褪去猿人遗留下来的原始性，而成为现代人。例如肢骨的管壁逐渐变满，髓腔逐渐变大。脑容量已增加到现代人的水平，脑的结构在日益复杂和完善。如北京猿人的脑容量平均为 1059 毫升，柳江人、山顶洞人则为 1300～1500 毫升，已在现代人脑容量的变异范围之内。前额的倾斜也逐渐减小，额部逐渐丰满。眉脊骨逐渐由粗壮高突而趋向薄平。上下颌骨逐渐由前突而趋向后缩，齿冠和齿根由大变小，咬合面的纹理由复杂而趋于简单平整，整个嘴部明显后缩，逐渐形成像现代人那样的明显下颚和前鼻棘。柳江人、山顶洞人的头骨，都具备了现代人头骨的基本特征。

此阶段人们有了更丰富的劳动经验和技能，劳动工具有了显著的进步。他们改善了打击和修理石器的方法，制造出的石器类型更多，形式对称均匀，刃部锋利适用，种类也较多。如河套人的尖状器有双刃带尖的和三棱长尖的；刮削器有凹刃的、凸刃的、圆刃的和双刃的；还有球状投掷器。更显著的进步是出现了细小石器，与河套人同期的山西朔县峙峪村遗址的细小石器已具有了原始细石器的特征。在这个遗址中人们发现了石箭头（石镞），据测定距今28700多年。说明我们的祖先已经把物体的弹力和人的体力结合起来，发明了一定射程的弓箭。这是人类改进工具的重要里程碑，大大增强了人类征服自然的能力。恩格斯说："由于有了弓箭，猎物便成了日常的食物，而打猎也成了普通的劳动部门之一。"（恩格斯：《家庭、私有制和国家的起源》）弓箭的发明和使用，在当时，"正如铁剑对于野蛮时代和火器对于文明时代一样，乃是决定性的武器"（恩格斯：《家庭、私有制和国家的起源》）。在骨器的制造上，新人已开始运用磨制技术了。除了磨光的鹿角和鹿骨外，还有骨针和骨锥出现。骨针发现于山顶洞人遗址中，骨锥发现于资阳人遗址中。骨针、古锥的发现说明：新人已学会用兽皮缝制衣服了，人类从此结束了赤身露体的时代。

新人劳动经验的丰富还表现在用火上。根据河套人和山顶洞人用火遗迹判断，他们已脱离了保存天然火种的阶段，发明了摩擦生火的技术，使火能更有效地为人类服务。最初是打击法，后来又发明了钻木、摩擦等取火方法。古代传说燧人氏"钻燧取火以化腥臊"（《韩非子·五蠹》）。正如恩格斯所说："就世界性的解放作用而言，摩擦生火还是超过了蒸汽机，因为摩擦生火第一次使人支配了一种自然力，从而最终把人同动物界分开。"（恩格斯：《反杜林论》）

由于劳动生产力的提高，原始人的社会结构也随之发生变化。由于劳动时出现了按年龄、辈分组合的分工，人们的婚姻关系由从前那种乱婚状态进入血缘群婚阶段，即同一辈的男女构成夫妻，这时还不排除亲生兄弟姐妹之间的夫妻关系。此后，原始人在长期的生活中，逐渐发现这种按辈分的血缘群婚会给第二代或更远的后代的身体发育带来缺陷。于是他们逐渐改变婚配关系，进一步排除了直系父母兄弟姐妹间的婚配，而实行一个集团的众兄弟和另一集团的众姐妹间的群婚（彭那鲁亚群婚），这是一种族外婚，它是新的社会组织——氏族形成的契机和重要因素。恩格斯说："自一切兄弟和姐妹间，甚至母方最远的旁系亲属间的性交关系的禁例一经确立，上述的集团便转化为氏族了。"（恩格斯：《家庭、私有制和国家的起源》）从血缘群体过渡到原始氏族社会，是一个很长的历史发展阶段。从目前考古发掘的材料看，山顶洞人可能已进入氏族社会时期。

最初形成的氏族社会是母系氏族社会。这是因为：第一，在上述群婚形态下，子女只能确认生母，不能确认生父，即"知其母，不知其父"。同一始祖母生下的若干后代，便形成一个氏族公社。血缘只能从母亲方面来确定。第二，当时的经济生活，男子从事狩猎等活动，妇女除了采集野果、树的籽实，挖掘植物根茎，烧烤食物，加工兽皮缝制衣服外，还要照顾老幼、看守住所等。妇女担负着十分繁重的社会任务。由于妇女从事的采集经济比男子的狩猎经济具有更稳定的性质，是比较可靠的生活来源，因此妇女享有崇高的威望，是氏族的组织者和领导者，这样，以女子为中心的母系氏族社会便逐渐形成。

### （二）母系氏族公社的结构

氏族在旧石器时代晚期（山顶洞人时期）已经出现。到新石器时代前期和中期便进入繁荣阶段。具有代表性的文化有黄河中游的"仰韶文化"，黄河上游的"马家窑文化"，东北、内蒙古一带的"细石器文化"，长江下游的"河姆渡文化"，等等。

我们根据考古材料，可以把母系氏族公社的结构概括如下。

（1）人们过着定居生活，经营农业，兼从事狩猎。石器以磨制为主，农具占多数。他们发明了陶器。广阔的地区散落着许多氏族村落遗址。在陕西宝鸡北首岭、西安半坡村、临潼姜寨、邠县（今彬州市）下孟村、华县泉护村和元君庙、华阴横阵村，河南安阳后冈、陕县庙底沟、渑池仰韶村、洛阳王湾等地，都已发现那时的村落遗址。

和氏族制度的结构相适应，那时的村落有其特定的布局。西安半坡遗址是一个典型的氏族村落，总面积约 5 万平方米，包括居住区、制陶窑场和公共墓地三部分。居住区的周围有一条深、宽 5 ～ 6 米的壕沟，它很可能是防卫性的设施。沟北边是氏族公共墓地，东边是窑场。在居住区和沟外的空地上分布着各种形式的窑穴，是氏族的公共仓库。居住区内有四五十座房屋，布局颇有条理。在居住区有一座规模很大的长方形房屋，当是氏族的公共活动场所，氏族会议、节日和宗教性的活动都在这里举行。其他中小型房屋则是氏族成员的住处。每个氏族成员共同劳动，共同消费，过着平等的生活。

姜寨遗址面积达 5 万平方米，遗址有严格的布局：村落中心为广场，这是氏族全体成员集会、娱乐的场所。广场四周有许多房子，这是居住区，周围被三条围沟所环抱；村落西部靠临河岸边为制陶区；沟东为氏族墓地。东面和南面的围沟没有衔接起来，各留有通道，它们是氏族公社的门户。这些围沟类似村落栅栏，具有防御作用。

姜寨村落的房子可分几个部分，每一部分有一座大房子和若干小房子，所有的房子都朝向广场。每个大房子与其附近的小房子不仅靠得近，而且门的朝向也一致，说明它们有极密切的关系。

云南纳西族母系家族的院落有两个部分：一是公共住宅，供老年和未成年人居住，也是家族集会、消费的中心；二是已婚妇女与临时来过婚姻生活的人居住的客房，已婚妇女每人都有一个单间，供她们过婚姻生活使用。这种情况对理解姜寨村落的房子是有帮助的。由此看来，姜寨遗址是一个母系氏族的村落，居住区的每个部分分别居住着一个母系大家族。大房子是母系大家族的公共住宅，也是集会、消费的场所。附近的小房子是供已婚妇女居住的，以适应氏族外婚制的需要。

（2）每个氏族采用一种动物、植物或无生物作为本氏族的名称，这就是图腾。图腾崇拜（totemism）是原始社会的一种最早的宗教信仰，约与氏族公社同时发生。图腾源自印第安语，意为"他的亲族"。原始人相信每个氏族都与某种动物、植物或无生物有着亲属或其他特殊关系，此物即成为该氏族的图腾。图腾为全族之忌物，禁杀禁食；且举行崇拜仪式。在马家窑文化的彩陶上发现有蛙、鸟的图像；在仰韶文化的彩陶上除有鸟、鱼、蛙等外，还有人首、虫身等图像，有些可能就是当时的氏族图腾。氏族图腾的功能在于保存具有这一名称的全体氏族成员的共同世系，借此把多个氏族区别开来。

（3）氏族都有自己的首领，首领负责管理氏族的日常事务和处理偶然发生的冲突事件。他们由氏族会议民主选举产生，成年妇女和男子都可以当选。他们都是氏族成员所爱戴的人，与氏族其他成员完全处于平等的地位。

（4）氏族的最高权力机关是氏族成员大会。一切重大事件，如氏族首领的选择和更换、血族复仇的决定等，都要在这种会议上解决。

（5）氏族有公共墓地。宝鸡北首岭已发现当时的墓葬400多座，西安半坡有250多座，华县元君庙近60座，洛阳王湾70余座。在半坡的墓地，墓葬栉比，有些几乎在东西一条直线上，各个墓之间的距离也差不多。这些现象体现了氏族社会公共墓地的传统和制度。

从墓葬制度中可以窥见母系大家族的概貌。在仰韶文化遗址中，人们发现男女分区埋葬的现象。这是母系氏族社会的反映。依照母系氏族的习惯，女子是氏族的主体，当然不能离开本氏族，男子则出嫁到另一氏族。但男子死后仍然要葬回出身的氏族，但不能同本氏族的姐妹同葬，于是男女只能分开埋葬了。在西安半坡遗址发掘的250多座墓葬，都是男女分别合葬，没有发现一对成年男女（夫妻）合葬的情况。陕西宝鸡北首岭仰韶文化墓地也是如此。在华县元君庙的迁徙合葬墓中，有些是以一具女性尸体为一次葬，而其他男女骨架则是迁来和她合葬在一起的。这种以妇女为中心的葬俗，表明妇女在社会上和大家族中拥有较重要的地位。

### （三）母系氏族公社的经济生活

母系氏族公社的经济生活，由于各地区的自然条件不同，有的氏族形成了以农业为主的经济生活，有的则以畜牧业为主，有的虽然也经营农业，但渔猎所占的比重较大。

### 1. 原始农业

妇女在长期的采集实践中，经过反复观察，逐渐掌握了某些植物的生长规律，发现在土地、水分和季节适宜的条件下，有些植物的种子还能发芽、开花、结果。后来，她们就在住处附近栽种一些植物，这就是最简单、最原始的农业。可以说，农业的发明是妇女的功绩。

火耕是比较原始的耕作方法。人们用石斧或砍伐器砍倒树木，经曝晒后再用火焚烧，这就是火耕法。"人消灭植物，是为了在这块腾出来的土地上播种五谷……因为他们知道这样可以得到多倍的收获。"（恩格斯：《劳动在从猿到人转变过程中的作用》）土地经过火耕，松软而有一定肥力，人们不翻地便播种。仰韶文化早期基本上还处于火耕农业阶段。

当时开始推行耜耕技术。相传耜耕起源很早，《周易·系辞下》载："神农氏作，斫木为耜，揉木为耒，耒耜之利，以教天下。"至迟在距今六七千年以前，耜耕技术已经相当发达。黄河流域以石耜为主，长江流域除石耜外，浙江余姚河姆渡遗址还出土了大量的骨耜。经过耜翻耕的土地，结构疏松，土质肥沃，可以延长耕作年限，提高作物产量，对开荒和开发沼泽地区有重要意义。浙江余姚河姆渡遗址（距今六七千年）发现大批骨耜，木、石工具，木榫和很多稻谷、谷壳、稻秆、稻叶等。这是我国迄今发现的最早的骨耜、木榫和人工栽培水稻，说明南方的农业的起源并不比黄河流域的仰韶文化晚。

黄河流域仰韶文化的社会经济以原始农业为主，耕地分布在村落附近。原始农业的领导工作开始主要由妇女承担。这种原始农业通常称为刀耕火种，或叫锄耕农业。劳动工具很简单，开地用磨光石斧，松土整地用石铲和弯柄短木锄，点种主要用尖木棒，收割谷穗用石刀或陶刀。使用的农具，是以磨制为主的较精的石器，有磨光的石铲、石刀、石锛、石凿、陶刀等。农作物主要是粟，同时也种植蔬菜。在西安半坡村、宝鸡北首岭和华县泉护村等遗址的窖穴、房屋和墓葬中，人们发现了粟皮壳，还发现了白菜或芥菜之类的种子。相传远古有位烈山氏，烧草木种田，他的儿子柱"能殖百谷百蔬"（《国语·鲁语上》）。这与考古发掘材料是一致的。

那时还发明了一些简单的谷物加工工具。如把谷物放在一种石制的研磨盘上，手执石棒或石饼反复碾磨，既可脱壳，又可磨碎。相传古时"断木为杵，掘地为臼，臼杵之利，万民以济"（《周易·系辞下》）。相传"神农时，民方食谷，释米加烧石上而食之"（《艺文类聚·食物部》引《古史考》），这可能是指人们在烧热的石板上烧东西吃。

关于农业发明的过程，我国古代有不少传说。传说中的神农氏大体上生活于这个时期。"古之人皆食禽兽肉，至于神农，人民众多，禽兽不足，于是神农因天之时，分地之利，制耒耜，教民农作，神而化之，使民宜之，故谓之神农也。"

（《白虎通·号》）这里所说的神农，实际是原始社会进程中初期农业阶段的集体经验的集中反映。

### 2. 原始畜牧业

农业有了初步发展之后，饲养家畜业也作为副业而产生了。在河姆渡遗址中发现的猪、狗、水牛骨骸，经鉴定，其属于人工饲养。西安半坡遗址中发现的猪和狗的骨头，经鉴定，其也属于人工饲养。在半坡和姜寨等遗址里都发现了饲养家畜的圈栏遗迹，在这样的圈栏遗迹内往往有很厚的家畜粪便堆积。不过，当时家畜的种类很少，饲养规模不大，饲养家畜业还处在原始阶段。

### 3. 渔、猎和采集

为了扩大生活资料的来源，渔、猎在当时仍有一定的意义。当时人们发明了弓箭，把物体的弹力和人的体力结合起来，射得远，飞得快，刺得准，成了人们手中新的强有力的武器。恩格斯说："弓箭对于蒙昧时代，正如铁剑对于野蛮时代和火器对于文明时代一样，乃是决定性的武器。"（恩格斯：《家庭、私有制和国家的起源》）在仰韶文化遗址中，人们发现许多骨制、石制的箭头，这是使用弓箭的明证。猎取的对象有野鹿、獐、狸、羚羊、兔、竹鼠、雕等。西安半坡遗址中就残留了不少这类动物的骨骼，足见狩猎的经济价值。

捕鱼也是当时人们的生活来源之一。方法之一是用叉刺杀。鱼叉头上有单排或双排的倒刺。在仰韶文化遗址中，人们发现不少骨鱼叉、骨鱼钩、网坠等捕鱼工具。

狩猎和捕捞主要是男子从事的工作。妇女和儿童主要从事采集。采集在当时仍是不可缺少的一个经济部门，具有一定的经济意义。

### 4. 原始手工业

随着农业的发展，原始手工业也相应地发展起来。制造石器一般都采用磨制的方法，该方法使生产工具的数量和质量有了显著的增加和提高。大量的石斧、石锛、石铲、石凿、石箭头、石矛头、石球以及骨凿、骨刀、骨匕、骨箭头、骨锥、骨珠、骨笄、骨针等，都是磨制而成，有的磨得相当精致。磨制技术最大的优点是能够制造出准确适用的工具和锋利的刃口，为便于使用，有的还加以钻孔，以便加柄和携带。

纺织和缝纫也有了显著的进步。妇女们剥取野麻纤维，用陶、石纺轮捻成细线，织成布。那时的织机当是一种水平式的，固定经线的一端，另一端系在腰际，来回穿梭编织。这种织机织出的平纹麻布面很窄，而且比较疏朗。陕县庙底沟和华县泉护村发现的布痕，每平方厘米有经纬线各十根。相传"伯余之初作衣也，緂麻索缕，手经指挂，其成犹网罗"（《淮南子·氾论训》）。这种描述大体上符合原始纺织手工业的技术水平。兽皮也是人们的衣着原料。那时人们已经知道鞣软皮革，并使之更加耐用，且舒适美观。有了麻布和皮革，妇女们就用精巧的骨针、骨锥制成各种服装。人们不但穿上了合适的服装，而且还制造出多种装饰品，把自己打扮起来。人们的生活水平显著地提高了。

制陶业是这一时期原始手工业中的一个新兴的部门，也是氏族制度形成后的一项重要成就。陶器是人类在与自然界斗争时的一项划时代的发明创造。制作陶器是一项专门的技术，主要由有经验的妇女担任。最早的陶器是把黏土泥巴涂抹在竹篾或藤条编成的筐篮上，放入火中焙烧而成。后来采用陶土做成各种用具的坯子，就不再用竹藤作坯胎了。制陶过程如下：首先选择适当的陶土，把陶土搓成泥条，盘筑成各种器形的粗坯，小器物则系直接捏塑而成。接着是修饰陶坯，打磨表里，然后嵌饰附件如耳及把手等。陶工们还利用赤铁矿和氧化锰做颜料，使用类似毛笔的工具在器皿上描绘彩画。在姜寨遗址发现了陶工的墓葬，在墓中随葬了陶工生前使用的一套彩绘工具，计有石砚一方、石磨棒一件及赤铁矿颜料数块，还有调颜料用的水杯一个。这些工序完成之后，就把陶坯放入窑中烧制。考古学者在很多遗址中发现烧制陶器的窑址，陶窑的构造一般都很简单。烧制的火候一般在 1000 ℃ 左右，烧成的陶器硬度很强。最好的彩陶，颜色纯正，彩绘美丽。陶器的类别，有作炊事用的鼎、釜、甑，有作饮食用的碗、钵、盆等，有作储藏东西用的瓮、罐，有作汲水用的小口尖底瓶等。一般陶器素面者较多，有少数加有各种纹饰。仰韶文化和马家窑文化的特点之一，是它们具有各种风格的精美的彩色陶器。半坡、北首岭及姜寨出土的彩陶纹饰多系动物图案，如驰鹿、飞鸟、游鱼、大龟、人头像等，纯朴逼真，活泼有趣，显示了我国古代劳动人民对生活的细致观察和灵巧的模拟艺术成就。这些陶器不仅是人民实用的生活用具，而且是很好的工艺美术品。

科学由此萌芽，彼时人们掌握的科学知识有：

（1）人们掌握自然环境的特点，依据季节变化，选择背风朝阳和靠近水源的地方聚居。同时也掌握了一定的天文、历法、地理知识。

（2）对捕获物进行剥皮、割肉，积累了一定的解剖常识。

（3）发明人工取火，制陶时注意重心适称（尖底小口瓶），掌握了一定的物理知识。

（4）通过烧陶技术，掌握了一定的化学知识。

恩格斯说："科学的发生和发展一开始就是由生产决定的。"（恩格斯：《自然辩证法》）原始科学知识是与生产实践紧密结合的，生产劳动是科学的源泉。

### （四）母系氏族公社的精神文化生活

随着生产力的不断发展，不光人们的物质生活逐步得到改善，他们的精神生活也渐渐丰富多彩起来。就当时的原始艺术来说，除上面所提到的彩陶纹饰和绘画艺术外，还出现了雕塑艺术品。塑造的形象有鸟头、人面等。

考古工作者在不少遗址中发现环饰、璜饰、珠饰、坠饰、蚌饰、牙饰和发笄等饰品。这些饰品都制作得相当精细、美观，说明人们对生活有了审美要求。仰韶文化的陶埙、河姆渡的骨哨，都是有节奏的乐器。音乐的产生促进了舞蹈的发展。

在半坡等遗址中出土的彩陶钵口沿上，发现有各种各样的刻画符号，有100多个标本，50来个种类，如Ⅰ、Ⅱ、Ｔ、〗、↓、∀、Ｅ……这些符号，绝大部分是陶器烧制以前刻上的，有些是在使用过程中刻上的。这可能是当时人们用以记事的一种符号。我国古代有"结绳记事"和"契木为文"的传说，这些刻画符号与我国古代文字有密切关系，很可能就是我国古代文字的"始祖"。

当时的原始宗教，除"图腾崇拜"外，还表现在人死后的埋葬习俗上。当时的埋葬，有的在死者身上撒赤铁矿粉，有的有随葬品，说明那时的人们已经有了灵魂不灭的原始宗教观念，他们相信人死后和生前一样在另一个世界生活。儿童死亡后，盛行瓮棺葬，在盛着童尸的陶瓮口覆盖一个陶盆或钵，在盆或钵的底部钻一小孔。这种小孔可能是供"灵魂"出入的孔道。这些都说明当时人们有了灵魂不灭的宗教迷信观念。

母系氏族公社是氏族制度的全盛时期，它充分体现了原始社会的特点。①母系氏族公社实行生产资料公有制。氏族的土地、树林、草场、河流、家畜、住房，以及制造生产工具和陶器的作坊等都属于全氏族所有。②氏族成员集体劳动，互相协作，共同消费，过着平等的生活。③氏族成员死后都埋在公共墓地，随葬品也几乎没有差别。④氏族成员之间没有贫富差别和阶级对立，没有压迫和奴役，一切都按照集体意志和传统习惯办事，氏族内除了舆论外，不存在任何强制手段。当时的社会经济虽然较以前有所提高，但人们的生活条件仍然十分艰苦，并不是什么"黄金时代"。人们在这样的条件下，冲破自然界的种种障碍，把社会推向前进。

## 三、 父系氏族公社和原始社会的解体

从5000多年前起，我国黄河流域和长江流域的一些氏族部落，先后从母系氏族公社进入父系氏族公社时期。从现有的资料看，属于这个时期的文化遗存，有青莲岗文化、屈家岭文化、大汶口文化、龙山文化、良渚文化和齐家文化。

### （一）从母系氏族公社到父系氏族公社的转变

从母系氏族社会过渡到父系氏族社会，最根本的原因是男女在生产中所处的社会地位的变化。随着农业、畜牧业和手工业的发展，男子在这些生产部门中逐渐上升到主导地位，并逐渐排挤掉妇女劳动力，或者迫使她们成为附属劳动力。

由此产生的男女分工是男子从事生产，妇女从事家务劳动。例如山东泰安大汶口文化的120多座墓葬，多单人仰身直肢，凡头部有装饰品的，均随葬纺轮；头部无饰品的，多随葬农具。可见，男耕女织的分工到这时已经是相当普遍的现象了。妇女的家务劳动变成了一种私人的事务，同男子谋取生活资料的劳动比较起来已经失去了意义。这就决定了男女不平等的社会地位，决定了社会从母系氏族制度转变为父系氏族制度。

随着社会生产和家庭经济中男女所处地位的变化，财富逐渐转为各个家庭私有并且迅速增加，这是促使母权制向父权制过渡的社会根源。父系氏族社会的一个主要标志是按男系确定血统和父系的继承权。在母系氏族公社时期，财产是氏族共有，属于个人物品，数量不多。这些数量不多的个人物品，在物主死后，就落入同氏族人之手，也就是落入母方的血缘亲属之手。子女与父亲不属于同一氏族，对父亲的财物是没有继承权的。当男子成为社会财富的主要生产者之后，他们也就拥有了更多的私物，男子的权力和社会地位超过了女子，男子对私物的处理就有了更多的发言权。随着对偶婚（在一群妻子中有一个正妻；在一群丈夫中有一个正夫）的进一步发展，子女便知道谁是自己的父亲。子女迫切要求改变旧的继承权，由自己继承父亲的财产；父亲也愿意自己的子女继承自己的财产。但财产不能流出氏族。解决上述矛盾的办法是改变原来女子留在本氏族、男子出嫁的旧传统，让男子留在本氏族，由女子出嫁到男方氏族，随男方居住，血统关系按父系计算。这是人类历史上一次激进的革命运动，但又是在完全不自愿的状态下进行的一场革命。

父权制的确立和新的婚姻形态是相辅而行的，并借助新的婚姻形态而发展和完善起来。随着母权制过渡到父权制，对偶婚也转变为一夫一妻制。从墓葬制度看，过去那种迁移合葬墓和群男合葬、群女合葬的习俗已经消失了，代之而起的是单人埋葬制度，并出现了一对男女（夫妻）合葬墓，以及个别一男二女的合葬墓。这说明一夫一妻制或一夫多妻制的雏形逐渐出现。甘肃临夏秦魏家齐家文化的十余座成年男女合葬墓中，右边是男性，仰卧直肢；左边女性，下肢弯曲侧身向着男子。在甘肃武威皇娘娘台遗址，人们发现一男二女合葬墓，男的仰身直肢居正中，女的侧身屈肢位于左右两侧，皆面向男子。这表明男子已居于统治地位，女子则处于屈从依附的地位，成为为丈夫生育子女的工具。由于作为直接继承者的子女将来要继承父亲的财产，不育子女的婚姻可能会被丈夫解除，因而那时有的妇女往往崇拜男性生殖器造像，祈求获得生育繁殖的能力。这种由泥土塑造烧成的陶祖或雕刻成的石祖，在龙山文化和齐家文化的一些遗址里都有所发现，反映了当时崇拜男性和以男子为中心的现象。

为适应父权制下家庭生活的需要，住宅的构造发生了一些变化。这时多数房屋的面积有所缩小，大体上是跟一夫一妻制个体家庭的生活需要相适应的。也有前后两室的建筑，整个平面呈"吕"字形，两室之间的通道很窄，只能容一人通过。门开在外室的南边，很可能是一种没有分居的父系大家族的住宅。

从母权制过渡到父权制是"人类所经历过的最激进的革命之一"（恩格斯：《家庭、私有制和国家的起源》），它无疑是社会的一大进步。

### （二）父系氏族公社的经济

父系氏族公社的生产水平呈现出新的发展局面，主要表现在农业和畜牧业的发展，以轮制陶器手工业等为主要标志的整个工艺技术水平的提高和冶铜业的出现，农业、畜牧业和手工业之间的社会分工的扩大以及交换关系的发展，这些都为阶级社会的产生提供了物质基础。

**1. 发达的锄耕农业是父系氏族公社中主要的和基本的经济部门**

在农业生产中，男子代替了女子，直接推动了生产力的进一步发展。生产工具有了改进，大型的石斧、石刀、石锛等制造得更加锋利，大大地提高了人们砍伐树木、开拓荒地的效率。在大汶口晚期墓葬中出土了很多石铲、石锄、蚌锄，在庙底沟遗址，人们发现许多木叉的痕迹，在钱山漾下层出土了石铲、石犁、石刀和石制耘田器，还有木制的千篰等。石铲、石犁、木耒等耕作工具的使用，可以深翻土地和扩大耕地面积，疏松土地，改造土壤结构。犁耕农业的出现，有利于促进农业生产的进一步提高。石锄、蚌锄和石制耘田器、鹿角鹤嘴锄的使用，证明当时人们已重视田间管理的中耕活动。收割工具有石镰、蚌镰、牙镰及穿孔半月形石刀。

当时人们已懂得了人工灌溉，开始兴修水利事业。传说共工氏采取"壅防百川，堕高埋庳"（《国语·周语下》）的方法来治水，就是修筑堤坝，把高地挖低，将洼处填高，保证农田不受水淹，保证农业的收获。

在农作物方面，黄河流域仍以粟为主。长江流域则栽种水稻。如湖北京山屈家岭、江苏无锡仙蠡墩、浙江杭州水田畈和吴兴钱山漾等地遗址中，人们都曾发现当时的稻谷或稻壳及其痕迹，经鉴定有粳稻和籼稻。

由于农业生产的发展，食粮较以前丰富了，有了较多的储备，因此，各个村落都有大量的窖穴，且窖穴的体积有所扩大。值得注意的是，人们开始用粮食酿酒，陶盉和陶杯等各式各样酒器的出土证明了这一点。

**2. 畜牧业**

在农业发展的基础上，畜牧业也有了显著的发展。最突出的表现是饲养的动物种类增多。人们所说的"六畜"——马、牛、羊、鸡、犬、豕，它们的遗骨都在新石器时代的遗址中发现，经鉴定，这些动物都是驯养的动物。北方地区饲养了黄牛和马，长江流域饲养了水牛、鸭或鹅。可见畜牧业已从农业中分离出来，成为独立的经营部门，第一次社会劳动大分工便出现了。

### 3. 渔猎和采集经济

渔猎和采集并没有因为农业、畜牧业的发展而被排挤掉。它们作为人们谋取生活资料的一种补充手段，仍在发展。特别是在那些自然条件对渔猎有利的地方，它们甚至发展成为专业性的生产部门。在一些遗址里，人们发现了长约2米的木桨，还有陶、石网坠、木浮标、竹鱼篓，可见当时捕鱼业的发达。

### 4. 手工业

这一时期的手工业与农业进一步分离，成为独立的生产部门，这是历史上第二次社会劳动大分工。这种新的社会劳动大分工，从轮制陶器和冶铜的出现开始，逐步扩大到手工业的各个部门。

这时的制陶业，从陶器的制作、烧制技术到经营管理都发生了深刻的变化。制陶采用了快轮，快轮制陶是由专人转动一个圆盘状的操作台，制陶者利用陶轮急速旋转时的离心力加上双手的配合，把陶坯做成一定的器形。用这种技术制成的陶器，形状规则，厚薄均匀，数量和质量都有了显著提高。陶窑的构造也有了很大的改进，窑室扩大，火膛加深，火口缩小，支火道和窑箅孔眼数目增多，这样的结构能使热力集中，而且均匀。当时人们掌握了封窑技术，封窑使窑内温度增高，使窑坯中所含的铁素还原，因而烧出了质量很高的灰色、白色或黑色陶器。龙山文化的特点之一就是黑陶，因薄如鸡蛋，又称蛋壳陶。陶器的种类增多，器形复杂，而且各地都有自己的特点。这种发达的制陶技术，要求陶工长期固定，因此，制造陶器逐渐由氏族的共同事业转变为少数富有制陶经验的家庭所掌握的生产部门。

到了父系氏族社会后期，出现了金属加工业。这是当时人们的一项重大发明。在唐山大城山遗址，人们在武威皇娘娘台、临夏大河庄和秦魏家遗址中都发现了铜器，记有铜刀、铜锥、铜凿、铜环、铜匕等。1975年，考古工作者在甘肃永登县连城、山东胶县三里河发现了人工铸成的小型铜器。当时冶炼的是红铜，还没有加入铅、锡制成合金（青铜）。红铜的出现，突破了我国原始社会若干万年的制石工艺，是一个创造性的新工艺。制造铜器需要经过采矿、冶炼、锤击、制模、熔铸等一系列过程，比其他生产技术要复杂得多，更需要有专门技术的工匠来从事生产。于是，那些具有冶炼、制造技术的家庭就专门从事这项生产。冶炼技术的发明，为社会各生产部门的发展开辟了广阔的前途。

除了陶器、铜器制造两大手工业部门之外，其他如玉石加工、竹藤编织、纺织技术以及木制品等手工工艺也有很大的进步，不一一详述。

### （三）私有财产的出现和氏族公社的瓦解

（1）私有财产的出现，标志着原始氏族公社的瓦解。生产力的迅速发展，使生产有了剩余。剩余产品的出现，是私有制产生的物质前提，也是对他人剩余产品进行剥削的物质条件。氏族部落首领和少数家长利用担任公职的便利条件，开始把剩余产品据为私有，从而出现私人占有财产的现象。最初的私有财产主要是生产工具、生活用品和珍贵的装饰品。随着个体家庭能够独立进行农业生产和饲养家畜，私有财产的种类又增加了粮食、家畜和手工业产品。

根据青海乐都柳湾318座马厂期墓葬的统计，随葬品5件以下的墓葬有69座，占21.7%；随葬品6～30件的有186座，占58.5%；随葬品30件以上的有63座，占19.8%。随葬品多寡不均的现象说明私有财产和私有观念的出现。

由于个体劳动或个人经营的出现，生产资料和生产品也逐渐变为个人私有财产。私有财产逐渐增加，随之而来的是贫富的分化。恩格斯说："如果成员之间在分配方面发生了比较大的不平等，那么，这就已经是公社开始解体的标志了。"（恩格斯：《反杜林论》）从许多墓葬中随葬品的种类、数量、质量的悬殊上，可以看到贫富的分化。例如，在山东大汶口氏族公共墓中，随葬品有大量的象牙品、玉器、牲畜等，有的随葬品多达180件。可是有的墓中仅有一件，还有的甚至一无所有。有些墓葬，不但将日常使用的生产工具和生活用具作为随葬品，而且将牲畜也作为私有财产而随葬（见下表）。大汶口一座墓葬中出现了14块猪头骨。属于齐家文化的临夏大何庄一座墓中放了36块猪额骨，临夏秦魏家一座墓中猪骨多达68块。这些足以说明墓主人生前占有包括猪在内的大量财产。这是私有制出现的重要标志。

大汶口墓地中私人占有牲畜对比表

| 随葬品情况 | 墓数 | 百分比 |
| --- | --- | --- |
| 随葬猪头、猪下颌骨的墓 | 45座 | 34% |
| 一般随葬品的墓 | 80座 | 60% |
| 无随葬品的墓 | 8座 | 6% |
| 合计 | 133座 | 100% |

（2）由于生产工具的改进和劳动技术的提高，氏族成员集体共同劳动逐渐由个体劳动代替。一个个小家庭从父系大家族中分化出来，逐渐取代氏族而成为社会的基本经济单位，氏族逐渐瓦解。

（3）商品交换加速了氏族公社的瓦解。随着手工业和农业的分离，产生了以直接交换为目的的商品生产。传说颛顼时"祝融作市"（《世本·作篇》）；到尧舜时期，就"北用禺氏之玉，南贵江汉之珠"，对战败了的部落，则"散其邑粟与其财物，以市虎豹之皮"（《管子·揆度》）。这些都反映了那一时期交换发展的概貌。交换是私有制和社会分工的产物，反过来又推动了社会分工和私有制的发展，对原始社会向奴隶社会的转变起着催化作用。

（4）出现了奴隶和奴隶主。过去生产力低下，一个人的劳动所能生产的东西只能维持一个人的生活，所以捉住俘虏，一般都是把他们杀掉。随着生产力的提高和剩余劳动产品的出现，战俘被留下来，奴隶主强迫他们从事劳动，以榨取剩余产品。这些人如同牛马一样，成了主人的财产，是主人的"会说话的工具"，主人对其有生杀予夺的权力，主人死时往往用他们殉葬。这些人便是奴隶，主人便是奴隶主。在龙山文化、大汶口文化、齐家文化等遗址中，人们已发现杀殉的现象。大汶口 35 号墓是三人合葬，右为男子，左为女子，女子身旁还有一个幼童，随葬品主要放在男子身边。三人是同时埋葬的，男子是该墓的主人，女子和幼童可能是随葬的奴隶。在柳湾 M326 和 M327 两座三人合葬墓中，在两具仰身直肢葬的骨架中间各有一具侧身屈肢的骨架，一为成年男性，呈捆绑状，一为成年女性。观其姿态，是被杀殉和生殉的，可能是墓主人的奴隶。

奴隶主的来源，首先是原来只是氏族公社成员民主选举的氏族首领。随着私有财产的增加，他们把原来维护氏族公社共同利益的义务，逐步转化为氏族首领的权力。同时，也出现一部分显贵人物。这些显贵人物，大都是原来在氏族公社里担负一定特殊义务的人物，如氏族内的占卜之人，因其身份特殊，即依靠原始巫术，被视为"介于天人之间"的人物，自然地就形成了社会上的特殊人物。随着私有财产的不断增多，他们的权力也逐渐扩大，久而久之，便形成了脱离群众、脱离劳动的统治者和压迫者，这便是国家的起源。从此，原始氏族公社就彻底瓦解了，一个崭新的阶级社会——奴隶社会出现了，社会被划分为奴隶主和奴隶两大对抗阶级。

## 四、 我国古代的传说时代

前面所讲的"中国的原始社会"，主要用考古材料说明中国原始社会的产生、发展和衰亡的过程。下面讲讲文献记载的传说时代。

### （一）何谓传说时代

各国民族，在没有创造文字以前，他们的历史一般通过"口耳相传"的方式流传下来。待文字产生之后，人们才用文字记录当时发生的重要事情。但是，当时的记录通常是很简单的，所记录的不过是当时的重大事迹。至于把一切口耳相传的史实记录下来，当时人们还没有那样的能力，也没有那样的兴趣。而且文字的发展远远落后于语言的发展，当时的文字只能记事，不能记言，但当时重要的语言也会有一部分流传下来。到了文字更加丰富发展之后，人们才能详细记录事迹和语言。

在没有文字以前，人们通过"口耳相传"流传下来的历史时代叫作"传说时代"。我国殷朝甲骨文以前的时代，都可以称为"传说时代"。

由于传说时代的史料靠"口耳相传"保存下来，因此其可靠性比文字记载下来的史料差一些。教心理学的老师常常做一种试验：将学生赶到课室外面，仅留一人，跟他说一则简短的故事，完毕后叫第二个人进来，命第一个人向第二个人述说此故事；此后陆续叫第三个人、第四个人，以至于最末一人，命他们陆续向后进来的人述说听到的故事。最后可以发现，最后一个人所听到的故事同第一个人所听到的故事有相当大的区别。这个试验可以证明口耳相传的内容容易失真。而且当时神话很多，传说里面掺杂着神话。想在这些掺杂着神话的传说里面找出历史的真实是很不容易的。因此，任何民族历史开始的时候都是颇渺茫的、多矛盾的。

在对待古代传说上，有两种倾向：一种是把传说当作真人真事，进行烦琐的考证，结果是治丝益棼；另一种是对传说材料持全盘否定的态度。这两种倾向都是不对的。我们认为，中国远古的历史有相当一部分通过传说保留在古文献里。这些传说有一个共同的特点，就是那时的一些血缘氏族和部落集团，都分别出于各自的一个想象的祖先，而且这个想象的祖先又往往是神话式的人物。所以，传说里的氏族和部落一般都是从神话中引申出来的。透过这些神话，或者把这些神话仅仅作为氏族和部落的代号，仍然可以从传说材料中理出当时历史的一些头绪来。

### （二）中国古代传说中的氏族和部落

#### 1. 传说中的氏族和部落

早在 4000 年之前，大约相当于父系氏族公社时期或者略早一些，从黄河流域到长江流域，居住着许多氏族和部落。

（1）炎帝。传说最早的部落首领是炎帝，号神农氏。据说炎帝生于姜水，姜水在今陕西岐山以东，是渭河的一条支流。从渭河流域到黄河中游，是古代羌人活动的地方。所以，炎帝可能是古代羌人氏族部落的宗神。号神农氏，说明他们主要是从事农业的氏族部落。

传说中的炎帝后裔有四支：

①烈山氏。其子名柱，会种谷物和蔬菜，被奉为稷神。活动于今湖北的一些地方。烈山氏就是烧山种田的意思。

②共工氏。"共工氏之伯九有也，其子曰后土，能平九土，故祀以为社。"（《国语·鲁语上》）共工氏被奉为社神，主要活动于今河南西部伊水和洛水流域。

③四岳。据说四岳是共工的从孙。主要活动于今河南西部到陕西东部的山区。四岳是姜姓，后来发展为四个分支，即齐、吕、申、许。传说四岳的始祖为伯夷，伯夷是个祭山的官，也是山神。

④台骀氏，活动于汾水流域。此支文献不足，已不可考。

（2）太皞（昊）。传说中的太皞，比炎帝晚一些。太皞，号伏羲氏。据说，"伏羲作卦"已是父系氏族社会的事了。太皞是淮河流域的氏族部落想象的祖先。据记载，从黄河下游到江淮流域是东夷和淮夷活动的地方，共有九部：畎夷、于夷、方夷、黄夷、白夷、赤夷、玄夷、风夷、阳夷，合称"九夷"。传说太皞是风姓，应同九夷中的风夷有直接的关系。

传说中的伏羲为"蛇身，人首，有圣德"；"坐于方坛之上，听八风之气，乃画八卦"；"师蜘蛛而结网"；"作瑟，造《驾辩》之曲"；"制嫁娶，以俪皮为礼"；"取牺牲以充庖厨"。

（3）少皞（昊）。与太皞的传说相关联的是关于少皞的传说。"少皞之虚"在今山东曲阜县，其后裔主要活动于山东半岛，少皞氏以"鸟名官"，有凤鸟氏、玄鸟氏等。《左传》记载："少皞挚之立也，凤鸟适至，故纪于鸟，为鸟师而鸟名。"实谓百官即百鸟，少皞挚即百鸟之王。

（4）蚩尤。相传蚩尤是九黎的首领，九黎也可能是九夷，因此蚩尤属于夷人。蚩尤"兄弟八十一人"，当为八十一个氏族，是一支庞大的势力。"蚩尤作五兵：戈、矛、戟、酋矛、夷矛"，曾与黄帝作战（详后），作为战神出现在历史舞台上。

（5）皋陶。皋陶也是夷人，据说为偃姓。其后裔有英氏、六、蓼和群舒，他们都活动于江淮之间，今安徽六安、舒城一带。

（6）伯益。伯益也是夷人，据说为嬴姓。其后裔有徐、郯、莒、终黎、运奄、菟裘、将梁、黄、江、修鱼、白冥、蜚廉、秦、赵。他们活动于今山东及河南东南部一带。

（7）颛顼。颛顼也是夷人。按司马迁的说法，颛顼是高阳氏。传说"高阳氏有才子八人：苍舒、隤敳、梼戭、大临、尨降、庭坚、仲容、叔达"。所谓八子，当是八个氏族。

颛顼的后裔最著名者为祝融，意思是祭火神的官，即火正。据说祝融有八姓，即己、董、彭、秃、妘、曹、斟、芈。一说六姓，没有董姓和秃姓，并说这六姓是从始祖母的左、右肋下分别生出来的。这支部落最早活动于黄河北岸，后来受蚩尤战败的影响而南迁，到今河南新郑一带。

（8）帝喾。帝喾同颛顼是近亲关系。按司马迁的说法，帝喾是高辛氏，也有八个氏族。"高辛氏有才子八人：伯奋、仲堪、叔献、季仲、伯虎、仲熊、叔豹、季狸。"这八个氏族中，前四个氏族为一个胞族，后四个为一个胞族，来源于两个姐妹氏族。

据说，帝喾名俊，也就是传说中的帝舜，其后裔著名者为有虞氏，当在今河南虞城县一带。相传商朝的始祖契也是帝喾的后裔。

（9）三苗。在江、汉之间活动的有三苗，可能是三个部落。其中有一个部落首领名驩兜，也写作驩头。因被黄帝打败，一部分人逃入西北方向的山岭中，因而有舜"窜三苗于三危"（在敦煌东南二十里）的传说。还有一部分人可能向东南方向逃走了，所以说"三苗氏，左洞庭，右彭蠡"。

（10）黄帝。当夷人和姜人的一些氏族和部落活动于黄河流域的时候，有一些氏族和部落在我国北方发展起来。传说中的黄帝，就是这些氏族部落想象中的祖先。传说黄帝号有熊氏，又号轩辕氏（即天鼋），也号缙云氏。相传黄帝同蚩尤和炎帝作战的时候，曾经训练熊、罴、貔、貅、貙、虎六种野兽参加战斗。这实际上是以野兽命名的六个氏族，它们共同组成了一个部落。黄帝为有熊氏，说明有熊氏族在这个部落中居于首位。

这支部落南下到达黄河流域之后，逐渐发展壮大。据说"黄帝之子二十五宗，其得姓者十四人，为十二姓：姬、酉、祁、己、滕、箴、任、荀、僖、姞、嬛、依是也"。十四人得十二姓，原因是其中各有两人同姓。这十二姓中，有些已不可考。其中，比较突出的有姬、祁、任、姞四姓。

祁姓，有传说中的陶唐氏，即唐尧所属的氏族部落。陶唐氏原在今河北省的一些地方，到尧时迁到今山西南部汾水流域，其后裔建立唐国，后为周成王所灭。还有一支继续南下到达汉水流域，并在那里建立了一些国家，所以有尧子丹朱伐三苗到丹水的传说。

姬姓，相传是黄帝的嫡系，其迁移和陶唐氏有相同的地方。如后来的北燕国，姬姓，其中心在今河北北部。又有一些姬姓国家，在今山西南部和陕西东部。还有"汉阳诸姬"，已到达江、汉流域。到了周代，姬姓这一支达到鼎盛。

任姓的后裔有谢、薛、章、舒、吕、祝、终、泉、毕、过。

姞姓的后裔有密须、南燕，都散居在黄河流域。

值得注意的是，这十二姓中有一些戎狄。如骊戎是姬姓；狐戎是姬姓；白戎中的鲜虞，后来建立中山王国，也是姬姓。白狄中还有酉姓。

传说中的黄帝后裔还有夏后氏，姒姓，也是戎人。最初活动于河套地带，后来沿黄河南下到今河南西部地区。这一支戎人，据司马迁说，有夏后氏、有扈氏、有男氏、斟寻氏、彤城氏、褒氏、费氏、杞氏、缯氏、辛氏、冥氏、斟戈氏。这些也许是夏部落的十二个氏族。

### （三）华夏族的形成

民族不是从来就有的，而是有一个历史发展过程。人类社会由氏族发展到胞族，由胞族发展到部落，由部落发展到民族。华夏族正是上面所说的姜人、夷人、戎人、狄人、苗人、蛮人等许多部落和联盟不断融合而成的。在华夏族形成的过程中，传说有三次大规模的部落战争。

　　第一次是共工与蚩尤的战争。战争的双方，一方是炎帝部落的一支共工氏；另一方有的说是蚩尤，有的说是颛顼或其后裔祝融，有的说是高辛氏即帝喾，总之是夷人部落的一个首领。由于蚩尤从东向西发展，夺取共工部落的土地，共工氏"振滔洪水"，损害了夷人部落的利益，双方发生了激烈的战争，"战于涿鹿之阿"。"涿鹿之阿"在今太行山东侧，"阿"就是山麓的意思。战争的结果是共工失败，共工的九个氏族居住的九块地方全被蚩尤攻占了。据说共工"怒而触不周之山，天柱折，地维绝。天倾西北，故日月星辰移焉；地不满东南，故水潦尘埃归焉"。天歪地斜，可见战争的激烈程度。共工氏在不利的情况下，"乃说与黄帝"，即向黄帝求援，与有熊氏结成联盟，共同对抗蚩尤。

　　第二次是黄帝和蚩尤的战争。据说"蚩尤作兵"，武器较好，黄帝开始处于守势。黄帝"使应龙蓄水"，抵挡蚩尤。蚩尤请来了风伯雨师，"天大晦冥"，雷电交作，冲破了应龙的水阵。黄帝在危急关头又请来旱神女魃，天气放晴，最终把蚩尤打败了。黄帝擒杀蚩尤于冀州之野。黄帝的先锋追到今山东一些地方，所以有黄帝"封泰山，禅亭亭"的传说。黄帝追杀蚩尤后，据说"命少皞清正司马鸟师"，意思是让少皞统领夷人各部，大概是二者结为联盟了。

　　第三次是黄帝和炎帝的战争。蚩尤战败之后，接着黄帝、炎帝的联盟破裂，二者发生了一次激烈的战争，因为这时"炎帝欲侵陵诸侯"，争夺盟主地位。可是，"诸侯咸归轩辕"，被黄帝争取去了。黄帝"与炎帝战于阪泉之野，三战，然后得其志"。阪泉据说在今河北。这次战后，传说中的黄帝后裔即向南发展，进入黄河流域，后来又到江、汉流域。在南迁过程中，又打了许多仗，据说"五十二战而天下咸服"，大概同炎帝后裔结为联盟了。

　　在古代传说里，许多发明创造，如衣服、舟车、文字、历法等，都归功于黄帝。黄帝越来越具备帝王形象。其实，黄帝不过是人们想象中的人物。但是，这种想象反映了黄帝后裔南下大发展的历史作用和意义。

　　这些氏族部落南迁之后，很快由游牧或半游牧生活过渡到农业定居生活，这对他们本身来说，是一次巨大的进步。同时这促进了各部落内部农业、手工业和畜牧业的分工以及各部落之间的分工和交换，促进了氏族部落的分化和改组。原来各不相同的氏族部落之间，不仅交错居住，互相通婚，而且有时因某种需要结为联盟。这一切打破了他们原来的氏族部落的界限，跨出了形成民族的第一步。自此以后，他们融合为华夏族，黄帝成为华夏族的始祖。华夏族不断与周边民族融合，像滚雪球一样越滚越大，逐渐形成汉族。所以后世把黄帝奉为始祖，自称"炎黄世胄""炎黄子孙"。

　　因为传说黄帝是中华民族的始祖，后人为了纪念黄帝，各地都作墓冢以示纪念，今陕西、河南、河北、甘肃等地都有这类墓冢。坐落在今陕西延安南部的桥山之巅的"黄帝陵"就是其中的一处。关于此处黄帝陵的修建，有这样一个传说：黄帝有一天出巡到今河南一地，突然，乌云翻滚，一条黄龙从天而降，对黄帝说："陛下的使命已经完成，请归天吧！"黄帝不得已，只好跨上龙背。当黄龙飞到桥山时，黄帝怀念百姓，请求黄龙下降。百姓听说黄帝要驾云归天，纷纷围住他，有的握住他的鞋子，有的抓住他的衣带，苦苦挽留。但在黄龙的催促下，黄帝只好把衣冠留下，与百姓哭别。人们为了铭记黄帝的恩德，就把他的衣冠葬在了桥山，黄帝陵就这样修建起来了。

史载，自汉以来的历代帝王，在清明节期间，都派祭陵钦差前来祭扫黄帝陵。

1937年清明节，中华苏维埃共和国临时中央政府派林伯渠为代表，在黄帝陵前举行隆重的祭扫典礼，毛泽东同志亲笔写了祭文，高度赞扬了轩辕黄帝开创文明古国的丰功伟绩，也热情歌颂劳动人民刻苦耐劳、勤劳勇敢、不畏强暴、反抗外侮的精神。

现在的桥山黄帝陵山清水秀，景色宜人，是著名的旅游胜地，被列入国家级重点文物保护单位。

**附："中华"一词的由来**

"中华"是中国的称号。中国古代华夏族（或单称为"华""夏"）活动于黄河流域一带，在古人的观念中，黄河流域处于东、南、西、北四方之中，因而把华夏族活动的地区称为中华。所以"中华"最早的意思就是指华夏族活动的黄河流域一带，也称为"中原""中土""中州""中夏""中国"等。之后，随着我国各王朝的疆土不断扩大，凡王朝所统辖的领土，皆称为中华，所以"中华"变成了中国的称号。

（四）地域性的部落联盟首领尧、舜、禹

传说为黄帝后裔的氏族部落在进入黄河流域后，逐渐同夷人部落和羌人部落结成新的部落联盟。这种部落联盟超出了原来血缘关系的界限，按地域互相结合，是氏族社会转到国家的过渡形态。

部落联盟由参加联盟的各氏族部落的首领组成联盟议事会。部落联盟的首领由议事会推举产生，传说中的尧、舜、禹就是这样产生的部落联盟首领。

尧时洪水为患，尧在联盟议事会上提出治水人选的问题，要大家讨论。大家推荐了鲧，尧一开始比较反对，但大家说试了不行再说，最后尧同意大家的意见，让鲧来治水。

尧年老时，在联盟议事会上提出继任人选的问题，大家都推荐了舜。据说："历山之农者侵畔，舜往耕焉，期年甽亩正。河滨之渔者争坻，舜往渔焉，期年而让长。东夷之陶者器苦窳，舜往陶焉，期年而器牢。"于是，舜继承了尧的位置。

舜继位之后，采取多种措施，其中重要的一项是用禹治水。鲧治水九年，用堵塞的办法防治水患，没有效果。后鲧被舜放逐而死。舜任用鲧的儿子禹治水。禹花了十三年的时间，三过家门而不入，改用疏导的方法，治理了水患。他还开垦土地，发展农业生产，"身执耒锸，以为民先"，带头劳动，小腿上的毛都被磨掉了，因此后人都歌颂禹的历史功绩。

由于禹治水成功，当舜在联盟议事会上提出继任人选问题的时候，大家推举了禹。

禹继位之后，生产进一步发展，贫富分化出现，禹成为名副其实的国王，号令天下。禹建都阳城，在今河南登封东南；后迁阳翟，在河南禹县（今禹州市）。

禹年老时，也曾在联盟议事会上提出继任人选的问题，大家选举了皋陶；因为皋陶很快就死了，于是又举荐伯益。但禹在暗中却培植他儿子启的党羽和势力。禹死后，启夺取了禹原来的职位。自禹传位于启，建立夏王朝，中国历史上开始了"家天下"的局面，原始社会转变成为阶级社会。

## 五、 我国远古文化的特点

我国幅员辽阔，东到台湾，西到新疆、西藏，北到黑龙江，南到南沙群岛，在境内发现了多处原始社会的遗址，说明我国是人类主要发祥地之一，是世界上历史最悠久的国家之一。我国远古历史有下列几个特点。

第一，中华民族有悠久的、连续发展的历史。

考古资料表明我国历史具有明显的发展连续性。这在旧石器早、中、晚期的遗址得到体现，如在陕西大荔县沙苑等地发现了中石器时代遗址，江西万年县仙人洞和广西桂林甄皮岩等地发现了新石器时代早期的遗址，新石器中期以后的遗址更是星罗棋布。

新石器时代仰韶文化的发展序列：

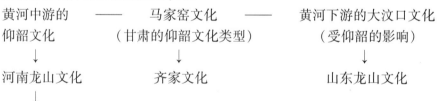

说明我国的远古文化是土生土长的，是连续发展起来的。这是对帝国主义鼓吹的"中国文化外来说"的有力回击。

第二，各地文化有自己的特点。

由于生产力低下，人们的生活受到自然条件的制约。人们因地制宜，就地取材，创造性地发展了本地区的原始文化，所以各地区的原始文化均有自己的特点。例如黄河、长江流域都从事农业生产，但黄河流域以种植耐旱的粟为主，长江流域则以栽培水稻为主，他们饲养的家畜、家禽也有一定的差异。在辽东半岛、山东半岛及其沿海一带，人们除从事农业之外，也进行频繁的采集和渔猎活动，所以在那里发现有贝丘遗址。东南和岭南地区出土的有肩石斧、有肩石铲、有段石锛等，是当地特有的文化遗物。从东北到内蒙古、宁夏、新疆的某些地区，有许多细石器文化遗址，这是游猎和畜牧部落的遗址。丰富多彩的各地原始文化反映了中华民族的祖先具有惊人的创造力。

第三，各地区原始文化有密切的联系，互相影响，不断融合，为我国统一多民族国家的形成奠定了基础。

虽然各地文化有自己的特点，但亦有很多一致性。例如黄河、长江流域各部落从事以农业为主、家畜饲养为辅的生产活动。而这些文化特点也为其他地区所吸收。如长城以北地区原来以狩猎和游牧为主，后来受中原农业部落的影响，也发展了农业，实现了定居。又以彩陶来说，最早的遗址是在中原地区发现的，然后逐渐向西发展，越往西北，彩陶的年代越晚，说明彩陶是经过甘肃东部的河西走廊传到西北去的。新疆出土的彩陶年代更晚，说明先进的中原文化对西北地区有重要影响。这给"中国彩陶文化西来说"以有力的反击。

台湾出土的有肩石斧、有段石锛、磨光黑陶和彩陶，与东南沿海诸省出土的同类器物如出一辙，说明台湾与大陆自古以来有密切的联系。

大量事实说明，自古以来，我国边疆地区就与中原地区发生了紧密联系，他们互相影响，取长补短，不断前进，共同创造和发展了中华民族的远古文化。悠久灿烂的原始文化为我国统一多民族国家的形成奠定了基础。

第二编　奴隶社会

# 第一章　奴隶制国家的建立——夏代

（公元前 21—前 16 世纪）

## 一、　关于中国奴隶社会始于何时的问题

### （一）夏代以前说

这一派意见主要依据考古资料，认为夏代之前的龙山文化已发现不少阶级对立、贫富分化的实例。其中以山东大汶口文化最为明显。唐兰认为大汶口文化"是从氏族社会进入奴隶制社会的初期建立的奴隶制国家"，"中国历史还是应该从黄帝开始，中国有六千年左右的文明史"。

### （二）夏代以后说

这一派意见着眼点主要集中在商代。范文澜在《中国通史简编》（修订本）第一编中说："不能把夏朝看作奴隶国家已经完全成立，只能看作原始公社正在向奴隶制国家过渡。""商正是奴隶制度占主要地位的时代。""夏是国家机构逐渐形成的朝代，商是国家机构已经形成的朝代。"金景芳也有类似看法。

### （三）夏代说

这一派多将夏、商、周三代作为一个统一的社会形态来考虑。郭沫若说："我们在这样的认识上来看问题时（按：指根据斯大林同志对奴隶社会和封建社会的定义来看问题），夏、殷、周三代的生产方式只能是奴隶制度。"

## 二、　夏代是中国奴隶社会的开始

### （一）文献所记夏代前后的社会变化

夏代前后社会发生了很大的变化，《孟子》《庄子》《吕氏春秋》《礼记》《淮南子》都有记载。而讲得最清楚的是《礼记·礼运》篇，现抄录如下：

> 大道之行也，天下为公，选贤与（尊重）能（酋长公选），讲信修睦

（和平）。故人不独亲其亲，不独子其子。使老有所终（养老），壮有所用（工作），幼有所长（抚育），鳏（老男无妻）、寡（老女无夫）、孤（幼儿无父）、独（老人无子）、废疾（残废）者皆有所养。男有分（职业），女有归（婚姻不失时）。货恶其弃于地也，不必藏于己（生产所得共同所有）。力恶其不出于身也，不必为己（各尽所能）。是故谋闭而不兴（不欺诈争利），盗窃乱贼而不作（不掠夺），故户外而不闭（没有私有财产，不用关大门），是谓大同。

这里描绘了一幅没有私有财产、没有阶级、没有人压迫人的原始社会景象。

而《礼记·礼运》篇在叙述夏代以后的情况时，与此截然不同，是另一番景象：

今大道既隐（原始公社制度解体），天下为家（变共有为私有），各亲其亲，各子其子，货力为己（财产私有），大人世及以为礼（子孙继位，认为当然），城郭沟池以为固（保护财产），礼义以为纪（制定礼教和法律），以正君臣，以笃父子，以睦兄弟，以和夫妇，以设制度（阶级制度），以立田里（划分疆界，土地私有），以贤勇知（养武人谋士作爪牙），以功为己（谋个人利益），故谋用是作而兵由此起（争夺及革命不可避免），禹、汤、文、武、成王、周公由此其选也（统治阶级的圣人）……是谓小康。

很明显，上面所描述的是夏代前后两种不同社会的情况，一个属于原始社会，一个属于阶级社会。夏代正是阶级社会的开始。

## （二）夏代建立了国家政权

### 1. 世袭王朝的建立标志着国家的形成

国家的基本成分是官吏、军队、监狱、刑法等。国家形成的标志是什么？就中国历史而言，可以这样说，世袭王朝的确立，是国家政权形成的标志。王朝就是政权，每个王朝必须具备军队、官吏、监狱、刑法等。因此，中国历史上的世袭王朝，它的本质就是国家政权。夏朝的出现，标志着国家政权的形成，标志着中国奴隶制度的开始。

### 2. 夏代的国家机构

研究夏代的国家机构，比较完整的文献只有《尚书·甘誓》。这是夏启即位以后，与有扈氏大战于甘的一个誓师词，其中反映了有关夏代的军队、刑罚和官僚机构情况。

（1）夏代设有各种官吏。据文献记载，可以梳理出如下一些官吏名称：

王：最高统治者。

六卿：地位很高，能参与国之大事。

正：官吏的通称。"三正"泛指诸大臣、官长。

御：战车上的驾马者。

太史令：车正、牧正、庖正。

（2）《尚书·甘誓》记载夏代军队作战情况：

> 左不攻于左，汝不恭命；右不攻于右，汝不恭命，御非其马之正，汝不恭命。

古代实行车战，宋人蔡沈在解释《甘誓》此段文意时说：

> 古者车战之法，甲士三人，一居左以主射，一居右以主击刺，御者居中，以主马之驰驱也。

（3）夏代的刑罚。《左传》昭公元年："夏有乱政而作禹刑。""禹刑"就是刑罚。具体刑罚还不清楚，但《尚书·甘誓》说："用命赏于祖，不用命戮于社。""戮"即杀戮，这显然是刑的内容。

（4）夏代的监狱，名曰夏台。《史记·夏本纪》载：夏桀时"乃召汤而囚之夏台"。《索引》曰："狱名。"

### （三）考古学方面的观察

**1．夏代以前的考古学文化**

夏代以前的考古学文化有齐家文化、河南龙山文化、大汶口文化、山东龙山文化。从生产力发展水平看，当时人对人的奴役现象明显，说明社会上存在着贫富不均、人压迫人的奴役关系，私有财产已出现。

**2．探索中的夏文化**

二里头文化至少有几点反映了当时已进入阶级社会。

（1）宫殿建筑的出现。

（2）存在一些非正常死亡的墓葬和乱葬坑，死者显然是被残害而死。

（3）出现了各种青铜器，如爵、镞、钺、刀等。

## 三、 夏朝简史

### （一）夏的先世——鲧和禹的传说

#### 1．鲧的世系

夏代的世系，在禹以后比较清楚，在禹以前只能追溯到鲧。如果从鲧再往前追溯，则均是神话中的人物，难以视为信史。

《世本》："颛顼生鲧，鲧生高密，是为禹也。"

《史记·夏本纪》："禹之父曰鲧，鲧之父曰帝颛顼，颛顼之父曰昌意，昌意之父曰黄帝。"

从这些记载看，鲧之父是颛顼。而颛顼就是神话传说中的著名人物。

#### 2．鲧治水的传说

文献记载，在古代，有相当长一段时间洪水为害。鲧和禹父子二人都有治水的传说流传下来。鲧与尧、舜同时。尧命鲧去治水，九年"功用不成，水害不息"，鲧治水失败了。据说鲧治水，是用"障"和"堙"，即用堵塞的方法治理洪水，后鲧治水失败而被殛死。《国语·鲁语上》："鲧障洪水而殛死。"韦昭注："鲧，颛顼之后，禹之父也。尧使治水，障防百川，绩用不成，尧用殛之于羽山。"

#### 3．鲧筑城

鲧的另一个传说是"筑城"。此事主要见于《世本》："鲧作郭""鲧筑城""鲧作城郭""鲧置城郭"。

#### 4．鲧之死

关于鲧是怎么死的，比较普遍的说法是因治水失败，被尧（或曰舜）殛死于羽山。这恐怕不完全是事实。据《韩非子·外储说右上》和《吕氏春秋·恃君览·行论》记载，因为鲧反对尧把天下让给舜，而自己要夺得权势，"欲得三公"（《吕氏春秋·恃君览·行论》），最后被殛死于羽山。鲧因政治斗争失败而被杀比较接近历史的真实。

#### 5．大禹治水的传说

禹在历史上的主要功绩就是治水，这一传说流传很广。《孟子》《尚书》《墨子·兼爱中》《禹贡》把中国的名山大川都说成是禹治水导致的，这是不可信的。因为根据当时的生产力水平，不可能开展这么大规模的水利工程。

徐旭生考证，禹所治的水并不大，只是一条小水，名曰"芝水"，其地在今河南辉县附近。但文献记载当时的洪水是相当大的，"浩浩滔天""泛滥于中国"，这绝不是一条小水所能造成的局面。类似这样巨大的洪水，除黄河为患之外，无以挡之。《汉书·沟洫志》说："河乃大禹之所导也。"这里所说的"河"，即黄河。因此禹导黄河而治平水患，是古代通行的说法，也是比较合理的说法。

**6. 禹娶于涂山与葬于会稽**

今山西、河南、安徽、四川、浙江等省都有关于禹的传说，这个现象给我们的研究带来了一系列问题：禹的活动地区在哪里？禹娶于涂山与葬于会稽的说法与此关系很大。涂山、会稽二地在何处，迄无定论。

## （二）尧舜禹禅让说

尧舜禹禅让的故事，是中国历史上著名的传说。对此，信者自信，疑者自疑。大多数人都肯定禅让这段历史的存在。彻底否认禅让这段历史的，是20世纪30年代的"古史辨派"。顾颉刚著的《禅让传说起于墨家考》认为禅让说是墨家的伪造。我们认为文献有关禅让的记载有重要的史料价值。它说明世袭制不是从来就有的，世袭制建立之前要经过一番禅让，这种"禅让"是从推选制过渡到世袭制的表现形式。

## （三）夏王朝的建立

**1. 夏启建国**

启是禹之子，益是和禹同时期的人。启和益为了争夺王位而进行过斗争。但儒家对启和益之间的关系，常常用"禅让"说加以描绘。实际上他们之间斗争得很厉害。《竹书纪年》说："益干启位，启杀之。"启即位后，建立了世袭王朝，史称夏王朝，启是夏王朝的第一个君王。

**2. 后羿代夏与夏王朝的重建**

启晚年生活日益腐化。启死后，其子太康继位。太康也是一个沉湎于酒食声色之中的国王。夏王朝自太康以来，日益衰弱。这时夏与夷族关系日益紧张。夷族有穷氏首领羿（不是射九日之羿）推翻太康，"羿废太康而立其弟仲康"。仲康死，羿赶跑了仲康之子相，自己正式当了君王，这就是"后羿代夏"。但后羿"恃其射也，不修民事，而淫于原兽"（《左传》襄公四年），醉心于游猎活动。寒浞杀羿，取而代之，担任了国王。寒浞派人杀死逃亡在外的仲康之子相，相妻外逃。后相妻生少康，少康长大后夺回了王位，史称"少康中兴"。

**3. 夏王朝的灭亡**

少康死后，其子杼即位。杼是一个有作为的君王，为夏王朝的巩固做出了贡献。

夏王朝到了后期，自孔甲开始，统治者日趋腐化淫乱，夏王朝逐渐走向衰落。《国语·周语下》："孔甲乱夏，四世而陨。"孔甲传四世，即夏代最末一个君王夏桀。此时夏政权已面临灭亡的局面。

夏末主要有两方面的问题：一是国内的阶级矛盾；二是与其他部落的矛盾。

夏桀时，统治阶级内部十分混乱，"君臣乖而不亲，骨肉疏而不附"，反映了统治阶级离心离德的情形。人民生活很困苦，"小人无兼年之食，遇天饥，妻子非其有也"。

夏桀却纵情享乐，以淫乱之君载入史册。史载他"为虐政淫荒""暴戾顽贪"。刘向《列女传·夏桀末喜传》：

> 桀既弃礼义，淫于妇人，求美女积之于后宫，收倡优、侏儒、狎徒能为奇伟戏者，聚之于旁。造烂漫之乐，日夜与末喜及宫女饮酒，无有休时，置末喜于膝上，听用其言。昏乱失道，骄奢自恣，为酒池可以运舟……醉而溺死者，末喜笑之以为乐。

夏桀宠爱末喜（又称妹喜）之事，史书记载甚多，《帝王世纪》云："末喜好闻裂缯之声而笑，桀为发缯裂之，以顺适其意。"

统治者的奢侈腐败，加剧了阶级矛盾。由于夏桀"自比于日"，因此人民咒骂他"时日曷丧，予及汝皆亡"。

此时，夏与周围方国和部落的矛盾日益加深。夏桀四处征伐，引起各部落的反抗。

这时东方的商族，在商汤的领导下，逐渐强大起来，并积极做灭夏的准备。夏王朝内部的一些臣僚由于对夏桀不满，纷纷投奔商汤。商汤起兵灭夏，夏桀毫无准备，仓皇逃去，被围于鸣条（今河南封丘东）。商军全歼夏军于鸣条，夏桀逃奔，死于南巢。夏王朝灭亡。

夏代共经历了四五百年时间，从公元前21世纪至公元前16世纪。据《竹书纪年》，夏代包括羿和寒浞在内，"有王与无王，用岁四百七十一年"。

夏代世系：

（一）夏的先世：鲧—禹

（二）夏代世系：

启[1]—│太康[2]

│仲康[3]—相[4]—少康[5]—杼（予、宁、伫）[6]—槐（芬）[7]—芒（荒）[8]—泄[9]

│不降[10]—孔甲[13]—皋（昊）[14]—发（敬）[15]—履癸（桀）[16]

│扃[11]—廑（胤甲）[12]

**附：关于夏文化的讨论**

1. 以辽西东山嘴、牛河梁为中心的"红山文化"

（1）1979年5月，考古学者在辽宁西部的喀喇沁左翼蒙古族自治县东山嘴村发现一处原始社会末期的大型石砌祭坛遗址。

（2）1983—1985 年，考古工作者在相距 50 公里的建平、凌源两县交界处的牛河梁村发现一座女神庙、数处积石大冢群，以及一座面积约 4 万平方米类似城堡或方形广场的石砌围墙遗址。经碳十四测定和树轮校正，这些遗址距今已有 5000 多年。

先后出土下列文物：

①母系氏族社会的象征物——陶质妇女裸体小塑像（雕塑）。这类小塑像，国外旧石器晚期至青铜器初期曾多次发现，被称为"早期的维纳斯"。

②和真人尺寸相等的女神彩塑头像，以及一批大小不等的泥塑女性裸体像残块，其中一些残体尺寸相当于真人尺寸的三倍。

③成批磨制的动物形玉饰、石饰，尤为引人注目的是出现了龙形玉饰。

④大量供祭祀用的具有红山文化特征的陶器，其中有造型特异的镂空花纹熏炉盖，还有堪称"彩陶王"的胎厚达 1.3 厘米的彩陶大器残片。

（3）东山嘴、牛河梁红山文化遗址可以说是上古时代的一个神秘王国。坛、庙、冢布局范围约有 50 平方公里，这种"三合一"的规模，有点像北京的天坛、太庙和明十三陵。祭坛遗址内有象征"天圆地方"的圆形和方形祭坛，建筑布局按南北轴线分布，注重对称，有中心和两翼主次之分；女神庙有主室和侧室，泥塑残块证明有体魄硕大的主神和众星捧月的诸神；积石冢群都在山顶和小山包上，具有山陵性质，冢群中心是大墓，周围有很多陪葬的小墓，墓中有的完全没有或仅有少量随葬品，有的则随葬大型精美玉器，从中可以看出氏族成员的等级分化相当严重，已具"礼"的雏形。这一切足以说明在这里活动的原始先民已脱离了对自然崇拜、图腾崇拜的低级阶段，而进入高一级阶段的文明社会了。这样大规模的建筑，应属于一个超越于部落之上的联盟组织。

这一发现十分重要，中国考古学会把它摄制成纪录片，片名暂定为《红山文化的坛、庙、冢——五千年中华文明的曙光》。

这一发现说明：

第一，5000 年前这里曾存在一个具有国家雏形的原始文明社会。这一重大发现使中华文明史提前了 1000 多年，为中华文明起源问题提供了新线索。

第二，我国传统史学一向认为黄河流域是中华民族的摇篮，但象征中华 5000 年文明的坛、庙、冢却首先发现在山海关外的辽西地区，所以著名考古学家苏秉琦认为，30 年来考古发掘的成果，证明我国史前期存在着两个大文化区系，即"中原古文化"区和"北方古文化"区（由红山文化和河套文化组成）。这两种文化既有共性又有个性，不能把"北方古文化"看成"中原古文化"衍生的一个支系或地方变体。

这一发现具有里程碑意义。

（《光明日报》1986 年 7 月 25 日版）

2．二里头文化

（1）文化命名、年代分期与特征。

二里头文化是指在河南偃师二里头等地发现的一种介于龙山文化和早商文化之间的古代文化。

早在 1953 年，考古工作者就曾在登封王村和郑州洛达庙发现二里头文化的陶器。1954 年，考古工作者在洛阳涧河东岸的东干沟也发现了这种文化遗址。1956—1959 年，人们先后在洛达庙、东干沟和二里头进行了发掘。由于对这种文化的认识很不一致，因而命名各异，如"洛达庙类型文化""东干沟文化""早商文化""夏文化""先商文化""二里头类型文化"，等等。在同类文化遗址中，偃师二里头遗址范围最大，堆积最厚，文化遗迹和遗物也最丰富，因此暂时命名为"二里头文化"较合适。

二里头文化分布的中心地区是在河南西部。这一带迄今已发现几十处遗址，其中经过发掘的有郑州洛达庙、旮旯王、董砦、上街，洛阳东干沟，偃师二里头、灰嘴，巩县（今巩义市）稍柴村，临汝煤山和陕县七里铺等处。此外，在豫东、陕东、晋南地区以及湖北境内也有发现。

从郑州商城、旮旯王、董砦和临汝煤山等遗址的层位关系可知：二里头文化层压在河南龙山文化层之上，而又被二里岗早商文化层所压。这样，可以确定二里头文化的相对年代晚于河南龙山文化，早于郑州的早商文化。那么二里头文化的绝对年代早于商代，而属于夏代的年代范围。

二里头文化原来划分为四期，实际上也可以把它分为两大期——一、二期为早期；三、四期为晚期。

二里头文化的主要特征是陶器中鼎、鬲相对较少，而以夹砂中口缸为主要炊器。瓦足簋、平底盆、绳切纹小罐、研磨器等为常见器形。盉、爵、盉等酒器比较流行。生产工具中，石铲和石镰大量使用，也有小件青铜工具。卜骨大都有灼而无钻。

从文化特征看，二里头文化早期是由河南龙山文化发展而来；而它的晚期，则与郑州的早商文化非常接近。这样，二里头文化把河南龙山文化和郑州早商文化连接起来，为解决夏文化问题提供了可寻的线索，也有人就把这种文化称为夏文化。

（2）青铜器的铸造与使用。

二里头文化已进入青铜时代。据电子探针方法定量分析的一件铜爵，含铜 92%，锡 7%，已知是青铜。这是我国中原地区目前发现的最早的青铜器。

二里头文化的青铜器中，有工具、武器和礼器。前者多出自遗址，后两者多出自墓葬。工具如小刀、钻、锥、凿、锛以及鱼钩等。武器如镞、戈、钺等。礼器（空体器、容器）如爵、铃等。

（3）墓葬材料反映的社会阶级对立。

已发表的墓葬材料有60座（以骨架计算），其中以二里头的材料比较集中。依其埋葬情况，可分三类：

第一类：只有三座。墓室为长方形竖穴，其中一座面积为2.9米×1.77米。都用大量的朱砂铺底，朱砂之下垫有席子。可能有棺有椁。此二墓均被盗，有一座残存玉柄饰、绿松石等。墓主可能属于贵族阶级。

第二类：约20座，墓室面积约为第一类墓的1/5或1/3。葬式多为仰身直肢。随葬品多者达21件，少者1件，其中主要是陶器。墓主可能是自由民。

第三类：无一定的墓圹，而是散见于灰坑和灰层中的骨架，共30余副。个别与兽骨埋在一起，都无随葬品。有的身首异处，或只有头骨和零星的肢骨，很可能是战俘或奴隶。

（4）国家政权的象征——宫殿建筑的出现。

二里头文化的房基有三种：

①半陷入地面的小型房基。

②地面上的中型房基。

③大型宫殿建筑群基址，在二里头遗址中部发现一处，时代属于二里头晚期偏早。这座廊庑形式的建筑群由堂、庑、门、庭等单体建筑所组成，布局严谨，主次分明，基本上具备了宫殿建筑的特点和规模。

宫殿建筑是一批从社会中"分化出来管理他人并为了管理而系统地一贯地掌握着某种强制机构即暴力机构的特殊等级的人"（列宁：《论国家》）发号施令、实行统治的场所。

# 第二章　奴隶社会的发展——商代

（公元前 16 世纪—前 1027 年）

## 一、　商族的兴起和商代奴隶制国家的建立

### （一）商族的兴起

商人的始祖名契，传说其母简狄吞玄鸟卵而生。《诗·商颂》："天命玄鸟，降而生商。"商人主要活动于黄河下游。契在舜时因辅佐禹治水有功，受封于商，赐姓子氏。从契到汤，已经传了十四世，由汤灭了夏，建立起商朝。所以说："玄王勤商，十有四世而兴。"（《国语·周语下》）这十四世相当于夏代，有四五百年的历史。商代建立后，统治的年代更长，共传十七世，三十一王，约 600 年，前后合计有上千年的历史。

商部落的畜牧业比较发达，所以从契到汤十四世 8 次迁徙中，不断更换放牧家畜的活动地区。传说相土作乘马，王亥作服牛，就是驯养牛马作为运载的工具。还有记载说，商的祖先"立皂牢，服牛马，以为民利"（《管子·轻重戊》）。"皂"是喂牛马用的槽（一说"皂"为"帛"字），"牢"是养牛马用的圈，说明他们很早就过渡到定居放牧的生活。到相土的时候，商部落势力进一步扩大，商朝的后裔在追颂相土的功绩时说："相土烈烈，海外有截。"（《诗经·商颂·长发》），可能相土的活动范围已经到达渤海，并同"海外"发生了联系。

商部落的农业也日益发展，所以有"冥勤其官而水死"（《国语·鲁语上》）的传说。"冥"为相土的三世孙，因为他努力发展农业，治水身死，后来受到隆重的祭祀。从王亥之子上甲微以后，商的先祖都以日干为名号，反映了他们的农业已发展到相当高的水平。

随着农业、畜牧业的分工，手工业的扩大，商人和其他部落之间的交换逐渐活跃。据《楚辞·天问》《竹书纪年》《山海经·大荒东经》等记载，冥子王亥的时候，开始利用牛作为负重的工具，在各部落间进行贸易。有易氏（有扈氏）夺取了王亥的牛，并杀死王亥。王亥之子上甲微借助于河伯的武力打败有易氏，杀了有易之君绵臣，进一步扩大了自己的势力。王亥在甲骨卜辞中被称为高祖亥，上甲微也受到隆重的祭礼。自上甲微到汤的七代，势力更加强大。关于殷的先王先公，参

考王国维《殷卜辞中所见先公先王考》《续考》（《观堂集林》第二册）。

先商世系：

｜契¹—昭明²—相土³〔土〕—昌若⁴—曹圉⁵—冥⁶〔季〕

｜振⁷〔王亥〕

｜〔王恒〕⁸—微⁹〔上甲〕—报乙¹⁰—报丙¹¹—报丁¹²—主壬¹³〔示壬〕—主
癸¹⁴〔示癸〕—汤¹⁵〔太乙、唐〕

（注：〔 〕为甲骨文中所见之名）

## （二）商汤灭夏及奴隶制国家的建立

商汤即位之后，表面上臣服于夏，实际上已经形成了与夏朝对峙的局面。这
时候，以夏桀为首的奴隶主贵族腐败到了极点，激起了夏民和各方国部落的反
抗，各种社会矛盾急剧发展。商汤利用这些矛盾，积极做灭夏的准备。

商汤任用伊尹和仲虺为左右相，采取逐个剪除夏桀羽翼，逐步削弱夏桀的统
治，最后取而代之的策略。汤都于亳（今河南商丘北），附近的葛（今河南宁陵
北）是夏的属国。汤先以助祭为名送牲畜给葛伯，又派人为葛伯耕田。葛伯杀了
为助耕人送饭的童子，汤就以此为借口，出兵攻灭了葛国。《孟子》称："汤一
征，自葛始。"（《孟子·梁惠王下》引《书》）接着，汤连续攻灭了韦、顾、昆
吾等国，据说："十一征而无敌于天下"（《孟子·滕文公下》）。韦（今河南滑县
东）是彭姓，顾（今山东鄄城东北）和昆吾是己姓，都是夏朝在黄河下游的重
要支柱。特别是昆吾的灭亡，使夏桀失去了最亲近的依靠力量和东部的屏障，夏
朝处于正面受敌的局面。

汤取得一系列胜利之后，按照伊尹的谋划，停止了对夏朝的贡纳，夏桀大为
愤怒，召集诸侯在有仍地方会盟。但是来人中的有缗氏带头叛夏，汤和伊尹看到
"九夷之师不起"（《说苑·权谋》），桀已陷于孤立，立即兴兵伐桀。夏、商两军
会战于鸣条之野，桀战败南逃，死于南巢（今安徽寿县东南）。汤麾使商军追歼
夏朝败兵，攻灭了夏朝的属国三朡（今山东定陶东北）；又率兵西上，攻取夏朝
的心腹地区。传说中今河南偃师有西亳，可能是汤建立以镇抚西方的地方。这
样，夏朝灭亡，汤建立奴隶制的商朝。

汤在推翻夏朝的过程中向四方征伐，大大拓展了势力范围。中间经过太甲而
巩固起来。但后来一度出现纷争，所以从仲丁以后，商朝一度中衰，直到盘庚迁
殷之前，内部王位的纷争一直没有解决，曾几次迁都。

到盘庚时，为了扭转这种混乱的局面，巩固并继续扩大商朝的统治，乃决定
迁都于殷（今河南安阳西北）。盘庚迁殷之后，"行汤之政"，加强了商王室的统
治，为商朝新的发展打下了基础。商代的历史以盘庚迁殷为界限，可划分为前后
两期。自盘庚迁都于殷，直到商亡，共经八代十二王，273 年。

王玉哲的《中国上古史纲》认为，盘庚迁殷才建立奴隶制国家，在此之前是部落酋长制。

### （三）商代的疆土

新中国成立以前，除了安阳殷墟，几乎没有发现特别重要的商代遗址，人们对于盘庚迁殷以前的商代历史的了解，只能凭借文献和甲骨文的有关记载。新中国成立后，为了追溯殷墟文化的来源，考古工作者在黄河中下游南北两岸和长江流域进行了调查和发掘，先后在河南、河北、山东、陕西、山西、湖北、安徽等地发现早商文化遗址。根据郑州人民公园、邢台曹演庄、安阳小屯村以及湖北黄陂盘龙城等地的层位关系证明，早商文化确实早于晚商文化。

商代后期的遗址，新中国成立前只发掘了安阳小屯的殷墟。从 1928—1937 年，共进行了 15 次发掘。新中国成立后直到今天，殷墟的发掘和研究工作一直没有间断。而且，在发掘殷墟的同时，在河南、河北、山东、山西、江苏、湖南等地发现了商代后期的重要遗址和遗物。

综合考古材料和文献记载，可以看到商朝统治网的基本轮廓。黄河中下游是商代的中心地带；今山东省直到苏北，是商代的后方；东南方面，从皖北到达江、淮之间；在南方，除湖北一些地方外，其势力到达了湖南、江西；西南方面，到达陕西，而且其影响可能波及四川省的某些地方；北方到达辽宁，可能还包括内蒙古的某些地方。可见商朝的统治区域非常辽阔。我国的奴隶社会，在商代统治的 600 年间取得了很大的发展，为以后我国文明的发展奠定了基础。

## 二、 商代的社会经济

商代具有相当发达的文明。千千万万的奴隶以他们的艰辛劳动，推动了社会生产和文化的巨大进步。

### （一）农业

商代最重要的社会生产部门是农业，在农业生产中采用井田制。井田即方块田，在甲骨卜辞中作田、田、囲、畕等形。文字是客观事实的反映，这种方正规整的象形字，便是按照井田制开垦出来的方块田的图画。每块代表着一定的面积，是课取奴隶的耕作单位。这些象形字还说明，商代的耕地里已有规整的沟洫，这些沟洫构成了原始的灌溉系统。这种井田制有助于提高土地利用率和农作物的产量。在商代，土地的占有形态是土地国有制，即全部土地被认为是国家的财产。所有最高的权力都集中在国王手中。商代的土地没有私有制的痕迹。当时的土地，有一种是"王田"。卜辞中有"我田"，"我"是商王的自称。另一种田地则由较自由的农村公社成员耕种，卜辞中的"邑"即公社遗制。

农业是商代主要的生产事业，有下列几点可以证明：

（1）甲骨文中关于农业的文字，有"农""田""畴""井""疆""囿""禾""黍""麦""粟""米""稻""秸""果"等字。卜辞中还有"我田出（有）来（麦）""我田有黍"等语句，说明田野上种有五谷。

（2）卜辞中，有许多关于卜求晴雨、祈祷丰收和商王亲自"观秸""观黍"的记载，说明商王为了更多地剥削奴隶，对农业生产相当重视。例如卜辞中"令雨""求风""桒年"的贞卜记录很多。商王亲自外出巡察，并设置农官以监督生产，如：

贞：王勿往省黍。（《契》492）

庚子卜，贞：王其萑秸，叀往，十二月。（《后》下，28）

监督劳动是阶级社会所固有的一种现象，正如马克思所说："凡是建立在作为直接生产者的劳动者和生产资料所有者之间的对立上的生产方式中，都必然会产生这种监督劳动，这种对立越严重，这种监督劳动所起的作用也就越大。因此，它在奴隶制度下所起的作用达到了最大限度。"（马克思：《资本论》）

（3）大量地使用奴隶从事农业生产。武丁时的一些卜辞中记载了当时农业生产的情况：

王大令众曰劦田！其受年，十一月。（《续》2.28.5）

贞：惟小臣令众黍。一月。（《前》4.30.2）

"众"和"众人"是当时主要的农业生产者。根据《说文》："劦，同力也。"可见"劦田"应该是集体耕作的意思。在殷墟宫殿区域内属于王室贵族的一个窖藏圆穴里，人们发现了上千把有使用痕迹的石镰刀比较集中地堆放着，这些应该是王室分发给农业劳动者使用的。

（4）商代农业的发达，还可以从商人好饮酒以及祭神多用酒鬯推知。酒是黍制的，鬯可能是糯米做成的一种酒。酒是农产品的再制品，没有发达的农业，是很难想象的。关于酒的记载，除卜辞外，《尚书》的记载也很多。如《微子》："我用沉酗于酒"，又说"方兴沉酗于酒"，这是商人自责之辞。周公认为商族之所以亡国，与商人好酒有重大关系。殷墟中出土的酒器有卣、爵、斝、盉、觚、觯等，这些酒器制作精美。

（5）发现奴隶主的粮仓。在郑州、辉县、邢台、藁城等地的早商遗址和殷墟的晚商遗址，都发现了大量贮藏粮食的窖穴。这些窖穴，其口部或作长方形，或作圆形，或作椭圆形，有的深达 8～9 米，窖壁一般较直而光滑，有对称的脚窝可以上下分布。殷墟的窖壁、窖底有的还用草拌泥涂抹，修造十分讲究。

（6）商代农业兴盛与生产工具的改进有很大关系。如今发现的青铜农具或与农业生产有关的青铜工具，主要有畚、镈、斧、斨等几种。畚用来挖土。镈就是铲，《诗经·周颂·良耜》："其镈斯赵。"毛氏《传》、郑玄《笺》、孔颖达《正义》都释镈为锄类，大概是用来松土的。斧、斨本来都是木工工具，也是当时"伐草木为田以种谷"（《周礼正义》卷七十《秋官·柞氏疏》）不可缺少的伐木工具。

但是，商代的"劳动者不过当作有声的工具，和当作半有声的工具的动物，和当作无声的工具的死的劳动工具相区别。但是他自己硬要使动物和劳动工具觉得他不是它们的同种，而是人。他总是虐待动物，损坏器具，借以表示和它们有别。所以，在这种生产方式下，有这样一个经济原则：只使用最粗糙笨重，并且因为笨重所以难于损坏的工具"（《资本论》第一卷，1965 年中文版第 193 页），所以奴隶主不肯给奴隶使用在当时仍然是比较贵重的青铜工具。因此，在商朝的遗址和墓葬中，青铜农具的发现还是很少的。常见的农业生产工具仍然是石、骨、蚌器。1929 年，考古工作者在殷墟进行第三次发掘，一次出土了上千件石镰；1932 年秋进行第七次发掘，在一个方窖内出土了 440 件石镰和几十件蚌器；1952 年秋进行在郑州二里冈发现 65 件残片石镰。

商代是否有牛耕，没有直接的证据。甲骨文中，"犁"字从牛（牛，犂），但均作"犁牛"（黑色的牛）。《世本》《竹书纪年》有殷先公王亥服牛的记载，但不知是用来耕田，还是用来拉车。郭沫若认为是有牛耕的（郭沫若：《十批判书·古代研究的自我批判》）。不过，即使有牛耕，也不会很普遍。

## （二）畜牧业

在农业发展的基础上，畜牧业也繁盛起来。现在被称为家畜的动物，如牛、羊、马、猪、犬等遗骸，在郑州早商遗址中都可见到，其中以牛骨和猪骨最多。在殷墟发掘并经鉴定为家畜的骨骸中，以肿面猪和圣水牛为最多，其次是牛、殷羊、山羊、猪、犬、马等。此外，还发现了象骨。在卜辞中，也有"获象"（《前》4.31）的记载。《吕氏春秋·古乐》："商人服象，为虐于东夷。"

甲骨文中有许多商王祭祀用牲的占卜，用牲的数目一次达四五百头，甚至上千头，这从侧面反映了当时畜牧业繁盛的情况。

## （三）手工业的成就

随着农牧业生产的发展，手工业也迅速发展起来。商代的手工业，特别是王室的手工业，已经分成许多生产部门，每个生产部门中又有专业的分工。因此，手工业的生产规模和工艺水平都达到了前所未有的高度。

### 1．铸铜业

冶铸青铜是当时最先进的生产技术，青铜铸造工业是当时各类手工业中最重要的一个行业，是为王室和贵族所垄断的一个官工业。

（1）冶炼作坊。从陕西到山东，从河北到江西，包括河南、安徽、湖北在内，都有早商铜器的发现。这些铜器或多或少都带有当地特点，可以大体断定为当地铸造。由此可见，商代前期的青铜手工业已经非常普遍地发展起来了。人们在郑州曾经两次发现较大的早商铜器作坊遗址：一处在商城以南，总面积约1050平方米，发现许多坩埚残骸、红烧土、炼渣、木炭和上千块的陶范等。另一处在商城之北，面积约275平方米。

商代后期青铜工业分布的范围更广。而王都殷墟集中了更多的作坊，成为全国青铜铸造业的中心地区。这些作坊比郑州早商时期的大得多。例如1959—1960年发现的小屯村东南1公里的苗圃北地铸铜遗址，估计其总面积在1万平方米以上，出土的陶范达三四千块。其他如小屯村、薛家庄等地，也有不少铸铜遗址。

（2）商代的青铜工艺技术已经达到相当纯熟的地步。冶炼青铜的主要原料是孔雀石，加入适当比例的锡和少量的铅，炼出来的合金就是青铜。根据对《司母戊大方鼎》的化学分析，三者的比例是：铜84.77%，锡11.64%，铅2.79%。冶炼所用器皿，前期是大口形陶器，后期发展为专用的厚陶质炼锅。燃料用木炭，冶炼温度在1000℃以上。由于锡和铅的熔点都相当低，铜与它们熔合后，不仅能降低熔点，而且铸出来的器物比纯铜更为坚实耐用。青铜工艺一般经过采料、配料、冶炼、制模、制范、浇铸、修整等一系列程序，反映了青铜手工业的内部分工和高超技术。例如安阳武官村出土的《司母戊大方鼎》，器高137厘米（带耳），长110厘米，宽77厘米，重875公斤。铸造这么大的器物，估计需要二三百人的集体操作。

（3）青铜器的种类很多，主要是礼器和用具。常见的有鼎、鬲、甗、簋、彝、卣、尊、罍、瓿、觯、觚、斝、爵、斚、角、盉、盘、盂等，有20余种。还有像铙这样的打击乐器。青铜器花纹多富丽繁缛，有饕餮纹、夔纹、蝉纹、云雷纹、蟠龙纹等形式。青铜兵器也很多，如戈、矛、戚、钺、刀、箭镞等。1976年，小屯村妇好墓中出土了4件铜镜，说明殷商时代就使用铜镜了。青铜工具有斧、锛、刀、锯、凿、钻、铲等，数量不多，主要用于手工业方面。

（4）1972年，人们在河北藁城台西村和北京平谷县刘家河都发现一把与殷墟文化早期大体相同的铁刃青铜钺，经化验证明，这个铁刃是陨铁制成的。尽管是陨铁，也可说明早在3000多年前我国劳动人民就使用铁制工具了。

### 2．制陶业

商代的制陶业也设有专门的作坊，内部有固定的分工。在郑州铭功路西侧，考古工作者发现了一处规模较大的早商制陶作坊遗址。在约 1400 平方米的范围内，发现了陶窑 14 座。以灰陶为主，灰陶替代红、褐、黑陶而成为主要陶系。还出现了白陶和原始瓷器。

代表早商陶瓷手工业先进水平的是硬陶和原始瓷器的烧造。这两种陶瓷器烧成温度高，质地硬，没有显著的汲水性。

晚商的陶瓷工业，基本上沿袭早商而来，但又新兴了两种陶业：一种是刻纹的白陶；另一种是明器。

刻纹白陶同原始瓷器一样，也是用高岭土作坯胎，烧成温度在 1000℃ 以上，陶质甚为坚硬。其造型秀丽、刻镂精美、色泽皎洁，制作工艺达到了极高水平。刻纹白陶是当时的一种珍品，也是王室和贵族的专用品。

明器是专门为随葬而制造的陶器。这些陶器的烧成温度一般都较低，制作简陋，花纹粗略。

### 3．骨、角、牙、蚌、玉雕

在商代，骨、角、牙、蚌器用途很广，无论生产、生活以及文化、工艺各方面都很需要，因此，从早商到晚商，也都有专门的作坊进行生产。在郑州、安阳都发现有骨器作坊遗址。所用骨料有人骨，有牛骨、马骨、猪骨、羊骨、狗骨、鹿骨等。到了商代后期，这种工艺得到很大的发展，在质地坚硬的原料上，雕刻出与铜器、白陶相似的花纹，其线条卷曲自然，刻度深浅适宜，成为别具风格的艺术佳作。妇好墓出土的 750 余件玉石器，品种众多，雕刻精美。

### 4．其他手工业

除以上三项外，其他还有玉石业、漆木业以及纺织、缝纫等，这些手工业都有相当的发展。

### （四）商业的萌芽

随着农业、畜牧业和手工业的分工，商品的生产和交换取得了显著的发展。贝在当时已作为货币使用了。在郑州辉县的早商墓葬中，人们发现了用贝随葬的现象。尤其是在郑州白家庄一个奴隶主的墓葬（M7）中，就随葬了 460 多枚穿孔贝。在殷墟的晚商墓葬中，殉贝的现象更普遍。例如，1953 年，在大司空村发掘的 160 座左右平民墓中，有 83 座都殉有贝。一墓之中，少则一枚，多则 20 枚；其中有两座墓并殉有铜贝，共 3 枚。在商末铜器中，"锡贝"或"赏贝"的铭文极为习见，并且往往以"朋"为计算单位，把贝作为货币来赐赏，甲骨文"朋"字作玨，或玨，像用线穿着贝。

贝产于海滨，可能是通过交换得来的。

货币的出现标志着商业活动的兴起，古代文献中关于商代人们从事商业活动也有记载。如《尚书·汤诰》说商人"肇牵车牛，远服贾"的情况，很可能在晚商已有专业商人。

除海贝外，在郑州、安阳等地还发现非本地所产的鲟鱼鳞片、鲸鱼骨、海蚌和占卜用的大龟及玉等。其中，玉盛产于新疆，海贝和大龟盛产于南海和印度洋沿岸。可见，当时商王和遥远的外地已有了广泛的交通贸易联系。商业的发展与交通工具的进步是分不开的。甲骨文和金文中都有车、舟的象形字。船的实物至今尚未见到，但车、马都有大量发现，在安阳殷墟一个车马坑中，就有车25辆。

## 三、 商代的国家机构

"国家是一个阶级压迫另一个阶级的机器，是使一切被支配的阶级受一个阶级控制的机器。"（《列宁选集》第四卷）商朝的国家，是使奴隶主握有权力，能够统治奴隶和平民的专政机关。

### 1. 商王是最大的土地和奴隶的所有者，同时又是国家最高权力的体现者

商王常自称"一人"或"余一人"，以自己一人为至高无上，唯我独尊。其王位传授，盘庚迁殷以前是"兄终弟及"，以后则大多实行"父死子继"（《史记·殷本纪》）。殷商的晚期，大宗、小宗和嫡庶的宗法制度已逐渐形成。这也显示王权的进一步加强。

### 2. 一套比较复杂的官僚机构

和商王一同掌握国家大权的是大批贵族官吏。在朝廷中的百官，当时总称为"多尹"，即《尚书·酒诰》所说的"百僚庶尹"。从卜辞和器物上的铭文看，商朝的百官大体上可以分为三类。第一类是政务官，有"尹""卿士"，即商王的辅佐，地位最高，权力最大。商初的伊尹、武丁时的甘盘就担任着这种职务。第二类是宗教官，如"多卜"和"占"，是管卜占的；巫是充当人神之间的媒介的；"作册"是史官。这一类职官是神权的掌管者，同时掌握着文化知识，地位相当高，权力也相当大，如太戊时的巫咸对复兴商朝曾出了气力。第三类是事务官，主要是管理各种奴隶的"小臣"。"小臣"各有专司，管理农事的称为"小耤臣"，管理众人的称为"小众人臣"，管理驭马的芍人的称为"小多马芍臣"，管理手工业奴隶的称为"司工"。这一类职官的地位不尽相同，但都握有一定实权。特别是管理朝廷中奴隶的"小臣"又称为"宰"，是商王的奴隶总管，有时还和"多尹"并列。

百官也称作"百姓"，有和商王同姓的，也有异姓的，都是世袭贵族。盘庚在迁殷时曾召集"百姓"讲话，保证在迁殷后继续任用他们这些旧人。

商王廷中的百官又叫"内服"职官，即在商王直接统治区内为王室服务的官。在商王直接统治区外设立的诸侯，则总称为"外服"职官，有侯、伯、甸等称号。商代已推行分封制度，商王的子孙，除继位为王和在王廷任职以外，大

都被封为诸侯。据文献记载，商王室之后分封的有殷氏、来氏、宋氏、空桐氏、稚氏、北殷氏、目夷氏等（《史记·殷本纪》）。传说商的北部有孤竹国（今河北卢龙），是商的同姓。又如商王武丁之子，受王命成守奠地，即命为子奠或奠侯。异姓受封的有犬侯、周侯等，均见于卜辞。

以上这些百官贵族，都占有奴隶和土地，而其奴隶和土地都是商王封赐的，受到以商王为代表的奴隶制国家的保护，所以他们对商王担负一定的义务。以商王为首的各级奴隶主贵族，不仅在经济上占有统治地位，而且在政治上也占有统治地位，他们建立了强大的奴隶制国家。

### 3. 军队

列宁说："常备军和警察是国家权力的主要强力工具。"（列宁：《国家与革命》）大量材料证明，商朝有相当数量的军队。当时已有征兵制度，卜辞中常有"登人"的记录。如："戊辰卜，宔贞：登人，呼往伐马方。"（《续》3.4.4）"登人"即征兵之义，登人三千、五千、一万是常见的。

当时军队的编制，有左、中、右三师。武乙、文丁时代的卜辞有"王作三㠯：右、中、左"，"㠯"用为屯聚之屯，即作三营以屯驻三军，这是后世三军的起源。从商朝征伐时用兵的人数推测，每军可能达 1 万人，三军共 3 万余人。商代后期，战车已成为作战的主力。每辆战车驾马两匹，车上有甲士三人：一人御车，一人持戈或矛，一人操弓箭。战车后面和两旁跟着徒兵。商王还拥有侍卫武装，如驭马的"多马"和善射的"多射""新射"等。

考古发掘出土许多青铜武器，"勾兵"有戈，"刺兵"有矛，用于斩杀的有斧钺，适于短兵相接的格斗的有刀，用于远射的武器有镞，用于防御的武器有胄（头盔）和盾。这些武器是商代具有强大武装力量的证据。

### 4. 刑罚和牢狱

恩格斯在论述国家和氏族组织的区别时曾指出："这种公共权力在每一个国家里都存在。构成这种权力的，不仅有武装的人，而且还有物质的附属物，如监狱和各种强制机关，这些东西都是以前的氏族社会所没有的。"（恩格斯：《家庭、私有制和国家的起源》）列宁进一步解释说："这种力量主要是指什么呢？主要是指拥有监狱等的特殊的武装队伍。"（列宁：《国家与革命》）商代除军队外，还有刑罚、监狱等暴力强制机关。《左传》昭公六年谓："商有乱政，而作汤刑"，汤刑的内容已不可考。《史记·殷本纪》说："于是纣乃重辟刑，有炮烙之法。""九侯有好女，入之纣。九侯女不喜淫，纣怒杀之，而醢九侯。鄂侯争之强，辨之疾，并脯鄂侯。"从文献看，大概商的刑罚有"断手""炮烙""醢""脯"等。

卜辞中有"圉"字（《前》4.4.1），像人手戴桎梏被囚禁在土室中，和牛马被关进牢圈一样。《说文》："圉，囹圄，所以拘罚人也。"可见商代确有监狱存在。

考古工作者在对殷墟进行第十五次发掘时，发现三个戴有手枷的奴隶陶俑，女俑加枷在前，男俑加枷在后。甲骨文中有"执"字，作🄐，🄑为刑具（手枷），是人戴上手枷的象形。

在殷墟后冈最近的一次发掘中，考古工作者发现了一具受过刖刑的殉葬奴隶遗骸，说明至少在商代后期就有了刖刑。《汉书·刑法志》颜师古注引韦昭曰："锯，刖刑也。"《说文》刖刑字作跀，说："跀，断足也。"可见刖刑就是锯去人的下腿。甲骨文有🄒字，用锯断去人的一条下腿，正是刖刑字的形象。卜辞中有关刖刑的记载不少，一次刖刑，动辄数以十计，有的甚至达到百人之多。

### 5. 神权统治的加强

奴隶主阶级不仅以庞大的官僚机构、军队和刑法对人民施行暴力统治，还用宗教迷信作为巩固他们统治的工具。

在商人的宗教观念中，至高无上的神称为"帝"或"上帝"，是有意志的人格神。王是上帝所生，受命于天，代表上帝来人间管理土地和人民。商代统治者对人民发号施令，往往借助上帝处理多种事务，也常常向上帝请示。

商人尚鬼，死去的先人在他们心目中占有极重要的地位。商王和贵族们的活动，事无大小，都求告于祖先。商人对先祖、先妣的祭祀是很隆重的。沟通"天人之际"的是御用的巫祝。他们用龟甲兽骨进行占卜，据说这是沟通人神的工具，占卜的吉凶体现着神和祖先的意旨。这类人见于卜辞的很多。现在我们称之为"贞人"。这些人在政治上占有很重要的地位，构成了当时神权政治的指导集团。

商代前期的政治情况：

### 1. 历史的教训——"殷鉴不远，在夏后之世"

汤灭夏后，建立了商王朝，商汤就是第一任君王。商代前期出现一个相对稳定的局面。

夏的灭亡，在当时是一个重大的事件，对后世有很大的影响。《诗经·大雅·荡》："殷鉴不远，在夏后之世。"这句诗明确地揭示出一个历史教训：夏代的灭亡，就是殷代的前车之鉴。汉代韩婴的《韩诗外传》卷5对这句诗做了如下解释：

> 夫明镜者所以照形也，往古者所以知今也。夫知恶往古之所以危亡，而不袭蹈其所以安存者，则无以异乎却行而求逮于前人也。鄙语曰："不知为吏，视已成事。"或曰："前车覆而后车不诫，是以后车覆也。"
>
> 故夏之所以亡者而殷为之，殷之所以亡者而周为之。故殷可以鉴于夏，而周可以鉴于殷。《诗》曰："殷鉴不远，在夏后之世。"

这是汉人的结论。更早一点，《孟子》《管子·轻重甲》都把夏代灭亡的原因归结为"暴其民甚"。由于"暴其民甚"导致了"身弑国亡"，因此，孟子提出了以民为本的"民本思想"。

## 2. 商汤的统治

商汤比较注重汲取夏朝灭亡的经验教训。《史记·殷本纪》记载了他的一句话："人视水见形，视民知治不。"说明他比较注重汲取夏朝灭亡的教训。商汤要求他的臣属们不要像夏桀那样奢侈腐化，过度地压榨民力，要"勤力乃事""有功于民"，以维持现有的统治。

在古代流传着商汤取得政权以后的一个著名的故事，《吕氏春秋·季秋纪·顺民篇》记载曰：

> 昔者汤克夏而正天下，天大旱，五年不收，汤乃以身祷于桑林，曰："余一人有罪，无及万夫。万夫有罪，在余一人。无以一人之不敏，使上帝鬼神伤民之命。"于是翦其发，磨其手，以身为牺牲，用祈福于上帝。民乃甚说，雨乃大至。

这个故事散见于先秦汉初的古籍，流传甚广。具体情节未必属实，但它反映了商汤"以宽治民"的史影。在商汤的统治下，商王朝是比较强盛的。

辅助商汤治国理政的，主要是伊尹和仲虺。关于仲虺，《左传》定公元年说："仲虺居薛以为汤左相。"说明仲虺的地位不低。《尚书·序》曾提到"中虺作诰"，郑玄曰："仲虺之诰亡。"此《仲虺之诰》在东汉时已经亡佚了，但不少先秦文献引述仲虺的言论，如：

《墨子·非命上》："于仲虺之告曰：我闻于夏人，矫天命布命于下，帝伐之恶，袭丧厥师。"

《左传》襄公三十年："仲虺之志云：乱者取之，亡者侮之，推亡固存，国之利也。"

《左传》宣公十二年："仲虺有言曰：取乱、侮亡，兼弱也。"

这些言论均收入《古文尚书·仲虺之诰》中，从中可以看出仲虺在政治上有自己的一套见解。

## 3. 伊尹放太甲

仲虺与伊尹共同辅佐商汤，伊尹对后世的影响比仲虺大一些，原因是有伊尹放太甲于桐宫一事。商汤死后，长子太丁早死，由太丁之弟外丙继位；外丙死后，其弟中壬继位；中壬死后，又以太丁之子太甲继位。太甲为商汤之孙。

商代初年，从商汤至太甲这段时间，伊尹一直是商王朝的重要辅佐，他成为商政权中的一位掌权的元老。放太甲的事件发生在太甲即位之初。《史记·殷本纪》说：

> 帝太甲既立三年，不明，暴虐，不遵汤法，乱德，于是伊尹放之于桐宫。三年，伊尹摄行政当国，以朝诸侯。帝太甲居桐宫三年，悔过自责，反善，于是伊尹乃迎帝太甲而授之政。帝太甲修德，诸侯咸归殷，百姓以宁。

这个故事流传甚广。后世儒家以此颂扬伊尹具有"大仁""大义"之美德。

仔细推敲，这个故事有许多可疑之处。《孟子·尽心上》记载公孙丑对此事提出一个疑问，公孙丑曰："伊尹曰：'予不狎于不顺。'放太甲于桐……贤者之为人臣也，其君不贤，则固可放与？"

公孙丑提出的是君臣关系问题。他认为君臣之间的关系是不可改变的，为人臣而放其君，这明显是篡夺政权。

《竹书纪年》对伊尹放太甲一事，有下列记载：

> 仲壬崩，伊尹放太甲于桐，乃自立也。伊尹即位，放太甲七年。太甲潜出自桐杀伊尹，乃立其子伊陟、尹奋，命复其父之田宅而中分之。

这里所记的与传统说法明显不同。不仅伊尹放太甲之后，"乃自立"，没有迎太甲，而且"太甲潜出自桐杀伊尹"。这显然是统治阶级内部的一场争权夺位的斗争。

## 四、 商代的阶级对立和阶级斗争

商代是比较发达的奴隶社会，特别是盘庚迁殷以后，奴隶制达到了兴盛时期。奴隶社会的主要矛盾是奴隶和奴隶主之间的矛盾。

### 1. 奴隶主

商王是奴隶主阶级的总代表。属于奴隶主阶级的有王、诸侯、"多生（姓）"、"多子"、"邦伯师长百执事"或"百僚庶尹"。商代的奴隶主同时是贵族。最大的贵族，见于文献记载的有20余支。这些贵族又总称为"百姓"。

### 2. 奴隶

商代的奴隶数量很多，并各有分工。从事农业生产的奴隶叫"众""众人""羌""多羌"等。从事手工业的叫"工"，从事畜牧业的叫"刍""羌刍""牧"。另外，还有"臣""妾""婢""奚""仆"等，是从事家内劳动的奴隶。

奴隶的来源主要是战争中的俘虏。甲骨文中有许多"俘人""获羌"的记载，俘来的人大部分作为生产奴隶。

从事农业生产的奴隶，一般是以集体的方式进行的。如有的卜辞问："王大令众人曰：'叶田'，其受年？十一月。"这是商王强迫"众人"从事集体生产的记录。"叶田"就是协同集体耕作。在殷墟宫殿区的一个窖穴里，曾发现了400多把石镰，一般都有使用过的痕迹。这是为王室或奴隶主贵族所藏，在耕作时才发给奴隶使用。由此可以想见奴隶进行集体生产劳动的情景。"众人"除了主要担负农业生产劳动外，还被迫从事狩猎、修路、建筑等各项繁重的苦役。在战争中，也被征发来当徒兵，服军事劳役。

### 3. 残酷的人祭和人殉

商朝的奴隶主贵族不仅强迫奴隶为他们服务，还把奴隶当作祭祀时的牺牲。这样的人祭，通常要杀掉数十人到数百人。如一次祭祀先王的"多妣"，就用了"小陈卅，小妾卅"，男女奴隶共60人。《殷墟书契后编》有一片卜辞曰："伐二千六百五十之人。"1976年，在安阳武官村北殷王陵墓区，人们发现了大批商代奴隶祭祀坑。在发掘的191个坑中，清理出被害的奴隶遗骨近1200具。绝大多数是被砍掉头颅的残躯。估计发现的250座祭祀坑中，所埋的奴隶遗骨近2000具。这一片祭祀坑，其总面积估计有几万平方米。新中国成立前后曾多次进行发掘，若加上其他未发掘的和过去已发掘的祭祀坑，则用于祭祀的人数当几倍于此。

在商代后期的卜辞里，常常见到杀人祭祀的记载。胡厚宣先生曾作初步统计，找出有关人祭的甲骨1350片、卜辞1992条，共祭用13052人。另外还有1145条卜辞未计入人数，若都以一人计算，那么全部杀人祭祀，至少当用14197人。

商代还有以人殉葬的风俗。在河南郑州、安阳，湖北黄陂和河北藁城，都发现了商代前期用人殉葬的墓。商代后期有关人殉的材料更多。在安阳侯家庄西北冈发现的一座大墓中，殉葬着成批的男女侍从奴隶。1950年发掘的武官村大墓中，殉葬的奴隶达79人。在武官大墓附近，人们于1950年和1959年共发掘了27座殉葬坑，殉葬人数达330余人。在四磨盘村的大墓附近，人们发现排列很整齐的殉葬坑23个，计斩头人骨300多架。

据考古工作者统计，无论早商或晚商，大型墓都有殉葬人，而且数量最多——少则数十人，多则一二百人。中型墓约一半有殉葬人，其数量多则十余人，少则数人，最少者仅一人。早商小型墓没有发现殉葬人，晚商小型墓有殉葬人的也只占2%。因此，可以说，商代的人殉制度主要流行于大、中型墓，小型墓用人殉葬只能算是个别的例外。

商代流行的人祭、人殉，反映了奴隶主与奴隶之间的尖锐的阶级对立。

### 4. 平民

在奴隶和奴隶主之外，还存在另一种身份的人，那就是文献中从事稼穑的

"小人"（《尚书·无逸》）和卜辞中的"王人"（《殷墟文字乙编》第4054片）。他们的地位虽然比奴隶高一些，但也是被贵族统治、剥削的对象，他们大概自己占有或从奴隶主国家领取一定数量的土地，自己耕种，向国家交纳一定的贡物，并承担一定的兵役、徭役等。这类人在名义上是自由的平民，但如果他们犯罪或欠债，也要沦为奴隶，随时都有丧失人身自由的危险。这样的平民，同贵族也是对立的。多年来，考古工作者在殷墟发现过许多贫苦平民的小墓，一般只随葬一个陶盆或陶罐，里面最多装着一块带骨肉，有的连一件陶器也没有，同贵族的大墓形成鲜明的对照。

### 5. 奴隶和平民反抗奴隶主和贵族的斗争

奴隶和奴隶主的斗争是你死我活的阶级斗争。从商朝建立起，奴隶反抗奴隶主的斗争一直没有中断过。反抗的方式主要是逃亡和暴动。卜辞中有"丧众""不丧众"的记载，这是奴隶主在占卜他的奴隶是否有逃亡的记录。卜辞中还有"告众"的记载。所谓"告众"，是指奴隶暴动后，殷王向鬼神祝告，祈求早日把暴动平复。卜辞中又有"途众"的记载。所谓"途众"，是指奴隶们逃亡或暴动后，以商王为首的奴隶主们前往镇压。例如武丁时代，王室的奴隶曾成批逃走，武丁下令追捕，在占卜时还预言三天就能抓回来。但是奴隶们很快渡过了河，追击的船只未能赶上。直到第十五天，才把这批奴隶抓捕回来（合109；合95）。从武丁一再占卜，并亲自指挥追捕来看，这一次奴隶逃亡的数量是不小的。这样的斗争在商代不断发生，其规模越来越大，不断冲击着奴隶主贵族的反动统治。在商代末年，终于发生了大规模的奴隶暴动，导致了商朝的灭亡。

## 五、 商代的文化

商代的文化，最突出的是文字、历法和各种艺术品。

### （一）甲骨文（甲骨文的发现及其研究）

文字的运用，是文明时代最主要的标志之一。在我国原始社会晚期（半坡、大汶口）出土的陶器上刻有的一些符号可能是原始文字的雏形。殷墟出土的文字，刻在"龟甲""兽骨"上，简称为"甲骨文"。由于是占卜用的，因此也称为"卜辞"。到目前为止，已发现有20万多片卜辞，所用的单字有三四千，甚至更多。目前能正确认识的，有1500字左右。从甲骨文看，中国汉字在商代后期已趋于成熟。文字演变的三阶段——象形、会意、形声三类文字在这时都已出现。尤其是形声字，是汉字发展到高级阶段的产物，而甲骨文中有丰富的形声字，表明甲骨文有长期演进的历史。

象形——人（𠂉）、鱼（𩵋）、鹿（𢉖）。

会意——见（𥄉），像一人，头向前，张大其目，以此表示看见之意。身（𠂣），像一人特大其肚腹，表示其身子。

形声——一部分为音，一部分为形。表形部分为"定意号"。我们名之为"偏旁"。一个形声字最初只有声符半边；但后来为确定其意义，加了一个意符，于是形成形声字。从马字的甲骨文有骊、騽等，从水字的有洹、洋、淮、汜等，从木字的有藁、树、杞等，这些都是形声字。

甲骨文在中国古史研究上有很大的意义。首先，商代的历史，春秋时代的孔子已经感到文献不足。周人说："唯殷先人，有册有典。"（《尚书·多士》）当是可信的，可惜殷代的典册大部分没有流传下来。现在看到的只有《尚书·盘庚》上、中、下三篇。虽然经后人润饰，但内容基本可靠。由于缺乏文献，我们研究商史是很困难的。甲骨文的出土，使商代由蒙昧的传说时代变为信史时代。所以甲骨文的出土，成了中国古史研究上划时代的里程碑。其次，甲骨文是公元前11世纪以前的文字，它本身就可以说明中国文化的悠久。毛泽东同志说："中国是世界文明发达最早的国家之一，中国已有了将近四千年的有文字可考的历史。"（《中国革命和中国共产党》）甲骨文是我们今天所见到的我国最古老的文字，它能使我们祖先把长期积累的经验记录并流传下来，对于我国的灿烂古代文化，起了相当重要的作用。①文字的产生标志着人类进入文明时期。②人们掌握文字，可以交流经验，传播思想和知识，推动人类社会向前发展。③人们可以通过文字记录保存古代思想文化和科技知识，促进文明的发展。

## （二）历法

我们从甲骨文中可以看到商代的历法已经很完备了。他们已经知道一年一月及一日的时间。这三者的配合，就是年包十二个月，大月三十日，小月二十九日；闰月置于年末，称为"十三月"。到祖甲以后，闰月也有放在年中的。

近人对殷历研究所做的结论，大体可分为以下几种：

（1）纪日法：以干支纪日，十干和十二支相配，六十日为一周，如甲子、乙丑……；以当日为"今日"，以当晚为"今夕"；称次日或再次日为"翌"；称过去的日子为"昔"；等等。

（2）纪旬法：以十干一周为一旬，即自甲日到癸日的十天为一旬。

（3）纪月法：大月为三十日，小月为二十九日；十二月为一祀。

（4）纪祀法：以一岁为一祀。

由此可见，商代的历法已很发达。商代也重视对天象的观测，甲骨卜辞里有不少日月食的记录，对恒星也有了一定的认识。对风、雨、雪、雷、虹等自然现象，卜辞中也有详细记载。

## （三）艺术

因为有了体力劳动和脑力劳动的分工，有一部分人从体力劳动脱离出来，专门从事艺术研究，所以艺术有很突出的发展。

商代的艺术主要表现在青铜器的制作上，其次是陶器，再次为骨器、石器和玉器。这些器物的造型、纹饰、雕刻、镶嵌都有相当高的艺术水平，是很好的艺术精品。

商代的音乐也有突出的发展。传说商汤时已有了"大护""晨露""九招""六列"等乐章（《吕氏春秋·古乐》）。商纣时有大鼓、钟、磬、管、箫之音（《吕氏春秋·侈乐》）。商纣并命"师涓作新淫声，北里之舞，靡靡之乐"（《史记·殷本纪》）。

殷墟出土的乐器有陶埙、石埙、铜铃、铜铙等。1950年春，在安阳武官村大墓出土了一件完美的石磬，其正面雕成虎形，线条刚劲而柔和，音韵悠扬清越，近于铜声，是商代劳动人民的杰出创作。

## 六、 商代奴隶制度残酷性的集中表现

### （一）关于屠杀奴隶问题

奴隶制度是人类社会最残酷的一种剥削制度。奴隶主完全占有奴隶，对奴隶可以随意买卖和屠杀。商代屠杀奴隶的现象很严重，这些奴隶都是在祭祀祖先、鬼神或为奴隶主贵族殉葬时被杀害的。屠杀数量很大，有的一次多达几十人或几百人。据考古学资料，殷墟侯家庄大墓的殉葬者，有400人左右；武官村大墓的殉葬者，有数目可查的就有79人。据1976年不完全统计，在已挖掘的殷墟190座祭祀坑中，被杀害的奴隶尸骨共有1178具。其中，被屠杀后一次埋入的奴隶达339人。

殷代奴隶可划分为两类：①俘虏和罪奴。只要是羌、奚、郭、仆、宰、臣等。②本土奴隶，泛称为众或众人。被屠杀的主要是第一类奴隶，即战俘或罪奴。甲骨文有很多关于杀戮奴隶进行祭祀的卜辞。据已经标出奴隶名称的卜辞看，基本是上述这些俘虏和罪奴。

区分奴隶身份的最根本的特征，是其人身被占有。正是这一点，把他与原始社会的氏族或部落成员和封建社会的农民区别开来。而奴隶的这种人身被占有关系，是可以通过多种形式表现出来的，但"屠杀"是最重要、最集中、最明确的表现形式。

### （二）人殉和人祭

#### 1. 商代是人殉最盛的时期

奴隶主死了，需要人为他殉葬，这就是残酷的人殉。在中国历史上，人殉最盛的时期是商代。凡是奴隶主的墓葬，几乎都有殉葬人，少则一二人，多则几十人乃至几百人。殉葬的方式相当残酷，有的被砍头，有的被活埋，有的和狗埋在一起，有的跪埋在墓下。资料最完备且殉人最多的是侯家庄 1001 号墓和武官村大墓。这两个墓都是商王陵墓。仅次于上述两墓的是山东益都苏埠屯一号大墓，是商代后期的墓葬，殉葬 48 人。商代墓葬中殉葬者的身份相当复杂。中小型墓的殉葬者数量不多，身份也比较单纯，基本上是一些地位很低的奴隶。大墓则不同，尤其是殷墟的王陵，人殉很多，情况也比较复杂。以侯家庄 1001 号大墓为例，殉葬者有的有棺、有椁、有随葬品，甚至还有很多殉葬者，有的被砍了头才埋葬的，身首异处。这说明殉葬者的身份有的比较高，可能是墓主人的宠信、近侍或重要的随从人员。受宠信者未必是奴隶，或者是高级奴隶。当然，大多数人殉是那些没有任何葬具的普通奴隶。

#### 2. 从甲骨文和考古发掘中所见的商代人祭情况

商代奴隶主贵族经常祭祀上帝、祖先、鬼神，以求保佑，每祭一次，除宰杀若干牛羊以外，还要杀人以为祭品。这就是残酷的"人祭"。在殷墟屡次发现用于祭祀时掩埋被屠杀的奴隶尸体的祭祀坑。规模最大的是武官村以北的一批祭祀坑。据不完全统计，在 191 座祭祀坑中，共埋人骨 1178 块。这些人牲并不是一次杀戮后埋入的，每次祭祀时杀戮的人数不等，少则一二人、多则几十人乃至几百人，最多的一次达 339 人。

除祭祀时屠杀奴隶作为人牲外，在建筑房屋时，也要屠杀奴隶作人祭。无论建筑宫殿、宗庙还是一般居室，都要举行奠基仪式，并都要用奴隶作人牲。房屋建成以后举行落成仪式，也要进行大规模的人祭。新中国成立前在殷墟小屯发掘的一个建筑遗址表明，当时举行落成仪式时，曾埋了 585 人。

甲骨文中有关人祭的卜辞很多。例如：

> ……酉卜，侑祖甲用𢀜；
> 侑于祖乙十羌？二十羌？三十羌？

胡厚宣先生曾对商代人祭的数量做过统计，他说："总算起来，从盘庚迁殷到帝辛亡国，在这八世、十二王、二百七十三年（前 1393—前 1123）的奴隶社会昌盛期间，共用人祭 13,052 人，另外还有 1145 条卜辞未记人数，即都以一人计算，全部杀人祭祀，至少亦当用 14,197 人。"这个数字只是从已发现的甲骨文中见到的，实际数字当远远超过此数。

### （三）妇好墓的发掘

1976 年在小屯村西北发掘的妇好墓，是近期殷墟考古的一个重要收获。这座墓的规模虽然不大，但陪葬品非常丰富，很多器物都有铭文，是迄今唯一能与甲骨文和历史文献相联系的商代王室墓葬。

妇好墓中有殉葬人 16 人，随葬品的总数达 1928 件。其中有 468 件青铜器和其他物品，玉器 755 件。其中不少器物有铭文，如"妇好""好"等。

妇好之名在武丁时期的卜辞中常见。据卜辞记载，妇好曾主持过一些重要的祭祀活动，并多次率领土卒去征伐夷方、土方、羌方、舌方、巴方等国，在武丁时代是一个显赫一时的重要人物。在一片卜辞上刻有"辛巳卜、贞、登妇好三千，登旅万，乎伐【羌】"（《库》130）等字，记述了妇好在征伐羌方的一次战斗中，统率了 1.3 万人的庞大队伍，这是迄今所见商代在征伐中用兵最多的一次。妇好堪称中国第一位女将军。有人早就指出"妇好为武丁之妇"。这次妇好墓的发现，把金文和卜辞中两个同名的妇好联系在一起了。根据甲骨卜辞，武丁的法定配偶中有"妣辛"者，墓中则出有"司母辛"的铭文。这里的"母辛"应为其子祖庚、祖甲对妣辛的称谓，司母辛大方鼎应是他们为母所作的祭器。这样，妣辛、母辛、妇好实为一人。妇好是生称，而妣辛为庙号。这就解决了卜辞中妣辛与妇辛、妇好的关系问题。

这个墓葬丰富的随葬品及人殉反映了奴隶主阶级奢侈腐败的生活及奴隶制度的残酷。

商代第 23 王武丁的配偶妇好墓是在 1976 年春发掘的，1980 年《殷墟妇好墓》一书出版。据甲骨卜辞记载，妇好是武丁"诸妇"之一，因此，妇好墓是目前唯一能与甲骨文相印证而确定其年代与墓主身份的商王室墓葬。所出土的器物是武丁时期的断代器物，对于研究武丁时期的社会经济有重要价值。

①墓葬形制：墓圹作长方形竖穴。葬具为木椁和木棺。墓内殉人 16 个，殉狗 6 只，其中 1 只在腰坑中。

②随葬品：共出铜器、玉石器、骨器、象牙器、陶器、蚌器等各类随葬品 1928 件。此外，还有贝 6800 余枚和海螺两枚。

铜器共 460 余件，其中礼器 210 件，有不少是前所未见或少见的重器。有两件铜钺，则是妇好拥有较高军权的象征。有四面铜镜，说明至迟在武丁时期已使用铜镜。

玉石器共 750 余件，已经初步鉴定的约 300 件，均系软玉。大部分是新疆玉，3 件近似岫岩玉，1 件可能是独山玉。这些玉器均为浮雕和圆雕制品，雕刻相当精致，特别是雕成人像和各种动物形象的装饰品，造型多样，线条流畅，堪称商代玉器的精品。

石器共出土 63 件。

骨牙器共 560 多件。

陶器共 11 件。

## 七、 商代后期的统治及其灭亡

### （一）商代的衰落（商代以盘庚迁殷为分界线，划为前后两期）

在盘庚迁殷以后的 200 多年中，武丁统治的时期，是商期最强盛的时期。武丁即殷高宗，他在位的时间很长（59 年）。武丁以后，商王朝逐渐衰落下去。《史记·殷本纪》记载：

> 帝武丁崩，子帝祖庚立。……帝祖庚崩，弟祖甲立，是为帝甲。

帝甲即祖甲，为祖庚之弟，武丁之子。祖甲，甲骨文写作"且十"。《史记·殷本纪》云："帝甲淫乱，殷复衰。"《国语·周语下》载："帝甲乱之，七世而陨。"祖甲传七世正是商代最后一个国王帝辛（纣）。

七世世系：祖甲—廪辛—康丁—武乙—文丁—帝乙—帝辛（纣）

### （二）纣王的统治及商代的灭亡

纣王即帝辛，为商朝最末一个国王，他在位时生活相当奢侈腐败，《史记·殷本纪》有一段描写：

> 好酒淫乐，嬖于妇人。爱妲己，妲己之言是从。于是使师涓作新淫声，北里之舞，靡靡之乐。厚赋税以实鹿台之钱，而盈钜桥之粟。益收狗马奇物，充仞宫室。益广沙丘苑台，多取野兽蜚鸟置其中。慢于鬼神。大聚乐戏于沙丘，以酒为池，县肉为林，使男女裸，相逐其间，为长夜之饮。

这些描述虽然不一定件件属实，但也不能简单地一律斥为"子虚乌有"。

纣王不仅奢侈腐败，而且行为残暴，《史记·殷本纪》说："纣乃重形辟，有炮烙之法。"又载：

> （帝辛）以西伯昌、九侯、鄂侯为三公。九侯有好女，入之纣。九侯女不憙淫，纣怒，杀之，而醢九侯，鄂侯争之强，辨之疾，并脯鄂侯。西伯昌

闻之，窃叹。崇侯虎知之，以告纣，纣囚西伯羑里。

帝辛的倒行逆施，造成阶级矛盾的尖锐，并引起统治集团内部的分崩离析，许多人逃到了西边的周那里。

此时，西方渭水流域的周族兴起来了。经过长期准备，周武王率戎车三百乘，虎贲三千人，甲士四万五千人，联合庸、蜀、羌、髳、微、卢、彭、濮等国，渡过黄河，经过盟津，直抵商郊牧野。这时候商王朝正致力于在东南方对东夷的战争，对周的进攻毫无准备。周武王兵至牧野时，纣王才调动军队仓促应战。关于这场战争，《史记·周本纪》有下列记载：

> 帝纣闻武王来，亦发兵七十万人距武王。武王使师尚父与百夫致师，以大卒驰帝纣师。纣师虽众，皆无战之心，心欲武王亟入。纣师皆倒兵以战，以开武王。武王驰之，纣兵皆崩畔纣。纣走，反，入登于鹿台之上，蒙衣其殊玉，自燔于火而死。

牧野一战，商朝全军溃灭。纣王自焚而死，商王朝灭亡，时当公元前1046年。

关于商代积年，《竹书纪年》云："汤灭夏以至受（纣），二十九王，用岁四百九十六年。"

商代世系：

汤¹（太乙）—│太丁²—太甲⁵│沃丁⁶
           │外丙³（卜丙）　太庚⁷—│小甲⁸
           │仲壬⁴　　　　　　　│雍己⁹
           │太戊¹⁰│仲丁¹¹—祖乙¹⁴—
                │外壬¹²
                │河亶甲¹²

│祖辛¹⁵—│祖丁¹⁷—│阳甲¹⁹
│沃甲¹⁶—│南庚¹⁸　│盘庚²⁰
              │小辛²¹
              │小乙²²—武丁²³—│祖庚²⁴—│廪辛²⁶
                     │祖甲²⁵—│庚丁²⁷—武乙²⁸—文丁²⁹—帝乙³⁰—帝辛³¹（纣）

## （三）关于纣王的评价

怎样评价商纣王以及妲己"助纣为虐"的"女祸论"？

纣王是中国历史上有名的暴君。后人往往把商朝灭亡归咎于商纣王宠信女色，因此历史上将所谓妲己"助纣为虐"作为"女人是祸水"说法的例子之一。

其实，商纣王之所以亡国，沉湎于酒色、不理朝政固然是其原因之一，而主要的原因，则是商纣王的倒行逆施，表现在横征暴敛、穷兵黩武、废弃祠祀、疏远亲族、严刑酷法、酗酒荒淫等方面。

《史记·殷本纪》说，商纣王善于论辩，闻见敏捷；才力过人，能手格猛兽。但是他非常武断专横，刚愎自用且欲望无穷。为满足自己的贪欲，他"厚赋税以实鹿台之钱，而盈钜桥之粟。益收狗马奇物，充仞宫室。益广沙丘苑台，多取野兽蜚鸟置其中"。民众既要承受横征暴敛，又要承担许多兵役之劳，怨声载道，无以聊生。与此同时，商纣王不断进行掠夺性战争。一次，商纣王在黎地举行大规模军事演习，东夷拒绝参加，纣王就大举进攻东夷。结果虽然东夷被征服了，但商王国由于人力、物力的巨大消耗，也奄奄一息，更加衰落了。

在这种情况下，纣王又任用阿谀拍马、贪婪谗佞的费仲、恶来为政。相反，贤臣微子数谏被拒，随即逃走；忠臣比干敢进诤言，被剖心而死。此外，商纣王还废弃了对于天地、祖先等神的宗庙祭祀，致使那些作为商纣王朝统治支柱的皇亲国戚、宗法贵族也对之不满。纣王变成了孤家寡人。

历来的著述家们都把商的灭亡归咎于纣王的沉湎酒色。周武王在牧野发布的讨伐誓词，列举纣王的第一条罪行就是"惟妇言是用"。无可讳言，商纣王生活荒淫，为了取悦妲己，大作奇技淫巧，使师涓作荒淫的音乐、萎靡的舞蹈，沉湎于酒池肉林；男女裸体相逐，彻夜长饮。在历史上，任何一个昏庸无能的君皇，生活上必定迷乱于女色。但光凭好女色不能简单地断定一个皇帝是否为昏君。所谓"女祸论"，实质上是一种以性别为基础来判断政治得失、个人成败的封建传统观念。

其实，古人说妲己"助纣为虐"，也不过是认为妲己是在"助纣"而已。纣王才是那种种暴虐行为的主要施行者。"女祸论"是没有根据的。

殷纣王历来被看作暴君的典型，他的荒淫残暴几乎是尽人皆知的。1959 年 4 月，郭沫若在《新建设》第四期上提出应该替殷纣王翻案。郭沫若认为殷纣王是一个很有才能的人，他对中国民族的发展做了一些好事，对中国古代的统一有不少的功劳。殷纣王曾经平定了东夷。东夷是长江流域的先住种族，在殷代末期不断地扩张，发展到了淮河流域，甚至到了现今的山东地带。纣王平定东夷，他所开拓出来的淮河流域和长江流域，为宋、楚、徐等国承继着同一文化在南方的发展创造了条件。所以，中国的统一是殷纣王开其端，而秦始皇收其果。

朱人瑞根据郭沫若的意见，在《解放日报》（1959 年 5 月 8 日、12 日、13 日连载）上发表了长达 2 万余字的《替殷纣王翻案》的文章，全面肯定了殷纣王是一个才智过人，对中华民族社会、文化发展和当时人民有过巨大贡献的人物。其主要功绩有五：第一，开拓东南和发展民族。殷纣王对东夷的平定，对殷民族的保全和发展起了重大作用。第二，对传统文化的发扬光大。至少有三件事可以肯定：纣时建筑是超越前代的；纣对工艺有过发明和提倡；纣对音乐的提倡和创造。第三，向落后的东南区域传播了文化。第四，用人唯才。第五，重视俘虏。由把俘虏作牺牲转为用俘虏当兵，这在当时是一件了不起的大事。

另一种意见认为殷纣王是一个被否定的人物，并没有含千古之奇冤，无替他翻案的必要。持这种主张的有唐兰、方格成、李谷鸣等。

唐兰在《解放日报》（1959 年 7 月 24 日版）上发表《没有必要"替殷纣王翻案"》一文，他认为郭沫若替纣翻案的理由只有一条，说"他对中国民族的发展，做了一些好事，对古代中国的统一，有不小的功劳。……古代中国归于统一是由秦始皇收其果而却由殷纣王开其端"。但查对事实，不完全如此。他认为东夷与夏民族早就有了关系，对东夷的关系并不始于纣。纣重征东夷，武王代商时东夷又叛了，周公又进行了征服，所以也不能说克服东夷是由纣最后完成的。那么，纣的征服东夷，既非开始，也非最后，怎么能把功绩归在他的身上而且说他是中国一统的开山祖呢？

方格成、李谷鸣在《解放日报》（1959 年 6 月 5 日版）上发表的《怎样正确运用史料评价殷纣王——与朱人瑞同志商榷》一文，认为殷王朝的灭亡是历史的必然。这种必然性要从殷末的社会内部去寻找，如奴隶来源的缺乏、兵源的枯竭、社会秩序的混乱、统治阶级内部的斗争等，殷纣王的荒淫残暴、穷兵黩武，导致了众叛亲离，加速了殷王朝的覆灭。他们认为在当时的历史条件下，纣王并没有在社会发展中起过促进作用。为掠夺而连年用兵，"为虐于东夷"，对生产发展起了破坏作用。即使是对开发东南起了某些客观作用，也是掠夺战争中的副产品，绝不能替他加上一笔"功劳账"。因此，他们不主张替纣王翻案。

### 附 1：殷墟的发现及其意义

殷墟，又名殷虚，为商王朝后期都城遗址，位于河南省安阳市西北郊洹河西岸，面积约 24 平方千米。根据文献记载，自盘庚迁都于此至纣王（帝辛）亡国，整个商代后期以此为都，共经 8 代 12 王 273 年。年代约当公元前 14 世纪末至前 11 世纪。遗址发现于 20 世纪初，1928 年开始发掘。1961 年，被国务院公布为全国重点文物保护单位。

殷墟的发现。1899 年，王懿荣首先在被称为"龙骨"的中药上发现契刻文字。其后罗振玉等通过调查，弄清了甲骨文出土于今河南安阳市的小屯村，并在甲骨文卜辞上发现了商王朝先公先王的名字，证明其为商代甲骨。王国维对甲骨卜辞中所见的王亥、王恒、上甲等商代诸先公进行考证，证实《史记》《世本》所记述的商王朝世系是可信的；同时根据受祭的帝王，从而确定《古本竹书纪年》所记载的自盘庚迁殷至纣王亡"更不徙都"之说符合历史事实。甲骨文的发现与研究，证实《史记·项羽本纪》中洹水南为殷墟的记载是正确的。这样，以商代甲骨的发现为契机，商代后期的王都遗址——殷墟遂告发现，相关发掘和研究工作也便开始了。

1928 年，中央研究院历史语言研究所成立考古组，负责殷墟的发掘工作。主持发掘的主要有李济、梁思永等人。自 1928 年 10 月至 1937 年 6 月，10 年内共发掘了 15 次，取得了较大收获。

新中国成立后，发掘工作迅速恢复。1950 年春，郭宝钧主持发掘了武官村大墓。其后 30 多年，主要由郑振香领导的安阳工作队进行发掘。

50 多年来的发掘取得了丰富的成果。殷墟文化的分期与年代、殷墟的范围和布局都已大体摸清。大量的遗迹有助于人们研究当时的社会生活，丰富的遗址说明了商代后期社会发展达到了较高水平。各方面的研究逐渐开展，甲骨学、商代青铜器、商代的人殉与人牲、商代的族墓地制度、各种手工工艺水平、商代的社会性质等方面的讨论渐趋深入。殷墟的发现及其研究具有非常重大的意义。

（著者综合前人研究成果所撰）

### 附 2：甲骨文的发现及其研究

关于甲骨文的发现，流传着这样一个故事：1899 年（光绪二十五年）北京城里国子监祭酒（相当于大学校长）王懿荣生病了，他从捡回来的中药渣中发现一味不寻常的药——龙骨，龙骨上面刻有文字。所谓龙骨，本是埋藏在地下的古代动物的骨头，用来做药，有温精补肾之功。可是为什么这几片龙骨上刻有文字呢？王懿荣是一个金石学家。经过调查，才知道原来北京城里几家著名的中药店，凡是龙骨这味药材的货源，一向都是从河南、陕西、甘肃等地由药材经纪商贩运的。上面带字的"龙骨"，正是有人从河南带到北京的。经过一段曲折，王懿荣终于找到山东潍县一个姓范的骨董（即古董）商人，他正是有字的"龙骨"的直接搜购者。范姓商人给他带来的二三百片刻有文字的"龙骨"，价钱自然是很高的。因此，有人说，甲骨文是王懿荣发现的。

其实不然，有字的"龙骨"最初是安阳小屯村的农民发现的。罗振玉 1911 年到安阳做过调查，他在《洹洛访古记》中说，30 多年前，小屯村民在翻耕土地时发现了甲骨，把它看作可作药用的龙骨卖给药店，药店收购的价格很低，一斤仅给几个铜钱，而且不要有字的，村民只好用铲把字削去。这样相延下来有 30 余年。

清末，安阳一带历年出土青铜器等古物较多，北方各地骨董商人常到安阳收购古物转销京津等地。而骨董商人收购古物时，对有字的古物往往出价稍高。那些有古字的"龙骨"引起了潍县骨董商人的注意。他们来安阳贱价收购，又转到京津售卖。王懿荣陆续购得了数百片。

王懿荣认定，有字的"龙骨"是一种珍贵的古代文物。他曾向金石学者吐露过，像吴大澂等都风闻其事。与吴大澂关系密切的刘鹗，对有字的"龙骨"产生了莫大的兴趣。王懿荣还来不及研究这些古物，"八国联军"侵入北京事件发生了。王懿荣痛愤之余在自家花园里投池自尽了。他所收集的"龙骨"暂时无人过问，藏在王氏"天壤阁"里。

1902年，刘鹗（字铁云）从王懿荣儿子的手里购得王氏所藏的全部甲骨，又通过北京琉璃厂的骨董商购得大量甲骨。但这些人没有把甲骨的出土地点如实地告诉给刘鹗，异口同声地说是来自汤阴。刘鹗终其一生，只知道甲骨在汤阴出土。甚至他的著作传到日本之后，日本人也跟着上当，相信甲骨出自汤阴。

刘鹗的朋友罗振玉怂恿刘鹗选出一部分拓印问世，于是光绪二十九年，即1903年，《铁云藏龟》刊行于世。这是甲骨文第一次著录成为专著，是中国近代文化史上的一件大事。刘鹗是甲骨学的开山人。

罗振玉最后从骨董商那里弄清了甲骨的真正出土地是安阳，并且进行一番考证，结果查出安阳为殷代后期首都所在地。既然如此，那么这些甲骨上的文字无疑是殷代的贞卜文字了。罗振玉欣喜若狂，当机立断，把北京骨董商一概撇开，指派他的弟弟罗振常和妻弟范兆昌前往安阳，直接收购甲骨。1916年，罗振玉还亲自到安阳小屯村一带做调查。罗振玉印行过几种关于甲骨文的书，并且进行考释，其研究逐成为这门学问最早的权威。

尔后，搜求甲骨文的人多了，情况发生了变化。尤其是外国人纷纷插手之后，变化更大，出现了假甲骨，有人伪造以牟利。

之后研究甲骨文的学者专家，如孙诒让、王国维、郭沫若、董作宾等都有许多创见。"四堂"指王国维（观堂）、董作宾（彦堂）、郭沫若（鼎堂）、罗振玉（雪堂）。

商承祚、叶玉森、王襄、朱芳圃、于省吾、容庚、唐兰、孙海波、陈梦家、张政烺、胡厚宣等都是研究甲骨文有成就的大家。

在过去几十年中，经过学者们的辛勤劳动，究竟取得了哪些成绩呢？郭沫若在1952年出版的《奴隶制时代》一书中说："根据不完全的统计，大约有三千五百字光景。其中有一半以上是可以认识的。"1963年，王力在《中国语言历史》中说："现存的甲骨文单字有三千个左右，直到今天为止，被认识的不到一半。"1973年，于省吾说："截至现在止，甲骨文不重复的字，约共四千五百多个。""已识的字，不超过一千。"大体说来，已识的字在1500个左右，是比较接近事实的。有人说，几十年时间才认得千余字，那算什么成绩？王力回答说："甲骨文本身的研究，实际上是对三千年前的祖国文字进行识字的工作……时代距离那么远，能认识千字以上，已经是很大的成绩。"

当然，成绩绝不限于识字，还包括通过识字达到研究历史的目的。几十年来，通过对甲骨文的研究，人们对商代的社会历史、地理形势、社会风格、科学技术等的研究取得了很大的成绩。

随着帝国主义侵略中国，一些外国人，或利用他们工作上的方便，或发挥其财富的魔力，到处搜购殷代甲骨。根据不完全估计，安阳小屯村出土的近20万片甲骨，有2万至3万片流到了海外。至今，纽约、伦敦、巴黎、东京等世界著名都市的大博物馆中都藏有甲骨。在近80年中，外国研究甲骨文的学者近百人。

刘鹗离世后，其家属把一部分家藏甲骨卖给上海滩以贩卖鸦片起家的英国籍犹太人哈同，而另一部分则辗转流入东京归日本人所有。

住在安阳的长老会牧师、加拿大人明义士先后收买了五六千片甲骨，并印行了《殷虚卜辞》一书。

八国联军侵华事件发生时，山东潍县骨董商人范维卿及其伙计李茹宾，把他们收购的甲骨带回山东老家。这时，住在潍县的传教士英国人库寿龄（S. Couling）和美国人方法敛（F. H. Chalfant）购得甲骨数千片，印有《库方二氏藏甲骨卜辞》一书（精品颇多）。

荷普金斯（L. C. Hopkins）中文名叫金璋，通过整理库寿龄搜集到的甲骨为数不少，也印行了《金璋所藏甲骨卜辞》一书（赝品颇多）。

日本的林泰辅著有《龟甲兽骨文字》。与林泰辅同时期的有高田忠周、河井仙郎、藤朝太郎诸家。

比林泰辅稍晚的有梅原末治、贝冢茂树、岛邦男等。

《甲骨文合集》丛书，由郭沫若主编，胡厚宣总编辑，中国社科院历史研究所《甲骨文合集》编辑工作组集体编辑，于1978—1982年由中华书局出版，共13册。它是中国现代甲骨学方面的集大成的资料汇编，选录了80年来已著录和未著录的殷墟出土的甲骨拓片、照片和摹片共41956片，书前有尹达前言和胡厚宣序。

书中对甲骨文的分期，基本上采用董作宾的五期分法：第一期武丁；第二期祖庚、祖甲；第三期廪辛、康丁；第四期武乙、文丁；第五期帝乙、帝辛。

甲骨文发现80年来，除《小屯南地甲骨》一书所收和后出文献以外，此丛书将现有主要甲骨资料基本收录齐全。

（著者综合前人研究成果所撰）

# 第三章 强盛的奴隶制国家——西周

（公元前 1027—前 771 年）

中国古代的奴隶制在夏朝奠定始基，经过商朝的大发展，到周朝达到鼎盛时期，周朝是一个强盛的奴隶制国家。

## 一、 周族的兴起和西周的建立

### （一）周族的兴起及先周文化的探索

周族起源于我国西北部的泾水、渭水一带，即陕西中部和甘肃东部的黄土高原地区。《国语·周语》记载，周族的远祖曾经"自窜于戎狄之间"。就是说，在很早以前，周族还是和西北其他的氏族部落混居一起。

周人是一个姬姓部落。传说其始祖名弃，弃的母亲叫姜嫄。《诗经·大雅·生民》："厥初生民，时维姜嫄。""知其母，不知其父。"大概此时还处在母系氏族社会阶段。弃善于农作，被祀为农神后稷。

到后稷（弃）的三世孙公刘时，农业更为发达，逐定居于豳（今陕西旬邑）。《诗经·大雅·公刘》描写了公刘带族人迁居于豳的情景。

自公刘起又传了九世，到了古公亶父时代。由于受薰鬻戎狄的逼迫，古公亶父带着族人离开豳地，迁居到岐山下的周原（今陕西岐山县）。《诗经·大雅·绵》称"周原膴膴"。就是说，周原土地肥沃，宜于耕植，他们喜欢这块土地，因而也开始自称为周人。古公亶父在此开始改革旧俗，整顿了部落组织，规划了土地，营建了房舍居邑，设置了官史，开始从原始社会跨入阶级社会，并逐渐强大起来。所以古公亶父被追尊为"太王"。《诗经》称太王"居岐之阳，实始翦商"，大概此时已有了灭商的大志。

古公亶父传位于幼子季历时，正当商王武乙时代，季历积极吸收商人的文化，促进了周族社会的发展。武乙末年，季历前往朝见，武乙赐给他土地 30 里以及玉、马等物。在商朝的支持下，季历对邻近的戎狄部落大动干戈，"伐西落鬼戎，俘二十翟王"，取得了很大的胜利。到文丁时，季历又征伐了周围许多戎狄部落，周的势力得到巩固和发展。文丁封季历为商朝的"牧师"，即一种职司畜牧的官（《后汉书·西羌传》及注引《竹书纪年》）。周已经成为商朝西方的一个强大方国。

周族的日渐强大，加剧了其和商朝的矛盾。商王文丁为了遏制周族的势力，杀了季历。季历之子季昌继位，就是后来有名的周文王。周文王在位整整50年，周虽然名义上是商的一个属国，但实际上不断扩大自己的势力。据说文王非常勤劳，亲自耕种，周的农业得到很大的发展后，文王开始了对四周诸侯的战争，先后征伐昆夷、密须（甘肃灵台）等族。虞（山西平陆县）、芮（陕西大荔县）两族也前来归服。接着文王渡河东征，攻克黎（或作耆，今山西黎城县），伐邘（河南沁阳市），进逼商的王畿。此后文王又灭了商朝西部的重要同姓诸侯崇侯虎，又在沣水西岸修建都城丰邑（西安西北），自周原迁都于此。文王迁都丰邑后，丰邑开始成为商朝西方各方国部落的中心，并对商朝采取进逼的方式。为了巩固和发展奴隶制，文王制定了一条保护奴隶主阶级利益的法律——"有亡荒阅"（《左传》昭公七年），对逃亡奴隶进行大搜索，任何人不得擅自收留藏匿。这条法律保护了奴隶主贵族的利益，博得了奴隶主贵族的普遍拥护，据说这是后来周朝得天下的重要原因之一。

关于周族从氏族制过渡到奴隶制的历史，我们可以从西周至春秋的重要文献《诗经》中看到一个大概的轮廓。但是在考古学上，目前远没有能印证的材料。我们现在知道西周最早的铜器，只有两件周武王时的铜器：一件是《大丰殷》；另一件是新近发现的《武王征商殷》《利簋》。至于武王以前的周器，一件也还不能确定。

为了探寻武王克商以前的先周文化，考古工作者曾经在陕西、甘肃境内做过不少调查、发掘和研究工作。今后一定会得到很好的解决。

## （二）武王伐纣及商的灭亡

### 1. 商末的阶级斗争形势

商代晚期，阶级矛盾日益尖锐。祖甲以后的商王，多是淫暴之主，一味讲求享乐安逸（《尚书·无逸》）。特别是到商纣王时，"厚赋税，以实鹿台之钱，而盈钜桥之粟"（《史记·殷本纪》）。为了满足自己的穷奢极欲，他又兴土木，扩大王都的范围，"南距朝歌（今河南淇县），北据邯郸及沙丘，皆为离宫别馆"（《史记正义·殷本纪》），甚至建"酒池""肉林"，聚集奴隶主贵族们在琼宫瑶台痛饮狂欢，过着糜烂腐朽的生活。

商纣王对东南夷的战争虽然取得了胜利，但也消耗了许多人力、物力、财力，加深了内部的阶级矛盾。"百姓怨望，而诸侯有畔（叛）者"（《史记·殷本纪》），"小民方兴，相为敌仇"（《尚书·微子》），"如蜩如螗，如沸如羹"（《诗经·大雅·荡》）。整个社会像炸开了锅一样，出现了革命的高潮。连纣的庶兄微子启都感到商朝的形势不妙，认为"今殷其沦丧，若涉大水，其无津涯"（《尚书·微子》），哀叹商王朝已经走到了历史的尽头。这时，纣王宠爱妃子妲己，淫乱不止，微子数谏不听，比干强谏被杀，箕子被囚，微子惧，乃与太师、少师逃亡。商纣王陷入众叛亲离的境地。

### 2．周武王伐商

在商纣王腐败不堪、社会矛盾空前尖锐的时候，周文王认为灭商的条件基本成熟了，于是在死前嘱咐太子发（武王）积极准备推翻商朝的统治。

武王即位的第二年，在毕地祭了天，奉文王木主，出兵东征。武王还在盟（孟）津大会诸侯，积极部署伐商的力量。他在即位的第四年（前1027年），就率领战车三百乘，虎贲三千人（《孟子》），还带着友邦庸、蜀、羌、髳、微、卢、彭、濮等部落的军队，浩浩荡荡，直奔商郊。他们在汜水边上（成皋）渡过黄河，进抵牧野（今河南淇县南），距纣都朝歌只差70里。到这时，商王宫廷才得到消息，赶忙停止歌舞，撤去酒席，开始讨论应敌的对策。但商朝的主力军还远在东南战场，一时征调不回来。纣王只好把大批奴隶和战俘匆忙武装起来，开向牧野，驱上战场。双方会战于牧野，周军以姜尚为前锋，冲入商军，"纣师虽众，皆无战之心，心欲武王亟入。纣师皆倒兵以战，以开武王"（《史记·周本纪》）。这就是"前徒倒戈"。纣王见大势已去，遂登鹿台，"自燔于火而死"。武王占领商都，宣告商朝灭亡，周朝建立。

### 3．周原宗庙遗址和周代甲骨文的发现

根据古文献记载，周人在古公亶父时，从邠（豳）地迁到周原，在这里修建了宗庙、宫殿和城墙，建立了国家，所以周原是西周早期的政治、经济、文化中心——岐邑的所在地。

周原位于陕西关中平原西部，北靠岐山，南面渭水。为了探索西周早期的历史和文化，考古工作者在陕西岐山县京当公社和扶风县法门公社及黄堆公社做了多年调查研究。1976年，考古工作者在岐山县凤雏村发现西周早期建筑基址。据学者研究，这是西周早期的宗庙。它是一座南北长45.2米、东西宽32.5米，总计1469平方米的坐北朝南的廊院式建筑群。

在发掘过程中，考古工作者在建筑基址的西厢房二号房间内的一个窖穴里发现了17000多片西周早期甲骨。这批甲骨中，卜甲有16000余片，为龟腹甲。卜骨有300余片，为牛的肩胛骨。目前已清洗出有文字的卜甲190多片，不同的单字达600多个。每片卜甲字数多少不同，少的一字，多的达30余字。

西周甲骨是在新中国成立以后才大量发现的，以前都是零星发现。周原甲骨是目前数量最多、内容最丰富的一批。

这批甲骨有的记载了商王朝与周王朝的关系。有一片文王时期的甲骨记载了癸巳日那一天，商王帝辛在帝乙的宗庙里进行卜问，问在祭祀先祖大乙汤时，宠妃妲己等两个女人参加祭典，并用三只公羊和三只猪进行血祭是否可以；有的卜问商王帝辛是否田猎于帛地；有的记载了殷王向先公上甲祈求晋（册）伐周方

伯的事情；有的卜问周国征伐的大事，如伐蜀、征巢；有的记载了地名、人名、官名；有的记载了周王国与一些方国的关系，如"楚子来告"等。周原甲骨的文字与殷墟甲骨的文字非常接近，但也有许多不同：①周原甲骨的背面用方凿，殷墟甲骨用圆凿。②纪时方法不同。商代甲骨用"干支纪时法"。周原甲骨用"月相纪时法"，出现了"既魄""既吉""既死霸"等（周人根据月亮的圆缺记时，把一个月分为四段时间。"初吉"大体为一日至七、八日，"既生霸"为八、九日至十四、十五日，"既望"为十五、十六日至二十二、二十三日，"既死霸"为二十三日以后至月底这一段时间。这四段时间基本上相当于今天的四个星期。③纪年方法不同。商人称年为"祀"，周人称为"年"。这些都反映了周人与商人文化的不同。

文王迁都丰邑以后，岐邑虽然失去了它的重要地位，但宗庙宫室一直存在于西周一朝。直到西周末年才毁于战火。今天发掘出的宗庙遗址和甲骨具有重要意义。

（三）周公与西周的制度

### 1. 建立"三监"

武王牧野一仗打败了商朝军队，灭掉了商王朝。接下来该如何统治新征服的地区呢？武王与太公望（姜尚）、召公、周公等大臣进行了一番策划。

太公望认为，对原来商王统治区的人民不必客气，干脆来个快刀斩乱麻，全部杀掉。武王不同意这个意见。

召公认为，把那些曾经跟着商纣王反对过我们的人杀掉，只把那些没有反对我们的人留下来。这一方案虽比上一方案好，但武王还是没有贸然同意。

周公认为，人数不多的周族想要巩固对商族的统治，必须利用殷人内部原来的矛盾，实行分化互解的手段，把商族与周族的矛盾转化为殷族内部的斗争。因此，他建议："让他们居住在原来的地方，耕种原来的土地，不改变他们原来的地位。只要他们服从我们周朝，就可以提拔他们当官。"周公的建议正中武王下怀，武王十分高兴地说："用你的办法治理殷人，何愁他们不顺从我们呢！"

武王采纳了周公的建议，将殷墟一带封给纣王的儿子武庚，让他继续在那里管理商王朝的遗民。武王把自己的弟弟管叔鲜封在现郑州一带，蔡叔度封在殷墟以南的上蔡一带，霍叔封在殷墟以北的现山西霍县一带。让三兄弟暗中监视武庚，这就是历史上有名的"三监"。

此外，武王还采取了一系列争取商朝民心的措施。

（1）给那些在商王朝很有威望的大臣平反昭雪，以争取他们与周王朝合作。把因反对商纣王而被关起来的大臣如箕子等放出监狱。把已被商纣王杀了的比干的墓修葺一新，并派人凭吊，以表示敬意。对活着的忠臣商容抚慰有加，表示敬重。

（2）做争取商族下层人民的工作，命令南宫适散发鹿台的财富和钜桥的粮食，以争取民心。

（3）大力争取居住在新征服区的古老部族，如封神农之后于焦、黄帝之后于祝、帝尧之后于蓟、帝舜之后于陈、大禹之后于杞等。利用这些人来监视和牵制商人。

（4）为了控制广大徐、奄、蒲姑等地区，武王在从西向东的黄河中下游区域大肆分封自己的功臣和亲戚，建立了一批周人控制下的据点。

### 2．周公东征和《保卣》铭文

周武王灭商二年以后，武王病死了。继位的成王年纪很小，所以就暂由周公代替成王治理周国，历史上称为"周公摄政"。此举引起了管叔、蔡叔等人的不满，他们散布流言蜚语说："周公独揽大权，将对成王不利。"这些流言欺骗了一些大臣，对周公产生怀疑。但姜尚和召公理解周公的磊落用心，支持辅佐成王并帮助他安顿了其他姬氏兄弟。

商纣王的儿子武庚不甘心商朝的灭亡，利用了武王新死、成王年幼和管叔、蔡叔、霍叔与周公的矛盾，想乘机摆脱周王朝的控制。他与"三监"勾结起来，并纠合了东方的徐、奄、熊等过去殷王朝的属国，发动了大规模的武装叛乱。周公奉成王之命，与太公望、召公奭等带兵东征，前后用了三年时间平定叛乱，周王朝实现了对东方广大地区的控制。

周公东征是关系到周王朝生死存亡的重大事件，在周初的铜器铭文上也多有记载。新中国成立后发现的《保卣》，其铭文就记载了这件事：乙卯这一天，成王命令太保（召公奭）抓住了武庚以及跟随他作乱的蒲姑、徐、奄、熊、盈五国首领，一举灭了这六个国家。成王慰劳并奖赏了太保。太保很高兴，对其属下也进行了封赏。为了纪念，太保属下做了一个供祭祀父亲用的铜卣。

### 3．周公东征及西周的巩固

周武王灭商后，占领了商朝原来统治的地区。但如何牢固地控制这些地区，是摆在周朝统治者面前的一个严重问题。师尚父主张把敌人全部杀掉，以绝后患；召公认为应当加以区别，"有罪者杀，无罪者活"；周公提出了分化利用，既要进行武力监视，又要施以笼络的办法（《尚书·大传》）。武王最后决定采用周公的办法，封纣子禄父（武庚）为商后，留在商都，通过禄父控制商人，而由武王之弟管叔、蔡叔和霍叔加以监督，称为"三监"。东方安置好后，武王才班师西归，并把国都迁到镐京（今西安）。

武王于克商后的第二年病死，子成王即位，由武王弟周公掌管政事。管叔、蔡叔对此不满，到处散布流言蜚语，扬言"周公将不利于孺事"。武庚乘机和管叔、蔡叔串通起来，联合了东夷中的徐、奄、薄姑、熊、盈等族十七国，共同反周。周公毅然调动大军，举行第二次东征，平定武庚和管叔、蔡叔的叛乱。经过三年的持续战斗，周公取得完全的胜利，杀了武庚和管叔，流放蔡叔，进一步巩固了周朝的统治。

周都镐京远处西土，周公鉴于武庚和管叔、蔡叔叛乱的教训，认为不能听任商朝奴隶主贵族继续留在原地区，于是决定在东方洛水流域营建洛邑，把"殷顽民"迁到那里，并派大兵镇守。这样，洛邑成为统治东部地区的政治、军事中心。从此，周朝有了两座都城，西部的镐京称为宗周，东部的洛邑称为成周。

从公元前 1027 年周武王灭商到公元前 770 年周平王东迁，历史上称作"西周"。

## 二、 西周奴隶制经济的发展

### （一）农业

农业是当时社会经济的主要部门。而农业经济的重要生产资料是土地。在西周，土地仍然属于国家所有，即奴隶主贵族土地国有制。一切土地在名义上都属于周王，所以说"溥天之下，莫非王土；率土之滨，莫非王臣"（《诗经·小雅·北山》）。周王把土地分赐给诸侯和臣下，但他们只有使用权，没有所有权，不能私相授受或买卖，因而就有了"田里不鬻"（《礼记·王制》）的现象。

周天子和诸侯等贵族直接掌握的土地成为"公田""大田""甫田""籍田"。当时田地的基本单位是"田"。因为"田"字古时作"囲"形，"口"字里面是个"井"字，所以这样划的田叫井田。井田制是土地国有制的主干，耕种井田的农业生产奴隶是"人鬲""鬲"或"讯""庶人""庶民"等。

周代的井田制已有相当准确的亩制和比较完整的灌溉及道路系统。周制百步为亩，一夫百亩（约合今 31.2 亩），称为一田。在井田中间开挖的灌溉系统，都称作遂、沟、洫、浍、川。与此相应的道路系统，则称为径、畛、涂、道、路（《周礼·遂人》《周礼·匠人》等）。

周朝的各级奴隶主贵族，把他们得到的井田分配给自己的奴隶集体耕种。耕地分配的方法，按主要男劳动力计算。一夫百亩，三年一换土易居，所以要定期更换土地，原因是田地的好坏不同。上田一夫百亩，中田二百亩，下田三百亩，按下等田的耕作过程说，三年正好轮流休耕一遍，然后才能对各种耕地再行分配。由于生产技术水平还比较低，同时为了便于对奴隶进行监督，奴隶主便让农业奴隶在井田上进行大规模的集体耕耘，《诗经》称"十千维耦""千耦其耘"（《诗经·周颂·噫嘻》《诗经·周颂·载芟》）。两人协同并耕叫"耦耕"，耦耕以十和十千计算，这意味着成千上万的人进行的是大规模的集体耕耘。为了加强监督和提高生产，每年春天在耕种开始之时，天子要"亲籍千亩"，也就是亲自在井田上掘一铲土，百官也跟着掘几铲土，摆摆样子，这叫"籍田礼"，结果是要"庶民终于千亩"。在古诗中常常提到的"田畯"，就是奴隶主贵族派来监督农业奴隶劳动的人。在这种情况下进行生产，奴隶们当然不会有什么劳动兴趣和热情。

农业生产工具，多为木器、石器、骨器、蚌器，金属工具有所增加。在西周遗址和墓葬中，人们发现了金属农具——青铜镈和青铜耒，但数量极少。在湖北圻春毛家咀西周早期遗址中，还发现了一件青铜耒，作凹字形。在河南三门峡市上村岭虢国墓中，也发现了一件西周晚至东周初的青铜耒。在洛阳下瑶村西周早期墓中，考古工作者发现了一件青铜镈。在江苏仪征破山口的西周墓葬中，出土了一件刃口锋利的青铜镰。《诗经·周颂·臣工》："命我众人，庤乃钱镈，奄观铚艾。"钱即铲类，镈为锄类，铚、艾是收割工具，说明那时在农业生产中已经使用不少青铜器物。恩格斯指出："铜、锡以及二者的合金——青铜是顶顶重要的金属；青铜可以制造有用的工具和武器。但是并不能排挤掉石器。"（恩格斯：《家庭、私有制和国家的起源》）

农业生产技术也有一定程度的发展。井田制的沟洫系统便利了田间灌溉。其他如施肥、除草、防治病虫害等技术都出现了。更重要的是，人们懂得了轮流休耕的方法。根据典籍，西周的耕地分菑、新、畲三类型。对菑、新、畲的解释，众说纷纭。《尔雅·释地》："田一岁曰菑，二岁曰新田，三岁曰畲。"据徐中舒先生解释，这就是每夫的份田，有三个等分。一部分第一年为休耕地，名曰菑；一部分已休耕过一年，今年新耕，名曰新田；另外一部分，去年已耕种过一年，今年连耕，名曰畲（徐中舒：《试论周代田制及其社会性质》）。这就是轮流休耕的一种方法。

农作物的品种和产量都有所增加。品种多样，可称"百谷"，像黍（黄米）、稷（小米）、麦、桑、麻、菽（豆）、稻（大米）、粱（糯米）、秬、秠、瓜、果等都有。《诗经》中形容农作物丰收有"万亿及秭""千斯仓""万斯箱""我仓既盈""我庾维亿"之句。奴隶主们积存了大量的财富，还祈神灵保佑，他们在祭神的诗歌里唱道：

　　曾孙之稼，如茨如梁；曾孙之庾，如坻如京。乃求千斯仓，乃求万斯箱；黍稷稻粱，农夫之庆。报以介福，万寿无疆。（《诗经·小雅·甫田》）

　　丰年，多黍多稌，亦有高廪，万亿及秭。为酒为醴，烝畀祖妣；以洽百礼，降福孔皆。（《诗经·周颂·丰年》）

这说明奴隶们辛勤的劳动果实堆满了奴隶主的仓廪，同时也反映了当时农业的发展水平。

## （二）手工业

### 1. 青铜冶铸

西周的手工业仍为奴隶主贵族所垄断。周王和各国诸侯都拥有各种手工业作坊，设工官管理，作坊中设有监工。有"工商食官"（《国语·晋语四》）的说法。

在武王灭商之前，周人的手工业，特别是青铜器手工业，基础比较薄弱，迄今很少发现当时周人的青铜器物。经过对东方的两次征伐，周朝掠得了商朝及其属国大量的宝器，宝器都由周王和各级奴隶主贵族瓜分了。武王时曾作一篇《分器》（或称《分殷之器物》），专门记述他们掠夺的收获。

周朝不仅掠夺了青铜器，而且占有了商朝的青铜手工业资源和设备，俘获了许多技术熟练的手工业奴隶。周初对俘获来的手工业奴隶很重视，周公教导康叔："又惟殷之迪诸臣惟工，乃湎于酒，勿庸杀之，姑惟教之。"（《尚书·酒诰》）由于主要使用俘虏来的手工业奴隶，周初的青铜器制造业基本上因袭了商代的传统，铜器的形制、花纹和品种都和商末类似。到康王以后，西周的铜器才显示出自己的风格和特色。

（1）西周青铜器手工业分布之广，是商代所不能比拟的。周王和各国诸侯以至一般贵族，都拥有数量不等的大小青铜器作坊，分布在周朝统治的区域，并影响了周围的一些少数族地区。因此，这个时期的青铜器既具有共性，也显示出一定的地方特点。

（2）青铜器的数量也远远超过商代。例如在陕西长安、扶风、岐山等地，历年来发现了好几批窖藏铜器，一窖少则四五十件，多至百余件。又如河南三门峡市虢国墓地，出土的青铜器皿即达 181 件，其他大宗的工具、武器、车马器等，更不下 5000 件。数量的增多，说明生产规模的扩大。从器物的类型上看，基本上继承了商代的传统，但是也有发展变化：一些酒器如方彝、卣、斝、觚、爵等，逐渐减少或绝迹；同时出现了不少新器物，如乐器中的钟、镈，食器中的簠、盨，兵器中的戟、剑，工具中的镰，都是过去所没有的。器物的花纹从繁缛趋于简易，器壁从厚重趋于轻巧，具有朴素而实用的特色。西周青铜器的铭文，内容广泛，字数增多。如宣王时的毛公鼎铭文长达 497 字，不亚于当时的一篇文章。有些青铜器上的铭文，如《曶鼎》《夨盘》等，还作为法律上的契约。《周礼·秋官司寇·司约》说："凡大约剂，书于宗彝；小约剂，书于丹图。"以青铜器铭文和古文献互相参证，可以更好地了解西周的制度。

（3）从铸造技术看，西周中期以后发明了一模翻制数范的方法，生产效率比以前的一模只翻一范的铸造法，提高了好几倍。开始采用器身和附件分铸，最后焊接起来的方法，说明当时人们已学会使用焊接技术。

### 2. 陶器业

西周的陶器生产也较以前发达。《左传》定公四年记载，周王赏赐给康叔的"殷民七族"中有"陶氏"，大概是以烧陶为其职业，可见陶器生产有了专门的行业。在沣西张家坡遗址里，曾发现西周晚期的 7 座呈椭圆形的陶窑。

在制陶技术上，西周早期的陶器多半采用轮模合制。到了中晚期，快轮法也逐渐普遍起来，产品趋向规格化。

西周的原始瓷器也有了一定的发展。在陕西、河南、山东、北京等地的西周墓葬中，普遍都发现了原始瓷器。沣西张家坡遗址中也发现了极少量的原始瓷片，表面有青色或黄绿色的釉。经测定，可知其烧成温度达 1200℃ 左右，硬度可达莫氏硬标 7，吸水性很弱，矿物组成已接近瓷器。这是我国陶器史上的一个重大发展。西周时期还第一次出现了瓦，陕西、河南等地先后都有发现，有板瓦和筒瓦，上面带有固定位置的瓦钉或瓦环。瓦的使用是大型建筑在屋顶结构上的新发展，是我国劳动人民在建筑史上的一个重要贡献。

### 3. 纺织业

纺织手工业也有了一定的发展。《诗经》中谈到养蚕、缫丝、织帛、染色、刺绣以及种麻、采葛、织绤、绤等繁复的品种和工序，就是纺织业发展的反映。在西周遗址特别是沣西张家坡遗址中，曾经发现大量的陶纺轮和少量的石、骨纺轮，以及骨、角、铜制的锥、针之类的工具，而且西周的纺织遗物或遗迹，往往在大小贵族墓中发现。特别是 1974—1975 年在陕西宝鸡茹家庄西周中期墓中新发现的一批有关蚕、丝的实物和遗痕，为研究西周丝织和刺绣提供了重要的资料。此外还发现许多玉蚕、丝织物的痕迹和刺绣的痕迹。《诗经·豳风·七月》有养蚕、采桑的诗句：

> 春日载阳，有鸣仓庚。女执懿筐，遵彼微行。……蚕月条桑，取彼斧斨；以伐远扬，猗彼女桑。

其他手工业如骨器、玉器、漆器等都有新的发展，在此不一一叙述。

### （三）商业

西周的商业主要是替贵族经营，为贵族的需要服务。在都市中出现了市场。奴隶制国家设置了专门的职官来管理市场的交易，交易的商品有奴隶、牛马、兵器、珍宝和贵族需要的其他东西。"质人掌成市之货贿：人民、牛马、兵器、珍异。凡卖儥者质剂焉。"（《周礼·地官司徒·质人》）"质人"就是管理市场的经纪人。

见于文献的，有：

> 肇牵牛车，远服贾，用孝养厥父母。（《尚书·酒诰》）

> 氓之蚩蚩，抱布贸丝。（《诗经·卫风·氓》）

> 如贾三倍，君子是识。（《诗经·大雅·瞻卬》）

> 贾用不售。（《诗经·邶风·谷风》）

在商业活动中，起货币作用的主要是"贝"，贝仍以朋为计算单位。

西周早期铜器《遽伯还簋》铭文很明显地记载："遽伯还乍宝障彝，用贝十朋又四朋。"意思是，铸造这件铜簋，花了 14 朋贝。

在陕西岐山董家村发现的一件西周中期铜器《卫盉》有如下一段铭文：

> ……王再旂于丰。矩伯庶人取堇璋于裘卫，才八十朋，厥贮，其舍田十田；矩或（又）取赤虎两、麂韐两、鞶韐一，才廿朋，其舍田三田。

据唐兰先生的解释，大意是：周王在丰邑举行建旂的礼。矩伯庶人在裘卫那里取了朝觐用的玉璋，价值贝八十朋，可以付给 10 块田；矩伯庶人又取了两张赤色的老虎皮、两件鹿皮披肩、一件杂色的围裙，共值贝二十朋，可以付给 3 块田。

很明显，西周时期的贝已经成为交换铜、玉器、皮件、衣服甚至土地等商品的媒介。也就是说，贝成了计算商品价值量的尺度，成了价值尺度。

商末周初金文中常有"锡贝"的记载，一次赏贝一朋、二朋、三朋、五朋、十朋、十二朋、二十朋、三十朋、五十朋不等，最多的《周公东征鼎》一次赏贝百朋，可以与《诗经·小雅·菁菁者莪》的"锡我百朋"相互参照。这些贝显然都是作为货币赐赏的。

铜在一些情况下也被用作交换手段，以"锊"为重量单位。铜本身就是一种重要的商品，同时担负着货币的职能。在陕西、河南一些西周遗址的发掘中，都发现了海产物，反映了当时各地之间的贸易关系。

不过从西周整个经济生活上看，商业的发展程度还是比较低的。

## 三、 西周的国家机构和政治制度

### （一）分封制

周人两次克商，同时把东方的很多小国也灭掉了。孟子说周公灭了五十国；《逸周书·世俘解》则说，自武王以后，周共灭九十九国，降服六百五十二国。这些数字虽然未必可靠，但周初灭了很多小国，则是事实。为了统治广阔的被征服地区，周初朝廷曾大规模分封诸侯，即"封邦建国"（《左传》僖公二十四年）。相传，武王、周公、成王先后建置七十一国（《荀子·儒效》），其中武王的兄弟十五人（一说十六人），同姓（姬姓）四十人。周王的子弟一般都得到了封地，立为大、小诸侯，如文王之弟封于东虢、西虢，文王之子封于管、蔡、郕、霍、鲁、卫、毛、聃、郜、雍、曹、滕、毕、原、酆、郇；武王之子封于邘、晋、应、韩；周公之子封于凡、蒋、邢、茅、胙、祭。除分封同姓诸侯之外，另外还分封一些异姓诸侯。这些异姓之后不外四类：①异姓功臣之后。对有汗马功劳的功臣，按同姓的待遇，分封给他们一块土地。如姜尚之后封于齐，便是显著的例子。②把被殷灭掉的古国重新扶植起来，计有陈、杞、焦、祝等，目的是利用他们来对抗殷族残余势力。③用以殷治殷的办法来对待原来的殷的属国，仍准许其存在。例如宋国就是一例。史载周克殷，宋微子启持祭器请罪，武王于是"复其位如故"（《史记·宋微子世家》）。④对一些异姓部落首领加封，如秦、楚、徐、淮夷、肃慎、戎狄等。

分封这些同姓诸侯、异姓诸侯的目的是"封建亲戚，以蕃屏周"，这些诸侯国起着捍卫周王的作用。周朝通过分封诸侯，不但稳固地统治了原来商朝的地方，而且其势力和影响不断扩大，成为远远超过商朝的一个强盛的奴隶制国家。周朝的统治地区，据说西到魏骀（邰）、芮、岐、毕，东到蒲姑、商、奄，南到巴、濮、楚、邓，北到肃慎、燕、亳（《左传》昭公九年），即北起辽宁，南至长江以南，西起甘肃东部，东面到海滨的广大领土。

**西周的分封制在考古上的反映（举例）**

卫国——周公镇压了武庚，以其地封于康叔，名卫。卫国的领域包括河南北部和河北南部。在这一地区，如邢台、邯郸、武安、安阳等地普遍发现有西周的遗址和墓葬。其中以浚县辛村的墓地规模最大。该地出土有"卫""厌"字样的铜器，完全可以证明这是卫国贵族的墓地。

燕国——周初的燕国在今何处？大体有蓟县、涞水和北京诸说。清末在河北涞水张家洼曾出土一批邶国铜器，王国维认为邶就是燕（《观堂集林》）。在北京近郊，曾出土一批"匽厌"铜器，其年代为西周早期。"文化大革命"时，考古工作者在北京琉璃河的刘李店、董家林、黄土坡一带进行了大规模的发掘。现已查明，该地区的西周遗址和墓葬的总面积约 520 万平方米，内涵非常丰富。在新发现的一批带有"匽庆"铭文的铜器中，有一件记载"太保"进行赏赐的情况。此"太保"即召公奭，"匽庆"应即召公之子，有可能是燕国的第一代诸侯。

宜国——新中国成立初期，人们在江苏丹徒发现了一批西周铜器，其中有一件康王时的《宜厌矢簋》，铭文长达 120 多字，记载了宜侯矢受封于周王的情况，即封于宜为侯。这个宜侯矢原是虞侯矢，在这篇铭文中改封为宜。宜是国名，也是地名，不见于古代文献，但应该就是铜器的出土地——丹徒。关于西周早期的政治势力是否过了长江，以往还存在疑问，这件铜器的发现，解决了这个问题。

周王和各封国之间的关系，有如下一些权利和义务：

（1）举行分封行赏的仪式，宣布"受民受疆土"，还赐给一定的爵位。

（2）封国实行周室的政令。

（3）封国的某些重要官史由周天子任命。

（4）天子定期巡视诸侯之国，称为巡狩。

（5）保庸诸侯国。

各诸侯国对周天子负有一定的义务，主要有：①有的国君以诸侯的资格兼为王室的卿士，这表示他臣服于周室。②派军队到王室去戍守或随王出征。③朝聘。诸侯定期到朝廷述职。④贡赋。除贡献当地特产外，还得贡献奴隶。⑤派人为王室服役。

诸侯对其属下也进行同样的分封。诸侯封其属下为卿大夫。卿大夫的封地名"采地"或"采邑"。卿大夫以下有士，也被封予食地。"士"是贵族阶级中最低的一层。士以下便是平民、奴隶。

周天子就利用这一级一级的分封方式，建立了一套周密的统治网。分封制在当时条件下具有一定的历史作用。主要的封国有卫、鲁、齐、宋、晋、燕。

## （二）宗法制

周朝利用从氏族组织蜕变而来的血缘宗族关系发展了宗法制度。据古书载，所谓宗法制度，就是用"大宗"与"小宗"的层层区别把奴隶主贵族联系起来。周王自称为"天子"，即上天的儿子，他既是政治上的共主，又是天下的大宗。其王位由嫡长子继承，世代保持大宗的地位；嫡长子的兄弟们则受封为诸侯或卿大夫，对周王而言处于小宗的地位。诸侯在其封国内又为大宗，其君位也由嫡长子继承；嫡长子的兄弟们再分为卿大夫，又为各国的小宗，而卿大夫在其本宗族的各个分支中则处于大宗的地位，他的诸弟为士，为小宗。士的嫡长子仍为士，其余诸子为平民。所以，所谓宗法制度，简单地说就是嫡长继承父位（大宗），庶子分封（小宗）。

确定嫡长子继承王位的宗法制度，是解决贵族之间的矛盾、巩固分封制的一种方法。宗法制度提倡尊祖，对祖先的尊敬表现在祭祀典礼上，但不是所有的子孙有祭祖的资格，只有大宗才有主祭始祖的特权。但无论何人，都必须尊祖。必须尊祖而自己又无权祭祖，那只有敬那个能祭始祖的大宗了（参见《礼记·大传》）。这样，大宗的地位便因有主祭特权而重要起来，嫡长子（大宗）继承父亲的国土，诸庶子（小宗）分封，也就变得无可争辩的了。可见，宗法制度是维系分封制度的。它是解决贵族之间财产、权位等的一种制度，其实质是为巩固奴隶制统治秩序服务。

### （三）按地域来划分国民

周朝奴隶主贵族，将受他们统治的奴隶和平民按地域加以划分和编制。周王和各国诸侯都把自己直接统治的地区划为两部分：一部分称为国或乡（诸侯的地区称为国，天子的地区称为乡），是统治中心；国外，则称为野或遂（诸侯的地区称为野，天子的地区称为遂）。在国中及其近邻，除奴隶主贵族和直接为他们服务的工商奴隶外，主要是按乡里编制起来的平民。在鄙野中居住的，是从事农业生产的奴隶，称为野人或庶人。对于被统治者的这种划分和编制，在周代以前已经有了，到周代则更加固定，成为世袭的制度。

### （四）西周的统治机构

西周形成了一整套冗杂的官僚组织和制度。周王是奴隶主贵族的总代表。辅佐周王进行统治的，相传有三公：太师、太傅、太保。据说成王时，周公为师，召公为保，"相王室以尹天下"。师、保总揽军政大权，其职位是非常重要的。下设"三事大夫"，即政务官、事务官和地方官，在《尚书·立政》中称为"准、夫、牧"。

在周王及其师、保之下，朝廷中最高的官职是卿士，即太宰、太宗、太史、太祝、太士、太卜，合称六卿。六卿经常在王的左右，所以在青铜器铭文里常简称为"三左三右"。"三左"是太史、太祝、太卜，"三右"是太宰、太宗、太士，在朝廷中分立于周王的两侧，协助周王处理政务。在周代，"国之大事，唯祀与戎"，所以六卿大多和宗教事务有密切的关系。太祝是最大的祭祀官；太卜是管卜筮的，处于人神之间的媒介地位；太士据说也是神职官吏；太史就是商代以来的作册；太宰可能是朝廷中的政务总管；太宗管周朝的宗族和谱系。六卿还有很多僚属，各有专职，所以总称为卿事寮。

除六卿之外，周朝还设有五官：司徒、司马、司空、司士、司寇。司徒在周朝早期的青铜器铭文中写作"司土"，管理土地和农业生产者；司空在铭文中写作"司工"，管理百工职事；司马是管理军赋的职官。司徒、司空、司马的职位相当，合称为"三有司"。司士管版籍爵禄，司寇管刑罚，其地位仅次于以上的三有司，也是很重要的官职。这五官下面有很多僚属，如属于司马的有师氏、虎臣和专管马的走马（趣马）等，构成专门的官僚系统和集团。

周朝的地方政权，就是分封在各地的诸侯国。各大小诸侯的爵位，在周初主要的只有"侯""男"二种。"侯"来源于"射侯"（箭靶子）。最初是将善于骑射的人封为"侯"，叫他去守卫疆场；善于耕种的封为"男"。到西周中期以后，才逐步出现公、侯、伯、子、男不同的爵位名称，至于等级意义，一直不是很严格。

诸侯在他自己的封国内仿照王室的官僚机构设置百官，统治奴隶和平民。诸侯国名义上归属于王室，但实际上有相对的独立性。

西周统治者为了镇压奴隶和平民，养了大批的军队。军队组织在周初最大的单位，大概是师（𠂤）。据《周礼·夏官·司马》记载，一师为2500人。戍守宗周的有"六师"（六𠂤），称为"西六𠂤"；戍守成周镇慑殷民的有八师（八𠂤），称为"成周八𠂤"或"殷八𠂤"（《㝬壶》《禹鼎》《盠尊》等铭文），共十四师。估计周王的军队在35000人以上。后来（西周后期）把军队组织逐渐扩大。最大的单位是"军"。天子有六军。除中、左、右三军外，其余三军不详。中军为总帅，由国王直接率领。一军的人数，据《周礼·夏官·司马》说，是12500人。当时天子有六军，估计有75000人。这只庞大的军队是国家政权的支柱。

西周的刑罚，比商代更系统、严密。当时有成文的刑律，分为五刑：墨、劓、刖、宫、大辟（《尚书·吕刑》《周礼·司刑》）。墨就是黥，即在额上刺青。那时对战俘或罪犯，常以黥额作为奴隶的标记，是最普通的常用刑罚之一。劓是割鼻。《周易》曾记载有服牛引重的奴隶，身受黥和劓两种酷刑。刖是砍脚，即后来的剕刑。宫刑是割掉男子的生殖器或把女犯人禁锢起来。大辟就是斩首的死刑。关于五刑的律条共有3000条：墨刑和劓刑各有1000条，剕刑500条，宫刑300条，大辟200条。西周法网严密，用以维护奴隶制的社会秩序。当然，这些严刑酷法，只是用来对付人民的反抗的，《礼记·乐记》说："刑以防其奸。"贵族则享有特权，"不躬坐狱讼"（《周礼·秋官·小司寇》）。在周朝的法律中还规定了赎刑的制度，奴隶主贵族的成员即使犯了罪，只要缴纳一定数量的金（铜）或丝（《尚书·吕刑》《墨子·非乐上》），就可以免刑。这就为奴隶主贵族提供了又一重政治保障。所谓"礼不下庶人，刑不上大夫"（《礼记·曲礼上》）道破了奴隶制刑罚的阶级实质。所以，刑罚也是奴隶主贵族对奴隶和平民专政的工具。

## 四、 奴隶起义、 国人暴动和宗周的灭亡

西周的奴隶数量比商代大为增多。武王灭商后，大批商人和原来属于商朝奴隶主贵族的奴隶，转变成为周朝的奴隶。接着武王征伐四方，攻灭了许多方国部落，抓来的俘虏，许多也成为奴隶。《逸周书·世俘解》记载：武王灭掉 99 国，斩获的首级有 177779 个，俘虏 310230 人，共降服 652 个方国部落。这些数字不一定准确，但反映了周初东征中俘虏的规模。随后，在周公东征等历次战役中，周朝得到了数量相当多的奴隶。周朝的东南方存在许多夷人方国部落，西北地区存在戎狄部落，对这些东夷、戎狄，周朝不断用兵，也俘虏了大批奴隶。如康王时命盂率领军队征伐鬼方，第一次俘虏鬼方首领三人，斩获首级 4800 多，俘获 13081 人（《两周金文辞大系图录》19 页，《考释》35 页）。

奴隶和奴隶主的矛盾、平民和贵族的矛盾是西周阶级斗争的基本内容。这种矛盾和斗争贯穿农业、手工业和商业各个部门。

奴隶主阶级对奴隶们进行最大限度的剥削，他们囤积着数以万计的粮食，拥有成群的牲畜，还有各种贵重和精美的器物。他们居住在高大的宫殿里，穿着华丽的衣物，出入车辇，钟鸣鼎食，日夜宴饮，过着腐朽的生活。

相反，奴隶们用自己的血汗创造了社会财富，而他们的生活却毫无保障，吃野草苦菜，住透风漏雨的茅棚土舍，衣不蔽体，随时有冻馁而死的可能。"无衣无褐，何以卒岁"（《诗经·豳风·七月》）就是他们的生活写照，连他们的子女也任由贵族蹂躏。"春日迟迟，采蘩祁祁，女心伤悲，殆及公子同归。"（《诗经·豳风·七月》）奴隶的生命毫无保障。在西周还存在着残酷的人祭、人殉。

受苦受难的奴隶大众对奴隶主贵族有着刻骨的阶级仇恨。他们无情地揭露奴隶主贵族的罪恶活动，强烈地抨击奴隶主贵族不劳而获的不合理现象："坎坎伐檀兮，置之河之干兮，河水清且涟猗。不稼不穑，胡取禾三百廛兮？不狩不猎，胡瞻尔庭有县貆兮？彼君子兮，不素餐兮！"（《诗经·魏风·伐檀》）

奴隶们并没有屈服于奴隶主贵族的暴力统治，他们经常用怠工、破坏工具、逃亡和起义等方式开展斗争。奴隶们一有机会就设法逃走，在战争时经常发生"臣妾逋逃"（《尚书·费誓》）的现象。《周易》上说，有一个奴隶主出去打官司，回来以后，发现有三百户奴隶逃走了（《周易·讼》九二）。

西周除了奴隶反对奴隶主的阶级斗争外，还有"国人"反对奴隶主贵族的斗争。国人包括部分低层的奴隶主和平民。平民是从周人本身分化出来的同贵族有联系而又和其对立的中间阶级，他们是"国人"中的基本群众。他们可以从国家手中取得一些土地，在政治上有一定的发言权，同时也受到贵族的种种剥削和压迫。他们的地位有时下降到和奴隶一样，而且，由于阶级的不断分化和人口

的增长，西周平民的数量在不断增加。平民终日为上层统治集团当差，东奔西走，连父母也无法照料。而上层统治者则与此相反，他们无所事事，偃息享福。这种情况，必然使一些平民产生不满的情绪。成王、康王时期，国家还比较安定，情况不是很严重。到了共王、懿王、孝王、夷王时期，由于戎狄交侵，平民的生活越来越糟了，因此，他们发出了强烈的抗议："或燕燕居息，或尽瘁事国；或息偃在床，或不已于行。或不知叫号，或惨惨劬劳，或栖迟偃仰，或王事鞅掌。或湛乐饮酒，或惨惨畏咎；或出入风议，或靡事不为。"（《诗经·小雅·北山》）

到厉王时期，社会各种矛盾汇合起来，周朝统治发生了严重的危机。厉王是一个暴虐的君主，他任用虢公长父和荣夷公进行"专利"，横征暴敛，虐待人民。所谓"专利"，就是霸占山林川泽，不准平民利用谋生。他还向外用兵，命虢仲征伐淮夷，结果以失败告终。以平民为主体的国人，对周厉王的"专利"政策极度不满，纷纷议论，严厉谴责。厉王利令智昏，他命令卫巫监视国人的活动，禁止国人谈论国家政事，违者杀戮。在这样的统治下，国人在路上相遇，只能以目示意，不敢交谈。厉王对此得意忘形，说："吾能弭谤矣！"召公提醒厉王说："防民之口，甚于防川！"厉王不听。芮良夫也敏锐地觉察到："下民胥怨，财力单（殚）竭，手足靡措，弗堪戴上，不其乱而？"并认为："时为王之患，其惟国人。"（《逸周书·芮良夫》）厉王拒不改正，并且压迫更加厉害。国人忍无可忍，遂于公元前841年发生暴动。关于这次暴动，《国语·周语上》、《左传》昭公二十六年、《史记·周本纪》等均有记载。国人攻进王室，厉王仓皇逃到汾水旁的彘邑（今山西霍县）。太子静藏匿在召公家里，国人又包围了召公家，要求杀死厉王之子。召公无可奈何，以自己的儿子冒称太子静，交给国人杀死，才保全了太子静的性命。国人推共伯和行天下事。共和元年（前841年）是我国历史上有确切纪年的开始。"共和"行政有两种记载：①《竹书纪年》："共伯和干（夺）王位"，即共地一个名叫和的诸侯代行王政；②《史记·周本纪》："召公、周公二相行政，号曰共和。"

这次国人暴动是一次具有重大历史意义的革命事件。第一，暴动不仅摧垮了周厉王的"专利"政策和残暴统治，而且动摇了奴隶制的统治基础，促使奴隶制度走向崩溃，揭开了由奴隶制向封建制转变的序幕。第二，这次暴动发生在奴隶主贵族的统治中心——宗周，沉重地打击了周朝的统治体系，周朝从此衰落，逐步发生肢解和分崩离析的现象。第三，这次暴动冲击了周朝的思想体系和礼乐制度，周天子手中那块"受天有大命"的神权招牌也被打倒在地上了。

共和十四年，周厉王死于彘，太子静立，是为周宣王。史称周宣王执政时是"宣王中兴"。宣王主要做了以下工作：

（1）鉴于厉王被人民推翻的教训，宣王告诫臣下，不要壅累庶民，征敛不得中饱以鱼肉鳏寡，对僚属应严加管束，勿使沉酗于酒，企图以此缓和当时的危机。

（2）"宣王即位，不籍千亩。"（《国语·周语上》）宣王废除了象征性的籍田仪式，这是井田制在王畿内开始崩溃的标志。奴隶主逐渐改变剥削的方式，不再用驱使奴隶集体耕作的办法，而是把土地分成小块，交给奴隶自己耕种，周王收取一定量的实物。当时这种制度叫作"彻法"。这种剥削方式实际上包含了封建剥削的因素。

（3）发动了对猃狁的防御战争。从懿王以后，猃狁对周人的侵扰和掠夺最厉害。当时的诗歌中说："靡室靡家，猃狁之故；不遑启居，猃狁之故。"（《诗经·小雅·采薇》）可见情况是严重的。宣王为解除戎狄的威胁，他一方面派南仲驻兵于朔方，加强防守力量；另一方面命尹吉甫率军攻打猃狁，一直打到太原地方，取得了很大的胜利。一些铜器铭文记下了周朝派兵征伐猃狁的事迹，如虢季子白盘的铭文中说，参加这次战役的子白，一次交锋，就斩敌五百，立了大功（《两周金文辞大系图录》88页，《考释》103页）。《诗经·小雅·出车》《诗经·小雅·六月》对南仲和尹吉甫更是称颂备至。可见征伐猃狁是周朝一件大事。猃狁受到严重打击之后，向北方逃走。受猃狁控制的一些戎狄部落重新臣服于周朝。"宣王中兴"是主要内容之一。

（4）对南方和东南方的荆楚、淮夷、徐国等大举用兵，也取得了一些胜利。宣王五年的青铜器《兮甲盘》记载了兮伯吉父（即尹吉甫）刚随王北伐猃狁归来，又受王命向南淮夷征收贡物，包括布帛、冠服和奴隶（"进人"）。尹吉甫对南淮夷软硬兼施，威胁他们说："敢不用命，则即刑，扑伐。"（《两周金文辞大系图录》134页，《考释》143页）在古代，兵和刑是分不开的。"扑伐"就是要出兵镇压。

（5）"料民于太原"（《国语·周语上》）。宣王晚年，由于连年用兵，精疲力竭，为了补充兵源和财政收入，曾"料民于太原"。"料民"就是调查户口。这是由于奴隶、平民逃亡流散，奴隶主阶级掌握不了人口的确切数字。宣王想通过"料民"整顿赋役。这从侧面反映了周朝的外强中干。

宣王死后，其子宫涅立，是为幽王，政治更加黑暗。同时又有连接不断的大天灾。《国语·周语上》说，幽王二年西周"三川竭，岐山崩"。《诗经·小雅·十月之交》描写这次大地震的情景："烨烨震电，不宁不令。百川沸腾，山冢崒崩。高岸为谷，深谷为陵。哀今之人，胡憯莫惩。"

除了地震之外，还发生了空前的大旱灾，给西周社会以很大的打击。看看诗人的感慨悲歌吧："旻天疾威，天笃降丧，瘨我饥馑，民卒流亡，我居圉卒荒。"（《诗经·大雅·召旻》）

幽王政治腐败到了极点。他一方面任用"善谀好利"的虢石父为卿，另一方面又宠爱褒姒，废申后。把申后所生的太子宜臼废掉，改立褒姒之子伯服为太子。宜臼逃到他的外家申国（今河南南阳市北）。幽王的行为激怒了外祖申侯。申侯约吕国、鄫国和犬戎联兵攻周，在骊山下面把幽王和伯服杀掉，西周遂亡。申侯等立太子宜臼，是为周平王。这时首都残破，又处在犬戎兵力控制之下，平王乃于公元前 770 年东迁洛邑，史称东周。从此周朝失去了控制四方诸侯的力量，我国历史进入一个大动乱时期。

### 附：周幽王烽火戏诸侯及西周灭亡的故事

西周经过成、康之治，达到繁荣时期。到厉王时期，政治黑暗。到宣王时又中兴过一段时间。宣王死后，由他儿子宫涅即位，这就是西周有名的腐朽昏聩的西周末代天子——幽王。

幽王初年首先遇到严重的旱灾，全国的河流、泉池都干得见了底，草木庄稼全都枯死了，国内赤地千里，哀鸿遍野，路有饿殍。幽王即位第二年，镐京和泾水、渭水、洛水流域发生了强烈的地震。旱灾和地震使周王朝的社会生产遭到严重破坏，社会秩序一片混乱。昏庸的周幽王对此不闻不问，整天沉醉于花天酒地之中。

幽王三年，得了褒姒，对她十分宠爱。褒姒生子伯服。幽王废掉了原来的王后申后和太子宜臼，正式册封褒姒为王后，册立伯服为太子。幽王废嫡立庶的行径引起了当朝史官伯阳的不满。他引经据典，考证了褒姒的身世后说："周朝要灭亡了，谁也挽救不了了。"

褒姒的身世如何呢？据说早在夏王朝末年，有两条神龙降在夏朝的宫殿前，说："我们是褒国的两个君长！"夏王命令太卜占卜，向上帝卜问："这两个怪物是杀掉还是留下来？"这次占卜没有得到好的兆象。接着又进行一次占卜，问："是不是请这两个怪物流一些唾液珍藏起来？"这一次显示出来的兆象很好。于是夏王连忙祭祀并祷告两条神龙吐出一些唾液留下。夏王命令把唾液藏在精致的小盒子里。夏朝灭亡，小盒子传到商，商传到周。

在夏、商、周三代漫长的岁月里，一直没有哪个国王敢打开这个神秘的盒子。但到了厉王，这个荒唐的天子一定要打开盒子。打开盒子之后，腥臭的唾液流得满地都是，用什么办法也清洗不掉。据说厉王"以秽治秽"，命令宫女们脱光衣服对这些唾液大喊大叫。忽然唾液变成了一只乌龟，一直向厉王的后宫跑去，正巧被宫里一个 7 岁的小宫女碰上。十多年后这个女孩长大成人，没有结婚就生下一个女孩，她生怕国王知道，便偷偷把女婴丢掉了。有一对卖桑木弓和剑囊的老夫妇，听到小孩啼哭，觉得怪可怜的，便把她抱到褒国去。这个小女孩在褒国一天天长大，长成了一个姿色无比的姑娘。后来因为褒国君主犯了罪，便选中了这个美丽的女子进贡给周天子赎罪。因为她来自褒国，所以人们称她为"褒姒"。

周幽王与褒姒终日饮酒作乐，但褒姒从来没有笑过。有一天，幽王心血来潮，提出一个能逗得褒姒大笑不止的办法，这就是"周幽王烽火戏诸侯"的闹剧。

被幽王废掉的申后是申侯的女儿。申侯对此十分恼火，公元前771年，他联合鄫国和犬戎族一起进攻周幽王。幽王举烽火向各诸侯国报警。但是，诸侯被幽王欺弄惯了，这次又以为是戏弄他们，没有派兵来"勤王"。镐京很快被攻破，幽王带着褒姒出逃，在骊山脚下被戎人杀死，褒姒也成为戎人的掳获品。

（著者综合学术界研究成果所撰）

从武王灭商到幽王被杀，西周共经历了十一代十二王，约257年。世系如下：

武王[1]—成王[2]—康王[3]—昭王[4]—穆王[5]—｜恭王[6]—懿王[7]—夷王[9]—
｜孝王[8]
厉王[10]—共和行政—宣王[11]—幽王[12]

## 五、 西周的思想和文化

西周统治者在政治思想方面比商朝进一步加强。在周初的一些文献记载中，关于上帝的属性以及周人对上帝的态度，和商人大致上是相同的。但周人逐渐用人格化的"天"来称呼"帝"或代替"帝"的概念，这一点则有别于商人。"天"字在商代一般只用为"大"的同义字，没有什么神秘的含义。周人才把天奉为有意志的人格化的至上神，周王宣称自己是上天的儿子，是受了"天命"，取代商朝，来统治天下的。如康王时《大盂鼎》的铭文说："丕显文王受天有大命……"这样，就用人格化的天把周朝的统治神圣化了。

但是，周人鉴于夏、商覆灭的教训，不免对上天产生了某种程度的怀疑，于是提出"天不可信""天畏（威）棐（非）忱""天命靡常""小民难保"的思想来。因此，周人提出，一味敬天不能长治久安，还必须注意治民之道。怎样治民呢？周人提出了一个"德"字来。《尚书》中几篇周初的文献，如《康诰》《梓材》《召诰》《君奭》等，都反复强调"敬德"的思想。"敬德"的标准是什么呢？就是当时的礼乐制度，即奴隶制的等级名分制度。礼乐制度规定了君臣、父子、兄弟、夫妇、朋友之间的上下尊卑关系。因此，奴隶主贵族的视听言行合乎礼乐制度，就是发挥了敬德的精神，他们的政权就可以保住了。相传周朝的礼有五类：吉礼讲祭祀，敬事邦国鬼神；凶礼哀忧患，多属丧葬凶荒；宾礼讲会同，多属朝聘过从；军礼讲兴师动众，征伐不服；嘉礼为宴饮婚祀，吉庆活动。礼的作用在于维系贵族内部的等级制度，解决和处理统治阶级内部的分歧。所以

《礼记·曲礼上》说，礼在于"定亲疏，决嫌疑，别同异，明是非"。奴隶主贵族用"礼"调整内部关系，以便共同镇压奴隶大众。

为与"敬德"相辅，周人提出要"重民"。《尚书·酒诰》引古人的谚语说："人无于水监，当于民监。"这就是说，统治者应当以民心作镜子，以民心为行事的指南。《尚书·泰誓》："民之所欲，天必从之。"（《周语》引）"天视自我民视，天听自我民听。"（《孟子·万章上》引）这明显是在说，上天意志的来源就是民的意志。这种"重民"的思想，显然比商朝前进了一步。

西周这种"尊天""敬德""重民"的政治思想，是一整套统治人民之术。这套统治思想是以周公为首的统治集团总结了前代的经验，根据周朝的情况而提出的。所以，相传周朝开始建国的时候，周公曾制礼作乐。其实，周公不可能制作所有的礼乐。周朝的礼乐是沿袭夏、商而来的，不过在周初由以周公为首的一批大贵族陆续加以厘定、增补、汇集，渐渐成为法定的制度而已。

西周的历史典籍和文学作品，最主要的是《尚书》和《诗经》。《尚书》是一部古代政治文献汇编，内容丰富，保存着商周两代重要史料。现仅存二十九篇。其中除少数几篇外，大部分属于西周人的手笔。《诗经》是中国最早的一部诗歌总集，共有305篇。其创作的时代上自周初，下至春秋中叶，共400多年，分为风、雅、颂三部分。"颂"是贵族在宗庙祭祀时演奏的诗歌；"雅"是贵族们宴饮时的酬唱；"风"是从各地采集来的民歌。《诗经》对研究周代历史有一定的参考价值。

**附1：关于古代史分期问题上各家的主张**

一、西周封建说

以范文澜为代表。范文澜著有《中国通史》，翦伯赞著有《中国史纲要》。

范文澜把生产关系的变更和发展作为奴隶社会和封建社会之间分期的标准，认为社会的性质是由当时处于主导地位的生产关系即基本的所有制来决定的。范文澜在《初期封建社会开始于西周》一文中提出四点理由：

第一，殷人大量杀殉，且用人作祭品。而周朝则不同，殉葬人是个别现象，祭祀不用人牲。

第二，西周存在封建土地所有制。周初大封建从所有制意义来说，就是自天子以至采邑主，大小土地所有向农奴（主要的）和自由农民征收地租。他们之间存在着封建的生产关系。

第三，根据《诗经》中的《载芟》《良耜》等篇记载，西周民夫带着妻子去耕公田，吃着自己的饭，使用自己的工具，这就是有自己的经济，符合斯大林指出的农奴的特征。

第四，西周的宗法制度是封建社会的上层建筑。

二、春秋封建说

以李亚农、唐兰为代表，李亚农著有《李亚农史论集》（上、下）一书。

李亚农把阶级关系的发展和变更作为区别两种社会形态和同一社会形态内不同发展阶段的标准。他认为，夏代是比较温和的奴隶制。殷和西周是奴隶制的繁荣期。成康之世则是它的黄金时代。成康之后，奴隶制开始走下坡路。厉王时代进入灭亡阶段。宣王"不籍千亩"，就是解放奴隶，废止奴隶制生产。奴隶主变成了领主，奴隶变成了农奴。中国的奴隶制由宣王始转入封建领主制。春秋时代已是典型的封建制社会。

三、战国封建说

以郭沫若为代表。郭沫若著有《奴隶制时代》《中国史稿》。

郭沫若把地主阶级的有无作为奴隶制与封建制分期的标准。郭沫若的主要论据如下：

第一，铁器出现于春秋，普遍使用于战国中期以后。新工具的发明和使用大大提高了农业生产力，为破坏旧的生产关系创造了条件。

第二，殷周时代是土地国有制时代（井田制）。私田制的确立，也便是奴隶制灭亡的标志。公元前594年，鲁国实行"初税亩"，表明地主阶级登上了舞台。在此以前，无所谓"地主阶级"，也就不可能是封建社会。

第三，春秋战国之交，两种社会形态的转变，分别以革命或变法两种形式，在各国先后完成。

四、秦统一后封建说

以金景芳为代表，认为秦统一六国，中国就进入封建社会。

金景芳把经济形态和政治斗争结合起来，作为奴隶制与封建制之间的分期标准。他认为春秋时代封建因素已经产生，地主阶级正在形成中，但没有成为独立的力量登上历史舞台。战国时代是封建地主阶级与奴隶主阶级激烈搏斗的时代，所以政治、经济有剧烈的变革，思想上有百家争鸣。秦统一六国，完成了由奴隶制向封建制的转变。

五、秦汉之制封建说

以侯外庐为代表。关于分期标准，侯外庐提出，必须严格区别古代社会解体过程中的封建制因素的生长形态和封建社会的萌芽形态，区别个别区域的封建因素的成长和全国范围内封建关系的法律化过程。他认为，不做这样的区别，历史发展的界限就会被任意划分。

基于这个标准，侯外庐认为，自商鞅变法已有封建因素萌芽，至秦统一天下，中国奴隶社会的经济构成正被封建社会的经济构成所代替，经过汉初一系列的法制形式，如叔孙通制礼、萧何立法、张苍章程等，到了汉武帝的"法度"，封建构成才最终完成。

六、东汉封建说

以周谷城为代表。

周谷城认为夏殷之际到平王东迁为奴隶社会的前期，自平王东迁到王莽篡汉为奴隶社会的后期。为什么说战国至秦汉仍属于奴隶社会呢？第一，这时期还存在大量奴隶，奴隶主的势力还相当大。第二，从世界史的角度看，古代埃及、亚述、波斯、印度、罗马诸帝国都是征服许多部落或国家扩大而成的，而这些帝国方盛之时都是奴隶制全盛时代。秦汉帝国既然与这些帝国同一系列，其社会性质也应该是奴隶社会。

七、魏晋封建说

以尚钺和王仲荦为代表。

他们认为汉武帝以后封建的生产关系逐渐萌芽和成长，自魏晋始，中国才进入封建社会。

第一，两汉是奴隶社会，当时在生产上存在着多种形式，但是奴隶制生产形式的存在和发展制约着其他生产形式的存在和发展。

第二，西汉末至东汉时期出现了奴隶制危机，具体表现在汉武帝末年到东汉桓灵时期的流民暴动。东汉末年是奴隶制的崩溃时期。

第三，自魏晋开始，封建社会正式形成。初期封建社会的基本阶级，是封建土地所有主世家豪族和受他们剥削的作为依附农民的部曲和佃客。

八、东晋封建说

梁作干主张此说。他应用中外历史比较研究法，考察了古代中国与地中海地区历史发展的总趋势后，得出一个结论：西晋和西罗马灭亡是世界历史的重大转折点。

梁作干的代表作是《世界历史的重大转折点：西晋帝国与西罗马帝国的灭亡》（《暨南学报》1982年第2期）。

**附2：关于商周井田制**

古代文献中有关井田制的记载，较系统全面的资料，则自《孟子·滕文公上》始：

> 滕文公问为国。孟子曰："民事不可缓也。……民之为道也，有恒产者有恒心，无恒产者无恒心。……是故贤君必恭俭礼下，取于民有制。……夏后氏五十而贡，殷人七十而助，周人百亩而彻，其实皆什一也。彻者，彻也。助者，籍也。……《诗》云：'雨我公田，遂及我私'。惟助为有公田。由此观之，虽周亦助也。"

这是孟子井田论的初步。后来，滕文公使毕战问井地，孟子则进一步对他说：

请野九一而助，国中什一使自赋。卿以下，必有圭田，圭田五十亩；余夫二十五亩。死徙无出乡，乡田同井。出入相友，守望相助，疾病相扶持，则百姓亲睦。方里而井，井九百亩，其中为公田。八家皆私百亩，同养公田；公事毕，然后敢治私事，所以别野人也。

按照这两段话，孟子所说的井田有以下几点：①须令农民有恒产；②剥削人民应有定制；③治地取民之制，以"助法"为最善；④治地的方法，"野"与"国"有别；⑤"方里而井"之制但施于"野"。问题是"贡""助""彻"三个名词的意思是什么？历代却解释不同。

《周礼》中关于井田制度的记载比较详密，如《地官·小司徒》《地官·遂人》《考工记》等都有记述。

把"井田"二字联结在一起提出来的是《谷梁传》。宣公十五年云：

古者，三百步为里，名曰井田。井田者，九百亩，公田居一。

此外，《左传》《韩诗外传》《汉书·食货志》，以及何休的《春秋公羊解诂》都有记述。

由于记载不同，因而后人对井田制的解释各异。《孟子》为八家共井说。而《周礼》则以九夫为井，方一里为一井；方十里为"成"，即百井；方百里为"同"，即一万井；构成井田体系。并有以十夫、百夫、千夫、万夫构成井田体系的。《孟子》的井田，没有沟洫系统。而《周礼》则有严整的排灌系统：遂、沟、洫、浍、川，和与之相适应的道路系统：径、畛、涂、道、路，构成纵横阡陌，四周"启土作庸"，形成封疆。《孟子》的井田，以助耕公田为方式，为贵族提供无偿劳动。而《周礼》则并无公田。在井田制下，成年农民，按一夫百亩的标准受田，至老死归田，对土地只有使用权，没有所有权，因此"田里不鬻"（《礼记·王制》）。

要确定一个社会的性质，必须从经济基础入手，即从生产关系入手。而生产资料所有制的形式对生产关系起决定性作用。商周社会的特点之一就是实行井田制，所以研究井田制是解决商周社会性质问题的钥匙。

关于井田制度的研究，从汉代到20世纪之初的2100多年中曾经反复被人们提出来，在宋、明、清时期，还不断有人企图小范围地试行这种制度，可见井田制问题影响之深远。

井田制的讨论，有下列几种意见：

第一，商周不曾实行过井田制。

20世纪20年代，胡适写过《井田辨》一文，他否认井田制的存在，"井田的均产制乃是战国时代的乌托邦"。他为了否认井田制，曾把凡是可以论证井田制度的文献资料都加以否定，并认为《周礼》《王制》都是伪书，是不可信的。他说，"战国以前从来没有人提及古代的井田制"，而记载井田制较详的《周礼》

等又是伪书，因此，井田制是一种乌托邦，说"孟子自己主张的井田制，是想象出来的胡说"。

20 年代的疑古学派也曾否认井田制的存在。

新中国成立后的学术界仍然有人主张井田制在"历史上从来没有存在过"，如李亚农（见李亚农《中国的奴隶制与封建制》、胡寄窗《关于井田制的若干问题的探讨》）。

第二，商周社会实行过井田制。

但对于井田制度究竟是一种什么样的土地制度，井田制下的生产者是怎样的身份，井田制下采取什么样的剥削方式，等等，却没有一致的意见。主要有几种意见：

（1）主张西周封建说的同志认为，《诗经》中描述农夫耕种公田时的各种情形，确实说明了这是封建社会的生产关系。所谓耕公田，就是领受私田的农夫在领主的田上进行无报酬的劳作，向领主缴纳力役地租。（范文澜）

（2）主张战国封建说的同志认为：井田只是公家的俸田，这是土地国有制的骨干。公家把土地划成方块授予臣工，同时分予些"说话的工具"给他们耕种。……公家所授的方田一律是公田，在方田外所垦出的土地便是所谓的私田。公田有一定的规格，私田可以因任地形而自由摆布。公田是不能买卖的，私田却真正是私有财产。公田是要给公家上一定的赋税的，私田在初却完全无税。（郭沫若）

（3）徐中舒、杨向奎则认为井田制度是一种家族公社或农村公社的田制。

（4）徐喜辰认为商周社会的井田制是一种从公有制到私有制的"中间阶段"的公社所有制。这种制度有"公田"，也有"私田"。"公田"最初来自"共有地"；"私田"最初来自分配给各个家庭使用的"份地"。这种"公田"或"私田"都是不能买卖的。（徐喜辰：《井田制度研究》，吉林人民出版社 1984 年版）

### 附3：商周甲骨文、金文及其主要内容

一、甲骨文

（一）甲骨文的占卜和契刻

1. 占卜

上次我讲过甲骨文的发现及其研究状况，今天主要讲讲卜辞的行文格式及刻写前的若干程序，以便对甲骨文的知识有所了解。

首先在整治好的龟甲的背面进行钻凿。所谓"凿"，就是用铜凿成一个〇形的长槽。所谓"钻"，就是用铜钻在凿痕旁边钻一个〇形的圆槽，钻、凿完了呈"◐"形。然后用微火烤钻凿处，这称作"灼"。灼后，在龟板正面就会出现卜或卜、卜等形的裂纹，这种裂纹叫作"兆"。卜人就根据兆形判断所卜事件的吉凶。

卜辞就刻在兆纹旁边。卜辞有一定的格式，一条完整的卜辞可分前辞、命辞、占辞、验辞等部分。

前辞也叫叙辞，记录占卜的时间和人名。

命辞，提出所要占卜的事项。

占辞，记录兆纹所示的占卜结果，吉凶如何。

验辞，记录事后应验的情况。

甲骨文具有极高的史料价值，是研究商代后期历史的第一手资料。

涂饰和刻兆。刻完卜辞后，有的为了美观而在字的笔道中或涂朱砂，或涂墨。涂饰是武丁时期的风尚。为了使"兆"明显，还用刀再加刻画，这也是武丁时期所特有的。

2．契刻和书写

甲骨上的文字绝大多数是用刀刻的，但也有极少数是用毛笔写的，或墨书，或朱书。契刻和书写有何关系呢？一般来说，大字是先书后刻，小字则是不书而刻。《周易·系辞》云："上古结绳以治，后世圣人易之以书契。"过去习惯把书与契当作一回事。严格说来，书、契当是两回事。甲骨文也是有书有契，或先书后契，或不书而契。书是契的基础，习契必先习书，二者有着密切的关系。

3．契刻与读法

甲骨文契刻的形式多种多样，与占卜的次序、兆的方向有关，又与时期及其书者有关。有的时期，刻得整齐规则；有的时期，刻得马虎草率，一版卜辞错综复杂，凌乱失次。有的书者水平较高，认真负责，刻得工整严谨，行款分明；有的书者水平较低，不负责任，刻得颠三倒四，杂乱无章。我们今天要通读甲骨原版上的卜辞，除了辨识文字之外，弄清一版卜辞中契刻的先后次序及契刻的行款也是十分重要的。不明文例，难读卜辞。

一般来说，一条刻辞，契刻的行款大致可以为四种：

（1）单列直书，指的是一条卜辞从上到下只刻一直行。

（2）单列横书，指的是一条卜辞横着只刻一行。多数是从右向左刻，少数从左向右刻。从右至左的横行书写形式在后世的匾额、牌坊、门楼一直沿用不绝；从左到右的方式也见于干支表及后世的货布文、玺印文，其他方面很少使用，直至五四运动以后才重见使用。有人以为这种从左至右的横行形式来自西洋，其实它同样是我国传统的书写形式之一。

（3）左行直书，一条卜辞用单列直书刻不完，即须依次刻第二行、第三行……其走势由右向左，便是左行。左行直书是卜辞中最常见的行款。这种形式通行于后世，直到现在还在一定程度上被人们使用着。

（4）右行直书，指的是两列以上的直书，其走势由左向右。这也是卜辞常见的行款。但秦汉以后几乎绝迹。

以上四类是卜辞行款的基本形式。另外还有少数行款杂乱、颠倒参错，须仔细推敲才能读通的。例如有一条卜辞两行，每行四字，以右行读之为"祸亡旬贞壹卜卯癸"，以左行读之为"壹卜卯癸祸亡旬贞"，均不通。原来应该是自右下至上，再自左而上地倒读的，当为"癸卯卜壹贞：旬亡祸？"

以上仅就一条卜辞而论，若就正版而论，情况更复杂，在此不叙。总之，掌握甲骨刻辞行款的特点，不仅利于通读，而且有助于甲骨的缀合。

（二）甲骨文的特点及发展变化

1. 特点

（1）字无定格。甲骨文虽已相当完备，但毕竟去古未远，故未定型化的现象较其他古文字更为突出。书写时大小分合不一，正反侧倒不拘。

（2）一字异形，繁简并存。只要是关键性的部分相同，即使其偏旁结构有增损移易以致形状不一，仍可认作一个字。

（3）异字同形。这与上列现象正好相反，乃是一个字形代表两个全然不同的字。甲骨文中此类字为数不多，是一种特殊的现象。如"下"字和"入"字、"山"字和"火"字。

（4）圆笔、肥笔极少，方笔、瘦笔多见，整体显得刚劲有力，富有笔味，这是用刀刻的缘故。

2. 甲骨文的发展变化

甲骨文的发展变化，有许多字是由简变繁，而不是由繁变简。

（1）有的是增加笔画。如"酉"字。又如"雨"字。

（2）有的增加偏旁。例如"宾""羌""宕"字。

（三）甲骨文的内容

1. 卜辞的内容概述

（1）年岁（农业）。许多卜辞是贞问年岁好坏以及有关农业生产的。常见的是卜问是否"受年""受禾"，亦即是否"得到好收成"。

（2）天象。商人迷信，遂把宇宙间的星象变化看作人间灾异的象征，屡加记录和占卜，有记日食、月食的，有记太阳活动的，有记新星活动的，有记云、虹的，等等。

（3）旬夕（吉凶）。历代商王每旬之末都要贞问下旬的吉凶，故卜旬夕之辞特别多。

（4）祭祀。《左传》说："国之大事，在祀与戎。"

（5）征伐（方国）。征伐就是所谓"祀与戎"中的戎事，卜辞同样甚多。

（6）田猎（渔牧）。商王好田猎，既为享乐，又为尚武。

（7）疾梦。因疾病梦幻而占卜吉凶。

（8）使令。这类卜辞较少，是关于商王发布命令、派遣使者一类政治事务。

（9）往来。专门贞问商王出入、往来、行至等活动。

（10）妇事（婚娶）。有关王之诸妇生育及婚娶等内容。

2. 非卜辞内容概述

此类即与占卜全无关系，纯属记事，大都刻在不做占卜的兽骨上，少数刻在人兽的头骨上，既不施钻凿，更无所谓灼兆。

（1）干支表。我国古代文献以干支纪日，始自甲骨文。干支纪日，就是以天干十，地支十二相配，从甲子起，癸亥终，循环一周为之十日，俗称一甲子。癸亥之后又从甲子开始，俗称甲子回头。如此依次纪日，循环无穷。

甲乙丙丁戊己庚辛壬癸、甲乙丙丁……

子丑寅卯辰巳午未申酉戌亥、子丑……

（2）有关甲骨纳贡、收藏的记事刻辞。

（3）有关历史事件的纯粹记事刻辞。这类刻辞不多，内容却极为重要。

3. 周原甲骨简述

周因于殷礼，用甲骨占卜契刻原不足为奇，但自商殷甲骨文发现后几十年来，却一直未发现周朝的甲骨文。自 1977 年以来，考古工作者先后两次在陕西凤雏村周原遗址挖掘出大批周代甲骨，这是新中国成立以后考古工作的重大收获。

关于周原甲骨的时代，学术界尚在讨论中，一般认为它们分属文王、武王时期。其内容有的祭祀成汤、太甲、文武帝乙，有的记载商王田猎于帛地，反映了武王克商前周对商仍保持着臣属关系；有关"众""庶"的记载，说明西周与殷一脉相承，仍是奴隶制度；所提及的官名、人名、地名，是研究周初官制、地理、史实的重要史料。周原甲骨文与殷商甲骨文的记时方法有显著不同，殷商甲骨文用干支，周原甲骨文则采用"既吉""既魄""既望""既死魄"这种月相纪时法作为补充，与周代金文相仿。另外，周原甲骨文字体纤细，有些骨片需用五倍放大镜才能看清楚，这与商殷甲骨文明显不同。

二、金文

金文是我国商周时代刻铸在青铜器上的文字。旧时因金文多见于钟鼎，故又称钟鼎文。因铭文常将青铜名曰"吉金"，故又叫吉金文。青铜器常用于祭祀先祖，系宗庙常器，旧称彝器（彝者，常也），故其上之铭文又有彝铭、彝器款识、彝器文字等名称。然而，铜器不仅仅用作宗庙常器，钟鼎二类也并不能包含全部有铭的铜器，所以近代转而采用比较确切的名称，通称为铜器铭文，简称金文。

（一）铜器的起源和发展

铜器的起源问题包括两个：一是什么时候出现，二是在什么基础上产生。

从现有材料看，我国铜器的起源当在龙山文化时期（亦即原始社会解体阶段的新石器时代末期），最迟也不会晚于奴隶制社会初期的夏代，距今约 5000 年，可从三方面加以说明。

第一，从理论上说，原始社会是石器时代，奴隶社会是青铜时代，原始社会向奴隶社会过渡也同时表现为石器向铜器的过渡，因而铜器萌芽于原始社会末期的龙山文化时期，应该是合乎情理的。

第二，从文献上说，古籍记载表明，我国铜器制作始于黄帝、蚩尤。《吕氏春秋·古乐》："黄帝又命伶伦与荣将铸十二钟，以和五音。"《史记·封禅书》："黄帝作宝鼎三，象天地人。"表明了我国原始社会末期已有铜器出现。古籍中关于夏器的记载更是屡见不鲜。

第三，从考古学上说，在原始社会末期的齐家文化中已有铜器发现。二里头文化也发现许多小件铜器。

铜器是在新石器时代末期什么基础上产生的呢？首先，成熟的烧陶技术为铜器的冶铸提供了条件。烧陶的温度高达 95℃～1050℃。其次，新石器时代末期的石器、骨器、陶器，无论在器形还是花纹方面，都成为早期铜器的蓝本，成为早期铜器诞生的母胎。

铜器的发展经历了哪些阶段？对此郭沫若第一个进行了系统的考察，把铜器的发展分为五个阶段。此后，容庚、郭宝钧在此基础上进行更深入的研究。郭宝钧将铜器的发展分为六个时期：

（1）萌生阶段（早商）。

（2）进步阶段（中商）。

（3）发展阶段（晚商及西周前期）。

（4）组合阶段（西周晚期及春秋早期）。

（5）分铸阶段（春秋中期至战国）。

（6）专精阶段（战国时代的中末期）。

（二）铜器的用途与分类

铜器的用途主要表现为两个方面：一是实用，二是藏礼。

铜器的制作最初纯为实用，考古发掘出来的早期铜器几乎全为工具、兵器，正是很好的证明。以后随着奴隶主宗法礼制的形成和发展，一些经常用于祭祀宴飨的青铜器便被赋予特殊的意义，有了明贵贱、别尊卑的"藏礼"的作用，从而形成了我国独特的礼器体系。所谓"藏礼"，就是寓礼于器，就是以不同组合方式的礼器代表不同的等级，如天子九鼎、诸侯七鼎、大夫五鼎、士三鼎之类，其实质就是宗法礼制在青铜器上的"物化"。礼器成为王权的象征、等级的标志，又是立国安邦的国家重器。

铜器可分七类：

（1）食器：鼎、鬲、簋等。

（2）酒器：爵、角、斝等。

（3）水器：盘、匜、盂等。

（4）乐器：铙、钟、钲等。

（5）兵器：戈、矛、戟等。

（6）生产工具：镰、铲、锄等。

（7）其他：除以上六类之外的其他铜器。

（三）铜器铭文的文体、内容和读法

铭文的发展过程可以概括为：文体由简略变完整又回到简略，内容由贫乏变丰富，又复返为贫乏。下面按时代论述之。

1. 商代

商代前期的铜器铭文罕见，后期盘庚至康丁开始出现少部分铭器，但多为一个字或两三个字，内容为族名、作器者名、受祭者名。这种铭文主要表示所有者的标识作用，正是《礼记·祭统》所说的"铭者，自名"，故可称之为"自名体"。例如："亚亳作父乙宝彝鼎"（《亚亳作父乙方鼎》）。

整个商代，就是以这种一字至数字的自名为铭文的主体。但武乙以后，尤其是帝乙、帝辛时期，开始出现少量十几字乃至四十几字的较长的铭文，这些铭文在说明作器的原因时带有简略的记事性，可称之为"记事体"。记事体的内容多为祭祀、赏赐，如"乙巳，王曰：尊文武帝乙且（祖）"（《四祀邲其卣》），"王赐小臣邑贝十朋，用作母癸尊彝"（《小臣邑斝》）。亦有少量涉及征伐，如"惟王来征人方"（《小臣艅尊》）。

总之，商代铭文以"自名体"为主，"记事体"处于萌芽阶段。

2. 西周

西周时期，记事体一跃而占据绝对优势，铭文在百字左右者比比皆是，有的长达500字，如《智鼎》403字，《毛公鼎》497字，铭文内容丰富多彩，具有典型的历史文献性质，其内容可以归纳如下：

（1）祭祀典礼。为数最多。

（2）颂扬先祖。制器铸铭的主要目的之一，乃是"称扬先祖之美而明著之后世"（《礼记·祭统》）。

（3）征伐记功。《墨子·鲁问》："攻其邻国，杀其民人……以为铭于钟鼎，传遗后世子孙。"

（4）赏赐册命。赏赐，就是赏赐物品、土地和人民；册命，就是周王对其职位的任命。

（5）诰臣下。约似后世的"上谕""圣旨"。

（6）刑典契约。

除以上六项外，还有许多内容难以概括，如朝觐、宴飨、狩猎、婚媾、往来等。

西周铭文多用套语。前期多云"用作宝尊彝"；后期多云"某某为某某作器，其万年子孙永宝用"之类。

3. 春秋战国

春秋战国时期由于"礼崩乐坏"，因此礼器少，日用器多，王朝器少，诸侯器多。加上此时竹帛已广泛使用，文字应用日繁，琢于盘盂终不如书于竹帛方便，故有铭器少，无铭器多，铸款少，刻款多。而在为数不多的有铭器中，铭文亦日趋简短。这时"记事体"已明显衰落，而与商代的"自名体"相当近似。

铭文的读法：

通读铭文是研究金文的关键性环节。通读常常是大体读懂而不是完全读通，每篇铭文都或多或少存在一些悬而未决的问题。为了读懂铭文，就有必要掌握一些读铭的方法。

（1）铭以识字为先。尽可能掌握每个字的形音义，关键字眼绝不能含糊，否则全句乃至全篇不通。如小臣艅尊"王省夔且"旧读且为祖，整句难通。因为下文有"夔贝"一词，可知"夔"是地名而非祖先名。改读为"庸"，问题就解决了。

（2）要明文例。不明文例，容易失误。

（3）要通文法，明句读。

（4）着力于词义的通训。

（5）破读假借字。

# 第四章　奴隶社会的逐渐解体和封建制的出现——春秋

## （公元前770—前476年）

春秋时代是奴隶制向封建制过渡的急剧变革的时代，充满着激烈的矛盾和斗争。

## 一、春秋时期大国的改革与争霸

### （一）春秋时期的政治形势

平王东迁之后，周王室的地位一落千丈，它直接控制的王畿面积比过去缩小了一半多。王畿土地缩小，诸侯贡献又少，因而周天子很穷困。堂堂一个天子，死后还埋葬不起。如平王死后，还要到曾国去求赙；桓王死后，延到七年才得埋葬；襄王死后，也派人到处求金，可见周王室衰败到什么程度。从武力方面讲，以前王室有六军，现在只有三军、二军，甚至不足一军。周天子这个"共主"只是虚名。他发号的施令已无人听从，诸侯朝觐天子的旧礼已极为罕见；相反，天子要向诸侯朝聘。周桓王在位20多年，五聘于鲁。公元前632年，晋、楚争霸，晋文公大会诸侯于温（今河南温县西南），居然以臣召君，把周襄王召去开会，天子的威信扫地以尽。事实上，周天子常寄生于诸侯的势力之下。甚至王朝的臣子不睦，周王自己无法处置，便任由他们到晋国去打官司（《左传》僖公四年）。

这时的诸侯国，由于各地区政治、经济发展不平衡而强弱不等。齐、晋、秦、楚等诸侯国先后强大起来。同时过去被称为蛮、夷、戎、狄的民族或国家，在社会生产力不断提高、中原先进文化的影响和民族融合的基础上，得到了较大的发展。他们在周王室衰落的情况下，向中原各地发展势力，对华夏族各国构成很大威胁。故有"南夷与北狄交，中国不绝若线"（《公羊传》僖公四年）之说。

随着周天子的衰微，一些强大的诸侯国想取周天子的地位而代之。但是，在当时的条件下，公开夺取天子之位，会引起其他诸侯国的嫉妒和反对，不如表面打着"尊王"的旗帜，"挟天子以令诸侯，天下莫敢不听"（《战国策·秦策》）。于是各诸侯大国展开了争当"霸主"的角逐，而争霸的旗号是"尊王攘夷"。争霸的实质是为了迫使各国向霸主贡赋，获得周天子过去享受的政治和经济特权。

春秋时期邦国林立，见于史书记载的不下一百个。各国为了争当霸主，必须首先增强自己的实力，因而进行一些政治改革。而在这些改革中，封建制的生产关系开始萌芽。所以，春秋时代是奴隶社会向封建社会转变的时代，也是我国多民族社会经济和文化走向大发展的时代。

### （二）齐桓公在齐国的改革及其称霸

最先称霸的是齐国。齐国地处黄河下游。管仲相桓公，"以区区之齐，在海滨，通货积财，富国强兵，与俗同好恶"（《史记·管晏列传》）。齐地"膏壤千里"（《史记·货殖列传》），加上生产技术比他国进步，普遍使用了铁制工具，生产力较高，所以社会经济很快发展起来。

在齐桓公以前，齐国已经把附近的各族小国逐渐合并。到桓公时，齐国已成为东方的唯一大国。齐桓公首先出来，提倡"尊王攘夷"，顺应时势的发展，开创出一个新的局面——霸政。

齐桓公的霸业与管仲的策划分不开。他任用管仲为相，整顿了行政和军队：①制国（国都以内）为二十一乡，其中"商、工之乡六，士乡十五"（《国语·齐语》）。制鄙（国都以外）为五属，就是把郊外的地方分为五区。属下有县，县下有乡，乡下有卒，卒下有邑，邑下有家。士、农、工、商不得杂处。②六个工商之乡和居鄙的五属不服兵役，把服兵役的士乡十五分为三，五乡为一军，共三军，每军一万人。此即所谓"参其国"。他们集中居住，互相熟识。这样就组成一个"行同和，死同哀"的战斗整体，加强了齐国的军事力量。③管仲还鼓励开垦土地，废除井田。④改革税制，实行"相地而衰征"（《国语·齐语》），即按土地好坏分别收税。这些改革措施使齐国的政治、经济得到迅速发展，国势变强，成为一个时期的霸主。

齐桓公的霸业主要表现于以下几个方面：

第一，抗夷狄，救燕，存卫，救邢。

那时，中原各国正受"夷狄"的威胁。如山戎侵扰燕国，齐桓公于是起兵征山戎，一直打到孤竹国。又如有一次狄人伐卫，杀了卫懿公，灭了卫国。宋国救出卫的遗民，在漕邑（河南滑县）立了戴公。齐桓公派公子无亏带三百乘兵车，三千名甲士替卫国守御；又送给卫君车乘和祭服、木材等用具和牲口，让他们成立一个新的国家（《左传》闵公二年）。又过了些时候，狄人攻邢很急，齐桓公又邀宋、曹两国的兵救邢。齐桓公救邢存卫，阻挡狄人的南侵。

第二，抗楚。

当时楚国很强大，常想北向以争中原。郑国首当其冲，连年遭到楚国的征伐。齐桓公乃于公元前656年率领齐、鲁、宋、陈、卫、郑、曹、许八国军队讨伐附楚的蔡国。蔡师溃败之后，大军推进到楚境。齐桓公叫管仲去责问楚国不给周室贡献苞茅和昭王南征不返的责任问题。楚国见齐等联军来势凶猛，有些害怕，答应讲和，齐、楚在召陵（今河南郾城东）订立盟约。这次虽然没有真打仗，但总算敢对楚国示威了，阻止了楚国的北进，救了郑国，也是一件大事。

第三，护周王。

在周襄王未立的时候，王室发生了叔带之乱。齐桓公在洮（曹地）召集诸侯结盟，共立襄王。第二年夏天，又令诸侯于葵丘（今河南兰考县）申明天子的禁令（《谷梁传》僖公九年）。这是历史上有名的葵丘之会。这时也是齐桓公霸业鼎盛时期。

齐桓公死后，国内发生内乱，齐国失去了霸主的地位。

齐桓公的霸业，主要功绩是联合诸夏各国共同抵御北方和南方落后部落对中原地区的骚扰，客观上保证了中原地区的安定和经济的发展。孔子称赞说："管仲相桓公，霸诸侯，一匡天下。民到于今受其赐。微管仲，吾其被发左衽矣。"（《论语·宪问》篇）

## （三）宋襄公图霸

齐自桓公死后，霸业骤衰。不久楚国北上，侵入中原。这时殷商后裔宋襄公想承袭齐桓公的霸业，企图击退楚师，并于周襄王十四年（前638年）与楚军战于泓（今河南柘城一带），结果大败，襄公负伤而死，宋国的霸业未成。史书记载如下：

> 宋公（襄公）及楚人战于泓。宋人既成列，楚人未既济。司马曰："彼众我寡，及其未既济也，请击之。"公曰："不可。"既济而未成列，又以告。公曰："未可。"既陈而后击之，宋师败绩，公伤股，门官歼焉。国人皆咎公。公曰："君子不重伤，不禽二毛。古之为军也，不以阻隘也。寡人虽亡国之余，不鼓不成列。"（《左传》僖公二十二年）

## （四）晋文公的霸业

宋襄公争霸不成，楚国北上，称霸中原。这时晋国勃兴起来，成了楚国的劲敌。晋国是护卫平王东迁的强国之一，但是由于长期内乱，无暇外顾。后来晋国经过经济和军事的改革，"作爰田（辕田）"，即把土地赏给有军功的人，和"作州兵"，即扩大兵源（国人以下也可以当兵），也强盛起来。周襄王十六年（前636年），长期流亡在外的公子重耳回国即位，是为晋文公。他任用随从他在外的赵衰、狐偃、贾佗等人，进一步整顿内政，"弃债薄敛"，"轻关易道，通商宽农"，"明贤良"，"赏功劳"，不久便"政平民阜，财用不匮"（《国语·晋语四》)。晋国争霸的条件成熟了。

晋文公的霸业表现在以下几方面：

第一，护送周襄王复位。

公元前 636 年，周襄王被王子带勾结狄人赶跑，流落在外，向晋国告急。晋文公出兵勤王，一面进兵围王子带于温邑，一面护送周襄王复位，做了霸主应做的"尊王"举动。

第二，抗楚。

宋国原来附属于楚国，这时看到晋国强大，就背楚从晋。楚国准备出兵伐宋。晋国乃联合齐、秦、宋等国讨伐楚的附属国曹、卫等，迫使楚国军队北上。周襄王二十年（前 632 年），晋、楚在卫地城濮（今山东鄄城临濮集）会战，楚军大败。这就是春秋前期最大的一次战争——"城濮之战"。战后晋文公在践土（河南郑州市北）会盟诸侯，逼周天子封他为侯伯（霸主）。当时正是"南夷与北狄交侵"的时候。晋文公虽然是为了自己的利益争夺霸权，但在客观上他却使诸夏各国的经济与文化在无外力干扰下得以继续向前发展。

文公之后，晋国继续称霸百余年。但自晋襄公以后，西方的秦国也开始强大起来。

## （五）秦穆霸西戎

秦国的统治者是西周后期扶植起来的一个嬴姓小贵族。平王东迁，秦襄公护送有功，被列为诸侯。从襄公起，通过灭掉一些西戎小国，秦国逐渐发展起来。经过一百多年，到秦穆公时，秦国多次插手晋国事务，企图东向争霸中原。周襄王二十五年（前 627 年），秦军偷袭郑国，途中遇到郑国的商人弦高，弦高假军命以十二头牛犒劳秦军，秦军认为郑国已有戒备，转而灭晋的边邑滑而还。当时晋文公死，晋将先轸联合姜戎，与秦军战于殽（今河南陕县附近），秦军覆没。由于东向的通路为晋军所阻，秦穆公乃转而向西发展，"益国十二，开地千里，遂霸西戎"（《史记·李斯列传》)。所谓"西戎"，是指活动在陕甘青藏的一些分散的羌人部落或方国。秦霸西戎，称为西方大国，成了诸侯国中举足轻重的力量。

## （六）楚庄王的霸业

楚国地处长江与汉水流域，占地辽阔。到楚庄王时，其任用孙叔敖为令尹，"举不失德"，"赏不失劳"（《左传》宣公十二年)。同时大兴水利，使农业生产有了发展，为楚国争霸打下了物质基础。周定王元年（前 606 年），楚国伐陆浑戎，观兵于周的边境，使人问鼎之轻重。"鼎"是王权的象征，楚庄王意在取周而代之。当时晋楚争霸中原时，齐、秦两国雄踞东、西。宋、郑两国夹在中间，正是晋楚争夺的焦点。周定王十年（前 597 年），楚伐郑，晋兵来救，会战于邲（今河南荥阳东北），晋兵大败。楚庄王征服了郑国，饮马黄河，雄视北方。过了两年，楚庄王又以大兵伐宋，使宋国屈服。这样，鲁、宋、郑、陈诸中原国家，都依附在楚的卵翼之下，楚庄王成为中原霸主。

（七）弭兵运动

春秋中叶以后，晋、楚双方势均力敌，不分胜负；楚联秦，晋联齐，也是旗鼓相当。兼之，各国长期战争，劳师动众，逐渐感到筋疲力尽。另外，当时各国内部政治大都落在卿大夫手里，卿大夫之间以及卿大夫与公室之间的矛盾日益尖锐，无力外顾，为了维持当时的政治局面和争得喘息的时间，于是"弭兵运动"出现了。

第一次弭兵运动是宋国执政大臣华元与晋楚两国当局都很交好，他出来努力斡旋。周简王七年（前 579 年）夏天，晋、楚两国在宋国西门外结了盟约，盟辞曰："凡晋楚无相加戎，好恶同之。同恤菑危，备救凶患。若有害楚，则晋伐之；在晋，楚亦如之。交贽往来，道路无壅，谋其不协，而讨不庭。有渝此盟，明神殛之，俾队其师，无克胙国。"（《左传》成公十二年）这个条约只保证了三年的和平，楚国首先把它撕破。从此以晋、楚为首的中原诸国又卷入了 30 多年的战乱之中。

第二次弭兵运动的奔走者是宋国大夫向戎，他和晋、楚的执政者也有交情。他看到晋楚两国的统治阶级已有息战的意愿。晋国六家权臣（赵、范、知、荀、韩、魏）间的矛盾加剧，都无心对外。而楚国这时则因受吴国的攻打，有后顾之忧，无力北图，也想讲和。其余诸国为了减轻兵役之苦，更希望减少战争。因此，当向戎出面斡旋时，立即得到多国的赞同。周灵王二十六年（前 546 年），各国在宋都召集了一个弭兵大会，会议决定：中小国家此后要对晋楚同样朝贡。齐国和秦国，分别与晋、楚联盟。也就是说，晋、楚两国同做霸主。

（八）吴、越争霸

当"弭兵"出现，晋楚争霸的局面接近尾声的时候，在长江下游，吴、越两国崛起。吴原是周族的一支，后来和当地居民融合。晋为了对付楚国，就联合吴国。吴、楚多次发生战争。吴王阖闾采用伍子胥、孙武、伯嚭等人的策略，于公元前 506 年率军直捣楚都郢，楚国大夫申包胥到秦国求救，靠在秦哀公的庭墙哭了七天七夜，才借来秦兵，逐走了吴军。这次楚虽未亡国，但遭受了一次重创。

晋联吴制楚，楚亦联越制吴。正当吴国得势之时，楚国同越国联合，越国抄了吴国的后路。吴、越大战于檇李（在今浙江嘉兴南），吴战败，吴王阖闾受伤而死。其子夫差即位后，于公元前494年打败了越王勾践。夫差以为击败越国便无后顾之忧，乃北上争霸中原，两次大败齐国。周敬王三十八年（前482年）会诸侯于黄池（今河南封丘），与晋争做盟主。不料，越王勾践在卑身事吴的时候，卧薪尝胆，在大夫文种和范蠡的帮助下，经过"十年生聚，十年教训"，壮大了力量，乘机攻入吴都姑苏（今苏州），并于周元王四年（前472年）灭了吴。越王勾践灭吴后，循夫差故辙，北上会诸侯于徐州，一时号称霸主。但这时已是春秋霸业的尾声了。

### （九）争霸战争的意义

春秋时期的大国争霸是奴隶主阶级争夺土地和掠夺人口的战争，是奴隶主集团之间的战争，给各族人民带来了巨大灾难。但是这些战争却引起一系列连锁反应，从战争的结果来说，其远远超出了战争本来的目的。下面三点我们必须给予充分的注意。

第一，争霸战争加快了统一中国的步伐。大国争霸和兼并，使春秋初期的百十个国家缩减成几个大国，实现了地区性的统一，为全国的统一奠定了基础。

第二，各国为了在战争中取胜，不得不在政治、经济、军事上做某些改革，这些改革尽管都是各国奴隶主阶级为了加强军事和增加财政收入，但有些改革在一定程度上也承认了土地私有和阶级变化的事实，其结果是加速了奴隶制的瓦解和封建制的形成。

第三，这些战争促进了各族间的交往和融合，如齐国在东方融合了介、莱、根牟等；楚和吴、越在南方融合了群蛮、百濮；秦在西方融合了大部分西戎；晋、燕在中原和北方融合了大部分狄人。蛮、夷、戎、狄和华夏的界限逐渐消失，共同形成了汉族的前身。

列宁在《社会主义与战争（俄国社会民主工党对战争的态度）》一文中指出："历史上常常有这样的战争，它们虽然像一切战争一样不可避免地带来种种惨祸、暴行、灾难和痛苦，但是它们仍然是进步的战争。也就是说，它们促进了人类的发展，加速地破坏极端有害的和反动的制度。"（列宁：《列宁全集》第21卷，第279页）春秋时期的兼并战争，从其主流方面来说，也有这种进步的趋势。

## 二、春秋时期社会经济的新发展

### （一）农业

铁器的逐步推广对当时的社会发展，特别是农业，具有重要的意义。铁的发现大约是在商代，到西周时已成为习见的事物。成王时的《班殷》铭文有"戗人"二字，郭沫若说就是冶铁工人。《诗经·秦风·驷骥》有"驷骥孔阜"的诗句，是用铁的颜色来形容马的颜色，也有把"骥"写作"鐵（铁）"的。可见铁在秦襄公时已常见。

春秋时代，铁器逐步推广到各个社会生产领域。《国语·齐语》记载管仲向齐桓公建议："美金以铸剑戟，试诸狗马；恶金以铸钼夷斤斸，试诸壤土。""美金"指的是青铜；"恶金"是指铁，是用来铸造生产工具的。春秋中叶齐灵公时的《叔夷钟》铭文中有"造戗徒四千"一句，"戗"就是铁字的初文。由此可见，齐灵公时已有大批采铁冶炼的官徒了。考古工作者在勘察临淄古城时发现的冶铁遗址中，就有属于东周时期的，且已颇具规模。到了春秋末年，铁器的使用在齐国已相当普遍了。《管子·海王》载："今铁官之数曰：一女必有一针一刀，若其事立。耕者必有一耒一耜一铫，若其事立。行服连轺辇者必有一斤一锯一锥一凿，若其事立。不尔而成事者，天下无有。"晋国在春秋时也普遍用铁了。周敬王七年（前513年），晋国用铁铸了刑鼎，鼎上铸有范宣子所作的刑书。

依据考古材料，目前年代较早的铁器有三批六件：江苏六合程桥属于春秋晚期的两座吴国墓葬中各发现一件铁器，一件锈蚀过甚，已不辨器形；另一件是残铁条，经鉴定为白口生铁。

湖南长沙两座属于春秋晚期的楚国墓出土了两件铁器：一件是铁匕首；另一件是小铁臿。在长沙出土的一件春秋战国之际的铸鼎，经分析是用有放射状石墨的麻口铁铸成的，这是已发现的最早的实用铸铁容器。

"文化大革命"时，人们在河南洛阳市水泥制品厂的一个属于春秋战国之际的灰坑中发现了两件铁器：一件是铁斯，方孔凿；另一件是空首铁镈。这些都说明春秋时期已掌握了冶铸生铁的先进技术，比欧洲早了1800多年。更值得注意的是，长沙杨家山的一座墓葬中还出土了一把春秋晚期的钢剑。从剑身断面可以看出反复锻打的层次，中部由七至九层迭打而成。经分析是含磷量0.5%左右的中碳铁，可能还进行过热处理。这把剑的发现把我国炼钢技术出现的时间大大提前了。

铁器的使用在人类历史上是非常重要的。恩格斯说："铁已在为人类服务，它是在历史上起过革命作用的各种原料中最后的和最重要的一种原料。""铁使更大面积的农田耕作，开垦广阔的森林地区，成为可能。它给手工业工人提供了一种其坚固和锐利非石头或当时所知道的其他金属所能抵挡的工具。"（恩格斯：《家庭、私有制和国家的起源》）的确，从春秋推广铁器以来，更多的草莽丛生和不毛之地变成沃野良田，水利工程的修建也有了有力的工具。如当时最著名的工程——吴国开通的邗沟，从今江苏扬州到清江，沟通了长江和淮水，不但有利于农田的灌溉，而且大大便利了南北交通。

在铁器推广的同时，牛耕也流行起来。孔丘的弟子冉伯牛名耕，司马耕字子牛，晋国有力士名牛子耕，牛与耕相连，用作人名，说明以牛耕田已经是人们所习见的事物了。《国语·晋语》曾提到，范氏、中行氏把祭祀宗庙的牺牲用作"畎亩之勤"（耕田），更反映出牲畜在农业耕作上普遍应用起来。

铁器的使用和牛耕的推广是社会生产力发展到一个新阶段的标志，这些工具的使用，推动了农业的发展，也推进了手工业和商业的发展。

### （二）手工业

春秋中叶以来，随着农业经济的增长，列国的手工业生产也迅速发展起来。当时的手工业分为官府手工业和民间手工业两种：国家设有工正、工师、工尹等官制，管理各种手工业（百工）；而所谓"工肆之人"（《墨子·尚贤》篇）、"百工居肆以成其事"（《论语·子张》篇），则是自产自销的民间手工业者。大凡礼器、兵器、车器之属的生产，都由官府控制，而有些日常生活用品则可能由民间生产。

从出土的青铜器来看，西周多是王室及王臣之器，而各诸侯国之器较少。到了春秋，王室和王臣之器大减，而诸侯国之器则非常盛行。著名的《秦公簋》《吴王夫差鉴》和《蔡侯编钟》等，都是诸侯国铸造的器物。

山西侯马牛村古城（晋都城）南郊发现的春秋中晚期的各种作坊遗址，有铜器、陶器、骨器等作坊，其中最大的铜器作坊，遗址面积达 3000 平方米。人们在遗址发现了大量的陶范，有鼎、殷、敦、豆、匕、壶、匜、鉴、钟、镈之类的礼乐器；有剑、镞、镰之类的兵器；有軎、马衔之类的车马器；也有刀、削、铲、镬、斨（音枪）之类的工具和镜、带钩之类的日用品。可见青铜器数量之大、品种之多。

春秋中晚期，青铜铸造工艺的一个突出进步就是分铸法进一步发展。分铸法即器身与附件分开铸造，然后用焊接法将它们焊接好。此种方法商代已发明，但到春秋中晚期才进一步发展。铸铜工艺的另一个重要的改进，就是用方块印模法以印铸花纹。1978 年，湖北随县曾侯乙墓出土了 64 件编钟。最大的一件甬钟，高 153.4 厘米，重 203.6 公斤。每件都有铭文，绝大多数有错金花纹。这是春秋时期青铜铸造技术的代表作。无论器身、附件的分铸法还是花纹的印模法，都充分发挥了母范的作用。把整体铸造改为分体铸造，显然是作坊内部分工越来越细的一种表现。这一方面使得生产效率不断提高，产品越来越趋于规格化，另一方面便于处理形制极为复杂的铸件，创造出气派雄伟、结构复杂的艺术作品。新郑出土的立鹤方壶就是突出的例子。该方壶二兽托底，四兽爬腹，盖立一鹤，振羽欲飞；满腹龙凤纹，交互蟠绕，造型极其生动，构图十分华丽。如果不是充分发挥分铸法的优点，这种惊人的技艺是难以表现出来的。

铁器的使用，给手工业工人提供了坚硬锐利的工具，以此可以对青铜器进行更细致的加工。春秋中晚期，出现了两种新兴的青铜工艺：一种是镶嵌纯铜的工艺。先在铜器表面上铸成浅槽的花纹图案，再在凹槽内嵌入纯铜片，磨平，使其因不同铜质的光泽而显现出花纹。另一种是以描写宴飨、狩猎等"礼"的贵族生活为主题的画像线刻工艺。这是用极锐利的锋刃在铸好的铜器上刻画成细如发丝的线刻工艺。

**采矿业**

春秋时期，人们对铜矿的开采和冶炼，已经积累了相当丰富的经验，湖北大冶铜绿山古矿井和炼炉的发现，为我们了解当时的采矿、冶炼生产情况，提供了十分珍贵的材料。

铜绿山古矿井分春秋、战国两个时代。经研究，春秋时期已经采用了竖井、斜井、平巷、斜巷相结合的开拓方式，能够测定矿藏的方位，决定开采的方向，并准确地选择在断层接触带中矿体富集、品位较高的地方进行采掘，初步解决了井下通风、排水、提升、照明、巷道支护等一系列技术问题。在生产工具还很简陋的条件下，人们已把矿井掘到 50 米的深度。炼炉已具备了现代鼓风炉的式样；筑炉时使用了高岭土等较好的耐火材料；解决了防止炉缸冻结、连续加料、间断放铜放渣，以及鼓风、配矿等复杂的技术问题。这些发现，在采矿史上是举世罕见的。

关于这个遗址的年代问题，尚有争论，有的学者认为是汉代的。

这个时期，新的手工业部门兴起，煮盐业、冶炼业、漆器业也是从这时兴盛起来的。有的国家还设盐官、铁官专司其事。

## （三）商业和金属货币的出现

随着农业、手工业的发展，产品的增多，商业也活跃起来。过去"工商食官"的残局被打破，私商出现了，并且有了从事商业活动的市场。《左传》昭公三年记载，齐国晏婴住宅接近市，他说："小人近市，朝夕得所求。"这个"市"即是市场。郑国的商人和公家订了盟约：商人不背叛公家，公家也不干涉商人的经营。郑商的足迹，南到楚，北到晋，东到齐，可以说是遍布黄河、长江。郑商弦高矫命犒秦师的故事，在当时很出名。又如，晋国知罃被楚俘虏，曾想托郑商营救出来，潜回晋国，可见郑商在晋、楚的上层社会中都是有交游的。晋国绛地的商人也很活跃。《国语·晋语》记载晋平公时叔向对韩宣子说：

> 夫绛之富商，韦藩木楗，以过于朝，唯其功庸少也；而能金玉其车，文错其服，能行诸侯之贿，而无寻尺之禄。

这些富商大贾显然不是官商，而是"无寻尺之禄"的私商。又如孔丘的弟子子贡，周游列国做生意，能和诸侯们"分庭抗礼"。越国大夫范蠡，去官经商，"游于江湖"，"三致千金"，号称"陶朱公"。后世商人把他奉为鼻祖。

随着商业的发展，出现了金属货币（即铸币）。我国的金属货币究竟起源于何时，目前尚未有定论。或说商代已有铸币；或说西周已有铸币。在考古发现中，特别值得注意的是人们在侯马晋国都城的铸铜遗址中发现了铜币——空首布。不仅发现了空首布的成品，而且发现了大批的空首布内范。这证明了至少在春秋晚期，晋国就有了铸币。这种空首布，按其形状、大小、重量，已经不能作为器物使用。就是说，除了其本身为青铜质料而有价值外，它已失去了其器用价值，显然不是原始的货币商品，而是一种专门铸造且已具备了一般价值尺度功能的货币了。至于它的形状，仅仅作为货币的一种样式而已。空首布这种货币样式大概是从一种青铜工具——镈（铲子）演变而来，因为镈、布古音相同，可以通假，于是货币借用了"布"名。

金属货币的出现，标志着当时商品交换已经开始发展到一个新阶段。

## 三、 封建生产关系的产生

### （一）井田制的破坏，私有土地的发展

西周时期的土地，其存在形式是井田制度。周天子是最高的土地所有者。平王东迁后，周天子名义上还是天下的共主，实际上已降到诸侯的地位，甚至在诸侯之下，成为大诸侯的翼卵。例如周平王东迁，郑国和晋国出力最大。郑武公、庄公父子先后在周王室当卿士，掌握着周王室的实际大权。后来，周平王想依靠虢公摆脱郑国的控制。郑庄公知道后提出质问，周平王吓得不敢承认，并派王子到郑国作人质。周平王死后，周以虢公代郑庄公执政。郑庄公大怒，派祭足帅师到周的温地去抢割麦子，秋天又到成周去割禾（《左传》隐公三年）。对此周天子无可奈何。各诸侯多数不再向王室缴纳贡赋，所以周天子在经济上也很窘迫，常派人到诸侯国去借粮、"求金""求车马"。周天子最高土地所有者的身份已经完全丧失了。

周天子丧失土地的最高支配权后，随之而来的是诸侯之间展开争夺土地的斗争。晋国大夫郤至说过，诸侯贪得无厌，扩充地盘的欲望无边无沿，为了争得土地，他们不惜动员全部民众（《左传》成公十二年）。有一次郑国进攻陈国，晋国派人责备郑国侵犯弱小。郑国讲了一大堆理由，反问道：现在大国占的地盘远远超过天子，如果不侵占弱小，那么大的地盘是从哪里来的？把晋人问得哑口无言。

诸侯各国内部对土地的争夺斗争，也十分激烈。原来，诸侯在其封国内对下属完全分封，把一块块土地分封给卿大夫作为采邑。到春秋后期，被封的卿大夫势力坐大，根本不把国君放在眼里，互相间展开争夺土地的斗争。例如，公元前660年，鲁国的公傅夺卜齮田（《左传》闵公二年）；公元前619年，晋国先克在堇阴夺了蒯得的田（《左传》文公八年）；齐懿公当公子时与邴歜（音丙处）之父争田，都没有成功（《左传》文公十八年）；公元563年，由于郑国执政者子驷侵占了司氏、堵氏、侯氏、子师氏等贵族的土地，因而他们便"聚群不逞之人，因公子之徒以作乱"，杀掉了子驷。卿大夫把所占有的采邑作为"私田""私邑"。

周宣王"不籍千亩"之后，随着土地私有制的进一步发展和奴隶的反抗，公田上的奴隶制的集团劳动形式在各国就逐渐废弛了，周代的所谓井田制也开始解体。井田制是我国奴隶社会里的主导的土地所有制形式，它的废弛，标志着我国奴隶制开始瓦解。

（二）农民与地主阶级的出现和新的封建剥削关系的产生

随着土地占有关系的变化，原来由大批奴隶集体耕作的情况改变为由一家一户为单位进行耕作。卿大夫们为了与国君进行斗争，扩大自己的势力，尽量拉拢民众支持自己，其中一些人适应现实的经济发展和阶级变化的趋势，改变过时了的奴隶制剥削方式，这样一来，各国私家和公室的斗争便成为向新的封建关系转化的一个因素，卿大夫中的一部分逐渐转化为新兴的地主阶级。封建的依附关系开始产生并逐步发展起来。春秋时代见于记载的"隐民""私属徒""宾萌"和"族属"就是这种封建依附关系。"宾萌"和后来（战国时代）"愿受一廛而为氓"的含义相同，都是外来的依附农民。"隐民"和"私属徒"指贵族们的隐蔽户口。虽然他们还不是自由的，但身份却不同于奴隶。这是隐蔽在奴隶社会内部的封建依附关系。"族属"也是封建性的宗法依附关系。这种依附农民，可以占有他自己的生活资料和生产资料，独立经营自己的农业和各种农业结合在一起的农村家庭手工业。我们从《诗经》中描写农夫生产、生活情况的诗篇中可以了解到，这些农夫由贵族派去的"田畯"监督劳动；农夫种植的"百谷"落入了贵族的粮仓，而自己却吃不饱；农夫及其妻子植桑养蚕给贵族做衣裳，而自己却"无衣无褐"；农夫要为主人服各种杂役。不过，农夫有家室妻子，有住宅，有少量的个人财产，可以一家一户进行独立生活等。这种剥削方式实际上已含有封建性的成分，这种剥削与被剥削的关系实际上已是地主与农民的关系。

随着地主与农民的出现，赋税制度发生了变化。

从文献材料看，农业的主要负担是：

征、税、敛——这都是向农民征收实物。"征"，首先在齐国实行，齐桓公时管仲实行改革，"相地而衰征"。后来鲁国大夫"三桓"（叔孙氏、季孙氏、孟孙氏）对农民都实行"征"。"税"，最先在鲁国实行。公元前 594 年鲁国实行"初税亩"，其后，各国陆续实行。这种按田收税就是向占有土地者收税。"敛"，是国家向农民随时任意征收的杂税，无固定数目。

役——分劳役和兵役。农民负担十分沉重。

赋——主要是征集车马和军需。

以上这种封建的生产关系，是在奴隶制生产关系严重阻碍生产力发展的情况下，在阶级关系的变动中，逐渐孕育成长起来的。它的出现，与奴隶制生产方式相比，有明显的优越性。《管子·乘马》篇说：

> 均地分力，使民知时也。民乃知时日之蚤晏，日月之不足，饥寒之至于身也。是故夜寝早起，父子兄弟不忘其功，为而不倦，民不惮劳苦。故不均之为恶也。地利不可竭，民力不可殚，不告之以时而民不知；不道之以事而民不为。与之分货则民知得正矣，审其分则民尽力矣，是故不使而父子兄弟不忘其功。

从这里可以看出，封建制是把土地分给农民耕种，向农民抽取一定量的租税和徭役。这样，农民比奴隶就有更高的积极性。

## 四、 奴隶、 平民反抗奴隶主贵族的斗争和新兴地主阶级政治势力的兴起

### （一）各国奴隶主贵族的腐朽和残暴

各国奴隶主贵族对奴隶、平民的剥削和压迫是极端残酷的。齐、晋足以作为当时的代表。齐国剥削甚重，"民三其力，二入于公"。贵族们的生活奢侈腐化，"宫室日更，淫乐不违"。官仓的粮食在霉烂生虫，而劳动者的生活则痛苦不堪，甚至连三老（小吏）都挨冻受饿。人民天天诅咒贵族，"民人苦病，夫妇皆诅"，阶级矛盾极端尖锐。人民起来斗争，官府就来镇压，因而犯罪的人很多，不少人受到刖足之刑。结果"国之诸市，屦贱踊贵"（《左传》昭公三年）。草鞋滞销减价，假腿价格上涨，因为许多人没有脚穿草鞋，只好买义足。在晋国，庶人同样穷困不堪。晋灵公从墙上用弹丸射人，以看着人躲避弹丸为乐。"公家"的财富膨胀起来，大修宫室，"铜鞮之宫数里"，又筑"虒祁之宫"，过着荒淫无耻的生活。

各国的反动统治者穷奢极侈，荒淫无度。安徽寿县发掘的蔡侯墓，墓坑长达

8 米多，出土的物品光是铜器就将近百件，不仅有炊器、食器、酒器、盥器、乐器几大类，而且每类因用途不同又各分为若干组或若干套，可说是应有尽有。为了在死后有人侍候并守护这批财产，墓中还有殉葬的人，杀殉的现象一直到春秋后期还是很多的。

奴隶主的残酷统治和兼并战争给劳动大众造成了巨大的灾难，致使阶级矛盾日益尖锐，春秋中叶以后，各地爆发了奴隶起义。

（二）庶人、役人、工匠等奴隶的暴动

周襄王八年（前 644 年）冬，齐国以霸主的身份征发约 10 国的庶民，这些庶民离乡背井去筑鄗城，非常怨恨，于是有人在夜里登上城头叫道："齐有乱！"结果"役人"骚动起来，一哄而散，筑城一事只好作罢。

周襄王十一年（前 641 年），"好土功"的梁伯扬言"某寇将至"，"秦将袭我"，强迫民众修城挖沟，结果民众无法生活下去，"民惧而溃"，秦乘机"取梁"（《左传》僖公十九年）。这就是史书上所说的"民溃"。

这种"民溃"的斗争事件在其他国家也相继发生。例如：周襄王二十八年（前 624 年），曾国兴兵伐沈，沈民众"溃散"；周惠王十七年（前 660 年），狄人攻邢，"邢人溃"；周惠王二十年（前 657 年），齐桓公率各国诸侯侵蔡，"蔡溃"；周简王三年（前 583 年），楚子重自陈伐莒，"莒溃"；周灵王二十三年（前 549 年），楚令尹子木围舒鸠，"舒鸠溃"。后来宋国的灭亡，也是在齐国攻宋时"民散城不守"的结果。这些"民溃"事件，在《左传》中记载很多。有时候还发生民众的公开暴动，如周灵王二十二年（前 552 年），陈侯和贵族庆氏发生了矛盾。庆氏为了抵抗陈侯的征伐，便征集属下的庶民筑城。筑城时，夹板脱落了，监督筑城的庆氏竟以杀人来作为惩罚。这激起了"役人"的无比愤怒，他们秘密联络，"各杀其长"，将庆氏兄弟庆虎、庆寅也杀死。这是陈国发生的一次大规模的庶民起义。

在"庶民"起义的同时，当时各国的工匠也掀起了斗争的风暴。工匠是国家的奴隶。最著名的一次是周敬王四十二年（前 478 年）卫国工匠暴动。暴动的原因是"公使匠久"。暴动的队伍包围了卫庄公的宫门，庄公向起义者求饶，不成，于是庄公只得带着太子疾和公子青跳墙逃跑，把腿也摔断了。卫都附近的"戎州人"，便乘机攻打庄公，杀了太子疾和公子青。庄公逃到戎州己氏那里，拿出自己佩戴的玉璧对己氏说："留了我这条命吧，我把璧给你。"但是己氏对庄公恨之入骨。原来，庄公有一次在城头上偶然看到己氏的妻子头发长得很美，便让她像罪犯一样剃了个光头，拿她的头发给自己的妻子做假发。己氏满怀仇恨，对庄公说："我杀掉你，那块璧也跑不了。"庄公最终被己氏杀死了（《左传》哀公十七年）。

### （三）国人暴动

和奴隶反抗奴隶主斗争的同时，"国人"反抗贵族的事件也遍及各国。所谓"国人"，指的是周王国和各诸侯国的国都内的居民。其中包括一些贵族，但绝大多数是平民。随着奴隶制的衰落，国人的地位也逐渐下降，有的负了债，有的破了产，生活没有着落，甚至降为奴隶（《国语·鲁语上》）。鲁季文子说："吾观国人，其父兄之食粗而衣恶者犹多矣！"因此，国人与贵族的矛盾越来越深。最后，在奴隶反抗奴隶主斗争的推动下，他们加入反贵族斗争的行列。例如，卫懿公爱弄鹤，有些鹤的待遇，甚至跟大夫的俸禄一样。周惠王十七年（前660年）十二月，北方的狄人来攻打卫国。卫懿公想让带甲的国人去反抗，国人拒不从命，说鹤拿的俸禄跟大夫一样，你就叫鹤去打仗吧！结果卫国被狄人打得大败，卫懿公被杀死（《左传》闵公二年）。周襄王十九年（前633年），因为晋国不让卫侯参加其同齐国的会盟，卫侯想背晋从楚。国人不同意，把卫侯赶跑了。公元前609年，莒纪公暴虐，被国人杀掉（《左传》文公十八年）。公元前554年，郑国贵族子孔执政，独断专行，被国人杀死（《左传》襄公十九年）。公元前519年，莒君庚舆好剑，每铸成一把剑就拿人做试验，引起国人的强烈愤恨，国人将他赶跑了（《左传》昭公二十三年）。

奴隶反抗奴隶主的斗争和国人反抗贵族的斗争摧毁了奴隶制度的基础，为新兴地主阶级夺取政权和封建生产方式的出现开辟了道路。他们的斗争是中国奴隶社会向封建社会飞跃的根本动力。他们在中国人民的革命斗争史上写下了光辉的篇章。

### （四）新兴地主阶级政治势力的兴起

在奴隶制向封建制转变过程中，奴隶和平民虽然举行了起义，打垮了奴隶主贵族，摧毁了奴隶制度，但是他们不可能建立起领导斗争的本阶级的核心，也没有清楚地了解他们所要达到的目的，所以最后新兴的地主阶级取得了革命果实，取代奴隶主贵族的统治，建立封建制度。

春秋时代是新、旧势力递嬗的时代。各国内部"私门"与"公室"的斗争十分激烈。"公室"是指各国国君的政权，是奴隶主阶级的政治代表；"私门"是指卿大夫，而新兴地主阶级绝大部分是由卿大夫转化而来的。例如鲁国的三桓，齐国的田氏，曹国的韩、赵、魏三家，都是卿大夫，又是新兴地主阶级的著名代表。所以春秋后期"公室"与"私门"的斗争，就其主流而论，是地主阶级与奴隶主阶级的斗争，是新兴地主阶级夺取政权的斗争。

首先看齐国。春秋初年，陈国发生内乱，公子完逃往齐国，齐桓公任命他为工正（管理百工的官），这是齐国陈氏（即田氏）立足的开端。齐景公时，田桓子是齐国大夫。这时候"公室"对奴隶、劳苦大众的剥削和刑罚都很严重，而大夫田桓子积极发展自己的势力，收税用小斗，借贷用大斗，偿还用小斗。于是民众"归之如流水"（《左传》昭公三年），变作他的"隐民"。田桓子死后，其子田乞继为齐相，进一步控制齐悼公，政治、军事大权实际上掌握在田氏的手中。田乞死后，其子恒（即田常）代立，是为田成子。那时齐国的国君是简公，田恒和监止为左右相。田恒用减轻剥削的办法来争取民众，当时有歌谣唱道："妪乎采芑，归乎田成子！"这是民众归向田氏的写照。后来田恒打败监止，杀了简公，进一步控制了赏赐爵禄和刑罚的大权。最后，齐国十余支大贵族——国、高、栾、鲍、崔、庆、晏等，都陆续为田氏所灭。田氏代替姜氏成为齐国国君，只是一个时间问题了。就这样，通过一系列流血和不流血的斗争，新兴地主阶级在齐国掌握了实权。

其次看晋国。在春秋初年，晋国旧贵族内部分成两大集团，两大集团互相攻打，后来以晋武公为首的一派取得胜利，世代做了晋国国君。从此旧贵族中只剩下国君和栾氏等大族。同时，一些后起的贵族如赵、韩、魏等，便趁机登上政治舞台。这些新贵族和旧贵族展开斗争，新贵族所用的方法，像齐国的新贵族一样，也是争取民众。周敬王二十七年（前493年），赵鞅在前线誓师，说道："克敌者，上大夫受县，下大夫受郡，士田十万，庶人工商遂，人臣隶圉免。"这是新兴贵族由来已久的惯用手法。其中"上大夫受县，下大夫受郡"并不是旧式的分封井田，而是赏赐一个县或郡。"士田十万"就是赏给田十万亩。"庶人工商遂"是说庶人和工商如果立了军功，可以上升为士。"人臣隶圉免"，就是把这些奴隶释放，成为一般的民众。这是一套按军功赐田宅的办法，是封建制发展起来的一个重要途径。春秋中叶以后，新势力不断发展，如郤氏"其富半公室，其家半三军"，随时都可能取代晋国的政权。晋厉公时，旧贵族在栾氏的主谋下，用武力灭掉了郤氏。后来新贵族联合起来进行反攻，把栾氏及其同党消灭掉。所以，晋守旧派人物叔向曾经感慨地说："栾、郤、胥、原、狐、续、庆、伯，降在皂隶，政在家门。"说明新势力的强大。后来，韩、赵、魏三家陆续吞并其他贵族，三家分晋，就形成了三个封建国家。

### 附：晋国盟书

人们在山西侯马牛村晋国都城遗址的郊区，发现一大片出土大量盟书的遗址，该遗址被称为"盟誓遗址"。

"盟书"，《左传》也称"载书"，《周礼·诅祝》所谓"作盟诅之载辞"，是我国古代为了某些重要事件举行集会，制定公约和"对天盟誓"的辞文。现已发现的盟书多达数千件，其中可以认读的有600余件，时代属于春秋晚期。在载辞的主盟人中发现有"子赵孟"的称谓。据考证，这个"赵孟"应该是赵鞅，也就是赵简子，因而盟书所涉及的历史事件当是发生在公元前496年"智伯从赵孟盟"以后到公元前489年赵鞅最后战胜范、中行氏这段时间。

"盟誓"之风是在春秋时期，由于周王室衰微，"政在家门"，卿大夫专权的情况下盛行起来的，《春秋》《左传》中关于盟誓的记载很多，其中和晋国有关的就有50余次。侯马盟书的大量发现，正好印证了这一点。

根据侯马盟誓遗址的发现，结合文献记载，我们对东周的盟誓制度有了大致的了解。

"载辞"都是古人所谓的"丹书"或"宋书"，即用朱红色颜料写在玉、石器物上。在这些器物中能看出器形的主要是石圭和玉璜两种，其余都是制作玉器剩下的废料。《周礼·诅祝》注云："载辞，为辞而载之于策"；《周礼·秋官司寇·司盟》注云："载，盟辞也，盟者书其辞于策。"应该就是指此。

各类盟书的"约辞"，内容都相同，但参盟人的姓名却不同。由此可见，古时莅盟，是人各具一盟书，盟文相同，而人名各异，不是把所有莅盟者的名字写在一通盟文之上。

《礼记·曲礼下》："约信曰誓，莅牲曰盟。"疏："盟之为法，先凿地为方坎，杀牲于坎上。割牲左耳，盛以珠盘，又取血，盛以玉敦，用血为盟，书成乃歃血而读书。"《左传》昭公六年："乃坎用牲埋书。"可见盟誓时要杀牲取血，最后把牲畜和盟书共同埋葬于坎。这些记载，在侯马盟誓遗址中基本上得到了证实。

侯马盟书，按其内容可分为三类：①"宗盟"类。参加盟誓的人都是同姓同宗，谓之"宗盟"。文字可辨者514篇，分别出于34个坎。其特点是：参盟人要诚心事其宗祀，守其宗庙；要遵从主盟人的盟誓；绝不让逃亡出国的旧奴隶主家族回国。②"委质"类。文字可辨者75篇，分别出于18个坎。其特点是：参盟者自愿把自己抵押于新主君，必须和旧的主君断绝关系等。③"纳室"类。文字可辨者58篇，集中出于一坎。其特点是：参加盟誓后，不能纳室，即不能把别人的"室"取过来，以扩充自己的土地、财产和奴隶，这是当时新兴地主阶级对扩充奴隶单位的一种限制措施。另外，还有"卜筮"类，是举行盟誓时，占卜用牲的记录。

侯马盟书的主盟人赵鞅，是从奴隶主贵族中分化出来的新兴地主阶级的代表人物。他所主持订立的侯马盟书，确切印证了晋国新兴地主阶级的一场夺权斗争的历史。这场斗争从赵宗族内部开始，进而扩大为晋国六卿之间的战争，并于公元前489年以赵鞅联合智伯最后消灭范氏和中行氏而告终。从此，晋国由六卿专政的局面并为四卿专政的局面，而给后来韩、赵、魏"三家分晋"彻底摧垮晋国公室和奴隶主的统治奠定了基础。

再次看鲁国。鲁国有三家贵族——季孙氏、叔孙氏和孟孙氏，三家均是春秋初年才受封的。特别是季孙氏，为了壮大自己的力量，"妾不衣帛，马不食粟"，用以招揽人才。到了春秋后期，季孙氏已经有大量私田，大批"隐民"，有私人武装"甲七千"，力量远远超过公家（《左传》昭公二十五年）。鲁宣公十五年（前594年）的"初税亩"，按亩收税，从此私家的田再也不能漏税，公私斗争的导火线由此被点燃。过了32年（鲁襄公十一年），季孙、叔孙和孟孙三家对公室进行反攻，"作三军，三分公室而各有其一"，把公家给瓜分了。再过25年（鲁昭公五年），三家调整了相互的分地，又"四分公室"，季氏独得二分，其他两家各得一分。三家都采用征税制，季孙掌握了政权。到鲁哀公十二年（前483年），季康子"用田赋"，进一步承认土地私有，而征收赋税，则按封建制的方法剥削民众，新旧势力经历了百余年的斗争，封建制在奴隶制的母体中逐渐成熟了，新势力在鲁国也掌握了政权。

郑国的情况有所不同。郑国是因帮助平王东迁有功而被封的。郑国国君目睹了西周国人暴动及西周灭亡的悲剧，所以他不得不依靠新势力进行社会改革。周灵王九年（前563年），郑国执政者子驷整顿"田洫"以正疆界，侵夺了一些贵族如司氏、侯氏、堵氏、子师氏的田地。这些丧田的贵族发动了武装叛乱，杀死了子驷及子国、子耳，劫持了郑国国君。年少的子产纠集国人平定了这次叛乱。子产是子国的儿子，因平叛有功，不久即执政。周景王二年（前543年），子产实行社会改革，"使都鄙有章，上下有服，田有封洫，庐井有伍""开亩树桑"，承认个体农民的合法性，且按什伍加以编制。又对旧贵族加以限制。隔了五年，子产又"作丘赋"，赋予一部分个体农民有作甲士的资格，加速了阶级关系的变化。为适应社会关系的新变化，子产又作"刑书"。这些都有利于新兴地主阶级和封建关系的成长（《左传》襄公三十年、昭公四年、昭公六年）。

在长江流域的楚国也出现新旧势力的斗争。白公胜是楚平王的孙子，其父太子建因受别人陷害流亡国外，生白公胜。后来白公胜回国，决心争夺政权。他"卑身下士，不敢骄贤"，到处搜罗人才；"大斗斛以出，轻斤两以内（纳）"，争取楚国民众。在准备就绪之后，白公胜发动了武装斗争，杀掉了令尹子西和司马子期，控制了楚国都城。那时，反动贵族叶公在镇守边境，他连夜率军赶往都城，和白公胜发生激战，打败了白公胜。白公胜的失败，说明楚国旧势力相当强大，因而新势力不可能一下就取得胜利。其他边区国家如秦国和燕国，到战国时代才完成社会变革的过程，由奴隶制过渡到封建制。

新旧势力的斗争和新势力对旧势力的胜利，大大加速了新的社会阶级——地主阶级和农民阶级的形成过程。它们是从旧社会脱胎出来的互相联系而又互相对立的阶级。一部分旧贵族、军功贵族和新官僚成为地主阶级，大部分奴隶、平民则转化为农民阶级。

## 五、 春秋时期的科学技术成就和思想领域的斗争

### （一）科学技术成就

#### 1. 数学

在周代的贵族学校中，有一门"数"的课程，就是数学。这说明数学已发展成为独立的学科了。《周礼》载保氏"教国子以艺"，说到"六书""九数"，即六甲和九九。六甲是六十甲子序数，九九是乘法表。发明乘法口诀在古代计算技术上是一个跃进。这一时期人们积累了相当丰富的各种计算知识。几何学也取得了进步。《周髀》中假托周公同商高的问答，提到了勾股定理。"规矩"，在春秋时代是常用的工具。

#### 2. 天文历法

天文历法在周代有很大的进步，表现在：

第一，对恒星的观测。自鲁庄公二十九年（前665年）到昭公三十一年（前511年）100多年间，有很多恒星观测记录。我国古代的二十八宿大体上都提到了。二十八宿的起源很早，《诗经》中已有关于二十八宿中某些主要星座的记载。

第二，对日食的观测。《诗经·小雅·十月之交》记录的一次日食，时间在周幽王六年（前776年）。诗中明确说："朔月辛卯，日有食之。"春秋时代，从鲁隐公三年（前720年）到鲁哀公十四年（前481年）间，人们观测到37次日食，其中有30次已被证明是可靠的，观测数量之多和准确程度在古代是罕有其匹的。

第三，对冬至点的测定。当时人们用土圭观测日影的长短变化，以确定冬至和夏至的日期。《左传》有"日南至（冬至）"的记载。

### （二）思想领域的斗争

春秋时代封建制的政治和经济同奴隶制的政治和经济的斗争，必然反映到思想领域中来。

#### 1. 新思想对"天"和"礼"的批判和朴素的唯物主义自然观的形成

西周奴隶主阶级统治思想核心是"天"和"礼"。"天"就是上帝，周天子就是天的儿子，代表"天"统治人民；"礼"是奴隶制的政治、法律、思想、道德的总规范，同时又是"天"的意志的具体表现。所以，新兴的封建地主阶级要推翻奴隶主阶级，必须批判"天"和"礼"。

西周从夷王、历王以后，随着政治危机的出现，关于"天"的传统思想发

生了动摇。一些先进思想家在批判"天"主宰一切和创世谬论的同时，对世界的起源做了种种朴素的唯物主义解释。如西周末年史伯提出，天地间金、木、水、火、土五种基本元素，以土为主，分别同其他四种元素"和"，就能生出万物来（《国语·郑语》）。伯阳甫进一步提出"天地之气"，兼用"阳气"和"阴气"的矛盾解释自然现象。他认为地震是阴阳二气"失序"的结果，地震是"阳失其所而镇阴也"，所以叫"失序"。原先把"天道"说成神的摆布，现在把"天道"理解为大自然的变化，是自然发展的规律（《国语·周语上》）。春秋末年越国范蠡就说："天道皇皇，日月以为常。"（《国语·越语下》）晋国史墨说："社稷无常奉，君臣无常位，自古以然。"（《左传》昭公三十二年）这就是说，日月运行是天之常道，国家政权、君臣关系，都不是固定不变的，而是经常变化，这是必然规律。这就为新兴封建政治势力取代奴隶制的政治势力提供了理论根据。

过去奴隶主阶级对人间的吉凶祸福都从"天神"那里寻找根源。这时，一些先进人物把目光转到现实中的人事上来。郑申繻说："妖由人兴。"（《左传》庄公十四年）周内史叔兴也说："吉凶由人。"（《左传》僖公十六年）由此而出现了重民思想。如随国宰相季梁说："夫民，神之主也。"（《左传》桓公六年）虢国的史嚚（音银）说："国将兴，听于民；将亡，听于神。"（《左传》庄公三十二年）郑国子产说："天道远，人道迩。"（《左传》昭公十八年）这些思想都是把西周"敬天保民"思想改造为人事重于天命，这对天命论是极大的冲击。

人们在对"天"批判的同时，对"礼"也进行了批判。郑国的邓析就是一个突出的代表。他主张"不法先王，不是礼义"（《荀子·非十二子》）。他还写了一部《竹刑》，用以对抗礼制。

朴素的唯物主义天道观和无神论的形成和胜利，必然遇到反动腐朽的奴隶主旧思想的拼命反抗。当时的代表人物是老聃和孔丘。

### 2. 老聃的思想

老子，相传为楚国人，作过周的"守藏史"，见闻广博，熟悉多种旧的典章制度，著有《道德经》。但传世的老子的《道德经》，郭沫若认为是战国时的环渊纂成的。《史记·荀孟列传》曾经说，楚人环渊学黄老子之术，著上下篇，这就是《道德经》的上下篇。后来又称为《老子》。湖南长沙马王堆三号汉墓中发现的《老子》一书，与传世本的前后次序不同，德经在前，道经在后，成了《德道经》。

老子政治思想的总纲是"无为"。老子对奴隶制感到绝望，又找不到前进的道路，表现在政治上就是鼓吹"无为而治"，回到"小国寡民"的世界。他鄙弃阶级社会的文明，主张"愚民"，提倡"绝圣弃智""绝仁弃义"，主张回到无是非、无知识的婴儿意识。他幻想把历史拉回到原始世界，摆脱奴隶制行将覆灭的灾难，具有复古主义的倾向。

老子的哲学思想是为其反动政治目的服务的。西周的"天"被否定了，他炮制出一个"道"（无）来代替"天"。这个"道"，玄之又玄，看不见，摸不着，感觉不着，所以又叫作"无"。这个"道"是"先天地生"，"为天下母"，是万物的本源。这是一种客观唯心主义。

《道德经》中的精华是其朴素辩证法的思想因素，揭示了客观世界的一些对立（矛盾）的方面，如正与奇、福与祸、刚与柔、弱与强、多与少、上与下、先与后，等等；提出"有无相生，难易相成，长短相形，高下相倾"等命题；并洞察到对立面的转化，例如"祸兮福之所倚，福兮祸之所伏"，"正复为奇，善复为妖"。这种朴素的辩证法思想是难能可贵的。但是老子又提出"致虚极，守静笃，万物并作，吾以观复"，力图把现实的矛盾消解在虚无世界里，以不变应万变，这就否认了对立面的斗争。这样，他的朴素辩证法的思想因素就被客观唯心主义的体系扼杀了。

### 3. 关于孔子的评价问题

其一，孔子生平概略。

孔子是春秋时代鲁国（今山东曲阜）人，名丘，字仲尼，生于公元前551年，死于公元前479年，享年73岁。

孔子的祖先是宋国贵族。孔子五代祖木金父因宋国内讧，为避祸而奔鲁，定居于鲁国陬邑。孔子的父亲叔梁纥为鲁国立过两次战功，但终其身只不过是一个"武士"（贵族中最低级的身份）和一个陬邑的大夫。叔梁纥先娶施氏，生女九人，没有儿子。后娶妾生了一个儿子，叫伯尼（又名孟皮），是个跛子。叔梁纥66岁时向颜家求婚。据说颜家有三个女儿，老大和老二都不愿意，只有不满20岁的小女儿颜徵在愿意嫁给叔梁纥。当时一个年近古稀，一个20岁妙龄。古时认为年过64岁结婚，就不合礼仪。所以《史记·孔子世家》中用"野合"二字描述这种不合礼仪的结合。叔梁纥与颜徵在婚后不久，即生孔子。孔子3岁时父亲去世，母亲带他迁居到鲁国国都曲阜城内的阙里。

孔子出身于没落的贵族家庭，幼年在贫贱中成长。母亲30多岁就死了，当时孔子只有十六七岁。这种环境使孔子尝尽人间悲凉。例如鲁国贵族季孙氏宴请"士"一级的贵族，孔子以为自己是武士叔梁纥之子，大概有资格参加，于是跟着别人进去了，结果被季孙氏的家臣阳虎以侮慢的态度呵斥："季家宴请的是士，谁宴请你呢？"于是孔子只好退了出来。这种侮辱与打击，并没有使他灰心，反而更加激励他奋发学习。

孔子青年时代独立谋生，勤奋好学。他说过"吾少也贱，故多能鄙事"。究竟是哪些"鄙事"，他没有说，大概是劳动人民所从事的体力劳动。他还做过人家婚丧喜事的吹鼓手。在20岁以后的一段时间里，他曾有两次充当"小吏"，一次叫"乘田",一次叫"委吏"。乘田是管理牛羊的小吏,委吏是管理仓库的小吏。他都把工作做得很好。

春秋末年,一个想要参与贵族政治而取得一定地位的人,都要学会礼、乐、射、御、书、数这六项基本功,即熟悉与遵循当时流行的礼、乐,掌握射箭技术,学会赶马车(御),学会写字(书),还要具备一定的计算能力(数)。青年时代的孔子通过自学或向人请教,完全掌握了这六项基本功。到30岁左右,他的学业已远远超过上述"六艺"范畴,而把高等"六艺"即后来被尊为"六经"(诗、书、礼、乐、易、春秋)的实际内容和精神也都融会贯通了。

孔子说:"三十而立。"从30岁到51岁出任鲁国中都宰这20年时间里,他集中精力研究学问和在他办的私学里从事教学工作。这20年漫长岁月,是他成为伟大的思想家、政治家、教育家的重要时期,但研究资料十分有限。

孔子踏入仕途,进入贵族集团,在鲁国做官,大概是从51岁开始,在鲁国做官,前后只有四年时间,从51岁到55岁。据说他做过三次不同的官:一次是做中都宰(即中都县长);一次是做鲁国的小司空(相当于现在专署的工程管理局的助理局长);最后一次是做鲁国的大司寇(相当于现在专署的公安司法局局长)。孔子仕鲁期间,是春秋末年,当时鲁国阶级矛盾和统治阶级内部矛盾都十分尖锐,所谓"礼崩乐坏"。公室与私家的斗争十分尖锐。孔子站在公室(国君)一边,主张强公室、弱私家。而新兴贵族如季桓子等主张弱公室、强私家,把国君置于傀儡地位。在这种矛盾的情况下,孔子到处碰壁,只好弃官离鲁。时为鲁定公十三年,孔子55岁。

孔子离开鲁国,访问列国诸侯(周游列国),主要目的是"求仕"(做官)和"行道"(推行政治主张)。孔子在外奔走14年,到过卫、陈、曹、宋、郑、蔡等大小六个国家和一些地方。这些国家和地方,主要是今山东、河南两省。

孔子在外流浪,到处碰壁,如同丧家之犬。孔子的弟子如冉有、子贡、樊迟等都在鲁国做了官。鲁国季康子听了冉有的话,派人以厚礼从卫国聘请孔子,于是孔子回鲁,时年孔子68岁(鲁哀公十一年)。

孔子回到鲁国后,自68岁到73岁卒,共生活了5年。这5年孔子主要的精力用在教学工作和古代文献整理保存,主要是所谓"六艺"或"六经"的编纂核定工作上。

孔子的夫人亓官氏是在孔子67岁时死去的。孔子的独生子孔鲤是在孔子70岁时死去的。孔子71岁时其得意弟子颜回死去,72岁时子路死去。妻、儿、弟子相继去世,给孔子心灵上打上忧伤的印痕,他从此就病倒了。73岁的孔子谢世。

其二,今天为什么要研究孔子?

毛泽东同志曾经说过:"从孔夫子到孙中山,我们应当给以总结,承继这一份珍贵遗产。这对于指导当前的伟大的运动，是有重要的帮助的。"毛泽东这样重视孔子，并把他作为中国许多伟大历史人物的代表，与孙中山并提，是有道理的。这是因为：

第一，孔子的学说，自汉朝到清朝，一直是历代封建王朝统治的思想支柱，成为中国两千多年封建社会的统治思想，它不仅为少数统治阶级所欢迎和利用，而且还对广大人民群众产生了深远影响。这种影响，在中国历史上，没有任何人、任何思想学术流派可以与之相比拟。

第二，孔子整理了古代文献，如《诗》《书》《易》《春秋》等，他不愧是一位伟大的学者和思想家。在文化思想方面，他总结过去，启迪后代，起着继往开来的作用，这一点也是无人可与之比拟的。

第三，孔子是一位有抱负的政治家，很想在政治上有所作为，但他到处碰壁。然而他并没有因此悲观、泄气，他把希望寄托于未来。因而，他殚精竭虑，整理典籍，从事教育，对中国两千多年的学术文化产生了难以估量的作用。

其三，怎样评价孔子？

我们对历史人物所采取的态度应该是：第一，把他放在特定的历史条件下，视其在多大程度上促进或阻碍历史进程；第二，视其在多大程度上有利或不利于当前人民的、社会主义的事业，实事求是地加以评论和判断。

孔子的思想博大精深，在中国产生了深远的影响，我们必须批判地继承。孔子的思想有两重性，一方面，他要维护统治阶级的利益，另一方面又主张为了维护统治阶级的利益，必须照顾到被统治阶级的利益。因而，孔子的思想有消极的东西，又有积极的东西。我们可以从以下三个方面来分析，才能实事求是地解决批判和继承的问题。

（1）凡是孔子思想中直接为维护统治阶级特殊利益服务的东西，必须加以彻底批判，并彻底和它决裂。例如孔子思想中的"礼""忠""孝"这些观念，他认为这是维护统治阶级利益、巩固统治秩序的"永恒真理"，我们必须与它彻底决裂。

"礼"就是把奴隶社会或封建社会的等级森严的尊卑、贵贱、亲疏等政治的宗法的关系加以规范化的准则与仪式。"礼"就是孔子所处时代的政治结构的表现形式。孔子思想的核心是"仁"，而"礼"是"仁"的表现形式。因此，孔子把这种带有固定性、保守性的"礼"作为观察社会盛衰变迁的标志。

"忠"就是"忠君""尊王"。君臣关系是一种不平等的主仆关系。

"孝"，表示父子之间人格上的隶属关系。孔子为什么重视孝呢？孔子的弟子有若的一段话道破了这个秘密。有若说："其为人也孝悌，而好犯上者鲜矣。不好犯上而好作乱者，未之有也。"原来能尽孝悌之道的人，就一定不会"犯上作乱"。

所以，孔子所竭力宣扬的礼治思想、忠君尊王思想和孝道思想，是为了巩固奴隶社会，为封建社会统治秩序服务的。马克思说："共产主义革命就是同传统的所有制关系实行最彻底的决裂；毫不奇怪，它在自己的发展进程中要同传统的观念实行最彻底的决裂。"（《马克思恩格斯选集》第一卷，第271—272页）我们要与这种维护奴隶社会或封建社会统治秩序的传统观念进行彻底的决裂。

（2）凡是孔子思想中在一定程度上带有远见的智慧或这种智慧的萌芽的东西，都必须加以认真地批判和清理，做到"古为今用"。孔子思想的核心"仁"，是这种带有远见智慧的最好例证。"仁"在孔子的心目中是真理的代称。"仁"是包括所有与人有关的各个方面学问的总称，它是研究伦理道德、政治、法律、经济、教育以及天道观等问题，亦即现代意义上哲学、社会科学应该加以研究的问题。

孔子的"仁"包含哪几层意思呢？

最通常的意思是"爱人"。樊迟问仁，子曰："爱人。"这不仅发展了春秋以来的重民思想，并且使之具有更深刻、更丰富的人道主义内容。郭沫若说仁是"人的发现"（《十批判书》第88页），是很有道理的。

"仁"的第二层意思是修身，是对道德准则的遵从。

颜渊问仁，子曰："克己复礼为仁，一日克己复礼，天下归仁焉。为仁由己，而由人乎哉！"颜渊曰："请问其目。"子曰："非礼勿视，非礼勿听，非礼勿言，非礼勿动。"（《论语·颜渊》）

孔子对于仁人君子有三个递进的要求，第一是"修己以敬"，第二是"修己以安人"，第三是"修己以安百姓"。修身才能安人、安百姓。修身才能"爱人"。

"仁"的第三层意思是人类对其本质的自我意识，是对当时已经形成的关于人的多种学问特别是伦理学说的哲学反思。这个"仁"是孔子人本哲学核心概念的"仁"，它源于伦理而又超越伦理。伦理学的"仁"要求人们爱人修身，而人本哲学的"仁"，则要求人们探索、阐明人之所以为人，阐明人类社会的多种规律，特别是探索人的精神生活怎样完善。

孔子的"仁"是人本哲学，有以下几个特点：

第一，孔子重人道而轻天道，把人与人生看作他的仁学的根本问题。

第二，孔子细密、深入地研究了人的本性，并且由此提出他有关改革社会各个方面的思想和政策。他认为人具有生物本性、社会本性、道德本性。他们所说的人和人性都是抽象的。

第三，孔子研究了人生的意义与价值问题。他认为人生的意义，既不在于富贵，也不在于寿考，而在于"仁"的道德实践，在于最终把自己培养成为仁人君子。

第四，孔子研究了人类社会的发展和理想境界问题。他认为充分体现"仁"的精神的"大同"世界是最理想的社会。

总之，"仁"是孔子的哲学、世界观、伦理道德学说、政治学说、教育学说，是他的全部博大庞杂的思想总纲。"仁"是带有远见的智慧，必须认真地批判和吸收，做到"古为今用"。

（3）凡孔子思想中至今仍保有生命力且有现实意义的东西，都应予以继承和发展。例如：

①在学习问题上，孔子提倡："知之为知之，不知为不知，是知也。""敏而好学，不耻下问。""学而不厌，诲人不倦。"

②在思想方法问题上，孔子反对四种倾向：主观随意性、绝对化、思想僵化、固执己见。他主张实事求是，重视调查研究。

③在工作方法问题上，孔子强调从稳妥着眼，从大处着眼，提出"无欲速，无见小利；欲速则不达，见小利则大事不成"。

④在品德修养问题上，孔子认为一个人要做到"不惑""不忧""不惧"，才能不患得患失，才能"君子坦荡荡"，才能"不患人之不己知，患其不能也"。他提倡艰苦奋斗的精神，提出"有过必改"的主张。

总之，对孔子的思想要实行三分法：该决裂的要彻底决裂，该扬弃的要严肃扬弃，该继承的要积极继承。那种吞吞吐吐、含糊其词的态度，和攻其一点不及其余的形而上学态度一样，都是不科学的、不足取的。

其四，孔子学说在国内外的影响。

（1）在国内的影响。

在中国古代历史上，出现过许许多多帝王将相、文人墨客，尽管他们一时声名赫赫，但时过境迁，终会被淡忘。只有生前郁郁不得志的孔子，其人格与思想的影响力久而不衰。孔子的形象上升到"大成至圣先师"。孔子的思想深刻地影响了中国封建时代的政治、经济、文化和中华民族的心理素质。孔子思想中既有消极因素，又有积极因素，这两种不同因素导致了两种不同的后果：

第一，孔子理想中的消极因素与历代的腐败封建王朝相结合，是中国社会长期停滞的重要原因之一。

自从汉武帝罢黜百家、独尊儒术之后，儒家思想就成为历代封建王朝的正统思想。历代封建统治者，利用"三纲五常"，巩固封建统治秩序，阻碍了生产的发展和资本主义生产关系的萌芽、成长。这是中国封建社会长期停滞的原因之一。

第二，孔子思想中的积极因素与劳动人民、进步知识分子相结合，形成中华民族特有的优良传统和社会风尚。其主要特点是：

①具有爱国思想的传统。在孔子"华夷之辨"思想的熏陶下，中华民族具

有强大的民族向心力和凝聚力。

②具有重视人才的传统。孔子认为"从政"就是发现和选用人才，"施教"就是培养和造就人才。

③具有非宗教的传统。孔子的现实主义态度深刻地影响了我们的民族，抵制了本国和外来的种种宗教，使之不能左右和垄断中国政治和社会生活。

④在思想道德方面，我们民族重大义、轻私利，言行一致的良好作风，与孔子思想中的积极因素有关。

（2）孔子在国外的影响。

早在汉唐时期，孔子的思想便传播到东南亚，特别是朝鲜、日本、越南，甚至成为这些国家传统思想的一个重要因素，有人把中国和上述国家视为"孔子文化圈"。

到了18世纪，孔子思想又跳出"孔子文化圈"，传到了欧洲，对于法国启蒙思想、德国辩证法思想的形成与发展，也起过一定的触媒作用。

①孔子与朝鲜。早在公元前3世纪箕氏朝鲜时代，孔子思想便和汉字一起传入朝鲜。不过儒家思想得到统治阶级的重视和广泛传播，则是在朝鲜封建时代。中国儒家思想的几种不同形态如先秦儒学、汉唐经学、宋明理学，都依次登上朝鲜的舞台。直到19世纪末，日本军国主义势力侵入朝鲜，在文化上打击儒学，从此，儒学作为统治阶级的意识形态在朝鲜才彻底没落。

②孔子与日本。一般认为，儒家传入日本之始是公元285年百济国儒学博士王仁渡海到日本，向菟道稚郎子献上《论语》和《千字文》。

儒家思想对日本古代政治生活有相当大的影响。孔子的地位也不断提高。学校每年春秋两季对孔子举行释奠之礼，甚至政府官员，亦率公卿祭祀孔子。1868年明治维新之后，日本走上了资本主义道路，建立了天皇制。但尊孔之风仍有增无减。

③孔子与西方。明朝末年，西方传教士纷纷来华讲经传教。对于中国传统观念和礼仪，如祭祖、祭孔等，传教士的看法存在严重的分歧，他们纷纷撰文写书，阐明自己的观点。这样，从17世纪初到18世纪初，他们的争论，有意无意地向欧洲各国介绍了中国历史与文化，特别是儒家思想。1687年，巴黎出版了拉丁文译本的《大学》《中庸》《论语》，标志着孔子学说正式传入西方。

此后西方的一些思想家如德国的莱布尼兹、沃尔夫，法国的伏尔泰、孟德斯鸠、卢梭等，都不同程度地了解到孔子或儒家思想。

有人认为，日本经济的奇迹，应归因于西方技术与孔子伦理思想的结合。西方社会的发展导致千百万家庭关系破裂，人与人之间的关系冷漠，乃至道德沦丧，因此，促使西方一些思想家向孔子学说寻求关于解决伦理道德问题的启示的说法不是没有道理的。

第三编　封建社会

# 第一章 封建社会的开端——战国

（公元前 475—前 221 年）

## 一、 战国时期的各国变法与封建制度的确立

春秋之后，我国进入战国时代。关于战国起讫的年代问题，有不同的意见。战国时代结束于秦始皇统一中国的公元前 221 年，这是毫无疑问的。但是它的开始年份，却有四种不同的说法：

（1）公元前 403 年，即按司马光《资治通鉴》的说法，把三家分晋，魏、赵、韩开始列为诸侯的公元前 403 年，作为战国的开始年份。

（2）但战国以前的春秋时代，是由《春秋》这部书而得名的。《春秋》起于公元前 722 年—公元前 481 年，因此有人主张把战国时代的起年提到公元前 480 年。

（3）有人主张把魏、赵、韩灭亡智氏的公元前 453 年作为春秋和战国的分界线。

（4）郭沫若主张把周元王元年即公元前 475 年作为封建社会的开始，他认为战国已进入封建社会，那么，他主张战国时代从公元前 475 年开始。

从春秋到战国，是我国古代社会政治、经济、文化发生深刻变化的时期，阶级斗争异常激烈。各国内部奴隶反对奴隶主的斗争，平民反对贵族的斗争，给奴隶制以致命的打击，把历史推向一个新的时代。新兴地主阶级利用劳动人民的力量，同奴隶主贵族进行了反复的较量，先后登上了政治舞台。各国地主阶级政权的陆续建立，标志着封建社会代替奴隶社会。

经过春秋两百多年的兼并和地主阶级的夺权，到战国初年形成了齐、韩、赵、魏、秦、楚、燕七大国的对峙局面。这七大国之间，还夹有十几个小国，其中绝大部分后来都分别为七国所兼并。

各国地主阶级为了巩固自己的统治，为了本国的利益，为了在各国争霸中取胜，不同程度地实行了变法。

### （一）李悝在魏国的变法

在各国的变法中，魏国实行得最早。魏文侯在当政期间，先后任用了李悝、吴起、西门豹等著名人物。李悝为相时，进行了一些重大改革，推进了封建生产

方式的发展和巩固，使魏国成为战国初年一个头等强盛的封建国家。他改革的主要内容有：

第一，在政治方面：实行"夺淫民之禄以来（徕）四方之士"，即废除世卿世禄制的残余。所谓的"淫民"是指其父有功、其子无功而继承了其父的封爵和俸禄，享受贵族的特权而作威作福的人。按照"食有劳而禄有功，使有能而赏必行、罚必当"（《说苑·理政》）的原则，把禄位赐给对封建国家有功劳的人。用这个办法招徕各地的封建地主阶级人物。实行严格的赏罚制度（"罚必当"），打破"刑不上大夫，礼不下庶人"的旧传统。李悝的这些改革，为新兴地主阶级代表登上政治舞台创造了有利的条件。

第二，在经济方面：实行"尽地力之教"。"尽地力之教"的内容大体包括以下几方面：

（1）把国家占有的土地分配给农民。李悝估计了魏国的可耕面积和人口，根据土地的好坏，分给农民每户一百亩（约今 31 亩）或二百亩。《吕氏春秋·乐成》："魏氏之行田以百亩，邺独二百亩，是田恶也。"受田的农民要向国家交纳赋税和承担各种劳役。

（2）规定每亩的标准产量。当时规定的每亩标准产量为一石五斗（约今三斗），并派农官督责农民加紧发展生产，增产者赏，减产者罚。

（3）实行"平籴法"。为了把农民拴在土地上，防止农民在荒年饥岁四处离散或造反，实行"平籴法"——好年成，国家以平价购入粮食，灾年以平价出售。

由于这些措施，魏国富强了起来。

第三，在法治方面：为了适应魏国封建经济日益发展的要求，确保新兴地主阶级已经取得的政治经济特权，李悝集各国刑典，著《法经》六篇——《盗法》《贼法》《囚法》《捕法》《杂法》《具法》。《盗法》《贼法》讲的是封建统治者的政事，最重要的莫过于防止和惩办"盗贼"；《囚法》《捕法》讲的是如何惩办"盗贼"；《杂法》讲的是对盗窃兵符、官印，议论国家法令等破坏封建社会秩序和制度的行为如何惩办；《具法》讲的是惩罚执行的具体规定。《法经》充分体现了地主阶级的意志，是维护地主阶级专政的工具，其打击的对象指向农民阶级。它用法律的形式把封建制度固定下来，是我国历史上第一部比较系统的封建法典，为秦汉以后封建法制的发展奠定了基础。

第四，在军事制度方面：建立了经过考选的常备兵，考选的条件十分严格，"中试则复其户（注：免除全家徭役），利其田宅"（《荀子·议兵》），给予优厚的待遇。这种考选和奖励制度培植了大批军功地主，加强了统治基础，同时对调动军士的战斗积极性也起了重大作用。

## （二）申不害在韩国的改革

韩昭侯时（前362年—前333年）任用术家申不害为相，实行君主驾驭臣下的方术，主要有下列三点：

（1）"惟无为可以规之"（《韩非子·内储说下》引《申子》），意思是说国君平时要"无为"，不能暴露自己的弱点，这样才能使臣下不得不各尽所能，各司其职。然后再运用"独断"的术来考核臣下，即所谓"能独断者，故可以为天下主"（《韩非子·外储说右上》）。

（2）臣下只能做本职之内的事，不得越职办事，即所谓"治不逾官，虽知弗言"（《韩非子·定法》引《申子》）。

（3）国君对臣下要"因任而受官，循名而责实"，而且要"操杀生之柄"，来"课群臣之能者"（《韩非子·定法》）。

这是一套加强封建中央集权的办法。但是韩国的改革很不彻底，新法和旧法互相错杂，所以韩国的国力比不上魏国和赵国。

## （三）赵烈侯的社会改革

赵国从赵简子时起就注意改革田制、军制和政治机构。山东临沂银雀山出土的竹简载明，早在春秋末年，赵国就把百步为亩的旧制改为240步为亩。新的亩制反映了生产力的提高，也促进了封建个体经济的发展。到赵烈侯（前408年—前387年）时，又进行社会改革，在思想上尊儒家，倡"仁义"和"王道"；在军事上和财政上实行法家的主张，"选练举贤，任官使能"，"节材俭用，察度功德"（《史记·赵世家》）。后来赵武灵王（？—前295年）为了加强军事实力，"胡服骑射"，建置骑兵。一些宗室贵戚，如公子成和赵文、赵造等人，反对改革，认为这是"变古之教，易古之道"。赵武灵王驳斥他们说："夫服者，所以便用也；礼者，所以便事也。"圣人"随时制法，因事制礼。法度制令，各顺其宜，衣服器械，各便其用"，"法古之学，不足以制今"（《史记·赵世家》）。坚定不移地实行改革，所以赵国很快强盛起来。

## （四）齐威王时邹忌的社会改革

在战国初期，齐国地主阶级的政治代表田氏消灭了旧贵族的大部分势力，完全控制了齐国的政权。到田常（即田恒、田成子）时，杀掉齐简公，立简公弟骜为齐平公，自为相，掌握政权，齐君已名存实亡。田常为了巩固和发展已取得的胜利，相继实行一些改革，如对在夺取政权中有功的人进行"修功行赏"，以培植自己的势力；对其他诸侯国展开结交修好的活动，以取得各国的承认；进一步扩大自己的封地等。这样，齐国的政权就完全掌握在田氏的手中了。到了田和时，就把齐国最后一个国君齐康公迁往海边，给了他"一城"之地。最后，在公元前 386 年，田和废掉齐康公，自立为齐侯。

公元前 356 年，田和的孙子田因齐继位，是为齐威王。齐威王任用邹忌为相，进行改革，具体如下：

（1）厉行法治，监督官史，赏罚分明，善于用人。当时，即墨（今山东平度东南）大夫对官府事务能够及时地处理，所辖地区土地得到开垦，赋敛数量增加，政治经济有了一番新气象，可是齐威王身边说他坏话的人很多。相反，阿（今山东阳谷东北）大夫治理的地方，田地荒芜，仓库空虚，防备松弛，而齐威王身边的人却尽说他的好话。齐威王经过调查，了解了真实情况之后，奖励即墨大夫，赐给他一万家的赋税，同时，烹杀了不称职的阿大夫，并严惩受阿大夫贿赂的人。这种赏罚分明的施政方针，使臣下"人人不敢饰非，务尽其诚"（《史记·田敬仲完世家》）。齐国在邹忌的治理下，社会经济继续发展，加以地处海滨，有渔盐之利，因而府库充裕，国势强盛。经齐威王之世，各国不敢对齐国用兵，齐国成为当时强国之一。

（2）齐威王、齐宣王还在国都临淄的稷门（西门）外设立一座大学堂，称为"稷下之学"。大学堂聚集了各国的文人学士，专门讲学著书。其中如田骈、慎到、环渊、邹衍、淳于髡等 76 人都被封为上大夫，学堂里的学生达数百人，甚至上千人。所以齐国人才济济。有一次，齐威王同梁惠王会谈，梁惠王问他："你有明珠吗？我梁国虽小，还有十颗光照几十丈的寸珠。"齐威王说："我的明珠同你的不一样，我以为人才是明珠。"齐威王选用有才干的人，罢黜"奸吏"，把齐国治理得很好。

（3）齐威王还任用孙膑，讲求军事，加强武备，提高战斗力。从齐威王到齐宣王期间，也是齐国军事上最强大的时期。孙膑是战国中期杰出的军事家，其著作《孙膑兵法》就是战国时代的一部军事杰作。

战国中期的孙膑的《孙膑兵法》和春秋末年的孙武的《孙子兵法》，都是我国历史上重要的军事著作。但是《孙膑兵法》之后失传，《隋书·经籍志》中即不见著录，因此宋以后，特别是明清以来，人们对于孙武和孙膑是否有兵书传世的问题存在种种争论。1972 年 4 月，在山东临沂银雀山的一座西汉墓葬中，考古工作者发现了《孙子兵法》和《孙膑兵法》同时并存，从而顺利地解决了上述悬案。

《孙膑兵法》，据《汉书·艺文志》记载，有 89 篇，现根据竹简整理的，共有 30 篇。它认为战争的目的是安定本国，进而建成统一的封建王朝，保护了广大人民的生命。它认为"战胜而强"，才能使"天下服"。光靠"积仁义，式礼乐"，无济于事，只能用战争解决问题，"举兵绳之"。正因为齐威王任用了孙膑，齐国先后在桂陵（今山东菏泽东北）之战（即"围魏救赵"之战）和马陵之战中取得了重大胜利，迫使魏惠王来到徐州（今山东滕州市东南）朝见，推尊齐威王为"王"，齐威王也承认了魏惠王的"王"号，即所谓"徐州相王"。这是公元前334年的事。《史记》说："当是之时，秦用商君，富国强兵；楚、魏用吴起，战胜弱敌；齐威王、宣王用孙子、田忌之徒，而诸侯东面朝齐。"齐成为关东的强国。

现存《孙子兵法》的作者究竟是谁？《史记·孙子吴起列传》上说："孙子武者，齐人也。以兵法见于吴王阖庐。阖庐曰：'子之十三篇，吾尽观之矣。'""孙武既死，后百余岁有孙膑。膑生阿、鄄之间，膑亦孙武之后世子孙也……世传其兵法。"司马迁在这里讲得很清楚，孙武和孙膑都确有其人，两人先后相去一百多年，都各有兵法传世。班固《汉书·艺文志》中也有《吴孙子》（即《孙子兵法》）和《齐孙子》（《孙膑兵法》）的记载。但《隋书·经籍志》却不见著录。后来有人因此提出了异议，认为《孙子兵法》并不是孙武的著作，而是后人伪托。有人甚至认为不仅《孙子兵法》是后人的伪托，对孙武这个人在历史上是否存在，也持否定的态度。比较流行的意见是，先秦著作往往不出于一人之手，现存《孙子兵法》源出孙武，完成于孙膑，是春秋末期到战国中期长期战争经验的总结，并不是一个人的著作。另外，也还有一种意见，认为现存《孙子兵法》是曹操根据前人的著作重新编定的，经过曹操的删削和补充等。而在山东临沂银雀山汉墓出土的两部竹简，解决了这一悬案：

> 《孙膑兵法》竹简，已整理440余枚，字数达11,000千字以上。《孙子兵法》竹简，已整理出300余枚，13篇都有文字保存，其发现的篇名与宋刻本《十一家注孙子》基本相同。（《银雀山汉墓竹简》，文物出版社1985年版）

### （五）吴起在楚国的变法

楚惠王十年（前479年），楚国大夫白公胜发动了政变，企图夺取政权，后来被旧贵族叶公打败，此后政局一直处于动荡之中，奴隶和平民的起义接连不断。公元前402年，楚声王为"盗"所杀。其子楚悼王继位之后，楚屡次被以魏国为首的三晋合力打败，丧失了大片土地。国内外的形势迫使楚国的统治者寻找出路。正当这时，吴起在魏国遭大夫王错排挤，逃奔楚国。楚悼王听说吴起有才能，便任他为令尹（相当于各国的相），实行社会改革。

吴起变法的主要内容有：①吴起认为楚国有地数千里，兵百余万，其所以贫弱，是因为"大臣太重，封君太众"（《韩非子·和氏》），所以他实行"损不急之枝官"的政策，下令：凡封君子孙已传三代以上的，收回爵禄；疏远的公族，一律削除公族籍。②无关紧要的官职和无能之冗官，一概裁免。③削减官吏的俸禄，节约开支，用以培养将士。④楚国地广人稀，吴起强令旧贵族去充实人口稀少的地区，并禁止他们相互勾结，干预国家政令（《韩非子·和氏》《吕氏春秋·贵卒》）。吴起的这些措施，在政治上和经济上给奴隶主贵族带来了沉重的打击，楚国的力量迅速加强，出现了"南收扬越，北并陈蔡"（《战国策·秦策》）、"却三晋，西伐秦"（《史记·吴起列传》）的强盛局面。

但是，以屈宜臼为代表的旧贵族反对吴起的变法。楚悼王于公元前381年死后，反对改革的旧贵族乘机发动武装叛乱，围攻吴起，吴起逃到楚悼王尸体边，伏在上面，旧贵族们用乱箭将他射杀。楚国有一条法律："丽（加）兵于王尸者，尽加重罪，逮三族。"（《吕氏春秋·开春论·贵卒》）因此，有70多家参与这次叛乱的贵族都被处以死刑。吴起用自己的鲜血和生命使楚国的旧贵族受到沉重的打击。但由于旧贵族的势力比较强大，而历时不久的社会改革又因吴起的被害而遭到挫折，楚国国势一天天走下坡路。

### （六）商鞅在秦国的变法

#### 1. 变法的背景

秦国社会在商鞅变法前比较落后，还保留着若干原始的习俗，"父子无别，同室而居"（《史记·商君列传》）。但封建制的因素已经产生，并在逐渐发展。秦简公七年（前408年），秦实行"初租禾"，开始承认新兴地主阶级私田的合法性而征收租税；公元前384年，秦献公废除殉人制度；公元前378年又"初行为市"。这些都说明秦国的封建生产关系和商品交换已有相当的发展。但当时奴隶主的土地所有制仍然处于支配地位。奴隶主贵族把持政权，还屡次图谋另立国君，以致政局动荡。由于内部经济落后，政局不稳，东方的一些大国瞧不起秦国，把它当作落后的夷狄国家看待，不邀它参加诸侯国的会盟。

公元前387年，秦惠公死，其子出子继位。出子的母亲是一个守旧派，重用顽固势力，引起人民的强烈不满。"群贤不说自匿，百姓郁怨非上。"（《吕氏春秋·不苟论·当赏》）出奔在魏国的公子连利用这个机会回国，发动政变，夺取了政权，出子的母亲自杀，公子连即位，是为秦献公。秦献公在魏国多年，对于魏国因实行社会改革而强盛有深刻的体会，因此他也进行了一些改革。

至秦孝公（前361年—前338年）继位，他决心继续推行由秦献公开始的社会改革，振兴秦国。这时，卫国破落贵族的后裔商鞅带着李悝的《法经》到秦国见秦孝公，得到秦孝公的信任，被任命为左庶长，主持秦国的变法。

#### 2. 商鞅变法的主要内容

商鞅在公元前359年和公元前350年先后两次实行变法，进行了二十余年的改革。变法的主要内容是：

（1）废除"世卿世禄"，奖励军功。制二十等军功爵，最低一级是公士，最高一级是彻侯。不论出身，依军功受爵赏，"能得甲首一者，赏爵一级，益田一顷，益宅九亩"（《商君书·境内》）。"斩五甲首而隶五家"（《荀子·议兵》）。将领立功除赏赐大量田宅之外，还给予封邑，衣食其租税。这是对旧贵族的沉重打击，新兴地主阶级由此大大提升了自己的社会地位。

（2）废除井田制，开阡陌（纵横道路）封疆（田界），正式承认土地的私有和允许买卖。正如《史记·商君列传》所说："为田开阡陌封疆，而赋税平。"由国家统一收税。这是一次划时代的变革，它标志着秦国封建土地所有制的确立。

（3）建立中央集权的封建政治制度。设县制，在全境设 31 县。县下设乡、邑。县设令、丞，由国王任免。乡、邑以下便是什伍组织：五家为伍，十家为什。奖励告密，实行连坐法。人民不能自由迁徙。这样就加强了封建地主阶级专政。

（4）实行"重农抑商"、奖励农业生产的政策。禁止父子兄弟同室共财。一户有两个以上成年男子不分家的，加倍课赋。奖励开垦荒地，耕织收入多的，免其徭役。禁止游手好闲、弃农从商。凡从事末业（商业）和不事生产而贫者，罚作奴隶。

（5）焚毁儒家经典《诗》《书》，禁止儒生游学游仕。凡是想做官的都要学习律令，拜官吏为师。

（6）为了便利税收和经济交往，商鞅颁布了标准的度量衡器。现在存世的商鞅量方升，为长方形，上面有铭文，注明了量的容积。

（7）迁都咸阳，参照鲁、卫的宫室建筑盖起宫室冀阙，在阙上颁布法令。

**3. 变法过程中的斗争**

商鞅变法是一场深刻的社会革命，斗争是很激烈的。在变法之前，以杜挚为代表的奴隶主旧贵族竭力反对变法，叫嚷着"法古无过，循礼无邪"。商鞅驳斥了这种论调，指出："前世不同教，何古之法？帝王不相复，何礼之循？"他认为历史上有作为的君主都是"当时而立法，因事而制礼"，所以"治世不一道，便国不法古"（《商君书·更法》）。在秦孝公的支持下，商鞅坚决实行变法。

实行变法之后，"宗室贵戚多怨望者"。以太子师傅公子虔、公孙贾为首的奴隶主贵族，纠集 1000 多家旧贵族起来闹事，甚至故意唆使太子犯法。商鞅毫不犹豫地打击这些反对者，对公子虔施以割鼻的重刑，在渭水边一次就镇压了700 多名破坏变法的旧贵族，又把一批旧贵族流放到边远地区，从而维护和巩固了变法的成果（《史记·商君列传》）。

商鞅变法顺应历史发展的潮流，促进了新的封建生产关系的成长，受到秦国人民的欢迎和拥护。变法"行之十年，秦民大悦"，"民勇于公战，怯于私斗，乡邑大治"（《史记·商君列传》）。商鞅变法影响广泛，连妇女儿童都能"言商君之法"（《战国策·秦策一》），可见变法之深入人心。商鞅变法的成功，加强了地主阶级专政，使秦国成为"兵革强大，诸侯畏惧"（《战国策·秦策一》）的强国。

公元前338年，秦孝公死，秦惠公即位，公子虔等旧贵族捏造罪名，诬告商鞅谋反。商鞅被迫出走，他想到魏国去，但魏国不让他入境。他回到自己的封邑，举兵抵抗，结果失败，被车裂而死。但商鞅变法深入人心，正如韩非所说："及孝公、商君死，惠王即位，秦法未败也"（《韩非子·定法》）。商鞅变法使秦国上下形成了崇尚耕战的风气，政治法令统一，官吏办事效率提高。新的封建生产关系促进了社会生产力的发展，为秦国完成统一六国的事业提供了必要的物质条件。

### （七）燕国的"禅位"

燕国是北方的大国，但国势并不强。到燕王哙时，为了博取让贤之名，于公元前318年把君位禅让给相国子之。子之很有才能，且深得人心。但是子之得到君位之后，把燕国的重要官位一律代之以"子之之人"（《韩非子·外储说右下》）。子之统治了三年，"国大乱，百姓恫恐"（《史记·燕召公世家》）。燕王哙死后，太子平和将军市被在旧势力的支持下，起来作乱。子之打败了他们，把太子平等人处死。齐国乘此机会进行干涉，发兵攻燕，子之败走，继位的燕昭王仍然沿着子之的道路走，采取了一些必要的富国强兵的措施。尽管如此，燕国仍然是"战国七雄"中最弱的一个。

魏、赵、韩、齐、楚、秦、燕七国的社会改革，前后共经历了100多年。由于各国政治经济发展不平衡和阶级力量的对比不同，它们社会改革的深度和广度也很不同，但基本的趋势都是地主阶级的专政代替奴隶主贵族的专政。地主阶级利用封建上层建筑的力量，通过改革，不断为新的社会制度的发展扫除障碍。

## 二、 战国时期的社会各阶级

在封建社会中，社会的主要矛盾是农民阶级和地主阶级的矛盾，当然，还有其他矛盾。以下是社会各阶级的情况。

### （一）地主阶级

封建地主土地私有制的发展是从奴隶社会向封建社会转变的一个重要标志。地主阶级一部分由奴隶主贵族转化而来，另一部分则由平民或其他阶层分化而来。因此，地主阶级内部又形成了不同的阶层。

### 1. 封建国家地主

封建国君是地主阶级政治的最高代表，也是最大的土地占有者。从当时国君赏赐臣下土地，动辄几万亩、几十万亩，甚至上百万亩的情况看，各封建国家占有的土地是相当多的。同时，山林薮泽也归封建国家所有。国君是最大的地主。

### 2. 食封贵族地主

这部分地主是封建君主的宗亲、外戚和嬖幸者，他们按"宗亲分封"原则受封，一般称作某某君或某某侯。封赏给他们的土地叫"封邑"，封邑内的土地和人民归受封者所有。战国时期的封君人数，见于记载的有近百人。他们有共同的特征，在地主阶级中形成一个阶层，可称为"食封贵族地主"，如魏国的信陵君、赵国的平原君、齐国的孟尝君、楚国的春申君都属于这类地主。食封贵族地主大都是"位尊而无功，奉厚而无劳"（《战国策·赵策四》）的"寄生虫"，他们是地主阶级中守旧派的主要社会基础。

### 3. 军功官僚地主

这部分地主是"计功行赏"（《战国策·赵策四》）的，即按照对地主阶级革命与改革贡献的大小，给予不同的政治地位和财产。赵简子在前线誓师时发布的"论功行赏令"，开创了大规模奖励军功的先例。以后法家都主张计功行赏，这一政策的实施，促使地主阶级中的"军功官僚地主"产生。例如魏将公孙痤立了军功，魏王赏他土地百万亩，后来又加赐四十亩（《战国策·魏策一》），可以说公孙痤是个大地主了。这部分地主是地主阶级中具有进步倾向的政治流派的主要社会基础。

### 4. 豪民地主

这部分地主不是官僚，但广占田地。一部分是失职的官僚或失去政治地位的官僚后裔，手中掌握大量土地。如魏文侯的名将乐羊死后，其子孙承继了家产而成为有名的大地主。另一部分是通过土地兼并而来的。还有的是通过买卖而来的，如赵国的将领赵括把赵王赏给他的金帛积存起来，"日视便利田宅可买者买之"（《史记·廉颇蔺相如列传》）。

## （二）农民阶级

农民阶级包括佃农、雇农和自耕农。

### 1. 佃农

佃农是依附于豪强地主的农民，他们没有或拥有很少土地。他们"耕豪民之田，见税什五"（《汉书·食货志》），即要向地主缴纳收获物50%的地租。由于佃农托身于豪强地主，一般不再承担封建国家的义务。这种农民身份是不自由的，实际上是农奴。但由于他们有微薄的私有经济，因此他们的生产积极性比奴隶要高。

### 2. 雇农

雇农即"卖庸而播耕者"，当时亦被称为"庸客""庸夫"，他们自己没有土地，不得不与人佣耕，衣食完全仰给于主家。他们为了获得较好的生活待遇，只好"致力而疾耘耕"，"尽巧而正畦陌"（《韩非子·外储说左上》）。这部分人是农民中生活最苦的人，甚至有的一家有三个壮劳力作"佣"，但连一个老人也养活不了（《韩非子·外储说右下》）。

### 3. 自耕农

自耕农是当时农民阶级中人数最多的。他们多半是从封建国家那里领来土地，根据土地瘠肥的不同，所领土地的数量也不同。一般来说，以一家五口计算，通常占有百亩土地（约合今 31 亩），有些土地瘠薄的，也有二三百亩的。农民对所受的土地有相对稳定的使用权和占有权。这些农民一般有家室妻小和一部分生产资料如工具、牲畜等。他们除种地之外，还从事家庭手工业。这些农民被详细地登记在户籍（又称为"正籍""定籍""符籍"等）上。户籍上对男女老少、健康状况、生老病死、财产多少都有详细的记录，"举民众口数，生者著，死者削"（《商君书·去强》）。"四境之内，丈夫女子皆有名于上，生者著，死者削"（《商君书·境内》）。这些农民被地方官吏严格控制着，不得随意迁徙。农民逃亡被捉要受到严厉的惩罚。国家还制定《奔命律》《户律》以控制农民逃亡（《云梦秦简·为吏之道》）。这些农民要向国家缴纳名目繁多的赋税，承担各种各样的差役，还要服兵役等。实际上他们还是一种封建国家控制下的农奴。但由于他们有自己微薄的经济，他们"蚤出暮入，强乎耕稼树艺，多聚叔粟，而不敢怠倦"（《墨子·非命》）。

## （三）奴隶制残余

在战国时代，各国都还存在着相当数量的奴隶和买卖奴隶的现象。在工商业中，使用奴隶的现象尤为盛行。见于史籍的名商大贾，都有成百成千的奴隶。在农业生产中也不乏使用奴隶的现象。湖北云梦出土的秦简说明了这个问题。

《史记·商君列传》云："（商君之法）事末利及怠而贫者，举以为收孥"。这是说，"事末利"及"怠而贫"者连同其妻子都没收为奴隶。《商君书·境内》："爵吏而为县尉，则赐虏六。"《史记·李斯列传》索隐云："虏，奴隶也。"可见奴隶的存在是合法的。云梦县出土的《秦律》，关于奴隶的规定甚多，据不完全统计，其正式律文中讲到奴隶的不下 20 条；其《法律答问》部分，则有 27 条之多；在其 25 则治狱案例中，有 7 则讲到奴隶或与奴隶有关。可见战国时代奴隶还占有一定的比重。奴隶的名称有隶、虏、仆、臣、竖等。至于家内奴隶就更多了。卫国大夫公良桓子家中，"妇人衣文绣者数百人"（《墨子·贵义》）。在赵国平原君的家中，婢妾也以百数（《史记·平原君列传》）。吕不韦当了秦国的相国之后，就有家僮万人。买卖奴隶的现象也很普遍。当时在统治阶级当中流传着这样的谚语："卖仆妾售乎闾巷者，良仆妾也。"（《战国策·秦策一》）

战国时代还残存着残酷的奴隶殉葬制度。在 1969 年山西侯马乔村发掘的一批春秋战国之际的奴隶殉葬墓中，有一座墓杀殉的奴隶达 18 人之多。殉葬的奴隶有男有女，也有儿童，有的奴隶颈上还带有铁钳。在河北易县燕下都的战国遗址，也发现有奴隶的铁钳和铁脚链。

在封建社会初期，奴隶制残余的存在并不奇怪，一方面是由于地主阶级革命不彻底，不可能全部废除奴隶制；另一方面是由于地主阶级从其本身利益出发，保留了一部分奴隶制的残余，作为自己进行剥削的补充。

### 三、 战国时期各国的国家机构

马克思说："每种生产形式都产生出它所特有的法权关系、统治形式等等。"（马克思：《马克思恩格斯选集》第 2 卷，人民出版社 1972 年版）封建地主阶级为了促进封建生产方式的发展，创立和健全了与封建生产方式相适应的法权关系、统治形式。

#### （一）官僚制度

各国的行政建制一般由中央、郡、县三级组成。县以下是乡、里，基础是个体农户中的什伍组织。另外还有亭，是属于军事性质的组织。国家的全部权力，包括行政权、军权、用人权、财政权，都集中在君主手里。只有君主才有权颁布法令，官吏只能执行命令和提出建议。

各国中央政府的官僚机构的名称不尽相同，同一国在不同时期亦有变化。一般来说，在国王之下设有丞相（或称"相""相邦""相国"，楚国称"令尹"），是王的辅佐，是"百官之长"。

协助国王总理军务和领兵出征的叫"将"或"将军""上将军""大将军"等，楚国叫"柱国"或"上柱国"，是武官之长。此外有尉，是次一级的武官。

负责监察和掌管秘书的，叫"御史"（楚国叫"御书"）。

负责司法的，秦叫"廷尉"，楚叫"典令"，齐叫"执法"。

负责教育太子的，叫"师""傅""太师""太傅"等。

负责管理财政经济的，秦、赵叫"内史"。

总之，君主周围设置了各种机构，有一批官僚分布在这些机构中协助君主实行集权。

在地方，除齐国外，都设郡、县两级。郡设守或太守，为一郡之长。负责军事的叫"都尉"。县设令或丞，为一县之长。战国时只有齐国未设郡，相当于郡的称为"都"，一都之长称"大夫"或"令"，"都"下设"城"或"县"。

县以下的基层组织是乡、里、邑等。乡有三老、廷掾等。里有里正。以下有什伍编户组织，十家为什，五家为伍，伍有伍长。通过什伍组织征收赋税徭役。

这样，从中央到基层形成了金字塔式的严密的统治网。

此外，在一般行政区划之间，还夹着少数新兴封建贵族的食邑和封地。不过它们大都也是以个体农户的封建伍什组织为基础，通常都由国家派官吏治理，封君要执行国家的统一法令。许多食邑已经不能世袭，封君只能"衣食租税"，甚至还得向国君缴纳一部分租税。这种封邑已经不同于奴隶制度的采邑了。许多封君有私人田宅，在封邑交还国家以后，他们就靠私人田宅的地租来生活。

中央和地方的各级主要官吏都由君主任免，并对君主负责。官吏上任时，由君主发给印玺，免职时收回。为了监督和考核官吏，各国还制定了一套相应的考核制度和奖惩制度。"上计"便是主要的考核方法之一。所谓"上计"，就是地方官吏每年年终要把所属郡县的户口、垦田、租税收入和"盗贼"多少的计簿送到君主那里去。君主根据计簿来考核官吏，予以升降或任免。各级官吏的俸禄从国家支取，主要是实物，有时赏给钱币和黄金。各国计算俸禄的单位名称不一，卫用"盆"，齐、魏用"钟"，秦、燕用"石""斗"，楚用"担"。官位不同，获得的俸禄也不同，有"千钟""万担"的高官，也有"五十石"和"斗食"的小吏。

关于军队，各国普遍实行征兵制度。应征年龄各国不尽相同，15 岁至 60 岁都在应征之列。在普遍征兵制的基础上，各国都设有常备兵，这种常备兵大都经过挑选并且受过专门的训练，他们享有俸禄，还可以免除全家的赋役。当时的兵种有甲士、步卒、战车、骑兵、舟师等。军队的各级指挥都控制在地主阶级手里。军队的调动，一般都需要兵符。出土的秦国《新郪虎符》铭文记载："甲兵之符，右才（在）王，左才（在）新郪。凡兴士被甲，用兵五十人以上，必会王符，乃敢行之。燔燧事，虽毋会符，行殹（也）。"这就是说，兵符分两半，一半在君主那里，一半归地方保管，用兵在 50 人以上的，必须由君主发给兵符，到特定地方去合符。没有君主那半个兵符，任何人都不能调动军队。但如果边境发生紧急情况，则可以灵活处理。

（二）赋税徭役制度

马克思说："赋税是官僚、军队、教士和宫廷生活的源泉，一句话，它是行政权力整个机构的生活源泉。"（《马克思恩格斯选集》第 2 卷，人民出版社 1972 年版）为了养活一大群官吏和供应数量庞大的军队，封建国家向农民征收大量的赋税。

1. 田税

田税又称"田租""田赋""租籍""租禾"等，这是以土地为征收对象的赋税。魏国李悝说农民交土地税是"什一税"（《汉书·食货志》）。在先秦典籍中，记载什一税的有很多，叫作"常征"。例如《墨子·辞过》："以其常正（征），收其租税。"《荀子·王制》："田野什一。"《管子·治国》："粟什一。"但实际上税额是远远超过什一税的。在先秦典籍中，有"什二""什三"甚至"什五"的记载。

### 2. 户口税

户口税又分为按户征和按人头征两种。所谓"正户籍"，是指户税；所谓"正人籍""正籍""籍于人"，是指征人头税。秦国商鞅变法也规定收"口赋"，《孟子·公孙丑上》所说的"夫布"也是人头税。户口税的税额不甚清楚，但想来是很重的，因为它是封建国家财政收入的主要来源之一。

### 3. 徭役

徭役征敛是对农民劳动成果的掠夺，征徭役则是直接榨取农民的劳动力。徭役大部分为战争服务。除了兵役之外，为了修筑城堡、要塞、长城等，朝廷常常征用大批役夫。

此外，封建统治阶级追求享乐，大兴土木，修建豪华的宫殿台阁，也征用大量的役夫。如齐宣王造宫殿，占地百亩，有屋300多间，动用全国民力，修建三年还未完工（《吕氏春秋·骄恣》），可见徭役之繁重。

### 4. 其他

其他如"山泽税""关市税""宅园税""牲畜税""农具税"等都很重。征税以粟米谷物为主，还有货币、纺织品、柴禾、蔬菜、土特产、皮革、牛筋等，都在征收之列。

封建地主阶级对农民阶级的剥削和压迫，导致了地主与农民的矛盾和斗争，这是社会的主要矛盾。在这个主要矛盾当中，地主阶级处于主要方面，这就决定了封建社会的性质。

战国时代由于废除分封制、世卿世袭制，设置官僚机构、常备军，实行官吏任免制和薪俸制，使得原来那种分权而治、分土而食的奴隶主贵族政治，转变为设官而治、给俸而食的地主官僚政治。

## 四、 战国时期社会经济的迅速发展

### （一）农业的发展

封建制取代奴隶制，封建社会的农民生产积极性比奴隶高一些。战国时期的一些文献记载了农民早起晚归、披星戴月进行生产的情况，所以，农业生产有了很大的发展。

### 1. 铁工具的普遍使用

恩格斯说："铁使更大面积的农田耕作，开垦广阔的森林地区，成为可能；它给手工业工人提供了一种极其坚固锐利的非石头或当时所知道的其他金属所能抵挡的工具。"（恩格斯：《家庭、私有制和国家的起源》）战国中期以后，铁农具的使用已经是很平常的事。根据考古发掘，北自辽东半岛，南至广东，东起海滨，西达川陕，这一广大地区都发现了战国中、晚期的铁农具。河南辉县（今辉县市）的魏墓、湖南长沙的楚墓、河北兴隆的燕国遗址发现的铁农具或铸造农具的铁范，都在几十种以上。其中，河南辉县的魏墓出土的有犁铧、镬、锄、耒、镰、斧等（《辉县发掘报告》）。河北石家庄市庄村赵国遗址出土的铁农具占这个遗址全部出土的铁、石、蚌质工具的15%（《河北石家庄市市庄村战国遗址的发掘》，《考古学报》1957年第1期）。辽宁抚顺莲花堡燕国遗址出土的铁农具则占全部出土农具的90%以上。这些实物资料说明铁制工具在农业生产中已占主导地位。铁农具的普遍使用，有利于垦荒、深耕、发土、平田、除草、收割等，大大提高了耕作效率，促进了农业生产的发展。

### 2. 中原地区确已开始犁耕

《国语·晋语九》曾说："夫范中行氏不恤庶难，欲擅晋国，令其子孙将耕于齐。宗庙之牺，为畎亩之勤，人之化也，何日之有？"这证明春秋晚期已有牛耕。辉县固围村M2等处发现的铁口犁，更证明战国中期以后确已使用牛（或马）犁耕。这种铁口犁，是套在木叶上使用的。这种犁耕虽然比较原始，但比起用耒耜的"耦耕"来说，算是农业上的一次场技术大革命。

### 3. 水利事业的发展

当时人们可以利用河流、湖泊，充分发挥它们灌溉农田的作用。例如：

魏国在西门豹和史起的主持下，开渠引漳河水灌溉邺田，把盐碱地改造为良田，使这一带的农业生产效率大大提高。

在秦蜀郡守李冰的主持下，成都平原的劳动人民在今四川灌县地方修筑了都江堰，不仅解决了岷江泛滥成灾的问题，而且修建了120个渠堰的灌溉系统，受益农田达100万亩，使成都平原成为富饶之地。

秦国还曾用韩国一位名叫郑国的水工沟通泾水和北洛水，修郑国渠，长300多里，灌溉农田400多万亩，使关中成为膏腴之田。

此外，像楚国在今安徽寿县修建芍陂，蓄水灌田，又在汉水和云梦泽间通渠；齐国则沟通菑、济二水等，这些都是较大的工程。在没有河流、湖泊可利用的地方，人们就凿井灌溉，中原地区已经普遍采用桔槔来汲水灌田。《庄子·外篇·天地》："子贡南游于楚，反于晋，过汉阴，见一丈人方将为圃畦，凿隧而入井，抱瓮而出灌，搰搰然用力甚多，而见功寡。子贡曰：'有械于此，一日浸百畦，用力甚寡，而见功多，夫子不欲乎？'为圃者仰而视之，曰：'奈何？'

曰：'凿木为机，后重前轻，挈水若抽，数如泆汤，其名为槔。"用桔槔来代替抱瓮，当然是很大的进步。

#### 4. 耕作技术的改进

人们对土壤的知识比较丰富了。《管子·地员》《尚书·禹贡》《周礼·草人》等都把土壤分成若干种类和等级，因地制宜，进行种植。

此时人们认识到了深耕的优越性，"深其耕而熟耰之，其禾繁以滋"（《庄子·则阳》）。

施肥也得到普遍推广。人们已经知道各种肥源，如草木灰、动物的粪便、绿肥等，还知道用肥拌种的技术，称为"粪种"，懂得了"多粪肥田"（《荀子·富国》）。

总之，人们对耕地、整地、选种、播种、保苗、除草、收获以及季节时令的知识都有很大的进步。所以产生了像《吕氏春秋》中《任地》《辨土》《审时》等记载农业科学知识的文献。

#### 5. 产量的提高和农作物的增加

当时单位面积的产量，据李悝对战国初年魏国农产量的估计，每亩田一般可生产粟一石半，最好的年成能增产4倍，即六石，最坏的年成则只能收三斗。收获量是种子的10倍到100倍。《荀子·富国》："田肥以易（治理）则出实百倍。"《战国策·秦策五》："耕田之利几倍？曰：十倍。"

农作物的种类，普遍有黍、稷、稻、麦、菽等粮食作物，以及麻、桑、桐、漆等经济作物。园艺已相当发达，蔬菜果木的种类比以前增多了。

### （二）手工业的发达

春秋以前，手工业主要由官府经营。春秋以来，这种情况开始发生变化。战国时期的手工业，除了作为农业副业的家庭手工业外，有官营手工业、私营手工业作坊和个体手工业者三类。

官营手工业主要用于满足封建统治者自身的需要，如战争用品和奢侈品等，其规模相当大。官营手工业中分工很细，如木工分七种，金工分六种，皮工分五种，设色工分五种，等等（《周礼·考工记上》）。从战国城市遗址的发掘中可以看到，齐国临淄城的宫殿附近，秦国咸阳城宫殿区内外、燕国燕下都宫殿西半部和南侧，都有手工业作坊的遗址，其中包括制铁、制兵器、铸钱、制骨器、烧陶等行业。在官营手工业的机构中，有一套管理组织，直接生产者是官奴、刑徒和征发来的民工，有的还有雇工，即"佣客"。在出土的楚国铜器铭文中，出现了"工""铸客""冶师"等几种身份不同的生产者的称呼。产品常标出督造机构、司造的各级官工和生产者的名称。

私营手工业作坊经营的主要是与国计民生有重大关系的以及为统治者奢侈生

活服务的部门，其规模之大不亚于官府。生产者是依附贫民、雇工和奴隶。陶朱公的弟子猗顿以煮盐起家，魏国的孔氏、赵国的卓氏和郭纵因冶铁发财，他们都成为富比王公的暴发户。

此外，还有个体手工业者，他们分布在各行各业中，以技艺世代相传。

下面介绍几种手工业的情况。

### 1. 冶铁和炼钢技术的提高

战国中期以后，全国比较广泛地使用了铁器。这个时期的铸铁术有了进一步的发展。这是冶铁技术的重大发展。能够证明这时期铸铁技术的材料如下：

石家庄出土的铁斧，经金相学考察，是铸成的。

人们在新郑郑韩故城仓城村发现了镢、镈（空首布式）、刀等泥质内外范。泥范是铸器的模子，同形式的铁器已发现很多，它们无疑是供铸铁器用的。

1953年，在河北兴隆县燕国矿冶遗址中，人们发现一批铁质铸范，计有六角梯形锄范、双镰范、镢范、斧范、双凿范、车具范等。上有官府"右廪"铭文，可知为官营手工业制品。经考察，铁范是在高温下用铁水浇出的，它本身是个铸件，而又是铸造铁器的模具。使用铁范铸器，人们的生产效率会提高很多。

铁的冶炼设备和技术有了很大的改进。冶炼设备有炼炉、皮囊、铸范等。燃料是木炭。皮囊用来鼓风。

更重要的是，此时的炼钢术有所发展。长沙出土了春秋时期的钢剑。西安半坡一座战国中晚期墓中出土的铁凿，经鉴定，是经过多次加热锻打而成的含碳量较高的钢铁。在黄河流域其他地区的墓葬中，偶有铁制兵器发现，亦当是钢铁所制。河北易县燕下都出土的剑，经考察就是低碳钢，用钢做武器比纯铁要锋利得多。《荀子·议兵》："宛钜铁钝，惨如蜂虿。"（虿，蛇、蝎类毒虫）《史记·苏秦列传》说，韩国的兵器"陆断牛马，水击鹄雁，当敌即斩"。楚国、韩国如此锋利的兵器，估计应是钢铁。

### 2. 青铜工艺的发展

青铜器工艺此时有了很大的进步，普遍应用了器身和附件分铸的方法。接合时或先将铸好的附件嵌入器身和范中，然后灌注铜液，使之连成一体，或用合金焊接。铜器的花纹浅、细、工整，变化多端，金银错的工艺得到进一步发展。同时还出现了鎏金等新的技术。

春秋以前，青铜主要用来铸造纹饰繁缛的礼器、乐器以及兵器和用具。到了战国，出现了大量的日用品，如镜、带钩、量器和玺印等。这种演变，说明铜器的应用范围扩大了。此时人们已知道用不同的铜锡掺和比例，不同的冶炼温度，铸出不同的器物，还发明了印制花纹的印板。

### 3. 漆器制造业

《诗经·鄘风·定之方中》："树之榛栗，椅桐梓漆。"春秋时期，漆树曾在黄河中游种植，但主要是在长江流域种植，故楚国的漆器手工业最发达。战国初期，漆器工艺还是木器业的附属部门；战国中期以后，漆器工艺开始脱离木器业而成为一个独立的手工业部门。漆器的应用很广，生活用具如杯、豆、盘、盒、奁，家具如俎、案、床，乐器如瑟、鼓、钟架，武器如盾、弓、箭杆、箭箙，丧葬用具如棺、雕花板、镇墓兽等，都已髹漆。漆不仅可以防腐，而且可以用来绘写人物、鸟兽、风景。信阳、江陵、长沙、成都等地都曾大量发现战国漆制物。

### 4．其他

此外，制陶、纺织、木竹、皮革、酿酒、玉器等行业在战国时期都有相当发展，在此不一一赘述。

## （三）商业的发展

随着农业、手工业的发展，商业也发达起来，主要表现在以下几个方面。

### 1．城市发达，市场繁荣

这个时期，前所未有的大都市都兴起了，各国的都城尤其繁荣。列国都城是各地区的政治、经济、文化中心。新中国成立后，全国各地对列国都城遗址进行勘探和发掘工作，对齐国的临淄、韩国的新郑、赵国的邯郸、燕国的下都、楚国的郢城、秦国的咸阳等，都做了大量的工作。对某些城市的布局也搞得比较清楚了。

以齐国的临淄为例，《战国策·齐策一》描写齐宣王时，此城市的情况是："临淄之中七万户，……下户三男子，三七二十一万，不待发于远县，而临淄之卒固已二十一万矣。……临淄之途，车毂击，人肩摩，连衽成帷，举袂成幕，挥汗成雨。"《史记·苏秦列传》说，临淄城到处可以看到许多人群"吹竽鼓瑟，弹琴击筑，斗鸡走狗，六博蹋鞠"。

当时每个城市都设有一个或一个以上的"市"，作为交易场所。就连军队驻屯处所也间或有"军市"出现。各国政府对"市"都设有官吏管理，并征收租税。工商业者在市中的"列肆"（一排排的店铺）里做买卖。商人依靠从事不等价的交换，获得"市利"，积累了巨大的财富。如魏国的大商人白圭在年成好的时候买进粮仓，卖出丝、漆、茧；荒年就卖出粮食，买进帛絮。如此囤积居奇，获取暴利。供统治阶级享受的贵重消费品和奢侈品，如金银制品、高级工艺品、丝绸、珠玉等，是最能获利的货物。吕不韦曾说过，经营土地可获十倍之利，经营珠玉可获百倍之利。

大都市既是工商业者集中的地方，也是贵族、官僚和大地主聚居的地方。他们住在宽敞、华丽的宫室里，食粱肉，衣文绣，过着穷奢极欲的生活。他们还养着大批食客，以至于"鸡鸣狗盗之徒"都网罗在内。齐国的孟尝君、魏国的信陵君、赵国的平原君、楚国的春申君、秦国的吕不韦等，都有食客数千人。大都市的工商业首先为这些封建统治者和寄生者服务。

### 2. 货币制度发展，货币流通的数量增加

当时铸币比较广泛地流通。钱币的形式随地区的不同而异，从铜币的式样来看，主要有四种：一是圜钱，流行于周、秦。周以"釿"为单位，秦以"两"为单位；二是镈币［采取耕具的钱镈（铲形）］，流行于三晋。三晋镈币的花样很多，上面多铸不同地名，大小轻重不等；三是刀币，流行于燕齐，完全像马刀形。齐国则多有铸文，如"齐之法化""即墨法化"。"化"就是"货"字，"法货"大约就是国家法定货币的意思。燕国多铸有"明"字，有人称之为"明刀"，形式较小，体质较劣。四是蚁鼻钱，流行于楚国。蚁鼻钱即铜贝，仿海贝的形状，是沿袭古代用贝作货币的习惯而来的。

除铜币外，当时还使用黄金，一般以斤、镒作为计算单位。那时楚国已铸造金币，是一种扁平小方块上加钤印记的金币，一印一小方块，由小方块连成大方块。人们在安徽六安发现过战国晚期楚国的金印"郢爰"，其中完整的两块，每块有"郢爰"二字的小印16枚。类似的金印还有钤印"陈爰"等字样。

### 3. 水陆交通发达

当时各地区间的水陆交通已相当发达，为商业的发展提供了方便。鸿沟的开凿，把江淮流域和河济流域联系了起来。长江水运，上通巴蜀，下达吴越。张仪曾说，巴蜀大船，"起于汶山，浮江已下，至楚三千余里"，"下水而浮，一日行三百余里，里数虽多，然而不费牛马之力"（《史记·张仪列传》）。安徽寿县出土了4枚楚怀王时期的鄂君启节，是贵族鄂君启用舟车载运货物的通行证，其航程分布地区包括今湖北、湖南二省的极大部分，河南、安徽的一部分，还伸入广西的一角。

陆路方面，一些交通要道，如齐赵之间的"午道"，以及"成皋之路""太行之道"等，对促进各国经济的联系都起了重大作用。甚至在比较闭塞的汉中和巴蜀之间，也架起了"栈道千里"。至于像魏国这样"无有名山大川之阻"的地区，交通尤其发达："诸侯四通，条达辐辏"，"从郑至梁，不过百里；从陈至梁，二百余里。马驰人趋，不待倦而至梁"（《战国策·魏策》）。


## 五、 封建兼并战争和统一六国

战国时代是我国历史上从诸侯割据称雄的封建国家走向统一的封建专制主义中央集权国家的时代。封建国家的统一是通过兼并战争实现的。战争是政治的延续，是流血的政治。兼并战争的结局，归根结底取决于各国社会改革的程度和阶级力量的对比。

## （一）魏、齐争霸，魏的下降和齐的强大

战国初年，魏国经过变法成了头等强盛的国家。魏文侯和魏武侯执政时，魏先后占领了秦国的河西地区，一度灭了中山国，还联合韩、赵打败了齐国和楚国。所以，它的疆土有很大的扩展。此后，魏国自恃强大，四面出击，结果是屡吃败仗。影响最大的是齐、魏的桂陵之战（今河南长垣西北，一说山东菏泽巨野）和马陵之战（今河北大名县东南，一说今河南范县西南）。关于这两次战役，详见讲义。

在这两次战役中，魏遭惨败，国势大伤，从战国初年首强的地位跌下来，齐上升为东方的强国。

魏东败于齐，秦经商鞅变法也强盛起来，因此魏在西方受到的压力很大。公元前334年，魏惠王接受惠施的建议，通过齐相田婴的关系，亲自到齐国的徐州（今山东滕州东南）与齐威王相会，互尊为王，这就是所谓"会徐州相王"。

## （二）"合纵"与"连横"

战国后期，秦最强，合纵是指六国联合抗秦，连横是指六国中的某几国跟从秦国进攻其他国家。魏国从首强的地位跌下来之后，东方的齐国和西方的秦国强大起来，形势发生了很大的改变。除齐、秦两国不断发动攻势外，其他各国之间也不断发生争战。随着形势的变化，各国之间相互结约联盟，但这种结约联盟又不是固定的，既没有稳固的朋友，也没有世敌。这种错综复杂、变化多端的结盟活动称为"合纵"和"连横"。"纵者，合众弱以攻一强也；而横者，事一强以攻众弱也。"（《韩非子·五蠹》）在一个较长的时期内，秦、齐二强并争，"纵""横"一般是针对或围绕它们展开的。因此，对于某一国来说，"纵""横"并不是一成不变的，今天参加"合纵"，明天可能参加"连横"。当时有一批士，朝秦暮楚，东奔西走，纵横捭阖，一策得用，便平步青云。"合纵"最先由魏相公孙衍发起，"连横"由张仪倡导。苏秦、庞煖都是著名的纵横家。

## （三）秦、齐、楚三强及其之间的战争

战国中期，七国中最强大的是秦、齐、楚三国。

秦不仅不断打败三晋，割取魏在河西的全部土地，而且向西、南、北三面扩充疆土，先后兼并了周围几个少数族居住的地区。到公元前4世纪末，秦国疆土之大，差不多抵得上楚国了。

齐国是东方的强国。同时，齐又联合楚，互相支援，加强了自己的地位。魏国衰落之后，唯一能和秦争雄的就是齐国。秦、齐二国旗鼓相当，势不两立，它们都竭力争取楚国，以壮大自己的力量。

楚国社会改革不彻底，国力不强。但它在各国中疆土最大，人口众多，能够调集百万大军，楚国结齐抗秦，使秦国的发展大受影响。破坏齐、楚联盟是秦国最关键的一招。于是秦派张仪入楚，劝楚绝齐从秦，答应献商、於之地六百里作为报酬，楚怀王贪图便宜，遂和齐破裂。当楚国派人向秦讨取土地时，秦背约加以拒绝。楚怀王大怒，乃于公元前 312 年发兵攻秦，两军战于丹阳（今河南丹水北岸），楚大败，死甲士八万，主将屈匄等 70 余人被俘。秦国进而夺取了汉中。

由于楚国背约，齐国乃于宣王十七年（前 303 年）联合魏、韩二国攻楚。楚把太子送到秦国作人质，向秦求救，三国联军退去。后来，秦国借口楚太子在秦杀人逃走，连年出兵攻楚。秦昭王还把楚怀王骗至秦国，进行讹诈，要求割让巫郡和黔中郡。楚国没有答应，楚怀王因此被扣留下来，病死在秦国。

公元前 301 年，齐、韩、魏三国联军再次出兵，进攻楚的方城，杀了楚大将唐昧，夺取了宛（今河南南阳）、叶（今河南叶县西南）以北的楚地。楚国外遭秦、齐的夹攻，内部又受到庄蹻起义的沉重打击，逐步走向下坡路。

楚的势力受挫之后，秦、齐两国的斗争则趋于白热化。两国利用"合纵""连横"，互相攻伐，各有胜负。公元前 288 年，秦、齐两国的国王相约称帝，秦昭王称西帝，齐湣王称东帝。但秦、齐实际上势不两立，齐国为了孤立秦国，同年自动放弃帝号，策划合纵攻秦。秦被迫放弃帝号。

齐湣王十五年（前 286 年），齐灭宋，各国对齐大为恐惧。秦便乘机联合韩、赵、魏、燕攻齐，以燕为主力。这时燕昭王在位，国势复振。燕国军队由乐毅率领，于公元前 284 年趁势攻入齐国，占领 70 余城，攻陷了齐国都城临淄，齐只剩下即墨和莒二城，田单领导齐军坚守即墨。正在两军对峙之时，燕昭王于公元前 279 年死去，其子惠王立。惠王素与乐毅不和，又中了田单的反间计，将乐毅免职，改用骑劫，乐毅被迫出走。骑劫对齐降卒施以劓刑，又挖齐人祖坟，焚烧尸体，结果激起了齐军的愤恨。田单抓住时机，利用"火牛阵"夜袭燕军，燕军大败。燕军大将骑劫被杀。燕军虽然被赶出齐境，但齐国也因这次战争而元气大伤，失去了强国的地位。

## （四）秦国向东方发展及其统一六国

秦、齐争霸的结果是齐败秦胜，此后，秦国开始谋求向东面发展。它先后打败了魏国，占领了楚国的郢都，置南郡，夺取了楚国的巫郡、黔中郡，进一步打败赵国。秦围邯郸虽受挫折，但并未停止向东发展。秦昭王五十一年（前 256 年），秦灭西周。秦庄襄王元年（前 249 年），又灭东周，置三川郡，扩地到韩的荥阳。接着在两年内又攻取了河东的大块地方，置太原、上党二郡。至此，秦国已增辟了黔中郡、巫郡、南郡、南阳郡、三川郡、上党郡、太原郡，它的力量远远超过其他国家，统一六国的局势已经形成了。

公元前 246 年，秦王政即位。当时秦王政年少，太后和丞相吕不韦、长信侯嫪毐等专权用事。公元前 238 年，秦王政亲政，嫪毐阴谋发动宫廷政变。秦王政果断地平定了这次叛乱，处死嫪毐及其党羽，幽禁太后，废免吕不韦，改用尉缭、李斯等人，把秦统一六国的事业推向了一个新的阶段。尉缭、李斯认为当时六国的力量尚未恢复，都畏惧秦的兵力，正是统一天下的有利时机。秦王政接受了他们的建议，用金钱大力收买六国权臣，破坏六国抗秦的部署，接着连年发兵东征。

公元前 230 年，秦派内史腾攻韩，俘虏了韩王安，韩亡。次年，秦将王翦率大军攻赵，赵王迁被俘。赵公子嘉率其宗族数百人逃到代郡，自立为代王，公元前 222 年，为秦将王贲所俘，赵亡。

秦王政二十年（前 227 年），燕太子丹派荆轲刺秦王未成，秦遂起兵攻燕。次年，攻下蓟城（今北京市），燕杀太子丹谢罪。燕王喜迁居辽东，公元前 222 年与代王嘉同时被俘，燕亡。秦王政二十二年（前 225 年），秦将王贲攻魏，引河水和鸿沟水灌大梁，大梁城坏，魏王假出降，魏亡。

灭魏后的第二年，秦派兵攻楚，老将王翦建议用 60 万的兵力，秦王政认为他年老胆怯，改用"年少壮勇"李信带 20 万军队出征。结果秦军大败。后改派王翦带 60 万大军替代李信，王翦大破楚军，俘楚王负刍，楚亡。秦王政二十六年（前 221 年）秦将王贲从燕南攻齐，俘齐王建，齐亡。

至此，从公元前 230 年灭韩开始，到公元前 221 年灭齐，秦王政用了 10 年的时间灭掉六国，结束了长期的分裂割据局面，建立起统一的多民族的封建专制主义中央集权国家。

### （五）秦统一中国的原因和历史意义

（1）物质条件的成熟。秦的统一是春秋末年以来历史发展的必然趋势。战国时代，随着新的封建生产关系的产生与发展，农业、手工业和商业都得到了迅速的发展。各地区之间的交通和经济联系大大加强了。各国经过社会改革，先后建立了封建中央集权的行政制度和官僚机构，郡县制基本上代替了原来的分封制。社会经济和政治制度的这些变化，为建立一个统一的封建中央集权国家准备了成熟的物质条件。

（2）人民要求统一。诸侯割据状况给人民带来的痛苦是最大的。各国之间利用水害，以邻为壑，破坏对方的生产，如"东周欲为稻，西周不下水"（《战国策·西周策》）。各国之间关卡林立，对来往商旅强征勒索，严重地阻碍了各地区经济的交往。各国之间的战争给社会生产带来了严重的破坏，造成人力、物力的巨大损失，往往是"十年之田而不偿"（《战国策·秦策五》）。所以，人民对封建割据和兼并战争造成的灾难深恶痛绝，强烈要求统一。

（3）民族的融合。在长期的经济、政治、文化交往过程中，居住在黄河、长江流域的各民族逐渐融合为具有共同文字、共同经济以及相近的生活习惯的华夏族（汉族的前身）。华夏族的形成及其同其他少数族联系的加强，也是促使政治统一的一个重要因素。

（4）地主阶级为了巩固封建主义革命成果和加强对农民的专政，也要求建立一个统一的封建中央集权制国家。这是因为：第一，东方六国存在奴隶制残余势力，对新兴地主阶级不利；第二，多国混战，生产力大受破坏，对新兴地主阶级也不利。

所以，那时候，除一部分顽固守旧的贵族势力以外，农民、工商业者和新兴地主阶级，都在不同程度上渴望统一。统一的思潮反映了历史发展的趋势，对统一事业起了很大的促进作用。各国人民在战争中付出了巨大的代价，他们是实现统一、推动历史发展的真正动力。

（5）在七国中，秦国的社会改革进行得比较彻底，新兴地主阶级的力量比较强大。自商鞅变法以来，秦国始终注意发展生产，奖励战功，军队骁勇善战；法令和政令比较统一，各级官吏得以充分发挥他们的才能；处于关中有利的地理条件，进可以攻，退可以守；善于利用六国之间的矛盾与弱点，各个击破。因此，秦国完成了统一的事业。秦始皇陵的秦俑坑出土的大量的兵马俑以及排列成行的军事阵容，再现了秦国兵强马壮的恢宏。

（6）秦王政的杰出之处就在于他顺应了历史发展的潮流，充分施展了他的政治、军事才能，不失时机地实现了统一。

秦王政统一六国，在中国历史的发展上有着重大的意义，对以后封建经济、政治、文化的发展有着深远的影响。

首先，在统一六国过程中，秦对旧贵族给予沉重的打击，也给予了奴隶制残余沉重的打击。东方六国封建社会改革不彻底，代表奴隶主残余的旧贵族和大商人还具有很大的势力，打击奴隶制残余有利于巩固封建制度。

其次，统一促进了国家经济、文化的发展。正如斯大林所说："如果不能摆脱封建分散和诸侯混乱的状态，世界上任何一个国家都不可能指望保持自己的独立和真正发展经济和文化。只有联合为统一集中的国家，才能指望有可能真正发展文化和经济，有可能确立自己的独立。"（斯大林：《莫斯科八百周年纪念日的贺词》）。诸侯割据是不利于经济、文化发展的，所以统一之后，中国的经济、文化得到迅速发展，中国以一种崭新的面貌出现在世界历史舞台上。

最后，自秦统一以后，我国两千多年的封建社会，虽然在某些时期也出现过分裂割据的状态，但统一始终是历史的主流。中国封建社会曾经以它高度发展的经济和文化，屹立在世界文明的前列，这与我国很早就建立统一的封建中央集权国家有密切的联系。秦国建立了中央集权封建国家体制，"汉承秦制"，汉以后，历代封建王朝又是沿袭汉朝的规模而加以发展的。

## 六、 思想领域中的"百家争鸣"与文学、史学、科学技术的进步

### （一）思想领域的"百家争鸣"

#### 1．出现的原因

战国时代，封建制度战胜了奴隶制度，社会经济迅速发展，阶级关系有了重大变化，于是，一切旧观念、旧思想和旧生活习惯都发生了改变。一个相应的变化在思想领域中涌现出来。

地主阶级夺取政权之后，奴隶主阶级在经济、政治上失去了优势，但奴隶制残余还存在，奴隶主的思想和传统还有广泛的影响。因此，必然有代表这种势力的思想家。

对于社会所面临的迫切需要解决的问题，地主阶级的思想家们提出了各种各样的方案。

战国时代，在阶级分化和集结的过程中，形成了一个知识分子阶层。奴隶社会那种"学在官府"的垄断局面已经结束。"私学"在社会上发展起来。私家养士之风盛行。诸子百家代表不同的阶级、阶层和集团的利益，从不同的角度摄取当时的文化知识，著书立说，广收门徒，互相诘难，从而形成了"百家争鸣"的繁荣局面。可以说，"百家争鸣"是政治、经济变化在思想上的反映。

#### 2．各种学派

在诸子百家中，影响较大的主要有儒家、道家、墨家、法家，还有名家、阴阳家、兵家、纵横家、农家、小说家和杂家，等等。由于奴隶制遗留下来的分裂局面，各个学派在建立时大都带有一定的地域性，如邹鲁是儒、墨的发祥地，法家产生于三晋，南方是道家的摇篮，而燕、齐则是阴阳家的诞生地。

（1）墨家。春秋战国之际，儒、道、墨三家形成三足鼎立之势。

墨翟，鲁国人。代表墨家思想的是《墨子》一书。墨子出身低微，做过工匠，所以自称"贱人"。他的门徒也多半来自社会下层。墨家团体代表"农与工肆之人"，在思想上反映着正在瓦解的自由平民的利益要求。

墨子曾师从孔门弟子，又批判儒学。《墨子》中的《非儒》《非命》《非乐》等篇，反对儒家的天命和礼乐，而强调人力的作用。墨子认为，社会的治乱安危、人民的饱暖饥寒，全在于人力。这种用人力否定天命礼乐的思想，无疑是对奴隶制思想体系的大胆挑战，闪烁着朴素唯物主义的精神。

墨子反对亲亲而主张尚贤，提出"官无常贵，而民无终贱""尚贤者，政之本也""虽在农与工肆之人，有能则举之"（《墨子·尚贤》）。这种主张代表着自

由平民的政治呼声。

墨子还主张"节用"和"节葬"，反对儒家的礼乐。

墨子提出"兼爱"，即"兼相爱，交相利"，并以此作为解决当时社会问题的妙方。他说："视人之室若其室，谁窃？视人身若其身，谁贼？""视人家若其家，谁乱？视人国若其国，谁攻？"（《墨子·兼爱》）这种"兼爱"的实质是主张阶级调和。

（2）道家。老子创立的道家学派，战国初年最有影响的是杨朱。不过，道家真正发展起来，是在稷下学派出现之后。稷下学派得名于田氏代齐后设立的稷下之学，由于道家在这里把自己的创始人老聃同田齐尊奉的始祖黄帝联系起来，因此又称稷下黄老学派。实际上，稷下学派不是一派，而是三派，真正继承老子的是关尹（环渊）派。老子的《道德经》就是由他整理而成的。

从右的方面发挥老子思想的，是庄子。庄子，宋国人，当过漆园吏。他不属于稷下黄老学派。庄子发展了老子的客观唯心主义，走向了主观唯心主义和相对主义。代表他思想的，主要是《庄子·内篇》。

庄子认为，宇宙万物只是一些迹象，而演造这些迹象的则是一个超感官的、不为时空所限制的本体，这本体叫"道"。"道体"是无限的东西，其无时不在，无处不在。它生出天地，生出一切，甚至生出自己。宇宙万物的一切都是"道"，"道"就是我，因而什么都是我。这叫作"天地与我并生，而万物与我为一"（《庄子·齐物论》）。

庄子认为，世俗的见解如儒家和墨家，都只是相对的是非，相对的是非不能作为绝对判断的标准。道是万物无常的，物也在不断地变化，是忽而变为非，非忽而变为是。固执着相对的是非以为是非，那是非永没有定准。因此倒不如以绝对的观念或符号，去反对那相对的观念或符号。这绝对的东西，就是所谓的"道"，所谓的"一"。一切都笼罩在里面，分什么彼此，分什么是非？混混沌沌，各任自然。

庄子的思想代表一部分对前途感到绝望的没落奴隶主贵族的立场。

（3）儒家。儒家在孔子死后，随着社会各阶级的变动，分化为许多学派。真正继承正统的是思孟学派。

子思，即孔子的孙子孔伋。他受业于孔门文学之士子游而传其礼，作有《中庸》《洪范》等。孟轲，邹人，自称"私淑诸人"而不直言子思，当为子思门徒的私淑弟子，著有《孟子》一书。还有孟子的弟子乐正克，著有《大学》。此外，如《礼记》中的《礼运》《帝系》，《尚书》中的《尧典》《舜典》《大禹谟》《皋陶谟》以至《禹贡》等，大概都是这一派的作品。

思孟学派的理论核心是把天命论和五行说结合起来，而贯穿以圣王之道（尧、舜、禹、汤、文、武、周、孔）。五行，即金、木、水、火、土五种物质元素，本是唯物主义思想，但思孟学派却由五行推衍到五色、五味、五教、五刑、五等爵……万事万物上去，神秘莫测，最后只能归之于天命论。

思孟学派的天命五行说是以王道为中心的。王道就是中道，即以圣王为中心之道。"无偏无党，王道荡荡；无党无偏，王道平平；无反无侧，王道正直。"（《中庸》）圣王抓住中道，就可以处于支配一切的地位。不仅如此，中道还能够通天达地，普施万物。"中也者，天下之大本也。和也者，天下之达道也。致中和，天地位焉，万物育焉。"（《中庸》）一切矛盾都消融在圣王的中道里，这就是《中庸》的根本含义，是思孟学派的宇宙观。

在思孟学派看来，要达到中道，必须正心诚意。所谓中道，就是一个"诚"字。"诚者，天之道也；诚之者，人之道也。"（《中庸》）"至诚而不动者，未之有也，不诚，未有能动者也。"（《孟子·离娄上》）在他们看来，"诚"就是天命，"天命之谓性"，性存于人心，形于诸外就是仁、义、礼、智，所以说"仁义礼智根于心"。有了至诚之心，自然就能知天命，育万物，兴教化，齐家，治国，平天下。思孟学派还认为，人性本来都是善的，可是"庶民去之，君子存之"，这样就分出了"劳心者"和"劳力者"。他们由此得出结论："君子劳心，小人劳力"；"劳心者治人，劳力者治于人；治于人者食人，治人者食于人，天下之通义也。"（《孟子·滕文公上》）这里彻底暴露了思孟学派"存诚尽性"的剥削阶级实质。

思孟学派鼓吹实行"先王之政"，也就是孟轲反复宣扬的"行仁政"。"仁政"的内容有下列几点：一是实行"井田制"。他说："夫仁政，必自经界始。"（《孟子·滕文公上》）这显然是对封建土地所有制的一种反动。二是恢复和保存两周时期的世卿世禄和宗亲分封制。三是在用人问题上，虽然也讲"尊贤使能"，而实际上是"亲亲"。四是不分战争性质，攻击当时的一切战争和暴力，实际上是反对当时统一战争的改革。五是"省刑罚，薄税敛"，借以收揽民心。六是在政治思想上只讲"仁义"，不讲"利"。

思孟学派的反动思想体系的目的是，第一，麻痹人民的革命斗志，消弭人民的反抗。孟子说："城郭不完，兵甲不多，非国之灾也；田野不辟，货财不聚，非国之害也；上无礼，下无学，贼民兴，丧无日矣！"可见对付"贼民"是他们的头等大事。第二，反对各国变法的历史潮流。孟子攻击新兴地主阶级是"暴君污吏"，说"善战者服上刑，连诸侯者次之，辟草莱、任土地者次之"（《孟子·离娄上》）。可见思孟学派的思想体系是反对社会改革，主张社会倒退的，因而是行不通的。孟子四处游说，兜售其反动理论，却始终找不到买主，只好发出埋怨天老爷不让他平治天下的哀叹。

（4）法家。战国前期，著名的法家代表人物是李悝、吴起和商鞅。李悝、吴起的著作已佚失，商鞅的思想和言论保存在后人编辑的《商君书》中。另外，

《管子》一书中也保存了一部分前期法家的思想资料。

前期法家思想的主旨是"变法"，就是用地主阶级的"法"代替西周以来奴隶主阶级的"礼"，用地主阶级专政取代奴隶主阶级专政，用封建制度取代奴隶制度。前期法家的思想和实践，对新兴地主阶级夺取政权起了积极的作用。

从战国中期以后，封建制度的普遍发展和封建统一局面的形成，要求有全面系统的封建理论，于是荀子和韩非便应时而生了。

荀子，名况，字卿，又称孙卿或荀卿，赵国人。他曾在齐国稷下学宫讲学，到燕国游历，并到秦国进行政治考察，晚年在楚国任兰陵令，从事著述和教育。他的弟子很多，其中著名的有韩非、李斯。荀况现存著作《荀子》32篇，除书末六篇是弟子附加的以外，大都可认为是出于荀况的手笔。关于荀况的思想归属问题，宋以后，众说不一：或以为儒，或以为法，或以为是儒法合流、外儒内法等。我们认为其主流是儒与法结合。儒法糅合，形成一套完整的思想体系。

荀子在社会历史观方面，是站在新兴地主阶级的立场上的，他发展了前期法家主张变革、前进的思想，认为社会是不断前进的，一代胜过一代。他批驳孟轲的"法先王"，主张"法后王"。"法后王"的中心内容是统一制度，制礼义。荀子的"礼"已不是奴隶主阶级的"礼"，而是地主阶级的"礼"。这个"礼"与"法"大同小异。荀子所说的"礼"的范围包括极广，包括一切社会秩序和典章制度。荀子认为，既要有"礼"，也不可无"法"，礼重在教化，法重在赏罚。主张用"礼""法"去巩固统治。

荀子积极宣传建立统一国家和加强中央集权。荀子肯定"霸道"。他讲"王道"，但认为"霸道"是实行"王道"的必由之路。他认为："臣使诸侯，一天下，是又人情之所同欲也。"（《荀子·王霸》）就是说，使诸侯臣服，统一天下，是诸侯的共同希望。

荀子主张取消世卿世禄，实行"尚贤使能"。要做到"无德不贵，无能不官，无功不赏，无罪不罚"（《荀子·王制》）。他认为唯亲是举，会招致亡国。

荀子的天道观是唯物主义的。他批判了人们对"天"的各种神秘主义谬论，认为"天"是自然现象，"天地合而万物生"。自然界按照自身的规律运动着，不以人的意志为转移，"天行有常，不为尧存，不为桀亡"（《荀子·天论》）。而且，他提出了"人定胜天"的光辉思想。尤为可贵的是，他提出了"群"是人类能够战胜自然的保证。

总之，荀子把儒法结合起来，还吸收其他诸子中对巩固封建统治有用的东西。可以说，荀子是封建地主阶级思想的集大成者。

韩非，韩国人，曾受业于荀子。他继承和发展了法家的思想，是一位主张实行封建君主专制主义、实现封建统一、加强地主阶级专政的思想家。他的著作由后人辑成《韩非子》一书。

韩非总结前期法家在政治实践中的经验教训，集法家之大成，形成了一套完整的"法、术、势"相结合的政治学说体系，适应了当时封建地主阶级即将取得统一政权的形势，为封建的中央集权制度奠定了理论基础。

"法"是维护封建秩序的各种规章制度。立法要调动民众的耕、战积极性。执法要平，不阿贵，不屈贱。韩非的法是要建立封建生产方式和地主阶级专政，把农民束缚在地主阶级的法网之中。

"势"是进行统治的权力。"势者，胜众之资也。"（《韩非子·八经》）"明主之治国也，任其势。"（《韩非子·难三》）"善任势者国安，不知因其势者国危。"（《韩非子·奸劫弑臣》）君主必须牢牢掌握"势"，权势一分，君主就不成为君主了。这是君主集权的一种表现。

"术"是专门研究和处理统治阶级内部关系的理论和方法。韩非给术下了定义："术者，藏之于胸中，以偶众端而潜御群臣者也。"（《韩非子·难三》）其方术不外是两项：选贤和去奸。选贤是听其言，任之事，考其功，这种重视实践经验的用人标准有积极的意义。不过，韩非讲术的重点是如何去奸，防止被人夺权。法、术、势是"帝王之具"，其政治表现则是"事在四方，要在中央，四方来效"（《韩非子·扬权》）。所谓"要"，就是法、术、势的综合，"执要"便是封建专制主义中央集权制度。

韩非的政治理论深受秦王政的赞许。秦王政看到他的著作，极为佩服，感叹地说，能见到此人，死而无憾了。经李斯介绍，秦始皇出兵把他从韩国要了过来。但韩非后来被李斯、姚贾等人所暗害。韩非虽死，而他的学说实际上可称为秦代的官学，并从正反两个方面对中国思想文化产生了深远的影响。

## （二）文学和史学（略）

## （三）科学技术的成就（略）

# 第二章 统一多民族专制主义中央集权的封建国家的建立——秦

（公元前 221—前 206 年）

## 一、 健全和巩固封建中央集权的措施

秦始皇所处的时代，封建社会刚刚确立不久，社会局势正从诸侯割据称雄走向统一。新兴的地主阶级此时处于一个进步的、生气勃勃的阶级。秦始皇作为地主阶级的杰出政治代表，在完成了统一事业之后，为了打击封建割据势力，加强封建中央集权制度，在政治、经济、军事、文化等方面采取了一系列措施。这些措施，自然都是从地主阶级利益出发，但在客观上对国家的统一和封建经济、文化的进一步发展，起着很大的积极作用。

### （一） 以郡县制代替分封制

统一六国后，国家应建立什么行政体制？对此秦朝发生了一场争论。丞相王绾主张在齐、楚、燕故地，实行分封制，立诸子为王，得到多数大臣的支持。廷尉李斯力排众议。他认为，西周分封，但后来亲属疏远，互相攻杀，如同仇敌，连周天子也无力制止。他建议在全国实行郡县制，以巩固中央集权。秦始皇采纳了李斯的主张，决定把郡县制推广到全国。统一六国后，设置了三十六郡。后来增加到四十余郡。

### （二） 制定中央和地方的官僚制度

为了加强封建中央集权制度，秦王政结合了传说中三皇五帝的尊称，号称"皇帝"，以显示自己至高无上的地位，自称"始皇帝"。自此以后，历代的封建统治者都沿用皇帝的称号。秦始皇还把皇帝的"命"称为"制"，"令"称为"诏"，印称为"玺"，天子自称为"朕"。"朕"在秦以前一般人都可以用，后来只限于帝王用，则始于秦始皇。

秦始皇把战国时代各国的官僚制度加以整顿，建立一套从中央到地方的封建统治机构。皇帝之下设三公、九卿等职官，辅佐皇帝。

"三公"是丞相、太尉、御史大夫。丞相分左、右丞相，在中央政权机构为最高行政长官，协助皇帝处理全国政务。太尉是中央的最高军事长官，协助皇帝

处理全国军务。御史大夫掌监察，协助丞相处理政事。三者起着相互制约的作用，而集大权于皇帝一身。

### 中央集权和郡县制机构表

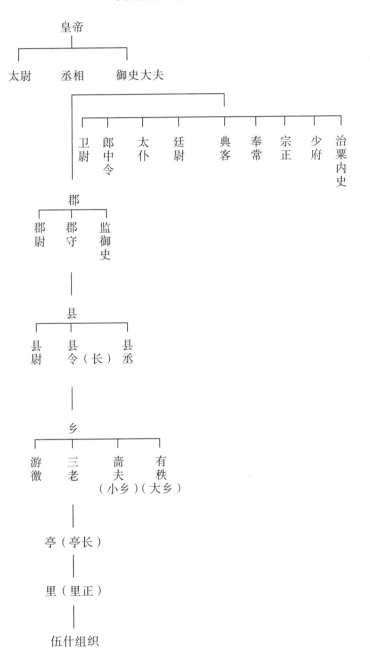

"三公"之下设"九卿"：奉常（负责宗教礼仪）、郎中令（统辖侍卫皇帝的诸郎）、卫尉（负责宫廷守卫）、太仆（负责皇帝使用的车马）、宗正（管理皇族事务）、典客（负责少数族来朝事务）、少府（负责山林池泽的税收）、治粟内史（负责租税赋役和财政开支）、廷尉（负责刑罚）。在这些大官吏之下，各有不少属僚，共同组成中央政府。

地方行政机构的组织和中央相似。每郡置郡守，掌管全郡事务；置郡尉以辅佐郡守，并掌管全郡军事；置监御史，监察郡县官吏的行政、司法工作。一郡之内分若干县，万户以上的县设县令，万户以下的县设县长，掌管全县政务，受郡守节制；设县尉，掌管全县军事；设县丞，作为县令（长）的助理并掌管司法裁判。一县之内分为若干乡，分有三老（管教化）、啬夫（管司法和税收）、游徼（管治安）。乡之下有亭，亭有亭长，管理一亭事务。亭下有里，里有里正和里监门等小吏。里正设置严密的什伍户籍组织。

中央和地方主要官吏的任免，都要经皇帝批准。对地方官吏实行年终考核，称之为"上计"。官吏领取国家俸禄，概不世袭。俸禄标准，按官爵等级不同而不等，郡守二千石，县令六百石至一千石，县长三百石至五百石。

这种从中央到地方的严密的封建统治网，大大地强化了地主阶级的国家机器。这种专制主义的中央集权制度，对我国两千年的封建社会产生了极为深远的影响。

## （三）统一法律

秦国封建的成文法，创始于商鞅变法时代。商鞅以李悝《法经》为基础，"改法为律"，成为"盗律、贼律、囚律、捕律、杂律、具律"六律（《唐律疏义·序》）。秦始皇将商鞅变法以来秦国的法律加以补充和修订，通行全国。秦的法律条文已佚失。1976年在湖北云梦睡虎地一座墓葬中出土的一千余支竹简中，其中一半以上是关于法律的。主要有以下三部分：一是各种单行条例和检核规定；二是案例和疑案问答；三是有关判决程序的规定与说明。

秦律有多少？据云梦竹简资料，单行条例有18种：《田律》《厩苑律》《金布律》《关市律》《仓律》《工律》《工人程》《均工》《徭律》《司空律》《军爵律》《置吏律》《效律》《传食律》《内史杂》《尉杂》《行书》《属邦》。此外，在《秦律杂抄》中，尚有《除吏律》《游士律》《除弟子律》《中劳律》《藏律》《公车司马猎律》《牛羊课》《傅律》《敦表律》等九种。另外在法律条文中曾提到过的还有以下律目：《戍律》《捕盗律》《厩律》《斋律》。见于其他文献记载的还有《挟书律》（《汉书·惠帝纪》）。总计以上所见到的律目就有30余种，其内容包括刑法、民法、行政法、诉讼法等各方面。

秦始皇就是以秦国这些法律为基础，再吸收六国的一些法律，推广到全国。

列宁说：“法律就是取得胜利、掌握国家政权的阶级的意志的表现。”秦律所反映的是封建的生产关系，其作用表现在下列几个方面。

（1）维护封建土地所有制。《田律》《厩律》都明确规定，封建土地所有制不容破坏。《法律答问》中有一条：

> 盗徙封，赎耐，可（何）如为封？封即田千（阡）佰（陌）顷半（畔）封殹（也），且非是，而盗徙之，赎耐，可（何）重也，是不重。

（2）保护私有财产。《法律答问》有规定：

> 或盗采人桑叶，藏（赃）不盈一钱，可（何）论？赀繇（徭）三旬。
> 士五（伍）甲盗一羊，羊颈有索，索直（值）一钱，问可（何）论？甲意所盗羊殹（也），而索系羊，甲即牵羊去，议不为过羊。

（3）保障地主阶级对劳动人民的剥削。如《田律》《徭律》《仓律》《工律》《工人程》《金布律》《关市律》等法律，对劳动人民缴纳田租、赋税，服徭役以及从事手工业生产和商业贸易活动都有明确的规定与限制，违反者处以严厉的刑罚。

（4）维护封建等级制度和封建秩序。秦律中规定，对于标志等级身份的爵制，不得破坏，各级爵之间的界限不能逾越，如："大夫寡，当伍人不当？不当。"(《法律答问》)"大夫"相当于中小地主，"伍人"即"士伍"，指一般无爵的人民，这两个阶级的界限是不能混淆的。对于"宦大夫"等地主阶级和"隶臣妾"等被压迫阶级的身份、地位以及户籍等，秦律都有明确的规定，不得任意变更。

《置吏律》《效律》《传食律》《行书》《属邦》及《治狱程式》对秦国封建社会的各种制度，都以法律形式确定下来，其作用就是维护封建的等级制度和统治秩序。

总之，秦律的实质就是地主阶级专政的工具。法律是套在农民阶级身上的枷锁。

### （四）迁豪和征收兵器

六国旧贵族散居各地，并且手中还掌握相当多的兵器。秦始皇为了防止他们在一方称霸，把他们和各地豪富12万户迁居到京城咸阳附近，置于中央政权的直接监视和控制之下。在迁豪的同时，秦始皇又下令收缴民间所藏的武器，运到咸阳加以销毁。当时持有武器最多的是六国权贵和豪富之家，收缴他们的武器有利于国家的巩固和统一。

（五）出巡

秦始皇为了提高自己的声威，打击六国旧贵族势力，加强对农民的控制，于统一后，进行了五次大规模的出巡，巡视的地区包括今甘肃、陕西、河北、山东、湖北、湖南、江苏、浙江、安徽等地。

秦始皇"亲巡天下，周览远方"，当然每次都有其不同的目的，但这五次巡行有一个共同的目的：到各地耀武扬威，加强对全国的控制。据文献记载，随行的有隆重的仪仗和庞大的车队。《后汉书·舆服志》说：

> 大驾属车八十一乘，法驾半之。属车皆皂盖赤里，木轓，戈矛弩箙，尚书、御史所载。最后一车，悬豹尾，豹尾以前，比省中。

五次巡行的经过介绍如下：

第一次巡行至陇西郡、北地郡。秦始皇二十七年（前220年），统一中国的次年，秦始皇即开始巡游，这一次的方向是咸阳以西。

第二次巡行往东方和南方。自秦始皇二十八年（前219年）开始，此次随行的重要官员有：列侯武城侯王离、列侯通武侯王贲、伦侯建成侯赵亥，伦侯昌武侯成、伦侯武信侯冯毋择、丞相隗林、丞相王绾、卿李斯、卿王戊、五大夫赵婴、五大夫杨樛。

此次的重要活动是"封禅"。什么是"封禅"呢？春秋战国时代，齐、鲁为文化中心，而在齐人、鲁人的心目中，泰山是最高的山，因此人间的帝王应到最高的泰山去祭拜上帝，表示受命于天，在泰山上祭谓之"封"，在泰山下小山的祭谓之"禅"，故名之曰"封禅"（顾颉刚：《秦汉的方士和儒生》）。秦始皇相信封禅说，所以远道而来。然而，这种封禅礼当时无人晓得究竟该怎样办，气得秦始皇将随从的儒生博士全部斥退，自己去到泰山顶上行封礼，又到梁父山行禅礼。封禅以后，秦始皇了结了一件大事，心中非常得意，就在梁父山刻石颂德。从泰山下来之后，又登之罘（也作芝罘），至琅邪（也作琅琊），都刻石记功。自琅邪至彭城（今江苏徐州市）。据说象征着天子权力的周鼎沉没于泗水，秦始皇就斋戒祷祀，令千人下泗水求周鼎，结果毫无所得。后来渡淮水，而至长江中游的衡山和南郡。在湘山祠因遇大风，影响渡江，于是秦始皇大怒，听说湘山有神乃尧之女、舜之妻，就令刑徒三千人"皆伐湘山树，赭其山"（《史记·秦始皇本纪》）。返回时取道汉水流域，经南阳郡至武关而回咸阳。

第三次巡行至琅邪、上党。秦始皇二十九年（前218年），秦始皇向东巡游。此次巡行至阳武博浪沙（今河南中牟县北），遭到张良与力士的狙击，险些送了性命。

张良是韩国的公子，其祖父、父亲为韩国五世君主之相。秦灭韩国时，张良年少，"未宦事韩"，他怀着对秦的仇恨，"弟死不葬"，倾其全部家财，"求客刺秦王"。后来得到力士一人，张良为其打造一个120斤的铁椎，埋伏于博浪沙中。当秦始皇的车队经过此地时，力士将铁椎向车推去，但没有击中秦始皇所乘之车，而是"误中副车"。后来秦始皇游至之罘和琅邪。至琅邪后折向西北，沿漳水河谷抵达漳水上的上党郡，然后返回咸阳。

第四次巡行至东北方向。秦始皇三十二年（前215年）开始这次巡行，目的地是碣石（河北乐亭附近）和北方边塞。此行的目的乃是为伐匈奴做准备。此次巡行归来后，秦始皇立即派蒙恬率30万军队向匈奴进攻。

第五次巡行。秦始皇三十七年（前210年）进行最后一次巡行。随同的有左丞相李斯和少子胡亥、近侍赵高等。十月从咸阳出发，出武关，沿丹水、汉水流域至云梦（湖南洞庭湖及武汉市附近一带湖泊区）再沿长江东下，经丹阳（位于安徽当涂县东），到会稽（位于浙江绍兴市南），登会稽山，祭大禹，并于会稽山上刻石留念。从会稽返回，又一次到琅邪。这时，为他求不死之药数年而不得的徐市等，又骗他说蓬莱山上是有神药的，只因海中有大鱼阻挡通路，要先把这些大鱼除掉。于是秦始皇派人入海射鱼。自己也拿起连弩等候大鱼"出射之"。这次取道临淄西归，车驾行至平原津（位于山东平原县南），秦始皇就得了重病。至沙丘平台（位于河北巨鹿县东南）秦始皇就死了，死时年五十。

秦始皇在巡视时制了许多刻石。①通过刻辞，批判了诸侯割据，宣传了统一的优越性。如在《峄山刻石》中说："乃今皇帝，一家天下，兵不复起；灾害灭除，黔首康定，利泽长久。"在《碣石刻石》中说："皇帝奋威，德并诸侯，初一泰平。"同时在刻辞中宣布严格实行法治，如在《琅邪台刻石》中说："除疑定法，咸知所辟。"在《泰山刻石》中说："治道运行，诸产得宜，皆有法式。大义休明，垂于后世，顺承勿革。"②在刻石中还宣布了秦国的各项政策，如"上农除末""器械一量、同书文字"（《琅邪台刻石》），等等。③此外，还反复宣传今胜于昔，批判复古倒退的谬论。由此可见，秦始皇搞刻石是为了宣传封建主义理论、巩固专制主义中央集权。但是出巡和刻石花费了大量的人力、物力、财力，刻辞对秦始皇过分歌功颂德，这是应该给予批判的。

秦始皇刻石是研究这一时期历史的重要资料。据《史记》记载，有《绎山刻石》《泰山刻石》《琅邪台刻石》《芝罘刻石》《东观刻石》《碣石刻石》《会稽刻石》七种。现仅《泰山刻石》《琅邪台刻石》文字稍有残存。《绎山刻石》《会稽刻石》早已毁灭，宋人有复刻本。

## 二、 秦朝的经济、 文化政策

### （一）"使黔首自实田"和奖励农业

公元前216年，秦始皇"令黔首自实田"（《史记·秦始皇本纪》）。"黔首"是战国时代对奴隶以外不当官的平民的一种称呼，秦始皇统一后，"更名曰黔首"（《史记·秦始皇本纪》），把"黔首"规定为全国平民的统一称呼。"令黔首自实田"的意思就是命令有田的黔首向政府自报占田的数额。国家以法律的形式承认土地私有，更主要的是为征收赋税提供根据。这项法令对封建土地私有制的发展起了推动作用。

秦始皇奖励农业生产，他在《琅邪台刻石》刻辞里说："皇帝之功，勤劳本事。上农除末，黔首是富。"（《史记·秦始皇本纪》）这种"上农除末"的指导思想，是封建统治者要求大力发展地主经济的反映。

为了发展农业生产，秦始皇还推行奖励农垦的政策。他采用免除徭役等方法，先后把几十万人迁到边疆和劳动力不足的地区去开垦荒地，从事农业生产，即所谓移民实边。秦始皇三十六年（前211年）又将内地的居民迁往"北河、榆中三万家"（《史记·秦始皇本纪》）。榆中在今兰州市东南。此处正与匈奴接境。移民的目的是开边拓土。

### （二）统一货币和度量衡

战国时代，各国货币的形式、大小、轻重都不相同，计算单位也不一致。秦始皇统一全国后，便把货币法定成为两种：黄金称为上币，以镒为单位；圆形方孔的铜钱称为下币，以半两为单位。这就摆脱了过去币制不一的混乱状态，给商品交换以很大的方便。《史记·平准书》记："及至秦中，一国之币为二等，黄金以镒名，为上币；铜钱识曰半两，重如其文，为下币。而珠玉、龟贝、银锡之属，为器饰宝藏，不为币。"《汉书·食货志》亦有类似记载。秦代圆钱的形式，一直沿用了两千多年，到了现代才被淘汰。

战国时代各国的度量衡制度相当混乱，统一六国后，秦始皇下令在全国范围内统一度量衡制度，并制发度量衡标准器以为准则。从目前发现的秦朝的权、量可以看到，上面大都刻有皇帝下令统一度量衡的诏书：

> 廿六年，皇帝尽并兼天下诸侯，黔首大安，立号为皇帝。乃诏丞相状、绾，法度量则不壹、歉疑者，皆明壹之。

统一度量衡，便利了国家赋税的征收，同时也有利于手工业器械的统一和商业的发展。

上述诏书多是加刻在秦统一中国以前使用的标准器上，如《商鞅方升》底部就加刻有上述铭文。《高奴铜权》也加刻有上述铭文和秦二世的铭文，表明秦统一度量衡制度，实际就是以法令形式肯定秦国原有的制度，并向全国推广。

秦二世的诏文：

> 元年制诏，丞相斯、去疾法度量尽始皇帝为之，皆有刻辞焉。今袭号，而刻辞不称始皇帝，其于久远也，如后嗣为之者，不称成功盛德。刻此诏，故刻左，使毋疑。

考古材料表明，秦代统一度量衡的法令取得显著成效，新中国成立前后，在陕西的西安、咸阳、礼泉、宝鸡，甘肃的泰安，山东的邹县、诸城，江苏的盱眙，山西的左云、右玉，辽宁的赤峰，内蒙古的奈曼旗等地，都出土过秦代的标准量器和衡器。可见，秦代确实在全国范围内统一了度量衡。

### （三）修驰道，车同轨

公元前 220 年，秦始皇下令修驰道。驰道以首都咸阳为中心，向东、南两个方向延伸：一条向东直通旧日的燕齐地区；一条向南直达旧日的吴楚地区。据说这种驰道是按照一定规格修建的，宽度为五十步，道旁每隔三丈植青松一株。公元前 212 年，秦始皇又令蒙恬修筑"直道"，由九原（今内蒙古包头西北）经云阳（今陕西淳化西北）直通咸阳，长达 1800 余里。又命常頞在僻远的云南、贵州地区修筑"五尺道"。在用兵百越时还修筑了攀越五岭的"新道"，开凿了沟通湘江和漓江的灵渠。与此同时，还统一了全国车轨轨距，"车同轨""舆六尺"。这些措施，便利了当时的交通，加强了中央对地方的控制。

### （四）统一文字

中国的文字自商代以来，在逐渐完密的同时，也在逐渐普及。两周所留下来的金文，是官方文字，不分南北东西，大体上是一致的。但晚周的兵器刻款、陶文、印文、帛书、简书等民间文字，则大有区域性的不同。全国统一之后，秦始皇命令李斯等人进行文字的整理工作，以整齐的小篆作为标准文字，以隶书作为日用文字，在全国范围内推广，这就改变了战国时代"文字异形"（《说文》序）的情况。文字的统一对于政策法令的推行和文化的传播有很大作用，对统一的多民族的封建国家的发展和巩固有重大意义。

（五）"焚书坑儒"

全国统一之后，某些抱有分封思想的人，起来反对当时的封建中央集权制度。秦始皇三十四年（前213年），以博士淳于越为代表的儒生提出分封制的建议，他以反对仆射周青臣对秦始皇的阿谀奉承为名，危言耸听地说，如果不废除郡县制，恢复分封制，秦的统治就很难巩固和长久。丞相李斯驳斥了淳于越的这种谬论，说历史是发展的，上古三代的统治也并没有沿袭老一套不变，时代不同，治理的方法也应该不同。李斯指出儒生"不师今而学古""道古以害今"，是在扰乱民心，开历史的倒车。

李斯指出，如今天下已定，法令统一，但仍有不少儒生常常以私学的观点对朝政法令乱加评议，"入则心非，出则巷议"（《史记·秦始皇本纪》），沽名钓誉，造谣诽谤。这种情况如不加以禁止，必然有损于皇帝的威势，导致下面的人结党营私。因此李斯建议：①凡《秦纪》之外的历史书以及非博士官所藏的《诗》《书》、百家语，都限期焚毁，只有医药、卜筮、农作之书不在此列；②令下30天内还不烧毁的处以黥刑，并罚作"城旦"（服四年筑城劳役的刑罚）；③有敢宣扬《诗》《书》者处死，以古非今者灭族；④禁止私学，欲学法令的要"以吏为师"。秦始皇采纳了他的建议，便在这一年下达了焚书的诏令。

当时，针对一些给秦始皇觅求不死仙药的方士，其中卢生和侯生原来奉命给秦始皇寻找长生不死药，秦法规定，说到必须做到，否则要治罪。这些方士怕被治罪，便以攻为守，与儒生串通，到处宣扬秦始皇"专任狱吏"，让博士官"备员弗用"，又"乐以刑杀为威"，"不闻过而日骄"，"贪于权势"，不应当为他求仙药（《史记·秦始皇本纪》）。秦始皇听到这个消息后大怒，下令查问诸生罪状。方士和儒生转相牵连告发，结果查出犯禁者460余人。秦始皇将这些犯禁的方士和儒生全部坑杀于首都咸阳。

对于秦始皇的"焚书坑儒"，历来有不同的看法。我们认为，在当时的历史条件下，焚书坑儒对维护中央集权的国家制度有一定的积极意义。但是这种思想统治政策对文化的发展起了消极的作用。

## 三、 统一多民族国家的发展

### （一）统一西南

分布于今云南、贵州和四川西南部的少数族，古称为"西南夷"。这些少数族的经济发展很不平衡，有的过着定居生活，耕种田地；有的还没有定居，只从事畜牧业。其中以夜郎、且兰、滇、靡莫、邛等部族最大。

这些"西南夷"中的大部分在战国时期便成为楚国和秦国的一部分。楚怀王时，庄蹻起义军失利后，沿着沅江向西南进发，经过且兰、夜郎到达滇池一带。庄蹻做了该地的首领，称滇王。公元前 285 年，秦昭襄王派蜀郡太守攻下筰都及金沙江以南地区。秦始皇统一六国后，又统一了西南夷，在那里"置吏"，设立了行政机构。又派常頞修筑"五尺道"，以便利交通（《史记·西南夷列传》）。

（二）统一百越

秦统一前，分布于今浙江、福建、江西、广东、广西一带的许多部族，总称为"百越（粤）"，其中著名的分支有于越、闽越、南越、西瓯、骆越等。

于越分布于浙江绍兴一带，很早就建立了越国。越国战国时期为楚所灭。秦灭楚后，这一区域成为秦的一部分。

瓯越（也叫东瓯）分布于浙江南部瓯江流域；闽越在今福建福州一带。公元前 223 年秦灭楚后，接着就统一了瓯越和闽越，并在两地设置了会稽郡和闽中郡。

南越分布于今广东、广西的岭南广大地区。这一地区很早就与中原有密切的交往。楚的势力很早就深入到岭南地区，楚悼王时曾派兵"南平百越"（《史记·孙子吴起列传》）。秦始皇统一六国后，随即开始统一岭南的事业。公元前 217 年，秦派屠雎率 50 万大军分五路向岭南进军。由于山高路险，交通不便，军粮运输困难，秦始皇于公元前 214 年"使监禄凿渠运粮"，开凿了灵渠（今广西兴安县北），沟通了湘江和漓江，使长江和珠江两大水系连接起来。此外还修了"新道"，保证了军队及粮草的运输。经过几年，秦统一了岭南广大地区，设置了桂林、南海、象三郡。后来秦又迁徙中原人"与越杂处"，中原人民带去了先进的生产工具和生产技术，和百越人民一起生活、劳动，加速了民族融合和这一地区经济、文化的发展。

（三）北击匈奴，修筑长城

分布于蒙古高原的匈奴是我国北方一个古老的民族，很早就与华夏族有密切的联系。最晚到战国后期，匈奴进入奴隶社会，出现了国家机构和各级官吏，如单于、左右贤王、左右谷蠡王、左右大将、左右大都尉等。奴隶主贵族经常深入中原进行掠夺，威胁内地人民的生命财产。赵武灵王时（前 325—前 299 年）曾在河套一带设九原郡（今内蒙古包头），加以防御。战国末年，赵国和秦国忙于战争，匈奴乘机占领了河套及河套以南地区。秦始皇统一六国后，于公元前 215 年派蒙恬将军率 30 万军队"北伐匈奴"，打败了匈奴奴隶主贵族，收复了河套以南地区，并沿黄河一带设置了 44 个县，统属九原郡。公元前 211 年，秦迁犯罪者3万户到北河（河套地区）、榆中一带垦殖。又修筑一条直道，从咸阳达九原。这些措施，对于当地的开发和中原文化的传播，两族人民经济、文化的融合和交流，都起了积极的作用。

随后，秦始皇又大规模地修筑长城，把从前秦、赵、燕三国北边的长城连接起来，筑成一条长达5000余里的举世闻名的万里长城。万里长城西起陇西郡的临洮（今甘肃岷县），北到九原（今内蒙古包头市西北孟家湾），东至辽东郡内（今辽宁东部），是世界上最伟大的建筑工程之一，是中国人民劳动和智慧的结晶。据报道，万里长城是宇宙航行员从月球上回观地球的时候，所见到地球上的人工构造物中最明显的标志之一。

我国自古以来就是一个多民族的国家。秦始皇灭六国后，继续对西南、东南和两广地区的诸少数族进行统一，奠定了祖国的疆域。并在北方有效地制止了匈奴族奴隶主贵族对黄河流域的骚扰，促进了汉族和边疆各族政治、经济、文化的联系，使多民族国家的统一得到进一步的发展。

## 四、陈胜、吴广领导的秦末农民战争

### （一）秦末社会阶级矛盾激化

在阶级社会中，任何进步都是在矛盾中进行的。封建社会的主要矛盾是农民阶级和地主阶级的矛盾。

#### 1. 赋税

从战国初年各国变法运动到秦始皇统一全国的200余年间，封建地主土地所有制不断扩大，地主富豪和官僚贵族恣意兼并，开始出现"富者田连阡陌，贫者无立锥之地"（《汉书·食货志》）的现象。贫苦农民被迫耕种地主阶级的土地，要向他们缴纳50%以上的收获作为地租，还要提供大量的无偿劳役。"庶人之富者累钜万，而贫者食糟糠。"（《汉书·食货志》）

农民不但要受封建地主的剥削，还要向封建政府缴纳繁重的刍藁、赋税。按规定，封建国家征收田租的对象是占有土地的自耕农和地主。但是实际上地主必然要把这种土地税转嫁到租种他们土地的农民身上。除了田租以外，还有人头税。当时把征收人头税叫"头会箕敛"（《史记·张耳陈徐列传》），意思是按人头征税，用畚箕装敛。秦律的《金布律》规定："官府受钱者，千钱一畚，以丞令印印。不盈千者，亦封印之。"（《云梦秦简》）人头税收的是钱，才用畚箕装。史书上说，秦朝的各种租税要占农民2/3以上的收成。"当是之时，男子疾耕不足于粮馈，女子纺绩不足于盖形。"（《汉书·伍被传》）

#### 2. 徭役

秦朝的徭役非常繁重。法律规定，贫苦农民每年要服劳役一个月，叫"更卒"，一生还要担任"正卒"一年、"屯戍"一年。凡是应役误期，都要受到严厉的处罚。戍卒失期，甚至要被处死。云梦秦律的《徭律》规定：修筑各种工程，如果"未卒岁或坏陕（决）"，就要"令县复兴徒为之，而勿计为繇（不计算在应服的徭役之内）"。秦始皇"兴万乘之驾，作阿房之宫，收太半之赋，发闾左之戍"（《汉书·伍被传》）。

秦始皇为了显示皇帝的权威和满足个人享受，兴建了大量的土木工程。如修建"六国宫殿"，每灭一国就仿照该国的宫殿样式在咸阳"北阪"盖起同样的宫殿，以致"南临渭，自雍门以东至泾、渭，殿屋复道周阁相属"（《史记·秦始皇本纪》）。又如在秦始皇三十五年（前212年），"营朝宫于渭南上林苑中"。这个宫殿相当大："可受十万人。车行酒，骑行炙，千人唱，万人和，销锋镝以为金人十二，立于宫门。"（《三辅黄图》）这个朝宫的前殿，就是有名的阿房宫。据记载：阿房宫"东西五百步，南北五十丈，上可以坐万人，下可以建五丈旗。周驰为阁道，自殿下直抵南山"（《史记·秦始皇本纪》）。后世诗人曾以"蜀山兀，阿房出"（杜牧：《阿房宫赋》）来形容阿房宫的修建。秦王朝宫殿之多不可胜数。《三辅旧事》记载："始皇表中外殿观百四十五。"（《史记·秦始皇本纪》注《正义》引）《史记·秦始皇本纪》记载："关中计宫三百，关外四百。"又"咸阳之旁二百里内，宫观二百七十"。大兴土木，当然是征发劳动人民的徭役。

1974年至1975年，考古工作者在咸阳附近的牛羊村发掘了一号宫殿，这一宫殿究属咸阳何殿，现尚未弄清。但从其遗迹可以看出：这组宫殿建筑规模宏大，分布对称，各殿之间有飞阁复道相连。主体宫室建于高台之上，环绕主体宫室分布着层叠的宫室群。在8室西邻的9室还发现了壁画的残迹。宫殿的建筑结构也相当精美（《秦咸阳宫第一号遗址复原问题的初步探讨》，《文物》1976年第11期）。这些考古资料证明，《史记》中记载的秦始皇所修建的宫殿规模之大、构筑之豪华，绝非后人虚构。

秦始皇修骊山墓，《史记·秦始皇本纪》记载："穿三泉，下铜而致椁，宫观百官奇器珍怪徙藏满之，令匠作机弩矢，有所穿近者辄射之。以水银为百川江河大海，机相灌输，上具天文，下具地理。以人鱼膏为烛，度不灭者久之。"秦始皇陵，规模宏伟。据《史记·秦始皇本纪》记载，开始营建这座陵墓的时间很早，而大规模的工程则是在秦统一六国之后。根据实地调查、测量，陵寝的形制分为内外两城。南部是陵墓的中心，尚保存一个高为76米，底为485米×515米的夯土陵丘。内城为方形，周长为2525.4米，东、西、北三面建置城门。外城为长方形，周长6294米，东墙建置城门。墓内建有各式宫殿，陈列各式奇珍异宝。

秦始皇陵附近建筑遗址分布的范围很广，出土的历史文物很多，有门砧、柱础、瓦脊、石水道、陶水道、陶权、陶俑和兵器等物。

1974 年，考古工作者在始皇陵东侧发现规模巨大的秦代陶俑坑 3 个。经探测，3 个陶俑坑总面积为 20780 平方米。经初步发掘清理，出土了大批兵马俑。一号坑全部武士俑的数目当在 6000 件左右，排列成一个完整的军阵场面。二号坑内有战车 89 乘，陶质车士 261 件，驾车陶马 356 匹，骑兵武士俑 116 件，陶鞍马 116 匹，步兵俑 562 件。三号坑内有驷马战车一乘，武士俑 68 件。这些俑体型高大，造型生动。武士俑体高 1.78 米至 1.87 米，身穿铠甲或穿短袍束带，扎绑腿挟弓拷箭。雄骏的陶马形体也和真马相似。这种雄伟的军阵场面再现了秦始皇兵强马壮、千里驰骋、统一中国的壮丽图景。这些兵马俑的雕塑制作，显示了秦代劳动人民的智慧和高超的雕塑技巧，凝聚着劳动人民为修建陵墓和制造兵马俑时所付出的无数血汗（现已建成"秦始皇帝陵兵马俑博物馆"）。

秦始皇和秦二世为修建骊山陵墓而役使的刑徒与奴隶达到 70 万人之多。1981 年，考古工作者在始皇陵西侧 1600 米处的赵背户村附近发现刑徒墓 70 座。已清理 30 座。墓地出土的残瓦中有 18 件刻有文字，记载死者的姓名、籍贯和所受刑罚，因此可以断定他们是罪犯和奴隶。这是秦役使刑徒和奴隶修筑陵墓的实物见证。

此外，秦对匈奴和百越的用兵，虽然起了维护国家统一的作用，但人民在战争中也付出了很大的代价，很多人在服役中被折磨致死。

### 3. 严刑酷法

广大劳动人民还受严刑酷法的摧残。秦朝的刑法极其繁苛，单是死刑，据可考证的就有弃市、腰斩、车裂、枭首、具五刑等 12 种。还有所谓的"参夷之诛"，就是诛灭父母、兄弟、妻子三族。由于刑罚繁苛，造成了"赭衣（罪人）塞路，囹圄（牢狱）成市"（《汉书·刑法志》）的黑暗景象。秦始皇三十六年（前 211 年），陨石堕于东郡（今河南濮阳西南），有人在上面刻了"始皇帝死而地分"（《史记·秦始皇本纪》）的字样。秦始皇派御史去追查，没有查出结果，竟把陨石坠落附近的居民全部杀死。

### 4. 秦二世时阶级矛盾激化

公元前 210 年，秦始皇在出巡途中病死于沙丘（今河北平乡东北）。胡亥、赵高、李斯通过政变篡夺了政权，以莫须有的罪名杀害扶苏、蒙恬等人。这在统治阶级内部是很不得人心的。而赵高要秦二世"尽除去先帝之故臣"，使"群臣人人自危"（《史记·李斯列传》）、"宗室振恐"（《史记·秦始皇本纪》），统治阶级内部的矛盾也十分尖锐。

秦二世是一个十分昏庸残暴的统治者，他在埋葬秦始皇时，下令后宫无子者全部殉葬。又恐工匠泄露骊山墓中机弩的秘密，竟把工匠全部封死在墓里。他还大兴劳役，重新修建阿房宫。又征召 5 万名材士屯卫咸阳，令教射狗马禽兽，以供游猎之用。用度不足，就下令郡县自备运费转输菽粟刍藁，"赋敛愈重，戍徭无已"（《史记·李斯列传》）。秦始皇时刑法就已繁苛，秦二世时"更为法律"，"法令诛罚，日益刻深"（《史记·李斯列传》），结果是"刑者相半于道，而死人日成积于市"。

凡此种种，使农民与地主阶级的矛盾迅速激化，最后爆发了农民大起义。

## （二）陈胜、吴广领导的农民大起义

### 1. 大泽乡起义

秦二世元年（前209年）七月，陈胜、吴广和900名被征召的农民被派往渔阳（今北京市密云西南）屯戍。他们二人被指派为屯长。走到蕲县大泽乡（今安徽宿县西南）时，因遇大雨，道路泥泞难走，不能按期到达渔阳防地。按秦法规定，误了戍期是要杀头的。陈胜、吴广商量，误期要杀头，逃亡也是死，横竖都是无路可走，不如起来反抗。他们分析："天下苦秦久矣！"若起来造反，必有许多人响应。他们用"鱼腹丹书"和"篝火狐鸣"为发动起义制造舆论（"鱼腹丹书"：陈胜、吴广在一块帛条上用朱砂写上"陈胜王"三个字，把帛条塞入鱼腹之中。"篝火狐名"：吴广走进丛林中，燃起篝火，学着狐狸大叫"大楚兴、陈胜王！"），杀死押送的两个秦尉，召集900名戍卒，说："公等遇雨，皆已失期，失期当斩；借第令毋斩，而戍死者固十六七。""壮士不死即已，死即举大名耳，王侯将相宁有种乎！"（《史记·陈涉世家》）他们的号召得到戍卒的响应，戍卒推举陈胜为将军，吴广为都尉。他们"揭竿而起"，爆发了中国历史上第一次大规模的农民起义。

### 2. "张楚"政权的建立及其失败

起义军首先占领大泽乡，很快攻下了蕲县。接着便由葛婴率领部分起义军向东挺进。起义的主力军由陈胜率领向西北进攻，攻占了铚（今安徽宿县西南）、酇（今河南永城酇城）、苦（今河南鹿邑东）、柘（今河南柘城北）、谯（今安徽亳县）等地。起义军所到之处，广大农民"斩木为兵，揭竿为旗"，热烈地响应。起义军进抵陈县（今河南淮阳）时，已经是一支拥有车六七百乘、骑兵千余、步兵数万人的强大队伍了。

起义军攻下陈县之后，陈胜自立为王，国号"张楚"，这是中国历史上第一个农民革命政权。接着陈胜组织兵力，分别向各地进军：任吴广为假王，率领诸将进攻通往关中的门户——荥阳（今河南荥阳东北）；派武臣、张耳进攻赵地；邓宗进攻九江郡；周市夺取魏地。随后又派周文率领主力进攻关中，直指秦朝的政治中心咸阳。

在大泽乡革命火炬的照耀下，各地农民刑徒和奴隶纷纷聚众起义，响应陈胜、吴广。如彭越在巨野泽的起义，骊山刑徒英布的起义，陈婴领导的苍头军起义，等等。

在各地起义军的打击下，秦朝的地方政权纷纷瓦解。周文率领的起义军主力，在进军咸阳的途中不断扩大队伍。到达函谷关（位于河南省灵宝市）时，已有兵车千辆，战士几十万了。这年九月，起义军进抵距咸阳百来里的戏（今陕西临潼东北）。

周文大军至戏的消息，让秦朝的君臣惊恐万状，他们急令少府章邯把在骊山修墓的几十万刑徒和奴隶编成军队，并从边塞撤回王离的军队约 20 万人，以迎击起义军。由于起义军缺乏战斗经验，又孤军深入，最后寡不敌众，陷于失败，周文自杀。

当时在关东的大部分地区，不少队伍的领导权掌握在六国旧贵族和其他封建割据势力手中。如张耳、陈余竭力主张封王。当周文大军在戏失利时，陈胜命令武臣迅速派兵入关接应，张耳、陈余却怂恿武臣自立为赵王，拒不出兵，造成了周文全军覆没的严重后果。田儋称齐王，并派兵袭击奉陈胜之命进攻魏地的周市。韩广称燕王，魏咎称魏王，而且称王之后，他们都放弃对秦朝的斗争。正是由于这些封建割据势力的叛变行为，秦朝才得以集中优势兵力对付陈胜、吴广所领导的农民军主力。

章邯在击败了起义军的主力之后，便率军向荥阳进发。那时吴广和田臧屯军荥阳城下，准备攻取荥阳。由于两人意见不合，田臧假借陈胜的命令，杀害了吴广。陈胜没有惩办田臧，反而封他为令尹，让他统领起义军。田臧留李归等围困荥阳，自己领兵与章邯战于敖仓（今河南荥阳东北），结果兵败被杀。章邯乘胜进攻围困荥阳的起义军，李归等寡不敌众，壮烈牺牲。不久，其他几支农民起义军也先后被秦军各个击破。章邯向革命的中心——陈县进逼，陈胜亲率起义军与秦军英勇奋战，不幸失利，退至下城父（今安徽蒙城西北），被叛徒庄贾杀害。陈胜直接领导的农民起义军至此失败。

### （三）项羽、刘邦领导起义军继续战斗和秦的灭亡

陈胜、吴广起义之后，项梁、项羽杀死秦会稽郡守举行起义，很快聚集了8000 人的队伍。被陈胜派去进攻广陵（今江苏扬州）的召平，以陈胜的名义封项梁为上柱国，命令他迅速引兵西击秦。项梁渡江之后，很快与陈婴、英布、蒲将军率领的起义军汇合，起义军迅速发展到 7 万人。

刘邦，沛县（今江苏沛县）人，做过亭长。陈胜、吴广起义后，刘邦在沛县人民的拥戴下聚众起义，后来投奔了项梁。

陈胜牺牲的消息传来之后，项梁听取了谋士范增的意见，拥立原楚怀王的孙子（名叫心）为楚王，仍号楚怀王。项梁、项羽、刘邦的军队在战争中取得了一系列的胜利，大败秦军。项梁在胜利之后骄傲起来，防备松弛。章邯率领的秦军乘虚夜袭定陶（今山东定陶北），项梁被杀。起义军遭到失败之后，决定以彭

城（今江苏徐州）为中心，采取掎角之势，吕臣屯彭城之东，项羽屯彭城之西，刘邦屯彭城西北，互相呼应，继续战斗。

章邯偷袭得胜，以为起义军无足轻重，就移军进攻赵地，以重兵包围巨鹿（今河北平乡西南）。赵王歇在危急关头几次向彭城求援。彭城各起义军分析了形势，决定分两路进兵：一路由宋义、项羽率领，北上救赵、击章邯；一路由刘邦率领，西攻咸阳。

宋义领兵到达安阳（今河南安阳，或说今山东曾县）后，怯战不前，只管饮酒作乐。项羽杀掉怯敌图霸的宋义，自立为上将军，同英布、蒲将军率军毅然北上救赵，渡漳河。"项羽乃悉引兵渡河，皆沉船，破釜甑，烧庐舍，持三日粮，以示士卒必死，无一还心。"（《史记·项羽本纪》）此即"破釜沉舟"的故事。农民军经过九次血战，大破秦军，杀秦将苏角，俘秦将王离，涉间兵败自杀，章邯被迫率20多万秦军投降。项羽把这20多万降卒全部坑死在新安（今河南渑池东）城南。秦军主力全部丧失。这就是著名的巨鹿之战。起义军的这次胜利在最后推翻秦王朝的战斗中具有决定性的意义。

刘邦带领的另一支起义军转向西南经武关（今陕西商南武关）进攻咸阳。由于秦军主力都集结在巨鹿一带，因此刘邦这支军队得以顺利进展，战宛城（今河南南阳），陷武关，于公元前206年十月进抵灞上。这时统治阶级内部斗争进一步加剧。赵高设计谋杀李斯，控制了中央重要政权。在巨鹿之战秦军失败，刘邦又打到武关之后，赵高杀秦二世，立二世的侄子子婴继位，并去其帝号，改称为王。子婴即位后，不满赵高专权，不久就杀了赵高及其集团成员。子婴面对农民军的强大攻势已毫无抵抗能力，他称王仅仅46天，刘邦就攻占了咸阳，子婴投降，秦亡。时在公元前206年十月。

### （四）秦末农民战争的历史意义

首先，陈胜、吴广领导的农民起义，前后只有6个月，但是它以巨大的革命斗争的威力，以革命的暴力，摇撼了秦朝的反动统治，并通过其后继者推翻了中国历史上第一个专制主义中央集权的封建国家政权，结束了暴秦黑暗、反动的统治。正如司马迁所说："陈胜虽已死，……亡秦，由涉首事也！"（《史记·陈涉世家》）推翻秦朝，推动了汉初社会经济的发展，这是一个伟大的历史贡献。正如毛泽东所说："在中国封建社会里，只有这种农民的阶级斗争，农民的起义和农民的战争，才是历史发展的真正动力。"（毛泽东：《中国革命和中国共产党》）

其次，陈胜、吴广在中国封建社会的历史上，第一次举起了大规模农民革命的火炬，为此后千百年的农民反抗地主阶级统治的斗争照亮了道路。陈胜的革命决心、革命思想、革命勇气、革命首创精神，都将永垂青史，历万世而不朽。

最后，作为中国历史上第一次大规模的农民革命战争，它以自己的斗争实践，以革命农民的鲜血给中华民族留下了无数宝贵的革命斗争的经验和光荣的革命传统。它虽然推翻了秦王朝，但这一胜利果实却被地主阶级利用，成为改朝换代的工具。由于时代和阶级的局限性，农民阶级无法根本摆脱封建剥削和压迫的枷锁，但是他们的斗争实践证明，"中华民族不但以刻苦耐劳著称于世，同时又是酷爱自由、富于革命传统的民族"，"中国人民是不能忍受黑暗势力的统治的"（毛泽东：《中国革命和中国共产党》）。所以我们说，秦末农民起义是中国农民革命战争史上的第一块丰碑，陈胜、吴广的名字将永远铭刻在这块丰碑之上。

### 附：秦始皇陵之谜

秦始皇是中国历史上妇孺皆知的人物，如何评价他，历史上有各种各样的说法。我今天主要介绍秦始皇陵。它处在今陕西临潼东 15 里处。1961 年，国务院公布其为第一批全国重点文物保护单位。关于秦始皇陵，有许多传说，许多迷雾，现就文献和考古资料做些介绍，以期引起同志们的思考。

一、秦始皇陵修建之谜

（一）为什么要建在骊山北麓？

（1）因为骊山峰峦叠嶂，景色宜人。在骊山以北 5 公里处，有渭水流过，因而这里是山水俱有的风水宝地。

（2）《水经注》卷 19 载："秦始皇大兴厚葬，营建冢圹于丽戎之山，一名蓝田，其阴多金，其阳多美玉，始皇贪其美名，因而葬焉。"骊山南麓的蓝田生产美玉，古人对玉非常重视，认为玉是阴阳二气中阳气的精，它对人的尸体有着神秘的巫术作用，故秦始皇陵选建在骊山北麓。

（二）秦始皇陵何时开始修建？修了多长时间？

何时开始修建，《史记·秦始皇本纪》中说："始皇初即位，穿治骊山。""穿治骊山"是指修建始皇陵，因为秦始皇陵原名骊山，这已由出土文物和历史文献所证实。由于对"初即位"有不同的理解，因而对始皇陵的始修年代有不同的意见，目前有三种观点：

（1）始于公元前 247 年，即秦王政 13 岁世袭秦国王位之时。

（2）始于公元前 236 年，即秦王政 22 岁实行加冕，亲自执政之时。

（3）始于公元前 221 年，即秦王政统一全国称秦始皇之时。

三种观点，应以第一种观点为合理，"初即位"应指 13 岁继承王位之时。古代即王位就开始修建陵墓，当是一种礼仪，《汉旧仪》中说："天子即位，明年，将作大匠营陵地……"汉代的制度承袭秦代而来。

要弄清楚始皇陵共修了多长时间，除了要知道始建年代外，还必须确定停修的年代。秦始皇的尸体是公元前 210 年秦历九月被葬入陵墓中的。但修陵工程并没有因此而停止。直至公元前 208 年冬，仍有几十万骊山徒在陵园内外做修陵工作。当时周章带领农民起义军打到临潼时，秦将章邯向秦二世建议："骊山徒多，请赦之，授兵以击之。"（《史记·秦始皇本纪》）修陵工程才被迫停止。这样修陵工程从公元前247年至公元前208年，共经历38年。

（三）修建秦始皇陵共用了多少劳动力呢？

一位日本学者曾说："修秦始皇陵用的劳力和财力都是天文数字。"修墓所用的劳力的确是古今中外历史上修建任何一位帝王陵墓所用的劳力都是无法比拟的。《史记·秦始皇本纪》记载，共用70余万人（一说72万人）。这是古今中外历史上绝无仅有的。被称为世界奇迹的埃及古王国时期的胡夫金字塔，据希罗多德的《历史》记载，虽然胡夫金字塔修了30年，但参加修陵者只有10万人。

我们做一个大致的估算：地宫上穴面积为249775平方米，以平均深度15米计算，体积为3746625立方米。又由于地宫是夯筑的，夯实1立方米土的体积，需要2立方米的散土，因此地宫所需散土7493250立方米。以每人每天夯1立方米土计，就需工7493250个。原封土的高度为115米以上，封土为四方锥台形，因此封土的体积为11241375立方米，封土也是夯筑的，但夯层比地宫夯层厚，故按每夯1立方米的体积需1.5立方米散土计算，共需散土168620625立方米。以每人每天夯1.5立方米计算，共需工11241375名。仅地宫和封土的夯筑就需工18734625名。如果要计算散土的运输，其数字就更为惊人了。

（四）修陵者是些什么人？

《史记》将这72万人称为"隐宫徒刑者"。这个概念的内涵很广泛，可以归纳为几种人：

（1）刑徒。秦代实行严刑酷法，稍有不慎，就会身陷囹圄，或罚作苦役。许多刑徒被罚做修陵工作。在陵外城垣西北侧的郑庄，出土了十几件铁形具，有铁颈钳与铁脚镣，这是70余万徒中有刑徒的证据。

（2）奴产子。

（3）服"居赀"役者，或可称为"居赀徒"。1978年，人们在陵外垣西南侧的赵背户村发现两处秦代墓葬群。在这些墓葬中发现18件刻有文字的残瓦片，记载死者的情况，如"东武东门居赀不更睸（雎）""东武居赀上造庆忌""博昌居此（赀）用里不更余"……这里所说的"居赀"是指有罪当赎或欠官府债务以劳役抵偿的制度。他们的身份尚不同于刑徒。

（4）服徭役者。这部分人很大部分是工匠，来自两方面，一是中央官府的手工业工人，二是从郡县征发来的工人。这些人是石匠、木匠、瓦匠、泥水匠、油漆匠等。

修建秦始皇陵的70余万骊山徒大致就是上述四类人。

二、秦始皇陵布局之谜

秦始皇陵园的布局是经过精心设计的。根据历史文献和考古资料证实，它由封土、地宫、城墙、城门，陵寝、陪葬坑等部分组成。

1. 城墙

20 世纪 60—70 年代，经过两次认真的调查钻探，我们弄清楚了在始皇陵封土周围有两道南北狭长的"回"字形城墙，城墙基完全可以连结起来。其中，内城南北长 1355 米，东西宽 585 米，周长为 3870 米；外城南北长 2165 米，东西宽 940 米，周长 6210 米。内外城占地面积为 2035100 平方米，合 3052.7 亩。在内城的中部还有条东西向的隔墙，将内城分为南北两个部分，南部主要是陵墓的封土，在北部正中又有一条南北向的复道，将北部又分为东、西两个区域。

2. 城门

钻探资料表明，外城的四面各有一门，内城的东、西、南三面也各有一门。唯内城北面开有两门。另外，在东西向隔墙的东段正中又开一门，直接通往陵墓的封土旁。

秦始皇陵园的布局可以说是秦都咸阳城布局的再现。陵园的两道"回"字形城墙，象征着皇城和外郭城，高大的封土象征着雄伟壮丽的咸阳宫、阿房宫。

3. 陵寝

1977 年，在内城北半部的西区，人们发现了一组建筑。经研究，我们认为是陵园的寝殿和附属建筑便殿。寝殿是正殿，便殿是偏殿，都是祭祀的场所。它们象征墓主人灵魂出游时饮食、休息之处。在寝殿、便殿中备有墓主人几杖、衣冠等象生之具。

在寝殿、便殿遗址两侧，人们发现了左右饲官的建筑遗址。饲官是为陵寝供给饮食的官署，此官署内有每日四次给寝殿供奉饮食的人员。秦始皇生前宫廷中设置了专门负责皇帝穿衣、戴冠、洗澡、读书、办公等日常一切活动的官员。按照"事死如生"的礼制，为了给寝殿、便殿中秦始皇的灵魂服务，朝廷在陵园中设置了尚书、尚食、尚沐等官署。

在陵园的城北半部的东区也发现了建筑遗址，该遗址向南有门分别可通往陵墓和陵寝。那里可能居住着供奉陵寝的宫女和管理陵园的一些官吏。宫女们将秦始皇的灵魂当作活人一样侍奉，每天要扫地、铺床叠被、送衣、送饭、送洗脸水。管理陵园的官员们则要负责陵园的日常祭祀活动。

陵园的布局是对死者生前生活环境的模拟。

三、秦始皇陵封土之谜

现在人们看到的秦始皇陵，最引人注目的是高大雄伟的封土。封土整体呈覆斗形。

据文献记载，商周时期的墓穴上"不树不封"，即不植树木，不起封土。但商代的大贵族墓，有在墓上建享堂的。春秋战国时期，在墓上建享堂的例子很多；旧时也出现了封土墓，又称为冢墓。秦国废除享堂墓，在大墓上起封土始于秦献公。据说最初在墓穴上起封土是为了加深墓穴的深度。因为"浅则狐狸扣之，深则及于水泉"，只有加高封土才能防止狐狸掘进，又能避免水害。但后来起封土逐渐成为一种葬仪制度，变成了财富等级的象征。从秦国发展的历史看，秦国越强大，其国君墓穴上的封土就越大。汉代的情况也大体如此。秦始皇陵封土之大远远超出前人墓葬的封土，它高大若山，给人一种崇高感和威严感，造成一种巍然不可动摇的气势，它是皇权高于一切的象征。

那么，秦始皇陵的封土当时有多高多大呢？对此历史文献记载的不尽相同。最早的记载是班固的《汉书·楚元王传》："上崇山坟，其高五十余丈，周回五里有余。"此话出于刘向之口。刘向为西汉时人，西汉一丈折合2.3米，高度以50丈计算，合今115米。西汉每里折合今433.56米。周回按五里折算，则封土底面周长为2167.8米。

近现代有不少人对封土的高低和大小做过一些测量。1906年，日本人足立喜六做过测量。时隔11年之后，又有三位法国人做过测量。1962年，陕西文物管理委员会又做了勘测，测得封土高度为43米，封土底边东西长345米，南北长350米。1982年，陕西省地质局测绘大队又进行了遥航测量，测得现今的高度为51.5米。

封土的高度和大小各书记载和测量都不同，我们认为当以最早记载的《汉书·楚元王传》的数字为可靠。为什么封土要筑起50余丈呢？有人认为是因为秦始皇正好活了50岁。但这只是一种推测，目前尚未有什么旁证。

为什么要在封土上树草木呢？最初树草木只是作为一种铭记标志，目的是使后人知道墓葬所在的位置，但后来变成了一种身份等级的标志。"小夫死，以上至大夫，其官级一等，其墓树级一树。"（《商君书·境内》）秦始皇的身份和等级是至高无上的，因此封土上就树草木以"象山"，树之若林。

封土上种植的是什么草和树呢？什么草，文献没有明确记载，而所植的树则有蛛丝马迹可寻。董说《七国考》引《博物志》云："秦穆公时，有人掘地得物，若羊，将献之，道逢二子，谓曰：此名为蝹，常在地中，食死人脑，若欲杀之，以柏东南枝插其首，由是墓皆植柏。墓植柏，自秦始也。"蝹，就是穿山甲。据说穿山甲怕闻到柏树产生的味道，现在关中地区农村仍有在坟墓上植柏的习俗。由此可见，最初是植柏树。现在封土上的石榴树，是新中国成立后才种植的。

四、秦始皇陵地宫之谜

地宫（即墓穴）的结构不但是我国考古学家和历史学家非常关心研究的对象，而且在国际上也引起人们极大的兴趣。例如，1985年英国爱丁堡市中学生智力竞赛的一道试题是：用文字描述或采用绘画表示秦始皇陵的地宫结构。获奖作品将在爱丁堡市博物馆展出，并为获奖者提供一次免费到中国西安旅行的机会。国际上一些著名的自然科学家对探索秦始皇陵地宫结构的兴趣更浓。例如，位于瑞士日内瓦的欧洲核子研究中心，在丁肇中教授带领下的三名科学家陈明、戴维·勒基和罗纳德·罗，他们在 1984 年 10 月 3 日出版的第 9 号《谈论》杂志上，发表一封建议信，建议"成立一个多学科的工作队，不用物理发掘的方式，而是使用现代的非破坏性的技术，勘测和探查位于中国西安骊山的秦始皇陵"。其后这三位科学家发表了《应用于考古学的非破坏性探测和层析 X 线摄影学》一文，进一步论证了他们建议的可行性。1978 年 4 月号的美国《国家地理》杂志，曾刊登一位美国学者写的《秦始皇大军——中国人难以置信的考古发现》一文，介绍了陵东侧兵马俑的发现，文章中还附有一张杨先民绘制的秦始皇陵地宫结构的想象图。许多中外游客，除了欣赏兵马俑之外，还会询问地宫的情况。虽然秦始皇陵尚未发掘，但是根据文献记载和考古资料，对于地宫的结构，我们可以做出合理的推测。

文献中最早记载秦始皇陵地宫的是《史记·秦始皇本纪》：

> 穿三泉，下铜而致椁。宫观百官奇器珍怪徙藏满之，令匠作机弩矢，有所穿近者辄射之。以水银为百川江河大海，机相灌输。上具天文，下具地理。以人鱼膏为烛，度不灭者久之。

此外，《汉书·楚元王传》《贾山传》《三辅故事》等都有记载。当以上述《史记》的记载最为可靠。现逐一进行分析。

根据考古调查资料表明，地宫上穴呈近似方形，东西宽 485 米，南北长 515 米，总面积达 249775 平方米（合 374.66 亩）。这样大的墓穴是古今中外历史上任何人的墓葬无法比拟的。

地宫究竟有多深？《史记》说"穿三泉"，《正义》引颜师古云："三重之泉，言至水也。""三泉"就是指掘到了第三层地下水。根据附近水文资料，第一层地下水距地表为 16 米，第二、三层水距地表是多少，目前尚不能肯定。根据考古资料，目前始皇陵地宫已钻探到 26 米深，但仍是人工夯筑的夯土层，这说明地宫最浅也在 26 米以上。陈明等三位科学家在他们的论文中推测地宫深度为 500 米至 1500 米。这只是推测而已，确切的数字只能靠发掘获得。

地宫如此之深，如何堵塞地下水呢？《史记》说："下铜而致椁。"《集解》徐广曰，"铜"一作"锢"，锢，铸塞。这说明是采用冶铜铸堵渗水之处。《汉旧仪》认为："锢水泉绝之，塞以文石，致以丹漆。"《汉书·贾山传》亦认为地宫地下水堵塞是"合采金石，冶铜锢其内，漆涂其外"。可见，地宫地下水的堵塞办法是先用冶铜锢其内，再塞以文石，其次涂漆，最后涂丹。

地宫的形状如何？根据已发掘的秦景公、曾侯乙、马王堆等大型墓葬都是呈阶梯状的斗室墓穴，可估计始皇陵地宫也是呈阶梯状的斗室墓穴。地宫的顶部是什么形状？中国古代的宇宙观有"盖天说"，地宫顶部应是模拟天穹，呈拱顶式。

"宫观、百官、奇器、珍怪"是指什么？"宫观"是指模拟秦始皇生前主要活动的宫殿台观，如阿房宫、咸阳宫等。徐州北洞山西汉楚王墓地宫主、侧宫室竟多达19个，由此可知秦始皇陵地宫必有许多主、侧室。"百官"是指在地宫中有三公九卿文武官员的形象，至于用什么材料制作的，史无明文。"奇器"当是指由珍贵的材料制作的精美的器物。"珍怪"，"怪"一般是指兽类，"珍怪"可理解为珍贵的动物。这里有两种可能：一种是用活的珍贵动物埋入地宫中；另一种是象征珍贵动物的明器。

"机弩矢"是指什么？"弩"即是"弩机"，"机"指机械，"机弩矢"当是指用机械控制弩发射矢。

"以水银为百川江河大海，机相灌输"是指将水银置入相互作用的机械中，让其循环往复，以表现百川江河大海中的水流动之貌。为什么要在墓穴中置入大量水银呢？这是因为墓中的奇珍异宝不计其数，为了防止后人盗掘。因为水银易于挥发，其蒸气有剧毒，盗墓者如果进入墓穴盗物，就会被水银蒸气毒死。秦始皇陵中置水银除模拟百川、江河、大海之外，防止人盗掘应是其重要原因。对于这一记载，历来人们半信半疑。现在，经过自然科学工作者的努力，这一记载得到了证实。1981年，中国地质科学院物探所的科技人员，利用从美国进口的当时世界上最先进的测汞仪进行勘查探测，结果表明：在位于秦始皇陵地宫正中上的封土中，大致在1.2万平方米的范围内，有高出其他土壤280倍的汞异常，其分布的密度呈有规律的几何形状。这证明了秦始皇陵封土中的汞异常是地宫水银挥发造成的。

"上具天文"是指什么？当然是指在宫室的顶部模拟"天文星宿之象"。究竟模拟了什么星宿呢？这要了解秦代对天文星宿的认识水平。秦代天文知识已经达到了较高的水平，地宫主宫室顶部当有比较精确的天文星宿图像：正中应有斗星，围绕斗星一周应有二十八宿，还应有与之相配的青龙、白虎、朱雀、玄武，也应有扶桑、桂树、太阳、月亮、金乌和玉兔的形象。

"下具地理"，应是指模拟地理概貌及秦统一中国之后的行政区划，即36郡的位置。

"以人鱼膏为烛"，人鱼是什么鱼？一说是大鲵，即俗称的"娃娃鱼"；一说是鲸鱼。陈明等人的论文后附录的司马迁著作评注亦认为：此句是指用鲸鱼脑油制成蜡烛，这种蜡烛的能量为每小时可燃烧7.78克。每立方米的鲸油可以燃烧5000天。

在古代，墓道的多少和长短是身份尊卑和等级高低的反映。秦始皇陵地宫的墓道本应是四出墓道，但目前只在东、西、北三面发现墓道，南面是否有墓道尚不能肯定。

秦始皇陵地宫之谜，总有一天会被考古学家彻底揭开。

五、秦始皇陵陪葬之谜

秦始皇陵有没有用人殉葬？有多少陪葬？秦始皇的子女死后为其陪葬了没有？有哪些陪葬坑？

《史记·秦始皇本纪》说："献公元年（公元前 384 年），止从死。"即废除人殉制度。但实际情况并非如此。秦始皇死后，为之殉葬者人数之多，也是历史上罕见的。秦始皇的后宫嫔妃人数是最多的，公元前 210 年，安葬秦始皇时，秦二世令"先帝后宫非有子者，出焉不宜，皆令从死，死者甚众"（《史记·秦始皇本纪》）。后宫嫔妃们生子者寥寥无几，因此为秦始皇殉葬者必然不少。

在地宫中除有嫔妃宫女之外，还有一批技艺高超的秦代工匠也成了牺牲品。《史记·秦始皇本纪》载："葬既已下，或言工匠为机，臧皆知之，臧重即泄。大事毕，已臧，闭中羡（《正义》谓冢中神道），下外羡门，尽闭工匠臧者，无复出者。"秦二世担心工匠泄露墓中机密，便将他们置于死地。这是人间的一大悲剧。

关于陪葬墓，到目前为止，共发现了两处，一处位于陵园的内城，因未发掘，情况尚不清楚。另一处是在外城东侧的上焦村西，一共发现了 17 座秦代"甲"字形墓葬，根据各种情况分析，墓主人极有可能是秦始皇的子女。据文献统计，秦始皇的儿子共有 24 人，女儿共 10 人，他们是怎样死的，葬于何处，除个别人有记载外，其余是不清楚的。上述 17 座墓清了 8 座，葬具均为长方形盒状棺椁，有头箱、边箱、脚箱，随葬品比较丰富。但是死者骨骼散乱，身、首、肢体分离，由此可见秦代末年宫廷内残酷的、血淋淋的斗争场面。

关于陪葬坑，目前发现的计有兵马俑坑、铜车马木车马坑、跽坐俑马厩坑、跽坐俑珍禽异兽坑等。

兵马俑坑位于陵东侧 1.5 公里外。共发掘了三个俑坑，其中一号坑是 1974 年 3 月发现的，二号和三号坑是 1976 年 5 月发现的，预计三个俑坑全部发掘之后出土木质战车 125 乘，陶马 600 余匹，武士俑 7000 余件。这些兵马俑组成的气势磅礴严阵以待的阵容，象征保卫秦始皇陵的宿卫军。

铜车马木车马陪葬坑。1980 年 12 月，考古工作者于封土西侧 20 米处的 7.8 米深的地下，发现两乘大型彩绘铜车品。这两乘的车、马、御手都是按真车、真马、真人的尺寸缩小一半仿制而成，冶金铸造和组装加工工艺都达到了一个相当高的水平。据调查钻探可知，封土附近还有为数不少的铜车马和木质髹漆的车马。

跽坐俑马厩坑，共发现两处。跽坐俑象征着秦始皇御厩中的饲养人员；马厩象征着当年秦始皇的御厩。

跽坐俑珍禽异兽坑，于 1977 年 7 月至 1978 年 3 月发现，象征着宫廷动物园和饲养人员。

六、秦始皇陵盗焚之谜

规模如此宏伟、陪葬品如此丰富的秦始皇陵，在历史上有没有被盗过？如被盗过，被盗的程度如何？对于这些，历来人们都十分关心。

记载秦始皇陵被盗焚的史籍有下列几条：

（1）《史记·高祖本纪》：楚汉之争时，刘邦历数项羽的十条罪状，其中第四条是："怀王约入秦无暴掠，项羽烧秦宫室，掘始皇帝冢，私收其财物。"

（2）《汉书·楚元王传》："项籍燔其宫室营宇，往者咸见发掘，其后牧儿亡羊，羊入其凿，牧者持火照求羊，失火烧其藏椁。自古至今，葬未有盛如始皇者也，数年之间，外被项籍之灾，内离牧竖之患，岂不哀哉。"

（3）北魏郦道元的《水经注》："项羽入关发之，以三十万人，三十日运物不能穷，关东盗贼销椁取铜，牧人寻羊，烧之，火延九十日不能灭。"

（4）唐代房玄龄等人主编的《晋书·载记》说十六国时期，后赵国君石季龙（石虎）"使掘秦始皇冢，取铜柱，铸以为器"。

（5）明代工部主事都穆在其所著的《骊山记》中说："项羽、黄巢皆尝发之。"

对于这些记载，我们怎样看？新中国成立后在陵园附近做了大量的考古调查钻探工作之后，我们有下列几点认识：

第一，在始皇陵封土的北侧和西北侧有大片的建筑遗址，在这些遗址内有大量的红烧土，成堆的残砖破瓦，说明陵园地面建筑确系毁于火焚。

第二，钻探资料表明，在封土两侧，铜车马陪葬坑的通道部位发现的两个直径1米、深度不足9米的盗洞，根据遗物判断，似为宋代人所掘，说明陵墓确实被盗过，但是这两个盗洞均远离地宫，说明尚未有人进入地宫之中。

第三，历史上虽有焚烧、盗掘陵墓的事实，但充其量只能是掘墓冢而已，不可能进入地宫之中。这是因为：①古代确实有以盗墓为生之徒，但这些鼠窃狗偷之辈面对修建坚固之秦始皇陵只能望洋兴叹，不可能进入地宫之中。②项羽从入关到离开关中，只有很短的时间，不可能派30万人用30天的时间去掠夺陵中财物，而且地宫建筑坚固，要进入地宫谈何容易。③近十年来，考古工作者在封土周围进行了细致的钻探工作，先后钻了4万多个探孔，所获得的钻探资料表明：地宫四周均有4米厚的宫墙，宫墙还用青砖包砌起来，并且找到了若干个通往地宫的甬道，发现甬道中的五花土并没有人为扰动的迹象，说明尚未有人进入地宫之中。

因此，秦始皇陵若有朝一日被发掘，那将是人类历史上无与伦比的最为壮观的考古发掘，地宫的秘密将会彻底大白于天下。

（著者综合学术界研究成果所撰）

# 第三章 统一多民族封建国家的进一步发展——西汉

（公元前206—公元25年）

## 一、 楚汉之争与西汉王朝的建立

秦朝灭亡后，刘邦和项羽之间展开了争夺封建统治权的斗争，这就是楚汉战争。

### （一） 刘邦进入咸阳后的政策

刘邦进入咸阳后采取了下列做法：

第一，接收秦的图籍。萧何把秦朝丞相、御史等重要官署的律令图籍接收过来，从而掌握了全国的战略要地、户口和经济状况，以便于重建新王朝的封建统治。

第二，争取民心。刘邦进入秦宫后，看到富丽堂皇的宫室和美女，很想留居宫内享乐。樊哙、张良等进谏，以秦亡为教训，劝他还军灞上，不要留居宫中。刘邦接受了劝告，封闭秦朝的府库，把军队撤到灞上。这一举动使刘邦在政治上争得了主动，赢得了民心。

第三，废除秦朝的严刑苛法，同时召集关中诸县的"父老豪杰"（地主阶级代表人物）约法三章："杀人者死，伤人及盗抵罪。"（《史记·高祖本纪》）

第四，稳定统治秩序。对秦朝原有的各级官吏和人民不予变动，并派人会同秦的旧吏到各县、乡、邑去公布这些决定（《史记·高祖本纪》）。

这些措施稳定了关中的封建统治秩序，得到了地主阶级的广泛欢迎和拥护，这为以后刘邦战胜项羽奠定了基础。

### （二） 项羽的政策

项羽在巨鹿之战后，对刘邦先攻下咸阳、占据关中不甘心。他自恃功高，兵力强大，攻破函谷关而入，屯兵鸿门（临潼东北），准备进攻刘邦。刘邦当时在军事上处于劣势，为了避免与项羽交锋，听取了张良的意见，亲自到鸿门与项羽言和求好（《史记·留侯世家》）。项羽的谋士范增劝项羽在鸿门宴上刺杀刘邦，项羽迟疑不决，刘邦得以脱险逃回灞上。项羽率军进占了咸阳，进行了下列做法：

第一，大肆抢劫。挖了秦始皇的坟，放火焚烧咸阳宫室，大火三月不熄，金钱财物被抢劫一空。

第二，在戏召开会议，大搞分封，自立为西楚霸王，把梁、楚九郡之地作为自己的直属领地，都于彭城（今江苏徐州），号令天下。项羽一共分封了18个王。最初楚怀王有"先入定关中者王之"（《史记·高祖本纪》）的约言，但项羽毁约，不让刘邦占据关中，改封刘邦为汉中王，使其居汉中、巴蜀一带。并把关中地区分封给秦降将章邯、董翳、司马欣，分别为雍王、翟王、塞王，号称"三秦"，用以牵制刘邦。其他的王多是亡国旧贵族和项羽的部将。项羽分封诸侯之后，认为"富贵不归故乡，如衣绣夜行，谁知之者！"（《史记·项羽本纪》）于是便回彭城显示尊荣了。

项羽的这些做法为他以后的失败埋下了祸根。

### （三）楚汉相争与西汉的建立

刘邦受封之后，不得不离开关中，率军进驻汉中。韩信本是项羽的部下，因不得志而投奔刘邦，经过萧何的一再推荐，得到重用。韩信分析了项羽的弱点和刘邦可以取胜的有利条件，提出了还定"三秦"的建议（《史记·淮阴侯列传》）。刘邦听从了这一建议，于公元前206年八月，从汉中进兵关中，雍王章邯失败困守废丘（今陕西兴平市），塞王司马欣和翟王董翳投降。刘邦再次占据关中。

刘邦在关中稳定之后，继续东进。在几个月内他占领了关中以及关东的河内、河南等战略要地，连同巴、蜀，拥有一个辽阔富庶的根据地，进可以攻，退可以守。楚、汉双方在荥阳、成皋一带相峙，展开了激烈的争夺战。公元前205年刘邦攻占了彭城。项羽急领精兵3万回师，刘邦战败，退守荥阳。刘邦的老婆吕雉和父亲都做了项羽的俘虏。公元前204年夏，刘邦尚未恢复元气，项羽又包围了荥阳。刘邦一面派人与项羽和谈，以为缓兵之计；一面让陈平使用反间计，使项羽与部下不和，不采纳范增的计谋，坐失战机。就这样，刘邦摆脱了困境，得以重整旗鼓。这一年十月，刘邦攻占了成皋（今河南荥阳西北），据有囤积充足粮食的敖仓，军心大振。此时，大将韩信先后攻占了魏、赵和齐地。刘邦也南联九江王英布，北联燕王臧荼。这样就完成了对项羽的包围形势。

公元前203年秋，项羽兵疲粮绝，被迫与刘邦达成和议，平分天下，以鸿沟（古运河名，今河南荥阳北）为界，"以西为汉，以东为楚"（《汉书·高帝纪》）。项羽归还了刘邦的父亲和妻子。

鸿沟和议之后，项羽便引兵东归，刘邦采纳了张良、陈平的计策，毁约乘胜追击。公元前202年，刘邦与韩信、彭越两支军队汇合，大败项羽于垓下（今安徽灵璧南沱河北岸）。汉军把项羽层层围住，四面唱起楚歌。楚军士无斗志，军心涣散。项羽眼看大势已去，只好与美人虞姬借酒消愁，"于是项王乃悲歌慷慨，自为诗曰：'力拔山兮气盖世，时不利兮骓不逝。骓不逝兮可奈何，虞兮虞兮奈若何！'"（《史记·项羽本纪》）歌罢带八百壮士突围，至乌江（今安徽和县东北）自刎（"四面楚歌""霸王别姬"的成语典故，讲的就是这个故事）。

刘邦灭项羽之后，于公元前202年十月在定陶即皇帝位，是为汉高祖，国号汉，史称"西汉"或"前汉"。先定都于洛阳，不久迁长安（今陕西西安西北）。

### （四）刘邦取得胜利的原因

楚汉战争前期，刘邦在军事上处于劣势，为什么后来取得胜利呢？这不是偶然的。

第一，刘邦顺应了全国人民结束秦末纷争、维护国家统一这个愿望。而项羽则一开始就满足于割据称雄，并不谋求全国统一。而且他违背历史发展的潮流，要把社会倒退到秦统一以前的封建割据时代去，这是注定要失败的。

第二，刘邦军纪严明，一进关中就尽除秦朝的严刑酷法，"约法三章"，得到关中人民的支持。在整个"楚汉战争"中，关中成了刘邦的巩固根据地。而项羽一入关中便烧杀抢掠，此后所到之处，也都"无不残破"，失掉人心。人心的向背，是刘邦取胜、项羽失败的重要原因。

第三，刘邦善于用人，在他的周围任用和团结了一批人才，如张良、萧何、周勃等。项羽表面上"仁而敬人"，实际上"妒贤嫉能"，自恃勇猛，刚愎自用。（《汉书·高帝纪》）有些曾是项羽的部下，不为项羽所用，后来投奔刘邦，如韩信、陈平等。他们都得到刘邦的重用，成为刘邦所依靠的重要谋臣武将。

第四，项羽不能采纳部下的正确意见，赏罚不明，内部不和，分崩离析。刘邦能采纳部下的正确意见，尤其能接近一些下层人物，使他们"见之如旧"。这样，刘邦避免或少犯了许多错误。这也是刘邦胜、项羽败的一个因素。

第五，在军事上，刘邦制定了一个全局的战略方针：建立巩固的关中根据地，以保证人力、物力的充足；在成皋之战中，刘邦采取了正面坚持、南北两翼牵制、敌后骚扰的方针，使楚军陷于多面作战的困境。这样，汉军渐渐由劣势转为优势，由被动转为主动，最后全歼楚军。与此相反，项羽在军事上没有一个全盘的战略考虑，没有一个战略基地，东奔西跑，一味应付，所以被动挨打，由强变弱，最后导致彻底的失败。

## 二、 西汉的政治

### （一）汉初维护封建统一的各项措施

#### 1. 恢复和健全封建国家机器

汉的各项制度，基本上承袭了秦制，所谓"汉承秦制"。

最高统治者是皇帝。皇帝下设"三公""九卿"，是中央最高政务机构。"三公"是丞相、太尉和御史大夫，分别掌管政治、军事、监察大权。"九卿"是奉常、郎中令、卫尉、太仆、廷尉、典客、宗正、治粟内史和少府，分别掌管国家的各种事务。

地方上，郡有郡守（景帝时更名太守）、郡尉，分掌政、军、监察之权。县，万户以上设县令，万户以下设县长，下设丞和尉，分管文书、治安。基层组织是十里为亭，有亭长；十亭为乡，有"三老"（掌教化）、啬夫（掌诉讼和收税）、游徼（掌管治安）等。

在军制方面，成年男子一生要服兵役两年。按照地区特点分配兵种，如巴蜀地区出材官（步兵），陇西等地出骑士，会稽等地出楼船。这些统称为"郡国之兵"，每有征伐可由国家征调。另外，刘邦又选了一部分精锐军队编为"南军"和"北军"，驻守京师。南军负责守卫皇宫，北军负责守卫长安。这些称为"京师之兵"。

在法律和刑罚方面，刘邦入关后有"约法三章"。建国之后，"约法三章"已不能适应地主阶级的需要，于是刘邦命萧何以秦的法律为蓝本，制定所谓《九章律》：第一章《盗律》，是有关强盗、窃盗的处罚条文，即保护私有财产的规定。第二章《贼律》，是有关杀人、伤人的处罚条文。第三章《囚律》，是有关拘禁和裁判的条文。第四章《捕律》，是有关逮捕人犯的条文。第五章《杂律》，是上述诸律以外各种犯罪的处罚条文。第六章《具律》，是有关刑罚加减的条文。第七章《户律》，是有关户口、婚姻的条文。第八章《兴律》，是有关军事的禁令。第九章《厩律》，是有关养马的条文。《九章律》是汉律的核心部分。

继《九章律》之后，有叔孙通的《傍章》18篇、张汤的《越宫律》27篇、赵禹的《朝律》6篇。加上《九章律》9篇，共60篇。这就是汉律的内容。

这样，刘邦就健全了封建国家机构，恢复了统治秩序，建立了地主阶级对农民的专政。

#### 2. 铲除异姓诸侯王，分封同姓诸侯王和功臣侯

楚汉战争中，刘邦为了击溃项羽，争取力量，分封了7个异姓诸侯王：楚王韩信、淮南王英布、梁王彭越、赵王张敖、韩王信、燕王臧荼、衡山王（后改称

长沙王）吴芮。他们的封地几乎相当于战国时期东方六国的全部疆域。在这些异姓诸侯王当中，像韩信、英布和彭越等人，对于西汉王朝的建立是立下了汗马功劳的。但他们拥有强大的兵力，各据一方，和朝廷分庭抗礼，大大削弱了中央政权的力量。楚王韩信在封国陈兵出入，被人告发，说他想谋反。刘邦采用陈平的调虎离山之计，以出游云梦、会诸侯王于陈（今河南淮阳）为名，乘韩信前来朝会之际，加以逮捕。刘邦念他有功，改封为淮阴侯，使居长安。后来韩信勾结陈豨，阴谋武装叛乱，被夷灭三族。以后刘邦又相继把梁王彭越和淮南王英布等异姓王一个个都消灭了，只剩下远在南方、势力最弱的长沙王吴芮和原在南越、接受汉封号的南越王赵佗。刘邦铲除异姓诸侯王，对于维护国家的统一、加强封建中央集权有重要意义。

刘邦在削除异姓王的同时，又分封 9 个同姓诸侯王，并做了"非刘氏而王，天下共击之"的规定，目的是想依靠刘氏宗族的力量，作为皇权的羽翼；并且规定王国的相、太傅、内史、中尉等重要军政官吏都由中央委派，以限制诸侯王的权力。

刘邦出于功臣部将的强烈要求，不得不封他们为侯。如封萧何为酂侯、曹参封为平阳侯、张良封为留侯、陈平封为户牖侯等。到刘邦去世时，先后受封的达到 143 人，大侯食邑万家，小侯五六百户。为了限制这些列侯的权力，刘邦下令受封的侯对其封邑（又称侯国）不能领土治民，行政权归郡县，他们只是衣食租税，作为俸禄。刘邦分封功臣，既对他们列土封侯的要求进行了必要的妥协，稳定了局势，又从政治上给其名位不予实权，维护了中央集权，这在当时是必要的。

### 3. 迁豪

先秦以来的豪族盘踞各地，势力很大。刘邦为了争取这部分人的支持，采纳了娄敬的建议，把齐的诸田，楚的屈、景、昭三大家族，燕、赵、韩、魏后裔以及豪杰名家，迁到关中。从高祖九年（前 198 年）开始，刘邦迁齐、楚大族昭氏、屈氏、景氏、怀氏、田氏等十余万口于关中，给他们良田美宅（《史记·高祖本纪》《娄敬传》）。其后又陆续把诸功臣家、官吏世家、高赀富人和豪杰并兼之家迁到关中皇帝的陵地周围，分给他们优厚的田宅。这样做，既便于西汉政府的控制，又能获得他们的支持，这对于巩固汉初的统一，起了重要作用。

### （二）惠、文、景时期的黄老"无为"政治

#### 1. 黄老"无为"政治出现的原因

西汉初年，封建统治集团鉴于秦朝的灭亡，常常探讨秦末农民起义的原因。刘邦本来很瞧不起儒生，陆贾在他跟前称道《诗》《书》，他不耐烦地说："我马上得天下，要《诗》《书》有什么用？"陆贾回答他说："马上得之，不能马上治

之。"刘邦听了觉得有道理，于是让他把秦失天下的原因和以往统治者的经验教训写出来，著成《新语》十二篇。陆贾认为，秦朝专任刑法，"用刑太极"，是它迅速覆亡的主要原因；主张"行仁义，法先圣""文武并用"。他的思想反映了汉初封建统治阶级中的一部分人认识到单纯依靠严刑峻法是危险的，因而必须寻找别的思想统治工具作为补充。

儒家的学说怎么样呢？刘邦尽管让陆贾撰《新语》，又让叔孙通领着一班儒生制定朝仪，但并没有完全接受儒家的学说，因为儒家本是奴隶制的意识形态，如不加以改造，显然不能满足封建地主阶级的政治需要。

刘邦死后，惠、文、景帝就从黄老学派那里找到了自己所需要的思想武器。曹参、陈平、汉文帝、窦太后等都十分推崇黄老之学。

所谓黄老思想，是托名黄帝之言，崇老子之术。这种思想产生于先秦，但汉初的黄老思想已不是先秦黄老之学的简单再版，而是适应当时政治需要，具有兼采各家思想的特点，见于陆贾的《新语》。1973年，长沙马王堆三号墓出土的《经法》《十大经》等四种佚书，据唐兰考证，即战国时的《黄帝四经》，但流行于汉初。这些出土文献研究汉初黄老思想的重要资料。

汉初推行黄老学说的著名人物是曹参。汉高祖时，他任齐相，召集当时的长老、儒生，征求"所以安集百姓"的意见，"诸儒以百数，言人人殊"，曹参大为失望。后来胶西的盖公，"善治黄老言"，他给曹参讲了一些"治道贵清静而民自定"之类的道理。曹参照着去做，结果"相齐九年，齐国安集，大称贤相"。萧何死后，他继任为丞相，"举事无所变更，一遵萧何约束"（《史记·曹相国世家》）。文帝"好刑名之言"（《汉书·儒林传》），长期任丞相的陈平崇尚黄老之术。文帝的皇后窦姬好黄老之学，强令她的儿子景帝及窦氏子弟都读黄老之书。景帝和武帝初，窦太后参与朝政，都是用黄老之术。黄老学说在汉初的政治舞台上盛行了60多年。

汉初黄老之学之所以盛行，并成为占统治地位的思想，最根本的原因有两个：一是黄老之学适应了当时缓和社会矛盾、恢复和发展经济的客观需要；二是适应了汉初统治阶级革除秦代弊政、积蓄力量以巩固新王朝统治的需要。

战国的长期战争，使社会遭到很大的破坏，人民渴望和平与统一。秦朝虽然统一了，但没有给人民带来休养生息的机会。汉初社会经济凋敝，国家需要恢复生产，人民需要休养生息。人心思定、人心思治，是整个社会的普遍要求。而黄老之学的基本宗旨，就是主张行"无为"政治，主张统治者"省苛事，节赋敛，毋夺民时"和"节用民力"，要求做到"应动静之化""顺四时之度"以及"静作得时，毋逆天道"，等等。总之要求统治者适当减轻人民负担，不要过度剥削人民。这有利于缓和社会矛盾，恢复和发展生产。这些基本主张既符合人民休养生息的愿望，也适应统治阶级巩固统治的需要。所以，黄老之学在汉初能够蓬勃发展，并成为统治阶级借以制定政策的理论依据。

此外，西汉新王朝的力量还非常薄弱，需要有一个相对稳定的发展时期，以便逐步积蓄力量，实现自己的战略目标。在这种形势下，统治阶级需要的是一种既有利于社会安定，又有一定进取精神的意识形态。历史表明，法家的极端专制主义导致了"二世而亡"；先秦儒家又不符合西汉新统治者的胃口。而这时候的黄老之学的理论主张，既不像法家的极端专制主义那样"严而少恩"，又吸收了法家维护君主专制等级制度的内容；既不像儒家繁琐的礼仪制度那样"博而寡要"，又吸取了儒家的"爱民""德治"的主张和"仁义礼智"之类的伦理观念。既不像老庄一类早期道家那样消极、厌世，又吸取和发扬了他们的"无为无不为"的理论。所以，黄老之学在汉初受到统治阶级的欢迎并非偶然，它是当时政治形势发展的需要。

### 2. 汉初实行黄老之学的历史作用

汉初实行黄老之学的历史作用是促进了中国封建社会历史上第一个盛世——"文景之治"的出现。"文景之治"的主要内容包括：

第一，贵粟政策。这是汉文帝时晁错提出来的。这项政策的原则是"使民以粟为赏罚"。"募天下入粟县官（指朝廷或天子），得以拜爵，得以除罪。"就是人民可以用粮食买爵位，也可以用粮食赎罪。这一政策使国家的存粮大增，农民的生活和生产都一度得到改善。

第二，"轻徭薄赋"。①减免田租。汉文帝时由十五税一，减为三十税一，有 12 年全免天下田租。②减轻算赋。原每人每年纳一算（120 钱），减为 40 钱。③减轻徭役。原来每人每年在郡县充更卒一个月，减为三年充更卒一个月。

第三，修"马复令"。这是晁错提出来的。民家养马一匹，可以复免三人徭役。鼓励人民养马，加强武备。

第四，"开关梁，弛山泽之禁"。这是汉文帝变"抑商"为"惠商"的措施。商人们可以自由贩运，任意开山鼓铸，砍伐木材。"弛山泽之禁"对劳动人民也有好处。

第五，"约法省禁"。即废除秦的一些严刑苛法，如诽谤妖言法、妻孥连坐法、断残肢体的肉刑，等等。许多官吏断狱从轻，"刑轻于它时而犯法者寡"。这和秦末"赭衣塞路，囹圄成市"形成鲜明的对照。

### 3. 削藩和平定七国之乱

汉初的黄老政治固然对恢复和发展封建地主经济、巩固封建政权起了一定作用，但这种政治带来的一个很大弊病，就是诸侯坐大，成为威胁西汉中央政府的分裂势力。

刘邦分封的同姓王共有 9 个：燕、代、齐、赵、楚、梁、吴、淮南、淮阳。这些王国的封地很大，最大的齐国领有 73 县。而汉中央政府直接统辖的却只有

15 郡，还包括许多侯国和公主的食邑在内。同姓诸侯王拥有很大的权力，可以经营盐铁、征收赋税、铸造钱币、任免官吏。分封之初，多数同姓王的年纪还小，由中央任命的丞相和太傅尚能控制局面。后来诸侯王长大了，就逐渐把权力抓在自己手里。随着封国社会经济的恢复和发展，这些同姓诸侯王的势力也日益膨胀，俨然成为一个个独立王国。如淮南厉王刘长"废先帝法，不听天子诏，居处无度，为黄屋盖乘舆，出入拟于天子，擅为法令，不用汉法"（《史记·淮南衡山列传》）。汉文帝时的政论家贾谊在《陈政事疏》（又称《治安策》）中指出，当时天下的形势正像一个患肿病的人，平居不能屈伸，一两个指头痛起来就不得了。朝廷已经处于"抱火厝之积薪之下而寝其上，火未及燃"的境地，如不及时采取有力措施，局面必将不可收拾。汉文帝听取了贾谊"众建诸侯而少其力"（《汉书·贾谊传》）的建议，把齐国一分为七，把淮南王一分为三，以削弱诸侯的力量。汉景帝时，御史大夫晁错提出"削藩"的建议，即逐步"削其支郡"（《汉书·晁错传》），归中央直接管辖。他明确指出："今削之亦反，不削之亦反。削之，其反亟，祸小；不削，反迟，祸大。"（《史记·吴王濞列传》）汉景帝采纳了他的建议，着手采取措施剪除同姓王的势力。于是一场西汉王朝和同姓诸侯王之间的战争爆发了。

汉景帝三年（前154年），早就准备谋反的吴王刘濞与楚、赵、胶东、胶西、济南、淄川六国串通，以"清君侧"诛晁错为名，发动叛乱。汉景帝听信袁盎的话，以为杀了晁错，七国就不反了，于是把晁错杀了。其实吴王等的叛乱，"其意不在错"（《汉书·晁错传》），而是想当皇帝。因此，杀了晁错，诸王不仅未罢兵，反而更猖狂地向中央进攻。事实教育了汉景帝，下决心平叛，并派周亚夫为太尉率军迎击。只经过3个月就把这次叛乱平定了。平定七国之乱后，汉景帝颁布了新的法令：规定诸侯王只能衣食王国的租税，无权过问王国的一切政治事务，王国的所有行政权、官吏任免权全部归西汉中央政府，废除王国中的御史大夫、廷尉等官僚机构，降低其他官职的秩禄和权限（《汉书·百官公卿表》上）。这样，诸侯王便成为只有爵位而没有实权的贵族，王国也基本上相当于郡县了。

### （三）汉武帝时期封建中央集权制度的进一步强化

#### 1．尊崇儒术

汉初统治阶级总结秦亡的教训，认为"严刑峻法"不足以使天下长治久安；而文景时实行黄老政治，又招致吴楚七国之乱。到汉武帝时还是找到了儒家。所以，汉武帝时期，儒家思想开始得到封建统治阶级的表彰和提倡。建元元年（前140年），汉武帝即位（16岁）。在外戚田蚡和窦婴的操纵下，丞相卫绾提出："所举贤良，或治申、商、韩非、苏秦、张仪之言，乱国政，请皆罢。"（《汉书·武帝纪》）武帝表示同意。次年，武帝任窦婴为丞相，田蚡为太尉。他们"权移主上"，又"俱好儒术"。同时任用儒者赵绾为御史大夫，王臧为郎中令，鼓吹"以礼为服制，以兴太平"（《汉书·窦婴田蚡传》）。这时，汉武帝的祖母窦太后还在，并过问朝政。窦太后崇尚黄老学说，不好儒，赵绾因此建议武帝不再向窦太后奏事。窦太后得知后大怒，把赵绾和王臧下狱治罪，罢免田蚡和窦婴。儒家学说未能得到继续推行。

过了三年，窦太后死去，田蚡复相，儒家学说得以重新抬头。汉武帝三次策问贤良文学，问的是关于古今治乱之道和天人的关系等问题。治《春秋》公羊学的董仲舒三次上书应对（即"天人三策"），受到汉武帝称许。

董仲舒的思想以儒为主，杂糅了阴阳五行以及法家某些思想成分，构成了由"天"主宰一切的庞杂的客观唯心主义体系，用神学的观点论证了皇权和封建秩序是神圣不可侵犯的。

他认为"天"是有意志的，"天"创造了人。这叫"人副天数"，即天人合一。天创造出来的人的本性，分为三品："圣人之性""斗筲之性""中民之性"。"圣人"的天职是行教化，他说：

> 古之造文者，三画而连其中谓之王。三画者，天地与人也，而连其中者通其道也。取天地与人之中以为贯而参通之，非王者孰能当是？（《春秋繁露·王道通三》）

由此可见，"天人合一"即"天王合一"。由于"天子受命于天"，尊天就必须尊王。这样，皇帝被置于神圣的地位。由皇帝实行"大一统"是天经地义的。这一套维护封建统治的理论，当然为皇帝所欢迎。

董仲舒根据他的"阳尊阴卑"理论，建立起"三纲五常"的道德规范。他主张君为臣纲，父为子纲，夫为妻纲，这些关系就像天地阴阳一样，由天的意志所决定。而"仁、义、礼、智、信"的"五常"，则是维护和调整"三纲"的五种永恒不变的道德原则。这样，"三纲"以及决定"三纲"的天的意志，即神的权威，就构成了维护整个封建统治的四种权力——政权、族权、神权、夫权。这四种权力，"代表了全部封建宗法的思想和制度，是束缚中国人民特别是农民的四条极大的绳索"（毛泽东：《湖南农民运动考察报告》）。

董仲舒还鼓吹"道之大原出于天，天不变，道亦不变"（《汉书·董仲舒传》）。"道"是指封建的道统，是帝王从天那里承受下来的。天是永恒存在的，封建社会的秩序和最高统治原则——"道"也是永恒不变的。

这样，经过董仲舒改造和重新解释的儒家思想，把封建统治秩序神圣化、永恒化、合理化了。董仲舒鼓吹礼乐教化，认为教化是防止人民反抗的有效手段。

这套儒家思想，适应了封建统治者欺骗人民的需要，所以得到汉武帝的赞赏。汉武帝采纳董仲舒、公孙弘的建议，在长安设立太学，置"五经"博士，专门讲授儒家经典《诗》《书》《易》《礼》和《春秋》。"五经"博士有弟子50人，成绩优良者可做官。公孙弘以治《春秋》为丞相封侯，"自此以来，公卿大夫士吏，彬彬多文学之士矣！"（《汉书·儒林传序》）在思想领域，汉武帝把儒家作为统治思想，但在实际的政治上，他是儒法并用。他所重用和依靠的大臣，大多是既熟谙儒术而又深知刑法的人，如张汤、汲黯等。

### 2.对王、侯的"削""夺"政策

汉武帝继续实行汉景帝的削藩政策，他做了几件事：①元朔二年（前127年），汉武帝采纳了主父偃的建议，颁布"推恩令"，规定诸侯王除嫡长子继承王位以外，可以推恩将自己的封地分给子弟，由皇帝制定封号。结果从王国里不断分出许多改由郡统辖的小侯国，这些侯国的列侯，只能衣食租税，不能过问政事。王国的封地越来越小，中央统辖的土地越来越大（《汉书·主父偃传》）。②鉴于淮南王刘安及衡山王刘赐蓄谋叛乱，颁布"左官律"和"附益阿党之法"。左官，指诸侯王国的官吏，"左官律"规定这些官吏不得在朝内任职，目的是防止诸侯王在中央插手。"附益阿党"指依附犯罪的诸侯王，知情而不检举者，要受到惩罚。这样避免了诸侯王结党营私。③按照西汉中央政府的规定，在诸王列侯的封国里，田租、算赋和口赋由诸王、列侯征收，但要交一部分给皇帝作为献费或祭祀宗庙的酎金。元鼎五年（前112年），汉武帝以列侯所献助祭的酎金分量不足或成色不佳为理由，夺爵106人。④用法律手段夺去犯罪者之爵位或无子继承者的爵位。这样，王国和侯国数目越来越少，中央直接统辖的地区越来越广。

### 3.设"内朝官"和刺史制

西汉前期，在中央统治机构里，由丞相、太尉、御史大夫分别掌管政务、军务和监察。汉初，丞相的权力很大。汉武帝为了加强皇帝的威权，一方面有意裁抑丞相的职权；另一方面拔擢了许多"贤良文学"者或上书言事者做高级侍从——侍中、给事中。这些人统称为"内朝官"，同皇帝很接近，出入禁闼，参与朝政，皇帝通过他们来裁决各项政事。这样就削弱或取代了朝臣（"外朝官"）的一部分权力，而由皇帝来直接行使。

为了加强中央对地方的控制，汉武帝又创设刺史制度。元封五年（前106年），汉武帝分全国为十三部（州），每部派一名刺史，并给他们规定了"六条问事"的职权，周行郡国，检举不法的郡国官吏和强宗豪右。这种考察的目的，一方面是限制地方官的权力，加强对他们的约束以便集权于中央；另一方面也是加强对豪强大族的控制。

### 4.设察举，设五经博士招揽人才

汉武帝为了加强中央集权，广开仕途，招揽人才来执行政令。他使用的办法有：①元光元年（前134年），实行察举制度，令郡国每年举孝、廉各一人。公元前130年，又下令郡国"征吏民有明当时之务、习先圣之术者"，每年遣送到京师，以备选用。从此，察举制便成为定制。②采纳公孙弘的建议，为五经博士置弟子员，每年考试，能通一经以上，成绩优良的可以任郎中。③不定期举行的举贤良，由皇帝出题策问，应策者在对策中发表政见，提出建议，如果对策得到赞赏，可以得到不同的官职，由郎官直至卿相。

汉武帝通过这些措施得到不少人才，如卜式、司马相如、主父偃、朱买臣等，都是得到汉武帝的赞赏而任官的。这些人才进入中央和地方的各级政权机构，有力地巩固和发展了中央集权。

### 5. 建立侍卫军和禁卫军

侍从军有三支：期门、羽林和羽林孤儿。期门：因常为侍从汉武帝而期待于殿门，故称期门。羽林：取"如羽之疾，如林之多"之意。羽林孤儿：由战死者的子弟组成，因养在羽林宫，故称。禁卫军：有八支，由八个校尉率领，故称"八校尉"。士卒由招募而来，是职业兵，后来发展成为西汉王朝的军事主力。

#### （四）汉元帝全面尊儒

西汉昭帝、宣帝时期儒家势力进一步增长。汉昭帝时召开的"盐铁会议"上，桑弘羊与"贤良文学"的斗争十分激烈。汉宣帝仍采用儒法。但甘露三年（前51年），汉宣帝召开石渠阁会议，讨论儒家五经的异同，最后由汉宣帝裁决，向全国颁布儒家经典标准本，进一步确立了儒家在思想领域中的统治地位。

汉宣帝死后，汉元帝即位。汉元帝从小好儒，"颇改宣帝之政"，全面尊儒，表现为：①大量"征用儒生，委之以政"。贡禹、薛广德、韦玄成和匡衡都是当时有名的大儒，分别担任丞相和御史大夫的中枢重任。匡衡概括他们的政治是："任温良之人，退刻薄之吏"，"览六艺之意，察上世之务。"（《汉书·匡衡传》）②尊孔裔。汉元帝初元元年（前48年），朝廷征聘孔子的13世孙孔霸为师，赐爵关内侯，食邑800户。③大力奖励儒生。凡儒生，只要通一经就可以免去徭役。永光元年（前43年），汉元帝提出以质朴、敦厚、逊让和有行四项儒家标准来选拔人才和考核郎官，提倡儒家伦理道德。

自汉元帝以后，儒家贯穿整个封建社会，一直被作为正统思想，用以统治人民。

## 三、 西汉的经济政策

### （一）汉初恢复农业生产的各项措施

汉初经济凋敝，民不安生，国库空虚，以致皇帝的马车找不到四匹毛色一样的马，将相出门只能乘牛车。汉初皇帝采取了一些积极措施，以恢复国民经济，稳定封建秩序。

### 1. 分给复员军吏士卒田宅和免除其徭役

刘邦队伍的成员主要来自农民。刘邦实行按军功赐给田宅的制度，爵位在七大夫以上的，皆令食邑，优先给予田宅。但大部分人仍为士卒。刘邦当了皇帝以后，颁布了"行田宅"和免除从军士卒徭役的命令（《汉书·高帝纪下》）。"行田宅"，就是分配给复员军吏士卒土地和宅园。

刘邦还几次下令免除复员士卒的徭役。公元前202年，刘邦下令第六等爵官大夫以下的，免除本身及全家的徭役。公元前196年下令，凡跟从入蜀、汉、关中的士卒，终身免除徭役；第二年又规定世世代代免除徭役。

刘邦称帝后，还下"复故爵田宅"令（《汉书·高帝纪下》），即战争期间流亡山泽、不著户籍的人回到家乡以后，恢复旧日的爵位和田宅。汉文帝时，多次下令劝课农桑，对努力发展生产的给予奖励。

这些措施对恢复和发展农业生产起了一定的作用。

### 2. 重农抑商

战国以来，大工商业主拥有众多的资财，囤积居奇，牟取暴利，严重破坏了农业生产。为了抑制大工商业主，刘邦采取了一些重要措施。如为他们另立户籍，称为"市籍"，并做出各种限制：凡有"市籍"的人一律不准穿丝织品和细葛制的衣服，不得携带兵器，不得乘车骑马，不得做官，要加倍缴纳人口税。这些措施对制止大工商业主的破坏活动起了一定作用，有利于农业生产与发展。

### 3. 释放奴隶

在秦末农民战争中，奴隶参加了起义军，有相当一部分奴隶在战争中获得了解放。但汉初占有奴隶的现象仍很普遍。刘邦即帝位不久就下令，凡庶民因饥贫而卖身为奴婢者，一律释免为平民。"民以饥饿自卖为人奴婢者，皆免为庶人。"（《汉书·高帝纪》）汉文帝时，又废除了把罪人家属罚为奴隶的法令，还下令"免官奴婢为庶人"（《汉书·文帝纪》）。这一方面是为了争取民心，另一方面也为农业生产提供了劳动力，同时增加了国家征派赋税和徭役的对象。这对封建国家经济的充实和农业的发展都是有利的。

### 4. 鼓励增殖人口

汉初人口锐减，刘邦采取了鼓励增殖人口的政策。高帝七年（前200年），刘邦下令，凡"民产子"，可以免除二年徭役。人口的增殖也就是劳动人手的增加，同时也增加了国家征收人头税的数量。

以上这些措施促进了社会经济的发展，加上赋税、徭役较轻，通过劳动人民的辛勤劳动，出现了"文景之治"。

（二）赋税、徭役制度

封建国家注重生产，最终的目的是征收赋税。西汉建国之后，在全国进行人口登记，建立了周密的户籍制度，依据户籍向人民摊派各种赋税和徭役。西汉政府的编户制度：按规定，非经政府允许，人民不得任意迁徙。经过关津，要有"传"或"繻"（写在简牍或缯帛上面的文书）证明。户口簿上登记着居民的年龄、性别、亲属关系以及土地财产，作为征收赋税、徭役、兵役的根据。还登记了居民的身高、肤色等状貌。每年 8 月，官府要查核一次户口。西汉统治者把户口的管理作为考核地方官吏的一项重要标准。

汉朝的赋税主要有三种：

（1）田赋：按土地征收赋税。汉初以来，朝廷先后实行了十五税一、十税一、三十税一，中间有十几年还免除田租。这在当时算是轻的。但是绝大部分土地掌握在地主手中，所以减免田赋实际上对地主阶级有利。

（2）口赋：人头税。按照年龄分为两种。一是算赋：凡 15 岁到 56 岁，不论男女，每人每年向国家缴纳 120 钱，称为一算。商人和奴婢加倍。二是口钱：凡 7 岁到 14 岁，不论男女，每口每年缴纳 20 钱。

（3）献费：名义上是诸侯王、通侯及地方官吏献给皇帝的。刘邦规定按照所辖地区的人口数，平均每人每年出 63 钱贡献给皇帝。

徭役的负担有兵役和力役。汉朝规定成年男子都要应役。汉景帝时定为 20 岁，汉武帝以后改为 23 岁，到 56 岁免役。徭役主要有以下三种：

（1）正卒：这是正式兵役，役期一年。

（2）戍卒：这是到边境担任戍守或到京师做卫士的一种徭役，役期一年。如果不去，可交钱由政府雇人代戍。

（3）更卒：到各级政府服劳役。汉文帝时一年一次，为期一月，称为"更"。修城、修堤、修路、造桥、运粮和做地方警卫等，都是"更卒"的任务。亲身服役的叫"践更"，出钱雇人代役的叫"过更"。

以上这些赋役负担只是一些主要项目，实际上农民所遭受的剥削远不止于此。在湖北江陵从汉代前期墓葬中出土的一批田租算赋竹简，其中的记载比上述规定要多许多。田租中所加的杂税有祭祀用谷、酿酒谷，还有折耗等，其数竟达田租的 1/4。算赋也不是按年，而是按月敛取，每月 8 钱到 36 钱不等，一年的总数大大地超过了 120 钱。

（三）关于农民战争的历史作用的讨论

学术界主要有两种意见：一种意见认为，农民战争的作用表现为战后新建的封建王朝对农民实行让步政策，如轻徭薄税、兴建水利、发展生产等。我们把这种观点概括为"让步政策论",以翦伯赞、王戎笙、孙祚民等为代表。

另一种意见认为,战后的封建王朝只能对农民进行反攻倒算,农民战争的作用表现为在斗争中的流亡和垦殖。我们把这种观点概括为"反攻倒算论",以孙达人等为代表。

关于这个问题的讨论,学界都认为农民战争推动了历史的前进,问题是怎样表述这一历史作用。

第一种意见在 20 世纪五六十年代是最流行的,几乎占据一切教科书。以翦伯赞的一些著作为代表,作为解释毛泽东在《中国革命和中国共产党》中所说的"在中国封建社会里只有这种农民的阶级斗争、农民的起义和农民的战争,才是历史发展的真正动力"的权威。从 60 年代开始,有人对此说提出质疑。此后开始了讨论,应该说这个时期的讨论还是一种学术讨论,但已经存在一种极"左"的苗头,翦伯赞的这种观点被当作资产阶级观点批判。如关锋、戚本禹之流就是以当时学术界的权威自居,批判"让步政策论"。

"文化大革命"前夕,孙达人写了一篇文章,得到毛泽东的好评,说没有什么让步政策,只有反攻倒算。此后,"反攻倒算论"占了上风,完全把"让步政策论"作为一种反动观点打下去,翦伯赞被迫害致死。

打倒"四人帮"之后,学术界的春天来到了,党的"百花齐放,百家争鸣"方针得到贯彻,这个问题重新开始讨论。这几年的情况,基本的论点没有多少变化,但有一些新的提法,例如:

第一,王戎笙在《只有农民战争才是封建社会发展的真正动力吗?》(《历史研究》1979 年第 4 期)一文中提出:"让步政策"并不是一个完整的理论概括。在大规模农民战争之后新上台的封建统治者,慑于覆车之鉴,力图改革前朝弊政,都实行过"让步政策"。这种历史现象的存在,是谁也否认不了的。但是,这种现象在历史上并不普遍,它只出现在几次大规模农民战争之后少数帝王统治时期。对于大多数农民战争来说,"让步政策论"缺乏事实根据,是没有说服力的。作者对"反攻倒算论"提出了"质疑"。他认为"反攻倒算论"是宣传"政治行为(或暴力)在历史上起决定作用,采取什么样的生产关系是由暴力拥有者的意志决定的,对于生产关系一定要适合生产力性质这个贯穿于人类历史的根本性的客观规律则采取了根本不理的态度"。

胡如雷在《"让步政策"是客观存在的》(《光明日报》1979 年 1 月 16 日)一文中认为农民起义对地主阶级的震慑在于,使新王朝的皇帝心有余悸,从而能更有效地推行"让步政策"。大致农民起义越是能在推翻腐朽王朝中取得较大的"成功","让步政策"的推行就越是有效。因此,"让步政策"是农民起义的成果之一,是农民阶级所占领的斗争阵地的扩大。

第二,孙达人在《"贯穿于人类历史的根本规律"和农民战争的历史作用》

（《陕西师范大学学报》1979 年第 3 期）一文中重申了他的观点："封建地主阶级对待农民决不会作出真正意义上的让步，更不会有什么让步政策"，即反攻倒算的政策。农民战争的作用表现为在斗争中的流亡与垦殖。从汉代至唐代这 800 年间，大批"亡人""流民""捕亡""恶宿"的南下，使南方得到了开发，封建经济中心南移，是我国封建经济发展的基本表现。而逃亡农民则是这种开发的主力军。

第三，田昌五在《论秦末农民起义的历史作用——兼评让步政策》（《文史哲》1979 年第 1 期）一文中认为"让步政策"在古往今来大规模阶级斗争中都是可能有的，但是，农民战争的历史作用不应从战后封建统治阶级执行的政策中去寻找，而应从封建社会的客观矛盾的变化和推移过程中去寻找。他以秦末农民起义为例，分析了起义前社会关系发生的一些显著变化，包括封建土地制度、农民的社会地位、关中和关东的关系，以及汉族和南方少数族关系的变化，阐明秦末农民起义的历史作用。

### （四）汉武帝时期的财经政策

汉武帝由于长年用兵，军费大增，财政极其困难。同时，为了从经济上加强封建中央集权的力量，在张汤、桑弘羊的协助下，汉武帝在财经制度上实行了一系列改革。

#### 1. 改革币制——国家垄断铸钱

汉初，朝廷听任郡国地方自由铸钱。吴王刘濞和汉文帝的宠臣邓通都曾以铸钱"富埒天子"，当时有"吴、邓钱布天下"的说法。货币不统一，钱大小、轻重不等，造成物价紊乱，对国家财政的管理很不方便。元狩四年（前 119 年），汉政府铸白金币（银锡合金）三品，同时销半两钱，更铸三铢钱，重如其文。次年（元狩五年，前 118 年），因三铢钱太轻，由郡国更铸五铢钱。但由于郡国铸钱，往往给商人盗铸钱留下可乘之机，因此，元鼎四年（前 113 年）汉武帝下令禁止郡国铸钱，同时废止白金币，另造新五铢钱，由掌管上林苑的水衡都尉所属钟官、辨铜、均输三官分别负责铜钱的铸造、成色审查和运输。新钱是由上林三官铸造的，所以又称为上林钱或三官钱。从此，钱币归于统一，政府的财政状况也大大改善。

#### 2. 盐铁官营

汉初，盐铁听任民间经营，商人把持盐铁，投机倒把，大发横财，但却"不佐国家之急"。元狩三年（前 120 年），大农令郑向汉武帝推荐盐、铁商东郭咸阳和孔仅担任大农丞，总领盐铁事务。东郭咸阳和孔仅建议任命一些拥护封建中央集权的商人为吏，实行盐铁官营，把生产和销售盐铁的权力收归国家垄断。汉武帝接受了他们的建议，在产盐和产铁的地方设置盐官和铁官，全国设置盐官三十几处，铁官四十几处。有些盐铁官由原来经营盐铁的商人担任。元封元年（前110年），桑弘羊被任命为治粟都尉，领大农，进一步加强了盐铁官营的管理。同时又规定酒也由国家专卖。实行盐铁官营，加强了封建专制主义中央集权国家的物质基础。

### 3. 设均输官、平准官

原来，政府各部门所需要的物资，经常要从商人手中购买，商人则故意抬高物价。而地方郡国向中央上交的贡物又因远道运输，运费往往超过贡物的原价。元封元年（前110年），汉武帝采纳桑弘羊的建议，置大农部丞数十人，派往各地郡国担任均输官，专门负责管理调度征发郡国的各种货物。同时，在京师又置平准官，负责收购各地的货物，"贵则卖之，贱则买之"，以调剂市场有无，平衡物价（《汉书·食货志》）。这样，打击了投机商人，使"富商大贾亡所牟大利"，而把"大利"归诸政府。在桑弘羊任职期间，一年之中，仅均输帛一项就达500万匹。

### 4. 颁布算缗、告缗令，打击商人

汉初，朝廷对商人在政治上曾给予一些限制，但经济上缺乏有力的打击措施，所以，尽管"法律贱商人，商人已富贵矣"（《汉书·食货志》）。这些商人利用他们拥有的大量财富，"交通王侯""千里游敖，冠盖相望"，勾结封建割据势力，挖封建中央集权国家的墙脚。汉武帝为了打击商人，增加国家收入，于元狩四年（前119年）颁布了算缗、告缗令。算缗令规定向商人、高利贷者征收财产税，按照他们呈报的财产数目，凡2000钱抽取一算（120钱）；对手工业作坊主，凡4000钱抽取一算。车、船也要征税。不是"三老"、北边骑士而有轺车的，一乘抽一算，商人加倍。船5丈以上抽一算。凡是对自己的财产隐瞒不报或呈报不实的，被人告发以后，罚戍边一年，并没收其财产。对告发的人则赏给所没收财产的一半，作为奖励。此外，还禁止有市籍的商人占有土地，违反者没收其土地和其他财产。这项法令推行之后，告缗之风骤起，"杨可告缗遍天下，中家以上大抵皆遇告"（《汉书·食货志下》）。西汉政府一次就没收了数亿（10万为亿）的财产，成千上万的奴婢，没收的土地大县有几百顷，小县有百余顷，有力地打击了大工商业者。文献上载："得民财物以亿计，奴婢以千万数，田大县数百顷，小县百余顷，宅亦如之。于是商贾中家以上大率破。"（《汉书·食货志》）

## 四、 西汉的阶级结构

在封建社会里，地主和农民是两个主要的阶级。

（一）地主阶级

按政治经济地位的不同，地主阶级又分为不同的阶层或集团。

**1. 封建国家地主**

封建国家和皇帝直接掌握大量土地，这种土地称为"公田""官田"。"公田"遍布各郡县，大县有数百顷，小县有百余顷（《汉书·食货志》），而以"三辅"为最多（注：汉把首都地区划分为京兆、左冯翊、右扶风三部分来治理，称为"三辅"）。"公田"的经营方式是：一部分租给贫民耕种，收取租税；一部分使用罪徒或奴隶耕种；还有一些租给豪民，由豪民再转租给农民。"屯田"是"公田"的一种形式，是经营西域时为解决军粮供给问题而兴办的。"公田"分别由大司农和少府等机构管理。由大司农掌管的收入归国库，由少府掌管的收入归皇帝作为私奉养。

**2. 食封贵族地主**

这是依靠政治特权，以食封地租税为主要特征的封建贵族。因政治经济地位不同可分四类。

（1）诸侯王。西汉一代被封为诸侯王的累计有 60 多人，他们拥有"夸州兼郡，连城数十"的封地，在封地内享受封地的租税。

（2）王子侯。即分封诸侯王的子弟为侯。汉景帝以前分封的有 20 余人。汉武帝实行"推恩令"，大规模地分封诸侯王世子以外的诸子为侯，王国被分割出小国，如城阳一国就有 54 侯，赵有 35 侯。王子侯越分越多，终汉之世有 408 人（《汉书·王子侯表》）。他们只食租税，不能参与封地政事，完全是一群不劳而获的寄生虫。

（3）列侯。汉初主要是异姓功臣，如封萧何、曹参等为侯。吕后时外戚也封侯。汉武帝以后某些大臣又有因恩泽而封侯的。功臣侯和外戚恩泽侯累计有 384 人（《汉书·功臣表》）。列侯的封地称侯国。他们主要食侯国农民的租税，无独立行政权。这些侯或住长安，或在中央和地方做官。他们分布全国各地，成为西汉封建政权的重要支柱。

（4）爵位在列侯（二十级爵）以下、七大夫（七级爵）以上的，也按爵位高低得到多少不等的食邑、衣食租税。他们构成食封贵族地主的中下层。二十等爵：①公士；②上造；③簪袅；④不更；⑤大夫；⑥官大夫；⑦公大夫；⑧公乘；⑨五大夫；⑩左庶长；⑪右庶长；⑫左更；⑬中更；⑭右更；⑮少上造；⑯大上造；⑰驷车庶长；⑱大庶长；⑲关内侯；⑳列侯。

**3. 豪族地主**

这个阶层在西汉前后期社会地位有明显的变化。

西汉前期的豪族地主，不属于刘邦集团，政治地位不高。汉初曾对他们实行打击政策，如"迁豪"等。

汉武帝以后，豪族地主通过不同途径（如买官爵、考试等）登上政治舞台，成为官僚；官僚凭借权势大肆侵占土地，成为大地主。豪族与官僚之间已是坦途相通了。如汉成帝时的大官僚张禹，其家原是"以田为业"的大地主，做官后依仗权势，强买民田400顷，这些民田全都是泾、渭流域的上等好田。（《汉书·张禹传》）有些官僚地主经营商业、手工业以取利，如曾位列九卿的杨恽，"家居治产业，起室宅，以财自娱"，并且贱买贵卖，"逐什一之利"（《汉书·杨敞传》附《杨恽传》）。西汉后期官僚、地主和商人三位一体的结合有了明显的发展。

豪族地主既拥有政治权势，又拥有庞大的宗族势力和经济地位，所以他们一登上政治舞台，必然要形成宗族集团把持政治的所谓私门政治。从西汉后期开始，豪族地主把持政权的局面一直延续下来。

**4. 中小地主**

大概家资10万钱的，可以称为中小地主。《史记·文帝本纪》载："百金，中民十家之产。"则十金当为中民一家之产，一金值一万钱，所以中民之家的家产在10万钱左右。《居延汉简》记"公乘"礼忠的家财有五顷田、五匹马、二头牛、三辆车，大小奴婢三人，住宅一区，家产值15万钱（劳幹：《居延汉简考释·释文之部》，1943年）。礼忠属中小地主。

整个地主阶级，尤其是食封贵族地主和豪族地主，靠着对农民的残酷掠夺，过着骄奢淫逸的生活。他们死后还实行厚葬，从河北满城中山靖王刘胜夫妇墓、陕西咸阳杨家湾汉墓、湖南长沙马王堆轪族及其家属的墓葬来看，地主阶级挥霍劳动人民的血汗是相当惊人的。

（二）农民阶级

西汉时期的农民主要分为封建国家控制下的自耕农、佃农和雇农。

（1）自耕农。有一定数量的土地和农具，以一家一户为单位进行个体生产。他们被西汉政府通过户籍制度严格地控制着。政府在户籍上详细地登记了"编户"的情况：户主、家庭成员、性别、年龄、相貌特征、土地、园宅、牲畜及其价值等。封建国家根据户籍向"编户"征赋税和派徭役。西汉政府为了确保收入，还实行"联伍"，一家逃亡，其他家要承担逃亡者的各种义务，甚至还要受刑。

自耕农的财产有多少呢？《居延汉简》记载了徐忠一家的情况：全家10口人，有一所住宅、50亩地、2头牛，家财值13000钱（《居延汉简甲编》）。当属这类农民。在湖北江陵凤凰山10号汉墓发现的户口册上记载着25户的田数和人口，共有105人，田617亩，每户平均田数是24亩7分，按劳动力平均每人9

亩，而最少的只有 2 亩（《湖北江陵凤凰山十号汉墓出土简牍考释》，《文物》1974 年第 7 期）。可见自耕农的财产是不多的。

关于自耕农的生活情况，汉文帝时晁错上书说：

> 今农夫五口之家，其服役者不下二人，其能耕者不过百亩，百亩之收，不过百石。春耕夏耘，秋获冬藏，伐薪樵，治官府，给徭役。春不得避风尘，夏不得避暑热，秋不得避阴雨，冬不得避寒冻。四时之间亡日休息。又私自送往迎来，吊死问疾，养孤长幼在其中。勤苦如此，尚复被水旱之灾，急政暴赋，赋敛不时，朝令而暮改。当具有者半贾而卖，亡者取倍称之息。于是有卖田宅、鬻子孙，以偿责（债）者矣。（《汉书·食货志上》）

文景盛世尚且如此，西汉后期自耕农被逼得更无法生活了。

（2）佃农和雇农。佃农有少量的土地，雇农根本没有土地，依靠租种地主的土地或做雇工过活。租种封建国家的土地是封建国家的佃农，租种私人地主的土地为私人地主的佃农。佃农租种土地，租率一般在收成的 1/2 以上（《汉书·食货志上》）。雇农的生活更无保障。这些佃农和雇农当时被称为"贫民"或"徒附"，受主人的严格控制，实际上是一种依附农民。

### （三）工商业主

汉初和武帝时期都实行"重农抑商"政策，对大工商业主进行了打击。但是，随着经济的发展，一大批新兴工商业主应运而生。汉元帝、汉成帝以后，仅京师一地就有樊嘉、挚网、如氏、苴氏、王君房、樊少翁、王孙大卿等著名大工商业主。在各郡国也有一大批富商。

大工商业主还利用积累的财富来购买土地，这就是所谓"以末致财，用本守之"（《史记·货殖列传》）。因此，大工商业主又成为大地主。汉武帝以后，大工商业主又通过入粟补官、买官买爵的办法，而变成大官僚。如汉武帝时大牲畜贩运商卜式，官升至三公。孔仅和东郭咸阳等著名大商人也都成为管理国家财政的要员。

### （四）奴婢和刑徒

西汉时期，有数以千计的奴婢在手工业作坊、矿场、牧场里劳动。汉景帝时，在长安以北和以西设养马场"太仆牧师诸苑三十六所"，有官奴婢 3 万人，养马 30 万匹（《汉书·景帝纪》注如淳引《汉仪注》）。各级官府都有相当数量的奴婢，有的多达几千人（《太平御览》卷 229 引《汉旧仪》）。把奴婢作为赏赐的记载也相当多，汉武帝赏给他同母异父的姐姐修成君奴婢 300 人（《汉书·外戚传上》）。汉宣帝一次赏给霍光奴婢170人（《汉书·霍光传》）。这些奴婢主要是供官吏生活和享乐的役使，也有为官府做些杂事的。

除了官奴婢之外，还有私奴婢。一些贵族、大官僚以及大工商业主也役使着数以百计的奴婢。除了奴婢之外，还有相当数量的"刑徒"，他们虽不是终身奴隶，但在服刑期间与奴隶相当。许多重大工程如建造城郭、筑长城、修路造桥、修造陵墓等都由"刑徒"承担。

## 五、 西汉社会经济的发展

经过西汉初年广大农民和手工业者的辛勤劳动，一度凋敝的社会经济慢慢恢复和发展起来。到汉武帝时期，统一的多民族的封建国家开始呈现出繁荣的景象。《汉书·食货志上》说："至武帝之初七十年间，国家亡事，非遇水旱，则民人给家足，都鄙廪庾尽满，而府库余财。京师之钱累百巨万，贯朽而不可校；太仓之粟陈陈相因，充溢露积于外，腐败不可食。"

### （一）农耕新技术和农业的发展

#### 1. 牛耕和铁器的广泛推广

汉初，牲畜比较缺乏，一般农民得用人力耕作。为了促使牲畜繁殖，朝廷下令禁止杀牛和盗牛。《盐铁论·刑德》载："今盗马者罪死，盗牛者加。"到汉武帝时，牲畜普遍增加，畜力耕作（牛耕为主，马耕为辅）普遍地应用起来。

铁工具得到普遍推广。从考古材料看，翻土工具有臿、铲、镬、铧，除草工具有锄，收割工具有镰。《盐铁论·水旱》中说，铁器是"民之大用"，使用铁器，"则用力少而得作多"；没有铁工具，"则田畴荒，谷不殖"。东北从今天的辽东半岛，西北至甘肃、新疆，西南至云南、四川、贵州的个别地方，南至广东、广西，都有汉代的铁农具出土。可见铁农具被广泛推广了。有的农具比过去大有改进，如辽宁省辽阳市北部三道壕聚落中出土的铁铧犁，比战国时期的铁口犁耕土深、效率高。在陕西省礼泉县烽火公社王相村等地发现的铁铧上还附有起翻土成垄作用的铁铧壁（即犁镜），它把犁地与起垄两道工序缩短为一次完成，大大提高了劳动效率。

《汉书·食货志上》说汉武帝时赵过推广牛耕，是"用耦犁，二牛三人"。二牛拉犁，一人扶犁，一人牵牛，一人控制犁地的深度。到了西汉末年又有所改进，如山西平陆枣园村发现一座王莽时期的墓葬，有二牛抬杠、一人扶犁的壁画，说明当时已掌握了通过牛鼻穿环来控制犁牛方向以及用犁箭来控制耕地深浅的技术，节省了两个劳动力。从"二牛三人"到一人扶犁，是犁耕技术的一个大进步。但贫苦农民无力购买耕畜，仍然采用"跖耒而耕"的落后方法。《淮南子》上说的"织者日以进，耕者日以退"，正是这种"跖耒而耕"的写照。

### 2. 耧播技术的发明

在辽阳三道壕有铁耧足出土，北京清河镇朱房村也出土过铁耧足。文献记载，耧车是在汉武帝到汉宣帝时期发明的。《齐民要术·耕田一》引崔寔《政论》："其法，三犁共一牛，一人将之，下种、挽耧，皆取备焉，日种一顷。"山西平陆枣园村汉墓壁画有一幅耧播图，描绘一人驾车，一牛挽犁，犁有三根耧足，这与文献记载是一致的。耧车的发明，是播种技术的一次革命，它标志着我国耕作技术已达到相当高的水平。

### 3. 兴修水利，灌溉农田

汉武帝时期，关中开凿了许多规模较大的灌溉渠道：

（1）漕渠：由著名水利工程家徐伯主持开凿。渠长 300 余里，历时三年。渠成后，关东到长安的漕运时间缩短了一半，沿渠万余顷土地得到了灌溉。

（2）龙首渠：引洛水灌溉今陕西大荔一带农田，因"岸善崩，乃凿井，深者四十余丈，往往为井，井下相通行水"（《史记·河渠书》）。这就是井渠法。这种方法后来推广到新疆称为坎儿井。

（3）六辅渠：朝廷在郑国渠上游南岸开了六条小渠，使两旁高地得到了灌溉。

（4）白渠：这是最著名的一条渠道，太始二年（前95年）开凿。渠在郑国渠之南而和它平行，灌溉面积达4万余顷。当时有歌谣称颂它："田于何所？池阳谷口。郑国在前，白渠起后。举臿为云，决渠为雨。泾水一石，其泥数斗，且溉且粪，长我禾黍。衣食京师，亿万之口。"（《汉书·沟洫志》）

此外，关中地区有名的渠道还有成国渠（位于今山西眉县北）、灵轵渠（位于今陕西兴平）、沣渠（位于今陕西扶风西）等。关中以外，各地都修筑了不少灌溉渠道。

治理黄河是那时规模浩大的水利工程。文、景时，对黄河时决时修。元封二年（前109年），汉武帝东巡，征调了几万民工从事修治黄河。这次治河收到较大效果，此后60年间，黄河没有发生大的水灾。

### 4. 代田法和区田法

汉武帝末年，搜粟都尉赵过在农民生产经验的基础上，总结出一种先进的耕作方法——代田法，即把耕地分治成甽和垄，甽宽一尺、深一尺，垄亦宽一尺，甽垄相间。把种子播在甽里，以增强禾苗的抗旱抗风能力。次年把甽和垄的位置调换一下，照样种植，再配合施肥和灌溉，每亩的产量可增加一斛到三斛（《汉书·食货志上》）。

汉成帝时，氾胜之总结了关中地区农业生产经验，研究出一种精耕方法——区田法（注：氾胜之所著的《农书》已佚，后世称《氾胜之书》。贾思勰的《齐民要术》转引氾胜之《农书》的内容。"区田法"见《齐民要术·种谷三》）"区田法"即把耕地分为上农区、中农区和下农区三部分。上农区掘土方深各六寸为一区，每区相隔九寸，一亩地可掘三千七百个区，每区下粪一升，下种二十粒，每亩下种二升。中农区和下农区的土方大一些，相距远一些。这是一种园艺式的耕作技术。这种方法由于"工力烦费"，没能大力推广。

总之，西汉的农耕技术有了很大的进步，耕地面积也进一步扩大。到西汉末年平帝时，全国的耕地面积约为8270536顷，以当时的人口（约59594978口）计算，每人平均耕地13.8亩（《汉书·地理志》）。主要农作物的品种增多，长沙、洛阳出土的农作物标本和陶仓上书写的粮食品种，有黍、粟、高粱、小麦、大麦、粳稻、秫稻、薏米、大豆、小豆和麻子等。农产品的加工技术也有新的创造和发明，利用水力和风力发明的水碓和风车等，使人们从过去繁重的杵舂劳动中解放出来。

## （二）手工业

农业的发达为手工业的发展创造了条件。

### 1．冶炼铁、钢的新技术

西汉时期，冶铁的规模很大。汉代冶铁遗址发掘甚多。仅河南一省之内，发现的汉代的冶铁和铸铁遗址就有15处。河南巩县（今巩义市）、南阳、郑州古荥镇都发现规模巨大的西汉铁官所属的冶铁作坊遗址。在巩县遗址，考古工作者在所发掘的2000平方米的范围内发现了矿石加工工场一处，各式冶铁炉、熔炉、锻炉等20座，还有藏铁坑、配料池、铸造坑等附属设备，以及各式各样的冶炼器材和产品。燃料有木柴、原煤和煤饼三种，根据不同炉型，使用不同燃料。在南阳遗址，考古工作者在发掘3000平方米的范围内发现了17座半地穴式的炼炉，炼炉由门、火膛、炉床和烟囱四部分组成。这两处遗址的共同点是：冶铁作坊与原料产地相结合，冶炼工序集中，从开采矿石到锻打铁器已全部使用铁制工具，设备相当齐全，都使用鼓风装置，说明当时人们掌握了高温冶炼的技术。当时炼出来的主要是海棉铁（块炼铁）。

古代炼钢的方法分两个阶段：最早是用块炼铁或熟铁渗碳的办法炼钢。我国在战国时期大概用这两种办法，西汉后期已懂得了炒钢技术，比用块炼铁炼钢前进了一大步。炒钢，就是把生铁加热到熔化或基本熔化以后，在熔池中加以搅拌，借助空气中的氧把生铁中所含的碳氧化掉。炼钢炉有反射炉和炒钢炉两种。炒钢的发明不仅是炼钢史上一次技术革命，而且对整个社会经济发展都有重要意义。欧洲炒钢在18世纪始于英国，马克思在《资本论》中对此给予很高的评价。我国的炒钢工艺生产比欧洲早1600多年。这是我国古代劳动人民的一项伟大创造。

西汉的铁器不只限于农具和手工业工具，而且铁制兵器和铁制生活用具开始大量生产。洛阳烧沟发掘的汉墓表明，铁制的灯、釜、炉、剪和家用刀、书刀等，都在西汉中期开始出现。到了西汉末年，铁制的日常生活用具已经普遍存在于南北各地（中国科学院考古研究所：《新中国的考古收获》，1961 年）。

### 2. 纺织业

纺织业是汉代重要的手工业。民间的农民家庭手工业，男耕女织，多半是麻布、葛布和普通的绢帛之类。在纺织业发达的城市里，有很多从事纺织的个体手工业者，还有豪富人家经营的手工业作坊。这些都是私营的。

朝廷在齐郡临淄和陈留襄邑（今河南睢县）等地设立了大规模的官营手工业作坊，专门制造各种精美的丝织品，供皇室使用。长安也设有东、西"织室"。官营作坊的织工常常达到数千人，每年开支达几万万钱。

丝织品的种类有很多。民间丝织业主要是生产缣和帛。官营作坊则生产各种名贵的锦、绣、縠、纱等，有的上面织有天象、鸟兽、植物和几何图案等精美的花纹，有的还织有"延年益寿""长乐光明"等吉祥文字。当时已经使用"提花机"，这是纺织技术的一大成就。相传巨鹿人陈宝光的妻子善织蒲桃锦和散花绫，她织的绫锦非常费工，要 60 日才能织成一匹，每匹价值万钱。长沙马王堆发掘的西汉轪侯妻子的墓葬，随葬大量的丝织品，包括目前所了解的汉代丝织物的大部分品种，有绢、罗纱、锦、绣、绮等，花纹的制作技术有织、绣、绘等，纹样有各种动物、云纹、卷草、变形云纹以及菱形几何纹等。其中有一件用素色纱做成的禅衣，衣长 128 厘米，袖长 190 厘米，但重量只有 49 克，质轻而薄，犹如现在的尼龙纱。

汉武帝打败匈奴以后，打通了向西域的道路，西汉的丝织品便成为我国与中亚、西亚各国进行贸易的主要物品，并通过这些国家的商人转运到欧洲，被希腊、罗马的贵族视为珍品。那时中国通向中亚、欧洲的商路开始以"丝绸之路"而驰名于世。

### 3. 手工艺品

漆器、铜器和金银器、玉器都具有高度的工艺价值。这些手工艺品大多由政府在产地设工官制造。蜀郡（四川成都）和广汉（四川金堂）是当时漆器的主要产地。漆器的制作过程复杂，分工细密，制成一件漆器要经过很多道工序，耗费很多人的劳动。贵州清镇西汉末年墓出土的一件漆盘，上面的 61 字铭文说明，它是经过六道工序和五层监管造出来的。而另一件耳杯的铭文则记载了八道工序。漆器的造价很高，尤其是镶有金属边饰的所谓金银扣器，其价值是铜器的10 倍。马王堆一号汉墓中出土的 180 多件漆器，大多数是木胎，少数作夹纻胎、竹胎，髹漆，里红外黑，极其光亮。

铜器也很精美。河北满城发掘的西汉中山靖王刘胜及其妻窦绾的两座大墓，出土了大量器物，其中的铜器如错金银鸟篆纹壶、鎏金镶嵌乳钉纹壶、错金博山炉和鎏金"长信宫灯"等，造型优美，制作精致，纹饰华丽，工艺水平很高。特别是两件"金缕玉衣"，各用两千多件四角穿孔的玉片，以金丝编缀而成，若要给刘胜夫妻算一笔剥削账，则是不大容易的。下面只记几件：

（1）刘胜的玉衣形体肥大，全长1.88米。全套玉衣共用玉片2498片。玉片的大小和形状，是按照人体各部分的不同形状而设计的。玉片的角上都有穿孔，以便用金丝把它们编缀起来，所用金丝共约1100克。

窦绾的玉衣比较瘦小，全长1.72米。它由2160片玉片组成，共用金丝约600克。

这两套玉衣所用的玉料，据鉴定为东北地区所产的岫岩玉。制作玉衣时，首先要从遥远的地方运来玉料，然后经过一道道工序把玉料加工成玉片，每块玉片还要经过磨光和钻孔，在编缀玉片时还需要大量特制的金丝，由此可见，制成一套金缕玉衣，一个熟练的工人也需要大约10年之久才能完成。

（2）在刘胜、窦绾墓内的"库房"里，陈放着33个装酒的大陶缸，能装一万多斤酒。据记载，汉代酿酒是"稻米一斗，得酒一斗"（《汉书·平当传》）。酿造一万多斤酒，估计需要粮食一万多斤。如果按一个劳动力每月吃一石半（约当今45斤）粮食计，一万多斤粮食就等于一个劳动力近20年的口粮。

（3）窦绾墓里的一件铜锅（小盆）上有铭文，记载这件铜锅是从河东（今山西夏县）买来的，价格是840钱。当时粮食价格，汉文帝时每石十余钱，或数十钱，到汉宣帝时每石低至5钱，唯汉武帝时的粮价不见于记载。假定按每石粮食价30钱计算，840钱可购粮食28石（约合今840斤）。据记载，当时一般人每月吃一石半（约45斤），以此计算，用购买这件铜锅的钱去买粮食，可供一个劳动力吃一年半。840钱等于一个成年人缴纳7年的人头税（每人每年交算赋120钱）。

#### 4. 船舶制造业

西汉的造船业很发达。文献记载有所谓"楼船"，可载千人。1974年，广州发现一处秦汉造船工场遗址，有三个造船台。一号造船台能造宽3.6～5.4米、长18～27米的船只；二号船台能造宽5.6～8.4米、长28～42米的船只。从这个官办工场来看，当时的造船技术是相当高超的。

#### （三）商业和城市

农业和手工业的发达，促进了西汉商业的繁荣。国家的统一，各地交通的发展，山泽禁令的放弛，也给商业活动提供了有利条件。

西汉初年，汉政府对商人采取压抑的政策，但商人的势力仍在发展。如师史运载货物的车辆以百数，转贩郡国，"无所不至"，家产达七千万（《史记·货殖列传》）。有的大商人还使用奴隶劳动，如刁间役使奴隶，"逐鱼盐商贾之利"，成为拥资数千万的暴发户（《史记·货殖列传》）。商人经营的范围很广，从生活资料到生产资料，应有尽有，仅《史记·货殖列传》记载的重要商品就达到数十种之多。一个大商人每年的收入，相当于食邑千户的封君。他们"衣必文采，食必粱肉"，过着骄奢淫逸的生活。不少商人还兼营高利贷。

商业活动主要在都市里进行。由于经济发展不平衡，都市的分布也很不平衡。汉武帝时，全国比较著名的都市有 20 座左右。秦时，全国县城有八九百座，到西汉末年，地方城镇发展到 1500 多座，两百年间几乎增加了一倍。

长安是西汉的都城，也是全国最大的商业都市。长安城规模宏大，比当时西方的罗马城大 3 倍以上。根据近年的发掘，长安城的规划和布局大体搞清楚了。城墙周围共合汉代 60 里强。它共有 12 个城门。街道非常宽广，可以容纳 12 辆大车同时并进。有 9 个市：西市六，东市三。市内有手工业作坊，有出售商品的列肆。

长安以外，洛阳、临淄、邯郸、宛、成都等都是著名的都市。江淮流域和珠江流域也逐渐发展起来一些重要的都市，如寿春、吴（今苏州）、番禺（广州）等。番禺也是对外贸易的中心。

汉长安城墙，据《三辅黄图》记载：高三丈五尺，下宽一丈五尺，上宽九尺（新中国成立后发掘实测，汉城基部宽度约为 16 米，远较此数字为大）。周围共有 12 个城门。每个城门都有三个门洞，每个门洞各通一条大路，中间一条专备皇帝用，一般人只能走两边的路。城周围总长 65 里（约合今 26 公里），城内土地总面积 973 顷，开辟了华阳、香室、章台、夕阴、尚冠、太常、积盛、藁街等 8 条大街和宣明、建阳、昌阴等 160 个巷里。设有东市、西市、柳市、直市、交道亭等 9 个市区。街道平坦宽阔，路旁绿树成荫。城外有壕水环绕，宽三丈、深二丈。城内人口，据《汉书·地理志》记载：汉平帝元始二年（公元 2 年）"户八万八百，口二十四万六千二百"。这个数字显然偏低，每户以五口计算，当在 40 万以上。若将皇族、士兵及其他人员计算在内，当在 50 万左右。

汉武帝时是长安的最盛期。汉武帝修建了上林苑围墙，周 400 余里，苑内放养无数禽兽，以供射猎游乐。元鼎六年（前 111 年），汉武帝把南方奇草异木如菖蒲、山姜、甘蔗、槟榔、橄榄、留术子、桂、蜜香、指甲花、龙眼、荔枝等移植上林苑中。然南北气候不同，多不成活。偶然有一枝荔枝种活，亦不结实。植物之外，还有九真之麟、大宛之马、黄支之犀、条支之鸟等。

长安城内商业非常繁荣，大行业自不必说，就连经营马医、卖浆、贩脂、卖肉干、磨刀剑、行商等小行业的人，也是家累千金、钟鸣鼎食。《汉书·货殖传·宣曲任氏》描写得非常生动："自元、成讫王莽，京师富人杜陵樊嘉，茂陵挚网，平陵如氏、苴氏，长安丹王君房、豉樊少翁、王孙大卿，为天下高訾。

（注，师古曰：'王君房卖丹，樊少翁及王孙大卿卖豉，亦致高訾。訾读与资同。高訾谓多资财。'）樊嘉五千万，其余皆巨万矣。王孙卿以财养士，与雄桀交，王莽以为京司市师，汉司东市令也。"长安卖豆豉的富商能够和贵族结交，被王莽任命为京司市师，其活动本领之大可想而知。

## 六、 西汉与边疆各族的关系

### （一）西汉与匈奴族的关系

#### 1．汉初对匈奴的"和亲"政策

匈奴自从被蒙恬率领的秦军打败之后，逃往漠北，有十余年不敢南下。秦亡，匈奴又回到原来的地方。那时候，冒顿做了单于，他乘刘邦、项羽相争的时候，东攻东胡，西击月氏，南并楼烦、白羊，重新占领河南地（今河套及伊克昭萌地区），进抵燕、代（今河北、山西两省北部）。又向北征服了浑庾、屈射、丁零、鬲昆、薪犁等部落，控制了当时中国东北部、北部和西部的广大地区，拥有骑兵几十万，势力空前强大。

西汉政权建立后，匈奴的势力已延伸到山西、河北的北部。公元前 201 年秋天，冒顿单于围攻马邑（今山西朔县），韩王信投降。冒顿引兵南下，一直深入到晋阳（今山西太原西南）。第二年，汉高祖亲率 30 多万大军迎击，被匈奴 40 万骑兵围困在平城白登山（今山西大同东南）七天七夜。后来汉高祖用陈平之计，重赂冒顿单于的阏氏（音烟织，即皇后），方才脱险。当时，汉朝内部的统治还不稳固，社会经济尚未恢复，无力对匈奴进行大规模的军事反击。汉高祖采纳娄（刘）敬的建议，对匈奴采取"和亲"政策，表现在：第一，汉政府把宗室女嫁给匈奴单于，与匈奴言和，维持友好关系，每年送赠大量的絮、缯、酒、食物等。第二，在边境上通关市，进行贸易。第三，汉与匈奴结为兄弟，相约以长城为界，北面归匈奴，南面归汉。这种政策是消极的，是迫不得已的妥协。经过文帝、景帝，直到汉武帝初年，西汉政府一直执行这个政策。但是汉初的"和亲"政策并没有使匈奴奴隶主贵族对汉朝边郡的攻掠停止下来。汉惠帝、汉文帝时期，匈奴贵族一直不断进扰，给中原人民带来很大灾难。

#### 2．汉武帝时期对匈奴奴隶主贵族的反击

为了反击匈奴奴隶主贵族的侵夺，西汉政府从文帝之世就开始积极进行准备。汉文帝接受了贾谊积极防御的建议，并做了相应的准备。汉景帝时，晁错总结了之前应对匈奴袭扰的经验和教训，指出单纯的军事防御是劳而少功，他建议"徙民实边"（《汉书·晁错传》）。这是对匈奴的战略思想的一次较大转变。

汉武帝时，随着社会经济的恢复和发展，诸侯王势力被削弱，中央集权得到

加强，封建统治日趋稳固，反击匈奴的条件已经成熟。于是西汉政府对匈奴统治集团采取大规模的军事进攻。元光二年（前133年），汉政府派马邑人聂翁壹引诱匈奴单于率领10万骑兵入武州塞。汉兵30余万埋伏在马邑附近的山谷中，打算一举歼灭匈奴主力。军臣单于中途发觉这是个诱兵之计，引兵退回。汉与匈奴的关系正式破裂，从此揭开了双方大规模战争的序幕。从元朔元年（前128年）到元狩四年（前119年）十年之间，双方进行了十多次战争，而其中有决定意义的有三次。

第一次，公元前127年（元朔二年），匈奴到上谷、渔阳（今北京市怀来县和密云区）一带抢劫，汉武帝派卫青、李息率兵出击，在河套地区打败匈奴的楼烦王、白羊王的军队，夺回了河套地区，设置了朔方郡和五原郡，从内地迁了10万人到那里定居。经过这次战役，匈奴对汉都城长安的威胁解除了。

第二次，公元前121年（元狩二年）三月，霍去病率领一万多骑兵出陇西，越过焉支山（今甘肃山丹河之东）千余里，大破匈奴军。这年夏天，霍去病又率领数万骑兵出陇西、北地二千里击匈奴，越过居延泽（今甘肃额济纳旗北部），攻至祁连山。匈奴单于要处死被汉军打败的浑邪王和休屠王。这两人派人向汉洽降。汉派霍去病去迎接，休屠王中途变卦，为浑邪王所杀。浑邪王带领4万余众归汉，汉政府把他们安置在陇西、北地、上郡、朔方、云中五郡，即黄河以南的故塞之外，叫作"五属国"。为了切断匈奴与羌人的联系，汉政府在河西广大地区设置了武威、张掖、酒泉、敦煌四郡，称河西四郡。从此，汉通西域的道路被打通了。

第三次，公元前119年（元狩四年），匈奴从右北平（今河北平泉市一带）、定襄（今内蒙古和林格尔）进攻西汉。汉武帝派大将军卫青、骠骑将军霍去病率骑兵分两路迎击匈奴：卫青出定襄塞外，包围了匈奴单于，伊稚斜单于带几百骑突围逃走，精锐部队全部丧失，汉军直追至寘颜山赵信城。霍去病出代郡（今河北蔚县一带），同匈奴左贤王接战，也取得重大胜利，汉军一直追到瀚海（今西伯利亚贝加尔湖）而还。这次战役双方伤亡都很大。经过这次沉重的打击，匈奴远徙，日益衰落下去。汉政府也因此消耗了大量的人力和物力，一时没有力量组织进攻（《史记·卫将军骠骑列传》）。

汉武帝对匈奴的战争，虽然耗费了大量的人力、物力，加重了人民的赋税徭役负担，但制止了匈奴奴隶主贵族对汉族和其他少数族的野蛮掠夺，保卫了汉朝边郡人民生命财产的安全，维护了边郡地区先进的农业生产，这是符合各族广大劳动人民的利益的。

### 3. 西汉后期汉与匈奴的关系

从汉宣帝神爵二年（前60年）起，因单于继位问题，统治集团内部发生了严重的分裂。发展到汉宣帝五凤二年（前56年），便出现了"五单于争立"的局面，呼韩邪（音耶）单于夺取了统治权。但过了两年，又被郅支单于打败。甘露元年（前53年），呼韩邪单于率领部众至五原塞下，向汉称臣，送子入质，随后又亲自到长安朝见。汉政府以礼相待，把他们部众安置在漠南光禄塞下，派兵保护，给予粮食。郅支单于害怕汉兵支持呼韩邪单于来攻，乃率领部众西徙至乌孙东北，后又转至康居。元帝建昭三年（前36年），郅支单于为汉西域都护甘延寿、副校尉陈汤所杀。郅支单于死后，匈奴全部土地复归呼韩邪单于统治。呼韩邪单于附汉称臣，汉元帝以宫女王昭君嫁给呼韩邪单于，"昭君出塞"成为汉朝与匈奴和好的历史佳话。今内蒙古呼和浩特市南郊有昭君墓（青冢）。1963年董必武为墓所作的诗云："昭君自有千秋在，胡汉和亲识见高；词客各摅胸臆懑，舞文弄墨总徒劳。"认为过去的文人说昭君"琵琶马上弹怨曲"是不符合历史真实的。

呼韩邪单于归附汉有巨大的历史意义：

第一，在民族关系方面，他结束了汉匈两族150年来的战争状况，使之转入和平、友好的关系，开创了汉匈两族团结合作的新局面，出现了"边城晏闭，牛马布野，三世无犬吠之警，黎庶无干戈之役"（《汉书·匈奴传》赞）的和平景象。

第二，在政治方面，打破了"自三代之盛，胡、越不与受正朔"的旧传统，开了我国北方地方政权接受中原中央政权领导的先河，从而使中原先进的政治直接影响塞北，密切了塞北与中原的政治关系，促进了塞北与中原的统一。

第三，在经济文化方面，汉匈和平友好，关市畅通，促进了经济文化的互相交流，先进的汉族文化对于匈奴社会经济的发展起了积极的影响。例如，匈奴的穿井、筑城、筑房舍等技术是学自汉人。匈奴墓中有汉式"长宜子孙"规矩镜和织有"吉祥如意"字样的丝绸出土，说明受到汉文化的影响。汉族的竽、瑟、箜篌及音乐传入匈奴，深受匈奴人喜爱。匈奴文化也影响了汉族，丰富了汉族人民的经济文化生活。西汉的养马业空前发达，这与匈奴马匹的大量输入和匈奴人在养马技术上对汉人的帮助是分不开的。匈奴人金日磾（注："日"音"觅"，"磾"音"低"）长于养马，并为汉朝政府养马，"马肥好"，汉武帝为之奇异，提升他为马监，可以作为一个典型的例证（《汉书·金日磾传》）。

### （二）汉与西域各族人民的关系

#### 1. 西域简况

"西域"一词最早见于《汉书·西域传》。西域有广义和狭义之分。西汉时期，人们把今甘肃玉门关、阳关以西的我国新疆、中亚细亚等地区统称为西域，这是广义的西域。它还包括葱岭以西的中亚和西亚、南亚的一部分，以及东欧和北非的个别地方，是中国就当时地理知识所及对西方地区的泛称。狭义的西域，主要是指汉代西域都护府所管辖的地区。

那时，今新疆境内居住着月氏、乌孙、塞种等许多少数族，他们分别建立了36个地方政权，如南缘有楼兰（鄯善）、婼羌、且末、于阗（今和田）、莎车等，习称"南道诸国"；北缘有姑师（后分前、后车师，在今吐鲁番）、尉犁、焉耆、龟兹（今库车）、温宿、姑墨（今阿克苏）、疏勒（今喀什）等，习称"北道诸国"。他们面积不大，多数是沙漠绿洲，人口也不多。他们多数从事农业，少数以游牧为生。这些地方出产五谷，盛产葡萄和最好的饲料苜蓿。这些地区原来都受匈奴奴隶主贵族役属，匈奴奴隶主贵族在焉耆等国设有"僮仆都尉"，"赋税诸国，取富给焉"，对这些小国进行奴役和剥削。

大月氏人曾居住在敦煌和祁连山之间，西汉初年被匈奴打败，部分月氏人向西迁徙，占据了塞国（今新疆伊宁附近），建立了大月氏国。匈奴杀月氏王，"以其头为饮器"。因此，大月氏与匈奴是"世敌"。汉武帝即位后，从匈奴俘虏的口中得知大月氏有报复匈奴之意，于是便想联合大月氏共同夹击匈奴。由于对西域情况不够了解，月氏的去处不明，到西域去又必须经过匈奴占领的地区，任务相当艰巨，因此汉武帝下令公开征募能担当出使重任的人才。

**2. 张骞出使西域**

建元三年（前138年），张骞"以郎应募，使月氏"（郎是皇帝的侍从官）。他率100多名随员出使西域，中途被匈奴捉住，被拘留了十多年，匈奴单于硬要他娶当地人为妻，并且生了儿子，但这没有动摇他完成任务的决心。最后他乘机逃出，来到西域。但这时月氏人已被乌孙人驱逐，迁往大夏（今阿富汗北部）。张骞历经千辛万苦来到大夏，因这时的月氏人已定居大夏，无意东还与匈奴打仗。张骞在大月氏逗留了一年多，得不到结果，只好回国。回国途中，又被匈奴拘禁一年多。元朔三年（前126年）匈奴内乱，张骞逃出，回到长安，前后经过13年，回来时只有他和堂邑父。这次出使虽然没有达到联络大月氏的目的，但是熟悉了西域的政治、军事、地理、风俗等情况。张骞把这些情况向汉武帝做了详细报告。这就是《汉书·西域传》资料的最初来源。

元狩四年（前119年），张骞奉命第二次出使西域。这时汉朝业已控制了河西走廊，张骞率300多人，每人备两匹马，带牛羊万头，金帛货物价值"数千巨万"，顺利地到达了西域。这次出使的目的，是联络匈奴属下的乌孙，共同抵抗匈奴。这就是著名的"断匈奴右臂"战略。但由于当时乌孙内部正有争夺王位的纷争，加之他们对汉朝的情况不了解，因此张骞也没有达到目的。张骞遣副使持节到大宛、康居、月氏、大夏等国联系，自己则带领几十名乌孙人回到长安。乌孙人来长安，是西域的使者第一次到中原地区。从此汉与西域的交通建立了起来。

张骞通西域，对发展和加强汉族与少数族之间经济、文化的交流起了很大的作用。西汉政府在西域屯田，将汉族人民的先进生产技术，如井渠（即坎儿井）、冶铁术和多种生产工具传到那里，促进了当地生产的发展。在西汉中后期的鄯善墓葬里，许多死者身上穿着丝织品，随葬品有不少来自内地的铜镜、漆盒、铁制发钗等。这说明汉族的经济文化对西域各族具有深刻影响。

西域各族的经济文化对中原地区也同样产生了影响。西域的葡萄、胡瓜（黄瓜）、胡葱、苜蓿、大蒜、胡桃、西瓜、石榴等植物在内地栽培起来。强壮高大的西域马和号称沙漠之舟的骆驼也大量传入中原。文化上，西域各族的文化如歌曲、舞蹈、乐器等，也在中原地区传播开来。

张骞通西域，开辟了有名的"丝绸之路"，沟通了中国与中亚、西亚各国的关系。南路：由阳关经鄯善，沿南山（昆仑山）北麓至莎车，西越葱岭到大月氏、安息等国，再往西可到达大秦。北路：由玉门关，沿北山（天山）南麓西行，经疏勒，越葱岭的北部，西向可以到达大宛、康居、奄蔡等国，再往西也可到达大秦。

### 3. 西域都护府的建立

张骞通西域后，西汉派往西域的使者往来不绝，使者经过姑师、楼兰（即鄯善）时，任意勒索财物和贡品。元封三年（前108年），汉武帝派赵破奴、王恢率兵打败姑师和楼兰。太初元年（前104年），汉武帝又派李广利征大宛，经过四年战争征服大宛。接着汉自敦煌以西至盐泽，沿途修筑烽燧亭障，并在轮台、渠犁一带实行军事屯田，置使者校尉管理，为去西域的使者提供住处和食粮饮水。汉宣帝神爵二年（前60年），匈奴发生内乱，西部的日逐王率部归汉，僮仆都尉取消，西域各国才完全摆脱了匈奴贵族的剥削和奴役，接受汉政府的直接统辖。汉政府在西域各地修筑烽燧和城垒，任命郑吉为西域都护，都护府设在乌垒城（今新疆轮台东北），统领和管辖西域诸国。

### （三）汉与西南各族的关系

在我国西南部居住着许多少数民族，汉代统称为"西南夷"，《史记》有《西南夷列传》。其中比较大的有夜郎、且兰、滇、漏卧、钩町、邛都等，他们的语言、风俗、习惯很不相同，社会发展也很不平衡，有的处于原始社会，有的已进入阶级社会。考古工作者在云南普宁石寨山发掘了以滇王为首的几十座墓葬，出土的各种铜制工具、兵器、日常用品达4000余件，从这些器物的造型、图像看，它们既有滇族的独特风格和特征，又明显受到中原文化的影响。这些遗物为我们提供了滇国奴隶社会阶级对立的一幅鲜明图景。在出土的铜矛上有裸体的俘虏铸像，在刻纹铜片和一件铸有战争场面的贮贝器盖上也铸有俘虏奴隶的图像。奴隶的服饰、衣束与奴隶主截然不同。奴隶在奴隶主的监督下，戴着手镣、枷锁从事各种繁重的生产劳动或杂役，有时还被残酷地当作祭祀中的牺牲。出土的大量青铜铸像场面还表明，滇族奴隶社会内部尚保存着较浓厚的母权制残余。监督奴隶劳动的，坐肩舆出引的，以及祭祀的巫师，都是妇女。在奴隶劳动中，妇女也占着重要地位。（中国科学院考古研究所：《新中国的考古收获》，文物出版社 1961 年版）

西南各族人民与汉族人民有着长期的联系。汉武帝元光五年（前 130 年），西汉政府曾派唐蒙前往夜郎，赠送礼物，并说服夜郎王归属西汉，在那里设置了犍为郡（郡城在今四川宜宾县西南）。汉武帝还派司马相如出使邛、笮一带，在那里设置了十余县，隶属蜀郡。在设置郡县的同时，汉政府征发巴、蜀、广汉数万人民修筑通西南夷的道路。元鼎六年（前 111 年），汉征发西南夷兵攻南越，且兰君不愿远行，起兵杀死汉派来的官员和犍为太守。汉政府乘机攻占且兰，置牂牁郡。接着，又以邛都为越巂郡，笮都为沈黎郡，冉駹为汶山郡，白马为武都郡。元封二年（前 109 年），汉派兵至滇，滇王降，汉以其地置益州郡，赐滇王王印。从此，西南大部分地区都在汉政府的直接统治之下，西南各族人民和汉族人民的联系更加紧密。

### （四）汉与东南、南方诸越族的关系

西汉时期，居住在现在浙江省南部的少数族称为"东瓯"，居住在今福建省境内的称为"闽越"，居住在今两广地区的称为"南越"。

秦末农民起义时，闽越人民曾参加反秦斗争。刘邦当了皇帝以后，封闽越君长无诸为闽越王，都东冶（今福建福州）。汉惠帝时，封东瓯的首领摇为东海王，都东瓯（今浙江温州）。汉景帝时，东瓯的统治者曾参加吴楚七国之乱，后来又受汉中央的贿买，反击杀吴王刘濞。刘濞的儿子逃到闽越，劝闽越攻打东瓯。汉武帝建元三年（前 138 年），闽越攻打东瓯，东瓯向汉政府求救，汉武帝派严助发会稽兵从海道往救，汉兵未至，闽越闻讯退兵。东瓯王为了避免受到闽越的威胁，便率领 4 万多人徙居江淮之间，受汉政府的直接管辖。

建元六年（前 135 年），闽越出兵攻打南越，汉武帝派王恢、韩安国率兵救援。汉兵未至，闽越王弟余善杀闽越王郢归汉，汉武帝立前闽越王无诸之孙丑为越繇王，立余善为东越王，共治闽越。当南越吕嘉举兵作乱时，东越王余善一面向汉表示出兵进攻南越，一面又暗中派人与吕嘉相勾结。元鼎六年（前 111 年），余善自立为武帝，称其将驺力等为"吞汉将军"，攻入白沙、武林、梅岭、杀汉三校尉。汉武帝派韩说、杨仆等率兵分四路进攻东越。越繇王居股杀余善，以其众降汉，汉于是徙闽越居民于江淮之间，遂与汉族相融合。

南越地区，秦亡后，原秦南海郡尉赵佗占据了南海、桂林、象郡，自立为南越武王。汉高祖十一年（前 196 年），刘邦封赵佗为南越王。吕后时，下令禁止把铜、铁、田器、母畜卖给南越，引起南越不满，赵佗因而自称南越武帝，和汉

决裂，并发兵进攻长沙王。汉文帝时，又派陆贾出使南越，说服赵佗去帝号，赵佗去帝号后，仍称臣于汉。以后几代南越皆称臣于汉。元鼎四年（前 113 年），南越丞相吕嘉反叛，杀南越王、太后和汉使者。汉武帝派兵分五路攻打南越。元鼎六年（前 111 年）平定南越，在南越故地分设南海、苍梧、郁林、合浦、儋耳、珠崖、交趾、九真、日南九郡。

东瓯、闽越和南越地区归汉政府直接管辖，许多越族内迁和汉族南移，促进了这几个地区的民族融合，给当地的经济文化发展提供了有利条件。

### （五）汉与东北地区少数族的关系

西汉时期，在我国东北地区居住的少数族有乌桓、鲜卑、夫余（也作扶余）、挹娄和高句丽。

乌桓和鲜卑都属于东胡族。汉初，东胡被匈奴冒顿单于击败以后，其中一支退保乌桓山（今大兴安岭山脉南端），故号称"乌桓"；另一支逃往北方，别依鲜卑山（在今内蒙古科尔沁右翼中旗之西，本地人呼为蒙格），故号称"鲜卑"。

西汉时期的乌桓人以畜牧业为主，随水草迁徙，当处在原始社会末期阶段。乌桓全族受匈奴贵族奴隶主的奴役。汉武帝时期，霍去病击败匈奴左部之后，迁乌桓人到上谷、渔阳、右北平、辽东等郡塞外居住。汉政府在那里设立了护乌桓校尉。乌桓人南迁以后，与汉族人民的经济、文化交流日益密切。在辽宁西丰县西岔沟西汉时期的乌桓人墓葬里出土的文物，既有本民族的特征，又有大量的汉式器物，如铜镜、铜钱等。

鲜卑的社会状况、语言和风俗习惯同乌桓相似。乌桓人南迁以后，鲜卑也逐渐向南移动。

鲜卑的东面，在嫩江和松花江流域居住着夫余人。夫余人在西汉此时已进入奴隶社会。夫余的东北，在黑龙江下游、乌苏里江流域及其以东地区，有挹娄人。挹娄人是周朝肃慎族的后裔，西汉时还处在原始社会末期。夫余的南面，鸭绿江以西，居住着高句丽人。高句丽人在西汉时已进入了阶级社会。

夫余人、挹娄人和高句丽人与汉族人民之间很早就有了来往。元封三年（前 108 年）汉武帝置玄菟郡，以高句丽地为县，夫余、高句丽等族都由玄菟郡管辖。此后，东北各族人民与汉族人民的关系日益密切，相互间的经济、文化交流更加频繁。

## 七、 西汉后期阶级矛盾的加深和赤眉、 绿林农民大起义

### （一）西汉后期阶级矛盾的加深

西汉从汉元帝开始进入后期，由于封建地主阶级的历史地位发生了根本变

化，农民阶级和地主阶级的矛盾进一步加深。封建国家的赋税徭役日益加重，贵族、官僚、地主"多畜奴婢，田宅亡限"（《汉书·哀帝纪》），导致农民大批破产。土地兼并和奴婢、流民的数量恶性膨胀，成为当时极其尖锐的社会问题。

首先看土地兼并。早在汉昭帝时就有人指出，当时的大官权贵广占良田，使"民无所之"。汉元帝以后，土地兼并更加严重。汉成帝本人就在民间置大量私田。丞相张禹以贱价买进泾、渭旁近的美田400顷。一般的商人豪富也不甘落后，贪得无厌地掠夺农民的土地。像秦杨这样的大商人，就"以田农而甲一州"（《汉书·货殖传》）。在关东地区，情况尤为严重。陈汤在给汉成帝的上书中就曾指出，自从西汉政府停止迁徙地方富豪以后，30余年间，"关东富人益众，多规良田，役使贫民"（《汉书·陈汤传》）。农民的土地被兼并，他们有的沦为地主豪强的佃农或雇佣，更多的则成为无衣无食、辗转道路的流民。众多的流民为了求生，被迫将妻子儿女甚至自身卖为奴婢。结果，官私奴婢大量增加。汉元帝时，仅西汉政府的官奴婢就达10万余人。贵族、官僚和豪富所占有的私奴婢数目更为可观。甚至汉成帝本人也"畜私奴车马于北宫"（《汉书·五行志》）。到了哀、平之世，奴婢的数量增加得更厉害。

由于土地兼并和奴婢问题严重，西汉后期的阶级矛盾十分尖锐。汉哀帝时，鲍宣上书，指出人民"有七亡而无一得""有七死而无一生"（《汉书·鲍宣传》）。人民为了求得生存，只有起来斗争。汉成帝初年，在关中南山（今陕西秦岭终南山）一带有儶宗等数百人起义。阳朔三年（前22年），颍川郡铁官徒申屠圣等180人起义，各地农民纷纷响应，起义迅速扩大到九郡。鸿嘉三年（前18年），广汉郡郑躬等60余人起义。永始三年（前14年），尉氏（今河南尉氏）有樊并起义。同年，山阳（今山东巨野南）铁官徒苏令等228人发动起义。整个社会都骚动起来了。

## （二）挽救西汉政治危机的改制思潮和王莽代汉

面对着日益壮大的人民的反抗斗争，统治阶级中的某些人感到了严重的威胁，他们企图对土地兼并和流民、奴婢问题，采取一些措施，以缓和阶级矛盾。公元前7年，汉哀帝即位，大司马师丹提出了限田、限奴婢的建议。汉哀帝令大臣们讨论，丞相孔光和大司何何武等拟定了一个方案，规定诸王、列侯、公主、吏民占有土地以30顷为限；商人不得占田做官；诸王只能占有奴婢200人，列侯、公主100人，吏民30人。这个方案遭到拥有大量土地和奴婢的大地主、大贵族的反对。汉哀帝本人也决心不大。这个方案公布不久，他竟一次赏给宠臣董贤土地二千顷。这样，限田限奴婢的方案也就告破产。董贤是一个年轻漂亮的郎官，只会奉承巴结。一个偶然的机会被汉哀帝看中，不到一个月，就升为驸马都尉侍中。"出则参乘，入御左右，旬月间赏赐累巨万，贵倾朝廷。"董贤与汉哀帝共起居，有一天白天他与哀帝同床而眠，枕了哀帝的袖子，哀帝为了不惊醒他，竟"断袖而起"。哀帝还想把王位禅让给董贤。

刘氏王朝的昏愦腐败让劳动人民深恶痛绝，一部分代表中小地主利益的政治家认为，"汉德已衰""气数已尽"，希望另有"贤德"的人来取代刘氏的帝位，以维护整个地主阶级的统治。于是在统治阶级中便产生了"改朝换代"的思潮。这种思潮与战国以来流行的"五德终始说"和"三统说"结合起来，在舆论上形成颇大的力量和影响。"五德终始说"认为，历史上每个受命的王朝必须具备木、火、土、金、水五行中的一德，五行相生又相胜。木生火，火生土，土生金，金生水，水生木；金胜木，木胜土，土胜水，水胜火，火胜金。因而朝代也是按着五行运行，周而复始。"三统说"则认为历代王朝是黑、白、赤三统循环。如夏是黑统，商是白统，周是赤统。而三统又都是受命于天的。董仲舒把"五德终始说"和"三统说"加以理论的论证，认为"受天命而王"，改正朔、易服色的改朝换代是天经地义。这样，"五德终始说"和"三统说"就成为当时一部分人鼓吹改朝换代的思想根据。

汉成帝时，方士甘忠可创作了《天官历》《包元太平经》，说是"汉家逢天地之大终，当更受命于天，天帝使真人赤精子，下教我此道"。企图让汉朝皇帝搞一次再受命的把戏以维护自己的统治。但不仅甘忠可的建议未被采纳，他本人还被加上"假鬼神罔上惑众"的罪名下狱致死。哀帝即位后，甘忠可的弟子夏贺良于建平元年（前6年）上书鼓吹"再受命"："汉历中衰，当更受命。成帝不应天命，故绝嗣。今陛下久疾，变异屡数，天所以谴告人也。宜急改元易号，乃得延年益寿，皇子生，灾异息矣。"（《汉书·李寻传》）哀帝采纳了夏贺良的建议，以建平二年（前5年）为"太初元将元年"，号为"陈圣刘太平皇帝"。但过了两个月，毫无应验。夏贺良遭到与他老师同样的命运，下狱致死。汉朝再受命的丑剧就这样结束了。从此以后，统治集团部分人期求通过汉王朝的"再受命"而继续维持统治的一线希望也破灭了。正在此时，王莽出现在历史的舞台上。当时一些人把他当成社会秩序的救主，把改朝换代的希望寄托在他身上。

王莽是汉元帝皇后王政君的侄子。汉元帝死后，他的儿子刘骜即位为汉成帝，王政君成为皇太后。她的弟弟王凤做了大司马大将军领尚书事。由此，汉朝的政权开始被王氏家族掌握，为王莽日后代汉立新奠定了新的始基。经过汉成帝时期20多年的经营，王氏家族一门十侯，五大司马，几十人被封为列侯，姻亲爪牙遍布朝野，成为西汉历史上历时最久、势力最大的外戚官僚集团。王莽由大司马大将军而"安汉公"，由"安汉公"而"宰衡"，由"宰衡"而"假皇帝"，由"假皇帝"而真皇帝，篡汉立新。

王莽篡汉成功也是利用所谓"符瑞""符命"、谶纬之说。居摄三年（8年）

十一月，有一个在长安求学的梓潼人哀章，看见王莽做了居摄皇帝，并且把符瑞奉若神明，他即做铜匮，为两检，署其一曰"天地行玺金匮图"，另一匮上写着"赤帝行玺某传予皇帝金策书"。"某"者，是高皇帝刘邦的名字，他将把皇位传给王莽。太皇太后应尊承天命将帝位授予王莽。图中、书中都写着王莽八个大臣的名字，同时加上王兴、王盛和哀章的名字，共11人，每人名下都署上封爵和官名，标明他们是新朝的辅佐。哀章把铜匮送到高帝刘邦的祀庙。第二天早晨，王莽到高帝庙拜受"金匮神嬗"（《汉书·王莽传上》）。之后又去拜见元后，向她报告符瑞的情况，表明自己要做真皇帝。他罗列代汉立新做皇帝的理由，无非这两条：一是我王莽是黄帝的后裔、虞舜的后代；二是昊天上帝降符瑞，高皇帝这神灵，我要"承天受命"。汉朝运数已终，应该重新受命于天。王莽利用这种改制思潮，于公元9年篡汉，改国号为新，最后登上了皇帝的宝座。

王莽代汉不是偶然的。这种历史现象，是一种社会阶级矛盾的反映。王莽代汉成功，除了社会条件之外，与他个人的手段也有一定关系。

（1）王莽是元帝皇后王政君的侄子。汉成帝时，王政君的兄弟五人同日封侯，煊赫一时。王凤、王商、王音、王根在元、成之世相继担任大司马大将军，轮流执政，"郡国守相刺史皆出其门"（《汉书·元后传》）。王莽凭借王家的声势，广泛结交权贵和士人，取得地主阶级中许多人的好感和信任。汉成帝绥和元年（前8年），王根告老时，推荐王莽为大司马，王莽因此掌握了朝廷实权。汉哀帝即位，由哀帝的祖母傅氏和母亲丁氏辅政，王莽被罢官就第，蛰居南阳。

西汉末年，官僚、商人、地主的合流，使得一些在政治上、经济上较为寒微的地主阶级的利益受到一定的损害。那时候，统治阶级内部关于限田、限奴婢的呼声，主要是反映了这部分人的要求。王莽的政治经历，使得这部分地主阶级把他当作自己在政治上的代表。因此，王莽被罢官后，这些人纷纷上书，为他鸣冤叫屈，称颂他的"功德"。于是王莽又被召回京师。汉哀帝死后，由于无子，其叔伯弟、9岁的平帝继位。这时，傅太后、丁太后都已经死了，王元后临朝称制，王莽以大司马大将军的身份掌握了大权。

（2）王莽善于使用手段，笼络人心。他执政以后，"附顺者拔擢，忤恨者诛灭"（《汉书·王莽传》），很快他的周围就纠集了一群党羽。他通过加封晋爵、施小恩小惠的方式，收买了一部分官僚、贵族和儒生，这些人不遗余力地为他制造舆论。

（3）王莽是一个惯于耍弄阴谋的野心家、两面派。他为了擅权，指使公卿奏请凡二千石以上官吏的任免都要经过他的同意。他还让一些大臣建议立他的女儿为皇后，用以巩固自己的权势。事情成功之后，他又装模作样地辞让赏给他的大量的土地和金钱。他受太傅安汉公封号时，又故意辞让益封的爵邑，说是"愿须百姓家给"，诸侯王的后代及功臣子孙"名第有序"，"然后加赏"（《汉书·王莽传》)。他对人民也施加一些小恩小惠。汉平帝元始二年（2 年），郡国发生旱蝗灾害，农民四处流亡。王莽上书表示愿意出钱百万、献田 30 顷，交付大司农赋给贫民。他一听说哪里遭水旱灾，立即改吃素食，并让文人墨客大肆宣传。王莽的身世及其政治手腕，使得他篡汉成功。

### （三）王莽复古改制的措施及其阶级实质

王莽上台后，实行改制，其措施包括以下几点。

第一，针对土地集中和奴婢问题，下令恢复古代的"井田制"。始建国元年（9 年），王莽仿照《周礼》，下诏令说："今更名天下田曰'王田'，奴婢曰'私属'，皆不得买卖。"（《汉书·王莽传》）按"井田制"重新分配全国的土地，一夫一妇受田百亩，男子不满八口的人家，如果占田过一井（900 亩）者，将余田分给邻里乡党。没有土地的，按制度给予土地。当时封建土地私有制已经根深蒂固，企图推行"王田"制度，显然是一种历史的倒退，地主阶级不可能实行也不愿意实行。所以法令公布后，田宅奴婢的买卖照样进行。三年后，王莽不得不自动废除这个法令。

第二，始建国二年（10 年），王莽下令推行"五均、赊贷、六筦（管）"制度。所谓"五均"，就是在长安、洛阳、临淄、邯郸、宛城、成都六大城市设立五均官，由市官兼任，名曰"五均司市师"，除征收工商税外，还掌握市场物价。他们在每季的第二个月评定各种货物的标准价格，叫作"市平"。市场上五谷、布帛等物品滞销时，由政府按其本来价格收买；有的货物价格超过"市平"，就把政府储藏的这类货物按"市平"出售。"赊贷"就是贫民可以向政府贷款，不收利息，但须在短期内归还。贫民经营产业，也可以贷款，每年利息不超过所得的十分之一。"六筦（管）"就是政府垄断的六种经济事业，即官营盐、铁、酒、铸钱、五均赊贷及征收山川湖泽的生产税。这些制度基本上都是西汉原来有的，"五均六筦"的用意是抑制豪民富贾，但封建国家既然是地主阶级压迫人民的工具，即使政府从商贾、高利贷者手中夺取了部分利益，广大贫民也根本得不到好处。

第三，改革币制。禁止私铸钱币，铸币权统归国家。废除习用已久的五铢钱，把铸币改称为"宝货"，分为金、银、龟、贝、钱、布六名 28 品类。王莽对币制屡作更改，使社会经济遭到了严重的破坏，造成了极大的混乱，每改一次，就有不少人破产。

第四，改革官制。王莽仿照《周礼》的记载，任意改变中央和地方的官制和官名。地方行政建制及名称的更改之繁杂，连官吏都记不清。王莽还设五等爵，但却把受封的人都留在长安食俸禄。官吏经常领不到俸钱，结果贿赂公行，贪污成风，导致人们遭殃。所以，王莽改制造成了"农商失业，食货俱废"，整个社会经济遭到极大的破坏。

王莽是在西汉末期阶级矛盾十分尖锐的情况下登上政治舞台的。他实行改制的目的是幻想解决社会危机，阻止农民革命的爆发。因而，这不过是预防农民革命爆发的一种反动。但历史的发展恰恰与他们的愿望相反。王莽的"改制"不但没能使当时动荡不宁的封建统治秩序稳定下来，反而使阶级矛盾更加激化。

同时，王莽在推行复古改制的同时，还对边疆少数族进行任意的凌辱和欺压，使民族矛盾进一步激化，如把匈奴单于改为"降奴服于"，改"高句丽"为"下句丽"等，激起了少数族的反对。王莽又对少数族常年用兵，给各族人民带来极大的痛苦和灾难。

### （四）赤眉、绿林大起义

王莽"改制"失败，使严重的社会危机进一步加深。土地兼并继续发展，人民的徭役和赋税负担更加沉重，造成"农商失业，食货俱废"（《汉书·食货志》），社会生产停滞。加上连年旱灾和蝗灾，饥饿的人民四处流离，最后爆发了农民大起义。

早在王莽居摄二年（7年），都城长安附近就爆发了赵明、霍鸿领导的起义，聚众达十余万人。起义人民焚烧官府，击杀官吏，从未央宫前殿可以望见火光，给王莽政权带来巨大的威胁。天凤四年（17年），吕母聚众起义于琅邪海曲（今山东日照西），自称将军，发展到万余人。同年会稽郡有瓜田仪起义。各地农民起义最后汇集成席卷全国的绿林、赤眉大起义。

新莽末年的农民大起义，按照起义的地区，大体上分三个系统：在今湖北西北有王匡、王凤领导的绿林军；在今山东东部和江苏北部有樊崇领导的赤眉军；在今河北一带则有铜马、大肜、尤来等大小数十支起义队伍，共上百万人。河北一带的起义军人数虽多，但各部不统一，所以，其作战力量和活动范围都不及绿林、赤眉。

#### 1．赤眉军

天凤五年（18年），琅邪（今山东诸城）人樊崇在莒县领导一百多人起义。经过一年多的时间，队伍发展到几万人。他们在作战时，为了避免和敌军混淆，把眉毛涂成红色作为标记，因此被称为"赤眉军"。

这支队伍到处打击地主豪富，没收地主的钱粮财物。起义军的基本群众都是善良的农民，保持着纯朴的作风和良好的纪律。他们没有文书、旌旗、部曲、号令，仅"以言辞为约束"。起义军中地位最高的叫作"三老"，其次是"从事"，再次是"卒史"，战士们相互称呼"巨人"。这反映他们内部朴素平等的关系。起义军劫富济贫，纪律严明，到处得到群众的拥护和支持。

地皇三年（22年），王莽派更始将军廉丹和太师王匡（不是绿林军的王匡）

率领十几万人去镇压赤眉军。王莽军队到处奸淫抢掠，杀害百姓。民间流传着这样一支歌谣："宁逢赤眉，不逢太师，太师犹可，更始杀我。"这反映了人民对统治阶级的痛恨。赤眉军在成昌（今山东东平县西）打败王莽的军队，杀死廉丹，王匡逃走。起义军这时已发展到十多万人，乘胜追击王莽军队到无盐（今山东东平县东），杀敌万余。赤眉军的这次重大胜利，沉重地打击了王莽在东方的军事力量。赤眉军的活动区域不断扩大，东自莒城，南达汝南，西到颍川，北至濮阳，包括今山东、江苏、安徽、河南诸省交界的广大地区，声势越来越浩大，军队扩充到数十万人。赤眉军的胜利，对推动农民起义在全国范围内的顺利发展和最后推翻王莽政权，起了很大的作用。

## 2. 绿林军

天凤四年（17年），荆州一带大饥荒，大批居民经常到野泽里挖荸荠充饥。饥民拥戴新市人（今湖北京山东北）王匡、王凤作为领袖（称渠帅），发动起义。不久，又有南阳人马武，颍川人（河南禹县）王常、成丹等率众参加，数月间发展到七八千人。这支起义军以绿林山（今湖北京山县北大洪山）为基地，因此称为"绿林军"。

地皇二年（21年），绿林军在云杜（今湖北沔阳西）击溃王莽军的围剿，并乘胜攻占竟陵（今湖北潜江西北）、安陆（今湖北安陆西北）等地，队伍发展到5万多人。

地皇三年（22年），绿林山一带发生瘟疫，战士死亡很多。起义军为了保存力量，决定分兵转移。一路由王常、成丹等领导西入南郡，称"下江兵"；另一路由王匡、王凤、马武率领会同朱鲔一支起义军北入南阳，号"新市兵"。七月，"新市兵"进到随县，平林（今湖北随县东北）人陈牧、廖湛等组织了数千人，号"平林兵"，也来响应绿林军。绿林军成为反抗王莽政权的又一支主要力量。

## 3. 地主阶级分子刘玄、刘縯、刘秀等混入绿林军与"更始"政权的建立

由于王莽的"改制"触犯了部分地主阶级的既得利益，因而引起地主阶级的不满。当他们看到农民起义不仅行将推翻新莽的反动政权，而且已经威胁到整个地主阶级统治时，也纷纷打出了反莽的旗帜。有的"作营堑以自守"，进行割据称雄；有的则混入农民起义军，力图把领导权控制在自己手里。当新市、平林军的队伍日益扩大时，西汉宗室刘玄和刘縯、刘秀兄弟先后混入了绿林军。

绿林军在这期间得到很大的发展。新市兵、平林兵、下江兵会合在一起，于公元23年击杀王莽南阳守将，又大败王莽大将严尤、陈茂的军队，进兵围攻宛城，队伍发展到十多万人。

随着反莽斗争的胜利，混入绿林军的地主阶级分子与农民军将领之间的矛盾和斗争日益明显地暴露出来。斗争的焦点集中在争夺起义军的领导权。刘玄和刘

縯、刘秀兄弟都是企图利用农民军的力量来实现自己政治野心的地主阶级代表人物。他们之间所不同的是：刘玄是只身投入平林军，在起义军中没有什么基础和力量。刘縯、刘秀兄弟的周围，则结成了一个南阳地主集团，而且他们有自己的地主武装——春陵兵作依靠。那时社会上流行图谶，南阳地主集团借此大造"刘氏复兴"的舆论。与此同时，他们又收买农民军将领王常等人，大搞阴谋活动，策划把刘縯推出来当皇帝。大多数农民军将领坚决地抵制了这一篡权阴谋。但当时农民军将领由于历史的局限性，未能摆脱封建正统观念的影响，迷信只有西汉的宗室才能当皇帝，结果将刘玄推了出来。在他们看来，刘玄"素懦弱"（《后汉书·刘玄传》），又势单力薄，比较容易控制。公元23年二月，刘玄在宛城南淯水沙洲上设坛称帝，建元"更始"。领导权实际掌握在农民军将领手中。

### 4. 昆阳大战与王莽政权的覆灭

刘玄称帝以后，起义军派王凤、王常、刘秀等率兵攻占昆阳（今河南叶县）、定陵（今河南舞阳东北）和郾县（今河南郾城）等地。又派刘縯等攻下宛，作为都城。王莽派司徒王寻、大司空王邑率精兵42万，号称百万，企图一举消灭绿林军。王莽军队包围了昆阳。当时双方力量悬殊，王莽军队"旌旗辎重，千里不绝"；昆阳城内，王凤、王常只有八九千人。起义军采取先让一步的策略，决定由王凤、王常坚守昆阳，另派刘秀等13人轻骑突围到定陵、郾县等地，调集起义军赴援。援军进抵昆阳后，刘秀率步骑千余人，首先进攻莽军。王寻、王邑自恃兵多轻敌，当起义军突然袭击时惊慌失措。来援的起义军相继进攻，莽军大乱，王寻被杀，王邑逃走。城内起义军也乘机出击，内外夹攻。当时，恰值大风飞瓦，雨下如注，王莽军自相践踏，溺死者以万数。起义军获得完全的胜利。这就是历史上有名的以少数胜多的"昆阳之战"（《后汉书·光武帝纪上》）。

昆阳之战导致了王莽政权的崩溃。许多豪强势力纷纷拥兵割据，王莽所能控制的地方只剩下长安、洛阳两个大城市。

在攻取宛城和昆阳之战两次战役中，刘縯和刘秀立下了功劳。刘縯没有当上皇帝，南阳地主集团不甘心。这时，刘縯的部将刘稷首先出来反对"更始"政权。他说，这次起兵建大功的是刘縯、刘秀兄弟，"更始"（指刘玄）干了什么呢？（《后汉书·齐武王縯传》）刘稷抗拒"更始"的命令。农民军的将领们早已看出刘縯的政治野心，刘玄本人也怕帝位被刘縯夺去，便杀死了刘縯和刘稷。刘秀估计自身的力量不足以和农民军将领对抗，便假装表示顺从，但暗中积蓄力量，等待时机。

"更始"政权除掉刘縯之后，加强了内部的团结，并决定分兵两路消灭王莽政权：一路由王匡率领北上向洛阳进军，很快占领了洛阳；另一路由申屠建、李松等率领西攻长安。这时王莽把囚徒组织起来做最后挣扎。囚徒军一过渭桥，便立刻哗变，反过来掘毁王莽祖坟，焚烧九庙。在反莽各种力量的配合下，绿林军顺利攻入长安。王莽狼狈逃入渐台，被商人杜吴杀死，短命的新莽政权（公元9—23年）结束了。

### 5. "更始"政权的变质及其被赤眉军推翻

公元23年十月，刘玄从宛城迁都洛阳，第二年又移都长安。定都长安后，"更始"政权开始变质，主要表现在三个方面：

第一，大量任用南阳豪强地主，生活腐化。刘玄与妇人日夜欢饮于后庭，群臣找他商量大事，他都因醉不能见。他任用南阳豪强地主李松为丞相，地主分子赵萌为大司马，大封刘氏宗室。

第二，排斥农民领袖。旧官僚李淑上书刘玄说，他虽然依靠平林、下江兵取得天下，不过是临时利用一下，现在大局新定，应当"更延英俊，因才授爵"（《后汉书·刘玄传》）。意思是要踢开农民领袖。不久，刘玄便借故杀死农民领袖申屠建、陈牧、成丹等。只有张卬、王匡逃脱。

第三，用傲慢的态度对待赤眉军。刘玄移都洛阳后，赤眉军将领樊崇等曾前往联络。但刘玄只以空衔笼络樊崇等人，拒绝与赤眉军合作。

刘玄的态度引起赤眉军的不满。公元24年，"更始"政权西进长安时，赤眉军宣告与"更始"政权决裂，决计进攻关中。一路由樊崇、逢安率领从武关（今河南陕县西）进发；一路由徐宣、谢禄等率领从陆浑关（今河南伊川县西）进发。公元25年正月，两路大军到弘农（今河南灵宝市东北）会师，继续向长安进军。为了与刘玄对抗，赤眉军立了一个西汉宗室的后裔刘盆子为"皇帝"，年号"建业"，但大权仍然掌握在农民军将领手里。

赤眉军进逼长安时，"更始"政权中的农民领袖张卬、王匡逃出长安，率众归附赤眉军。七月，赤眉军攻下长安，已变质的"更始"政权被推翻，刘玄被杀。

### 6. 刘秀建立东汉政权及其对赤眉军的镇压

刘縯被杀之后，刘秀用两面派的手法取得了刘玄的信任。"更始"政权移都洛阳，刘玄拜刘秀为破虏大将军，封为武信侯，派他到河北镇抚诸州郡。

刘秀到河北后，以废除王莽苛政、恢复汉家制度为号召，大力发展自己的势力。当时河北的形势很复杂，既有许多分散的农民起义军，又有割据自守的豪强地主武装。他对农民起义军采用又打又拉的办法，以扩充自己的实力。对地主武装，他用拉拢收买的办法，取得这些力量的支持。公元24年，刘秀联合信都、上谷、渔阳等地的地主官僚集团，并利用一部分农民军，消灭了据邯郸称帝的王郎，在河北站稳了脚跟。从此，他开始与"更始"政权断绝联系，在河北建立了独立王国。

刘秀有了一支地主武装之后，就公开围剿河北地区的农民起义军。当时河北一带有大量的农民起义军，他们"或以山川土地为名，或以军容强盛为号"（《后汉书·光武帝纪》注），一共有上百万人，但是各自分散，没有形成统一的力量。刘秀使用分化瓦解和血腥镇压的手段，首先打败和收编了铜马、高湖、重连等部落农民军，将自己的队伍扩充到几十万。接着，又击败了大彤、青犊等部，在几年的时间内逐渐消灭了其他各支起义军。公元 25 年，刘秀在鄗（今河北柏乡北）称帝，重建汉政权，后世称之为东汉。这年冬天，刘秀攻破洛阳，就定都于此。

当时在长安的赤眉军处境十分困难。山东大部分赤眉军落入刘秀之手，刘秀扼住了他们东归的道路。陇西为地主武装隗嚣所盘踞，堵住了西进的道路。巴蜀一带由公孙述占领，向南发展也很困难。在关中一带，许多豪族纷纷结寨自守，与赤眉军对抗。几十万起义军吃饭的问题日益尖锐起来。公元 26 年，赤眉军离长安东归，刘秀派兵屯驻新安（今河南渑池东）、宜阳（今河南宜阳西），事先扼住他们的归路，又命冯异率兵前往堵截。赤眉军在回溪（今河南宜阳西北）打败了刘秀的大将邓禹，但随后又被冯异所败，遂折向东南，又在宜阳陷入刘秀重兵的包围。樊崇等人在粮尽力竭的情况下，未能坚持斗争，向刘秀投降了。之后樊崇等曾试图再次起兵，事泄被杀。刘秀窃夺了西汉末年农民起义的成果，在几百万农民的血泊中重建了豪族地主阶级政权。

此后，刘秀用了十多年时间消灭了地方割据势力。到建武十六年（40 年），刘秀完成全国统一。

### 7. 西汉末年农民起义的历史作用

以赤眉、绿林为中心的农民大起义前后延续了将近十年。但是由于他们没有能够明确提出表达农民阶级利益的纲领和口号，仍然推出刘氏的宗室来当皇帝；由于小生产者的分散性和狭隘性，农民军的各支队伍之间，同一支队伍的农民军将领之间，往往不能同心协力地作战，因此，地主阶级野心家刘秀便利用了农民阶级的这些弱点，篡夺了农民战争的胜利果实。

然而，农民阶级横扫全国的英勇斗争，给社会历史的发展带来了深刻的影响，为农民革命斗争的历史写下了光辉篇章。

第一，推翻了王莽的反动统治，给地主阶级以空前的沉重打击。革命势力所到之处，所谓"贼暴纵横，残灭郡县"（《后汉书·逸民列传·周党》），"攻郡县，杀长吏及府掾史"（《后汉书·独行列传·刘茂》）。这样，从西汉后期以来土地兼并恶性发展的趋势有所缓和，大批被抛出生产领域之外的流民重新回到土地上，这为社会生产提供了有利条件。

第二，沉重地打击了奴隶制残余。一些逃亡奴隶参加起义，摆脱了奴隶的枷锁。起义军攻破郡县和豪强的营保，一部分奴隶获得了解放，自公元 26 年至公元 38 年的 13 年中，光武帝刘秀曾经下达有关奴婢的九道诏令（《后汉书·光武帝纪》），主要集中于释放奴婢和提高奴婢地位两个问题上。自这次农民战争后，东汉社会虽然还存在一定数量的奴隶，但用于生产方面则少了。可以说，自战国遗留下来的残存奴隶制经济形态基本上被农民战争摧毁了。

第三，一定程度上促进了社会生产力的发展，这主要表现在东汉前期社会生产力的恢复和发展方面。这将在下一章中论述。

# 第四章　豪强地主势力的膨胀和统一国家走向瓦解——东汉

（公元 25—220 年）

## 一、刘秀与"光武中兴"

刘秀（公元前 6—公元 57 年）是东汉王朝的开国皇帝，字文叔，南阳蔡阳（今湖北枣阳西南）人，汉高祖刘邦九世孙。他建立东汉王朝，公元 25 年至公元 57 年在位，共 33 年。他在位期间，史称"光武中兴"。

### （一）西汉末年农民战争中的刘秀与东汉政权的建立

刘秀出身于一个没落贵族和商人地主的家庭，而且本人就是一个商人地主。刘秀之兄刘縯也是南阳一个大土豪，家里养着一大群保镖，一味鱼肉邻里，武断乡曲。地皇三年（22 年）南阳饥荒，刘縯之宾客劫人，牵连刘秀，于是刘秀避吏于新野（今属河南）豪族邓晨之家。从此与邓晨合伙，往来宛县，经营屯聚粮食的买卖，因而结识了宛县的一般大商人，如李通等，利用荒年而大发其财，成为南阳的巨富。

王莽末年，绿林、赤眉起义先后爆发。地皇三年，南阳处于南北农民军夹攻的危险环境之中。宛人李通制造图谶，其文曰："刘氏复起，李氏为辅。"劝说刘秀起兵。刘秀与其兄刘縯为了保护自己的财产、恢复刘姓统治，起事于舂陵（今湖北枣阳南），发动宗族、宾客，联络附近各县的地主豪强，组成一支七八千人的武装，称为"舂陵军"。当时刘縯虽然起兵，但"诸家子弟恐惧，皆亡逃自匿，曰'伯升（刘縯字伯升）杀我'"。后来他们见刘秀也绛衣大冠，打扮得像个将军，于是众人"皆惊曰：'谨厚者亦复为之'，乃稍自安"。"舂陵军"初战不利，不久与绿林军联合。

地皇四年（23 年）二月，绿林军拥立刘玄为皇帝，建立更始政权。刘縯任大司马，刘秀任太常、偏将军。六月，王莽命王邑、王寻率领 42 万军队包围绿林军于昆阳（今河南叶县北），用楼车和地道攻城。王凤等率领起义军八九千人奋战坚守，刘秀等突围求援。各地起义军进援昆阳时，刘秀乘莽军轻敌懈怠，率精兵三千集中突破敌军中坚，杀死王寻。各军奋勇作战，城内守军也乘胜出击，内外夹攻，大败敌军，歼灭了王莽主力。昆阳之战是我国历史上以弱胜强的著名战例。由于刘秀在昆阳之战中立了大功，刘縯又夺取了宛城，他们的势力逐渐与农民军分庭抗礼。于是新市、平林的农民军将领劝更始帝刘玄杀掉刘縯。刘秀闻讯赶赴宛城谢罪，以此取得了农民军的信任，被封为破虏大将军、武信侯。同年九月，新莽政权覆灭。更始帝刘玄北都洛阳后，刘秀又行大司马事。不久被派往河北地区镇抚州郡。次年五月，刘秀诛灭称帝邯郸的王郎，封萧王。河北地区的豪强地主率宗族、宾客、子弟先后归附刘秀，成为他的有力支柱。此后，刘秀拒绝听从更始政权的调动。同年秋天，刘秀又破降和收编了河北地区的铜马、高湖、重连等部农民起义军，扩充了实力，因此，关西称刘秀为"铜马帝"。不久，刘秀派遣吴汉等袭杀更始政权的尚书谢躬，与农民军彻底决裂。建武元年（25年）六月，刘秀在群臣的拥戴下称帝于鄗（今河北柏乡北），重建汉政权，不久定都于洛阳，史称东汉。

关于刘秀称帝，《后汉书·光武帝纪》载，诸将议，为刘秀上尊号，天下无主，刘秀应为皇帝。刘秀却说："何将军出是言？可斩也。"但诸将说："天命不可以谦拒，惟大王以社稷为计，万姓为心。"但是因为还没有满"三推"之数，所以刘秀"又不听"。诸将第三次进劝，耿纯劝进之言曰："天下士大夫捐亲戚，弃土壤，从大王于矢石之间者，其计固望其攀龙鳞、附凤翼，以成其所志耳。今功业既定，天人亦应，而大王留时逆众，不正号位，纯恐士大夫望绝计穷，则有去归之思，无为久自苦也。大众一散，难可复合，时不可留，众不可逆。"现在是第三次诸将进劝了，所以刘秀说："吾将思之。"

正在这时，刘秀在长安读太学时的老同学强华捧着《赤伏符》从关中而来。符文曰："刘秀发兵捕不道，四夷云集龙斗野，四七之际火为主。"四七是二十八，意思是自刘邦即位到刘秀起兵，为228年，火为汉火德。这是"皇天大命"降临于刘秀之身，刘秀不得不"恭承天命"而称帝。这当然是虚伪的、骗人的把戏。

## （二）统一战争中的刘秀

刘秀建立东汉政权之后，就着手进行统一中国的战争。

### 1. 镇压绿林农民军

东汉政权的建立，意味着农民起义被消灭。刘秀首先派遣大军围攻新市、平林于洛阳，用收买政策诱降了朱鲔，于是迁都洛阳。随后刘秀又派遣岑彭击荆州的农民军，遣叔涛击五校于曲梁，遣吴汉率九将击檀乡于邺东。这些屠杀农民的英雄，皆"为列侯"。关东的农民军被刘秀斩尽杀绝，河北一带被刘秀统一。

### 2. 镇压赤眉军

当时关中的赤眉军在长安拥立刘盆子为帝。据《后汉书·刘盆子传》称，刘盆子即位以后，赤眉诸帅"各闭营自守，三辅翕然称天子聪明。百姓争还长安，市里且满"。农民军的政府获得了广大人民的同情。但赤眉军孤守长安，因"城中粮食尽"，遂决计退出长安。《后汉书·刘盆子传》说：当时"三辅大饥，人相食，城郭皆空，白骨蔽野，遗人往往聚为营保，各坚守不下，赤眉虏掠无所得。十二月，乃引而东归"。

刘秀得知赤眉放弃长安后，转而东归，乃派遣侯进屯新安（今河南渑池东），耿弇屯宜阳（今宜阳西），分为二道，以截其归路。下令曰："贼若东走，可引宜阳兵会新安。贼若南走，可引新安兵会宜阳。"当赤眉军出关向南时，冯异袭之于崤底（今河南洛宁县西北），刘秀又盛兵于宜阳，于是赤眉余众乃降刘秀，刘秀之军遂占长安。

### 3. 消灭群雄，完成统一

虽然镇压了农民军，但当时还有许多地主武装，群雄割据，天下还没有统一，于是刘秀又展开了削平群雄的战争。

（1）消灭东方的刘永。在群雄中，刘永对刘秀的威胁最大。刘永是梁孝王八世之孙，比起刘秀的谱系还要"正统"得多；他与山东的张步、苏北的董宪、庐山的李宪结成军事同盟，拥有鲁西、苏北、皖北、豫东广大的土地，专制东方，成为刘秀的劲敌。

刘秀派盖延将军攻打刘永。建武二年（26年），盖延攻陷了刘永的首都睢阳，刘永出走，为其部下所杀。随后张步、李宪、董宪等亦先后被刘秀所击灭，于是"山东悉平"。

（2）统一西南与西北。东方虽平，但西南与西北被野心家公孙述、隗嚣、卢芳所割据。

首先是公孙述。公孙述据有益州之地，即今日四川、贵州和云南之大部分地方。公孙述北连隗嚣，东结延岑、田戎，称帝建号，抗拒刘秀。他和刘秀一样，喜欢玩弄图谶，他从谶记中找出了汉运已尽、公孙当兴的预言，他是上天派来接受汉朝天下的真命天子。刘秀别的都不怕，就怕别人也找到做皇帝的根据来对消他的皇帝，所以刘秀写信给公孙述，说他歪曲谶语，并且劝他降投，但公孙述没有答复，仍然做他的白帝。

其次是隗嚣。隗嚣据有安定、陇西、武都、金城、武威、张掖、酒泉、敦煌诸郡，即今甘肃全境。他南连公孙述，北结卢芳，西通诸羌匈奴，粮单充足，士马强壮，进可以闯入关陕，退可以自保边陲，其"名震西州，闻于山东"。

最后是卢芳。他据有五原、朔方、云中、定襄、雁门五郡，即今日之山西北部、陕西北部和内蒙古一带。地虽贫瘠，但有匈奴做他的后台。实际上，卢芳的汉帝就是匈奴派的。而且卢芳和刘秀一样，制造了一套假的谱系，宣言他是武帝的曾孙刘文伯，常以此蛊惑群众，他应该当皇帝。

面对着这三个野心家，刘秀最初想用政治方法诱降公孙述和隗嚣，结果没有成功。又企图拆散公孙述与隗嚣的联盟，然后各个击破，结果也没有成功。于是只好用武力解决。

建武九年（33 年）正月，隗嚣死，其子隗纯立为王。刘秀乘机发动军事进攻。建武十年（34 年）十月，中郎将来歙等大破隗纯于落门（今甘肃甘谷县西），纯降，陇右平。

"得陇望蜀"（这个成语出自《后汉书·岑彭传》。刘秀命令岑彭："人若不知足，既平陇，复望蜀。"教他平定陇右以后领兵南下，攻取西蜀。比喻贪得无厌）。刘秀既灭隗纯，乃大发兵入蜀，征公孙述。建武十二年（36 年）十一月，吴汉、臧宫与公孙述战于成都，大破之，公孙述被创而死，益州平。

卢芳因有匈奴的外援，刘秀屡派吴权、杜茂往击，均不克。建武十二年，卢芳知道刘秀已统一中国，不能独立相敌，乃逃亡匈奴。建武十六年（40 年）又来投降，刘秀封其为代王，建武十七年（41 年）又叛，后死于匈奴。

刘秀经过了 12 年的时间，终于削平群雄，完成了统一事业。

## （三）"光武中兴"

刘秀建立东汉王朝之后，为了稳定和巩固封建统治，在政治、经济、思想文化方面都采取了一些措施，在他统治期间，史称"中兴"。政治上，刘秀致力于整顿吏治，加强了专制主义中央集权。

（1）鉴于西汉末年"上威不行，下专国命"的教训，刘秀"退功臣而进文吏"，虽封功臣为侯，赐予优厚的爵禄，但禁止他们干预政事。对诸侯王和外戚的权势，刘秀也多方限制，所以当时宗室诸王和外戚都比较遵奉法纪，无结党营私之名。刘秀在"退功臣"的同时，"进文吏"。他认为文吏既熟悉封建制度，懂得治理国家，又情操高尚，不与时浮沉。刘秀所谓的"退功臣而进文吏"的政策，就是史书上所说的"高秩厚礼，允答元功；峻文深宪，责成吏职"。

（2）在行政体制上，进一步抑夺三公的职权，"虽置三公，事归台阁"。中央最高的官职是三公，即司徒、司空和太尉。司徒是由丞相改称的，管民政，权力比丞相小得多。司空是由御史大夫改称的，不再管监察，而是改管重大水土工程。太尉管军事。太尉一职应改称司马，因刘秀曾任刘玄的"行大司马事"，为避讳而未改。三公的职位虽高，徒有虚名，并无实权。权力集中于尚书台，尚书台则直接听命于皇帝。东汉后期的政论家仲长统曰：刘秀"惄数世之失权，忿强臣之窃命，矫枉过直，政不任下，虽置三公，事归台阁。自此以来，三公之职备员而已"。

（3）加强监察制度。刘秀恢复了西汉时曾设置过的三套监察机构：①御史台——设御史中丞，其权力仅次于尚书令，掌察举官吏违法，接受公卿、郡吏奏事。②司隶校尉——主管察举中央百官犯法者和本部各郡事务。在公卿朝见皇帝时，尚书令、御史中丞、司隶校尉会同并专席而坐，号曰"三独坐"。③州刺史——十二州（部）刺史，巡行所属郡国，检阅刑狱情况，考察长吏政绩，年终奏于皇帝。

（4）加强中央军建设，削弱地方军（撤销郡都尉），使军权集中于中央。刘秀在中央建立五营宿卫军：越骑校卫营、屯骑校尉营、步骑校尉营、长水校尉营、射声校尉营。遇有战争，由皇帝派遣大将军、骠骑将军、车骑将军或其他将校统领军队。各地设有地方部队，分材官（步兵）、骑士（骑兵）、楼船（水兵）等兵种，归郡都尉管理。公元 31 年，刘秀取消地方部队，裁撤郡都尉，其职类由郡太守兼任。削减地方部队，有利于加强中央对地方的控制。

## 二、 世族地主的形成与地主庄园

### 1. 世族地主

在东汉形成一种世族地主（亦称为门阀地主等），他们的家族历史源远流长，一般可以追溯到战国时期，至晚也是西汉前期的官僚豪富，他们世代担任二千石（太守）以上的大官。所以说世族地主是从战国以来的贵族地主、官僚地主、商人地主中发展形成的。例如邓晨、耿弇（音掩）、窦融、马援、樊宏、杨震等都尉都是这一类地主。他们有如下特点。

第一，世代为官。他们的权势、地位是从东汉以前世代承袭的，到东汉以后有了进一步的发展，拥有强大的政治力量。有的家族与东汉政权相始终，有的一直延续到魏晋南北朝。如弘农（郡治在今河南灵宝北）杨氏，一连四代为三公。汝南（郡治在今河南汝南东北）袁氏，四代有五人做三公。耿弇是东汉的开国功臣，在东汉时期，他家出了两个大将军，九个将军，十三人为卿，十九人为列侯，三人娶了公主，中郎将、校尉、刺史、太守有数十百人，与东汉王朝相始终。这种世族地主还把持着地方政权，外戚马援，"刺史、守、令皆出其家"。邓禹一家有 48 人做州牧、郡守。这些世家大族往往聚族而居。从考古发掘中可以知道，这个时期大家族合葬的风气很盛行。这种大家族墓地往往延续数百年。比较典型的如河北无极县的甄氏墓葬群，占地东西、南北均四五里，共有 36 座带封土堆的大墓，时代自东汉一直绵延至北魏，包括王莽的司空甄丰、司徒甄邯、光禄大夫甄阜的墓葬，其中还出土一件属东汉后期的甄谦买地券。河南弘农杨氏的墓群也延续数代，反映了杨家当时的煊赫声势。

第二，世族地主拥有比一般豪族地主更强大的经济力量。他们占有大量的土地、依附农民和奴婢。东汉初年，马援的三个儿子各有奴婢千人以上，都占有洛阳的"膏腴美田"（《后汉书·马防传》）。东汉中期，外戚梁冀公然将"西至弘农，东界荥阳，南极鲁阳，北达河、淇"，方圆千里的地区，充作自己的林苑。

他强迫数千名平民为奴婢，还搜刮财物，折成钱，价值三千余亿，相当于东汉政府一年赋税的一半（《后汉书·梁冀传》）。

第三，世族地主是当时封建文化特别是儒学的重要鼓吹者。如贾逵，"学者宗之，后世称为通儒"（著《经传义诂》及《论难》百余万言。著作已佚，清人马国翰《玉涵山房辑佚书》、黄奭《汉学堂丛书》都有辑本。）。杨震被称为"关西孔子"（《后汉书·杨震列传》）。马援的族孙马融是东汉一代名儒，教养生徒千余人（《后汉书·马融列传》）。

东汉时期的世族地主虽然还只是刚刚形成，但它拥有强大的政治、经济力量，是豪中之豪，是农民的凶恶敌人。

### 2. 地主庄园

东汉地主，特别是豪族地主和世族地主，通过兼并土地，建立起一个个庄园，役使农民进行生产，形成一个个黑暗的独立王国，通常称为"坞壁经济"。所谓坞壁，是四角建筑有望楼的城堡，家兵在望楼中瞭望。地主庄园中都有这些坞壁，所以称为坞壁经济。地主庄园有下列特点。

（1）大庄园实行多种经营，是一个自给自足的经济单位。庄园里的土地，拥有自成系统的水利设施，种植多种谷物、瓜、果、蔬菜。此外，还广植林木以及桑、麻、竹、漆、蓝（染料）、药材等经济作物，畜牧大批猪马牛羊。地主经营的手工业能够织布、染色、裁缝；酿造酒、醋、酱、饴（糖）；打造各种农具和兵器。地主的生活需要几乎不必外求。例如刘秀舅家南阳樊宏的庄园："开广田土三百余顷，其所起庐舍，皆有重堂高阁，陂渠灌注，又池鱼牧畜，有求必给。"（《后汉书·樊宏传》）这是相当典型的自给自足的大庄园。庄园除自给之外，有所剩余，也会到市场上出卖一部分，不过数量不多。有的地主资产雄厚，或者到城镇上开设旅社商铺，或者制备车船，役用宾客，带着货物四处经商营利。这是大地主又兼大商人。东汉的墓葬中经常出现多种家畜、牲口圈、水碓、石磨和仓房等模型。有的画像砖上还可以看到地主宅院外边有大片稻田、池塘、山林和盐井等，生动地表现了当时地主庄园的多种经营。1972年内蒙古和林格尔发现了一座东汉壁画墓，其中的彩绘壁画中，有一幅庄园图，庄园环抱于山林之中，有长廊列舍、水井、谷场、牛栏、马厩、车库、羊舍和猪圈等，有农耕、菜圃及蚕桑等劳动生产场面，反映了地主庄园的一般面貌。

（2）豪强地主为了维持对农民的统治，把依附农民变为自己的私家武装，即"部曲""家兵""剑客""死士"，自筑营垒、坞壁。光武帝初年，"赵、魏豪右往往屯聚，清河大姓赵纲遂于县界起坞壁，缮甲兵，为在所害"（《后汉书·李章列传》）。每年春秋两季，地主田庄都要"葺治墙屋，修门户，警设守备"和"缮五兵，习战射"，以防备和镇压"春饥草窃之寇"与"寒冻穷厄之寇"（崔寔：《四民月令》），即防备和镇压那些不甘冻馁而死、挺身反抗豪强地主的贫困农民。从考古发掘的材料可以知道，当时有不少豪强地主的田庄都设有锻冶、制造兵器的作坊。山东滕县出土的一块东汉画像石，上面刻着三个手工工匠正在制造兵器，若干已制成的刀剑挂在墙上。东汉末年，李典的叔父李乾有宾客数千人，他把这些依附农民组织成一支地主武装，参加镇压黄巾起义。后来李典又率宗族及部曲投靠曹操。在东汉晚期大墓中经常发现农夫俑，有的衣着与持盾的武士俑完全一样，也佩戴环首大刀，生动地刻画出这种亦兵亦农的部曲形象。

（3）地主大庄园的主要生产者是依附农民，他们与豪强地主有很深的隶属关系。依附农民身份低下，不但自身被固定在土地上，而且世代相袭，被迫"父子低首，奴事富人，躬帅妻孥，为之服役"（崔寔：《政论》）。他们虽然逃避了封建政府的苛税徭役，但受到豪强地主的压迫更为沉重，文献上的徒附、附从、义从、客、家客、宾客（不完全是依附农民，但有时依附农民也称为"宾客"）、部曲等，都是依附农民的不同称呼。豪强地主役使的依附农民越多，封建国家所能直接控制的剥削对象也就越少。

依附农民租种地主的土地，要缴纳收获的一半以上作为地租。河南密县打虎亭东汉墓出土的画像石刻中，有一幅地主收租图。画面右方刻着地主高大的仓楼，上方身穿长衣的地主坐在方席上，他的管家跪在前面，双手捧着收租的账本。左下方一人持升从车中取粮，一人于车前交租，对面两人过斗收租。旁边有盛满租粮的袋子。这幅收租图是地主阶级残酷地剥削依附农民的历史见证。1955年，四川彭县（今彭州市）还出土了贷粮画像砖。仓房前，左边地主席地而坐，右边借贷的农民跪扶口袋，仆役正把粮食倒进口袋，反映了地主对农民的高利贷盘剥的情形。

依附农民对于豪强地主的人身隶属关系，比起西汉来更加牢固。他们不仅要向豪强地主缴纳沉重的地租，并服各种无偿的徭役，就连人身也完全受主人的支配。在四川绵阳东汉墓葬中出土了一件带泥塑人像的水田模型：几个穿短褐的依附农民在身穿长衣、双手插袖的地主（或监工）的监视下艰辛地劳动。依附农民平时被束缚在土地上，一旦主人迁徙，他们就要跟随同去。如马援在北地曾役属数百宾客从事畜牧，后来他到洛阳归顺刘秀，就把这些宾客带上；在得到刘秀的许可之后，又役使他们屯田上林苑中。遭到党锢之祸的名士范滂，其父范叔矩也曾带着自己的"人客"到九江"田种畜牧"，"多所收获"（《风俗通义》卷5）。

与依附农民形成鲜明对照的，则是庄园主的穷奢极欲的生活。他们享用着精美豪华的饮食、车马、服饰和第舍。四川成都羊子山出土的东汉画像砖，描绘了一所宽敞的地主宅院（郭沫若主编：《中国史稿》第二册，第296页）。山东沂南画像石墓的"丰收"宴饮画像石，左半部地主席地而坐，仓楼前粮米成堆成车。右半部有厨房、灶、井及各式器皿，多人抬猪、宰牛、宰羊、烧火、蒸饭、炒菜、备酒，形象地反映了豪强地主一面剥削、一面宴飨的情景。画像石中的"百戏图"更表现了地主消遣取乐的生活。正如文献上所说，他们"三牲之肉，臭而不可食；清醇之酎，败而不可饮"，抢男霸女，藏在绮丽的密室中，供他们淫乐（《后汉书·仲长统列传》引《昌言》）。他们不但生前纵情享乐，而且死后极力厚葬。墓内"多埋珍宝"和"偶人车马"，作为他们的财产的象征的陶鸡、狗、猪圈和陶楼、陶院的模型明器极为流行。总之，生前的剥削阶级生活方式全部搬到地下。

（4）庄园主往往用宗族关系维持其统治。东汉的庄园往往是聚族而居，贫困的宗族是庄园主剥削的主要对象之一。为了维持这种现象，庄园主往往在一定的时节按亲疏关系"振赡贫乏""存问九族"，使残酷的剥削、压迫关系蒙上一层宗族的伪装，以便更有力地束缚农民。

地主的庄园是政治与经济结合为一体的社会基层单位，是东汉时期农民与地主阶级关系的具体体现。

如何评价汉代的庄园呢？

过去史学界对于汉代庄园经济的研究，多半着重揭露它消极、反动的一面，揭露豪强地主对庄园的徒附、佃客、奴隶的剥削的残酷性。近年来，史学界有一种看法认为，如果单看到庄园经济的消极面，那么对于庄园经济在东汉时期的迅速发展，对于大批自耕农破产后转化为庄园中依附农民的情况就无法理解。我们应该看到：

第一，从历史发展的角度看，在西汉末年出现的庄园经济，应该说是一种新兴事物。它有适应生产力发展、促进社会经济的一面。我们必须承认庄园主占有庄园农民劳动成果的暂时历史正当性；承认庄园主为了自己的利益，组织督促庄园农民从事生产，也是推动生产的因素。庄园是一个比较有组织的生产单位，它可以根据不同的土质种植不同的农作物，有能力兴建一些相应的水利事业，也有条件制造、推广新式农具，积累生产经验和提高生产技术水平。由于庄园内农业、手工业的综合经营，它可以就地解决原料供应和销售问题。尤其是当庄园主积极关心和组织生产的时候，他们就可以督促综合经营的庄园经济以更快的速度向前发展。而且东汉末年的坞壁，在军阀混战中，起到了保护生产和劳动力的作用，使坞壁内的劳动人民免受屠杀和掠夺，这种积极作用是不应该被忽视的。

第二，关于庄园内的农民所受的剥削问题，一般说是很重的，除交50％地租外，还要服徭役、兵役。但是，它并不一定比自耕农民负担重。特别是在东汉末年政治昏暗、腐败的情况下，人民处于"七亡七死"而无"一得一生"或"人相食"的时候，庄园内农民的处境要比自耕农好一些。正因为这样，才有大批自耕农破产后投靠庄园主。

第三，史学界有一种意见认为，庄园是封建割据的政治支柱和经济基础，因而对庄园经济持否定态度。其实问题并没有那么简单，要根据不同时期、不同历史条件做具体的分析。庄园经济并不总是与统一中央集权制国家相对立，它与封建割据势力之间也没有必然的联系。战国时代，国家是分裂的，但那时根本就没有庄园经济。唐宋时代，庄园经济以新的势力发展起来，但唐宋前期的中央集权也是很强固的。

### 3. 奴婢

东汉的贵族、豪族和大工商业主往往占有成百上千的奴婢。奴婢是主人的财产，可以买卖或送人，他们没有生命保障，遭受主人的任意打骂或杀害。1971年，考古工作者在洛阳东关东汉墓中发现了十个殉葬者，并有狗殉的遗迹（《洛阳东关东汉殉人墓》，《文物》1973年第2期）。

## 三、 东汉后期的黑暗政治——外戚宦官之争与 "党锢"

### 1. 世家豪族的统治

东汉政权是以南阳豪族为基干的统治集团。世家大族掌握了从中央到地方的各级政权，因而东汉的察举和征辟也完全为世家大族所垄断。汉章帝时，韦彪上书，建议贡举"宜以才行为先，不可纯以阀阅"（《后汉书·韦彪传》）。后来仲长统也指出："天下士有三俗，选士而论族姓、阀阅一俗。"（仲长统：《昌言》）汉顺帝时，河南尹田歆对他的外甥说："今当举六孝廉，多得贵戚书命，不宜相违，欲自用一名士以报国家，尔助我求之。"（《后汉书·种暠传》）六名孝廉、郡守只能自选一名，有五名早被贵戚分掉了。有些士人为图仕进，不惜身执贱役，依附于世家大族门下，他们"怀丈夫之容，而袭婢妾之态，或奉货而行贿，以自固结"。这种人称为"门生"。他们趋炎附势于权门，很少有授业关系，"为之师而无以教，弟子亦不受业"（徐幹：《中论·谴交》篇，见《龙溪精舍丛书》）。还有的人，被公卿或州郡长官辟除为属吏，往往同任用他们的官僚结成了"君臣"的从属关系，叫作"故吏"。"门生""故吏"同他们所归属的主人有着从属关系，有的"门生""故吏"在举主或府主死了之后就弃官服丧；当主人犯罪被流放时，他们就相随同去，乃至舍出生命。所以，"门生""故吏"是主人政治力量的一个组成部分。

### 2. 外戚与宦官的斗争

东汉后期的政治十分黑暗，表现之一是外戚与宦官的斗争。外戚是指皇帝的母族、妻族，即太后、皇后的家系。宦官是宫廷中侍奉皇帝及其后妃的人。

东汉自和帝以后，皇帝都是幼年继位，由母后临朝。年幼的皇帝即位以后，其母后通常都依靠自己的父兄处理政事，让他们担任大将军并参录尚书事等显要的官职。这些外戚大都是世家大族，他们控制着中央统治机构，又掌握了兵权，往往父子兄弟一门数侯。外戚横行霸道，皇帝长大了，要夺回政权，只有依靠自己最亲近的家奴——宦官发动政变，消灭外戚的势力。宦官在剪除外戚势力的斗争中立了功，自然会受到皇帝的重用。宦官同样是一人得势、鸡犬升天，家人亲戚遍布州郡。外戚与宦官的斗争反复循环，外戚与宦官走马灯似地交替掌握统治权力，皇帝成了他们手中的傀儡，而遭殃的终归是人民。

公元 88 年，汉章帝死，和帝即位，年仅 10 岁，窦太后临朝听政，其兄弟窦宪、窦笃等身居显要，掌握大权。刺史、守令多出其门，大小官吏都得仰其鼻息。窦宪"威权震朝廷"。公元 92 年，和帝与宦官郑众密谋诛灭了窦氏，宦官开始参与政事。这是外戚、宦官之间的第一次交锋。

汉和帝死后，13 岁的安帝即位，邓太后临朝，邓骘兄弟掌握政权。邓太后死后，安帝与乳母王圣、宦官李闰等合谋消灭了邓氏势力，起用皇后的哥哥阎显等掌管禁兵，形成外戚、宦官共同把持政权的局面。汉安帝死后，阎后与阎显密谋迎立年幼的北乡侯刘懿为少帝。不久，少帝死。另一批宦官孙程等人拥立被废的安帝太子济阴王，是为汉顺帝。后阎显兄弟被杀，其家属被流放。孙程等 19 人被封为列侯。

公元 144 年，汉顺帝死，只有两岁的冲帝即位，梁太后临朝，太后兄大将军梁冀掌握政权。公元 146 年汉冲帝死，梁冀选立只有 8 岁的质帝。汉质帝说了梁冀一句"跋扈将军"，就被他毒死。汉质帝死后，梁冀把正准备和自己妹妹结婚的蠡吾侯立为皇帝，是为汉桓帝。梁冀专政将近 20 年，朝廷大小政事都由他独断，连皇帝也不能参与。官吏升迁调动都要先到他家里谢恩，然后才能到尚书台办理手续。梁冀专权使外戚势力发展到了顶峰。梁家一门，前后有七人封侯，三人做皇后，还出了六个贵人，两个大将军，女眷中也有七人食邑称君，这是前所未有的事。另外，族中还有三人娶公主为妻，担任各级军官的多至 57 人。"冀一门前后七封侯，三皇后，六贵人，二大将军，夫人、女食邑称君者七人，尚公主者三人，其余卿、将、尹、校五十七人。在位二十余年，穷极满盛，威行内外，百僚侧目，莫敢违命，天子恭己而不得有所亲豫。"（《后汉书·梁统列传》附《梁冀传》）公元 159 年，梁冀的两个妹妹——皇太后和皇后先后死去，他失去了靠山。汉桓帝与宦官合谋，发兵攻围梁冀，迫其自杀。其他梁氏中外宗亲，"无少长皆弃市"。梁氏外戚集团遭到致命打击，"百姓莫不称庆。收冀财货，县官斥卖，合三十余万万，以充王府，用减天下税租之半"（《后汉书·梁统列传》附《梁冀传》）。政府拍卖梁冀家产，价值 30 余万万，相当于全国租税之一半。

经过这次打击，政权完全转移到宦官手里。宦官单超等五人，由于除梁有功，同日封侯，世称五侯。单超之丧，皇帝除生前封他为车骑将军外，又"赐东园秘器，棺中玉具，赠侯将军印绶，使者理丧。及葬，发五营骑士、侍御史护丧，将作大匠起冢茔"（《后汉书·宦者列传》附《单超传》）。由其死后享尽哀荣，可想见其生前之显赫。连小黄门刘普、赵忠等八人也被破例封为乡侯。这些人还兼做朝官，娶姬妾，蓄养子，并得以养子传爵袭封。他们的"兄弟姻戚，皆宰州临郡"，作威作福，横行乡里，"搜括百姓，与盗贼无异"。左悺、具瑗、徐璜、唐衡四人被民间称为"左回天、具独坐（意为没有比他再专横的）、徐卧虎、唐两堕（两堕，两可，办事没有准则，恣意横行）"（《后汉书·宦者列传》）。宦官专政，至此达到高潮。

东汉中后期，外戚与宦官的斗争不是偶然的。这是由于：第一，东汉以来，豪强地主经济恶性膨胀，各个不同集团之间互相攘夺、倾轧。第二，专制主义皇权高度发展，为外戚与宦官代行天威提供了可能性。汉光武时就设了尚书台，后又在宫内设中常侍、小黄门等宦官多人，使宦官实际上参与了政事。第三，东汉时期除去前期的两三个皇帝外，其余都是年幼即位，大的十几岁，小的不过两三岁，很容易被外戚控制，而后又被宦官包围，所以出现了外戚与宦官轮流专政的局面。但不管由谁专权，遭殃的还是劳动人民。

### 3. 党锢

汉桓帝借助宦官的力量剪除外戚梁冀之后，宦官操纵朝廷达 30 年之久。宦官专权不仅加深了人民的痛苦，激起人民的强烈反抗，而且引起大地主出身的官僚以及一般地主阶级知识分子的不满。官僚们痛恨宦官垄断政权，影响到他们的禄位；一般士人也怨恨宦官广植亲私，妨碍了他们的仕途。他们抨击当时的察举："举秀才，不知书；察孝廉，父别居。寒素清白浊如泥，高第良将怯如鸡。"（《抱朴子·外篇·审举》）更让他们恐惧的是，宦官的黑暗统治使整个政权有陷于覆亡的危险。为了自身的利禄，也为了挽救阶级统治的危机，他们要求改变宦官专权的局面。当时全国士人共相标榜，对众望所归的 35 名士人封以"三君""八俊""八顾""八及""八厨"的称号。"君"代表为当世所崇敬，"俊"指人中的精英，"顾""及"指能以德行引导别人，"厨"指能以财救人。

当时，在首都洛阳的太学，有太学生 3 万人，他们以郭泰、贾彪为首，利用太学，"品核公卿，裁量执政"，讨论政治，抨击宦官，制造出强大的舆论声势。这种风气被称为"清议"。太学生的活动得到朝野上下官僚、士人的支持，官僚们也借重太学生的力量来反对宦官。宦官们对此恨之入骨，诬称这些官僚与太学生结为朋党，图谋不轨，因此严厉打击压制，造成了两次"党锢"。太学生与陈蕃、李膺、王畅更相褒重。学中语曰："天下模楷李元礼，不畏强御陈仲举，天下俊秀王叔茂。"

当时司隶校尉（负责纠察京师百官及附近各郡官吏）李膺敢于不避权贵，裁治不法，很受"清议"的推崇。大宦官张让的弟弟张朔当县令时，贪残无道，虐杀孕妇，后来逃藏于张让家的活动柱子里，李膺率领部下，"破柱取朔"，按法斩掉。因此，李膺与宦官结了仇，而他的名声更高。太学生标榜他为"天下模楷李元礼"。到汉桓帝延熹九年（166年），宦官党羽张成教唆儿子杀人，被李膺逮捕归案杀掉。宦官集团借端反扑，指使人上书诬告李膺等人："养太学游士，交结诸郡生徒，更相驱驰（联系），共为部党，诽讪朝廷，疑乱风俗。"（《后汉书·党锢列传》）汉桓帝下诏郡国逮捕"党人"，收执李膺等200多人。第二年，经过尚书霍谞和外戚窦武的力争，汉桓帝意稍解，才把"党人"赦归田里，禁锢终身，不得做官。这就是第一次"党锢"。

这一年，汉桓帝死，灵帝即位。窦太后临朝，外戚窦武为大将军，掌握政权。他同太傅陈蕃合作，起用被禁锢的"党人"。窦武和陈蕃打算消灭宦官的势力，但事机泄漏，宦官曹节、王甫等劫持窦太后，挟制灵帝，发兵攻窦武，窦武兵败自杀，陈蕃等也被捕杀。建宁二年（169年），宦官侯览使人诬告张俭结党谋反，曹节也乘机奏捕"党人"虞放、杜密、李膺等百余人。这些人被捕之后，相继死于狱中，其余因仇怨互相陷害及地方官吏滥捕牵连，乃至死、徒、废、禁者六七百人。熹平元年（172年）窦太后死，有人在朱雀阙书写："曹节、王甫幽杀太后，常侍侯览多杀党人，公卿皆尸禄，无有忠言者。"（《后汉书·宦者列传》）宦官又一次四出逐捕党人和太学生千余人。熹平五年（176年），汉灵帝下诏州郡，凡是"党人"的门生、故吏、父子兄弟以及五服以内的亲属，都免官禁锢。这就是第二次"党锢"。这次党锢持续了十几年，直到中平元年（184年）黄巾大起义，东汉政府才宣布赦免"党人"，起用他们镇压农民起义。

"党锢"是统治阶级内部的矛盾和斗争。但就当时来说，宦官集团长期的黑暗统治成为社会矛盾激化的焦点，所以，一部分官僚和太学生敢于揭露他们，反对他们，在一定程度上还是符合人民的愿望的。其中一些代表人物，如李膺、范滂等人，其顽强不屈的斗争精神也是值得肯定的。但是，"党人"没有例外地都站在农民和农民起义的对立面。因此，当黄巾起义后，汉灵帝便接受宦官吕强的建议，主动"大赦党人，诸徒之家，皆归故郡"。而这些党人，都自动地站在朝廷一边，成了屠杀农民的刽子手。

在我国历史上，东汉王朝皇帝即位的平均年龄，比任何一个朝代都要小得多。年幼即位从第4个皇帝汉和帝开始，一直到最后一个皇帝汉献帝都是如此。据统计：和帝刘肇即位，年10岁；殇帝刘隆即位，才出生100多天；安帝刘祜即位，年13岁；顺帝刘保即位，年11岁；冲帝刘炳即位，年2岁；质帝刘缵即位，年8岁；桓帝刘志即位，年15岁；灵帝刘宏即位，年12岁；少帝刘辩即位，年17岁；献帝刘协即位，年9岁。从章和二年（88年）和帝即位，到永汉元年（189年）献帝即位，其间101年，共换了10个皇帝，平均每个皇帝在位时间只有10年。其中有不少皇帝还没有活到懂事的时候就夭折了。这样就出现了外戚与宦官专权的局面。

## 四、 东汉社会经济的发展

### （一）为恢复和发展生产而采取的措施

东汉初年，为了稳定封建统治秩序，封建统治者采取了一系列有利于恢复和发展社会生产的措施。

第一，汉光武帝于建武十五年（39 年）颁发"度田令"（丈量土地），命令各州郡检查垦田亩数和户口、年龄。这是为了强迫农民承担封建政府的剥削和解决封建国家与豪族地主之间的地租再分配问题。但地方官在推行这个法令时，对农民和地主阶级的不同阶层采取了不同的态度。对大豪族的土地、人口，不敢做任何调查，所以"度田令"并没有损害大豪族地主的利益。地方官吏只是对农民和一般地主实行"度田"，因此激起了农民和一般地主的反抗。因而，当时起兵反对"度田"的，有农民起义和部分地主的暴动，两种性质是不同的。不久，"度田令"被迫废止。

第二，从剥削制度来看，与西汉末年相比，也发生一些变化。例如山林川泽，不再征收"假税"，许可随意渔猎樵采。国家所控制的土地——"公田"，自汉明帝至汉安帝曾八次下诏，以"假"和"赐"的形式，分给无地的贫民，有时还贷给种子、粮食和农具。从本质上来说，这是封建国家把农民重新束缚在土地上，以保证地主阶级和国家有更多的劳动力可以剥削。但客观上，无地农民有一块土地使用，则有利于社会生产力的恢复和发展。

第三，解放奴婢。上面说过，自公元 26 年至公元 38 年的 13 年中，刘秀下了九道关于奴婢的诏令。可以分为三类情况：

（1）无条件地释放奴婢。建武二年（26 年），刘秀下令"民有嫁妻卖子欲归父母者，恣听之。敢拘执，论如律"（《后汉书·光武帝纪上》）。

（2）有限度地释放奴婢。凡是王莽期间"不应旧法（西汉之法）"而被没入为奴婢者，一律免为庶人。益州一带自建武八年（32 年）被掠为奴婢者，也都免为庶人。这就是说，王莽时合于旧法没入的官奴婢，益州一带在建武八年前被掠为奴婢的，还不在释放之列。

（3）严禁虐待奴婢。光武帝下令废除"奴婢射伤人弃市律"；对私自杀害奴婢的，"不得减罪"，敢于炙灼奴婢的，亦"论如律"，免被炙灼的奴婢为庶人。

解放奴婢，使原由豪族地主控制的奴婢变成由封建政府直接控制的农民，增加了封建政府的赋税收入。解放这些奴婢，对社会经济的恢复和发展起了积极的作用。

### （二）农业的发展

东汉农业生产的发展，主要表现在牛耕的进一步推广，铁制农具的改良和普遍应用，以及大规模农田水利的修建。

牛耕是农业生产力的重要标志。在中原地区，牛耕技术日益改进，许多地方已用短辕的一牛挽犁，这比用长辕的二牛抬杠方便得多。与牛耕有关，铁制农具特别是铁犁也有了显著的改进。东汉时，已大量使用全铁制犁铧。这种犁铧，较之战国以来一直被沿用的 V 形铧，刃端角度已逐渐变小，坚固耐用，不但起土省力，还可以深耕。一些新型的全铁制农具也逐渐增多。如四川乐山崖墓石刻画像中描绘了一种曲柄锄，是用于中耕除草的农具，在陕西临潼已发现了实物。四川牧马山崖墓中还出土一件全长达 35 厘米的大镰刀（钩镰），是专用于收割农作物的大农具。这些都是西汉时期不曾出现过的。

牛耕和铁器不仅在先进的中原地区盛行，而且逐渐向长江流域和珠江流域一带推广，包括今安徽、湖北、河南的一些地方。汉章帝时，王景任庐江太守，当地的农业生产技术落后，以致地力有余，粮食不足。王景在那里一面兴修水利，一面提倡人民用牛耕地，垦辟的土地愈来愈多。"垦辟倍多，境内丰给。"（《后汉书·王景传》）

由于农业生产发展的需要，东汉劳动人民修复和扩建了许多陂塘（水库）和灌渠，其中较重要的有 30 余处，如汝南的鸿隙陂、鲖阳渠，会稽、山阴两县交界处的镜湖大堤，庐江的芍陂（安徽寿县安丰塘）等。这些水利设施扩大了农田灌溉面积，解除了洪水的威胁。在南方发现的水田和池塘合组的模型中，有渠道把水田与池塘沟通起来。

当时最大的水利工程是修治黄河——修浚仪渠和汴渠。西汉末年，黄河在魏郡决口，河道南移，改从千乘（今山东高青北）入海，河水大量流入汴渠，黄河下游连年泛滥，淹没几十里。汉明帝时，卓越的水利工程家王景和他的助手王吴主持了艰巨的治河工程。数十万民夫经过艰辛的劳动，在荥阳和千乘海口的一千多里之间疏通了水道，建造了堤防和泄水闸门（《后汉书·循吏列传·王景传》）。这次修治后，800 多年黄河没有改道。这些水利工程对于保证农田灌溉、预防水旱灾害、促进生产发展起了积极的作用。

由于牛耕、铁农具和水利事业的发展，许多新田地被开垦出来。据记载，东汉时期的垦田数，以汉和帝元兴元年（105 年）的统计数字——73200 万亩的最高（《后汉书·郡国志》李贤注引应劭《汉官仪》），比西汉时的最高数字——汉平帝元始二年（2 年）的 82700 万亩（《通典·食货典》）少一些，但由于东汉豪族势力的发展，隐瞒的土地比西汉要多。因此，东汉的实际垦田数不会比西汉少。

南方地区逐渐开发，南方人口显著增加，北方人口也逐渐南移，促进了南方地区的发展。

## （三）手工业生产技术的改进

### 1. 铁器的广泛应用与冶铁新技术

东汉时，除铁制生产工具外，铁器更广泛地应用于日常生活中，如铁锅、铁炉、铁镜、铁叉、铁灯、书刀、顶针等。各地东汉墓中出土的铁制生活器皿和杂用工具，种类和数量都比西汉增多，铸造工艺达到了很高的水平。洛阳出土的十二支灯，通体用铁铸成，造型极为精巧，是东汉铸铁件水平的代表作。在中原地区，剑、刀等青铜兵器已经完全为铁兵器所代替。

冶铁技术有了很大的提高。用生铁炒成熟铁或钢的新工艺，在西汉后期至东汉初年就产生了。这是炼钢史上的一次重大的技术革新，是当时世界上最先进的炼钢工艺。在郑州古荥镇发掘的西汉中期到东汉的冶铁遗址，其一号炼铁炉，据推测，高约6米，容积约50立方米，是我国迄今发现的最大的古代炼铁炉遗迹，也是世界钢铁史上的重大发现。在这座炼炉前，有重20余吨的积铁块。这样大型的炼铁炉，要有相应的鼓风设备。建武七年（31年），南阳太守杜诗总结劳动人民的经验，发明了水力鼓风炉，用河流里的水力转动机械，使皮制的鼓风囊一开一合，不断地把空气送入冶铁炉，"用力少，见功多"（《后汉书·杜诗传》），亦即"水排"。而在欧洲，水力鼓风炉是12世纪才开始应用。

冶铁业进一步向江南地区推广，如南京、杭州、绍兴和南昌等地，在东汉的墓葬中已发现不少铁铸容器。桂阳郡耒阳县蕴藏铁矿石，附近各郡人来开采冶炼，东汉政府不许民营，改为官铸，每年得钱500余万（《后汉书·卫飒传》），说明南方冶铁业已发展了。

### 2. 造纸术的改进和推广

造纸术发明于西汉，到东汉时造纸术得到进一步改进与推广。至汉和帝时，尚方令蔡伦组织少府尚方作坊中充足的人力、物力，监制出一批精工于前世的良纸，于元兴元年奏上，经推广后，"自是天下莫不用焉"。

过去认为蔡伦发明纸，或者认为蔡伦是造纸术的改进者，这些都是不确切的提法。《东观汉记·蔡伦传》："黄门蔡伦，典作尚方作纸，所谓'蔡侯纸'也。"这里的"典"作"主管"解，意思是说"蔡伦主管尚方作纸"，根本没有发明纸的意思。在"蔡侯纸"前加"所谓"二字，大概因为当时蔡伦兼任尚方令，将尚方造纸献于朝廷，遂得以推广，蔡伦封侯后，尚方作纸就被称为所谓"蔡侯纸"。

蔡伦是公元75年入宫为宦者，公元76年至公元86年升为小黄门，公元89年转中常侍，复加位尚方令。公元114年被封为龙亭侯（封地在今陕西省洋县），后为长乐太仆，于公元 121 年卷入宫廷内讧而服毒身死。在封建社会中，像蔡伦这样的官僚是不会从事生产劳动的。因此，尚方作纸或所谓"蔡侯纸"，实出于尚方作坊内的工匠之手，而决非龙亭侯蔡伦手制。

蔡伦在造纸史上的历史作用，可以归纳为：①他是作为质量较高的植物纤维纸（首先是麻纸）生产的组织者和推广者的身份，活动于历史舞台上。②他又在群众创造的基础上，组织了以树皮（木本韧皮纤维）为原料的纸的生产。③他曾主张推广造纸，用以代替帛简。蔡伦的这些活动，客观上对造纸术发展有利，他在这些方面的作用不能一笔抹杀。

### 3. 其他手工业

织染业蓬勃发展，人们已经可以织造多种麻类织物和丝织物，能染出十几种丝织品。蜀锦、越布、齐的冰纨和方空縠等是当时著名的精美手工织品。

漆器工艺达到很高的水平，从出土的广汉郡及蜀郡工官制造的漆杯等漆器铭文可以看到，制造一件漆器，要经过素工、髹工、上工、洎工、漆工、造工、画工、清工等许多专门的工序。

煮盐业。四川地区的盐场已经利用储存着天然煤气的"火井"煮盐，一斛水可以得盐四五斗，比用家火煮盐所得要多一倍。四川成都羊子山东汉墓出土的盐井图画像砖，画面左边有四个人正在盐井上操作，井架顶上安置滑车，盐水通过枧筒引入盐缸，右边是一座有五口大锅的灶，一个人正在烧柴熬盐，另有两人刈柴，表现了制盐作坊的整个生产过程（刘志远：《四川汉代画像砖反映的社会生活》，《文物》1975 年第 4 期）。

东汉的手工业有官营也有私营。官营手工业沿袭西汉的制度。中央政府设置各种工官，掌管服饰、兵器等物的制作；将作大匠掌管宗庙、宫室和陵园等土木工程。在地方郡县，则按照具体情况，设置盐官、铁官、工官等。汉章帝时，废除了盐铁官营，让民间自己煮铸，由国家收税。尚方织室和西汉以来闻名的蜀郡扣器，在这之后也停止了生产。

官营手工业中的劳动者有官奴婢和刑徒，也有服徭役的农民，以及少数雇佣工人。洛阳南郊曾发现大片的东汉刑徒墓地，共 500 余座。

### （四）交通和商业

随着社会经济的恢复和发展，交通和商业也发展起来。长沙、广州等南方地区的东汉墓葬中经常发现木车、木船和陶船的模型。东汉初年，朝廷恢复五铢钱，统一货币，结束了王莽时期货币繁杂，金、帛、布、粟并用的混乱局面，有利于商业的发展。东汉中期，王符说当时商人的"牛马车舆，填塞道路"（《潜夫论》之《务本》《浮侈》篇）。当时的商业重地是洛阳、长安、成都、宛、临淄、邯郸、吴（苏州）、番禺（广州）、徐闻等，甘肃的武威、张掖、酒泉、敦煌等地的商业也得到发展。

## 五、 东汉与边疆各少数族的关系

东汉时期，汉族同各少数族之间的政治、经济关系更加发展了。汉族先进的文化和生产技术继续向各少数族地区传播；大量少数族迁入内地和大批汉族人民迁到边疆，各族人民在生产斗争和阶级斗争中紧密合作，并肩战斗，大大地促进了边疆的开发，推动了少数族地区社会经济的进步，有利于各民族的互相融合。

### （一）东汉与匈奴的关系

东汉初年，北方的匈奴又逐渐强盛起来。匈奴奴隶主贵族控制了西域和东北乌桓等族，并和彭宠、卢芳等地方割据势力相勾结，经常袭击边郡，烧杀抢掠。

建武二十二年（46 年）匈奴单于死，乌达鞮侯、蒲奴先后继位。主管南边八部匈奴和乌桓的右薁鞬日逐王比由于没有被立为单于，心怀不满。建武二十四年（48 年），这部分匈奴人拥立右薁鞬日逐王比为呼韩邪单于，脱离蒲奴单于。呼韩邪单于率其部众四五万人到五原塞归附东汉，从此，匈奴分为南、北两部。

汉光武帝使南匈奴向内迁徙，散居于北地、朔方、五原、云中、定襄、雁门、代郡等地。南匈奴与汉族人民杂居在一起，加强了两族人民之间的友好关系。在汉族人民的帮助下，南匈奴人民逐渐从事农业生产，手工业水平也有了显著的提高。南匈奴统治者对东汉皇帝称臣，经常遣使贡献，并送子到洛阳"入侍"。汉朝也经常以大量衣食和钱币相赠。建武二十六年（50 年），东汉政府设置"使匈奴中郎将"，主管领护南匈奴事务。"使匈奴中郎将"下设安集掾史，带领弛刑 50 人，持兵器，执弓弩，随从单于所居之处，参与辞讼，观察动静（《后汉书》之《光武帝纪下》《耿国传》《南匈奴列传》）。后来为了加强北边的防务，又增设度辽将军和度辽营。由于生活环境比较安定，生产得到发展，南匈奴的人口增长很快。据记载，到和帝时已有户 3.4 万，人口 23 万多，增加了 4 倍以上。

北匈奴奴隶主贵族却经常侵扰东汉北方边郡，对东汉来说是一个很大的威胁和障碍。正如汉明帝时耿秉说：中国虚费，边陲不宁，其患专在匈奴（《后汉书·耿秉传》）。故随着中原政治局面的统一，社会经济的发展，东汉开始了一个带有战略意义的、目的在于统一全中国的、征伐北匈奴的正义的军事行动。

汉明帝永平十五年（72 年），东汉派窦固和耿秉出屯凉州（今甘肃清水县北），作为经营北伐的准备（《后汉书·明帝纪》）。第二年，乃大发缘边兵，命诸将率同南匈奴及乌桓、鲜卑等骑，共数万人，四道出塞北征，窦固率领的一支队伍打败北匈奴呼衍王部，进至伊吾（今新疆哈密西）。

东汉大举征伐北匈奴的统一战争开始于汉和帝永元元年（89 年），在汉将窦固、耿秉与南匈奴联军的夹攻下，汉大破北匈奴于稽落山（在今内蒙古），斩首俘获甚众，先后接受归附计 81 部合 20 余万人，汉兵追至燕然山（今蒙古杭爱山），刻石纪功而还。（《后汉书》之《和帝纪》《南匈奴列传》《窦宪传》）永元三年（91 年），汉复大出击，耿夔大破北匈奴于金微山（今阿尔泰山），北匈奴单于率领一部分人众逃往康居，匈奴奴隶制政权全部瓦解，东汉政府按照对南匈奴的统治办法对待他们。后来，北匈奴的一部分人逐渐西移，一直迁到遥远的欧洲。住在东北的鲜卑族乘机占据了北匈奴地区。从公元前 209 年冒顿单于建立政权起算，匈奴在大漠南北活跃，至此整整 300 年。

匈奴问题的解决，使南匈奴人和一部分北匈奴人定居在今河北、内蒙古、山西、陕西的长城内外地区。这些地区的汉族人亦因除去匈奴统治者的掠夺战争而得以定居。汉族人民和匈奴族人民杂处一起，共同开发了这些地区。匈奴问题的解决还有助于东汉政府对西域的经营。

（二）东汉对西域的经营

西汉末年和王莽时期，中央政府衰弱，失去控制西域的能力，当时西域出现了 50 多个政权。不久，匈奴统治者又逐渐控制了西域的北道诸国，向他们勒索赋税。只有西部的莎车比较强盛，率领着南道诸国与匈奴统治者对抗。东汉建立后，莎车王和鄯善王于建武十四年（38 年）遣使奉献，要求重派西域都护。光武帝因政权新建，无暇顾及。建武二十一年（45 年），"鄯善王、车师王等十六国皆遣子入侍奉献，愿请都护。帝以中国初定，未遑外事，乃还其侍子，厚加赏赐"（《后汉书·光武帝纪下》）。不久，西域各国就全被匈奴统治集团控制了。

南匈奴归附东汉以后，北匈奴仍然常常攻击东汉边郡。汉明帝永平十六年（73 年），东汉政府派兵分四路大举进攻北匈奴，其中一路由窦固、耿忠率领，大败匈奴，直进驻伊吾，并在那里置宜禾都尉屯田。窦固并派班超出使西域。班超在西域经过曲折的斗争，说服西域各国脱离匈奴的统治，击杀匈奴的使者，归附东汉政府。班超赶走匈奴奴隶主贵族，帮助西域人民摆脱匈奴奴隶制度的统治，符合西域人民的利益，得到西域人民的拥护。公元 74 年，东汉政府继西汉之后设立都护，同时设立戊校尉和己校尉于高昌壁（今新疆吐鲁番东），加强了中央政府对西域的管理。

永平十八年（75 年），汉明帝死。北匈奴胁迫车师叛汉，进围汉的戊校尉、己校尉。焉耆、龟兹也在北匈奴的指使下袭击汉的西域都护。新即位的汉章帝采取妥协政策，命令班超撤回内地。疏勒人和于阗人都不愿班超离去，他们抱着班超所骑之马的马腿哭泣道："依汉使如父母，诚不可去。"（《后汉书·班超传》）于是班超便留了下来，他一方面依靠于阗、疏勒等国的力量，做平定叛乱的准备；另一方面上书东汉政府，请求出兵。汉章帝派徐干带领 1000 人支援。最后平定了叛乱，恢复了汉对西域的统治。东汉政府以班超为西域都护，徐干为长史，分别驻龟兹和疏勒。西域诸国的国王纷纷派遣自己的儿子到洛阳居住，表示服从汉的统治。班超的重大贡献在于：①班超为统一的多民族国家的巩固做出了贡献。②派甘英出使大秦（罗马帝国），西经条支（今伊拉克）、安息（今伊朗）诸国。甘英为打通欧、亚交通做出了重要贡献。③保卫了"丝绸之路"，促进了中国与中亚、西亚的经济、文化交流。

班超在西域前后待了 30 年，永元十四年（102 年），71 岁的班超回到洛阳。班超回来后没几年，北匈奴统治者又进入西域地区，并掠扰河西边郡。东汉政府在安帝延光二年（123 年）又派班超的儿子班勇为西域长史，带 500 位战士出屯柳中（今新疆吐鲁番南），赶走了北匈奴的残余势力，西域又重新归附于汉。班勇的活动，对加强西域与内地的联系也做出了贡献。但黑暗的东汉政府，以莫须有的罪名，在汉顺帝永建二年（127 年）把班勇召还下狱。班勇把在西域的亲身见闻写成《西域记》，为后来范晔的《后汉书·西域传》提供了资料。

东汉政府在鄯善北部、伊吾、车师前王国的高昌壁、柳中城，车师后王国的侯城、龟兹、疏勒，以及尼雅河下游，都建立了屯田，其人数和规模都远远超过西汉时期。这些屯田在传播汉族先进的农业生产技术方面起了一定的作用。在这些地区，人们曾发现大量东汉时期的文物，包括简牍、印玺、生产工具、丝织品和五铢钱等。西域的骆驼、毛织品、植物也陆续传入内地。所以，东汉对西域统治的确立，有利于汉族人民同西域各族人民加强经济文化联系，同时也保证丝绸之路畅通无阻，使它发挥中国与西方各国进行联系的桥梁作用。

**（三）东汉与乌桓、鲜卑、夫余、高句丽的关系**

**1. 乌桓**

王莽时，为了进攻匈奴，曾强迫乌桓的士兵出屯代郡。乌桓人纷纷逃出塞外，匈奴统治者乘机诱迫，于是乌桓依附了匈奴。

建武二十二年（46 年），匈奴内部发生分裂，北匈奴北徙，南匈奴降汉。乌桓也表示愿意归汉。建武二十五年（49 年），辽西塞外乌桓各部首领 900 余人到洛阳朝见光武帝，送了很多奴婢、牛羊以及虎豹貂皮。东汉政府也送给珍宝答谢，并封其首领 81 人为侯王、君长。从此，很多乌桓人就和汉族杂居在辽东、辽西、右北平、渔阳、广阳、上谷、代郡、雁门、太原等郡。东汉政府在上谷宁城（今河北万全）设立"护乌桓校尉"，主管乌桓事务。纵观东汉一代，有时有些地区汉中央与乌桓贵族发生过战争，但总的来说，是乌桓人民逐渐向内迁徙，与汉族和其他少数族人民逐渐融洽。

**2. 鲜卑**

东汉初年，鲜卑也常被匈奴贵族利用来攻击汉的边郡。建武二十一年（45

年），鲜卑随匈奴攻辽东，被辽东太守祭肜打败。建武二十五年（49年），因南匈奴与乌桓都归附于汉，鲜卑也遣使与汉通好。建武三十年（54年），鲜卑大人于仇贲、满头等到洛阳表示愿意归顺。光武帝封于仇贲为王，满头为侯。过几年，鲜卑大人都归附了东汉，历经汉明帝、汉章帝40多年，双方一直保持着和好的关系。至汉和帝时，北匈奴西逃之后，拓跋鲜卑和中部鲜卑乘机向漠北发展。北匈奴留在当地的十余万落（户）也都自号为"鲜卑"。从此，鲜卑逐渐强大起来。汉安帝时，鲜卑大人燕荔阳到洛阳朝贺，接受东汉政府的封号和印绶，东汉政府还在宁城置"胡市"，以便鲜卑和汉人进行贸易。汉桓帝时，檀石槐被推为大人。他制定了法令，在农业、畜牧业、狩猎之外，又提倡捕渔业，并在弹汗山歠仇水（在今河北怀来县北）建立行政中心。从此，鲜卑实行王位继承制，鲜卑社会从原始公社进入奴隶制社会。檀石槐对丁零、夫余、乌桓用兵，占据了原来匈奴人生活的大部分地区，又频繁向南掠夺，并于熹平六年（177年）打败东汉的军队。檀石槐政权传到他的孙子时，内部为争夺王位而内讧，势力因而削弱。

### 3. 夫余、高句丽

东汉时期，东北地区的夫余和高句丽同内地的政治、经济和文化关系比西汉时更为密切。建武二十五年（49年），夫余王遣使朝贡，光武帝以厚礼相答。自此以后，年年都有使者相通。汉顺帝永和元年（136年），夫余王亲至洛阳，汉顺帝特地招待他观看黄门鼓吹角抵戏。

建武八年（32年），高句丽王派人到洛阳，刘秀恢复他被王莽削去的王号。东汉中期，高句丽王间或到辽东郡（治郡在今辽宁辽阳市）抢劫。东汉后期，高句丽改属辽东郡管理。

### （四）东汉与羌族的战争

东汉初年，西北的羌族人内迁的很多。光武帝因置护羌校尉，驻凉州，主管羌族事务。但是东汉郡县官吏和地方豪强对内迁的羌族人民进行压榨和奴役，引起羌族人民的反抗。到东汉后期，终于激起羌族人民大规模的武装起义。

第一次大起义是从汉安帝永初元年（107年）到元初五年（118年），延续了12年之久。

这次起义的直接原因是汉安帝遣骑都尉王弘强迫征发金城、陇西、汉阳三郡的羌人随征西域，羌人反抗。各郡县发兵镇压羌人，并烧毁羌人的庐帐，逼得羌人武装起义。东汉政府派邓骘、任尚率5万人前往镇压。政府军队屡战屡败，西北的郡县官吏惊慌失措，要当地人民内迁，甚至用强暴的手段，割庄家、拆房屋，强迫人民迁徙。汉人杜琦、杜季贡和王信等领导汉、羌人民掀起更大规模的起义。东汉政府调动了凉州、益州、三辅军队20余万人进行围剿，又利用南匈奴的骑兵参加围剿，直到元初五年（118 年），才把羌族人民的起义残酷地镇压下去。东汉政府在这次延续 12 年的对羌族的战争中，仅有数可计的战费就达 240 余亿钱。

第二次羌人大规模起义，是从汉顺帝永和五年（140 年）到汉冲帝永熹元年（145 年）。对这次起义，东汉政府最后被迫用"招抚"的办法，才把羌人镇压下去。

第三次羌人大起义，是从汉桓帝延熹二年（159 年）到延熹十年（167 年）。东汉政府重用当地豪族皇甫规、张奂、段颎等，由他们率军残酷地镇压了起义军。

羌族人民的多次起义，有力地打击了东汉统治阶级。东汉政府在前后延续五六十年之久的镇压羌族起义的战争中，消耗军费约 400 亿钱。而羌族的上层分子则利用本族人民的反抗斗争，乘机煽动民族仇恨，肆意掠夺和杀害汉族人民。战争给边郡的社会经济造成严重的破坏，东汉政府陷入百孔千疮的困境。

## （五）东汉与西南夷的关系

东汉时期，西南地区各少数族与汉族的关系更加密切了。

王莽统治时期，任意欺凌西南各族人民，引起西南夷各族人民的武装反抗。东汉建立后，西南夷各族先后又重新归附，接受东汉政府的统治。

牂牁郡的大姓龙、傅、尹、董氏，在公孙述割据巴蜀时，遣使绕道番禺到洛阳向东汉政府奉贡。汉桓帝时，郡人尹珍到内地从许慎、应奉学习经书、图纬，后来还乡办学，大力传播汉文化。

邛都人长贵在王莽末年杀了越嶲郡太守，自称邛谷王。建武十四年（38 年），长贵遣使向东汉政府上报三年计籍，光武帝授他越嶲太守印绶。

哀牢王柳貌于汉明帝永平年间率领部众内属，东汉政府以其地置哀牢、博南二县，与益州郡西部都尉所领六县合为永昌郡。

汶山以西（今四川阿坝藏族羌族自治州西部、甘孜藏族自治州和昌都地区）的白狼、槃木、唐菆等部落，也在永平年间归附于汉。

西南各族重新归属东汉政府，有利于他们经济、文化的进一步发展以及和汉族人民的联系。但是，东汉政府繁重的赋税和徭役以及郡县官吏的任意搜刮，常常激起各族人民的反抗斗争。

## （六）东汉与"南蛮"的关系

东汉时期，在今湖北、湖南、四川、广东、广西境内，散居着一些少数民族，统称为"南蛮"。如槃瓠诸部散居于武陵、长沙、零陵等郡；廪君诸部分布于巴郡、南郡一带，又被称为"巴郡南郡蛮"；板楯蛮（即賨族）聚居于四川嘉陵江流域；乌浒人则散居于禀君诸部之南。以上这些少数民族和汉族普遍错居，往来密切，从事农业生产。他们同时受到汉族封建地主阶级的残酷的剥削与压迫，因此，曾不断地武装起义、反抗斗争。

## 六、 东汉末年的黄巾农民大起义

### （一）黄巾大起义的历史背景

东汉末年的农民战争，是东汉农民与地主阶级之间矛盾不断激化的必然结果。东汉将近 200 年间，只有光武帝、明帝、章帝三朝，表面上还算维持着比较稳定的局面。自汉和帝以后，阶级矛盾不断激化，社会经常处于动荡不安之中，农民起义风起云涌，此伏彼起。

东汉后期，宦官、外戚争相专权，政治极端腐败。以皇帝为首的封建地主阶级，过着极度奢侈、荒淫无耻的生活。王符在《潜夫论》中说："京师贵戚，衣服饮食，车舆庐第，奢过王制，固亦甚矣。"桓、灵二帝后宫彩女数千人，衣食之费日数百金。汉桓帝时，由于统治阶级的挥霍浪费，达到了"田野空、朝廷空、仓库空，是谓三空"（《后汉书·陈蕃传》）的地步。汉灵帝为了私聚更多的财富，采用征收"导行费"的办法，即郡国向中央贡献时，首先送一部分给宫中，这叫"导行费"。于是"中尚方敛诸郡之宝，中御府积天下之缯，西园引司农之藏，中厩聚太仆之马"（《后汉书·宦者列传·吕强传》）。宫廷中充满着腐朽和罪恶，连皇室的狗都穿戴文官的服装——进贤冠。皇室为了增加收入，公开卖官鬻爵，二千石的官卖 2000 万，四百石的官卖 400 万，所有官职按职位高低和利禄多少，都有不同的定价，造成"爵服横流，官以贿成"的腐败政治局面。买官的人可以先交钱，也可以到任后加倍付款。他们到位后，要捞回买官的钱，就拼命对人民进行勒索。

政治腐败的受害者当然是农民。广大的农民由于无法忍受残酷的剥削和压迫，加以连年灾荒，不得不离乡背井逃亡。汉桓帝永兴元年（153 年），全国有将近 1/3 的郡国遭受蝗灾，河水泛滥，流民达数十万户。仲长统说："今田无常主，民无常居。"（《后汉书·仲长统传》引《昌言》）蔡邕说："今百姓虚悬，万里萧条。"（《后汉书·蔡邕传》）这些话都部分反映了农民贫困和大量流亡的真实情况。

自汉和帝以后的七八十年间，爆发了大小百余次农民起义。这些农民起义军攻城邑，杀官吏，给东汉统治者以极大的威胁。许多农民起义领袖自称"皇帝""皇帝子"或"真人"，有的还建年号、置百官。这种情况反映了广大农民要求推翻腐朽的东汉王朝和夺取政治权力的迫切愿望。东汉统治者为了扑灭农民革命的烈火，采用武力镇压和招抚的软硬两手，先后把大大小小的农民起义镇压下去了。但是，只要存在地主阶级对农民的剥削和压迫，农民阶级的革命斗争就永远不会停息。那时，民间流行着一首歌谣："小民发如韭，剪复生；头如鸡，割复鸣。吏不必可畏，民不必可轻。"（《全后汉文》卷46）农民从失败中总结经验教训，组织越来越严密，斗争水平越来越高。波澜壮阔的黄巾大起义爆发了。

## （二）黄巾大起义

### 1. 起义前的组织准备

东汉末年太平道领袖张角自称大贤良师，画符诵咒，为人治病，在贫苦农民之间广泛宣传原始道教的平等思想。

原始道教的经典《太平清领书》（即《太平经》）出自一些方士和儒生之手，但其中包含不少原始道教反对剥削压迫的教义。如书中指责富人，"积财亿万，不肯救穷周急，使人饥寒而死，罪不除也"。又把富人比作粮仓中的老鼠，"常独足食"，非常不公。因此对这些富人，"盗贼闻之，举兵往趋，攻击其门户"，是必然的结果。书中甚至公开提出，皇帝库藏不该归一人独有，老百姓"其有不足者，悉当从其取也"，把矛头指向了最高统治者。

"张角颇有其书焉。"他顺应农民阶级的意愿，利用《太平经》中某些反映农民的平均平等要求的成分，在群众中广泛宣传，为大起义做了舆论准备。

张角用太平道宣传群众的同时，还组织了群众。经过十几年的艰苦深入工作，信徒发展到几十万人，遍及青、徐、兖、豫、幽、冀、荆、扬八州（今山东、河北、河南、江苏、安徽、湖北等地）。张角在人民群众中有很高的威望，"天下襁负归之""万民乐附"（《后汉书·杨赐传》）。张角把信徒按地域分成三十六方，大方有一万多人，小方六七千人，每方各设"渠帅"（领导）。起义时，这种"方"就成了军事组织。

### 2. 大起义的爆发

在做好了思想上和组织上的准备之后，张角提出了"苍天已死，黄天当立，岁在甲子，天下大吉"（《后汉书·皇甫嵩传》）的口号和计划。"苍天"是指汉王朝，"黄天"是太平道自称。"岁在甲子"是预计于汉灵帝中平元年（184年）三月五日发动起义（这一年是甲子年，这一日是甲子日）。这个口号表达了革命农民要求推翻东汉政权、建立自己政权的英勇气概和明确目标。张角还派人到各州郡和都城洛阳的官府大门上，用白土写上"甲子"二字，表明起义军进攻的主要目标。

张角决定于公元184年三月五日，全国各地信徒同时起义。张角事先派大方渠帅马元义到洛阳部署起义。准备调荆、扬二州的信徒数万人，集中到邺城（今河北磁县南），配合洛阳附近的信徒，以便一举攻下洛阳。同时，由于政治危机严重，统治阶级内部不断分化动摇，很多宦官、宫廷卫士也都信奉太平教，愿意在起义时做内应，马元义便数次出入京师联系。不料被叛徒唐周告密，马元义被捕牺牲，京师之内被搜捕杀害的人数有一千多。朝廷下令追捕张角。张角当机立断，于公元184年二月星夜派人通知各方，决定提前起义。张角称"天公将军"，他的两个弟弟，张宝称"地公将军"，张梁称"人公将军"。各地起义军都头裹黄巾作为标志，称黄巾军。发动起义后，"旬日之间，天下响应，京师震动"。起义军到处烧官府，杀官吏，攻打地主庄园，沉重地打击了东汉统治者。

### 3. 起义军的英勇斗争

当时起义军的主力分驻三个地区：冀州地区（河北中南部、山东西端、河南北端），由张角、张宝、张梁直接指挥；颖川地区（河南登封一带），由波才领导；南阳地区，由张曼成领导。起义军在开始几个月内不断取得胜利。张角打败了卢植；波才领导的颖川起义军打败了朱儁；南阳张曼成攻杀南阳太守。农民军声势越来越大。

当时，颖川地近洛阳，对东汉统治的威胁最大。因此，东汉政权增调皇甫嵩、曹操，配合先到的朱儁，集中兵力先攻颖川黄巾军。农民军英勇作战，反把皇甫嵩包围于长社（今河南长葛）。但由于农民军缺乏作战经验，最后被打败，几万人壮烈牺牲。颖川一战，牵动全局，东汉政权得以把主力部队调去镇压冀州等地的农民军，整个形势开始扭转。

公元184年八月，张角病死，黄巾军失去了一个重要领袖。张宝、张梁继续领导农民军抗击皇甫嵩的进攻。在保卫广宗（今河北威县东）的战斗中，张梁的部队英勇战斗，使皇甫嵩无法取胜。后来由于张梁麻痹大意，防备松懈，遭到皇甫嵩的夜袭，张梁和3万多名战士血战牺牲，5万多人投河而死。后来，张宝在下曲阳（今河北晋州市西）也被皇甫嵩打败，英勇牺牲。

在冀州黄巾军血战的同时，南阳黄巾军也在和东汉政府军进行拼死战斗。张曼成、赵弘、孙夏等农民领袖，在攻取宛城和保卫宛城的斗争中，不幸先后战死，南阳黄巾军也被打败。

### 4. 黄巾军的继续奋战

黄巾军三支主力部队失败后，分散在各地的农民起义军仍然高举着黄巾军的旗帜，继续进行战斗。其中有几支声势较大，如冀州的黑山军，有上百万人；并州的白波黄巾军，也有十几万人；益州的黄巾军，曾控制今四川大部分地区；青州黄巾军，也有一百多万人，活跃在山东中部。从公元184年起义开始，各地黄巾军此起彼伏，前赴后继，一直斗争了20多年，最后才被扑灭（卿希泰：《中国道教思想史纲》第一卷）。

（三）以五斗米道组织的起义军（天师道）

东汉末年的农民起义，除黄巾军以太平道的形式出现外，还有五斗米道组织的起义军。

张修是五斗米道的一个组织者，以医病为名进行传道，凡是被治好的人，出五斗米作为活动经费，成为信徒，所以叫五斗米道。起义军有一套严密的组织，各级首领称为"祭酒""祭酒主"。公元 184 年七月，张修在巴郡利用"五斗米道"发动和组织群众起义，得到群众的拥护。

张陵（张道陵）也是五斗米道的一个首领。到他的孙子张鲁时，恰逢黄巾军再起的革命形势。公元 191 年，张鲁与张修联合，但后来由于五斗米道内部派系不同，张鲁杀害了张修，尽领其部众。张鲁建立了以汉中为中心，包括今陕西南部、四川北部广大地区的农民政权。

张鲁政权有自己的经济、政治纲领。他自号"师君"，其下"不置长吏，皆以祭酒（入道时间久的虔诚信徒）为治"。各部祭酒都有"义舍""义米""义肉"，过路的人住宿吃饭都不要钱。对于犯法的人，主要采取说服教育的方法，只有经过三次教育而不悔改的人，才处以刑罚。张鲁政权是一种近乎政教合一，劳武结合，但以小农经济为基础的社会政治组织。它一定程度上反映了农民的愿望，关中流民和南方的少数族有很多都投奔到那里，所谓"民夷便乐之"。建安二十年（215 年），曹操进兵汉中，张鲁投降了曹操。此后，五斗米道主要在统治阶级中流传。

### （四）东汉末年农民战争的特点及历史意义

#### 1. 东汉末年农民战争的特点

（1）有计划、有纲领、有组织、有准备。

（2）利用宗教来组织农民。东汉末年的农民战争在起义前做了组织准备。用太平道和五斗米道来宣传群众、组织群众，黄巾军起义前有严密的组织，因而能够三十六方"一时俱起"。这说明农民起义的组织程度比以前已经大大提高。利用宗教来组织农民，可以说是东汉末年农民战争的一大特点。

（3）提出了明确的斗争纲领和口号："苍天已死，黄天当立，岁在甲子，天下大吉。"并在实践中努力实现这些纲领和口号，提出"平均"的革命口号。

太平道宣称能够解除人民的疾苦，反对封建剥削，要求人们共同享受社会财富。而五斗米道更以它的义舍制度，一定程度上实践了农民的平均财富的主张，把纲领和实践结合起来，所以能够动员群众起来与地主阶级作殊死的斗争。

#### 2. 东汉末年农民战争失败的原因

黄巾军起义的主力只经过 9 个月的英勇战斗就失败了。但东汉末年在黄巾军的影响和推动下，全国各地都举行了起义，而且很多都以黄巾军为旗帜。所以，东汉末年的农民起义前后延续了 20 多年。我们分析其失败的原因，要从战争的双方来看。

东汉政府除拥有庞大的反动军队外，还有各地豪强地主的大小武装。东汉王朝和整个地主阶级为了对付农民起义，动员了他们的全部力量。皇帝、宦官、外戚、官僚和士大夫暂时都把他们的利害冲突放在一边，共同镇压农民起义。

从农民阶级这方面来说，也有他们的弱点。第一，起义之前虽有长期准备，但由于起义计划被叛徒出卖，不得不仓促发动，各地农民军之间的相互配合因而产生了极大的困难。第二，从战略上来说，起义军一开始就进攻封建统治的中心洛阳，这是不正确的；而且，把进攻洛阳的希望寄托在联络宦官上，这更是错误的。因为宦官是地主阶级统治的核心部分，他们不可能与人民联合。这说明张角在依靠谁来反对封建统治的问题上是模糊的。第三，在战术上缺乏作战经验，警惕性不高。他们在遇到敌人的优势兵力时，不善于及时转移到反动统治力量薄弱的地区，往往固守一地一城，而被敌人各个击破。第四，利用宗教组织，在初期联系群众和动员群众方面，宗教组织起过积极作用，但宗教的本质是唯心论。因此，到农民战争的后期，宗教组织有束缚人民思想、削弱人民战斗力的消极作用。

所有这些都是黄巾军失败的重要原因。

### 3. 东汉末年农民战争的历史意义

（1）黄巾军以及在黄巾军影响下的各地农民起义军虽然被镇压下去了，但是这场革命风暴沉重地打击了黑暗的封建统治，使得腐朽的东汉王朝名存实亡。

（2）调整了土地占有关系。它有力地冲击了东汉后期封建生产关系中某些束缚生产力发展的环节，为当时衰落的社会经济的恢复和发展创造了条件，从而把中国封建社会的历史向前推进了一步。

（3）发扬了中国人民的光荣的革命传统。东汉末年的农民大起义在农民革命斗争史上写下了光辉的篇章。

# 第五章　秦汉时期的思想文化与中外经济文化交流

## 一、经学

秦始皇为了维护封建专制主义中央集权制度，实行"焚书坑儒"，禁止私学。法家学说被官方宣布为唯一合法的学说。汉初，思想统治一时减弱。汉惠帝时，下令废除挟书律，诸子百家学说重新活跃起来。汉初流行"清静无为"的黄老思想。在汉初的六七十年间，黄老思想起了很重要的作用。

到汉武帝时，封建中央集权进一步加强，为适应封建大一统的政治需要，汉武帝表彰儒术，立五经（《易》《书》《诗》《礼》《春秋》）博士，儒学开始成为官学。儒学在长期的发展过程中，吸收了法家、道家、阴阳家和其他不同学派的思想，逐渐完成了从奴隶制意识形态到封建制意识形态的改造。其中，董仲舒起了重要作用。

西汉初年，政府在京城设立太学，教授五经，从学官弟子里选拔官吏。经学成为做官食禄的工具。博士教弟子的经书，都是用汉朝通行的隶书写的，因此叫作"今文经"。汉武帝末年，从孔子后代住宅的墙壁里发现了一部分古书，是用先秦时代的篆文书写，这部分经书称作"古文经"。"古文经"被发现后，朝廷长期没有设立学馆，由民间私人传授。今古文经学派的不同，大致有如下几点：①今文经学派以六经皆孔子所作，系托古改制之书；古文经学派则以六经皆史。②今文经学派崇奉孔子，认为孔子是哲学家、政治家；古文经学派崇奉周公，以孔子为史学家。③今文经学派信纬书，讲微言大义；古文经学派斥纬书为妄诞，认为六经皆史。④今文经学派斥古文经为刘歆所伪造；古文经学派斥今文经为秦火残缺之余。

今文经和古文经不只是书写文字和读法不同，而且随着经师传授的源流不同，对文字的训诂和内容的解释也产生了很大的差异，表现了不同的政治观念和历史观念。因此，形成长期今、古文两派的激烈斗争。一般地说，今文经学派把儒家经典看作政治课本，认为孔丘是"托古改制"，在经书里蕴藏着许多"微言大义"，都是后世统治者应该遵行的制度。他们专门研究这些"微言大义"，并加以比附引申，来宣扬神学目的论，为当权的统治阶级服务。今文经学还夹杂着大量的谶纬迷信成分，带有浓厚的宗教神学色彩。古文经学派最初大都把儒家经典看成古代的历史材料，认为孔丘是"述而不作，信而好古"，只是整理了这些历史材料。他们要求效法古代的社会政治制度，并把那些制度理想化。他们保持朴学的传统，按字义讲解经文，训诂简明，不凭空臆说；迷信成分极少或排斥迷信。这两种经学都是为统治阶级服务的，都缺乏进步的思想。自然，古文经学在反对迷信这一点上，比起今文经学来，还是进步一些。

在西汉，今文经学是官学。特别是以董仲舒为首的春秋公羊学占优势，后来今文学派的谷梁学也兴旺起来。可以说董仲舒是今文经学派的创始人，经过他改造和解释的儒家思想，把封建统治秩序神圣化、永恒化、合理化了，所以受到封建统治阶级的赞赏和欢迎。古文经学是私学，但名师门下也常有学生数百人或千人，成为反对今文经学的力量。

西汉末年，刘歆在整理国家图书馆的藏书时，发现了《春秋左氏传》《毛诗》《逸礼》和《古文尚书》，并了解到这些古文经在民间的传授情况，建议为它们立学官。原有的今文经学博士不肯参加讨论。刘歆责备他们"专己守残，党同门，妒道真"（《汉书·楚元王传附刘歆传》）。刘歆在整理古文经时对古文经有所篡改。后来王莽执政，刘歆成为他的得力助手，古文经终于立为博士，而《周礼》一书更成为王莽复古改制的工具。

东汉建立后，汉光武帝曾大会朝臣辩论是否可立古文经学博士。经多次辩论，汉光武帝决定立《春秋左氏传》博士。不久，由于公卿大臣反对，被废除。汉明帝时，贾逵代表古文经学派，上书说《左传》与谶纬相合，可立博士。贾逵通过这种迎合的本领终于得到汉章帝的允许，让《左传》《谷梁传》《古文尚书》《毛诗》四经公开传授，但不立博士，这说明朝廷还不承认古文经学是士人求仕的正路。

到了东汉中叶，贾逵的学生许慎博通经典和群书，收集小篆、古文、籀文，用 22 年的时间著成《说文解字》，解说每一个字的形体、读音、训诂（字义），极为简要。许慎所处的时代是古文经学的全盛时期。古文经学为了压倒今文经学而取得优势，首先提出应该重视语言文字学，在经学上树立它的崇高地位。当然，研究语言文字，目的是治理六经，发挥《毛诗》《左传》《周礼》等的经义。许慎作《说文解字》，主要目的并不在于分析文字训诂本身，而是通过文字训诂来宣扬"五经之道"，为当时的政治服务。所以《说文解字·叙》里说："文字者，经义之本，王政之始。"我们应该看到，古文经学虽然有为当时封建统治阶级服务的一面，但也有发展语言文字科学的一面。他们为了准确地解释六艺群书，对文字、读音、训诂做了相当科学的研究，做出了巨大的贡献。许慎吸取前辈的研究成果，写成我国语言史上第一部分析字形、说解字义、辨识声读的字典，对研究语言文字学、文献学，整理文化遗产，都是不可缺少的阶梯。《说文解字》收"文"9353 个，"重文"1163 个，共 10516 字，并且把这些字按照字形分成 540 部，"分别部居""据形系联"，成为有系统的偏旁编字法。

贾逵、许慎等古文经学大师都兼讲今文经学，都还不能建立起纯粹的古文经学。自从班固的学生马融编注《孝经》《论语》《毛诗》《周易》《三礼》《尚书》后，古文经学才达到完全成熟的境地。马融声望甚大，寿命又长，活了 87 岁。其门下生徒常有数百人或千余人，著名学生如马日磾、卢植做大官，郑玄为经学大师。马融以后，古文经学事实上压倒了今文经学。

东汉末年，郑玄是古文经学的集大成者，何休是今文经学的集大成者。何休用 17 年的工夫，仿效古文经学的注解，作《春秋公羊解诂》。董仲舒以后，何休是最大的《公羊》学者。

郑玄是东汉最大的博学家，他精通今文经学（包括谶纬），更博通古文经学。他编注古文经，注中兼采今文说。他又注一部分纬书，给谶纬找训诂的根据。他是古文经学大师，又是今文经学大师，但基本上是古文经学者。郑玄杂糅今古文的古文经学号称郑学，失败了的今文经学派转而拥护郑学，再加上郑玄寿高，活了 73 岁，门徒多，著述富（100 余万字），郑学成为当时"天下所宗"的儒学。魏晋以后的经学主要就是郑学。此后不再是今文古文的斗争，而是转为古文经学内部马融学与郑玄学的斗争。

经今古文学派之间的斗争，是地主阶级内部不同集团之间争夺财产和权力再分配斗争的反映。处在民间的古文经学者要为古文经学争取合法地位，为自己取得做官食禄的门径；而当权的今文经学者都要垄断学术，把持政治权力。统治阶级的各个集团都企图利用它们来为自己服务。由于它们所反映的阶级利益从根本上来说是一致的，因而经过一定时期后，两者终于合流了。

## 二、 唯物主义思想家王充

王充，东汉人，出身于"细族孤门"，著有《论衡》一书，共 85 篇（今存 84 篇）。

他认为万物由元气构成。人和禽兽也是由元气演化而来。元气是一种客观存在的物质。他反对天人感应说，反对有神论。他说："人之所以生者，精气也；死而精气灭。能为精气者，血脉也；人死血脉竭，竭而精气灭，灭而形体朽，朽而成灰土，何用为鬼？""人之死，犹火之灭也。"

所以说，他是唯物主义思想家。但他在对社会问题或历史人民进行评价时，往往归之于命，这是唯心主义的。

## 三、史学

### 1. 司马迁的《史记》

儒家的经书，原来是周史官所藏各种历史记录，经孔子删定解释以后，师弟相传，形成一种所谓经学。但历史学并不因为经学的盛行而停止发展。到西汉时历史学发展到更高级的阶段，出现了系统叙述古代历史，并从各方面反映当时社会生活的面貌和综合记录学术知识源流的历史著作，这就是司马迁的《史记》。

司马迁的父亲司马谈是汉武帝的太史，他非常博学，精通天文学、易学、黄老学。他以黄老学为主，批判吸收儒、墨、名、法、阴阳各家学说，是一个卓越的思想家。司马迁在 10 岁以前学过耕地和畜牧，10 岁读古文书籍，20 岁以后遍游全国名都大邑和锦绣河山，采访遗闻轶事。司马谈死后，司马迁继承父职做太史，博览石室金匮（宫中藏书处）里所藏的图书。因此，他是西汉一代稀有的大博学家。后来司马迁因替投降匈奴的李陵辩解而得罪了汉武帝，下狱受宫刑，时年 48 岁（据王国维说）。从此他发愤著《史记》，"成一家之言"，传给"后世圣人君子"。他用 20 余年的时间，写成《史记》130 篇（西汉时已缺十篇）。

《史记》叙述了从黄帝到汉武帝太初、天汉年间 3000 多年的历史，体制相当完备。它包括十二本纪、十表、八书、三十世家、七十列传。"本纪"是以一个朝代或帝王等统治人物为中心的大事记；"表"有世表、年表或月表，作为本纪的补充；"书"是中央的典章制度、天文现象、政治设施和社会经济生活的记录；"世家"主要是诸侯国的历史；"列传"是重要的人物传记，也有少数民族和邻国的历史。全书 52 多万字。

《史记》是中国的第一部通史。它继承过去历史著作的传统，开创了纪传体，成为我国封建社会史书的范例，对后世史学有着深远的影响。自此以后，史家相继述作，两千多年来有关制度、经济、文化发展的史料得以大量保存，司马迁创造的功绩是极其巨大的。

司马迁作为封建社会的史学家，其社会历史观点是属于唯心主义范畴的，是英雄史观。但他也有明显的进步思想。①他在很多地方对"天命"表示怀疑，强调了客观形势的作用；②在分析历史发展时，他试图从社会经济上找原因；③对历史过程的认识，他认为今胜于古，在叙述上他采取了详今略古的方法；④在记述农民起义时，把农民起义的领袖陈涉（陈胜）列为世家，认为陈胜发动的反秦大起义可以同商汤王灭夏、周武王灭商的事迹相比拟。由于《史记》在一定程度上暴露了统治阶级暴虐、奢侈和愚昧的本性，因此受到封建统治阶级的反对，说它"是非颇谬于圣人"。后来有的封建统治者还把《史记》作为"谤书"。

### 2. 刘向的《别录》与刘歆的《七略》

秦始皇焚书坑儒之后，文化典籍损失很大。汉自高祖、武帝两代，对藏书做了整理以后，"百年之间，书积如丘山"。"外有太常、太史、博士之藏；内有延阁、广内、秘室之府。"至汉成帝河平三年（前26年），"以书颇散亡，使谒者陈农求遗书于天下。诏光禄大夫刘向校经传诸子诗赋；步兵校尉任宏校兵书；太史令尹咸校数术；侍医李柱国校方技"（《汉书·艺文志》）。而以刘向总领其事。他们校书的义例大致如下：①广收众本；②互相补充；③修别篇章；④校雠讹文脱简；⑤命定书名。经过这次整理之后，刘向把许多纷乱无序的简策整定为颇有系统的书本；并为它们作了叙录。叙录的内容大致为：①著录书名和篇目；②叙述校雠的原委；③介绍著作者的生平；④总说书名的含义；⑤辨别书籍的真伪；⑥评说思想、史实；⑦叙述学术源流；⑧判别书的价值。将每一书的叙录附于该书之后。这就是每一书的提要。刘向把写成的叙录（提要）连同定本送给汉成帝。同时刘向又将各书的叙录另写一份，把它集中起来，也就是叙录的总集，称为《别录》。梁阮孝绪《七录》序言："昔刘向校书，辄为一录，论其指归，辨其讹谬，随竟奏上，皆载本书。""时又别集众录，谓之别录，即今之《别录》是也。"所以刘向的《别录》，既是汉代皇家图书馆藏书的总目提要，又是先秦以至西汉时代所有图书文化遗产的综合性记录。全书共20卷，今已不存。

刘向校书20多年，死后，汉哀帝令其子刘歆继承其业，"乃徙温室中书于天禄阁上，刘歆遂总括群篇，撮其指要"，著为《七略》：①辑略（总论）；②六艺略；③诸子略；④诗赋略；⑤兵书略；⑥数术略；⑦方技略。共3.3万余卷，这本书今已亡佚。《七略》对西周以来主要是战国以来的文化典籍，经过选择、校勘、分类、编目、写成定本等程序，并做出学术性的总论和分论，是一部完整的巨著。它不只是目录学、校勘学的开端，而且是一部极其珍贵的古代文化史。

班固著《汉书》，据《七略》作《艺文志》，共有书六略，38种，596家，13269卷。

### 3. 班固的《汉书》

司马迁之后，褚少孙、刘歆等多人补撰史事，积累了不少的西汉史材料。东汉初班彪作《史记后传》，有纪、传共65篇。班固继承父业，专心精研，前后20余年，修成《汉书》100卷。班固死时，《汉书》的八表和《天文志》还没有写好，由班固的妹妹班昭和马续完成了这项工作。

《汉书》大体上沿袭《史记》的体例。前半部依据《史记》，后半部依据班彪的《史记后传》。分纪、表、志、传，把《史记》的世家并入列传，改书为志。《汉书》的精华在十志。十志规模宏大，记事比八书丰富。后世正史多有志书，大体依据十志有所增减。至唐杜佑作《通典》，南宋郑樵作《通志》，宋元间马端临作《通考》，大大发展了志书体。历朝典章名物的重要部分，借志书得以保存，八书十志创始之功是不可磨灭的。

《汉书》吸收了过去各种历史书籍的长处，叙事详备周密，创立了断代的新体。在封建主义的正史体历史书中，《史记》《汉书》是最成熟的两部。

### 4．荀悦的《汉纪》

东汉末，荀悦依据《春秋》和《左传》的体裁，撰写了西汉一朝编年史——《汉纪》30卷，大体上是依据《汉书》删节改写而成。

### 5．《吴越春秋》与《越绝书》

东汉时期还出现了方志体裁的史书。会稽山阴（今浙江绍兴）人赵晔著《吴越春秋》，记载吴越两国历史（《后汉书·赵晔传》）。一个可能叫袁康的人作《越绝书》，记叙春秋战国时期吴、越、楚国历史。

## 四、 中外经济文化交流

秦汉时期，中国封建中央集权的统一局面，为对外关系的发展提供了空前有利的条件。我国当时高度发展的封建经济、文化，对邻国起了巨大的影响；同时，传入我国的外来优秀文化也丰富了我国人民的生活。

### （一） 与东方朝鲜、日本的关系

朝鲜半岛与中国东北毗邻。战国以来，齐燕两地人民不断到朝鲜去，带去了不少铁器等生产工具。西汉初年，燕地人卫满率领一千余人，渡浿水（今朝鲜清川江），入朝鲜，投靠朝鲜王箕准。后来，卫满自立为朝鲜王，建都于王险城（今平壤市南）。卫氏朝鲜国与西汉保持友好往来。至卫满的孙子孙右渠时，招诱汉的齐、燕两地人逃到朝鲜，同时又阻止半岛上的其他小国与汉朝交往。因此，西汉与卫氏朝鲜发生了战争。汉武帝派杨仆、荀彘分水陆两路进攻朝鲜。元封三年（前108年）夏，卫右渠被他的大臣杀害，汉武帝乘机消灭朝鲜，在卫氏统治区设置了真番、临屯、乐浪等四郡（《史记·朝鲜列传》）。

东汉时期，朝鲜半岛有马韩、辰韩、弁韩、濊等并立的政权。东汉政府同其中的许多政权有着政治、经济的联系。

汉政府和朝鲜的往来与贸易是频繁的，汉文化对朝鲜文化的影响也是深刻的。在朝鲜曾出土不少中国汉代的文物，朝鲜的文物也带有很明显的汉文化的痕迹。

日本（当时称倭人），汉时分立为百余个小国。汉武帝时，有30多个小国与汉往来。东汉建武中元二年（57年），"倭奴国"曾遣使来汉，汉光武帝赠以印绶（《后汉书·东夷列传·倭》）。1784年，日本九州志贺岛（今福冈志贺岛叶崎村）出土"汉委（倭）奴国王"的金印。通过不断的交往，日本取得中国的铁器、铜器、丝帛等物品，丰富了他们的物质文化生活。

## （二）与中亚、西亚各国的关系

张骞第二次出使西域时就到达中亚、西亚的一些国家，如大宛（今中亚费尔干纳）、大月氏（今阿富汗北）、大夏、康居（今中亚撒马尔罕）、安息（波斯，今伊朗）等国。从此，汉朝和这些国家都不断派使者互相往来，进行政治访问和经济贸易。汉朝为了便于与这些国家往来，修筑了令居（在今甘肃兰州市西北）以西道路，沿途设亭驿。那时出玉门关往西的商路有两条：一条是由玉门关经鄯善，沿南山（昆仑山）北麓至莎车，西越葱岭到大月氏、安息等国，称为南路，再往西可以到大秦。汉的大批货物主要就是由这条道路运往西方的；另一条是由玉门关沿北山（天山）南麓西行，越葱岭的北部西向，可以到达大宛、康居、奄蔡（里海东岸）诸国，称为北道，再往西也可以到大秦。这南北两条商路是当时中国和中亚、西亚经济交流的大动脉。因为运往西方的货物主要是丝和丝织品，所以后来把这条路称为"丝绸之路"。

商人们除了将中国的丝织品运往西方外，也将中亚一带所产的毛布、毛毡运入中国。此外，还有汗血马等动物以及石榴、胡麻（芝麻）、胡桃（核桃）、胡豆（蚕豆）、胡萝卜、大蒜、王瓜、葡萄等植物传入。张骞第二次出使归来后，就有大宛的使臣带着大秦的魔术艺人到中国来。这些魔术师能"吞刀吐火，植瓜种树，屠人截马"（《汉书·张骞传》注）。中亚的乐器、乐曲、舞蹈也在此时传入中国，对中国文化艺术的发展起了有益的作用。

## （三）与南亚各国的关系

张骞出使西域，他的副使曾到达身毒和罽宾。身毒国包括今印度、巴基斯坦南部、孟加拉国和尼泊尔南部广大地区。罽宾国在今克什米尔及巴基斯坦北部。张骞在大夏曾看到四川产的布和邛竹杖，询问大夏人后得知是从身毒国贩运去的。这说明在张骞以前，西汉与身毒已有了贸易往来。

印度的佛教较早就在中亚各国传播，西汉时传入我国龟兹、于阗等地。汉通西域以后，佛教逐渐传入中国内地。关于佛教传入的最早记载，正式见于史籍的是：西汉哀帝元寿元年（前2年），有个名叫景卢的博士弟子，从大月氏的使臣伊存那里听讲浮屠经。至东汉初年，统治阶级中已有人供奉佛像，楚王英"为浮屠斋戒祭祀"（《后汉书·光武十王列传·楚王英传》），得到汉明帝的赞许。《后汉书·西域传》《魏书·释老志》记载汉明帝派蔡愔等人去印度，以白马驮载佛像及梵典返回，一同跟来的印度僧人摄摩腾、竺法兰在洛阳翻译佛经。但根据佛教史籍所载，传说不一，歧异甚多，未可确信。中国正式翻译佛经，是在东汉桓、灵之世。汉桓帝时，有安息僧人安世高来中国传译佛经。汉灵帝时又有印度沙门竺朔佛带梵典来洛阳，与大月氏人支谶合作译经。从此，佛教逐渐在中国传播开来。

与缅甸的关系。从陆路与缅甸交通始于公元前 2 世纪或更早，系由四川经云南到缅甸。从海路与缅甸的交通，在西汉时就开辟了。东汉时，掸国王雍由调曾两次派来使者，汉政府赐予印绶、金银和采缯。掸国部分地区在今缅甸东部。汉安帝永宁元年（120 年），雍由调还向东汉政府献乐和能"变化吐火"的大秦"幻人"（魔术师）。

与越南的关系。秦统一岭南时，置象郡、桂林、南海三郡。象郡即今越南北部。秦汉之际，赵佗据岭南称王，建立"南越国"。汉武帝消灭了南越赵氏政权，在越南北部置交趾、九真、日南三郡。东汉光武帝建武十六年（40 年）交趾郡麊泠县女子征侧、征贰起义，攻占了 60 多座城市。建武十八年（42 年），东汉政府派马援率领大军前往镇压。马援镇压了起义军之后，在那里进行了一些改革，如废除部分落后的、残酷的法律、兴修水利等，促进了当地社会经济的发展。中国封建经济文化给越南以深刻的影响。

## （四）与大秦（罗马，今意大利）的关系

西汉时期，朝廷不仅与亚洲各国日益加强联系，还试图开辟欧亚交通路线。东汉和帝永元九年（97 年），班超曾派遣甘英出使大秦，甘英西行一直到达条支海边（波斯湾）。安息人向甘英夸大海道的险恶。甘英因而没有再往前走。甘英虽然没有到达大秦，但他到底是历史上第一个探险开辟欧亚交通的人物。过了几十年，东汉桓帝延熹九年（166 年），大秦王安敦才派遣使者由海路来到了中国。

## （五）海上交通

西汉除陆路与外国交通外，还有一条海上交通路线。关于这条交通路线，《汉书·地理志下》记载云：

> 自日南障塞、徐闻、合浦船行可五月，有都元国；又船行可四月，有邑卢没国；又船行可二十余日，有谌离国；步行可十余日，有夫甘都卢国。自夫甘都卢国船行可二月余，有黄支国，民俗略与珠崖相类，其州广大，户口多，多异物，自武帝以来皆献见。有译长，属黄门，与应募者俱入海市明珠、璧流离、奇石异物，赍黄金杂缯而往。所至国皆禀食为耦，蛮夷贾船，转送致之。亦利交易，剽杀人。又苦逢风波溺死，不者数年来还。大珠至围二寸以下。平帝元始中，王莽辅政，欲耀威德，厚遗黄支王，令遣使献生犀牛。自黄支船行可八月，到皮宗；船行可二月，到日南、象林界云。黄支之南，有已程不国，汉之译使自此还矣。

　　对于以上地名，中外学者考证甚多，说法各殊。日本人藤田丰八和法国人费琅把黄支国置于印度东海岸的建志补罗。我们认为这些国家都属于今天的东南亚国家。中国和西方国家都到黄支国来贸易（周连宽、张荣芳：《汉代我国与东南亚国家的海上交通和贸易关系》，1981 年第 3 期）。

# 第六章　三国鼎立和西晋的短期统一

（公元 220—316 年）

## 一、魏、蜀、吴三国鼎立的形成

### （一）军阀的割据与混战及其对社会经济的破坏

波澜壮阔的黄巾大起义虽然失败了，但给东汉政权带来了严重的打击，使它的统治趋于瓦解，社会发生了激烈的变化，这种情况表现在以下两方面。

（1）在中央政府里，宦官、外戚、官僚三集团争权夺利，互相倾轧，比以前更严重，造成一片混乱状态。

（2）在地方上，在镇压黄巾军的过程中，一些州牧、郡守依仗当地的官军和地主武装，扩大势力，称霸一方，形成军阀割据的局面。

#### 1. 凉州军阀董卓的兴起

董卓是在镇压羌族人民和黄巾军起义中起家的。羌族游牧于西海郡（青海）一带。东汉初年，羌人徙入天水、陇西、扶风三郡。定居于这一带的羌族人民，由于受到东汉地方官吏的压迫和"豪右"的奴役，不时进行反抗斗争。董卓是陇西临洮（今甘肃岷县）人，他居住的地方与羌族相邻。他利用这些条件屠杀羌族人民，而且因此而步步高升，升任郎中、西域戊己校尉，一直做到并州刺史河东太守。他在对羌族的血腥镇压中培养自己的势力。

在黄巾起义中，东汉东北一路卢植所率领的军队被黄巾军打败，汉灵帝刘宏便派董卓做东中郎将，代替卢植，加入镇压黄巾起义的行列。此后董卓又与皇甫嵩一起镇压农民起义。

董卓就是在镇压羌族人民和汉族人民的罪恶活动中壮大自己的凉州兵集团的。这个集团很残酷，极具破坏性。

#### 2. 董卓入洛阳，夺取了中央政府大权

东汉末年外戚、宦官、官僚集团的斗争非常严重，专政更迭。

公元 188 年，汉灵帝刘宏设西园八校尉，以宦官蹇硕为上军校尉，统率其他七校尉，宦官的势力有了进一步发展，因而又引起宦官和外戚何氏的斗争。

汉灵帝刘宏于公元 189 年病死，其子刘辩（汉少帝）继位，何进掌握了政权，他依靠世代官僚出身的袁绍、袁术兄弟，共同反对宦官。蹇硕想杀何进，但

何进先发制人，把蹇硕杀了。之后宦官张让、段珪杀了何进，接着袁绍、袁术起而杀尽宦官，共杀二千余人。宦官外戚的斗争至此完全结束。当时任并州牧的董卓乘中央政府混乱的时候，领兵进入京城洛阳，废掉少帝刘辩，另立刘协为皇帝（汉献帝），自为相国，夺取了中央政府的大权。

### 3. 袁绍讨董卓，军阀混战开始

董卓是一个非常残暴的军阀，他的凉州兵破坏性很大。进入洛阳后，董卓军横行霸道，任意掠夺财物，残杀人民。例如董卓派军队到阳城郊外，正是二月间祭社神的时候，董卓军杀尽正在祭社神的男子，掠走财物和妇女（《后汉书·董卓列传》）。这样的军队必然要失败的。

统治阶级中的另一些人物，如袁绍、袁术、曹操等，对董卓专权是不满的。同时，他们也各有强大的力量，早已有各据一方的打算。所以董卓要控制他们是不可能的。于是袁绍逃出洛阳，董卓派他为渤海太守。袁绍以渤海为根据地，准备起兵。袁术逃到南阳，据南阳郡。曹操逃到陈留，散家财起兵。到汉献帝初平元年（190年），袁绍在渤海郡（今河北南皮一带）起兵声讨董卓，得到十几个地方官的响应：除袁术、曹操外，还有河内太守王匡、冀州牧韩馥、豫州刺史孔伷、颍川刺史刘岱、陈留太守张邈、广陵太守张超、东郡太守桥瑁、山阳太守袁遗、济北相鲍信等。他们组成同盟军，推袁绍为盟主，向董卓进攻。这就是历史上所称的"关东军"。汉末的军阀混战从此开始。

### 4. 军阀割据的形势

董卓见袁绍势力大，恐怕在洛阳不能抵挡，遂迁都长安，把汉献帝劫到长安。因专横跋扈，初平三年（192年），董卓为部将吕布所杀。另外两个部将李傕、郭汜声称为董卓报仇，率领十余万人攻入长安。不久两人又因争权夺利而互相攻打，处于一片混乱状态。

关东各地的军阀见董卓已死，同盟随之解体，也互相进行争权夺利的战争。

在巴蜀等长江流域及辽东等地的军阀也各自扩充地基，独霸一方。

这样，当时的中国处于许多军阀割据而又互相攻打的局面之下，其大概形势如下：

袁绍：占据冀州（今河北中、南部，州城在今河北冀州区）、青州（今山东东、北部，州城在今山东临淄县）、并州（今山西，州城在太原）三州。

公孙瓒：占据幽州（今河北东、北部，州城在今河北涿州市）。

公孙度：占辽东（今辽宁）。

陶谦：占徐州（今江苏北部，州城在徐州）。

袁术：占扬州（淮水下游一带，州城在今江苏扬州）。

刘表：占荆州（今湖北、湖南，州城在湖北江陵）。

刘焉：占益州（今四川，州城在今四川成都）。

曹操：占兖州（今山东西南部，州城在今山东濮县）。

张绣：占南阳（今河南南阳一带）。

马胜、韩遂：占凉州（今甘肃，州城在今甘肃武威）。

孙坚、孙策：占江东（长江下游以南地区）。

刘备：当时还未占据固定地盘，率领一部分军队，先后依附于公孙瓒、陶谦、曹操、袁绍、刘表等军阀。

当时军阀混战的局面，正如《三国志·魏书·文帝纪》注引《典论·自叙》中所说：

> 名豪大侠，富室强族，飘扬云会，万里相赴。……山东大者连郡国，中者婴城邑，小者聚阡陌，以还相吞灭。

### 5. 军阀混战对社会经济的破坏

从公元 190 年开始的军阀混战，之后将近 20 年间，北方的黄河、渭水、淮水等流域遭受了极严重的破坏，曹操在《蒿里行》这首乐府诗中说："白骨露于野，千里无鸡鸣。"可以想见当时荒残凄凉的景象。

（1）洛阳、长安等城市成为废墟。

洛阳：董卓"部兵烧洛阳城外面百里，（卓）又自将兵烧南北宫及宗庙、府库、民家，城内扫地殄尽。"（《三国志·魏书·董卓传》注引华峤《汉书》）董卓"尽徙洛阳人数百万口于长安，步骑驱蹙，更相蹈藉，饥饿寇掠，积尸盈路"（《后汉书·董卓列传》）。

长安：董卓死时，"三辅户口尚数十万，自催、汜相攻，天子东归后，长安城空四十余日，强者四散，赢者相食，二三年间，关中无复人迹"（《后汉书·董卓列传》）。

（2）人民遭受战争的迫害，大量死亡，人口锐减。

"关东诸州郡起兵，众数十万，皆集荥阳及河内，诸将不能相一，纵兵抄掠，民人死者且半。"（《三国志·魏书·司马朗传》）

曹操与徐州牧陶谦战，时"自京师遭董卓之乱，人民流移东出，多依彭城间。遇太祖（曹操）至，坑杀男女数万口于泗水，水为不流。陶谦帅其众军武原，太祖（曹操）不得进，引军从泗南攻取虑、睢陵、夏丘诸县，皆屠之，鸡犬亦尽，墟邑无复行人"（《三国志·魏书·荀彧传》注引《曹瞒传》）。

战争使人口锐减，如：涿郡原有民户 10 万，口 63 万（《续汉书·郡国志》），到曹魏时，只"领户三万"了（《三国志·魏书·崔林传》注引《魏名臣表》）。

（3）军阀混战，造成农业的破坏，招致了人为的饥荒，又流行致命的疾病，造成"人相食"的惨景。"袁绍之在河北，军人仰食桑椹；袁术在江淮，取给蒲赢，民人相食，州里萧条。"（《三国志·魏书·武帝纪》注引《魏书》）有人说当时的情况是"家家有僵尸之痛，室室有号泣之哀，或阖门而殪，或举族而丧者"。

（4）人口流亡。在战争中有幸余生者，逃走四方。青州人民流徙入幽州者百余万人；关陇人民流徙入荆州者十余万家，流徙至益州者数万家，流徙至汉中者又数万家；京洛之民流徙东出，至徐州者十余万口。南阳之民亦多流入益州；荆州之民，又移诣冀州；冀州之民五万户，又移诣河南……

经过战争的破坏，使人口集中的黄河流域，"名都空而不居，百里绝而无民者，不可胜数"（仲长统：《昌言·理乱篇》），造成"千里无人烟"与"白骨蔽平原"的悲惨景象。

### （二）曹操统一北方和三国鼎立的形成

#### 1. 曹操的出身及其取得地主集团的支持

曹操，沛国谯（今安徽亳县）人。祖父曹腾，中常侍，是汉桓帝时代宦官集团中的中坚分子。东汉自顺帝以来，定令准许宦官养子袭爵，因此曹腾养子曹嵩生曹操。

自汉灵帝建宁元年（168年），宦官王甫等杀外戚窦武，士夫陈蕃、李膺等发动第二次"党锢"之狱起，直到中平六年（189年）灵帝之死，这20年是宦官势力达到顶峰的时期。这时曹嵩由司隶校尉而转大司农、大鸿胪、太尉等官职。曹氏宗族有许多人都做中央、州郡大官，正是所谓"父子兄弟，并据州郡"。

曹操这时也受到州郡的推荐，以孝廉为郎，迁洛阳北部尉，后迁顿丘令，以骑都尉随皇甫嵩、朱儁镇压颍川黄巾有功，迁济南（王）国相，官位扶摇直上。汉灵帝筹组新军——西园八校尉，曹操又参加新军，被任命为八校尉之一的典军校尉。

当时曹操看到宦官集团是一个腐化没落的阶层，他不愿与这个阶层同归于尽，所以想办法靠拢当时的士夫地主，即后来的世家豪族地主集团。经过许多曲折，他终于通过许劭、桥玄、何颙等人的关系和提拔，渐渐靠拢了士夫地主集团。许劭评价曹操是"治世之能臣，乱世之奸雄"（《三国志·魏书·武帝纪》注引孙盛《异同杂语》）。

所以，我们分析曹操的阶级基础可知，他是得到地主阶级的各个阶层拥护的。

（1）宦官集团。宦官被消灭后，宦官子弟在经济上的势力并未被肃清，他们都是豪门，家兵千余人，他们的财产谁也不敢动。经济利益必然要求政治保护。根据曹操的出身，他以后会获得这一阶层的拥戴。

（2）曹操拉拢武装地主——豪强（士夫地主）。当时重要地区的武装地主，如中牟人任峻"收宗族及宾客、家兵数百人"（《三国志·魏书·任峻传》）；李典有"宗族、部曲三千余家，……万三千余口"（《三国志·魏书·李典传》）；谯人许褚"聚少年及宗族数千家，共坚壁以御寇"（《三国志·魏书·许褚传》）。他们都归附曹操，构成曹魏政权坚固的基础。此后曹操又取得士夫地主的首脑人物荀彧、荀攸，颍川郭嘉、戏志才、钟繇、陈群，河内司马懿、京兆杜畿等的支持。

当董卓入据朝廷，废少帝，立献帝，把大权掌握在自己手里之后，曹操预见董卓注定要失败，因此，他不愿与董卓合作，而与袁绍等先后退出洛阳。曹操在陈留（今河南陈留县）纠集宗族、宾客、部曲起兵讨董卓，陈留孝廉卫兹出钱支援曹操，合兵五千人。以后关东军的盟主袁绍又任命曹操为东郡太守。

公元192年，青州的黄巾军斩兖州刺史刘岱，曹操就被兖州官吏推为兖州的长官——兖州牧。接着曹操进兵寿张（今山东东平县西南），集中军力，打败农民军。农民军撤退至济北（今山东长青县南），曹操追击，得降兵30余万，男女百余万口，曹操就从这部分黄巾农民军中选拔精锐，来充实自己的队伍，号为"青州兵"。这支军队以后在曹操转战中原中起过重要作用。

当时的士夫地主企图恢复专制主义集权政治，以镇压农民起义，从而发展他们的庄园经济，巩固他们的既得利益。因此，他们主张拥戴汉帝。当时汉献帝颠沛流离，从长安逃回洛阳。曹操想利用他，听荀彧一劝，于是亲到洛阳保卫天子，借口洛阳残破，迁都于许（今河南许昌市），改元建安（196年）。曹操从此"挟天子以令诸侯"，在政治上具有极大的优势。

**2. 曹操实行屯田**

当时曹操面临两大社会问题：

（1）粮食问题。自荒乱之后，人民流亡，土地荒芜，"名都空而不居，百里绝而无民者，不可胜数"（仲长统：《昌言·理乱篇》）。依附于世家豪族庄园下的部曲、佃客，对政府也不再出租赋和服徭役。因此，州郡方镇的割据之雄也到了无兵可募、无粮可征的地步。粮食问题非常严重。如袁绍的军队仰给桑椹，袁术的军队取给蚌蛤。

（2）流民问题。汉末以来的流民问题迄未解决，因此各地农民的暴动仍然此伏彼起。因此，解决流民问题，使他们重新和土地结合起来，便成为首要问题。

为了解决这两大社会问题，曹操把两汉以来在边疆上军事屯田的组织形式在他统治的地区实行。

要实行屯田，土地是不成问题的。当时人民流徙，土地荒芜，这些荒芜无主的土地都变成了国家的公田。司马朗建议曹操："今承大乱之后，民人分散，土业无主，皆为公田，宜及此时复之。"（《三国志·魏书·司马朗传》）仲长统《昌言·损益篇》称："今者土广民稀，中地未垦。"这些公田都可以作为屯田之用。

屯田的劳动力从哪里来？汉献帝初平三年（192年），曹操接受山东30万黄巾军士卒、男女百万余口投降，将其改编为青州兵。建安元年（196年），曹操击破汝南、颍川黄巾军，黄巾首领何仪及其众皆降。由于这支队伍本来是由农民组成的，他们都有丰富的生产经验和劳动技能。同时，曹操又从农民军中掠夺了不少农具和耕牛，正如史书所记：曹操"及破黄巾，定许，得贼资业，当兴立屯田"（《三国志·魏书·任峻传》注引《魏武故事》）。曹操把这些农民编制在土地之上，强迫他们进行生产。这就是屯田。

曹操的屯田，开始于建安元年（196年）的许下屯田。"是岁用枣祗、韩浩等议，始兴屯田。"（《三国志·魏书·武帝纪》）"是岁乃募民屯田许下，得谷百万斛。于是州郡例置田官，所在积谷。征伐四方，无运粮之劳，遂兼灭群贼，克平天下。"（《三国志·魏书·武帝纪》注引《魏书》）"数年中所在积粟，仓廪皆满"（《三国志·魏书·任峻传》）；"五年中，仓廪丰实，百姓竞劝乐业"（《三国志·魏书·国渊传》）。中原地区的经济逐渐恢复，为曹操的统一北方奠定了基础。

### 3. 官渡之战——曹操胜袁绍

公元200年，在官渡（今河南中牟县东北）一战中，曹操击败了中原地区力量最大的袁绍，从而在军事上占有绝对优势。

当时袁绍的力量与曹操相比，占有绝对优势：①地广人多。袁绍占据冀（今河北中南部）、青（今山东东北部）、并（山西）三州，能作战的军队就有十万人之多。而曹操只有兖（今山东西南部）、豫（河南）二州，军队不过三四万人。②袁绍的武器装备也比曹操强。袁绍有"铠万领"，曹操只"大铠二十领"；袁绍有"马铠三百具"，曹操"不能有十具"（《太平御览》卷356引魏武《军策令》）。③从经济实力来说，曹操占地不及袁绍占地富庶。

但是战争的结果是，曹操胜利了，袁绍失败了，为什么呢？

第一，曹操的阶级基础广阔，他得到地主阶级各阶层人的拥护和支持（如前所述）。

第二，曹操实行屯田，解决了当时社会的一部分矛盾，缓和了当时紧张的阶级关系。

第三，曹操是杰出的军事天才，他能听取部下的意见，对战争做全局的部署。例如，为了避免陷入两线作战的不利局面，他在官渡会战之前攻取徐州，擒杀吕布，逐走刘备；选择在荆州牧刘表在荆州和张羡相持不下无法和袁绍配合进攻自己的时候，和袁绍进行决战。就战术上来说，他针对敌强我弱的实际情况，始终选定官渡阵地，诱敌深入。曹操坚守阵地，避免作战，几达半年之久。最后抓住对自己有利的时机，一下出击，消灭了袁绍。

击败袁绍之后，又经过几年的战争，曹操占据了冀、青、并、幽四州。到公元207年，在关中、凉州、辽东等地的军阀先后降服于曹操，北方尽归于曹操统治之下。

### 4. 赤壁之战——三国鼎立的形成

曹操统一北方之后，于公元208年率军南下占领荆州。荆州原来是由刘表统治，建安十三年（208年），刘表病死，其次子刘琮继位。当曹操进攻荆州时，刘琮投降了曹操。

这时刘备侨居荆州的樊城（今湖北襄阳市北），听到刘琮投降，就带自己的部队向江陵撤退，后来又撤到汉水，与刘表长子江夏太守刘琦合兵，共2万人，退回夏口（今湖北汉口），又从夏口退回到长江南岸的樊口（今湖北鄂城区西五里），联合孙权，共抗曹操。孙权亦恐曹操吞并江东，因此命周瑜、程普率军3万，与刘备联军共同抗曹。当时曹操的军队号称80万，实际上只有二十三四万人，孙、刘的联军只有5万人。但是，在赤壁（今湖北嘉鱼县东北，在长江南岸）之战中，孙、刘联军打败了曹操。

赤壁地望问题：①今湖北省武汉市江夏区西南赤矶山；或以为今湖北省蒲圻县西北赤壁山；或以为今湖北省嘉鱼县东北。即"赤壁之战"之地点。②在今湖北省黄冈市城西北江溪。苏轼曾游于此，作前、后《赤壁赋》和《念奴娇·赤壁怀古》一词，误以为该地为"赤壁之战"处。

为什么曹操在赤壁之战中失败呢？首先我们看曹操军队本身的弱点，在实际的20多万人中，有七八万是从刘琮那儿接收过来的，他们"尚怀狐疑"（《三国志·吴书·周瑜传》注引《江表传》）；而曹操自己的十五六万人又大多"远来疲敝"（《三国志·蜀书·诸葛亮传》），加上当时长江一带流行一种疾病，曹操的军队已经传染上，战斗力大大地削弱了。同时，曹操的军队是北方军队，善于骑兵、陆战，弱点是"不习水战"（《三国志·蜀书·诸葛亮传》）。再次，曹操距离自己的根据地——屯田区太远，粮食供应困难，甚至马草也成问题。而刚刚占领的"荆州之民附操者，逼兵势耳，非心服也"（《三国志·蜀书·诸葛亮传》）。民心不服，不可能出粮出力来支援曹操。由于曹操的这些弱点，孙、刘联军利用自己的有利条件，用火攻的战术，周瑜部将黄盖假称向曹操投降，用蒙冲斗舰十艘，装上灌注过膏油的薪草，顺风放火，"火烈风猛，船往如箭"（《资治通鉴》汉献帝建安十三年），烧毁了曹操的军舰和营寨，曹操大败而走。

赤壁之战后，曹操无力再南下，刘备的势力扩大，于建安十九年（214年）攻占了益州（今四川），作为主要根据地，后来又夺取了汉中（今陕西省南部）。孙权不仅稳定了江东的统治，而且还占据了荆州。全国分别属曹操、刘备、孙权的统治之下，形成三国鼎立的局面。

建安二十五年（220 年），曹操病死，他的儿子曹丕废掉汉献帝，自称皇帝，国号魏，建都于洛阳，历史上又称曹魏。

公元 221 年，刘备也称皇帝，建都于成都，国号汉，后人称之为蜀汉。

孙权于公元 222 年称王，公元 229 年称皇帝，国号吴，建都于建业（今南京）。

魏、蜀、吴三国同时并立，计自公元 220 年曹丕代汉称帝到公元 280 年西晋灭吴，共 61 年，历史上称为三国时代。

## 二、 魏国的社会经济与政治

### （一）魏国的社会经济

#### 1. 魏国的屯田制

曹操是三国时期杰出的政治家。他在北方实行屯田制，使脱离了土地的人民重新和土地结合起来，使残破的经济得到恢复和发展。屯田制最初是为了解决军粮问题，由于收到很好的效果，曹操把它推广到各地，包括边远的地区。如颍川、洛阳、襄城、弘农、陈仓、上邽、魏、邺、汲、河东、河内、沛、皖和淮南北许多郡县，都有屯田。

屯田有民屯和兵（军）屯两种。

民屯的管理方式包括：全国屯民由大司农掌管；民屯所在地的郡国设立典农中郎将；典农中郎将之下有典农都尉；典农都尉以下就是以屯田为生产单位的屯田司马。每一屯的屯田司马管辖屯田客 50 人。屯田客也称为"典农部民"。屯田客每年向政府交纳田租，凡用官牛者，交收获量的 3/5；自备耕牛者，交纳 1/2。除地租外，屯田客每户还向国家交纳绢二匹和绵二斤的户调。户调制是战国以来赋税制度的一次大变动，户调的实行，取代了汉以来的算赋、口赋等人头税。但是，屯田客不用向政府服徭役，这点与一般农民不同。

兵屯除由各军将吏自行"劝课"耕作之外，又由大司农派司农度支校尉、度支都尉至兵屯所在地，专管军队中的屯田事项。兵屯以营为单位，每营有佃兵 60 人，佃兵也称为"士"或"田卒"。

由于实行屯田制，许多流民回到土地上进行生产，荒芜了的农田又逐渐垦耕起来，社会经济得到恢复和发展。

当时的魏国，除实行屯田制之外，地主的大土地所有制和自耕农民仍然是存在的。

#### 2. 兴修水利与经济的恢复

当时为了屯田事业的需要，朝廷特别注意水利灌溉事业，在各地修建陂塘和河渠。如建安七年（202 年）治睢阳渠。黄初六年（225 年），通讨虏渠。其中有的大渠能灌溉田地一万多顷。当时灌溉事业已普及中原地区，尤其是从洛阳到淮南的灌溉系统，更具规模。郑浑任阳平、沛郡太守时，"于萧（今安徽萧县北）、相（今安徽宿县北）二县界，兴陂遏，开稻田"；"遂躬率吏民，兴立功夫，一冬间皆成，比年大收，顷亩岁增，租入倍常，民赖其利，刻石颂之，号曰'郑陂'。"（《三国志·魏书·郑浑传》）由于灌溉好，水田每年每亩的收获量可达到数十斛以上。

由于农业生产的复苏，手工业方面也相应有了发展。军阀混战时，铁的生产大遭破坏，所以曹魏开始时，改铁制刑具为木制，可见铁非常缺乏。曹操在"河北始开冶"，以王修为司金中郎将，韩暨为监冶谒者。韩暨"在职七年，器用充实"。"旧时冶作马排，每一熟石（熟铁 120 斤）用马百匹，更作人排，又费功力，暨乃因长流为水排，计其利益，三倍于前。"（《三国志·魏书·韩暨传》）可见当时已用水力于冶铁。在西晋人的通信中，曾提到曹魏邺城的冰井台下，还藏有石炭（煤）数十万斤，煤也开始应用于冶铁。冶铁业的发展，扩大了铁器的使用范围，使农业得到更快的恢复和发展。

### （二）九品官人法（中正制）的产生

曹魏政权，除了在经济上实行屯田制之外，在政治上也有新的措施。曹操执政时，由于他出身官宦，不被列入士族，当时的名士瞧不起他。他曾经杀掉一些名士，公开宣称"唯才是举"，甚至"不仁不孝而有治国用兵之术"者，也能做官。这对世族大地主来说是一个打击。

但是曹操死后，曹丕为了争取世家大族的支持，对世族大地主不得不有所让步，他接受了世族大地主吏部尚书陈群的建议，建立"九品中正制"（又叫九品官人法）。

所谓"九品中正制"，是指选择所谓"贤有识鉴"的人，按照他们各自的籍贯，兼任本州本郡的大小"中正"官，由"中正"官品评本州、本郡、本县士人的等第。士人等第分为上上、上中、上下、中上、中中、中下、下上、下中、下下九品。政府（吏部）选择官吏，便按照他们的品第分别除授。而这些"中正"官都由"著姓士族"来充任。这样，官吏的进退升降不凭才能，全靠家势高低为准，微贱人不能入品，低级士族只能列入下品。所以出现了"上品无寒门，下品无势族"（《晋书·刘毅传》）的现象。"九品中正制"为魏晋南北朝的门阀世族势力的增长铺平了道路。

### （三）对曹操的评价

曹操在建安元年（196 年）迎汉献帝都许，建安十三年（208 年）用汉帝名义任命自己为相国，建安十八年（213 年）封魏公，建安二十一年（216 年）晋爵魏王。名义上是相国、魏王，但实际上掌握了国家大权，汉献帝只是他的傀儡。在曹操临死前数月，孙权上书劝他做皇帝，曹操把孙权的上书给他的僚属看，文臣武将都认为汉朝到今天，"唯有名号，尺土一民，皆非汉有"，而曹操"十分天下而有其九"，劝曹操快做皇帝。但曹操说："若天命在吾，吾为周文王矣。"意思是说，自己不做皇帝，让自己的后代去做皇帝。

建安二十五年（220 年），曹操病死，时年 66 岁。其子曹丕继为丞相、魏王。同年，曹丕称帝，国号魏，追尊曹操为太祖武皇帝。

（1）曹操"姿貌短小，而神明英发"，即个子不高，但很有精神。他平日不大讲究仪容，不拘小节，不矫揉造作，"每与人谈论，戏弄言诵，尽无所隐，及欢悦大笑，至以头没杯案中，膳肴皆沾污巾帻"。

曹操从小养成读书的习惯，平日"手不舍书，昼则讲武策，夜则思经传"。他的乐府诗，豪迈悲凉。他的草书也写得很好。他还喜欢打猎，据说一天之内射雉鸡 63 头之多。

他提倡节俭，他的"后宫衣不锦绣，……帷帐屏风，坏则补纳。茵蓐取温，无有缘饰"。由于曹操以身作则，建安时期，社会上形成了一种简朴的风气。

（2）曹操的用人。曹操用人有两个特点：

第一，选择官吏的标准是"清正之士"。"清"是指操守清廉，"正"是指作风正派。他重用崔琰、毛玠来典掌选举之事。由于他提倡"以俭率人，由是天下之士，莫不以廉节自励，虽贵宠之臣，舆服不敢过度"，一时形成了一种朴素的风气，官吏回家省亲，往往"垢面羸衣，独乘柴车"，"朝府大吏，或自挈壶餐以入官寺"。官吏都着旧衣服上朝，一反东汉末年奢靡之俗。

第二，强调不拘一格录用人才。他三次下令要不拘一格录用人才，"或不仁不孝而有治国用兵之术，其各举所知，勿有所遗"（《三国志·魏书·武帝纪》注引《魏书》）。

（3）镇压农民起义。曹操登上政治舞台后，就以镇压颍川黄巾起义军而崭露头角，后来又镇压了青州、黑山、汝南等地的黄巾军。被曹操屠杀的农民有几十万之多。一种意见认为，曹操虽镇压了黄巾军，但继承了黄巾军的事业；一种意见认为，没有必要为他辩护。

（4）在统治阶级内部的争权夺利的战争中，曹操也非常残暴。如在进攻陶谦、攻破徐州的战役中，曹操屠杀徐州数十万人；官渡之役，坑杀袁绍降卒好几万人；曹操还制定出"围而后降者不赦"的条文，许多繁华城市遭到破坏。

在对汉王朝残余势力的斗争中，曹操也杀了不少人。例如建安五年（200 年），汉车骑将军董承等曾联结刘备谋杀曹操，结果被曹操杀掉。董承之女为汉帝"贵人"（妃子），曹操也要杀她。当时董贵人已怀孕，汉帝请求曹操宽恕她。

曹操不许。汉帝因此怨曹操，伏皇后写信把这事情告诉她的父亲伏完。到了建安十九年（214年），伏完病死，伏后的信却流传出来，被曹操知悉。曹操大怒，命汉帝废伏后，伏后幽闭而死，伏后所生二皇子并为其所杀，伏氏宗族受此事牵连而死者有百余人之多。

曹操为了巩固自己的政权，也杀了一些不该杀的人。例如：

边让，有文才，被同时学人蔡邕、王朗等所推崇。曹操刚当上兖州牧时，边让曾讥议过曹操，因此被曹操轻率地杀掉。

孔融是当时享有盛名的人物，他在北海时效忠汉室，对袁绍、曹操两大势力都不协附；他阻挠曹操以魏郡为封地；曾讥议过曹操父子。结果曹操把孔融连同他的妻子、儿女都杀了。

华佗，当时名医，由于不愿在曹操左右充当侍医，长期请假，曹操也把他抓来杀了。

此外，像才气横溢的祢衡、丞相主簿杨修、主典选举的崔琰、守尚书令荀彧等，都被曹操找借口杀害了。

（5）曹操是一位杰出军事家。曹操治军主张"任天下之智力"，"智"是指谋臣，"力"是指将士。他的主张比袁绍只知割据河北地盘要高明得多。

曹操对《孙子兵法》很有研究，并做了注释，史称曹操"行军用师，大较依孙吴之法，而因事设奇，谲敌制胜，变化如神"。

## 三、 诸葛亮治理下的蜀国

赤壁之战后，刘备向西南发展，公元214年占领益州，公元219年又夺取了汉中，公元221年刘备称帝，建都成都，国号汉，后人称为蜀汉。

蜀国，按照诸葛亮的意图，第一，要取得荆、益两州，作为根据地；第二，巩固蜀、吴联盟，共抗曹操；第三，在军事上主要是巩固襄（阳）、樊（城）和汉中两大战略基地。条件成熟时，两面钳击洛阳，东吴出徐州侧击。

所以，刘备入蜀时，嘱关羽坐镇荆州，一面相机夺取襄、樊；一面巩固蜀、吴联盟。但是，公元219年，孙权派吕蒙击破江陵，杀了关羽，夺去荆州。刘备想要夺回荆州，亲率大军，沿江东下，自巫峡连营数百里，进军到夷陵猇亭（今湖北宜都市西），被吴将陆逊所败，"其舟船器械，水步军资，一时略尽，尸骸飘流，塞江而下"（《三国志·吴书·陆逊传》）。刘备率残兵败将退守白帝城（今四川奉节县），于公元223年病死于白帝城。

刘备死后，刘禅继位，诸葛亮以丞相辅政，决定一切军政大事。

诸葛亮执政期间，主要做了几件事：

第一，统一政令，打击豪强。诸葛亮和伊籍、法正、刘巴、李严等人共同制定了"蜀科"（《三国志·蜀书·伊籍传》）。他们认为要治理好国家，必须对地方豪强"威之以法""限之以爵"。如镇压了企图叛乱的益州豪强彭羕；罢黜了不守法纪的高级将领廖立、李严。对执法严明的官吏，如蒋琬、费祎则大力提拔重用。"赏罚严明""任人唯贤"是诸葛亮治理蜀汉取得成效的原因之一。

第二，比较重视农业生产，主张"务农殖谷"。蜀国也实行屯田，重视兴修水利，从而使蜀汉出现"田畴辟，仓廪实，器械利，蓄积饶"（《三国志·蜀书·诸葛亮传》）的局面，经济实力有所增长。

第三，改善与西南少数族的关系。当时在南中地区（云南、贵州和四川南部）的少数族与汉族有密切联系。可是，建宁郡（云南晋宁）豪强雍闿和郡人孟获煽动各少数族反蜀，进行武装叛乱，如"叟帅"高定据越嶲郡（今四川西昌市）；雍闿杀永昌（今云南保山市）太守正昂，蜀汉政府以张裔为太守，雍闿仍执张裔送往东吴。诸葛亮于建兴三年（225 年）分几路南征。首先攻下越嶲，杀高定，高定部下杀雍闿，投降蜀军。五月渡泸水（今金沙江），俘虏孟获。诸葛亮采纳马谡"攻心为上，攻城为下；心战为上，兵战为下"的建议，对孟获采取七擒七纵的办法，最后使他心服（《华阳国志》卷 4《南中志》）。到了秋天，几路大军会师于滇池（今云南省昆明市西南），结束了这次战事。

诸葛亮定南中之后，采取以下一些政策：

第一，调整郡县，由原来四郡（永昌、益州、越嶲、牂柯）改为七郡（越嶲、建宁、兴古、云南、永昌、牂柯、朱提）。郡区缩小，防止郡守势力过大造成地方割据的危险。

第二，任用少数族的上层人物到蜀汉中央做官。如孟获、孟琰、爨习等分别做御史中丞、辅汉将军和将军，郡、县一级的官吏，亦多任用当地人和少数族担任。

第三，提倡先进文化，改进耕作技术，"命人教打牛以代刀耕，彝众感悦"（冯苏：《滇考·诸葛武乡侯南征》）；扩大耕地，兴修水利；促进了农业生产的发展。这些措施，使西南少数族"渐去山林，徙居平地，建城邑，务农桑"。这些措施对发展少数族地区的经济和促进各民族的融合是起了积极作用的。

第四，恢复蜀、吴联盟，北伐魏国。蜀国派邓芝前往东吴，主动搞好外交关系。蜀国的汉夷关系得到改善之后，消除了后顾之忧，于是主动出兵进攻魏国。曾六出祁山（位于甘肃西和县）。用马谡作先锋，后来马谡失守街亭（位于甘肃秦安县），打了败仗，诸葛亮只好退回汉中。他曾创制木牛、流马运送军粮。公元 234 年，由于积劳成疾，诸葛亮病死军中，享年 54 岁。

诸葛亮死后，蒋琬、费祎相继执政，对魏采取守势。姜维想继承诸葛亮的事业，但因力量悬殊，屡为魏军所败。公元 263 年，魏司马昭终于灭蜀。

**附：关于诸葛亮的一些评价**

在对诸葛亮的研究中，有争议的主要是下列三个问题。

（一）治蜀效果

第一种意见认为，虽然治理蜀国的政治措施应该肯定，但他没有与民休息，使益州人民的负担更加沉重，自刘备称帝到蜀国灭亡，蜀国人口几乎没有增长，人口停滞足以反映社会经济的停滞。（周一良）

第二种意见认为，在诸葛亮的治理下，蜀国政治稳定，人民受的压迫剥削较轻，农业生产与社会经济都很繁荣。蜀灭亡时的户数和口数都较蜀初有所增加。而且阶级斗争比较缓和，也说明人民的生活较为安定。（朱大渭）

第三种意见认为，东汉时巴蜀地区人口众多，是富庶之区，但蜀汉灭亡时，户口数大大低于东汉时期。这是因为益州土著地主及随刘备入川的统治集团成员都拥有大量部曲，依附民为大姓所隐匿，户口就不再由政府所掌握。（蒋福亚）

（二）北伐问题

一种意见认为，诸葛亮北伐是以兴复汉室来增强蜀汉政权的号召力，实际上采取的是以攻为守的战略，并考虑到敌我双方力量的对比，采取务实持重的措施。通过诸葛亮在军事科学上的创造发明可以知道，北伐并不是没有获胜的可能。（韩国磬、万绳楠）

另一种意见认为，从客观上看，蜀国不具备统一的条件，北伐是为了刘氏的私利。从蜀国人民的角度看，北伐是无益的。北伐在战略、战术、外交上都有失误，这加速了蜀汉的灭亡。（周一良、张大可）

（三）用人问题

一种意见认为，诸葛亮用人唯贤，只要德才兼备，不论资历和门第，就大胆地破格提拔。任用的人都能认真贯彻多项改革措施。此外，诸葛亮还重视对官吏的考核，使吏治较为清明。（朱大渭）

另一种意见认为，诸葛亮在选拔和培养人才问题上处理得不够得当，是导致蜀汉灭亡的重要因素。还有人认为诸葛亮用人宁用奴才，不用人才，所推荐的多为荆楚籍旧部，并排挤和迫害一批有才干的文臣武将。（尉半元、闵传超）

## 四、 吴国在江南的开发

赤壁之战后，孙吴又夺取了荆州，把势力扩展到长江中游，不久，又扩展到岭南。其所占领的地区，范围是相当大的，包括今天江苏、浙江、湖南、福建、广东、广西一带。公元229年孙权称帝，都建业（今江苏南京）。三国时期的几十年间，江南的经济和文化得到很大的发展。

## （一）东吴的屯田及江南经济的发展

为了保证军粮的供给和赋税收入的增加，东吴政权像曹魏政权一样实行屯田，但它没有曹魏那样普遍，主要在今江苏、浙江、安徽一带实行。屯田也分兵屯、民屯，设立典农校尉和典农都尉。兵屯下的耕作者——佃兵称为"作士"；民屯下的耕作者称为"屯田客"。东吴的屯田开始于公元203年至公元204年前后，直到东吴政权灭亡（280年），历70余年之久。较大规模的兵屯在庐江（今安徽潜山县），较大规模的民屯在毗陵（今江苏常州市武进区），有男女各数万口之多。

由于实行屯田，吴国解决了北方南下的流民与土地的结合问题。北方南下的人民和南方的土著居民这两支生产大军的结合，大大地扩大了江南的耕地面积，而且北方人民带来了先进的生产技术，促进了江南经济的发展，形成了"其四野则畛畷无数，膏腴兼倍……国税再熟之稻，乡贡八蚕之绵"的繁荣景象（左思：《三都赋·吴都赋》）。

手工业方面也有很大的发展。冶铸业以武昌附近最为发达。公元225年，"采武昌山铜铁，作千口剑，万口刀，各长三尺九寸"（《太平御览》卷343引陶弘景《刀剑录》）。公元236年和公元238年，吴国分别铸造大批铜钱，还设置了冶令、冶丞管理冶铁业。因为沿海一带盛产盐，所以煮盐业也很发达。政府在海盐（今浙江平湖市东南）、沙中（今江苏常熟县西北）设有司盐校尉的机构管理煮盐业。纺织业方面，麻布、葛布的生产很普遍，政府还有自己的"织络"作坊，专为统治者们制造奢侈的丝织品（《三国志·吴书·陆凯传》）。造船业最为发达，建安郡是造船业中心。今天福建的福州市和霞浦县是当时江南最大规模的造船基地，最大的船只能载重五百石。晋灭吴时，得吴官船有5000多艘（《三国志·吴书·孙皓传》注引《晋阳秋》）。青瓷是吴国著名的特产。新中国成立后浙江绍兴出土的这一时期的青釉器，釉色已显现较深绿色，施釉也较厚，脱离了早期薄釉而呈淡绿带黄色的阶段，标志我国瓷器发展进入成熟时期。

随着农业和手工业的发展，吴国的商业也兴盛起来。商业发展的标志是城市的发展。此时有两个新兴的大都市——建业（今南京）和武昌（今武昌）得到了发展。建业有两个大市，即建康大市、建康东市。左思《三都赋·吴都赋》称当时"富中之甿，货殖之选，乘时射利，财丰巨万"，可见商人的财富的集中。商业发达的另一标志是货币流通。孙权曾两次下令铸造货币：一次以一当五百，一次以一当一千。

## （二）领兵制和复客制

孙吴政权的主要支柱是江东吴郡顾、张、朱、陆四大姓的土著地主和南渡的江北世家大族张昭、周瑜、鲁肃等。这些世家大族在经济上实力雄厚，在政治上左右孙吴政权。为了保证世家大族政治上、经济上的特权利益，吴国实行"领兵制"和"复客制"。

"领兵制"是指各将帅可以长期统领自己管辖的士兵，且父死子继，若无子，则兄死弟及。如陆逊有兵5000人，死后由他的儿子陆抗率领（《三国志·吴书·陆逊传》）；周泰死，其弟周承领兵。

"复客制"是指不仅将领世袭领兵，而且政府还赐给他们一定数量的屯田客或农民作为私属，这些人对国家不出租役。如吕蒙作庐江太守时，孙权赐给他屯田客600户，官属30人，吕蒙死后，又加赐"守冢户"300家（《三国志·吴书·吕蒙传》）。另外，吴国还给有战功的将领以奉邑，让他们自己管辖若干郡县，可以自置长吏。如吕蒙、程普等人都有奉邑。

"领兵制"和"复客制"的实行，保障了世族地主的经济利益，进一步强化了封建的人身依附关系。成为"客户"的农民，丧失了人身自由，处于农奴的地位，生活十分困难。所以吴国后期，阶级矛盾很尖锐，农民起义不断爆发。

### （三）东吴与台湾的联系

今天的台湾，当时称为夷洲。据《太平御览》卷780引《临海水土志》称："夷洲在临海东南，去郡二千里，土地无雪霜，草木不死，四面是山，众山夷所居。"东吴黄龙二年（230年），孙权"遣将军卫温、诸葛直将甲士万人，浮海求夷洲及亶洲"。结果，他们虽然没有找到亶洲，却到了夷洲，"但得夷州数千人还"（《三国志·吴书·吴主传》）。可以说，这是大陆最早的大规模地到达台湾的一次行程。从此，台湾成为中国领土不可分割的部分。

### （四）中国与南洋的交通和贸易

当时东吴与扶南（今柬埔寨）、林邑（占城，今越南中部及老挝）诸国确立了友好关系。后来又派康泰、朱应出使南海诸国。他们出使南海"所经及传闻，则有百数十国"（《梁书·海南诸国传》总叙）。归国后，朱应著《扶南异物志》，康泰著《外国传》（亦称《吴时外国传》《吴时外国志》）。可惜原书已佚，现在我们只能从《水经注》《梁书》《艺文类聚》《通典》《太平御览》诸书中见到它的一鳞半爪。扶南王范旃也遣使到建业。

孙权黄武五年（226年），大秦商人秦论也从南海来到交趾，从交趾到达建业。他在中国住了七八年才回国。

公元252年，孙权病死，其幼子孙亮继位；公元258年，孙亮被孙綝所废，孙权第六子孙休继位。公元263年，孙休病死，孙权的第三个儿子孙和之子孙皓继位。公元280年，西晋武帝司马炎命琅琊王司马伷率领大将杜预、王浑、王濬等水陆大军 20 余万伐吴，孙皓投降，吴亡。

**附：对孙权的评价**

孙权从建安五年（200 年）继其兄孙策统事，到魏黄初二年（221 年）称吴王，太和三年（229 年）称皇帝，嘉平四年（252 年）病死，他实际上做了 50 多年的江东之主。

孙权继承孙策统事时只有 15 岁。他在前半生是一个有作为的统治者。他能团结人，对周瑜、鲁肃、吕蒙、诸葛瑾、陆逊这些将领，能够推心置腹地信任他们，从而获得他们的拥戴。他有一个缺点，就是沉湎于酒。他称吴王的时候，在"武昌临钓台，饮酒大醉。权使人以水洒群臣曰：'今日酣饮，惟醉堕台中，乃当止耳'"。又在一次宴会中，孙权自起敬酒，有人假装喝醉了不肯再喝，孙权几乎将他杀死。经大臣谏争得免。"权因敕左右，自今酒后言杀，皆不得杀。"酗酒之风，到孙皓时更厉害，酗酒成为东吴亡国的原因之一。

孙权称帝以后，刚愎自用，这在三国君主中也是少见的。公元 233 年，割据辽东的公孙渊向孙权上表称臣，孙权非常高兴，实行大赦；并且派太常张弥、执金吾许晏率兵七八千人，乘船前往辽东，授予公孙渊燕王的封号。满朝文武都说："渊未可信而宠待太厚，但可遣吏兵数百护送舒、综（宿舒、孙综两人为公孙渊的使节）。"孙权不听。东吴的元老张昭更是竭力规劝，孙权和张昭反复辩论，甚至要杀张昭。张弥、许晏等人到了辽东，果然被公孙渊所囚杀，公孙渊还把张弥、许晏的首级送给魏主曹叡请赏，七八千士兵中，从海上逃回到东吴的只有 60 多人。这个例子说明孙权刚愎自用到何等程度。

孙权晚年，统治集团内部斗争激化。孙权立长子孙登为太子，但孙登先于孙权而死。又立第三子孙和为太子，封第四子孙霸为鲁王。孙权宠爱孙霸，孙霸想夺太子的地位，于是朝臣分为两派。孙权见大势不妙，废太子和，并命令孙霸自杀，而立少子孙亮为太子。公元 252 年，孙权病死，孙亮即位，那时他才 9 岁，由孙权生前安排好的大将军诸葛恪来辅政。

从孙权末年到孙皓亡国的 20 余年间，东吴的国势日益衰落。

## 五、 短期统一的西晋 （公元 265—316 年）

曹魏建国 20 多年之后，军政大权逐渐落到大臣司马懿的手里。司马氏政权经过司马昭到了司马炎手里。公元 265 年，司马炎废掉魏帝曹奂，自称皇帝，国号晋，仍都洛阳，历史上称为西晋。公元 282 年，西晋举兵灭吴，重新统一中国。但统一的时间很短，名义上有 30 多年，实际上只有 20 多年。

## （一）西晋的门阀政治

门阀，即门第阀阅，指封建社会中的世代贵显之家，亦称"阀阅"。从东汉后期开始，选举操纵在世家大族的手中，曹操时实行"唯才是举"，但到曹丕时，为了适应世家大族的政治要求，实行"九品官人法"。久而久之，便形成"上品无寒门，下品无势族"的现象。

### 1. 门阀专政

《晋书·礼志》载晋武帝诏曰："本诸生家，传礼来久。"可见司马氏为东汉中叶以后的世家大族。司马炎在未即帝位之前，以世族贵公子当上品之选，司州十二郡，莫敢与为辈，后来即帝位。其他高级大臣，都是世家大族。所以，西晋表面上是一个新建立的政权，但实际上其统治集团是一个由世家豪族组成的集团。当时的世家大族如琅琊王祥，荥阳郑冲，陈国何曾，临淮陈骞，颍川荀顗、荀勖，河东卫瓘、裴秀，太原王浑、王沉，泰山羊祜，河内山涛，京兆杜预等，或以国之耆老，特蒙优礼；或以参与魏晋递嬗之际的秘策密谋，任掌机要；或以联姻皇室，如羊祜为司马师妻弟，山涛与司马师、司马昭为中表兄弟，杜预为司马懿女婿，等等，为晋室爪牙虎臣。门阀专政的典型时期，实形成于这一时期。敦煌段灼批评当时的选举说："今台阁选举，徒塞耳目；九品访人，唯问中正。故据上品者，非公侯之子孙，则当涂之昆弟也。二者苟然，则竿门蓬户之俊，安得不有陆沉（埋没）者哉。"（《晋书·段灼传》）

### 2. 恢复五等爵

魏晋以来的世家大族的理想的政治制度就是五等爵制。司马懿长兄司马朗就说过"天下土崩之世，由秦灭五等之制"，因此，他主张恢复五等爵制。到司马氏掌握政权时，在魏咸熙元年（264 年）五月庚申"复五等爵"，就见诸实行了。故晋"有王、公、侯、伯、子、男六等之封"。

### 3. 恢复分封制

晋武帝司马炎认为曹魏之所以被篡夺，就是因为没有分封子弟，使自己孤立无援。于是在泰始元年（265 年），武帝大封同姓诸王，使互相维制。以郡为国，邑二万户为大国，置上、中、下三军，兵 5000 人；邑万户为次国，置上、下二军，兵 3000 人；邑五千户的小国，置一军，兵 1500 人。以后又不断"更制户邑"。西晋公分封 57 王，对中央集权无疑是一种削弱。

### 4. 裁撤州郡兵

晋武帝平吴之后，以为全国统一了，可以"偃武修文""息役弭兵，示天下以大安"了，于是"诏天下罢军役"，"州郡悉去兵，大郡置武吏百人，小郡置武吏五十人"。晋武帝罢州郡兵，酿成了之后的"八王之乱"。

## （二）统治阶级的贪暴和奢侈

西晋的占田制有一套关于世家大族占田、荫宗族、荫佃客的优待办法，他们享有许多特权，到处兼并。王戎"广收八方园田，水碓周遍天下，积实聚钱，不知纪极。""石崇百道营生，积财如山。""强弩将军庞宗，西州大姓，田二百余顷。"金城麹氏与游氏世为豪族，西州为之语曰："麹与游，牛羊不数头，南开朱门，北望青楼。"足见他们扩大财产，并无止境。

统治阶级在优裕的生活中非常腐化。晋武帝在灭吴之后，后宫姬妾近万人，史载："泰始九年，帝多简良家子女以充内职，自择其美者以绛纱系臂。……时帝多内宠，平吴之后，复纳孙皓宫人数千，自此掖庭殆将万人。而并宠者甚众，帝莫知所适，常乘羊车，恣其所之，至便宴寝。宫人乃取竹叶插户，以盐汁洒地，而引帝车。"（《晋书·后妃上·胡贵嫔传》）皇帝如此，贵戚公卿也以淫奢相竞。何曾"日食万钱，犹曰无下箸处"（《晋书·何曾传》）；曾子劭"食必尽四方珍异，一日之供，以钱二万"，奢侈更甚于曾。王济、王恺、羊琇比何劭尤甚。晋武帝曾至王济宅（济妻常山公主，晋武帝女），王济"供馔，并用琉璃器；婢子百余人，皆绫罗绮襦，以手擎饮食。蒸独（豚，小猪）肥美，异于常味。帝怪而问之。答曰：以人乳饮独。"（《世说新语·汰侈篇》）王恺、羊琇等声色服用与王济相似。石崇又高出一等，没有人能与石崇相比。王恺曾与石崇斗富，"王君夫（王恺字）以饴糒（麦芽糖）澳釜（洗锅）；石季伦（石崇字）用蜡烛作炊。王君夫作紫丝布步障，碧绫里，四十里；石崇作锦步障五十里以敌之（步障——夹道设立以障蔽）。石以椒为泥；王以赤石脂泥壁。""石崇与王恺争豪，并穷绮丽，以饰舆服。武帝，恺之甥也，每助恺。尝以一珊瑚树高二尺许赐恺，枝柯扶疏，世罕其比。恺以示崇；崇视讫，以铁如意击之，应手而碎。恺既惋惜，又以为疾己之宝，声色甚厉。崇曰：'不足恨，今还卿。'乃命左右悉取珊瑚树，有三尺、四尺，条干绝世，光彩溢目者六七枚，如恺许比甚众，恺惘然自失。"（《世说新语·汰侈篇》）

这些世家大族，拥有为数众多的家内奴婢，如王戎"家僮数百"，石崇有"苍头八百余人"。他们对奴婢随意杀戮。王恺请客吃饭，命女伎吹笛，"吹笛人有小忘，君夫闻，使黄门阶下打杀之，颜色不改"。"石崇每要客燕集，常令美人行酒，客饮酒不尽者，使黄门交斩美人。"有一次宴客，有一个客人坚决不肯饮酒，石崇就在席上杀了三个行酒美人。真是残暴到了极致。

## （三）贾后干政与"八王之乱"

司马懿共有九个儿子，其中最出名的是司马师和司马昭。司马师无儿子，以司马昭次子司马攸为子。司马师死后，司马昭继兄执政。司马昭立长子司马炎为太子。司马昭死后，司马炎做了皇帝，封司马攸为齐王。

晋武帝司马炎立儿子司马衷做皇太子，他是个白痴，武帝的其他儿子又年幼，所以朝廷大臣都希望司马攸能继承武帝的皇位。但太子司马衷母杨皇后反对，而且要武帝命令司马攸回到他的封国去。司马攸气得吐血，病死洛阳。

公元290年，晋武帝死，太子司马衷继位，是为晋惠帝。惠帝"常在华林园闻蛤蟆声，谓左右曰：'此鸣者为官乎？私乎？'或对曰：'在官地为官，在私地为私。'及天下荒乱，百姓饿死，帝曰：'何不食肉糜？'"（《晋书·惠帝纪》）这样的皇帝，自然无法掌管朝廷。他即位之初，皇太后父杨骏为太傅辅政。皇后贾南风（贾充女）凶险多权诈，与楚王司马玮（司马炎第五子）合谋，于公元291年三月杀杨骏宗族和党羽数千人。贾后又废皇太后为庶人，逼她绝食而死。大乱从此而起。

既而晋廷推汝南王司马亮（司马懿第四子）和元老卫瓘共执朝政，贾后仍不得专权。这年六月，贾后又叫惠帝下手诏给司马玮，令其率领北军杀司马亮、卫瓘。等到司马玮执行命令之后，贾后又否认惠帝曾经下过这道诏书，乃借司马玮擅杀大臣的罪名杀了他。这样国家大权就完全落在贾后手中。

惠帝只有一个儿子——太子司马遹，是惠帝后宫谢玖所生。太子和贾后的内侄贾谧有矛盾，贾氏的亲党怕太子得政之后对他们不利，劝贾后废太子。于是贾后废太子，随后杀了太子。这件事引起朝廷"众情愤怒"。就在太子司马遹死后一个月——公元300年四月，掌握宿卫禁兵的赵王司马伦（司马懿第九子）利用禁兵对贾后杀害太子的不满情绪，起兵杀了贾后和张华、裴頠等人。次年正月，司马伦又废晋惠帝，自立为帝。宫廷政变转变为皇族争夺中央政权的斗争，演变成"八王之乱"，长达十几年之久。

所谓八王，指的是汝南王亮、楚王玮、赵王伦、齐王冏（司马攸子）、长沙王乂（司马炎第六子）、成都王颖（司马炎第十六子）、河间王颙（司马懿弟司马孚孙）、东海王越（司马懿弟司马馗孙）。

为什么会造成"八王之乱"？一方面是由于晋初武帝分封诸王；但更重要的是西晋承东汉末年以来州、郡积重之势，"使诸王出专方面重镇所致"。例如用秦王柬都督关中，楚王玮都督荆州，淮南王允都督江、扬二州，汝南王亮出镇许昌等。出镇的亲王，既握军符，复综民事，州郡本已列置佐官，将军开府以后，复添设许多幕僚，他们的文武僚属各求富贵，一切割据称雄与举兵向中央的事情均由此而起。

关于八王之乱，传统上多认为是源于西晋分封宗室的王。近年来有一些与此不同的看法，除了上面介绍的王仲荦认为在于司马氏任诸王以方面重镇，使他们掌握了地方军政大权的意见之外，还有另一种意见认为，晋武帝在世时安排的皇位继承人及辅政大臣不得其人，是八王之乱的主要原因（祝总斌）。第三种意见认为，八王之乱主要是西晋士族门阀势力恶性膨胀的结果（何吉贤）。

## （四）西晋户调式

### 1. 西晋的占田制

西晋时期屯田制遭到破坏，占田制代替屯田制。

屯田制遭到破坏的原因包括：①西晋的占田制是从屯田制发展而来的。屯田制初期，屯田客、佃兵持官牛者，收获量四六分；持自己的牛者，收获量对分。魏末晋初，租率提高到"持官牛者，官得八分，士得二分；持私牛及无牛者，官得七分，士得三分"（《晋书·傅玄传》）。这种过度的剥削使屯田客无法维持生活，于是大量逃亡。②世家豪族想占领屯田的土地，如何晏等"共分割洛阳野王典农部桑田数百顷……以为产业"（《三国志·魏书·曹真传子爽附传》）；"尚书令裴秀占官稻田"（《晋书·裴秀传》）。这又加速了屯田制破坏的过程。所以，在魏亡前一年（咸熙元年，公元264年）魏元帝曹奂下诏废除屯田，"罢屯田官以均役政，诸典农皆为太守，都尉皆为令长"（《三国志·魏书·三少帝纪·陈留王》）。到了西晋，政府觉得屯田已无利可图，为了增加财政的收入，于公元280年颁布占田的法令。

### 2. 户调式

根据《晋书·食货志》：凡16岁至60岁的男子和女子，都称为正丁。每一丁男占田70亩，课田50亩，田租是四斛。另外，每一丁男之户，每年要交纳绢三匹，绵三斤，叫作户调。每一丁女占田30亩，课田20亩，田租与丁男相同，户调为丁男的一半。凡13岁到15岁及61岁到65岁的男子和女子，都称为次丁，每一次丁男占田、课田和户调都是丁男的一半，次丁女不占田、课田。这个规定对农民的剥削是很重的。占田数只是一个限额，实际上是否占足，政府是不过问的。但课田的田租是固定的，必须向政府交纳。也就是说，一个正丁男，不管耕多少土地，必须交纳50亩的田租。户调比曹操时也增加了50%。

### 3. 品官占田荫客制

上述是对一般农民的规定。此外，还规定了对官吏按品级占田、占田客和荫衣食客、荫亲属的特权：

占田："其官品第一至第九，各以贵贱占田。"品第一，占50顷，以下每差一品减少5顷，到第九品占田10顷。

占田客：一、二品占15户，三品占10户，四品占7户，五品占5户，六品占3户，七品占2户，八、九品占一户。

荫衣食客：六品以上荫3人，七、八品荫2人，九品荫一人。

荫亲属："各以品之高卑，荫其亲属，多者及九族，少者三世。"被荫的人免除一切徭役和租赋。

关于"占田""课田",学术界有很大的争论。对于"占田",有人认为是"授田",有人认为是"限田"。对于"课田",有人认为是劳役地租,有人认为是实物地租。

占田制并不是官府授田,而是在屯田制度遭到破坏的前提下允许农民占垦荒地,但占到与否,政府并不负责。占田制中对于官僚士族占田、荫客、荫亲属等特权的规定,官品愈高,占田、荫客愈多,这促进了世家豪族庄园经济的发展。但是,占田制也有一些积极的影响:第一,占田制下的农民解除了屯田制下军事管制的强迫劳动,有助于提高他们的生产积极性。第二,占田数高于课田数,可以鼓励人们去占田垦荒,有利于扩大耕地面积。

由于占田制未能很好地解决农民的土地问题,农民不断流亡他乡,最后汇合,爆发流民起义。

**附:关于西晋占田与课田的讨论**

第一,关于占田法的内容。

新中国成立以前较为流行的观点认为,占田是以官田为基础的授田(吕振羽)。

新中国成立以后对这一问题展开较多的讨论。

一种意见认为,占田为国有土地,占田法中规定的占田亩数就是分配国有土地的亩数。但在占田法的具体实施上又有两种观点,一种观点认为,这是除官僚贵族拥有的土地之外西晋唯一的土地制度。另一种观点认为,占田法是个拟定而未实行的计划,因为文献中看不到推行占田法的痕迹。(余逊、张维华)

另一种意见认为,占田制是政府准许农民占有土地,这土地是私有土地。还有人提出占田法令与占田制有密切联系,但又有区别,实际上两者是上层建筑与经济基础间的关系。占田法令是政权对当时早已存在的土地占有关系的法律承认与限制,是长期以来世族地主阶级形成与发展的政治特权的法典化,此外还是政权为发展小农经济,并强化小农对官府人身依附性的结合。(柳春藩、高敏)

第二,关于课田法的内容及其与占田法的关系问题。

关于课田法的内容及其与占田法的关系问题,有四种意见:

(1)课田法是占田法的一部分,是在西晋全境实行的。课田是政权据以征收田租的基础,在所占田地中超过课田的部分可以免纳田租。(唐长孺)

(2)课田是税制,它是大乱之后按亩收租的条件已不存在,不能不改为按户收租而产生的。课田制施行在先,占田制施行在后,两者不能结合在一起。占田法中多于课田的部分,起着鼓励垦荒的作用。(王天奖)

(3)课田法既非税制,又非田制,而是一种具体的经营管理方法。其实质是国家给农民租佃一定数量的土地,支配农民用自己的农具耕作,有利于社会稳

定和增加国家的收入。（赵向群）

（4）课田就是课佃，佃者在郡县督课下佃种公田。课田租高于一般百姓的田租，原因是其还包括公田的地租。西晋课田是晋初由曹魏的屯田转变而来，施行课田的范围承袭了屯田的规模，并未扩展到西晋全境。（高志辛）

由于占田制不能很好地解决农民的土地问题，农民不断流亡，最后汇合，爆发流民起义，推翻西晋的统治。

## 六、 各族人民反抗西晋统治的斗争及西晋的灭亡

### （一） 各地的流民起义

由于西晋统治者加深对人民的剥削，阶级矛盾日益尖锐。从晋武帝太康二年（281 年）至晋惠帝永熙元年（290 年）这十年之中，由于水利失修，无年不旱，至元康四年（294 年）便造成了严重的饥馑。元康七年（297 年）以后，"秦、雍二州大旱疾疫""米斛万钱"（《晋书·五行志》）。此后"至于永嘉（307—312 年），丧乱弥甚，雍州以东，人多饥乏，更相鬻卖，奔迸流移，不可胜数。幽、并、司、冀、秦、雍六州大蝗，草木及牛马毛皆尽，又大疾疫，兼以饥馑，……流尸满河，白骨蔽野"（《晋书·食货志》）。

在大旱荒、大饥饿的情况下，人民无法生活，被逼离开家乡，流徙各地。如秦、雍州（陕西、甘肃）各族人民流徙到梁、益、荆、豫等州（今四川、湖北、河南等）就食的，有数万家十余万口。汉族人民迁徙的数目，大概从秦、雍州迁出者四五万户，约占当地总人口数的 1/3；从并州迁出者约 4 万户，约占当地总人口的 2/3；从梁、益州迁出者约 20 万户，约占当地总人口数的 9/10；从冀州迁出者约一万户，约占当地总人口数的 1/30。总计迁徙的户口，见于记载的，将近 30 万户，约占西晋全国总户数（377 万）的 1/12。这些流民在饥寒交迫、走投无路之下爆发了多次起义。比较大的有以下几次：

李特起义：公元 301 年，略阳、天水等六郡（今甘肃东部）汉族和氐族人民数万家十余万口流入蜀，因西晋政府强迫他们返回本土，激起愤恨，共推巴氐人李特为首领，在绵竹（今四川德阳市北）起义，攻下广汉（今四川广汉市）。李特牺牲后，李特的弟弟李流和儿子李雄继续战斗，于公元 304 年攻入成都，并占据了益州（今四川）全部地区。李雄建立了政权，称成都王，后来改称皇帝，国号大成。这是规模最大的一次流民起义。李雄建立政权之后，政权性质发生了变化，转变为封建政权的范畴了。后李寿改国号汉，史称成汉。

张昌起义：公元 303 年，张昌在江夏郡安陆县（今湖北安陆市）的石岩山领导流民起义。

公元 309 年，今山西及河南西部流入河南中部及南部的流民起义。

王如起义：公元 310 年，从陕西、甘肃一带流亡到南阳郡（河南西部）的流民，在王如领导下起义。

杜弢起义：公元 311 年，从巴蜀流亡到荆州、湘州（湖北、湖南）的数万家，共推成都人杜弢领导起义。

西晋各地的流民起义前后达十几年之久，有力地打击了西晋的统治，加速了它的崩溃。

## （二）少数族反抗西晋统治的斗争与西晋的灭亡

自东汉以来，在中国北方和西方边境的一些少数族由于与汉族的往来日益密切，逐渐向内地迁徙。在西晋时期，少数族已大量进入中国内地，并接受西晋的统治。这些少数族的情况大体如下：

匈奴族：原来居住在蒙古草原上，过着"各有分地，逐水草移徙"（《汉书·匈奴传》）的游牧生活。到东汉时，分裂为南匈奴、北匈奴。南匈奴归附东汉，北匈奴向西迁徙。曹魏时，将匈奴分为五部，每部置帅，选汉人做司马，监督他们。魏末又改帅称都尉。他们主要分布于山西汾水流域。西晋初年，匈奴归附者，一次两万余落，一次 2.9 万人，一次 1.15 万口，一次 10 余万口，前后有 19 种，各按部落，居住塞内（《晋书·武帝纪》）。

乌桓：乌桓原来臣属于匈奴，分布于今内蒙古西拉木伦南边的老哈河流域。在汉武帝击败匈奴之后，乌桓得到汉政府的同意，徙居上谷（今河北怀来县南）、渔阳（今北京密云区西南）、右北平（今河北平泉市）、辽东（今辽宁辽阳县北）、辽西（今河北昌黎县北）五郡的塞外。公元 1 世纪 50 年代，匈奴分裂，乌桓势力转盛，逐渐布满在汉沿边诸郡——从今山西、河北以北，一直到内蒙古包头一带。东汉灵帝初年，乌桓大体可分为四部：上谷部、辽西部、辽东部、右北平部。其中以辽西部势力最强。自公元 4 世纪以后，乌桓同化于鲜卑。

鲜卑：原分布于西拉木伦流域。当匈奴分裂为南、北匈奴之后，北匈奴西迁，南匈奴内迁，因此今天的内蒙古草原被乌桓、鲜卑所占领。从公元 1 世纪以来，鲜卑族分布于从东北的辽水到西北的河西走廊上，就是今天的辽宁、河北、甘肃、青海境内。

羌族：西羌各族，原居于青海草原。羌族逐渐迁徙。徙于川康边境的为牦牛种，即越巂羌；徙于四川西北的为白马种，即广汉羌；居于甘肃西南的为参狼种，即武都羌；本来留居在青海西北湟中，后徙居于西海盐池左右的为研种，即湟中羌。经两汉到西晋，羌族进入今陕西、甘肃、四川境内。

氐族：自称"盘瓠之后"。分布地区在今四川茂汶羌族自治县东北，一直到甘肃徽成县附近。后来不断迁徙，到西晋初年，氐人布满在秦陇地区的天水（今甘肃天水市）、南安（今甘肃陇西县东北）、扶风（今陕西三原县西南）、始平（今陕西兴平市东南）、京兆（今陕西西安市）一带。

羯族：是随匈奴入塞的少数族之一，可能是服属匈奴的西域人。入塞后，散居于上党武乡、太行山一带。

大抵说来，匈奴族居于山西西北部及陕西北部，氐、羌入居陕、甘内地，鲜卑布满东起辽东、西迄青海。这些少数族内徙，在当时对发展农业生产有一定作用。因为自东汉末年至三国时期，中原血战，中原地区残破不堪，劳动人手不足。边疆各族的入居内地，正可解决劳动人手不足的问题。政府只要边疆各族能"家使出谷"（《三国志·魏书·郭淮传》），"输租调"（《三国志·魏书·牵招传》），"服事供职，同于编户"（《三国志·魏书·梁习传》），就来者不拒。而世家豪族亦乘此机会，用尽各种办法，使少数族成为自己的佃客。曹魏之末，即就太原一地而论，"以匈奴胡人为佃客，多者数千"（《晋书·外戚·王恂传》）。这样，内迁的各少数族，受到阶级的和民族的双重压迫与剥削，比汉族人民更加困难。因此，他们对西晋政府更加仇恨，被迫进行多次武装反抗斗争，最后消灭了西晋王朝。比较大规模的反抗斗争有以下几次。

公元 294 年，匈奴人郝散在上党（山西长治）率众起义。公元 296 年，郝散的弟弟郝度元联合冯翊（今陕西西安东）、北地（今陕西富平、铜川市耀州区一带）两郡的马兰羌和卢水胡起义，并连续取得胜利。

受到他们的鼓舞，在秦州（今甘肃东部）、雍州（今陕西关中地区）的氐族和羌族，共推氐族人齐万年为首领，进行反晋武装斗争。

由于各地流民起义和少数族的反晋斗争，西晋的统治摇摇欲坠。有些少数族的上层分子见有机可乘，依靠他们所掌握的武装力量进行反晋活动，扩大势力，例如：

匈奴族统治者刘渊首先举起反晋的旗号，公元 304 年建国号汉，称汉王，建都于左国城（今山西离山县东），派兵向西晋进攻。

公元 306 年，东莱（今山东莱州市一带）人刘伯根、王弥领导当地群众起义，攻下临淄。后来刘伯根英勇牺牲，起义失败。王弥渡过黄河，投奔刘渊。

公元 307 年，在冀州爆发了汲桑和石勒领导的起义。石勒是羯族人。起义失败后，汲桑牺牲，石勒投奔刘渊。

王弥、石勒投奔刘渊以后，刘渊势力更加强大。公元 308 年，刘渊称帝，迁都于平阳（今山西临汾），并派兵攻打西晋的京城洛阳。

公元 310 年，刘渊死，其子刘和继位。但不久刘聪杀死刘和，自立为王。公元 311 年，刘聪派刘曜攻入洛阳，俘虏了晋怀帝（司马炽）。公元 313 年，刘聪杀死晋怀帝，晋愍帝（司马邺）在长安继位。公元 316 年，刘曜又攻入长安，俘虏了晋愍帝，西晋灭亡。

# 第七章　北方各族建立的割据政权和东晋在江南的统治

（公元 317—439 年）

## 一、　匈奴、鲜卑、氐、羌、羯等族政权纷争下的北方

西晋灭亡后，原来的统治集团以司马睿为首，在建康（今江苏南京市）建立政权，史称"东晋"。在北方，各少数族统治者互相争夺地盘，建立了许多政权，形成分裂割据的局面。从公元 316 年西晋灭亡到公元 439 年北魏灭北凉，重新统一北方，前后经历 120 多年，史书上称为"五胡十六国"。所谓"五胡"，指的是五个少数族：匈奴、羯、鲜卑、氐、羌。所谓"十六国"，指的是这些少数族建立的 16 个国家：一成（汉）、一夏、二赵（前、后）、三秦（前、后、西）、四燕（前、后、南、北）、五凉（前、后、南、北、西）。这 100 多年，各族统治者互相混战，社会遭到极大的破坏。但与此同时，各族人民在反对民族压迫和阶级压迫中，彼此增进了了解和联系，出现了以汉族为主体的民族大融合现象。黄河流域的混乱状态分为三个时期。

### （一）第一期：公元 318—352 年

#### 1. 前赵、后赵的统治

这一时期建立的国家主要是前赵和后赵。西晋灭亡之后，匈奴族刘聪建立的汉国占了北方大部分土地。公元 318 年，刘聪死，统治集团内部发生变乱，刘曜乘机夺取了政权，自称皇帝，并迁都长安，改国号为赵，史称前赵。公元 319年，羯族的石勒反对刘曜，自立政权，都于襄国（今河北邢台），史称后赵。前赵占有今陕西、甘肃及山西南部、河南西部地区；后赵占有今洛阳以东黄河下游地区，从此形成东西对峙的局势。石勒占地比刘曜多，兵力也较强。

前赵、后赵进行过多次激烈的战争。公元 329 年，石勒攻灭了前赵，统治了北方的广大地区，与江南的东晋形成南北对立的局势。

前赵、后赵为了巩固其统治，都采用了汉族地主阶级的政策，如设立学校、选拔官吏、制定租赋制度等。下面主要介绍后赵的政治措施。

（1）与汉族世家豪族密切勾结。石勒在河北建立根据地时，就将当地的"衣冠人物，集为君子营"；建国以后，"徙朝臣掾属以上士族者三百户于襄国崇

仁里，置公族大夫以领之"（《晋书·载记·石勒下》）。又"徙司、冀豪右三千余家，以实襄国"（《晋纪》）。"重其禁法，不得侮易衣冠华族。"（《晋书·载记·石勒下》）石勒修改魏晋以来的九品官人法，令群臣及州郡官每年保荐秀才、至孝、廉清、贤良、直言、武勇各一个，令张宾管理选举，品定这些被保荐的人，给他们官做。由于这些措施，当时中原的汉世族地主如河东裴宪、范阳卢谌、渤海石璞、北地傅畅、颍川荀绰、清河崔悦、崔遇、荥阳郑略等，均出仕石赵，做了大官。后赵的文武百官，除了石氏一家外，其余多是汉人。

（2）立太学，选拔汉族士人为教师，选拔将佐的子弟三百人入太学读书。除太学一所外，还设小学十余所。提倡经学。石勒还亲自到大小学考试诸学生，按经学程度的高低各级赏赐。用经学考核秀才、至孝，作为评定九品的标准。

（3）采取中原已有的封建剥削方式，下令州郡调查户口，每一户出户赀二匹，田租二斛。除了掠夺粮食外，还大规模地掠夺农民，以补充其兵源之不足及劳动力之缺乏。被掠夺的民户有好几百万，他们大都被强迫安置在首都襄国及附近的州郡。

石赵政权统治之下的领民，其兵役、力役负担和所受的苛索特别重。特别是石勒死后，石虎继位，于公元335年迁都于邺（今河北临漳）。石虎极为荒淫残暴，任意迫害人民。他在邺城大造宫室，筑高台楼阁40余所；又营造长安、洛阳二宫，征用民工40余万人；并掠夺民间13岁以上20岁以下的女子3万多人，置于宫内（《晋书·载记·石季龙上》）。为了扩大其武装力量，石虎在各州大量征兵，规定每户有三个壮丁的出二人，有五个壮丁的出三人；又强征造兵器的50万余人，造船的17万人；还规定每征兵卒五人，随征车一辆，牛二头，米各15斛，绢10匹，如果办不到就被斩首。"制：'征士五人车一乘，牛二头，米各十五斛，绢十匹，调不办者以斩论。'"（《晋书·载记·石季龙上》）这就导致中原人口更为减少，生产组织更为破坏。史称："时众役烦兴，军旅不息，加以久旱谷贵，金一斤直米二斗，百姓嗷然无生赖矣！"（《晋书·载记·石季龙上》）人民无法生活下去，不得不起来反抗。

### 2. 梁犊领导的起义与后赵的衰亡

由于石虎统治集团内部出现父子相杀的丑剧，东宫卫士十余万人皆谪配凉州。其中一万多人自邺城向西北出发，先到达雍城（今陕西凤翔县）。公元349年，梁犊领导这一万多人在雍城举行武装起义，反对石虎的残暴统治。梁犊自称晋征东大将军，关中各族人民纷纷响应，"比至长安，众已十万"。石虎的儿子石苞彼时镇守长安，出战而败，保城不敢出。义军向东进发，出潼关，破石虎军10万于新安（今河南新安）。及与石虎军战于洛阳，义军又大胜。起义军声势浩大，攻占了洛阳、荥阳、陈留等郡。最后石虎不得不依靠羌族贵族姚弋仲和氐族贵族苻洪的援军，才把起义军镇压下去，梁犊也壮烈牺牲了。

起义虽然失败了，但后赵的统治受到严重的打击，既而衰落下去。这次起义成为摧毁石赵政权的主要力量。

### 3. 冉闵的反胡羯斗争及其失败

公元 349 年，暴君石虎病死，诸子争立，大臣相杀（虎少子石世立 33 天，为兄石遵所杀；遵立 183 天，为弟石鉴所杀）。公元 350 年，后赵大将军冉闵是汉族人，乘石氏兄弟自相残杀之际杀了石鉴，夺取了政权，自称皇帝，国号魏，仍都于邺，史称"冉魏"。

冉闵为了巩固政权，必须依靠汉族，那么必须展开反胡羯斗争。他下令大开邺城城门，向城中人宣布："与官同心者住，不同心者各任所之。"结果羯族人纷纷出城，拥挤得城门都堵住了；百里内的汉人悉数自动进城。冉闵知道羯人和自己不同心，终于下令杀羯人，不管男女老幼，一律斩杀，共杀 20 余万人。"班令内外赵人，斩一胡首送凤阳门者，文官进位三等，武职悉拜牙门。一日之中，斩首数万。闵躬率赵人诛诸胡羯，无贵贱男女少长皆斩之，死者二十余万，尸诸城外，悉为野犬豺狼所食。屯据四方者，所在承闵书诛之，于时高鼻多须至有滥死者半。"（《晋书·载记·石季龙下》）

冉闵这种不问羯族人的贵族与平民、剥削阶级与被剥削阶级，不拿武器的妇女、孩提亦一概杀尽的行为，是落后民族的复仇政策，是一种狭隘的民族观念。他注定要失败。

冉闵把希望寄托于东晋。他派人临长江告东晋政府说："胡逆乱中原，今已诛之。若能共讨者，可遣军来也！"（《晋书·载记·冉闵》）东晋政府十分腐败，安于一隅，无心收复北方，对冉闵的要求置之不理。

冉闵的野蛮做法、狭隘的民族观念引起少数族的强烈反抗。在少数族联合围攻之下，冉闵越来越孤立。公元 352 年，鲜卑族首领慕容儁从东北攻入冀州，冉闵兵败被杀。他所建立的魏政权仅两年多就灭亡了。

## （二）第二期：公元 352—383 年（淝水之战）

慕容儁攻灭冉魏之后自称皇帝，迁都于邺，国号燕，史称前燕。此外，北方尚有 4 个国家：前秦、仇池、前凉、代。北方形成五国并立的分裂局面。但主要的是前燕和前秦。

### 1. 前燕的统治及其灭亡

慕容氏在其势力未大之前，表面上拥护东晋，东晋政权也信任他，反而不信任冉闵。建立前燕之后，东晋使臣来见，慕容儁对东晋使臣说："你回去告诉你的皇帝，我为中国人所推戴，已经做皇帝了。"（《晋书·载记·慕容儁》）慕容儁野心勃勃，想攻打东晋，统一中国。他下令检查户口，每户留一丁，其余都充当兵士，想凑成 150 万大军。但计划还未实现，慕容儁便病死了（360 年）。其子慕容暐继位，年仅 11 岁。慕容儁的弟弟慕容恪辅政。慕容恪死，其弟慕容评继恪辅政。

自从石赵（后赵）政权颠覆后，黄河以南全为东晋所收复。慕容暐进攻东晋，占领了黄河以南、淮水以北的东晋领土。东晋大将桓温为了收复失地，于公元 369 年率兵 7 万北伐，连败燕军，进驻枋头（今河南浚县西北），后来慕容暐派慕容垂抵御，桓温退败。此后前燕与东晋处于对峙状态。但前燕内部的阶级矛盾、民族矛盾十分尖锐。

（1）民族矛盾和阶级矛盾日益激化。中原汉族人民了解了过去慕容氏拥护东晋政权是假的，是欺骗人民的一种手段，因此起来反对前燕政权。而前燕统治阶级也日益腐化。慕容暐后宫 4000 余人，奴仆的数目增加了 10 倍多，穷奢极欲，日费万金。慕容氏贵族拼命搜括，霸占山泉，军民饮水，一概纳绢，绢一匹，水二石。这样的剥削，必然使阶级矛盾尖锐化。

（2）慕容氏统治阶级内部的矛盾也日益加深。首先是国家与贵族争夺户口的矛盾。贵族占有许多"荫户"，造成了前燕"国之户口，少于私家"的情况。慕容暐曾接受其尚书左仆射悦绾的建议，下令"罢断诸荫户，尽还郡县"。初次搜括就搜括出 20 余万户之多，占全国总人口数的 1/10。但悦绾旋即被暗杀，搜刮户口也就不了了之。其次，慕容垂自枋头大捷之后，威名大振，慕容暐、慕容评忌怕慕容垂，想杀他，慕容垂投奔前秦苻坚。苻坚利用前燕统治阶级内部的矛盾，于公元 370 年派王猛、慕容垂攻打前燕，并灭了前燕。苻坚收其名籍（户口册），凡郡 157 个、县 1579 个、户 2458969 个、口 9987935 人。

### 2. 前秦统一北方

前秦是氐族苻健于公元 351 年在关中建立的国家，建都于长安。公元 357 年，苻健弟苻雄之子苻坚杀死苻健之子苻生，自立为皇帝。苻坚重用汉族地主阶级知识分子王猛，整顿吏治，加强军备，重视农业生产，兴修水利，经过十余年，前秦成为北方最强大的国家。

王猛，北海郡剧县（今山东省寿光市东南）人，家世寒素，以贩畚为业，后居于华阴。公元 354 年，东晋大将桓温入关，王猛见桓温一边捉虱子，一边谈论当世大事。桓温见他很有政治卓见，撤退时约王猛南去。王猛以东晋门阀专政，自己是北去寒人，未必能参与东晋政权领导工作。故滞留北方，不肯南下。苻坚即位之后，任王猛为政。王猛在前秦主要做了两件事：

（1）抑制贵族势力无限制的发展。苻坚灭前燕后，使王猛整顿关东六州。王猛迁燕王公百官及鲜卑 4 万余户到长安，又迁关东豪强及诸杂夷 15 万户到关中。这些人是压迫人民的，把他们迁走，对中原人民自然是一种善政。王猛初为始平令，言于苻坚，杀有大功于苻秦的氐族部落贵族樊世。后为京兆尹，杀苻健妻弟强德。到任数十天，贵戚豪强犯法被处死的，前后有 20 余人之多。王猛的这些措施，对打击贵族势力是有作用的。

（2）强化了苻秦的中央权力，不仅使苻坚有"今吾始知……天子之为尊也"（《晋书·载记·苻坚》）的感觉，而且皇帝能调发王侯富室的僮隶三万人，兴修关中水利，以灌溉冈卤之地（《晋书·载记·苻坚》）。

这些政策在当时都有成功之处。所以自公元 357 年至公元 370 年的十余年中，前秦的政治是比较清明的，社会是比较安定的，可以称得上"小康"景象，史称"关陇清宴，百姓丰乐，自长安至于诸州，皆夹路树槐柳，二十里一亭，四十里一驿，旅行者取给于途，工商贸贩于道"（《晋书·载记·苻坚》）。苻坚就是在这个基础上灭了北方诸国，统一了黄河流域。当时他的版图"东极沧海，西并龟兹，南苞襄阳，北尽沙漠"（《高僧传·晋长安五级寺释道安传》）。东北的新罗、肃慎，西北的大宛、康居、于阗以及天竺等 62 国，都和苻秦建立外交关系，只有东晋和它对峙。

### 3. 淝水之战

苻坚统一北方，结束了分裂割据的局面，对社会经济的发展是有利的。但苻坚不以统一北方为满足，从公元 378 年开始，大举进攻东晋，企图统一中国。

东晋的防御力量也不弱，谢玄在京口（今江苏镇江）训练了一支精锐的军队，号称"北府兵"，在长江下游屡次击败前秦的进攻；在长江中上游的晋军也给前秦以有力的反击。经过几年的战争，双方互有胜负，前秦的扩张并没有多大的进展。

到了公元 383 年，苻坚想一举攻灭东晋，动员了将近百万的军队，分三路进攻东晋：一路乘长江而下；一路在沔水（即汉水）牵制荆州；一路进攻寿春（今安徽寿县）。"东西万里，水陆齐进。"苻坚亲自督战。大将苻融（苻坚弟）、慕容垂等率领前锋 25 万，先攻下寿春，又分兵 5 万屯驻洛涧（今安徽怀远西南）。后续大军屯据淝水西岸。

东晋方面，以谢石（谢安弟）为征讨大都督、谢玄为前锋都督，与谢琰（谢安子）、桓伊等率"北府兵" 8 万抗击前秦的进攻，在距离洛涧 25 里的地方屯驻。

苻坚派汉人朱序赴晋军劝降，朱序把秦军的虚实告诉了谢石，并言如果秦兵百万都到齐，势不可挡，趁其未集中之时，应该速战。谢石遵从朱序的计策，派刘牢之率精兵五千攻洛涧，大破秦军。谢石等水陆并进。秦军守淝水，谢玄使人告苻融，请秦军略向后移，让晋军渡淝水西岸决战。苻融拟于晋军半渡时堵击，因此挥军后退，本来不愿作战的秦兵乘机奔退不止，加上朱序在秦兵中大喊："秦兵败了，秦兵败了！"于是队伍大乱，不可收拾，谢玄、谢琰、桓伊渡过淝水，乘势猛攻，杀了苻融。秦兵大败逃走。苻坚逃回洛阳，收集溃兵，只剩十几万人。

淝水之战是一次著名的战争。东晋以 8 万兵力一举打败了苻秦近百万大军，成为中国战争史上以少胜多、以弱胜强的典型之一。毛泽东在《中国革命战争的战略问题》一文中提到了它。东晋所以胜，前秦所以败，是有其深刻的原因的。

第一，政治上的原因。

前秦帝国貌似强大，但正如斯大林所说，"这不是民族，而是偶然凑合起来的、内部缺少联系的集团的混合物，其分合是依某一征服者的胜败为转移的"（《斯大林全集》第二卷），他们"是一些各有各的生活方式、各有各的语言的部落和部族的集合体"，他们"不曾有自己的经济基础，而是暂时的不巩固的军事行政的联合"（斯大林：《马克思主义与语言学问题》）。所以，前秦国内民族矛盾很严重，特别是鲜卑族和羌族不甘心氐族的统治，时刻想苻坚失败，以便乘机再起，建立自己的政权。汉族人民从民族的立场出发，不支持苻坚进攻东晋。因此，政治上苻坚是处于劣势的。

在东晋方面，无疑也有许多矛盾，如地主和农民的矛盾，皇族和士族的矛盾，士族地主和庶族地主的矛盾，北来的士族地主与南方土著士族地主的矛盾，等等。但是在民族矛盾上升为主要矛盾时，这些矛盾都退居次要地位。在统治阶级内部，上下团结一致，共同对付前秦的南侵。广大汉族人民支持东晋抵抗前秦。

第二，个人主观上的原因。

苻坚是一个刚愎自用、听不得不同意见的人。对于他伐晋，朝廷里许多人都认为这是冒险行动。王猛在临死前都叫苻坚不要进攻东晋。甚至他的弟弟苻融也说，"民有畏敌之心"。所谓畏敌，就是不愿意和东晋作战。凡是说晋不可伐的人都是忠臣，苻坚一概不听。相反，他听信怂恿他进攻东晋的鲜卑、羌族贵族如慕容垂、姚苌等人的话，这些人请他"圣心独断"。而这些人恰恰希望苻坚在进攻东晋中失败，然后他们乘机而起，再建立本族政权。依靠这样的人，哪有不失败的呢？

第三，苻坚军事上的错误。

前秦军队战线拉得太长，兵力分散。当苻坚率兵进至河南项城时，凉州（今甘肃河西）的兵才到达长安附近。主力部队首尾相距一千里，东线与西线相距一万里，指挥不灵。名义上号称百万大军，实际上真正投入战斗的只是一小部分兵力。同时，苻坚过低地估计了晋军的作战能力，轻率地下令后退让出战场，把主动权交给了晋军，自己处于被动地位。

**附：关于淝水之战的讨论**

一、关于淝水之战的性质

一种观点认为，这是南北封建统治集团之间的一场兼并统一战争，不能将其

称为民族侵略战争。有人还认为前秦进行的是统一中国的正义战争，战争的失败并不能改变战争的原有性质。（黄烈、徐扬杰）

另一种意见认为，前秦发动的是进行民族压迫的非正义战争，战争的统一性并不能与战争的正义性等同起来。（孙祚民、蒋福亚、简修炜、刘精诚）

二、双方参战的兵力

一种意见认为，前秦兵力并不是史书所说的百万之众，实际到达前线的只有30万左右，但分布很广，参加淝水之战的只有十余万人。东晋在前线有20万以上的军力，谢玄所部8万人全部集中于淝水北岸。因此，双方兵力大致相当，但晋军处于主动和优势的地位，不能将这一战役作为以少胜多的典型。（邱久荣）

另一种意见认为，在战争爆发时，前秦政权的军队有许多还在半路，实际参战的人数是二十七八万人；而东晋有8万人。实际参加淝南决战的，前秦有数万人，东晋是八千人，东晋仍然是以少胜多。（舒朋评邱久荣上说）

## （三）第三期：公元383—439年

### 1．淝水战后北方的大分裂

淝水之战，前秦大败。此后，前秦再也没有力量进攻东晋了。鲜卑、羌族的上层分子乘机建立政权，前秦的统治开始瓦解，北方重新陷入分裂之中。三年之间，出现了后燕、后秦、西燕、西秦、北魏、后凉6个国家，前秦只保留很小的地盘。后来又先后建立了南凉、西凉、北凉、夏四国。

在大分裂的局面下，各国之间进行激烈的战争。长期的战争使北方的农业生产遭受巨大的破坏，粮食极为缺乏，许多地区造成人相食的惨象。如"河北人相食""百姓死几绝""关中人皆流散，道路断绝，千里无烟"（《晋书·载记·苻坚》）。河西姑臧（今甘肃武威）"谷价踊贵，斗直钱五千文，人相食，饿死者十余万口"（《晋书·载记·吕隆》）。同时，各国统治者凶恶残暴，任意屠杀人民。所以，几十年间，各族人民受尽了灾难痛苦，牺牲了无数生命。

### 2．北魏的强大及其统一北方

鲜卑拓跋部原来建立了一个国家叫作"代"，于公元376年被苻坚攻灭了。淝水之战后，拓跋部首领拓跋珪乘前秦瓦解之际，于公元386年恢复代国，建都成乐（今内蒙古和林格尔）。不久改国号为魏，史称北魏。北魏逐渐强大，并且不断南移。公元398年，拓跋珪迁都平城（今山西大同），称皇帝，联合汉族地主阶级改革政治，国势逐渐强盛。拓跋珪死后，其子拓跋嗣继位，曾派兵进攻南方的宋朝，把势力扩张到黄河以南。拓跋嗣死后，其子拓跋焘（魏太武帝）继位。此时北魏国力强大，于公元431年灭夏，公元436年灭北燕，公元439年灭北凉，最后统一了北方，结束了北方长期分裂割据的局面。

## 二、 世家豪族统治下的东晋 （公元317—420年）

### （一） 东晋政权的建立及其特点

西晋末年，琅琊王司马睿以镇东大将军，都督扬、江、湘、交、广五州诸军事，是江南地区的最高军政长官，驻守建业。公元311年，洛阳被刘聪攻占后，北方的世家大族和各级官僚纷纷迁居江南，依靠司马睿。当时晋愍帝虽然在长安，但晋朝的政权实际上已转移到建康（晋愍帝时建业改为建康），所以司马睿被任命为丞相、大都督中外诸军事。公元316年，长安被刘聪占领，晋愍帝被俘，司马睿在建康称晋王。公元317年，晋愍帝被刘聪杀死后，司马睿称皇帝，是为晋元帝，即东晋的开始。

东晋政权和西晋政权一样，是以世家大族为支柱的。而这个世家大族包括北方迁来的移民和江南土著两个部分。

在中原大乱时，北方许多世家大族率其宗族、乡里、宾客、部曲南渡江南。如高平郗鉴（高平金乡人，今山东金乡县），初率乡里"千余家，避难于鲁之峄山（今山东邹县东南），三年间，众至数万"（《晋书·郗鉴传》），后又退屯广陵（今江苏扬州市）。随后仕东晋，官至太尉。东莞徐澄之（东莞姑幕人，今山东诸城市西南50里）"与乡人臧琨等，率子弟并闾里士庶千余家，南渡江，家于京口（今江苏镇江市）"（《晋书·儒林·徐邈传》）。当时，北方"亡官失守"的世家大族很多到江南来做官，如颍川庾琛（衮弟）出任会稽太守，琅琊王澄、王敦（琅琊临沂人，今山东临沂市北）分任荆、扬二州刺史。

司马睿是司马懿的曾孙，袭封琅琊王，与王衍的族弟、王敦的从弟王导"素相亲善"（《晋书·王导传》）。王导对司马睿是"倾心推奉"（《晋书·王导传》）。东晋政权的建立，琅琊王氏之功居多。王导任至宰辅，王敦都督江、扬、荆、湘、交、广六州军事，居上游重镇。所谓"王与马，共天下"（《太平御览》卷495引《晋中兴书》），是当时实际情况的写照。

东晋政权，对北来的世家大族，除了"收其贤人君子"（《晋书·王导传》），与之共图国事以外，还对其家族照顾备至，如太原王佑三个儿子渡江到建康，司马睿赐给他们"钱三十万，帛三百匹，米五十斛，亲兵二十人"（《晋书·王湛传族孙峤附传》）。

司马睿初到建业时，江南的世家大族瞧不起他，认为他们是一群外来的"伧父"（南方人对北方人的称呼）。司马睿到建业一个多月都没有江南世家大族来见他。王导认识到这个问题的严重性，公元308年三月三日那天，司马睿乘肩舆出游，王敦、王导以及北方流亡南下的世族大地主皆骑马随从，仪仗隆重，行列威严，使江东世族大地主体会到司马睿是日后江东之主，于是"江南之望"纪瞻、顾荣等相率拜睿于道左。王导首先笼络顾荣、贺循，再通过他们的关系，使整个江东世族地主集团逐步向司马睿靠拢。王导亲自拜访顾荣、贺循，把顾荣、贺循拉拢过来，史称"由是吴会风靡（言如风吹草例），……渐相崇奉，君臣之礼始定"（《晋书·王导传》）。也就是说，司马睿除得到北方来的世家大族的支持外，通过王导的拉拢，又获得了江南世家大族的拥戴。这是东晋政权的一个特点。

同时，曹魏、西晋时期所树立的门阀制度，到东晋有了进一步的发展。东晋门阀制度的特点是在地主阶级中有士族和庶族的明确划分。士族也称高门，庶族也称寒门。士族可以充任高官要职，庶族只能担任低级官吏。士族和庶族不能通婚，不能穿同样的衣服，不能并坐谈话，不随便往来。士族为了防止庶族冒充士族，还专门制定了士族的家谱，如《百家谱》《十八州士族谱》等。当时许多人都把家谱背得很熟。

所以，东晋政权是一个世家大族的政权。

## （二）东晋的北伐

东晋在江南建立政权，南北汉族人民寄希望于东晋能收复失地。但是东晋统治集团只想偏安一隅，并不想图进中原。所以，即使有少数有志之士进行北伐的活动，最终亦因朝廷的内部矛盾而失败。有两个人的北伐比较有成绩。

第一个人是祖逖。祖逖是范阳遒县（今河北涞水县）人，"世吏二千石，为北州旧姓"，洛阳被占后，"逖率亲党数百家，避地淮泗。以所乘车马载同行老疾，躬自徒步，药物衣粮，与众共之"。因此获得流民爱戴。他徙居京口（今江苏镇江市），渡江时他曾击楫发誓说："祖逖不能清中原而复济者，有如大江。"（《晋书·祖逖传》）祖逖向司马睿请求北伐，司马睿乃用逖为豫州刺史，只"给千人廪，布三千匹"，不给兵器，兵员也令祖逖自己去招募。祖逖便自己铸造兵器，招募士兵，在安徽、河南一带一面屯田，一面作战。不到几年间，"黄河以南，尽为晋土"，打败了石勒，收复了黄河以南的土地。祖逖刚打开北伐的局面，东晋统治集团怕他的势力太大，便派戴渊都督北方司、兖、豫、并、雍、冀六州诸军事加以牵制。祖逖气愤忧伤而病死于雍丘。祖逖死后，原来收复的失土又被石勒所攻占。

第二个人是桓温。桓温，谯国龙亢（今安徽怀远县西北龙亢集）人，有雄才，志在收复中原，同时也有做皇帝的野心。他前后三次北伐。

第一次是在公元354年，桓温率步骑4万，自浙川（今河南淅川县东）进攻关中，连败秦苻健的军队，兵锋直达长安东面的霸上。居民"持牛酒迎温于路者十八九，耆老感泣曰：'不图今日复见官军。'"（《晋书·桓温传》）由于人民的支持，北伐军迅速胜利。后来由于粮食不继，给养发生严重困难，是年九月，桓温只得退兵。

第二次是在公元356年，逗留在河南许昌一带的羌族酋长姚襄进攻洛阳，桓温自江陵北伐，将姚襄击溃。桓温收复洛阳后，建议政府还都洛阳，把南渡来的北方人全部北徙河南（《晋书·桓温传》）。那时南渡的北方世族大地主的庄园都在江南，自然不愿北迁。他们对桓温的提案提出异议，复都洛阳之议亦就此作罢。公元365年，洛阳又告失守。

第三次是在公元369年。此时的桓温已被任命为大司马、都督中外诸军事，又加任扬州牧，兼徐、兖二州刺史，荆、扬两镇，由桓温一身兼任。桓温至此企图对外获得胜利，树立自己的威望，以便代晋称帝。因此在公元369年决定北伐前燕。但这一次却由于粮食运输困难，大败于枋头（今河南浚县），收复的失地复又丧失。从此，桓温再也没有北征。

桓温北伐之所以失败，主要是由于东晋统治阶级内部矛盾的扩大，牵制了桓温，甚至破坏他的北伐计划。正如前燕谋臣申胤所料：“以温今日声势，似能有为，然在吾观之，必无成功。何则？晋室衰弱，温专制其国，晋之朝臣，未必皆与之同心，故温之得志，众所不愿也。必将乖阻，以败其事。”（《资治通鉴》晋太和四年）同时，桓温本身的缺点——想做皇帝，也使他的北伐事业受到不利的影响。但桓温的三次北伐，给予了氐族、羌族、鲜卑族的统治者一定的打击，客观上支持了北方各族人民的反压迫斗争，这是符合当时中原人民的愿望的。

## （三）东晋的阶级矛盾

### 1. 豪族地主与被荫户之间的矛盾

东晋是世家大族的政权。世家大族凭着自己的政治特权兼并土地，而失去土地的农民又沦为他们的部曲、佃客和奴婢。如王导仅在建康附近的赐田就有80余顷；谢安一家“田业十余处，僮仆千人”（《宋书·谢弘微传》）；刁逵在京口（今江苏镇江市）“有田万顷，奴婢数千人”（《晋书·刁协传附孙逵传》）。因此，在江南各地，由依附荫庇而形成一种中古庄园形态。《世说新语·政事篇》注引檀道鸾《续晋阳秋》云：“自中原丧乱，民离本域；江左造创，豪族并兼，或客寓流离，名籍不立。”萧子显《南齐书·州郡志·南兖州序》云：“时百姓遭难，流离此境，流民多庇大姓以为客。”这些世家豪族不但占有大量的土地、佃客、荫户、奴婢，而且还霸占山林川泽，如果人民进去打柴捕鱼，须向他们缴纳重税。在这种生产关系中表现出来的阶级矛盾是豪族地主与被荫户的矛盾。

### 2. 东晋政府与自耕农民的矛盾尖锐

东晋的赋税制度是实行度田收租的办法，每亩收田租米三升，后来改为每口收税米三石，后又增为五石，这对于只有少量土地的自耕农民来说是很难承担的。此外，还有户调及临时征收的苛捐杂税。至于徭役，东晋规定16岁到60岁为全丁（全劳力），这些人都要服徭役，而且所服徭役繁多，如修城、筑路、运输等。所以晋孝武帝时范宁说："今之劳扰，殆无三日休停。"（《晋书·范汪传附子宁传》）由于徭役繁重，农民被逼得"残刑剪发，要求复除，生儿不复举养，鳏寡不敢妻娶"（《晋书·范汪传附子宁传》）。这是一幅多么尖锐的阶级矛盾的图景啊！

### 3. 侨州郡与土断的问题

同时，在东晋的阶级矛盾中，还有一种情况值得提一下，就是侨州郡与土断的问题。西晋永嘉以后，中原地区人民大量南徙，东晋政府在长江南北陆续成立北来侨民原籍地区的流亡政府——侨州郡。《隋书·食货志》曰："晋自中原丧乱，元帝寓居江左，百姓之自拔南奔者，并谓之侨人。皆取旧壤之名，侨立郡县，往往散居，无有土著。"只要注籍于侨州郡户口簿上，就可以获得优复（免调役）等的优待。这种措施对吸引中原地区人民涌向江南是起一定作用的。随着时间的推移，东晋政府为了增加赋税收入，即为了"财阜国丰"（《宋书·武帝纪》），取消了侨州郡，而实行"土断法"——北方来的居民按所居住的地方登记户籍，向政府缴纳赋税和服徭役。政府通过整理户籍，对北来的小生产者进行剥削。这样，北来的小生产者，由于租调的日益加重、兵役的增多，他们逐渐破产。这种阶级矛盾也在日益激化。

## （四）孙恩、卢循起义及东晋王朝的崩溃

### 1. 起义的原因

孙恩、卢循领导的农民起义首先在浙东爆发。为什么首先在浙东爆发呢？

（1）如前所述，东晋王朝是门阀政权。统治阶级内部的矛盾十分严重，各地处于割据状态。东晋王朝实际上只能控制会稽、临海（郡治在今浙江临海）、永嘉（郡治在今浙江永嘉）、东阳（郡治在今浙江金华）、新安（郡治在今浙江淳安）、吴（郡治在今江苏苏州）、吴兴、义兴（郡治在今江苏宜兴）等八郡。这一地区是门阀地主麇集的地区，南渡的世族如琅琊王氏、陈郡谢氏、太原王氏、高平郗氏、太原孙氏、陈留阮氏、高阳许氏、谯国戴氏、鲁国孔氏等，他们的庄园多集中在浙东一带。因此，这一地区的农民群众遭受的剥削和压迫特别残酷。东晋王朝的财政开支和兵役徭役绝大部分由这一地区的农民负担。因此，会稽等江南八郡成为东晋社会矛盾的集中点。这种状况使"攻击手段和反抗行动具有了普遍的性质，使它们成为每所茅舍中的话题，使革命在每个农村中滋生起来"（马克思：《1848年至1850年的法兰西阶级斗争》，《马克思恩格斯全集》第7卷，第100页）。东晋末年，一场大规模的农民起义终于在江南八郡爆发起来。

（2）爆发的导火线。公元399年（晋安帝隆安三年），当时实际掌握东晋中央军政大权的司马元显为了建立一支新军，以加强自己的军事实力，因此命令征发江南八郡地区"免奴为客者"当兵，美其名曰"乐属"。东晋时期士兵的地位很低，征发已由奴隶放免为佃客的农民当兵，实际上等于又把他们重新降到奴隶的地位。在征发过程中，经办的地方官吏又上下其手，把不是免奴为客的农民也强行征发，"枉滥者众"（《魏书·桓玄传》）。因此，这一命令使"东土嚣然"，遭到广大农民群众的强烈反对。这一命令成了孙恩、卢循起义的导火线。

### 2. 起义的经过

公元398年，地主阶级中反对派的一个政治代表、五斗米道首领孙泰利用传教做掩护，"煽动百姓，私集徒众"（《晋书·孙恩传》），准备推翻东晋王朝，但是计谋被揭露，孙泰父子俱遭到杀害，孙泰的侄子孙恩逃到海岛，继续利用五斗米道组织力量，等待时机，为叔父报仇。

公元399年，孙恩率领徒众数百从海岛登陆，发动农民组织起义，各地农民一时俱起，"杀长吏以应之"，短短十几天，起义队伍迅速扩大到数十万人。他们攻打县城，焚烧官府，捣毁庄园，捕杀地方官僚和地主，如会稽内史王凝之、吴兴太守谢邈、永嘉太守谢逸、乌程县令夏侯愔等都被杀死，义兴太守魏隐、临海太守司马崇等仓皇逃走。孙恩以会稽为根据地，自称征东将军，声势浩大。东晋政府大为震惊，派谢琰和刘牢之率兵镇压。起义历时两年多，前后数十战，杀死东晋高级将领谢琰和地方大官僚袁山松。但因东晋政府全力镇压，起义军受到挫折，孙恩于公元402年投海自沉，壮烈牺牲。起义转入低潮。

孙恩死后，起义军又结集在卢循（孙恩的妹夫）、徐道覆（卢循的姐夫）的周围，继续战斗，于公元403年进攻东阳、永嘉。由于失利，退到晋安（今福建闽侯）。公元404年泛海攻入广州，赶走了广州刺史吴隐之。

卢循在广州住了5年零3个月，积蓄了力量。公元410年，卢循和徐道覆分两路北进：一路由卢循率领，从始兴（今广东韶关市）攻下长沙，推进至巴陵（今湖南岳阳县），准备直取江陵；一路由徐道覆率领，破南康（今江西赣州市），连下庐陵（今江西吉水县东）、豫章（今南昌），直取建康。江州刺史何无忌领兵抗拒起义军，兵败被杀。这时起义军有十余万人，两路军会师，"战士十余万，舟车百里不绝"（《宋书·武帝纪》），"楼船高十二丈"（《资治通鉴》晋义熙六年），上下四层者九艘，此外"舳舻千计"（《晋书·孙恩传》），形势很好，可以直取建康。后来由于东晋政府调集各处军队，由太尉刘裕及其他将领合力镇压，才把起义军打败。卢循、徐道覆退回豫章，又退回广州。公元411年，徐道覆在始兴（今广东韶关）战败牺牲。卢循经合浦进入交州（今越南北部）后，被交州刺史杜慧度打败，投水自尽。

从公元399年十一月孙恩领导浙东农民起义起，到公元411年四月卢循在交州失败止，前后持续了 11 年零 5 个月之久，农民军转战东南半壁，建立起自己的舰队，溯回赣江，纵横长江上下游，开农民战争战略、战术之先例。这些都是不朽的业绩。

### 3．起义失败的原因

（1）孙恩在浙东登陆，在获得八郡人民的响应之后，未能及时建立根据地。在军事上偶然失利的情况下便仓促退入海岛，这样，必然失去与大陆人民的联系。这种"流寇"战术是容易失败的。

（2）卢循鉴于孙恩失败之教训，在占据广州之后，便在广州建立根据地。但由于卢循多谋决，不能及时进行反攻，给东晋统治者得以喘息的机会。

（3）卢循自据广州之后，即用世族大地主、琅琊王诞为其平南府长史，这种对世家大族的妥协，比起孙恩起兵初期打击王、谢诸族来，完全不同，以致模糊了农民斗争的方向。

### 4．起义的作用和意义

（1）这次起义沉重地打击了反动腐败的东晋王朝，严重打击了东晋王朝的支柱，以王、谢为代表的北来世族大地主，"死者十七八"（《晋书·孙恩传》），并且起义军没收了他们的财物，捣毁了他们的庄园，使之"资产无遗"（《宋书·谢方明传》）。其结果是使一部分佃客、部曲、奴婢得到解放，获得土地，提高了他们的生产积极性，促进了江南社会经济的发展。

（2）这次起义打击了世族大地主，客观上为庶族地主登上政治舞台逐步取代世族大地主创造了有利的条件。这次起义是门阀制度由顶峰开始走下坡路的一个转折点。

（3）这次起义摧毁了东晋皇朝，新建立起来的刘宋皇朝，最初的统治者刘裕和后继者宋文帝刘义隆，慑于人民的强大威力，都采取了一些措施，满足人民的要求，从而使社会生产力得到进一步的发展。所以在南朝初期的三四十年间，出现了一个安定的局面。所谓"元嘉之治"就是这次起义的成果之一。

关于孙恩、卢循领导的武装斗争的性质，有五种意见：

第一，东晋时最主要的矛盾是士族对人民的剥削和压迫，这次武装斗争的参加者主要是破产农民和奴客，其锋芒始终对准封建统治者，因此，这次武装斗争的性质应是农民起义。（朱大渭）

第二，东晋后期司马元显大发东土诸郡免奴为客者当兵，极大地妨碍了东土诸郡士、庶地主的利益，因而他们发动了这次武装斗争。这不是农民起义，而是一次五斗米道上层士、庶地主利用宗教发动的维护本身利益的反晋暴动。（万绳楠）

第三，孙恩领导的是农民起义，但卢循窃得起义军余部领导权后，同东晋统治者妥协合作，同封建地主势力勾结，使原来的农民起义变了质。（张中民）

第四，孙恩所代表的是三吴豪族的利益，但在响应他的几十万群众中，劳动者占绝大多数，他们是带着自己的要求而响应的，从这方面讲，孙恩领导的军事行动带有农民起义的性质，但没有发展成为全面的农民战争，而是被以豪族地主为核心的领导集团断送了。（杨伟立）

第五，在这次武装斗争中，代表土著豪族的孙恩集团占据领导地位，但在斗争初期，数量众多的下层农民的自发斗争迫使孙恩集团做出某些让步，阶级斗争成为主流，性质可以算是农民起义。在孙恩集团实现了对起义队伍的控制后，所逐步建立的并不是农民政权，而是地主阶级的政权。孙恩败逃入海以后领导的反晋斗争，其基本性质是五斗米道作乱，仅残留了农民起义的某些因素。到卢循领导时，完全成为地主阶级的内部斗争。（曹永年）

# 第八章　南北对峙的南朝和北朝

（公元 420—589 年）

## 一、南朝的政治与江南经济的发展

### （一）四个朝代的更替

自从公元 420 年东晋灭亡，到公元 589 年隋灭陈，统一南方，这 170 年间，在江南相继出现宋（420—479 年）、齐（479—502 年）、梁（502—557 年）、陈（557—589 年）四个政权，都建都于建康，历史上称为南朝。

东晋的北府兵将领刘裕，在镇压孙恩、卢循领导的农民起义中，提高了他在统治阶级中的威信。当东晋统治集团内部发生变乱，桓玄于公元 403 年废掉晋安帝自称楚帝的时候，刘裕发兵消灭桓玄的势力，恢复了晋安帝的地位，因而得以掌握东晋的军政大权。此后他先后攻灭了北方的鲜卑族所建立的南燕国和羌族所建立的后秦国，又派大将朱龄石攻入益州，消灭先前叛晋称王的谯纵，恢复了对益州的统治。刘裕在军事上取得的重大胜利，进一步建立了自己的威信，东晋皇帝名存实亡了。到公元 420 年，刘裕逼迫晋恭帝退位，自称皇帝（宋武帝），改国号为宋，是为南朝的第一个王朝。

刘裕出身寒门，较为了解民间的疾苦。经过孙恩、卢循起义，统治阶级对人民的威力也有所认识。他做皇帝之后，为了巩固自己的统治，一方面任用庶族出身的人担任重要官职。士族虽然还有传统的政治地位，但大多没有实权。这是自魏晋以来的门阀制度的一个重大变化。另一方面采取一些缓和阶级矛盾的措施，以稳定当时动荡不安的社会秩序。

刘裕做皇帝不到三年就病死了，其长子刘义符继位，但不久为大臣徐羡之等所杀，第三子刘义隆为皇帝，是为宋文帝。自刘裕当国至宋文帝元嘉二十七年（450 年），这三四十年间，可算是相当安定的时期，史称"元嘉之治"。宋文帝比较重视农业生产，多次下令劝课农桑，贷给农民粮种，奖励开垦荒地。史家是这样描写这三四十年的小康时代的：

　　自义熙十一年（公元 415 年），（司）马休之外奔，至于元嘉末，三十有九载，兵车勿用，民不外劳，役宽务简，氓庶繁息，至余粮栖亩，户不夜

扃。(《宋书·孔季恭传》论)

> 虽没世不徙，未及襄时，而民有所系，吏无苟得。家给人足，即事虽难，转死沟渠，于时可免。凡百户之乡，有市之邑，歌谣舞蹈，触处成群，盖宋世之极盛也。(《宋书·良吏传》序)

与此同时，北方的拓跋魏也日益强大起来，统一了北方，并开始向南方发展。元嘉二十七年（450年），魏军南下侵宋，对江淮至青、济地区实行大屠杀、大破坏。时人说："虏之残害，古今未有。"（《资治通鉴》宋元嘉二十七年）江北魏军"所过郡县，赤地无余"（《资治通鉴》宋元嘉二十八年)，致使"村井空荒，无复鸣鸡吠犬"（《宋书·索虏传》)。刘宋经此浩劫，国力大为削弱。

不久，刘宋统治集团内部爆发了争权夺利的斗争。元嘉三十年（453年），太子刘劭杀死宋文帝。从此，刘宋皇室连接不断上演骨肉相残的丑剧。在刘宋皇室相互残杀过程中，掌握兵权的中领军萧道成乘机攫取了政权。公元479年，萧道成逼宋顺帝退位，自己称帝，改国号为齐，是为齐高帝。

萧道成侨居南兰陵（今江苏常州市武进区），出身"布衣素族"（寒门）。他称帝后四年后去世（483年），其子萧赜继位（齐武帝）。萧道成父子为了缓和国内阶级矛盾、巩固政权，曾针对宋末的情况，减免百姓租税，减轻市税，又下令"诸王悉不得营立屯邸，封略山湖"（《南齐书·高帝纪》)。但是，这实际上是为了满足他们奢侈腐化的生活，不但对刘宋末年的苛捐杂税没有减除，反而变本加厉，通过各种剥削形式搜刮民脂民膏，进行残酷的剥削。

萧齐皇朝仍然和刘宋皇朝一样，皇室内部不断上演自相残杀的丑剧，政治极端混乱。齐和帝中兴元年（501年），雍州刺史萧衍带兵攻入建康，第二年当了皇帝，改国号为梁，是为梁武帝。

梁武帝总结了东晋、宋、齐亡国的教训，企图取三朝的长处，补三朝的短处，建立长治久安的梁朝。他采取了一些措施：

（1）恢复百家士族的权力。宋、齐两朝是用庶族来压制士族，梁武帝根据东晋的经验，认为不如用士族来压制庶族。因之士族又被重新重视。他下诏："凡诸郡国旧族，邦内无在朝位者，选官搜括，使郡有一人。"（《梁书·武帝纪》）置州望、郡宗、乡豪各一人，专掌搜荐东晋以来湮没不显的旧族，使他们有参加政权的机会，作为政权的支持力量。这样，士族被重新重用起来。但是士、庶的矛盾仍然很深。

（2）提高诸王的权力。宋、齐两朝用"典签"制度。典签，官名，本为处理文书的小吏。宋齐时，由于监察出任方镇的宗室和各州的刺史，"典签"常由皇帝派亲信担任，虽然官位低微，但由于皇帝信任，号为"签帅"，因此权力很大，实握州镇大权。他们常奉皇帝密旨，处死宗室诸王。这样又上演了宗室相互残杀的悲剧。梁武帝企图消除宗室的内部矛盾，废除"典签"制度，给宗室诸王以实权。诸王成了有实权的藩镇。诸王获大罪，也只行家教，训诲一番就了事，想用这种骨肉相爱来改变宋、齐两朝的骨肉相残。但恰恰相反，梁武帝实行骨肉相爱的政策，为晚年埋下了比宋、齐更丑恶的骨肉相残的祸根。

（3）提倡儒学和佛教以麻痹人民。梁武帝提倡儒学，制礼作乐。公元505年，他下令提倡经术，在建康设立五经馆，每馆设博士一人。大兴佛教，替僧尼建筑华丽的寺院，赐予大量土地。他建同泰寺，早夜到寺礼拜，屡设救苦斋、四部（僧、民、善男子、善女子）无遮会，在会上讲演佛经，说是做功德事，替百姓求福。他曾经三次舍身同泰寺（出家做和尚），要臣下以亿万钱财赎这个"皇帝菩萨"回宫。由于梁武帝的提倡，这时期佛教在南方大为盛行，仅建康一地就有寺院500余所，僧尼10余万人。

梁武帝表面上把自己伪装成一个仁慈、勤俭、专研礼乐的君王，实际上对人民极其贪婪而残暴。梁朝的赋税和徭役都比过去加重，而且对人民用法严苛，因此激起了人民的不断反抗。不久，梁朝就在侯景之乱中灭亡。

侯景是同化于鲜卑的羯族人，是东魏高欢的将领。高欢死后，侯景与高欢的继承者高澄为敌，据河南反高澄，后投降西魏，继而又投降梁朝。梁武帝派兵接应侯景，被东魏打败。侯景南逃，占领了梁的寿春城（今安徽寿县）。侯景的野心很大，公开说："我取河北不成，取江南却有把握。"他利用梁宗室的矛盾，勾结萧正德（梁武帝在没有生长子萧统以前，立其弟萧宏之子萧正德为嗣子；后来生了萧统，又将萧正德送还。萧正德对不能做长子以继承皇位非常不满），顺利渡过长江，进攻建康。太清三年（549年）三月，侯景军攻破建康的台城，梁武帝被俘，不久被饿死。

侯景之乱对江南的破坏是十分严重的。繁华的建康被烧掠一空。史载："初，城围之日，男女十余万，贯甲者三万"，米40万斛。被围130多天后，死者十之七八，能作战的士兵不满四千人。"至是疾疫且尽，守埤者止二三千人，并悉羸懦。横尸满路，无人埋瘗，臭气熏数里，烂汁满沟洫。"（《南史·贼臣列传·侯景》）在城外，侯景"士卒掠夺民米，及金帛子女，是后来一升至七八万钱，人相食，饿死者十五六"（《资治通鉴》梁太清二年），使富庶的三吴"千里绝烟，人迹罕见，白骨成聚如丘陇焉"（《南史·贼臣列传·侯景》）。

当时，侯景控制着长江下游，长江上游仍为萧衍子孙镇守。梁简文帝大宝二年（551年），萧衍的儿子、荆州刺史萧绎派王僧辩率军东下，联合从广州起兵的陈霸先共同进攻建康。侯景战败，为其部将所杀。次年，萧绎自称帝（梁元帝），因建康残破，定都江陵。为了争夺帝位，梁武帝的子孙分别联合西魏、北齐相互残杀。

公元 554 年，萧衍的孙子、雍州刺史萧詧在西魏的帮助下攻陷江陵，杀萧绎，自立为帝，建立后梁，公元 587 年为隋文帝所灭。江陵被西魏攻下之后，王僧辩和陈霸先在建康立萧绎的儿子萧方智为帝（梁敬帝）。太平二年（557 年）陈霸先废萧方智自立，建立陈朝。

陈朝是南朝最后一个王朝，控制的地区仅限于江陵以东、长江以南的狭小地区。侯景乱梁，萧梁中央政权土崩瓦解之际，江南的地方豪强各据坞壁，起而自卫，"于是村屯坞壁之豪，郡邑岩穴之长，恣陵侮而为暴，资剽掠以为雄"（《陈书·熊昙朗、周迪、留异、陈宝应传》）。陈霸先在夺取政权之初，为了取得他们的支持，不得不笼络这些豪族。这些豪族和梁的残余势力都拥有武装，时常发生战事，政局十分混乱。

到陈宣帝时，北周与陈共同进攻北齐，中分天下。陈军进攻北齐，夺回了淮南地区。但北周很快灭掉了北齐，转而进攻陈军，陈军大败，淮南地区又落入北周手中。陈后主叔宝嗣位后，天天饮酒赋诗，不理政务，极度荒淫奢侈。这时北方的隋朝强大起来。祯明三年（589 年）正月，隋军大举南下，攻入建康，陈后主被俘，陈亡。此后中国进入重新统一时期——隋、唐。杜牧《泊秦淮》写道："烟笼寒水月笼沙，夜泊秦淮近酒家。商女不知亡国恨，隔江犹唱《后庭花》。"诗中《后庭花》即《玉树后庭花》，为后主陈叔宝所作的新歌。

## （二）南朝的士族地主与庶族地主

（1）南朝的地主阶级大体可以分为皇族地主、士族地主和庶族地主三个等级。皇族地主是地主阶级中的最上层，以皇帝为首，是最大的地主，享有政治上、法律上、经济上最高的特权。

士族地主是曹魏九品中正制施行以后逐渐强大起来的门阀地主，他们享有经济、政治的各种特权，主要表现在：

第一，他们是身份性地主，"官有世胄，谱有世官"。士族凭借其门第族望，就能得到某些特定的官职作他们起家的官阶，某些清要的官职也被他们独占。宋、齐政府在法令上规定"甲族以二十登仕，后门（寒门）以过立（三十以上）试吏"（《梁书·高祖纪》），这对于他们非常有利。士族子弟一开始做官，多先为秘书郎和著作佐郎，这两种官职闲廪重，地望清美。在中央的有些官，如黄门侍郎、秘书丞等，只有士族才能充任。

第二，在婚姻关系上，士族内部互相通婚，或者跟皇族通婚，绝不与寒门庶族通婚。例如吴郡顾、陆、朱、张四姓一定自择素对，或者和会稽孔、魏、虞、谢四姓结亲。如果"婚宦失类"，就会受到本阶层人的排挤。东海王源，嫁女与阳富满璋之为儿媳，沈约上书说，王源是士族，满璋之是庶族，"士庶莫辨"，他认为王源玷辱了门户，建议免其官职，并禁锢终身（《昭明文选》卷 40 沈约

《奏弹王源》），可见婚姻上门户限制之严。

第三，士族不与庶族相交或同坐，因为这样就有失身份，不合"士庶天隔"的原则。例如王宏想做士人，宋太祖叫他去拜访士人王球。及至，王球举扇说，他不能在这儿坐。王宏将此事告诉宋太祖，宋太祖说："这事我也没有办法。"又如纪僧真想做士人，宋孝武帝叫他去拜访望族江斅，纪僧真承旨访江斅，登榻坐定，斅便命左右曰："移吾床远客。"纪僧真丧气而退（《南史·江夷传附曾孙斅传》）。

第四，士族享有免役特权，不服兵役、劳役，正如沈约所言，他们是"百役不及，高卧私门"（《通典·乡党》）。

南朝士族的这些特权，是魏晋以来门阀制度进一步发展的结果。而这些特权在当时都在习惯上或被明文规定下来，所以王球说："士庶区别，国之章也。"（《南史·王惠传附王球传》）士族虽然矜尚门第，标榜清高，实际上是纵情声色，腐败透顶。他们终日"熏衣、剃面、傅粉、施朱，驾长檐车，跟高齿屐，坐棋子方褥，凭斑丝隐囊，列器玩于左右，从容出入，望若神仙"（《颜氏家训·勉学篇》）。考试时托人代为作文，宴会时也请人代为赋诗，完全过着寄生虫般的生活。比如建康令王复，听到马叫怕得要死，对人说："正是虎，何故名为马乎？"（《颜氏家训·涉务篇》）当时的士族就是这样一批"肤脆骨柔，不堪行步，体羸气弱，不耐寒暑"的寄生虫。

南朝虽是士族势力极盛时期，但也是盛极而衰的转变时期。这时期庶族地主势力日渐上升，在政治上、经济上都有一定实力，主要表现在以下几个方面：

第一，寒门将帅势力抬头。士族的子弟鄙薄武事，"不乐武位"（《南齐书·文学丘灵鞠传》），而寒门庶族出身的将士军人却以戎旅为进身之阶。荆州、北府成为他们势力的总汇。如刘裕、萧道成、萧衍等，他们都是通过发展军府的势力来取得帝王地位与政权的。此外，南朝的将帅功臣亦多出自寒人。如宋世将帅蒯恩、沈庆之、张兴世和齐世将帅张敬儿、张恭儿、王敬，梁世将帅吕僧珍、冯道根、昌义之等，原来都是寒门，后来做了很大的官，所以南朝军人的势力是庶族凌驾于士族之上的。

第二，南朝的君主为行使军权，多用寒人典掌机要，如通事郎、通事舍人等官吏，多任用寒门庶族。于是寒门出身的戴法兴、阮佃夫、纪僧真、茹法亮、吕文显、施文庆、沈客卿等，相继执掌南朝各代机要，他们的社会地位虽低于士族，但掌握实权，是封建帝王的亲信。正如赵翼《廿二史札记·南朝多以寒人掌机要条》所说，他们"手持天宪，口衔诏命，则人虽寒而权自重，权重则势利尽归之"。

第三，庶族地主尽力设法混入士族中，争取跟士族享受同样的身份特权。庶族混入士族的方式，一是设法和士族联姻，但这并不容易；二是伪造谱牒，冒充士族；三是通过军功取得爵位，转入清途。

第四，地主豪强势力增长。各地的豪强地主是庶族地主中的一个主要力量，他们势力的上升正是庶族地主势力上升的一个标志。

由此可见，庶族地主在南朝已成为一种重要的政治力量，在政治舞台上崭露头角。不过，庶族势力的进一步发展是隋唐以后的事。

士、庶的区别在哪里？他们都是大土地私有者，难以用占有土地的多寡来区分他们，所以不能用大地主和中小地主来区分他们。当然，庶族地主包括中小地主，而且中小地主占多数。士、庶之分的关键在于封建的传统身份性的有无。所以士族之分是门第之别，而庶族占地多于士族。但他们对于人民来说，都是压迫者、剥削者。

（2）南朝大土地所有制进一步发展。南朝时期，江南的土地兼并剧烈，大土地所有制在东吴、东晋的基础上有了进一步的发展。不管是士族地主还是庶族地主，他们不但掠夺了大量的农田，还侵占了大量的山林、川泽、湖泊，形成了一个个庞大的庄园，设置田园别墅。如刘宋时，会稽谢灵运："灵运父祖并葬始宁县，并有故宅及墅，遂移籍会稽，修营别业，傍山带江，尽幽居之美。""灵运因父祖之资，生业甚厚。奴僮既众，义故门生数百，凿山浚湖，功役无已。寻山陟岭，必造幽峻，岩嶂千重，莫不备尽。"（《宋书·谢灵运列传》）又如谢弘微："（谢）弘微、混仍世宰辅，一门两封，田业十余处，僮仆千人。……东乡君（混妻）薨，资财巨万，园宅十余所。"（《宋书·谢弘微列传》）又如吴兴沈庆之："广开田园之业，每指地示人曰：'钱尽在此！'中兴，身享大国，家素富厚，户业累万金，奴僮千计。"（《宋书·沈庆之列传》）又如会稽大族孔灵符："家本丰，产业甚广。又于永兴立墅，周回三十三里，水陆地二百六十五顷，含带二山，又有果园九处。"（《宋书·孔季恭列传附孔灵符传》）

此外，由于南朝佛教盛行，寺院也侵占了大量土地。梁武帝时，寺院"资产丰沃，所在郡县，不可胜言"（《南史·郭祖深传》）。梁国的"王公第宅，僧尼寺塔"，都是"姬妾百室，仆从数千，不耕不织，锦衣玉食。不夺百姓，从何得之？"（《资治通鉴》梁太清二年十一月）南朝寺院占有的土地是大土地私有制的一种。

第一，在大土地所有者的田园别墅中，其经营方式不单是耕地种粮食，而且包含许多不同的生产内容，实行多种经营。谢灵运的《山居赋》把他的庄园描写得很详细：

> 敞南户以对远岭，辟东窗以瞩近田。田连冈而盈畴，岭枕水而通阡。阡陌纵横，塍埒交经。导渠引流，脉散沟并。蔚蔚丰秫，芟芟香秔。送夏蚤秀，迎秋晚成。兼有陵陆，麻麦粟菽，候时觇节，递艺递熟。供粒食与浆

饮，谢工商与衡牧。

　　南山则夹渠二田，周岭三苑，九泉别涧，五谷异巘。群峰参差出其间，连岫复陆成其坂。众流溉灌以环近，诸堤拥抑以接远。

　　春秋有待，朝夕须资。既耕以饭，亦桑贸衣，艺菜当肴，采药救颓。

　　北山二园，南山三苑，百果备列，乍近乍远，罗行布株，迎早候晚。狞蔚溪涧，森疏崖巘。杏坛、柰园、橘林、栗圃。桃李多品，梨枣殊所。枇杷林檎，带谷映渚。椹梅流芬于回峦，椑柿被实于长浦。（《宋书·谢灵运列传》）

　　在这个庄园中，有产香粳的水田，有产麻麦粟菽的陆田，有菜圃，有果园，连药物也出自自家的田园。此外，还有许多竹树花草、鸟兽禽鱼，构成一个自给自足的自然经济单位。

　　第二，在这样的庄园里从事生产劳动的是佃客、部曲、隐户、奴婢等被压迫被剥削阶级。这些都是被夺去土地而贫困破产的农民。

　　佃客——大土地所有制下的主要生产劳动者，他们的名字都附登在地主的户籍上，不能单独立户，与地主有严格的人身依附关系。

　　奴婢——有的从事家内劳动，有的从事农业生产，有"耕当问奴，织当问婢"（《宋书·沈庆之列传》）的记载。

　　部曲——原先是汉代军队编制单位的名称，魏、晋时则指家兵，即私人武装组织。部曲对主人必须效忠，主人可以保护部曲。

　　隐户——隐藏的人户，农民不堪苛捐、杂税、徭役的剥削，因而被迫投靠豪族以求庇护。这些人的户籍被取消了，成为豪族的领民。

　　这些人所受的奴役是非常残酷的，如侯景亡乱时，周迪对其所部，"并分给田畴，督其耕作……征敛必至"（《陈书·周迪传》）。主人对这些被驱使的劳动生产者不放心，还派亲信来监督管理，所以阶级矛盾十分尖锐。

　　第三，占固山泽。刘宋大明初年，朝廷颁布新占山法：第一、二品官可占山泽三顷，以下每两个品级递减50亩，九品及庶族地主可占一顷。"名山大川，往往占固。"（《宋书·孝武帝纪》）

### （三）南朝的阶级斗争与农民起义

　　如上所述，南朝大土地所有制的发展，使大批农民破产沦为佃客、奴婢、部曲、隐户。他们生活极端贫困，"草衣藿食"，被压榨得"肌肉略尽""骨髓俱罄"（《魏书·岛夷萧衍列传》）。因此，他们不断起来反抗和斗争。这是南朝阶级斗争的一个方面。

　　南朝政权对自耕农民的赋役剥削异常严重，有租调、田税、杂税、力役等负担。

南朝农民负担租调时的年龄依照晋代。16岁至60岁为正丁，13岁至15岁、61岁至65岁为次丁。正丁、次丁都得缴纳租税。刘宋政权下令："天下民户，岁输布四匹"（《宋书·孝武帝纪》），一匹是四丈，四匹是160尺，仅户调中的布调，新税比旧税约增加二倍。而旧赋税中的田赋和户调中的绵、绢并未取消。当时实行"计资"征税，地方官为了提高户等，往往扩大计资的范围，民家桑长一尺，田增一亩，屋上加瓦，都要纳税，致使人民不敢种树垦地，房屋破漏也不敢涂泥（《宋书·周郎列传》）。萧齐时期，政府强迫人民把租调中的谷物和布帛折成钱或折纳其他实物，这种折变使人民的负担加重几倍。单租调一项，人民的负担就十分沉重。

南朝的田税是按亩征收的（按东晋制度）。所谓"度田收租"，最初是"始度百姓田，取十分之一，率亩税米三升"（《晋书·食货志》）。由于自耕农民占田不多，政府对他们进行剥削，度田收租不如按户收米有利，因此东晋孝武太元二年（377年），朝廷取消了"度田收租之制，王公以下，口税三斛"。到了太元八年（383年），"又增百姓税米，口五石"（《晋书·食货志》）。南朝沿此制，可见对自耕农民的剥削愈来愈重。

南朝的杂税很多，并且无成文法令，任由封建政府榨取。大抵南朝的杂税有贷给农民的田粮种子税，有浮浪人的乐输，有口钱，有对少数族的征税，有塘丁税，有鱼税，有盐税，有酒税，等等。这些杂税把农民压得透不过气来。

南朝的力役特别苛重。南朝初期役令与晋代相同，但往往将半丁当全丁役使。南朝徭役的项目不胜枚举，筑城、挖壕、修堰、饷运，乃至官府各种杂役，都要役使人民。更惨的是，妇女和小孩都要服役。如刘宋时，"丁男既尽，召妇女亲役"（《宋书·元凶劭列传》）。刘宋末年造成"四野百县，路无男人；耕田载租，皆驱女弱"（《宋书·沈攸之列传》）的悲惨景象。贫苦农民为了逃避徭役，有的斩断手脚，有的不敢婚娶，有的"生子每不敢举"。

沉重的租调、田税、杂役加深了农民的赤贫化。宋、齐时浙东大县山阴（今浙江绍兴市）有人户三万，内有课户二万，其中全部家产不满三千文的占了二分之一（《南宋书·陆慧晓传顾宪之附传》）。当时绢价高涨时每匹值二三千文，米价高涨时每升值数百文，可见一般农民贫困的严重程度。位于长江上游的益州是比较富庶的地区，但也是"百家为村，不过数家有食，穷迫之人，十有八九"（《南史·邓之起列传罗研附传》）。他们长年累月挣扎在死亡线上，遇到天灾人祸，常常逃亡到深山海际，封建统治者称他们为"山贼"或"亡命"。所以，他们一有机会就举行武装起义，反对封建统治的压迫。

下面简单介绍几次规模较大的起义。

宋文帝元嘉九年（432年）秋，在巴蜀爆发了赵广领导的数千人起义，他们先攻下广汉，得到巴西人唐频的响应，统治阶级大为震惊，涪陵、江阳、遂宁诸郡太守都惊惶弃城逃走。起义军达到十余万人，后来进攻成都，最后虽然被官军击退，但赵广、程道养、张寻、唐频等仍在广汉、涪城一带率领起义军继续战斗，直到元嘉十四年（437年）才最后被镇压（《宋书·文帝纪》《资治通鉴·宋纪》）。这次起义是在所谓"元嘉之治"期间爆发的。宋文帝以后，随着统治阶级对农民剥削的加重，农民起义的次数愈加多起来。

齐朝时爆发的唐寓之领导的农民起义是南朝农民起义中规模最大的。

这次起义发生在公元486年，直接原因是反对南齐政府的"检定户籍"。户籍问题一直是东晋、南朝以来严重的问题。东晋、南朝用"土断法"，把不少侨郡、县裁去，但户籍问题并没有因此完全解决。当时有一种"黄籍"，是政府掌握的基本户口簿，上面详细注明编户祖上的爵位，是政府征收赋税、徭役的根据。但是南齐时，黄籍制度很紊乱：有的人偷注爵位，把自己改成"百役不及"的"世族"；有的人户虽存，但黄籍已销；有的人还在，但黄籍上都注"死亡"；有的人明明在家，却写着外出隶役；等等，名目繁多，不一而足。为了扩大政府的财政收入，南齐政府专门设置了校籍官，全面检定"黄籍"。而在清理户籍过程中，发现作假的户籍，称为"却籍"。"却籍"的农户要全家补兵，罚充远役。一些官吏借检定户籍贪污作弊，趁机向人民敲诈勒索，发财致富。有钱的人"应却而不却"，没有钱的人"不须却而却"。结果，大受其害的仍然是广大人民。公元486年，被却籍的农户终于在唐寓之的领导下举行起义。

唐寓之是富阳（今浙江富阳）人，他利用会稽太守王敬则去"朝正（正月朝拜皇帝）"的机会举兵起义。起义军首先攻下富阳，"三吴却籍者奔之，众至三万"。接着攻破桐庐（今浙江桐庐），进占钱塘、盐官、诸暨、余杭等地。唐寓之攻下钱唐之后便称帝，设置百官，建立了吴政权，并分别派遣起义军攻打东阳郡、会稽郡，杀死东阳太守萧崇之。后来齐武帝派禁卫军骑兵前往镇压，经过激战，唐寓之被俘壮烈牺牲。其后各县的起义军亦陆续被镇压下去（《南史·虞玩之列传》《南史·茹法亮列传》《资治通鉴》齐武帝永明三年至四年）。

这次起义虽然失败了，但人民反对检籍的斗争没有终止。公元490年，萧齐政权被迫取消检籍，宣布"却籍无效"。这是唐寓之起义的成果之一。

齐朝末年，在益州连续爆发了6次农民起义。这些起义虽然规模不大，而且最后被镇压下去，但齐朝政府在起义军的连续打击下也濒于灭亡。

梁朝的赋税和徭役更加繁重，也激发了多次农民武装反抗。如公元505年，在益州爆发了焦僧护领导的数万人的起义；公元510年，在宣城（今安徽宣城一带）爆发了吴承伯领导的起义；公元542年，在安成郡（今江西安福一带）有刘敬躬领导的起义；公元544年，在巴山郡（今江西崇仁西南）有王勤宗领导的起义和广州卢子略领导的起义。

南朝的农民革命斗争，从所谓"元嘉之治"开始到陈朝灭亡止，此伏彼起，连绵不断，遍布全境。它像滚滚洪流，猛烈地冲击着士族门阀集团的反动统治，进一步削弱了士族门阀集团的势力，使南朝封建王朝不断更替。最后一个陈朝仅控制江陵以东、长江以南的狭小地区，很快就被隋灭掉，中国重新进入一个统一的局面。

关于唐寓之领导的武装斗争的性质，有两种意见：

第一，唐寓之领导的是不愿附籍的北来侨民的起义，是对南齐政权用高压手段强行整理户籍以加重剥削的反抗。（何兹全、王仲荦）

第二，唐寓之起兵是由庶族地主发起并领导的，又是以庶族地主为基本力量的一次事变，反映了封建国家和庶族地主在经济利益上分配与再分配的争夺。（施光明）

### （四）江南地区经济的发展

#### 1. 农业

南朝时有大批北方劳动人民南迁。根据记载，北方南来的人共有 70 多万，其中著籍在今江苏的有 26 万，安徽有 17 万，四川及陕南有 15 万，湖北有 6 万，江西、湖南各 1 万，还有交广一带的大量依附客户未计算在内。原来在南方居住的各族人民纷纷下山，与汉族人民的经济联系日益加强。山越、蛮族、俚人、僚人、彝人等都纷纷下山，和南方人民共同改进了生产工具和技术，江南的生产力有了显著的提高，因此农业得到明显的发展，主要表现在以下几方面。

第一，兴修水利。

东晋张闿为晋陵内史时，在曲阿（今江苏丹阳）修建新丰塘，"溉田八百余顷，每岁丰稔"（《晋书·张闿列传》）。孔愉为会稽内史时，"句章县有汉时旧陂，毁废数百年，愉自巡，修复故堰，溉田二百余顷，皆成良业"（《晋书·孔愉列传》）。

南朝各代继续兴修一些水利工程。如寿阳（今安徽寿县南）的芍陂，宋齐梁各代均曾进行修复，以便屯田。刘宋时张劭在襄阳，"筑长围，修立堤堰，开田数千顷，郡人赖之富赡"（《宋书·张劭传》）。刘秀之为襄阳令（今河南邓县），也修治了六门堰，可溉"良田数千顷"（《宋书·刘秀之传》）。沈亮为南阳太守，修治了旧有的石堨，以事灌溉，"又修治马人陂，民获其利"（《宋书·自序》）。齐时刘怀慰为齐郡太守，"垦废田二百顷，决沈湖灌溉"（《南齐书·刘怀慰传》）。梁时夏侯夔为豫州刺史，"于苍陵（今安徽寿县西）立堰，溉田千余顷，岁收谷百余万石"（《梁书·夏侯亶传附弟夔传》）。

除修筑渠、堰、陂、塘之外，南朝政府还设置了吐纳水流的水门（即斗门），在调节水量、防止旱涝方面发挥了重要作用。

水利的兴修，为农业的发展提供了有利条件。

第二，垦辟荒地和改进生产技术。

由于农业生产发展不平衡，有些地方还是荒地，南朝政府做了一些移民垦种的工作，如宋元嘉时，移民数千家耕垦京口一带的荒地。对建康附近的荒地，也进行了垦辟工作，如元嘉二十二年（445年），"起湖熟废田千顷"（《宋书·文帝纪》）。

在生产技术上，从"遏长川以为陂，燔茂草以为田"（陆云：《答车茂安书》）的火耕水耨原始耕作方法，发展到用粪来做肥料（《南史·到彦之传曾孙溉附传》），并使用精耕细作的区种法。

第三，农作物品种的增加和推广。

根据刘宋时周朗上书："田非胶水，皆播麦菽；地堪滋养，悉艺纴麻；荫苍缘藩，必树桑柘；列庭接宇，唯植竹栗"（《宋书·周朗传》）和谢灵运的《山居赋》，可知当时的粮食作物有稻、香粳（粳稻的一种）、麻、麦、粟（小米）、菽（豆）等。前两种本是江南水田作物，后几种适宜于中原旱地，这时在南方也推广了。

果木园艺的品种也增加了。左思《三都赋·吴都赋》："其果则丹橘余甘，荔枝之林，槟榔无柯，椰叶无阴，龙眼橄榄，椑榴御霜。"（《昭明文选》卷五）谢灵运《山居赋》中所说的果实："杏坛、榛园、橘林、栗圃。桃李多品，梨枣殊所。枇杷林檎，带谷映渚。椹梅流芬于回峦，樿柿被实于长浦。"（《宋书·谢灵运列传》）不少北方的果木也被移植到南方了。

谢灵运《山居赋》中还提到许多蔬菜："畦町所艺，含蕊藉芳，蓼蕺葼荼，葑菲苏姜，绿葵眷节以怀露，白薤感时而负霜。寒葱摽倩以陵阴，春藿吐苕以近阳。"（《宋书·谢灵运列传》）

第四，农产品产量特别是稻谷产量增加。

根据记载，岭南一带，稻米一年两熟，"名白田，种白谷，七月火作，十月登熟；名赤田，种赤谷，十二月作，四月登熟；所谓两熟之稻也"（《水经注》卷36《温水注》）。当时谷物的亩产量有多少呢？缺乏统计数字。但《梁书·夏侯夔传》载夏侯夔于豫州立堰，"溉田千余顷，岁收谷百余万石"，每亩约收谷十石，相当于今天的三石多。这应该说是很高的产量了。

原来较落后的江南，经过南朝人民的长期辛勤劳动，变成了全国最富庶的地区。如《宋书·孔季恭等传论》所说："江南之为国盛矣！……地广野丰，民勤本业，一岁或稔，则数郡忘饥。会土（会稽）带海傍湖，良畴亦数十万顷，膏腴上地，亩直一金，鄠（今陕西西安市鄠邑区）杜（今陕西西安南）之间不能比也。"

### 2. 手工业

南朝的手工业有官府的和民间的两种。官府的在中央由少府管理，少府下设许多机构，管理各种手工业。地方政府也有掌管手工业的机构，如州一级设有作部。

在官府手工业中，直接生产者是工匠，工匠的来源有世代为工匠的，有招募来的，有因犯罪而罚充工匠的，还有许多徒和奴婢。

当时的民间手工业是作为农家的副业而存在，自耕农民过着男耕女织的生活，所以颜之推说："生民之本，要当稼穑而食，桑麻以衣。"（《颜氏家训·治家篇》）

（1）纺织业：丝织业有所发展。如江州的豫章郡，"蚕四五熟，勤于纺绩，亦有夜浣纱而旦成布者，俗呼为鸡鸣布"（《隋书·地理志下》）。而荆州和扬州，"丝绵布帛之饶，复衣天下"（《宋书》卷54《传论》），荆、扬两州是江南丝织品最多的产地。南方向来产麻，南朝时麻布的产量有所增加。宋初一匹麻布只值一百多钱了。麻布价格降落的原因有很多，而产量的增加，不能不说是一个重要原因。

（2）冶铁业：冶铁作坊分布广，丹阳郡的永世县（今江苏溧阳）的铁岘山，剡县（今浙江山乘县）的三白山和江夏（今湖北武昌）的冶唐山，都出产丰富的铁矿，且设有冶铁作坊。益州（今四川）的冶铁作坊很多，宋刘道济为益州刺史时，"府又立冶，一断私民鼓铸，而贵卖铁器"（《宋书·刘粹列传附刘道济传》），说明四川民间的鼓铸颇多。冶铁技术也有改进，普遍利用水力鼓风。当时炼钢的技术有很大的提高，据《太平御览》记载，钢的种类有"钢朴""横法刚""百炼刚"（刚即钢）等（《太平御览》卷665《通部》七，《剑解》引陶隐居言）。所谓百炼钢，大抵是由生铁炼成熟铁，再由熟铁炼成钢。

（3）盐业：南朝的煮盐业也很发达。南兖州的盐城县（今江苏盐城），有"盐亭一百二十三所，县人以鱼盐为业，略不耕种，擅利巨海，用致饶沃。公私商运，充实四远，舳舻往来，恒以千计"（《太平寰宇记》卷124引《南兖州记》）。吴郡的海盐县（今浙江海盐），"海滨广斥，盐田相望"（《初学记》卷八《江南道》）。除海盐外，益州的井盐和岩盐也很出名（《水经注》卷23《江水注》）。

（4）造纸术：自东晋以来，人们又发明了用藤造纸的方法，剡溪一带（今浙江曹娥江上游）和余杭县由拳村（今浙江杭州市余杭区南）都以生产藤纸著名。造纸技术也大为提高，不但纸质精细，还能制造各种颜色的纸。梁萧詧《咏纸》诗说："皎白犹霜雪，方正若布棋；宣情且记事，宁同鱼网时！"又江洪《为傅建康咏红笺》诗说："杂彩何足奇，惟红偏作可，灼灼类蘽开，轻明似霞破，镂质卷芳脂，裁花成百和。……"（《全梁诗》卷三、卷十二）由于造纸业的发达，南朝时纸完全代替了简。

（5）瓷器制造业：南朝的瓷器多属青瓷系统。六朝墓葬青瓷甚多，少则一二件，多则十几件，器形有罐、筒、壶、钵、盂、碗、盘、灯、熏炉、洗等，应有尽有。在釉色方面，东晋以前多为茶绿色釉。"东晋以来，青釉瓷上常加上酱色釉彩斑，晕入釉汁，鲜润绚丽。""其中玻璃釉的一种，嫩绿微黄，晶莹明澈。"（王志敏：《近年来江苏省出土文物》，《文物》1959 年第 4 期，第 20 页）

（6）造船业：南方的造船业发达很早，到南朝时有进一步发展。刘宋时的荆州作部，能造"战舰数百千艘"（《南史·沈庆之列传附沈攸之传》）。南朝民间的造船业也很发达，我们从隋文帝平陈后下的一道命令可知。命令说："吴越之人，往承弊俗，所在之处，私造大船，因相聚结，致有侵害。其江南诸州，人间有船长三丈以上，悉括入官。"（《隋书·高祖纪下》）隋文帝下令没收民间大船，足见南朝时民间造船之多。这时船的载重量，大的达到万斛以至二万斛，所以颜之推说："昔在江南，不信有千人毡帐；及来问北，不信有二万斛船；皆实验也。"（《颜氏家训·归心篇》）

此外，漆器制造业、制茶业等都很普遍。

### 3. 商业

随着农业、手工业的发展，商业也发展起来。由于商业的发展，出现了许多繁华的都市，如建康、江陵、广州，等等。

建康是六朝的都城，是南朝的政治、经济、文化中心。《金陵记》说："梁都之时，户二十八万……南北各四十里。"（《资治通鉴》卷 162，梁太清三年胡注所引）足见建康城市之大。城中有四市，据《通典·识货典·杂税条》说，秦淮河北有大市，其余小市十余处。市场商业繁荣，"贡使商旅，方舟万计"（《宋书·五行志》）。《隋书·地理志》说：建康"市廛列肆，埒于二京（指长安、洛阳）"，城东、城西设置方山津和石头津，就是为了检查行旅和向往来商贾征收商税。建康是南朝最大的商业城市。

江陵（荆州州治，今湖北江陵）是建康以外的大城市，史称"江左大镇，莫过荆、扬"（《南齐书·州郡志下》），"荆州物产，雍、嶍、交、梁之会。……良皮美罽，商略所聚"（《南齐书·张敬儿传》），与西南成都有密切的联系，有许多资货数百万的大商人到此经商，著名的川马、蜀锦是这里的主要商品。

南朝的大城市比较集中于长江、钱塘江下游的三角洲地带，当时的京口（今江苏镇江市）、广陵、毗陵、吴郡、会稽、余杭、东阳等地都相当繁荣。

广州是南朝南境最大的城市，是南朝海外贸易的中心。《南齐书·州郡志上》说："广州镇南海，滨际海隅，委输交部，……卷握之资，富兼十世。"由于广州商业繁盛，"南土沃实，在任者常致巨富，世云'广州刺史但经城门一过，便得三千万'也"（《南齐史·王琨列传》）。从这里输出以丝绸为大宗，输入以明珠、翠羽、犀象、香料等物为主。

南朝与南洋诸国的海外贸易尤为发达。《梁书·海南诸国传序》云："海南诸国，……及宋、齐至者有十余国，……自梁革运，……航海岁至，逾于前代矣。"南朝与印度支那半岛上的林邑（今越南中部）、扶南（今柬埔寨），今印度尼西亚境内的诃罗陁国、师子国（今锡兰）、天竺（今印度）等地都有通商往来。甚至海上航路由印度而西，达到波斯和东罗马一带。

南朝以谷物布帛为货币进行交易的事情还是常见的。但随着商业的日益发展，货币亦随之增加。由于南朝政治腐败，虽曾多次铸钱，有铸四铢钱，有铸五铢钱，有官铸，有私铸，但钱币的质量都很差。如宋朝末年，有所谓"鹅眼钱"，既小且薄，"一千钱长不盈三寸"；又有所谓"綖镮钱"，孔大边窄，"入水不沉，随手破碎，市井不复料数，十万钱不盈一掬"（《宋书·颜竣传》）。

总的来说，南朝的商业比北朝活跃一些。但在自然经济的统治下，商品经济的发展是不平衡的，虽然有相当繁荣的城市，但广大地区的交换经济依然是不发达的，所以在整个社会经济中，商品经济不起重要作用。

## 二、 北朝的政治、 经济和各民族人民的大融合 （公元439—581年）

公元439年，鲜卑拓跋氏建立的北魏消灭了黄河流域的大小割据国家，统一了北方，结束了十六国时期。公元534年，北魏分裂为东魏和西魏，最后东魏为北齐所代替，西魏为北周所代替。因为它们都在北方，所以叫作北朝。这是相对南朝而言的。

### （一） 北魏统一北方及北魏政权的发展

#### 1. 北魏统一北方

拓跋氏是鲜卑族的一支，原住在今嫩江流域、兴安岭附近。三国时期，拓跋氏还处于原始公社后期。西晋末年，拓跋部在猗卢的率领下，进居平城（今山西大同）一带。公元314年，猗卢因协助西晋出击刘聪有功，被晋封为代王，开始建立代国。十六国时期，代国为前秦苻坚所灭。在淝水之战后，前秦衰亡，猗卢的九世孙拓跋珪乘机于公元386年重新建立政权，国号为魏，史称北魏。公元399年他正式称帝，定都平城，号为魏道武帝。

拓跋珪是一个有作为的皇帝。建国后，他在政治、军事和经济上都进行了一系列改革，使北魏成为北方最强大的国家，并积极重视统一北方的战争。但拓跋珪没有完成北方的统一，于公元409年死去了。他的儿子拓跋嗣继位，即魏明元帝。拓跋嗣死后，其子拓跋焘继位，称太武帝。拓跋焘依靠魏的强大经济力量和军事力量，继续进行统一北方的战争。最后他于公元439年完成了统一北方的事业，为我国北方经济的发展和各民族的进一步融合提供了有利的条件。

### 2．魏孝文帝的改革

北魏统一北方之后，为了稳固对人口众多的汉族人民的统治，开始联合汉族地主阶级，让汉族的士族地主参加统治集团，建立了拓跋贵族与汉族地主联合统治的政权。

在北魏统治下的各族人民，担负着非常繁重的赋税和徭役。这不断激起各族人民反对北魏的压迫的斗争，例如公元445年，卢水胡人盖吴领导群众在杏城（今陕西黄陵）进行武装起义；公元446年，边冏、梁会在上邽（今甘肃天水）领导各族人民数千人起义。到魏孝文帝拓跋宏继位时，北魏社会上各方面的矛盾日益尖锐。公元471年，青州高阳民封辩起义，自号齐王，聚众千余人。第二年，光州人孙宴等也聚众千余人起义。公元477年，秦州略阳民王元寿起义，聚众达5000余家，自称冲天王。这些起义冲击了北魏的封建统治。为了缓和阶级矛盾和民族矛盾，也为了调整统治阶级内部矛盾，巩固自己的统治，魏孝文帝进行了一系列改革。

第一，实行俸禄制，严惩贪赃枉法的官吏。

魏孝文帝以前，官吏都不给俸禄，任他们贪污和掠夺。史书记载，"魏百官不给禄，少能以廉白自立者"，"唯取给于民"。公元484年，孝文帝实行"班百官之禄，以品第各有差"，对官吏实行俸禄制度，规定"户增帛三匹，粟二石九斗，以为官司之禄"。同时制定法律，严惩官吏贪污，"赃满一匹者死"。实行俸禄制，增加了人民的赋税，但比以前放任官吏恣意贪污、掠夺来说，对人民是有利的。

第二，实行均田制和三长制。

实行均田制的原因有以下几点：

（1）自东汉以来，大土地所有制一直在发展。大土地所有者占有土地的荫户的发展，必然使政府失去大量的劳动人手，失去大量国家直接掌握的纳税户，进而使租课收入锐减。到北魏时，豪强趁荒乱的机会，肆意侵夺，而失去土地的农民只有沦为地主的荫户，使得替国家负担租课的编户越来越少。

（2）北魏初期实行"计口受田"的办法，目的是把人民束缚在土地上。但由于搞得不好，很多人民从土地上游离出来。到拓跋焘时已经是"京师游食者众"（《魏书·高元传》）。不但京师的流浪游食人口多，而且地方州郡的流民也不少。在《魏书》帝纪中可以看到成千上万的流民群，因而拓跋焘于太延年间曾下诏："自今以后，亡匿避难，羁旅他乡，皆当归还旧居，不问前罪。"（《魏书·世祖纪上》）这些游离在土地之外的人口便不是国家的编户，政府的收入为此大为减少。

（3）北魏政府要想保证剥削收入，就必须设法将大量浮游人口和荫户掌握在自己手中，这就必须给予他们生产资料即土地。这样，必须有一个前提，即国家必须掌握大量的土地。而当时北魏政府正掌握了大量的无主荒地。自"晋末天下大乱，生民道尽，或死于干戈，或毙于饥馑，其幸而自存者，盖十五焉"（《魏书·食货志》）。大批人民流散或死亡，造成了"中原萧条，千里无烟"的情况，所以无主荒地有很多。到李安世建议均田时，还指出百姓因灾荒流散，"庐井荒毁"，归后又因地被人夺，争讼不决，造成"良畴委而不开，柔桑枯而不采"的情况。另外，还有配流者和户绝者的土地。均田令中明确规定："诸远流配谪无子孙及户绝者，墟宅桑榆，尽为公田，以供授受。"（《魏书·食货志》）因此，北魏政府就依靠这种大量的无主荒地和配流、户绝者的土地来进行均田。元朝的马端临也说："则似所种者皆荒闲无主之田，必诸远流配谪无子孙及户绝者，墟宅桑榆，尽为公田，以供授受。则固非尽夺富者之田，以予贫人也。"（《文献通考·田赋二》）

（4）有了实行均田制的必要性和可能性，还必须有一定的实践经验，才能使均田制变为现实。原先拓跋珪在平城一带曾实行"计口授田"，它是一种将公家的土地分给农民，使农民能占有土地和有使用权的一种方法。这可以说是均田制的来源。同时，北魏政府以西晋的占田制作为范例，占田制的内容为均田制提供了依据。

上述这些条件，终于促使均田制产生。孝文帝太和九年（485 年），北魏政府颁布了均田令。均田制的内容包括：

（1）男夫受田——15 岁以上受田，所受的田有两种：一种是露田（耕田，不栽树的田），受 40 亩，另有倍田（耕休一年的田地）40 亩，合计 80 亩。本人年老不能耕种或死亡时，露田要归还政府。另一种是桑田，受 20 亩。在桑田内至少必须种桑树 50 株，枣树 5 株，榆树 3 株。这种桑田永远属于本人，身死传给子孙。在宜于种麻的地区，另给麻田 40 亩，死后归还。

（2）妇人受田——受露田 20 亩，倍田 20 亩，无桑田。露田在老免或身死时归还政府。在宜于种麻的地区，另给麻田 5 亩，死后归还。

（3）女婢受田——奴婢受田的办法和上述男夫、妇人一样，但在出卖后就还田。

（4）牛受田——牛一头受露田 30 亩，倍田 30 亩。每户受田的牛限四头。牛出卖后就还田。

（5）地方官吏受田——在任职的地方受田，刺史 15 顷，太守 10 顷，治中、别驾各 8 顷，县令、郡丞各 6 顷。如调职或免官，就将田移交下任官吏，不得私自出卖。

（6）在人多地少的地方（狭乡），居民可以向空荒处迁移；在地多人少的地方（宽乡），居民不能随便迁移（《魏书·食货志》）。

均田制的实质就是国家把农民束缚于土地上，以榨取更多的租税。从性质来说，基本上是一种封建国家土地所有制，除桑田外，一般的耕地都属于国家所有，私人只有使用权而无所有权。这种制度，对官吏地主来说，由于奴婢和牛都可受田，而且对受田奴婢的数目不限，地方官吏受田有特殊的优待，租调又比一般农民轻得多，因此并不损害原来地主的利益；对农民来说，一夫一妇所耕种的田地是60亩，当时每亩可收五六石，共收30石左右，所交纳的田租是二石，大约是十五税一。这多少提高了农民的生产积极性。所以，在当时的条件下，均田制还是可以实行的。当然，在实行均田制的同时，大地主土地所有制还是存在的。

均田制在当时具有一定的作用：

首先，均田制对抑制豪强侵夺民田起到一定的作用。当时确有一些官吏豪强因侵夺田地而被削除官爵的。例如杨播任华州（陕西华阳县）刺史时，因"借民田，为御史王基所劾，削除官爵"（《魏书·杨播传》）。又元善见时，司州别驾穆子琳，"以占夺民田，免官爵"（《魏书·穆崇传附穆子琳传》）。这些侵夺民田者受到处分，正是由于均田制施行，侵夺者违反了均田令，因此才会受到挫抑。当然，这种作用是极其有限的。因为在实行均田制的同时，存在着大地主土地所有制，他们还是可以侵占田产的。例如崔暹任豫州刺史时，"遣子析户，分隶三县，广占田宅，藏匿官奴，障吝陂苇，侵盗公私"（《北史·崔暹传》）。李世哲任相州刺史时，"斥逐细人，迁徙佛寺，逼买其地，广兴第宅，百姓患之"（《魏书·李崇传附子世哲传》）。

其次，均田制实行后，各族人民把大量的荒地垦耕为良田，恢复和发展了农业生产。所以人民的生活稍为安定，社会经济也逐渐繁荣起来。故史书上说元宏、元恪之际，"四方无事，国富民康"（《魏书·任城王云传附孙顺传》）；又说"当时百姓殷阜，年登俗乐，鳏寡不闻犬豕之食，茕独不见牛马之衣"（《洛阳伽蓝记》卷四）。由于社会安定，人口也逐渐增加。据《魏书·地形志》载，明帝元诩正光（520—524年）以前（均田制推行30年后），北魏统治地区人口已有500余万户、3000余万口，比西晋统一全中国之后的户口还多出一倍有余。

最后，由于实行均田制，北魏政府直接控制了大多数农民，增加了租调收入，充实了国库，"于时国家殷富，库藏盈溢，钱绢露积于廊者，不可较数"（《洛阳伽蓝记》卷四），便利了徭役、兵役的征发，增强了政治、经济力量，巩固了政府的统治。

由于均田制有这些作用，因此为历代（北魏、北齐、北周、隋、唐）统治阶级所采用。说到底，均田制就是政府用官府所有的田地来奴役人民的工具。正如恩格斯所说："在生产自发地发展起来的一切社会中，……不是生产者支配生产资料，而是生产资料支配生产者。在这样的社会中，每一种新的生产杠杆都必然地转变为生产资料奴役生产者的新手段。"（《反杜林论》，《马克思恩格斯选集》第三卷，第330页）

均田制是按户口来分配土地的，所以政府在实行均田制的同时，还实行了三长制。根据李冲的建议，五家为一邻，五邻为一里，五里为一党，各立一长。所谓"三长"，就是邻长、里长、党长（《魏书·食货志》）。"三长"的职责是检查户口、审定户籍，以便于分配土地和征发徭役、兵役。三长制和均田制是相辅相成的两种制度。

在实行均田制时期的租调情况，据《魏书·食货志》记载，大体如下：一夫一户每年向政府交纳粟二石、帛一匹。凡年 15 岁以上而未结婚的四口、从事生产的奴婢八口、耕牛 20 头，都需交纳与一夫一妇相同的租调。

### 3. 迁都洛阳

为了加强对中原地区的统治，接受汉族文化，消除鲜卑族与汉族间的隔阂，进一步拉拢汉族地主士大夫，巩固北魏的统治，孝文帝于太和十七年（493 年）把都城从位置偏北的平城（大同）迁到中原的洛阳。

迁都问题在朝廷中引起巨大的震动，许多鲜卑贵族、官吏都反对迁都。孝文帝又宣布要大举南伐，遭到以任城王拓跋澄为首的贵族、官吏的反对。孝文帝在一次退朝时单独留下拓跋澄，对他说明迁都的重要性，并告诉他，南伐是假，目的是率领众人迁都中原。拓跋澄醒悟过来，旋即全力拥护孝文帝"南伐"迁都计划。公元 493 年，孝文帝发兵 20 万，号称 30 万，开始"南伐"。大军到达洛阳后，孝文帝仍然"戎服执鞭，御马而出"，表示要继续"南伐"。群臣都跪在马前叩头，请求不要再南进。这时，孝文帝乘机说："若不南銮（南征），即当移都于此。"并下命令说，愿意迁都的站在右边，不愿意的站在左边。所有随军贵族、官吏都纷纷站到右边，高呼万岁。于是，孝文帝便乘势定都洛阳。

洛阳是当时中原地区政治、经济、文化中心，迁都洛阳对北魏和拓跋族的发展都具有很大的意义。

### 4. 采用汉化政策

鲜卑拓跋部在进入中原前处于原始社会末期阶段。后来他们在战争中，由于军事上的胜利，有向奴隶制发展的趋势。但是，他们所战胜的对手是封建文化程度很高的汉族，并且人数众多的汉族是北魏政府的主要剥削对象，能否巩固对汉族人民的统治，是北魏政权的中心问题。在当时的情况下，他们认为必须消除鲜卑族与汉族之间的隔阂和矛盾，走封建制的道路，才能避免汉族人民的反感和反抗，巩固和扩大他们的统治。所以，在迁都洛阳之后，孝文帝在两三年之内推行了一系列汉化政策，大抵有如下几项：

（1）改变在洛阳的鲜卑人的籍贯——凡迁到洛阳居住的鲜卑人，都算是洛阳人，死了之后就葬在洛阳，不许还葬代北故土。

（2）禁鲜卑服，一律改穿汉族服装。鲜卑族旧俗编发左衽。孝文帝为了改变服装，派人经过六年的不断研究，才制定出官吏的冠服。对妇女的服饰也做了规定，大都模仿南朝。孝文帝本人对禁鲜卑服很关注，太和二十三年（499 年），他自邺城返至洛阳，见妇女之服仍为夹领小袖，就责备留守京都的官员，认为禁止鲜卑服不彻底。

（3）禁鲜卑语，一律改说汉语。孝文帝对群臣说：“今欲断诸北语，一从正音（汉语）。年三十以上，容或不可卒革。三十以下，见在朝廷之人，语音不听仍旧。若有故为，当降爵黜官。所宜深戒。”（《北史·魏咸阳王禧传》）太和十九年（495 年）六月下诏：“不得以北俗之语言于朝廷，若有违者，免所居官。”（《魏书·高祖纪》）

（4）改鲜卑复姓为汉族的单姓。把皇族拓跋氏改为元氏。此外，北魏皇族九氏以及所统辖的部落的 118 氏皆改为汉姓（单姓）。如改达奚氏为奚氏，乙旃氏为叔孙氏，丘穆陵氏为穆氏，步六孤氏为陆氏，贺赖氏为贺氏，独孤氏为刘氏，贺楼氏为楼氏，勿忸于氏为于氏，尉迟氏为尉氏，等等。

（5）提倡鲜卑人按门第与汉人通婚。孝文帝先纳汉族大姓卢、崔、郑、王、李之女以充后宫，又让他的五个弟弟娶汉族大姓之女为妃，其他鲜卑人都可按同等门第与汉族人结婚。

（6）建立门阀制度。按政治地位规定门第等级，除皇族元氏外，鲜卑贵族以穆、陆、贺、刘、楼、于、嵇、尉八姓为最高；汉族士族以范阳卢氏、清河崔氏、荥阳郑氏、太原王氏四姓为最高。在这以下又分为若干等级，按门第等级来定官职的高低。所以汉族大地主崔僧源说：“分氏定族，料甲乙之科；班官命爵，清九流之贯。礼俗之叙，粲然复兴；河洛之间，重隆周道。”（《魏书·崔玄伯传》）采用门阀制度是符合汉族大地主的利益的。

（7）废除鲜卑族的旧政治制度，如官制、法律、礼仪、典章等，一律实行汉族的制度。

孝文帝的这些改革并不是一帆风顺的，也遭到部分守旧鲜卑贵族的阻挠和反对。他们策动太子拓跋恂阴谋发动叛乱。结果孝文帝将太子囚禁，废为平民，不久用药酒将他毒死。部分守旧贵族还在平城多次阴谋起兵，自立一国，也都被孝文帝严厉镇压下去了。此后，各项改革逐渐地推行下去。这些改革措施：①缓和了阶级矛盾；②使当时北方各少数民族共同进入了封建社会，促进了各民族的融合；③使北方的社会经济逐渐恢复和发展。所以，孝文帝是中国历史上一个杰出的帝王。

恩格斯在谈到比较野蛮的民族征服比较文明的民族时说：“在长时期的征服中，比较野蛮的征服者，在绝大多数情况下，都不得不适应征服后存在的比较高的‘经济情况’；他们为被征服者所同化，而且大部分甚至还不得不采用被征服者的语言。”（恩格斯：《反杜林论》）鲜卑拓跋部就是这样一种情况，在征服汉族的过程中，逐渐融于汉族之中，鲜卑成为历史上的名词。

### 附1：对北魏孝文帝时期的改革的评价

这一问题的分歧意见主要集中在以下三个方面。

1. 改革前的状况

一种意见认为，在北魏文明冯太后执政前，拓跋统治集团基本上还是一个文化落后的职业性掳掠集团，北魏帝国也仍然是一个主要依靠武力维持的军事帝国，仍沿袭百官无禄的颁赐制度，在政权建设、经济政策方面也未健全起来，多采取一些局部的临时措施。（薛登）

另一种意见认为，在拓跋焘统治时期，基本上完成了鲜卑拓跋氏与汉人的融合，是北魏统治汉化的重要阶段。北魏政权已逐步适应了对先进地区的统治，缓和了民族矛盾，为孝文帝的改革创造了有利条件。（漆泽邦）

2. 改革的效果

学界一般对均田、三长、班禄等制度的效果评价都较高，但对迁都，改服制、语言等则有较大争议。

一种意见认为，应将改革分为两个阶段，以太和十四年（490年）为界限，前期由冯太后主持，后期由孝文帝主持。孝文帝所做的改革不是为了解决胡汉矛盾，而是要用儒家的礼教去代替一切，不考虑国计民生，极少采取发展经济的措施。孝文帝所进行的迁都和改革，导致了拓跋贵族的分裂，激化了内部阶级矛盾，加速了北魏国家和拓跋民族的衰亡。（陈汉玉、蒋福亚）

另一种意见认为，孝文帝自太和五年（481年）参政，在立三长、行均田等时皆参与决策，而且他的改革成员亦为冯太后的原班人马，后期政策是前期的继续和发展。虽然后期经济措施较少，但整顿吏治、议定律令是经济政策推行得好的保证。迁都与汉化是为了缓和民族矛盾，促进了融合。定姓族是对已发生变化的门阀制度的调整，不能算功，但也不能算过。总之，改革促进了社会的全面发展。（冯君实）

3. 对孝文帝的评价

一种意见认为，孝文帝统治的29年，尤其是他亲政后的9年，是北魏一代改革最频繁、最富有成效的一个历史阶段。孝文帝是鲜卑族最杰出的政治家，也是中国民族史上有远见、有才干、有作为的好皇帝。（马德真）

另一种意见认为，孝文帝所主持的改革的积极作用远不及消极作用，他没有一点民族自豪感，抛弃了本民族的长处，热衷于学习汉文化的糟粕。他在北魏国家和拓跋民族发展史的关键时刻，不自觉地站在腐朽势力的一边，起了促退作用。他的文治路线是一条加速北魏国家和拓跋民族衰亡的路线，应对其在历史上的作用进行重新评价。（陈汉玉：《也谈北魏孝文帝的改革》，《中国史研究》1982年第4期）

**附 2：北魏末年各族人民大起义及北魏统治的分裂。**

1. 北魏统治阶级的腐败及其对各族人民的压榨

魏孝文帝之后，北魏政治趋于腐败。特别是宣武帝（字恪）死后，其子诩（孝明帝）即位，年仅 7 岁，母胡太后临朝。公元 520 年，胡太后妹夫宗室元叉与宦官刘腾共幽禁胡太后于北宫，叉、腾共执朝政，政治至此大坏。《洛阳伽蓝记·城西》称："于是帝族王侯、外戚公主，擅山海之富，居川林之饶，争修园宅，互相竞夸。崇门丰室，洞户连房，飞馆生风，重楼起雾，高台芳榭，家家而筑，花林曲池，园园而有。莫不桃李夏绿，竹柏冬青。"他们的生活奢侈糜烂。如咸阳王元禧"姬妾数十"，"奴婢千数"；高阳王元雍"僮仆六千，妓女五百"，一顿饭要花费数万钱；河间王元琛派人到波斯购得名马，用银做马槽，用金做马的锁环，以显示豪富。为了满足他们腐化的生活，除了在经济上"田业盐铁，遍于远近，臣吏僮仆，相继经营"（《魏书·咸阳王熙传》）之外，在政治上他们还卖官鬻爵，贪污纳贿。如元晖为吏部尚书，"纳货用官，皆有定价，大郡二千匹，次郡一千匹，下郡五百匹"（《北史·魏常山王遵传曾孙晖附传》），其余官职，各按差等定价。当时称吏部为卖官市场——市曹，称这些官吏为白昼大劫（《北史·魏汝阴王天赐传》）。地方官吏，如刺史、太守，更是"聚敛无极"。当时户调绢每匹规定长四丈，可是相州刺史奚康生向人民征收时却每匹"皆长七、八尺"（《北史·卢同传》），方肯收纳。许多官吏在征收租赋时都用大斗、长尺、重称，加重了剥削。一些官僚地主又大放高利贷，有的利息高达百分之二百二十五。当时放高利贷的世家豪族清河崔光伯，以放高利贷致富，家内"绫绢钱布，匮箧充积"（《魏书·崔亮传从弟光韶附传》）。赵郡李元忠也以放高利贷积累了大量财富。人民在这样的剥削、压迫下，气愤地把一些贪污官吏称为"饿虎将军""饥鹰侍中"。

同时，繁重的兵役和徭役也使自耕小农纷纷破产。北朝企图统一南方，不断发动对南朝的战争，因此人民的徭役和兵役也随之加重，"汝颍之地，率户从戎；河冀之境，连丁转运"（《魏书·卢玄传孙昶附传》）。被征发去服兵役的人民，常常是"穷其力，薄其衣，用其功，节其食，绵冬历夏，加之疾苦，死于沟渎者，常十七八焉"（《魏书·袁翻传》）。由于"兵士役苦"，人民不愿服役，于是"竞弃本生，飘藏他土。或诡名托养，散没人间；或亡命山薮，渔猎为命；或投仗强豪，寄命衣食"（《北史·孙绍传》），或"绝户而为沙门"（《魏书·释老志》）。社会矛盾非常尖锐。

加上统治阶级为了麻痹人民，都信奉佛教，大建佛寺，耗费大量的人力、财力和物力。如魏孝明帝元诩时，胡太后在洛阳城内建永宁寺，有九级塔一座，上有金铎 120 个，金钉 5400 枚；又在伊阙建石窟寺，雕刻佛像，历时 24 年，征用了 80 多万民工。此后，佛寺的修建越来越多，到了公元 520 年，佛寺共达 3 万余所，僧尼多至200万人（《魏书·释老志》）。寺院亦"侵占细民，广占田宅"，亦使农民破产。

在北魏的统治下，各族人民所受的阶级压迫和民族压迫日益严重，各族人民反抗北魏统治的武装斗争此伏彼起。到了北魏末年，起义的规模更为扩大。

2. 六镇人民起义

北魏初建都平城的时候，为了保卫首都，不受北方游牧人柔然族的威胁，乃于平城沿北边置立六个军事据点，这就是六镇。关于"六镇"的名称，说法不一，现据《元和郡县志》，从西至东，六镇是：

沃野镇——今内蒙古磴口县东北。

怀朔镇——今内蒙古包头市西北。

武川镇——今内蒙古武川县西南乌兰不浪土城梁。

抚冥镇——今河北张北县西。

柔玄镇——今河北张北县。

怀荒镇——今河北张北县东北。

每镇由镇将统领。镇将人选，在北魏初期都是鲜卑八族王公。戍防的士兵也大都是拓跋族的氏族成员或是被征服的国家的强宗子弟。迁都洛阳之后，对于留在塞外没有入关的鲜卑族人，以及和他们共同戍防边陲的被征服的各族人民，过去拱卫平城的六镇渐渐失去其重要性，因此，"边任益轻，唯底滞凡才，出为镇将"（《北史·魏广阳王建传孙深附传》）。六镇镇将大都贪残无比，"政以贿立"，大肆掠夺土地。据《魏书·源贺传子怀附传》载："景明以来（550—553年），北蕃（六镇）连年灾旱，高原陆野，不任营殖，惟有水田，少可葙亩。"可是六镇的"主将、参僚，专擅腴美，瘠土荒畴，以给百姓，因此困敝，日月滋甚"。镇将加重对人民的剥削，人民无法生存，纷纷进行武装反抗。

孝明帝正光四年（523年），柔然南侵，怀荒镇的兵民请求镇将打开公仓，发粮食给兵民，以便抵抗。镇将借口没有洛阳命令，不敢擅自开仓。兵民为饥饿所迫，愤恨异常，聚众杀死镇将。

正光五年（524年），六镇最西的一个镇——沃野镇辖下有一个高阙戍，镇民匈奴人破六韩拔陵率众起义，杀戍主，不久就攻占了沃野镇，史称"诸镇华夷之民，往往响应"（《资治通鉴》梁武帝普通四年）。高平镇民推敕勒族酋长胡琛为首领，也举行起义，攻下了高平镇。此后破六韩拔陵率领起义军攻占了武川镇和怀朔镇等，六镇全被起义军占领。

北魏政府对此恐慌万分，一方面派大军镇压，另一方面派人挑拨离间起义军中各族人民的关系，以造成起义军内部的分裂。同时又勾引柔然兵进攻六镇。六镇之设本为防备柔然的，现在却引柔然来消灭六镇起义军。可见统治阶级卑鄙可耻到什么程度。起义军在内外夹攻下渐渐失败，到公元525年夏天，有20万人被逼投降北魏，北魏政府把这些"六镇降户"分散到定州（治卢奴，今河北定县）、冀州（治信都，今河北衡水市冀州区）、瀛州（治乐城，今河北河间西南）三州去"就食"（《魏书·杨播传弟子昱附传》），以便瓦解、镇压他们的反抗力量。破六韩拔陵下落不明（一说牺牲）。

3．关陇氐羌人民起义

关陇地区的氐族、羌族人民起义比六镇起义晚5个月，是在正光五年（524年）六月发动的。秦州（今甘肃天水）的羌人和新秦州（今甘肃武都、成县一带）的氐人联合起义，共推羌人莫折太提为首领，太提自称秦王。不久，莫折太提病死，他的儿子莫折念生继续领导起义，并称天子，国号秦，年号天建。

起义军曾攻下岐州（治雍城，今陕西凤翔县），俘斩北魏都督元志及岐州刺史裴芬之。向西又攻下凉州。后来在黑水（今陕西兴平市西）受到挫折。起义军内部同时出现了叛徒天水人吕伯度，投降北魏，革命一度进入低潮。

公元527年春天（孝昌三年）莫折念生又开始反攻，曾大败政府军于泾州（治临泾城，今甘肃镇原县），攻占东秦州（州治汧城，今陕西陇县南）、岐州、豳州（州治定安，今甘肃宁县）、北华州（州治杏城，今陕西黄陵县西南），且东下潼关，威胁洛阳。北魏政府一面重兵镇压，一面离间起义军。这年秋天，莫折念生被叛徒杜粲杀害，杜粲据秦州投降了政府。起义军仍然集合于另一将领万俟（音读"墨期"）丑奴的领导下，继续战斗。公元530年夏天，由于战略战术上的错误，起义军被北魏军击败，万俟丑奴被俘牺牲。此后，起义军由万俟道洛和宿勤明达领导，又支撑了一年之久，到普泰元年（531年）才最后失败。此次起义前后共达六年零十个月，是氐、羌、鲜卑各族人民的起义。

4．河北人民起义

六镇起义失败后，北魏政府把平城和六镇兵民20多万人遣往河北地区"就食"。由于河北频遭水旱，"饥馑积年，户口逃散"（《北史·魏常山王遵传五世孙晖附传》），因此要"就食"很困难，河北大起义终于爆发。

孝明帝孝昌元年（525年）八月，以柔玄镇兵杜洛周为首的"六镇降户"在上谷（郡治沮阳，今河北怀来县）起义。其后4个月，以怀朔镇兵鲜于修礼为首的"六镇降户"在定州之左人城（今河北唐县境）起义。附近人民相继响应，起义群众一时发展到十余万人。孝昌二年（526年）八月，定州起义军将领元洪业因受北魏政府的收买，杀死鲜于修礼，准备率众投降。这时，鲜于修礼部将葛荣杀死元洪业，并清除了义军内部的动摇分子毛晋贤，继续领导起义军队对北魏政府军作战。他们先后杀死了北魏的统帅章武王元融及广阳王元琛，史载"葛荣自破章武、广阳二王之后，锋不可当"（《魏书·崔辩传子楷附传》）。于是葛荣自称天子，国号齐，建元广安。次年（527年）又攻下殷州（今河北隆尧）和冀州（今河北衡水市冀州区），杀死殷州刺史崔楷，俘虏冀州刺史元孚。公元528

年又攻下定州。当时葛荣企图扩大个人势力，把杜洛周杀了，兼并了杜洛周部，攻占了冀、定、沧、瀛、殷五州之地，人数将近百万。于是"将向京师（洛阳）"（《魏书·尔朱荣传》）。这一年的八月，起义军围攻相州（河南安阳），这时掌握北魏政权的尔朱荣"率精骑七千，马皆有副，倍道兼行，东出滏口（今河北邯郸市西）"。滏口之战，起义军失败，葛荣也被俘送到洛阳，壮烈牺牲，这支起义军完全失败了。

5. 北魏末年各族人民大起义的历史意义

北魏末年各族人民大起义虽然失败了，但是其影响是深远的。

第一，人民大起义给北魏政权以沉重的打击，使其不能维持原来的统治，从此开始分崩离析，北魏分裂成东魏、西魏。

第二，深刻地教训了继东魏、西魏的北齐、北周的统治者，使他们针对北魏末年的一些社会问题采取了一些措施，对恢复和发展北方的生产有一定的作用。

第三，在激烈的阶级斗争中促进了各族人民的大融合。起义军中的领袖许多都是少数族，例如"六镇起义"的破六韩拔陵是早已同鲜卑部落结合的匈奴人的后裔。关陇起义的莫折大提是羌人；万俟（音"墨奇"）丑奴是鲜卑人。河北大起义中的杜洛周，《梁书·侯景传》作吐斤洛周，《魏书·官氏志》载："独孤浑氏后改为杜氏"，杜洛周可能就是这一族的后人。鲜于修礼是丁零族人。葛荣可能复姓贺葛，《魏书·官氏志》称"贺葛氏后改为葛氏"。据《梁书·侯景传》称葛荣曾任怀朔镇镇将，在当时，这一职只有鲜卑人才能充任，所以其为鲜卑人是无疑的。这些起义的领导者和组织者是少数民族，但起义的群众除少数民族外，还有大量的汉族人民。他们认识到北魏统治阶级是他们的共同敌人，所以能够并肩作战。葛荣能够领导包括各族人民在内的近百万大军，就是各族人民政治上融合的一个明显例子。同时，各族人民之间的经济联系密切，语言、风俗和生活习惯等方面逐渐相通，中华民族呈现出大融合的新气象。

6. 北魏政权的分裂

北魏末年的各族人民大起义使北魏的统治摇摇欲坠，终于在公元534年分裂成两个政权。北魏高欢在消灭尔朱氏的势力之后，逐渐统一今山西、河北、河南、山东大部分地区，并率兵进逼洛阳。公元534年，魏孝武帝元修从洛阳逃到长安，投奔宇文泰。高欢另立元善见为皇帝（魏孝静帝），迁都于邺，史称东魏；宇文泰于公元535年杀元修，另立元宝炬为皇帝（魏文帝），都于长安，史称西魏。东魏、西魏的大权分别掌握在高欢、宇文泰的手里。

公元550年，高欢子高洋代东魏自立，国号齐，史称北齐（550—577年）。

公元557年，宇文泰子宇文觉代西魏自立，国号周，史称北周（557—581年）。

## （二）北齐的政治

北齐据有今黄河流域下游的河北、山东、山西、河南及苏北、皖北的广大平原地区，拥有户 300 万、人口 2000 万。这些地区是当时中原最富庶的地区，农业和手工业生产都比较发达。所以，北齐是当时中国境内鼎立的三个国家中最富庶的一个国家。高洋称帝之后，曾东征库莫奚，获杂畜十余万；驱走契丹，获生口十余万人；北破柔然，获生口两万余人，牛羊数十万头；西平山胡，覆其种族；南取梁淮南。由此看来，北齐初期的武力是不算弱的。

然而，北齐统治的地区是地主经济比较发达的地区，所以土地兼并剧烈，加上高利贷横行，政府田租户调的过度剥削，沉重的兵役、徭役，使均田户不得不"卖帖田园"，流徙他乡。宋孝王《关东风俗传》云："帖卖者，帖（典）荒田七年，熟田五年，钱还地还，依令听许，露田虽复不听卖买，卖买亦无重责。贫户因王课不济，率多货卖田业，至春困急，轻致藏走。"（《通典·食货典·田制》）露田到了"卖买亦无重责"，正说明均田制走向崩溃，小农"卖帖田园"，逃亡他乡。这样作为皇朝剥削对象的均田户就越来越少，财政收入也愈来愈困难，皇朝的军事力量也愈来愈弱。

均田制的破坏，使东魏、北齐统治区内的阶级矛盾始终没有缓和下来，不断爆发农民暴动。据不完全统计，从东魏天平三年（536 年）到北齐武平六年（575 年）发生的大小农民暴动不下十次。这些暴动，大大地动摇了北齐统治的基础。加上北齐的统治阶级政治腐败，统治集团内部矛盾加剧，汉胡权贵的争权夺利，这些都导致了北齐国势日益衰落，最后被北周所灭。

## （三）北周的政治

宇文泰所控制的关中地区原来民穷兵弱，力量远不如高欢的东魏。但宇文泰采取了一系列措施进行改革，使得西魏逐渐强大起来。

（1）任用汉人苏绰，制定制度，整顿吏治。主要是制定计账（预计次年赋役的概数）、户籍等制度，实行减官员、置长正等措施以整顿吏治。

（2）建立府兵制。府兵制就是以府为军事编制基本单位的征兵制度。府兵制的形式源于鲜卑的部落兵制。其组织结构是设八柱国，而宇文泰是八柱国之一，但他又总领诸军，和其余柱国地位不同。还有一个柱国是西魏宗室，没有实权。所以实际领军的是六柱国，即赵贵、李虎、李弼、于谨、独孤信、侯莫陈崇。每个柱国各督两个大将军，共 12 个大将军。每个大将军督两个开府，共 24 开府，每个开府领一军，共 24 军。每个开府下又有二个仪同，共 48 个仪同。据西魏末北周初的记载，一个仪同在当时领士兵 1000 人，一个开府领士兵 2000 人，那么一个大将军领兵 4000 人，一个柱国领 8000 人，六柱国合起来有士兵

4.8 万人。这些士兵都是经过挑选来的壮丁，又经常训练，战斗力强，而且编制严明，便于指挥。

（3）在经济上颁行均田制。西魏的均田制与北魏、北齐的略有差别。由于关陇地区的农民起义前后达八年之久，对地主阶级的打击比较严重，因此均田制在西魏推行较好。

以上这些措施，使西魏一天天强大起来。公元 556 年，宇文泰死，其子宇文觉继位。公元 557 年，宇文觉废掉西魏恭帝，建立了北周。公元 560 年，周武帝宇文邕继位。周武帝是一个有作为的帝王，他又进行了一系列发展经济、改革政治的措施，这些措施主要有：

（1）兴修水利，增辟农田，如保定二年（562 年）下令在蒲州（今山西西南部）开河渠，在同州（今陕西大荔一带）开龙首渠，增辟农田。

（2）解放奴婢。公元 565 年、公元 572 年，周武帝两次下令把一部分官私奴婢放免为民。

（3）在兵制方面，周武帝把府兵的军士改称"侍官"，表示府兵从属于皇帝，做皇帝的侍从，因此，他们对于柱国的从属关系就大为松弛。周武帝还大量招募汉人农民充当府兵，使府兵制的鲜卑部落形式逐渐消失。

（4）禁断佛、道二教，专崇儒学。

北魏末年，"假慕沙门，实避调役"（《魏书·释老志》）的僧侣，人数发展到 200 万，寺院发展到 3 万有余，占全国政府领户人数的 1/15。东、西魏分裂之后，北周的僧侣人数约有 100 万，寺院约万（大概占政府领户人数的 1/10）。僧侣越多，政府的收入越少。周武帝接受还俗沙门卫元嵩的建议，于建德三年（574 年）下令毁灭佛、道二教，将关、陇、梁、益、荆、襄地区几百年来僧侣地主的寺院、土地、铜像、资产全部没收，以作军费之用；将近百万僧侣和僧祇户、佛图户、道士等编为均田户，作为生产战线的重要力量；将适龄壮丁编为军队，扩大了府兵的队伍。这一措施，大大地增加了北国的劳动力和兵力。（僧祇户：北魏统治地区内僧官所管辖的人户。佛图户：亦称寺户。民犯重罪及官奴，以为佛图户，以供诸佛寺扫洒，岁兼营田输粟。）

经过周武帝宇文邕的改革，北周日益强盛起来，北齐却逐渐衰弱下去。建德四年（575 年），周武帝大举进攻北齐；公元 576 年，攻占了晋阳；公元 577 年，攻入北齐的京都邺城，消灭了北齐政权，统一了北方。

周武帝灭北齐之后，又派大军进攻南方的陈朝，获得了长江以北的全部土地。这时北周的疆域已占全中国的 3/4，为后来隋统一中国奠定了基础。公元 578 年，周武帝死，统一中国的任务由他的继承者隋文帝杨坚来完成。

## （四）北方民族大融合的完成

黄河流域是汉族人民生息的中心地区。从公元前 317 年西晋灭亡到公元 581

年隋灭周，在长达两个半世纪里，由于战乱，一方面是汉族从中心出发，向边远落后地区流亡，给落后民族以汉文化的影响。另一方面，落后的民族向黄河流域迁移，接受更多的汉文化的影响。到后来，各民族陆续融合到汉族里？因此，这一时期是各民族融合的大熔炉时期。这种融合可以分为两个阶段：十六国时和北朝时期。

十六国时期，匈奴、羯、氐、羌、鲜卑慕容部先后入主中原，各族逐渐融入汉族。

北朝时期，鲜卑拓跋部建魏国，都平城，以后迁都洛阳，大量鲜卑人内迁，出现了更大规模的融合。鲜卑入主中原，由于本族人口不多，社会发展阶段也较落后，因此，为了巩固他们的统治，不得不依靠汉族地主和强迫汉族人民来供他们役使。他们封建化、汉化的程度日益加深。从军事方面看，以前军队主要由鲜卑人担任，后来不得不依靠汉族农民来补充军事力量，到北周武帝宇文邕时，汉族农民已经成为府兵中的主要力量。从政权方面看，汉族地主的势力，随着鲜卑族封建化的加深而变得重要起来。这样，久而久之，鲜卑族的统治权逐渐转移到汉族地主的手里。隋文帝代周，就是这一过程的必然结果。

在这两个多世纪里，入居中原的各族人民与汉族杂居，并与汉族人民一道从事生产斗争和阶级斗争，久而久之，无论在经济生活方面还是文化语言、风俗习惯方面，他们都完全和汉族一样了。此外，各族统治阶级如北魏鲜卑贵族进行了一些政治、经济上的改革，客观上也促进了民族的融合。后来的历史学家也只能从他们后裔的姓氏（如匈奴的呼延氏、羌的夫蒙氏、鲜卑的元氏诸姓）和郡望（如河南洛阳人、京兆长安人之类）来探究他们族姓的来源了。到隋唐时代，匈奴、羯、賨、氐、羌、丁零、乌桓、鲜卑等族诸名称，成了历史上的名词，他们完全融合到作为统一国家中主要骨干民族的汉民族里了。这一民族大融合，固然经历了长期的痛苦的历程，但由于汉族接受了新的成分，因此，在经济上、文化上，都比以前强盛了。隋唐帝国就是在这种民族大融合的基础上形成发展起来的。

### 附3：关于民族和民族融合的问题

#### 一、民族的概念

19世纪资产阶级民族学中形成了两种民族的概念，即自然民族和文化民族。大体上自然民族相当于氏族部落，而文化民族则是指有文字或文化的民族。这种区分，标志着民族学发展迈向了一个新的阶段，有它的合理性和重要意义，但从科学性来说是不严密的。

马克思和恩格斯首先赋予了民族一个科学的概念，那就是"从部落发展到了民族和国家"（《马克思恩格斯全集》第20卷，第516页）。按照这个观点，民族和部落有严格的区别：①部落基本上是血缘的组合，而民族则是地缘的组合；②氏族部落是与原始社会相联系的，而民族则与阶级社会相联系。民族与国家一样都是阶级社会的产物。斯大林对民族下过定义："民族是人民在历史上形成的一个有共同语言、共同地域、共同经济生活以及表现于共同文化上的共同心理素质的稳定的共同体。"斯大林所说的民族的四个特征或要素，不仅适用于资产阶级民族，对于前资本主义民族也大体上适用。

二、关于民族同化和民族融合

这两个概念都有科学的涵义。马克思在《不列颠在印度统治的未来结果》中说："相继征服过印度的阿拉伯人、土耳其人、鞑靼人和莫卧儿人，不久就被当地居民同化了。"（《马克思恩格斯全集》第9卷，第246页）恩格斯在《反杜林论》中说："每一次由比较野蛮的民族所进行的征服，……他们为被征服者所同化。"什么叫同化？列宁说："同化的问题，即丧失民族特性，变成另一个民族的问题，（同化）照字面讲就是同类化、一律化。"（《列宁全集》第20卷第9页）民族同化有不同的途径：一种是强制性同化，即统治民族采用暴力，迫使被统治民族放弃自己的语言、文字、风俗、宗教等改从统治民族的语言、文字、风俗、宗教，从而达到一体化；另一种是非强制性同化（或称为自然同化），即文明程度较低的民族主动向文明程度较高的民族转化。

民族融合与民族同化是不同的含义和不同时代的区分。按照列宁、斯大林的论述，民族融合与民族消亡实际上是一回事，是在阶级消亡、国家消亡以后才会出现。

按照经典作家的论述，民族同化和民族融合的根本区别在于，前者是一个民族丧失了自己的民族特征而融合到另一个民族中，后者是所有民族都丧失各自的特征而熔铸为统一的新体。但结合我国历史实际，历史上除了民族同化的现象之外，还有一些民族融合的现象，因此，在历史的论述上可以使用民族融合这个词，但要区别历史上的民族融合与将来全世界性的民族融合是两个不同历史范畴。

魏晋南北朝时期是我国历史上民族大融合加速的时期，匈奴、羯、氐、羌、卢水胡、巴氐、鲜卑都在这个时期先后与汉族完全融合。究竟是哪些因素加速了这个时期民族融合的进程呢？

第一，民族融合要受经济发展的规律支配。恩格斯在《反杜林论》中的论述，正是从这个意义上说的。对于先进经济地区的统治，落后民族终归要适应比较发达的经济基础，从而引起本身的改造，出现民族融合的过程。

第二，民族地区的打破是对民族融合起关键作用的因素。汉族和少数民族在中国历史上并没有形成固定不变的民族地域，特别是汉末魏晋大量汉族人民流入周边少数民族地区；而大量的周边各族流入内郡，形成了错居杂处的局面。民族地域的打破，增加了各族相互接触的机会，改变了彼此的语言、风俗、习惯和社会组织，有利于促进民族融合。

第三，促进各族走向与汉族迅速融合的是各族政权的建立。在广大汉族封建社会经济基础上所建立的政权，只能是地主阶级进行封建统治的政权，任何逆转历史车轮的统治都不可能长期存在。在中原地区建立各族政权必须走与汉族地主阶级相结合的道路；在汉族士人参与下的各族政权都先后走上封建化和汉化的道路。这些因素促进了魏晋南北朝时期的民族大融合。隋代的统一，标志着北方几个古老的少族民族——匈奴、羯、氐、羌、鲜卑族的终结。

# 第九章　三国两晋南北朝的文化和中外文化交流

由于劳动人民的阶级斗争和生产斗争的推动，这个时期国家在科学技术、哲学思想、文化艺术等方面都获得了不少成就。同时，随着社会经济、政治、文化和对外交通的发展，中外文化交流也日益频繁。

## 一、科学技术

### 1. 算学和历法

三国时，魏人刘徽于公元 263 年注解《九章算术》，他求得圆周率为 3.141。到南朝宋、齐之际，著名算学家祖冲之（公元 429—500 年）求得圆周率在 3.1415926 和 3.1415927 之间，他成为世界上最早求得圆周率的精密数值的人。在其他国家，最早是德国算学家奥托在公元 1573 年才求得这个数值，比祖冲之迟了 1000 多年。祖冲之还写了一部高深的算学著作，名为《缀术》，共有数十篇。可惜这部著作到宋代以后散佚了。

祖冲之于宋孝武帝大明七年（463 年）开始应用岁差法，创制了"大明历"。大明历比以前的历法完善很多。"大明历"测定一年的日数为 365.24281481 日，与近代科学所定日数只相差约 50 秒。到了梁朝，朝廷于梁武帝天监九年（510 年）开始采用"大明历"，历时 80 年，到隋朝统一中国（589 年）之后才废止。

### 2. 地理学

主要的成就有西晋人裴秀的《禹贡地域图》（18 卷）和北魏人郦道元的《水经注》（40 卷）。

裴秀的《禹贡地域图》，既有行政区域及山川地形，也有古代的地理沿革，是一部前所未有的详备的地图。尤其重要的是，他创立了绘制地图的科学理论。在《禹贡地域图》里，已有明确的比例、方位、距离、地形等表示方法，接近现代绘制地图的基本原则。可惜此图已经失传。

《水经》是记载我国河流的分布及其流经地区的专书，相传为汉朝人桑钦所著，但据清朝学者考证，应为三国时代的作品，作者不详。在《水经》内所记载的河流共有 142 条（一说 137 条水道），但叙述太简略。郦道元根据《水经》所载河流的分布，为之作注，并将水道增加到 1250 多条，引用书目有 400 多种。该书详细叙述了每条河流所经过地区的地理沿革及地理情况，材料丰富，叙述详审，考证精核，不仅为我国最早的一部地理专著，也是探讨历史事实不可缺少的要籍。郦道元的文章写得十分出色，精彩的地方像诗又像画，描写了祖国美丽富饶的河山。范文澜编的《水经注写景文钞》于 1929 年由上海朴社出版。

杨（阳）衒之的《洛阳伽蓝记》。

洛阳是东汉、曹魏、西晋、北魏的京都，是北方政治、经济、文化中心。永熙末，北魏分裂为东魏、西魏，东魏迁都于邺，诸寺僧尼，同时徙邺。接着东西魏长期战争，洛阳被战火破坏得很严重。杨衒之曾在洛阳居住过，武定五年（547 年）又因事到达洛阳，看到过去繁华的洛阳城，这时候"城郭崩毁，宫室倾覆；寺观灰烬，庙塔丘墟；墙被蒿艾，巷罗荆棘"。杨衒之抚今思昔，感触万端，于是怀着对这个故都横遭大劫的沉痛心情，写出《洛阳伽蓝记》一书。"伽蓝"，出自梵文，意为僧侣居住的园林，即寺院。

该书详细记述了城内外著名伽蓝的结构和帝都风物、庭园景色，还记载了洛阳商市的情况、南北两地饮食嗜好的殊异。它不但是一部出色的地理著作，而且是一部抒情的文学作品。它还记述了宋云、慧生西行求法的经过，是研究古代西域和中印文化交流的重要史料。

北魏贾思勰所著的《齐民要术》（题目的意思是"人民群众谋生的重要方法"）10 卷共 92 篇，是我国现存最古、最完整的一部农书。

### 3．农学

贾思勰研究了前人有关农业的著作，搜集了民谣农谚，采访了有经验的老农。从理论到实践都做了大量细致的工作。该书引用的古书有 150～160 种，绝大部分现在都失传了，靠它才保留下来一鳞半爪。

该书内容很丰富，包括耕田、选种、种植五谷、种菜、种竹、栽树、种果、种瓜、园艺、畜牧、养家禽、养鱼、酿造、食品等。但最主要的是关于农业生产技术方面的论述。从这部书里可以看出当时人们已经掌握了精细的农业生产技术，具有很高的水平。它总结了公元 6 世纪以前我国农业科学的研究成果。

### 4．机械制造

这个时期有很多成绩和创造发明。

三国时魏人马钧制造了许多精巧的机械，主要有四种：①改制绫机。绫机是一种用脚踏动的纺织机。经他改制之后，效率提高了 5 倍。②制造指南车。据说东汉时曾有人制造指南车，但到三国时已失传。马钧制造的指南车，是利用五个齿轮、两个滑轮、一个足轮的差动运转的机械，它是世界上最早应用繁复的齿轮转动的机械。③制造翻车。马钧把东汉时的翻车改造为灌溉田园之用的水车，大概与现在所用的相似。④改造发石车。发石车即抛石机，是一种在战争中用石头攻打敌人的武器，即所谓石炮。过去的发石机不能使石头连续发出，马钧利用机轮加以改造，使石头能连续发出，且能打出数百步之远。

晋代有人发明了一种计算里程的记里鼓车，车每行一里，车上的木人击鼓一次，借此来计算所行里数。

此外，西晋的杜预、南朝的祖冲之等都是机械制造家。

## 二、 宗教与哲学

### （一）宗教

魏晋南北朝是历史大变动时期，历时数百年的统一的封建王朝解体。社会进入分裂割据，旧的思想文化结构也随之解体，两汉经学让位给魏晋玄学，儒术独尊转变为儒、佛、道三教并存。

这时期最盛行的是佛教，其次是道教。

佛教是世界三大宗教之一，相传是公元前 6 世纪至公元前 5 世纪由古印度迦毗罗卫国（今尼泊尔境内）净饭王的儿子悉达多·乔达摩创立的。悉达多·乔达摩一般被称为释迦牟尼，意思就是"释迦族的圣者"，成道以后称为佛陀，简称佛，意思就是觉者。这位王子降生 7 天后，他的母亲摩耶夫人便去世了，他由其姨母摩诃波阇波提抚养成人。他在青少年时代受到了严格的贵族教育，包括学习文学、哲学、算学、军事、体育等。成年后，娶耶输陀罗为妻，生了一个儿子名叫罗睺罗。古代印度社会有四个种姓等级，社会矛盾十分尖锐。释迦牟尼虽然过着悠闲而奢侈的生活，但精神十分空虚，许多社会和人生的问题常常使他困惑和痛苦。当时统治印度社会思想界的是婆罗门教，但同时还存在着各种反婆罗门教的教派。释迦牟尼觉得他们都无法解决自己思想上的困惑和痛苦，便在 29 岁时毅然离开宫廷和妻子，出家修道，寻求解决人生问题的答案。他在苦行的 6 年中接触各阶层人民，逐渐形成了一整套富有宗教哲理的观点，正式创立了佛教。

释迦牟尼把现实人生归结为一个"苦"字，断定"苦"的原因既不在超现实的梵天，也不在社会环境，而由每个人自身的"惑""业"所致，"惑"指贪、嗔、痴等烦恼；"业"指身、口、意等活动。"惑""业"为因，造成生死不息之果，根据善恶行为，轮回报应。故摆脱痛苦之路，唯有依经、律、论三藏，修持定、慧、戒三学，根本认识宇宙万物一切皆空，彻底消灭自己的世俗欲望，超出生死轮回范围，达到这种转变的最高目标，就叫"涅槃"。这些说法包含在"五蕴""十二因缘""四谛"等最基本的佛教理义之中，成为以后佛教各派教义的基础。

佛教于西汉末年传入中国后，从东汉开始流行，到三国、两晋、南北朝时期有很大的发展。佛教宣传"生死轮回"和"因果报应"。宣扬这种生死轮回的说法，目的在于欺骗、麻痹人民，使他们甘心忍受当世的苦难，把希望寄托于来世，而放弃对统治阶级的反抗和斗争，所以统治阶级热心提倡。

在三国、西晋时期，印度和西域的僧人陆续前来传教译经，佛寺的兴建逐渐增多。到了南北朝时期，佛教更为盛行。在南朝，营建佛寺、翻译佛经、出家的僧尼比以前大为增加。尤其在梁武帝统治时期，佛教发展到鼎盛时期。在北朝，佛教也非常盛行，唯因魏太武帝拓跋焘崇信道教，曾于公元446年下令取缔佛教，坑杀僧尼，焚毁佛像及佛经，佛教一时势衰。但到公元452年拓跋焘死后，魏文成帝拓跋濬又下令复兴佛教，其后北魏的统治者也大力提倡佛教。北周武帝宇文邕虽然于公元574年下令毁灭佛教，但不过数年其死后，佛教又兴盛起来。

魏晋南北朝时期，在佛教问题上，上层集团大致可分为三派：一派激烈排佛；一派热心拥法；一派折中调和。三派对佛教各有自己的评价，因而态度不同。

（1）反佛斗争从三国时即已开始。当时人们对佛教的攻击，主要是说它乃"夷狄之术"，"七经之中不见其辞"，"沙门剃头"，"弃妻子，捐财货，或终身不娶"，"违圣人之语，不合孝子之道"。加上沙门有污秽之行，"耽好酒浆，或畜妻子，取贱卖贵，专行诈绐，此乃世之伪"。

北周武帝灭佛，焚毁经像，没收寺庙及财产，强迫僧人还俗，这是这个时期反佛的最高峰。北周武帝反佛基于下列几点认识：

第一，废佛有利于增加税收，增加兵员，以加速统一事业。北周武帝对任道林说："自废以来，民役稍希，租调年增，兵师日盛，东平齐国，西亡妖戎，国安民乐，岂非有益？"灭佛收到一定的实效。

第二，治国要靠儒术，佛教虚诞无用，故应存儒废佛。北周武帝对北齐僧人说："六经儒教之弘政术，礼义忠孝于世有宜，故须存立。"而佛教"言多虚大，语好浮奢"，"徒为引费，故须除荡"。

第三，佛教是外国宗教，有违华夏传统，尤其违反孝道，故须取缔。北周武帝说："父母恩重，沙门不敬，悖逆之甚，国法不容，并退还家，用崇孝始。"

第四，佛教立为信仰，有损王权的尊威，因此要取缔佛教，实现王权一体化："帝王即是如来，宜停丈六；王公即是菩萨，省事文殊。"（《广弘明集》）

反佛派一方面从理论上揭露其荒谬，另一方面从实践上揭露其有害。这对于人们认清佛教的谬误和危害是有帮助的。

（2）拥佛派。北派主要不是天竺僧人，而是中国佛教徒，其中沙门、帝王、名士文臣如慧远、僧祐、道安（北周）、梁武帝、宗炳、刘勰等，他们不仅认为佛教与王权、儒家传统不相违背，能够殊途同归，而且三教相比，佛教是至理大道，应在思想领域拥有最高的地位。

拥佛派专讲佛教的好处，说它理论上如何高妙，实践上如何有益，对它的消极面则避而不谈。首先，他们有许多合理的积极的思想。如在文化发展问题上主张对外开放，容纳外来文化，求同存异，各民族都有长处和短处，不能歧视外国民族与文化，不能以夷夏的界限阻碍中外文化交流。又如他们认为佛教理论水平高于儒道，也是符合实际情况的，其抽象思维能力是儒道不能比拟的。他们指出佛教与王权的根本一致性，佛儒之间息息相通，如两者都主张有神，都致力于劝善，因而都有利于移风易俗，助王教化，实际上是殊途同归。

但是拥佛派带有迷信、崇敬的心理，过分夸大佛教的地位和作用，如把佛教形容成宇宙间最高真理，又说天竺是天地的中心，这些无疑是宗教偏见。

（3）介于反佛和拥佛之间的政治家和思想家，对于佛教有所批评，但不强烈；有所肯定，但不狂热。他们把佛教视为诸多思想统治工具之一，或者在佛儒之间折中调和，或者在利用的同时又加以限制。

魏晋南北朝时期上层集团的佛教政策是在不断总结经验教训中趋向合理，大致有以下几点为执政集团中多数人所肯定。

第一，佛教有其特点和长处，为儒、道所不具备，它比较高雅，值得玩味，对人们有较大的吸引力。

第二，佛教虽是外来文化，与国家利益、儒家传统有一定矛盾，但与它们也有一致的地方，且同大于异，可以与儒、道互为补充，共同为巩固封建秩序服务，因此不应加以排斥、镇压。

第三，佛教不可过滥过盛，其地位不能超过正统儒学，其规模不能超过正常限度，因此要加以制约和管理，使其保持在适当水平上。

什么是道教？

"道教"一词在南北朝以前只是一个为诸子百家所共用的概念，并不是我们现在所称的"道教"的专称。那时诸子百家无不将自己的理论和方法称为"道"，以"道"教化众人，便称为"道教"。使用"道教"一词最早的是儒家。其次是墨家、道家、阴阳家。佛教传入中国，"菩提"汉译为"道"，菩提之道因而也称为道教。东汉末年，在我国巫道、方仙道、黄志道基础上产生的五斗米道，也同诸子百家一样谓之道教，亦即"以善道教化"之意，当时也还没有异于诸子百家自谓"道教"的特殊含义。早期道教的经籍中，最早用"道教"一词的是张鲁撰的《老子想尔注》："真道藏，邪文出，世间常伪伎称道教，皆为大伪不可用。"接着是东晋葛洪的《抱朴子·内篇·明本篇》："惟道家之教，使人精神专一，动合无形。"大概"道教"一词成为五斗米道的专称，是在南北朝时期。因为老子是道家，五斗米道将道家宗教化，推尊和崇奉老子及其"道"，自然而然，别家也就不再自谓"道教"，而"道教"一词也就成了五斗米道的专用称呼。

那么什么是道教？它的内涵是什么？答案众说纷纭。这是因为道教缺乏独一无二的创始人，它是由许多创始人建立的各个经系、教派融合而成的。从外观判断，可以这样说："由道士依照道经在道观里主持的宗教活动，就是道教。"从宗教内涵来说，道教是以我国古代社会的鬼神崇拜为基础，以神仙存在、神仙可求论和诱使人们用方术修持以追求长生不死、登仙享乐及用祭祀醮仪以祈福免灾为主体内容和特征，又文饰以道家、阴阳五行家、儒家谶纬学说中的神秘主义成分为神学理论，带有浓厚的万物有灵论和泛神论性质的宗教。由于它是我国土生土长的宗教，因此它带有浓郁的中华民族古代宗教意识的色彩，同时也与我国文化的发展有密切关系。

道教在魏晋时期的发展特征，大致可以从四个方面说明。

（1）整个魏晋南北朝时期国家分裂，不可能形成统一的全国性道教组织，因之，魏晋社会的道教无统一领导，组织涣散。在道教史上，这个时期是由分散在全国的教首独立布道，各自组织集团，不同教派自由发展的时期。这个时期，一些道徒进入社会上层，组织起有士族特色的教团；另一些道徒遁入山林，以神仙方术修身养性和传经授徒。还有一些道徒继续在民间活动，或同巫祝合流，或被农民起义利用。这个时期的道派有的是以布道的教首为中心形成的，如李家道、帛家道、干君道等；有的是由于递相传授和信仰某种道经形成的，如灵宝派、上清派等；还有一些以士族家庭为中心形成的道派，形式繁多。

（2）从整体上看，魏晋时期在全国具有代表性的道教是天师道，其他道派大都和天师道有直接或间接的联系。由于天师道形成早，有群众基础和社会影响，即使创始人张陵和之后的张鲁死后失去统一的教主，但仍能在张天师的旗帜下由各地的祭酒、道官分散布道。魏晋社会天师道的传播有两个特点：一是布道范围逐步扩大到全国；二是教徒从下层民众扩展到上层士族。

（3）在道教史上，魏晋时期是早期道教产生分化和上层神仙道教形成的时期。一方面早期道教被迫改变形式以适应统治阶级的需要，另一方面大批涌进道教的士族阶层人物，也以他们的阶级意识改造道教，从而促进了上层神仙道教的形成，使道教从结构形态上分化为上、下两个较大的层次。上层神仙道教和下层民间道教开始分离，士族神仙道士和民间流俗道士、巫祝的对立加深，上层道教的社会政治属性越来越强，最后变为统治者维护封建秩序的工具。

（4）魏晋时期是汉末早期道教和南北朝成熟的教会道教之间必不可少的过渡阶段。在这个阶段，道教一是产生分化，二是进行变革。葛洪是这个时期有代表性的关键人物，他鼓吹神仙道教，反对民间道教，以他的代表作《抱朴子·内篇》奠定了神仙道教的理论基础，促进了道教的士族化。然而，魏晋时期的道教变革和南北朝时期寇谦之、陆修静、陶弘景等在佛教影响下大规模地清整道教、创建宗教礼仪戒律、完善教团组织形式的道教改革还不相同，从整体上看它只是南北朝时期道教改革的准备时期。魏晋社会的道教发展在道教史上具有承前启后的特点。

## （二）魏晋玄学——基本上是新历史条件下的道家思潮

魏晋玄学是唯心主义哲学。经过黄巾农民大起义之后，儒家学说受到严厉的批判。东汉灭亡之后，地主阶级知识分子为了适应当时政治的需要，便把道家与儒学的思想结合在一起，加以发挥，从而产生了魏晋玄学。玄是深奥、玄妙的意思。儒家的《易经》与道家的《老子》《庄子》曾被称为"三玄"，由于这种思想学说是以这三部书为根据的，因此称为"玄学"。

魏晋玄学的倡始人是曹魏时的何晏和王弼，何晏著有《道德论》，王弼著有《易注》和《老子注》。他们认为，"无"是一切事物的根本，世界上的"有"都生于"无"。"无"是指虚无的、不可捉摸的东西，是属于精神方面的；"有"生于"无"，就是精神产生物质，精神是第一性，物质是第二性，因而是唯心主义的哲学理论。

他们又结合儒家的学说，把这种唯心哲学应用到政治思想上，认为"无"就是道家所说的"自然"，"有"就是儒家所说的"名教"，于是提出君臣父子、尊卑上下的社会秩序，是封建的伦理道德。他们的政治目的，就是要在"名教出于自然"的理论下，加强封建的伦理道德观念，维护君臣上下的封建秩序，以巩固地主阶级的统治。

西晋时期，玄学的代表人物向秀和郭象都作了《庄子注》。他们修改了何晏、王弼的论点，认为"有"是自然存在的，并不生于"无"，因而提出了"名教即自然"的理论。他们把这个理论运用于政治上，认为现存的社会关系和政治制度都是合乎天道、自然的，君臣上下的社会秩序是合理的，人民应该听任自然，遵守名教，安分守己。他们的政治目的和何晏、王弼一样，是巩固地主阶级的统治，只不过说法不同而已。

## （三）鲍敬言的《无君论》

当魏晋玄学家宣扬"名教"，提倡尊君的时候，唯物论者鲍敬言提出了"无君论"。鲍敬言是西晋时人，著作已失传，"无君论"的思想学说保存在东晋人葛洪所著的《抱朴子·诘鲍篇》中。其大意是：君不是天生的，也不是自古就有的，而是由于"强者凌弱""智者诈愚"而产生的。在上古没有君的时代，没有兼并，没有战争，没有压迫剥削，没有贫穷。自从有了君之后，设了许多官吏，都靠农民供养，因此产生了赋税和徭役，在无法生活的时候，农民只有起来进行武装反抗。自从有了君之后，世界上就有了灾难。所以他反对君，主张不要君。

《无君论》在一定程度上反映了农民反抗压迫和剥削的思想，它强调："食不充口，衣不周身，欲令勿乱，其可得乎？"（《抱朴子·诘鲍篇》）从而论证了农民进行武装斗争的必然性，给地主阶级的尊君思想以有力的打击。鲍敬言确是一位具有反抗封建统治的斗争精神的唯物主义思想家。

### （四）范缜的《神灭论》

针对当时佛教所提倡宣传的"人死精神不灭"的唯心论观点，南朝齐、梁之际的唯物思想家范缜著《神灭论》，进行了激烈的斗争。

《神灭论》以问答的形式驳斥了佛教的精神支配物质、精神脱离物质而永远存在的唯心谬论，明确地论证了精神从属于物质的正确观点。其主要内容包括：①精神是随着物质的存在而存在的，物质不存在了，精神也随之消灭。这犹如刀和锋利的关系一样，如果刀没有了，锋利也就没有了。②精神和物质虽在统一体内有密切的联系，是不可分离的，但精神是由物质所决定的。③物质是变化的，变化之后即不是原来的形态。范缜以人的生死和木的枯华为例——死人不能再变为生人，犹之枯木不能再变为荣木，这就驳斥了佛教的人死可以转生的"轮回"之说。④所谓"神鬼""妖怪"都是不存在的。

范缜在《神灭论》中最后指出：由于世人相信了佛教的人死后精神不灭的谬论，于是便信崇佛教、建造佛寺、雕塑佛像，导致国弱民穷。只有"耕而食""蚕而衣"等生产劳动才是有益于国计民生的真正事业。这是相当深刻的唯物思想。

由于阶级的局限和儒家传统学说的影响，《神灭论》也有一些错误的说法，如认为"圣人"与"凡人"的区别在于相貌和器官的不同，认为"君子"对于"小人"的统治和剥削是合理的，这是范缜唯物论思想中的局限。

《神灭论》是在梁武帝天监六年（507 年）发表的。发表之后，受到统治阶级中信崇佛教的人的围攻。但范缜"辩摧众口，日服千人"，把围攻者驳得张口结舌。最后梁武帝用政治权力，下令禁止范缜发表意见。范缜虽然受到压制，但他的《神灭论》却在哲学史上留下了不可磨灭的光辉。

## 三、 史学和文学、艺术

### （一）史学

这一时期的历史著作非常丰富。

南朝梁武帝时，吴均等依照《史记》的体例，编写了一部《通史》，记载了从上古到南齐的历史，共 600 卷，可惜在梁末战乱中被焚毁了。

在断代史方面，记载东汉、三国、西晋、东晋、南朝、北朝历史的著作各有若干种，但大多已经亡佚，保存到现在的只有西晋时陈寿的《三国志》、司马彪的《续汉书》中的八《志》，东晋时袁宏的《后汉纪》，刘宋时范晔的《后汉书》，梁时沈约的《宋书》、萧子显的《南齐书》和北齐时魏收的《魏书》。刘宋人裴松之的《三国志注》丰富了三国历史的记载。

方志有东晋常璩的《华阳国志》，该书记载了四川的历史，保存到现在。

传记的数量很多，共有一百数十种，但都已失传。

## （二）文学和艺术

这一时期以五言诗、民歌、文学理论和文学批评的成就为大。

三国时代的诗，以曹操、曹植、王粲、陈琳等的作品为代表。东晋、南北朝的诗，以陶渊明、谢灵运、谢惠连、鲍照等的作品为代表。

民歌以《木兰辞》价值最高，其描写了一个代父从军、勇敢质朴的女子木兰的故事，在民间流传很广。

这时期骈文开始盛行。骈文讲究对偶和声律，形式美观，诵读悦耳，但过于追求形式、词藻，文句虽多而内容贫乏，所以对文学的发展起了不良的影响。

梁朝的昭明太子萧统，编选了从战国到梁朝七八百年间各种文体的作品，著成《文选》30 卷，该书是一部很重要的文学作品选集。

关于文学理论和文学批评，以梁朝时刘勰的《文心雕龙》为代表。它是我国第一部总结性的文学理论与文学批评的专书，共 50 篇。

艺术方面以雕塑、绘画、书法最突出。

雕塑以敦煌、云冈、龙门三大石窟最为著名。绘画以东晋的顾恺之最著名，他所画的《女史箴图》《洛神赋图》等，经后人的临摹，流传到现在。《女史箴图》被英帝国主义劫夺，藏在大英博物馆里。书法以东晋的王羲之、王献之父子最著名，他们成为后来书法的宗师。

## 四、中外文化交流

### 1. 与印度的文化交流

印度僧人到中国来的共有 40 多人，他们在洛阳白马寺、建业（今南京）、广州、洛阳永宁寺等地讲经、译经。

法显是中国到印度取经的最有名的僧人。他于公元 399 年从后秦的京城长安出发，于东晋安帝义熙八年（412 年）从海道回到青州长广郡的牢山（今山东青岛崂山）南岸。前后历时 14 年，行经 30 余国，回国后著成《佛国记》。该书叙述了游历始末及行程中的见闻，共 9500 多字，是记载古代中亚、印度、南海的风俗、地理、历史的最早而又比较详细的书。

我国的石窟寺艺术，吸收了印度犍陀罗艺术的风格。

## 2. 与斯里兰卡的文化交流

斯里兰卡，当时称师子国（也作狮子国）。法显回国途中在斯里兰卡住了两年，得到了许多佛经。东晋安帝义熙元年（405 年），师子国派遣使者送给晋安帝一座高达四尺二寸的玉制佛像，经过十年才运到中国。这座佛像的艺术价值很高。

## 3. 与东南亚各国的文化交流

三国时，吴国的康泰和朱应出使林邑（今越南中部）、扶南（今柬埔寨）等国，回国后，康泰著成《外国传》，朱应著成《扶南异物志》，记载了这些国家的经济和文化情况。各国还常派使者往来。

此外，我国与朝鲜、日本等国都有文化交流，在此不一一叙述。

# 第十章　封建统一国家的再建——隋代

## （公元 581—618 年）

隋代在继承北周统一中国北方的基础上统一了全国，结束了过去数百年分裂割据的状态，开创了全国再统一的新局面。所以，隋朝年代虽短，仅有 30 年，但却是一个承前启后的重要时期。

## 一、　隋代建立后的政治改革及其统一全国

### （一）隋代周

公元 578 年，周武帝病死，儿子宇文赟（读晕，周宣帝）继位。宇文赟于公元 580 年病死，其子宇文阐（周静帝）继位。时宇文阐只有 8 岁，由外戚杨坚（宇文赟妻父）为大丞相辅政。

杨坚的父亲杨忠，随魏孝武帝元修入关，尽力辅助宇文泰建立政权，受封为十二大将军之一，后升柱国，赐姓普六茹氏，晋爵隋国公。杨坚继承了父亲杨忠的隋国公爵号，历任大司马、大后丞等中央政府要职。其妻独孤氏是鲜卑大贵族八柱国之一独孤信的女儿，独孤信的另一女儿是周明帝宇文毓的皇后，所以杨坚和北周皇帝是联襟。同时，杨坚的女儿又是宣帝宇文赟的皇后，因此，杨坚又是北周另一皇帝的岳父。由此可见，杨坚不但是一个强有力的军事统帅，而且是皇亲国戚，享有很高的政治地位。

杨坚入宫辅助宇文阐时，独揽军政大权，大杀北周宗室诸王，于公元 581 年废掉宇文阐，改国号为隋，改元开皇，是为隋文帝。

### （二）巩固封建统治的政治改革

隋文帝取得政权后，进行了若干政治改革，以巩固他的政权。改革内容主要包括以下几方面。

（1）在职官方面，中央职官废去北周模仿《周礼》所置的六官，确立了三省六部制度。三省即尚书省、门下省、内史省。尚书省下分设吏、礼、兵、都官（后改为刑部）、度支（后改为户部）、工六部。每部设尚书，总管部务。此外，有御史台和太常、光禄、卫尉、宗正、太仆、大理、鸿胪、司农、太府等九卿（后有废置）。

在地方职官方面，初沿用北周的州、郡、县三级制。公元 583 年罢去郡一级，实行州、县两级制。这样裁汰了一些冗官，从而节省了一笔开支。关于官吏的任用方面，自北魏末年以来，州郡僚佐已多归吏部所授。隋朝则一概归封建中央任命，并每年由吏部考核优劣。此后还规定，州县的正官每三年一换，佐官四年一换，不能重任。这样，进一步加强了中央集权制。

（2）在府兵制方面，西魏、北周建立的府兵制是兵农分离的，隋文帝时下诏："凡是军人，可悉属州县，垦田籍帐，一与民同。"（《隋书·高祖纪》）这是要府兵军士与农民同隶属州县，一变过去兵民分治为兵民合治，即"兵农合一"。也就是将府兵制和均田制更好地结合起来，使之成为均田制上的军事制度。这样，不但加强了镇压人民的武装力量，而且将军事统率权集中到中央来，支持了中央权力的上升。

（3）建立科举制。隋文帝废去九品中正制，起初命诸州岁贡三人，开皇十八年（598 年），他命"京官五品以上、总管、刺史，以志行修谨、清平干济二科举人"（《隋书·高祖纪》）。这里明显地看出在走向科举制度。到隋炀帝"始建进士科"（《通典·选举典·历代制中》）。进士科的创置，标志着科举制度基础的奠定。科举制代替以前的九品中正制，打破了门阀大族把持选举的工作，削弱了地方士族的势力。这个制度的变革，不仅显示了封建皇权的上升和士族势力的衰弱，同时，也是庶族地主势力上升的标志。到唐代，科举制度进一步完备。

（4）在刑法方面，开皇三年（583 年）隋文帝制定了《开皇律》。《开皇律》计分《名例》《卫禁》《职制》《户婚》《厩库》《擅兴》《盗贼》《斗讼》《诈伪》《杂》《捕亡》《断狱》12 篇。为了缓和阶级矛盾，稳定隋朝政权，隋文帝曾除去一些酷刑，减省一些刑律。"蠲除前代鞭刑及枭首、轘裂之法"，"除孥戮相坐之法"（《隋书·刑法志》），并除去宫刑。

隋文帝的这些改革，促使中央集权得到进一步加强。这种加强中央集权的各项政治制度，是建立在南北朝以来社会、经济发展的基础之上的，反过来又促进了当时封建社会地主经济的发展。同时，这些改革体现出北朝的封建政治优越于南朝，为平定陈朝提供了有利条件。

同时，隋文帝在经济上亦采取了一些措施，如施行均田制，减轻徭役，"大索貌阅"，搜检户口，等等。这些措施都有利于隋朝的统一。这些措施下面再详细讲。

（三）统一全国

当时江南的陈朝是南朝中版图最小、国力最弱的国家。它直接管辖的户口不过 200 万，兵力不过 10 万（《隋书·高祖纪》《隋书·薛道衡传》）。而以后主陈叔宝为首的陈朝统治集团，过着荒淫无耻的生活，政治极端腐败，人民苦不堪言。陈后主时，建筑临春、结绮、望仙三阁，穷极侈丽，搞得府藏空虚。后主本人极端地"荒于酒色，不恤政事"，"妇人美貌丽服、巧态以从者千余人"（《南史·陈本纪》），经常是君臣妃嫔，夹坐赋诗，选出特别艳丽的篇章，谱成《玉树后庭花》（唐朝杜牧写《夜泊秦淮》："烟笼寒水月笼沙，夜泊秦淮近酒家。商女不知亡国恨，隔江犹唱后庭花。"）《临春乐》等新声，长歌酣饮，通宵达旦。陈朝的人民当然反对这样腐朽的集团，如江南人民"多唱王献之桃叶辞云：'桃叶复桃叶，度江不用楫，但度无所苦，我自迎接汝'"（《南史·陈本纪下》）。人民反对陈朝，有利于隋的统一。

开皇八年（588年），隋文帝下诏揭露陈后主罪恶20条，声言讨伐。派50万大军，八道出师，水陆并进。在隋军的大举进攻下，陈朝边将飞书告急，而陈朝君臣依然"奏伎纵酒，赋诗不辍"。陈后主还大言说："王气在此，齐兵三来，周师再来，无不摧败，彼何为者耶!"孔范也说："长江天堑，古以为限隔南北，今日虏军岂能飞渡耶! 边将欲作功劳，妄言事急。"（《资治通鉴·陈纪》）这样一个醉生梦死的统治集团，不亡何待? 开皇九年（589年），隋军渡江，很快攻下金陵。陈后主在隋军入城后才慌忙和张丽华等贵妃逃入景阳宫枯井内。隋军呼之不出，扬言要投石井中，陈后主这才和张丽华等贵妃缚在一起，被用绳子拉出来，投降了隋朝。长江上游的陈朝军队知道金陵已破，后主已降，也纷纷解甲投降，至此陈亡。隋朝从出兵到灭陈，前后不过4个月。隋灭陈后，计得州30，郡100，县400，户50万，口200万（《隋书·高祖纪》《通典·食货典·历代盛衰户口》）。隋朝统一的原因包括以下几方面：

（1）隋文帝统一中国是当时社会历史发展的必然趋势，是广大人民群众的迫切要求。因为分裂割据阻碍了南北经济、文化的交流和发展，经济、文化要得到发展，就必须打破这个障碍，统一南北。尤其是南北对峙，广大人民深受割据战争之苦，很多人流离失所，妻离子散，所以迫切要求统一。

（2）北方的农业经济在劳动人民长期的生产斗争和阶级斗争中得到恢复和发展，均田制的推行，在当时是有利于农业的恢复和发展的。因此，到隋朝时，北方农业的发展超过了南朝。这是隋朝统一全国的经济基础。

（3）北朝中央集权日益上升，特别是隋文帝推行了各种改革，进一步巩固了中央集权。尤其是府兵制的实行，加强了北朝的军事力量。

（4）隋代的政权，又掌握在以隋文帝为首的汉人地主阶级手中，南北对峙的民族矛盾已经消灭。

因此，统一全国的事业必然由隋朝来完成。我们必须看到这种历史发展的必然性，才是唯物的历史观。任何夸大隋文帝个人作用的论述，都是历史唯心主义的。当然，隋文帝顺应了这种历史发展的潮流，为统一做出了贡献，应给予历史的肯定。

## 二、 隋代的经济发展

隋代虽然只有短短的 30 年，但封建经济呈现出一个相当繁荣的局面，这是在南北朝社会经济发展的基础上的继续前进。这种社会经济的繁荣，是劳动人民创造出来的，"只有农民和手工业工人是创造财富和创造文化的基本的阶级"（《毛泽东选集》第 2 卷，第 15 页）。这个国家的强盛是建立在对人民的搜括和压榨的基础上的。

### （一）均田制下的农业

隋代沿用北魏以来的均田制，隋文帝和隋炀帝曾几次下令实行均田制。从农民的分地情况来看，依北齐的办法，一夫受露田 80 亩，妇女 40 亩，另有桑田或麻田 20 亩，合计 140 亩。奴婢依良人的办法受田。牛一头，受田 60 亩，限四牛。露田必须还受。永业田包括桑田和麻田，可传于子孙。

按法令规定的农民受田数，只是受田的最高限额，实际受田都不足。开皇十二年（592 年），京师长安附近和河南、山西一带地少人多，隋文帝派人四处均天下土地，"其狭乡每丁才至二十亩，老小又少焉"（《隋书·食货志》），说明农民得不到法定的土地。

农民耕地不足或很少，原因包括以下几方面：

首先是由于官僚地主占地太多，并且还掠夺农民的耕地。按均田制，官吏不仅可受永业田和职分田，还可拥有奴婢来受田。一个最高级的官吏，可受永业田 100 顷，职分田 5 顷，奴婢 300 人受田者，假定为 150 对夫妇，可受田 210 顷（每对以 140 亩计），合计为 315 顷，即 31500 亩。比一对农民夫妇受田 140 亩多 225 倍。官吏占有很多土地，隋文帝初年，官僚苏威建议减少功臣的土地，分配给人民，另一官僚王谊却反对说："百官者历世勋贤，方蒙爵土，一旦削之，未见其可。如臣所虑，正恐朝臣功德不建，何患人田有不足。"隋文帝听从王谊的话，未采纳苏威的建议（《隋书·王谊传》）。隋统治者不但不削减功臣的土地，反而大量赏赐他们田宅，如隋文帝两次赏赐给功臣杨素田 130 顷，隋炀帝赏给张衡田 30 顷。而且官僚们还大肆兼并农民的土地。如杨素"负冒财货，营求产业，东、西二京，居宅侈丽，朝毁夕复，营缮无已，爰及诸方都会处，邸店、水硙并利田宅以千百数，时议以此鄙之"（《隋书·杨素列传》）。

其次，封建国家并非将所有的官田荒地都拿出来进行还受分配。政府还占去大量的土地，实行屯田和营田。《隋书·食货志》载："帝乃令朔州（山西朔县）总管赵仲卿，于长城以北，大兴屯田，以实塞下。又于河西，勒百姓立堡，营田积谷。京师置常平监。"在屯田、营田的基础上，国家可以榨取到的比均田制上农民所交的租调还多，封建国家当然不会拿出这部分土地来均田。

由此看来，均田制并不均。农民无地少地的情况日趋严重。

但是，均田制在当时一定程度上是推行过的，并产生过积极的作用。旧史载杨素推荐荣毗为华州（陕西华阴市）长史，而"素之田宅，多在华阴，左右放纵，毗以法绳之，无所宽贷"（《隋书·荣毗列传》）。又如李圆通"判宇文述田以还民"（《隋书·李圆通列传》）。可见，均田制在一定程度上限制了地主贵族对土地的兼并和地方豪族势力的发展，有利于加强封建中央集权。

虽然均田制起过作用，但推动隋朝农业发展的是当时的农民阶级。从《隋书·地理志》中可以看到许多农民在辽阔的土地上努力耕种的记载。从西到东，从南到北，记载着人民"勤于稼穑""好尚稼穑""务在农桑""多重农桑""勤耕稼""务于农事""务稼穑"。"男子相助耕耘，妇人相从纺绩"（《隋书·公孙景茂列传》），正是农民辛勤耕织的写照。

农业的发展，也明显表现在耕地面积的扩大。《通典·田制下》说：

> 开皇九年（589年），任垦田千九百四十万四千二百六十七顷（原注说：隋开皇中，户约八百九十万七千五百三十六，按定垦之数，每户合垦田二顷余也）。……至大业中，天下垦田五千五百八十五万四千四十顷（原注说：按其时有户八百九十万七千五百三十六，则每户合得垦田五顷余，恐本史之非实）。

耕地的具体数字虽不准确，但耕地激增是可以肯定的。

## （二）搜括户口与人口增加

隋代政府为了掌握更多的纳税农民，采取了搜括户口的办法，把地方豪强荫占的农民和流亡他乡的农民转到封建国家手中。马克思曾说过："同一切君主的权力一样，封建主的权力不是由他的地租的多少，而是由他的臣民的人数决定的，后者又取决于自耕农的人数。"（《资本论》，1975年版第一卷，第785页）所以，历代封建统治者都十分重视搜括户口的工作。

南北朝时期，户口隐漏情况很严重。如北齐时"阳翟（河南禹县）一郡，户至数万，籍多无妻"。隋初，"山东尚承齐俗，机巧奸伪，避役惰游者十六、七。四方疲人，或诈老诈小，规免租赋"（《隋书·食货志》）。为了改变这种情况，隋朝施行三长制，严格阅实户口。隋朝的三长，在畿内为保长、闾正和族正，在畿外为保长、里正和党长。三长就是推行均田、劝课农桑、催驱赋役和检察户口的封建政权在农村中的基层组织。通过这个基层组织来大索貌阅和执行"输籍定样"（即输籍法）。

所谓"输籍法"，据《隋书·食货志》记载，是由政府规定划分户等的标准，根据户等高低定出负担定额，每年正月五日，由地方官到各地"依样定户"，根据人民财产情况确定户等。这个办法，使人民觉得做政府的"编户"，比做豪强的"荫户"所受的剥削轻，因而他们脱离豪强的荫庇。

所谓"大索貌阅"，《隋书·食货志》说：

> 高祖令州县大索貌阅，户口不实者，正长远配，而又开相纠之科。大功已下，兼令析籍，各为户头，以防容隐。于是计帐进四十四万三千丁，新附一百六十四万一千五百口。

就是搜括户口，人民体貌与户籍上年龄不符时，里正、党长流配远方。又悬赏令人民互相告发。还强迫亲属分居，自立户头，以防容隐。

隋代曾进行两次大规模的检察户口工作，一次是在开皇五年（585年），搜括出443000丁男，1641500口（《隋书·食货志》）。一次是在大业五年（609年），搜括出243000丁男，641200口（《隋书·裴蕴传》）。

由于搜括户口，隋朝的户口增加很快。据统计，隋文帝开皇初年，户数有660多万，人口2900多万；开皇九年（589年）隋灭陈，得户50万，人口200万。到隋炀帝大业二年（606年），户增为890万，人口为4600多万（《通典·食货·历代盛衰户口》）。

当然，户口的增加，除了由于搜括户口之外，也由于当时社会较为安定，人口的自然出生率也提高了。人口的增加，为农业增加了大批劳动力，政府掌握了大量人口，这是隋朝社会经济发展的重要基础。

### （三）政府广设仓窖

农民的辛勤劳动，创造了大量的物质财富。但是，农民的劳动果实却为隋朝政府所掠夺。政府为了转运和储藏从农民剥削来的大量的粮食和布帛，设置了许多仓窖。

据《隋书·食货志》载，政府向各地征收的粮食和布帛，"诸州调物，每岁河南自潼关，河北自蒲坂（今山西永济市东），达于京师，相属于路，昼夜不绝者数月"。因不能一次运到京师，又在卫州（今河南汲县）设置黎阳仓，在洛州（今洛阳）设置河阳仓，在陕州（今河南陕县）设置常平仓，在华州（今陕西华阴）设广通仓，"转相灌注，漕关东及汾、晋之粟，以给京师"。隋炀帝大业元年（605年）时，建筑东都洛阳，在宫城东又建筑了含嘉仓城；在宫城内右掖门街西设子罗仓（杜宝：《大业杂记》，《指海》本）。次年"置洛口仓（亦名兴洛仓）于巩（今河南巩义市境）东南原上""置回洛仓于洛阳北七里"（《资治通鉴·隋纪·炀皇帝上之上》）。所有这些仓窖，都储存着大量的粮食，正所谓"资储遍于天下"。据《通典·食货典·丁中》说：长安的太仓，洛阳的含嘉仓、洛口仓（在今河南巩义市），华州的永丰仓，陕州的太原仓，"储米（大米）、粟（小米）多者千万石，少者不减数百万石"。到隋文帝末年时，"计天下储积，得供五六十年"（吴兢：《贞观政要·辩兴亡》）。一直到隋末，东都的布帛还是堆积如山，太原的粮储可支十年。隋朝库藏之多，前所未有。

关于隋代的仓窖，1971 年河南省考古工作者对含嘉仓进行了发掘，对这个仓窖的储粮和粮窖结构情况有所了解（《洛阳隋唐含嘉仓的发掘》，《文物》1972 年第 3 期）。含嘉仓是隋炀帝大业元年（605 年）营建东都（洛阳）时建造的。已经探出粮窖 259 个，重点发掘了 6 个。其中一个窖（160 号）的储量在 50 万斤左右，而这个窖还不是最大的。在现场中看到 1300 多年前的谷子都已经碳化。这是封建统治者吞噬劳动人民血汗的铁证。

隋代政府掌握着这么多的财富，但是劳动人民却过着牛马不如的生活。遇到饥荒时，仓窖里的粮食都腐烂了，农民也吃不到自己生产的粮食。如开皇十四年（594 年），关中大旱，民饥，只有豆屑和杂糠，还吃不饱，隋文帝也不开仓赈济，而叫人民到洛阳"就食"（《资治通鉴·隋纪·开皇十四年纪事》）。所以，唐太宗李世民批评他"不怜百姓而惜仓库"（《贞观政要·辩兴亡》）。

一方面是仓库充实，另一方面是饥寒交迫。这就是一幅阶级对立的画卷。

### （四）手工业和商业的发展

隋代农业的发展，为工商业的发展开创了前提。南北的统一，大运河的开凿，消除了过去经济交流的障碍，促进了手工业和商业的发展。

#### 1. 手工业

隋袭前代制度。手工业主要控制在官府手中，政府设置专门机构，统管工匠，制造产品。隋文帝时封建中央设有太府寺，统管左藏、左尚方、内尚方、右尚方等官署，这些官署掌握着许多重要的手工业部门。隋炀帝大业三年（607 年），朝廷从太府寺内分出少府监，统左尚、内尚、右尚等官署。天下百工由太府监总统，如开皇初苏孝慈任太府卿，"于时王业初基，百度伊始，征天下工匠，纤微之巧，无不毕集。孝慈总其事，世以为能"（《隋书·苏孝慈列传》）。由此可见隋政府掌握工匠数量之多。这些官府工匠是推动官府手工业发达的主力军。但他们却受到残酷的役使，过着悲惨的生活。

（1）丝织业：颇发达。相州所产绫纹细布非常精美。四川的蜀郡（今成都市），"人多工巧，绫锦雕镂之妙，殆侔于上国"（《隋书·地理志》）。

（2）造船业：隋平陈时在永安所造的五牙大战船和黄龙战船，炀帝游江都（今扬州市）时所造的龙舟、翔螭舟、浮景、漾彩、朱鸟、苍螭、白虎等船，不但船身高大，有的高 45 尺，长 200 尺，起楼四层，而且制作精巧，雕刻奇丽。江南一带是造船业最发达的地方，隋文帝于开皇十八年（598 年）下诏说："吴越之人，往承敝俗，所在之处，私造大船，因相聚结，致有侵害。其江南诸州，人间有船长三丈以上，悉括入官。"（《隋书·高祖纪下》）这个诏令说明封建政府企图压制人民的反抗斗争，垄断民间造船业，也说明江南地区造船业的发达。

（3）瓷器制造业：以制造青瓷为主，但陕西西安发掘的隋朝大业四年（608 年）李静训墓和大业六年（610 年）姬威墓中，都出土了白瓷瓷器，如鸡首壶、双龙把手瓶和双耳扁壶等（《新中国的考古收获·隋唐部分》）。我们知道，唐朝时白瓷已成为日常通用器皿，而在隋朝，就已用作随葬品了。

（4）建筑业：大业年间石匠李春在河北的赵州造了一座石拱桥——安济桥，桥身石拱跨度大（37.37 米），坡度小，便于车马通行。栏板雕刻十分精细。大拱（券）两端的上方各有两个小拱（叫敞肩拱），既可减轻桥身的重量和桥基的压力，还可以在洪水暴发时增大排水面积，减小水流压力。这座桥直到今天还保存着，横跨在洨（洢）水上。卓越的建筑技术，使它在世界建筑史上占有重要的地位。它是世界上现存最早的一座敞肩石拱桥，欧洲在 14 世纪才出现这种桥。

### 2．商业

隋代的商业是有所发展的。隋朝统一货币，改铸新五铢钱；统一度量衡。开皇时，朝廷规定以古尺一尺二寸为一尺，以古斗三升为一升，以古称三斤为一斤（《隋书·律历志上》），并以"铜斗铁尺，置之于肆，百姓便之"（《隋书·赵煚传》）；同时，修治道路，设置驿舍或草顿，以便行旅，特别是大运河的开通，对发展交通和繁荣商业，起了重大作用。

商业的发达表现在商业都市的繁荣上。如四川的蜀郡（成都），江南的宣城、毗陵（今江苏常州市）、吴郡、会稽、余杭、东阳、豫章、南海（广州）、荆州，关中的岐州（今陕西凤翔县），河南的蔡州（今河南汝南县）等都是商业繁华的地区和城市。

特别是东、西二京，是当时最大的商业都市。西京长安有东、西二市，东市名都会，西市名利人，因系国都所在，"俗具五方，人物混淆，华戎杂错。去农从商，争朝夕之利；游手为事，竞锥刀之末"（《隋书·地理志上》）。东京洛阳有三市，东市名丰都，南市名大同，北市名通远，这三市商业尤其发达。如通远市周围六里，"其内郡国舟船、舳舻万计"；"丰都市周八里，通门十二，其内一百二十行，三千余肆。荟宇齐平，遥望如一，榆柳交阴，通衢相注。四壁有四百余店，重楼延阁，互相临映，招致商旅，珍奇山积"（《大业杂记》，参阅《太平御览》卷 191《市》）。国内边疆少数民族和外国商人曾请入丰都市交易，《资治通鉴》卷 181《隋纪五·炀皇帝上之下》有一段记载：

诸蕃请入丰都市交易，（炀）帝许之。先命整饬店肆，檐宇如一，盛设帷帐，珍货充积，人物华盛，卖菜者亦借以龙须席。胡客或过酒食店，悉令邀延就坐，醉饱而散，不取其直，绐之曰：“中国丰饶，酒食例不取直。”胡客皆惊叹。其黠者颇觉之，见以缯帛缠树，曰：“中国亦有贫者，衣不盖形，何如以此物与之，缠树何为？”市人惭不能答。［〔宋〕司马光编著、〔元〕胡三省音注：《资治通鉴》第 6 册，中华书局 1956 年版，第 5649 页］

从这里可以看出洛阳商业的繁荣。

长安、洛阳和南海（广州）不仅是国内商业大都市，也是当时国际商业大都市。隋朝对边疆少数民族和国外的商业，主要分西北陆路和东南海上两路。为了发展西北陆路上的贸易，隋炀帝曾派裴矩驻于张掖（今甘肃张掖县），主持对西域少数民族和西方各国的商业。《隋书·食货志》说：“又以西域多诸宝物，令裴矩往张掖，监诸商胡互市，啖之以利，劝令入朝。自是，西域诸蕃，往来相继。”裴矩写成《西域图记》三卷，记述这一带的风俗、山川和物产等。东南海上以广州为重点，外商多聚集于此，外出者亦多从此出发。

隋代的商业管理机构，在内地都市设有市署，长官为市令。对少数民族和国外贸易，设置交市监机构，有监和副监。隋炀帝时在鸿胪寺下，置东夷、西戎、南蛮、北狄使者各一人，“掌其方国及互市事”。使者之下，“监府掌其贡献财货。监置掌安置其驼马船车，并纠察非违。互市监及副，掌互市。参军事出入交易”（《隋书·百官志下》）。

### （五）营建东都和开凿运河

隋代在社会经济发达的基础上，进行了不少巩固封建政权的工作，营建东都和开凿运河就是这种工作之一。

隋炀帝即位之后，就下诏营建东都洛阳，从仁寿四年（604 年）到大业二年（606 年）初建成，约经过一年的时间，东都建成。城分为宫城、皇城和外郭城。宫城是宫殿所在处，皇城是文武官司所在处，外郭城就是大城或称罗城，是官吏私宅和百姓所住处。东都洛阳建成后，不仅成为隋炀帝时的政治中心，而且是当时的经济中心。

营建东都和开凿运河，其原因都是一样的。从政治上来说，都是为了便于对关东和江南地区的控制，更本质地说是为了镇压各地人民的反抗斗争，因为人民群众反隋斗争连绵不断。如开皇十七年（597 年），桂州（今广西桂林市）人李光仕起义。被镇压后，接着又爆发了李世贤的反抗斗争。开皇二十年（600 年），李英林起兵于熙州（今安徽安庆市）。次年，潮州等五州獠民纷起抗隋。人民反抗斗争此伏彼起，而隋朝却因“关河悬远，兵不赴急”。营建东都和开凿运河便于镇压人民。

从经济上来说，因为关中物资不足以供应统一后隋代中央政府机构的需要，洛阳位置适中，转运财物比较便利。而中国南方经过六朝时劳动人民的辛勤劳动，已经成为富庶的地区。这里的"鱼盐杞梓之利，充仞八方，丝绵布帛之饶，覆衣天下"（《宋书》卷54《传论》）。需要转运南方的粟米、布帛以供应关中。如果采用陆路运输，则运费太高；水路则海运还不发达，又无贯通南北的自然河流。利用旧河道开通运河是当时最好的办法，所以要开凿运河。

开凿运河的工程分四段进行：①大业元年（605年）开通济渠（洛阳—盱眙），接通了由洛阳到淮水的水道；②同年凿山阳渎，称为"邗沟"（山阳—京口）。自山阳（今江苏淮安）引淮水，经江都（扬州）至扬子（江苏仪征）入长江；③大业四年（608年）修永济渠，把洛阳和涿郡（今北京）连接起来；④大业六年（610年）挖江南河，使船只由京口（今镇江）可以直达余杭（今杭州）。这条由以上四段组成的大运河长4000里，以洛阳为中心，南起余杭，中经江都，北到涿郡，贯穿南北，大大地便利了经济文化的交流，进一步加强了南方和北方的政治联系。杜佑在《通典》卷177《州郡典·河南府》中说："通济渠，西通河洛，南达江淮，炀帝巡幸，每泛舟而往江都焉。其交、广、荆、益、扬、越等州，运漕商旅，往来不绝。"足见运河开通对经济、文化的交流作用之大。

东都和运河主要是劳动人民创造的，是劳动人民血汗和智慧的结晶。例如建东都时，朝廷每月役使丁匠200万（《大业杂记》）。开通济渠时，征调了河南、淮北100多万名人民；疏通邗沟时，调发了淮南10多万名人民；开永济渠时，调发了河北100多万名人民。因此，封建统治者即便是在进行对发展经济具有积极意义的工作，也是通过残酷役使人民的方式来进行的。所以在经济发展过程中，阶级矛盾也日益尖锐化。

## （六）隋代对边疆各族关系的加强

### 1. 进一步密切台湾和大陆的联系

台湾自古以来是中国的领土，台湾在汉、魏时称为东鳀或夷州，在隋唐时称为流求。隋时台湾与大陆的往来更加密切。台湾土地肥沃，物产丰饶。据《隋书·流求传》说，物产"同于江表。风土气候，与岭南相类"。大业三年（607年），隋炀帝派羽骑尉朱宽和海师（水手）何蛮到达这里。次年，朱宽又来进行"慰抚"。大业六年（610年），隋炀帝派武贲郎将陈棱和朝请大夫张镇周，"发东阳兵万余人，自义安泛海，击流求国，月余而至"。从义安（今广东潮州）出海，经高华屿、鼋鼊屿（均属澎湖列岛），到达流求，"流求人初见船舰，以为商旅，往往诣军中贸易"。最后隋军击败流求国，"虏男女数千而归"（《隋书·陈棱列传》）。从此以后，大陆人民到台湾定居的更多。到唐朝时，台湾（流求）

归岭南节度使所管辖。

### 2．对吐谷浑的关系

在今青海、新疆南部一带居住着吐谷浑人。吐谷浑，统治者是辽西鲜卑族徒河涉归的子孙，被统治的人民则为羌族。他们以畜牧业为生，兼营农业。首领到魏、周之际始称可汗，都于伏俟城，在青海西 15 里。南北朝时，吐谷浑与南北都有经济和政治的联系，也常发生战事，互相攻击。

隋文帝初立时，吐谷浑统治者曾乘机进扰，到隋文帝统一南北后，势力强大，吐谷浑才不敢再来骚扰。开皇十一年（591 年），吐谷浑统治者夸吕（或作吕夸）去世，其子世伏立。隋文帝曾以光化公主嫁与世伏。开皇十七年（597 年），世伏被部下所杀，其弟伏允立，仍以光化公主为妻，"自是朝贡岁至"（《隋书·吐谷浑传》），双方的关系日趋亲密。到隋炀帝时，为了从边疆少数民族那里取得更多的珍宝财物，炀帝接受裴矩的建议，加强对西域的联系和经营。而吐谷浑处于内地到西域的中途，要取得与西域的联系，必须解决吐谷浑问题。因此，隋炀帝于大业五年（609 年）派观王杨雄和宇文述等大败吐谷浑，隋炀帝本人也亲临前方。结果降伏吐谷浑部众 10 万余人，得六畜 30 余万头，伏允逃奔于山谷中。于是隋朝在吐谷浑故地设置了河源（今青海南境）、西海（今青海湖西岸）、鄯善（今新疆罗布泊西南）、且末（今新疆且末县）四郡，并调发罪人为戍卒，大开屯田，并运粮来供应，以捍卫到西域的商路。自此以后，不少吐谷浑人民与汉人杂居，共同开发这一带，两族人民亦日趋融合。

### 3．进一步密切和西域的关系

隋代时内地和西域的交通和商业文化关系比以前更发达了。

隋炀帝时就派裴矩驻于张掖，以主持和西域的联系及商业交通事宜，当然也兼管与西方各国的通商往来。大业中，西域地方"相率而来朝者四十余国，因置西戎校尉，以应接之"（《北史·西域传序》）。西域和内地的联系和经济文化交流日趋频繁，"西域诸蕃，往来相继"（《隋书·食货志》）。到长安、洛阳经商的西域商人很多，隋炀帝曾在洛阳端门街盛陈百戏，给西域商人和酋长们看。其中高昌王麴伯雅在大业四年（608 年）就遣使到隋朝；次年，又亲自到隋朝，娶隋朝华容公主为妻。随着西域与内地关系的日益密切，不少西域的音乐传入内地；而内地的工艺品如丝绸以及大量汉族的文化典籍，也传入西域各处。

在裴矩的《西域图记》序言中，记载着以敦煌为总出发点，到地中海东岸的三条大道。敦煌是由内地到西域的咽喉，而伊吾（今新疆哈密市）、高昌、鄯善则分别为三条大道的起点：

北道——在天山北路，由伊吾经蒲类海、铁勒等部而至西海。

中道——即天山南路的北道，由高昌、焉耆、龟兹等地而至西海。

南道——即天山南路的南道，由鄯善、于阗（今和田）、朱俱波等地而至西海。

其中中道和南道越过葱岭后分别到达波斯（今伊朗）和拂菻（即古代罗马帝国）等西亚、欧洲各国，是历史上有名的"丝绸之路"。所以，隋时内地和西域的关系密切，促进了中国和西亚、欧洲各国的经济文化交流和友好关系。

从以上几方面来看，隋朝统一中国后，由于有一定的和平稳定环境，由于南北经济的联系，由于人民的辛勤劳动，在前代经济发展的基础上，隋朝的农业、手工业和商业都有所发展，隋朝国力日渐强盛，和边疆各族的关系也进一步密切。但是到隋炀帝时，社会的阶级矛盾和斗争日益激化，导致了隋朝的灭亡。

## 三、 隋末农民大起义和隋朝的灭亡

### （一） 以隋炀帝为首的残暴统治

隋炀帝杨广是隋文帝的次子。他靠玩弄阴谋和两面派手段夺得了太子的位置，废黜了合法的太子杨勇。仁寿四年（604 年），杨广趁隋文帝病重，派部下张衡入宫杀文帝，"血溅御屏，冤痛之声闻于外"（《资治通鉴·隋纪四·高祖文皇帝下》注引马总《通历》），然后登上帝位。

隋炀帝是中国历史上出名的奢侈昏君，他即位后，任意挥霍，征发大量人力从事繁重的劳役，又发动对外侵略战争，引起了全国农民大起义。

#### 1. 大兴土木

隋炀帝一上台就征发民工，大兴土木。上面提到的营建东都洛阳，每月役使丁夫 200 万人。建东都筑西苑时，需要大木柱，于是往江南采大木，运往东都，所经州县，都要民夫往返递送，运者络绎于路，千里不绝，每根大柱须两千人共拽（《贞观政要·论纳谏》）。又勒令天下诸州，进贡草木、花果、奇禽、异兽到西苑。西苑是隋炀帝在东都西郊所建的大花园。《资治通鉴》卷180《隋纪四·高祖文皇帝下》记载了西苑的豪侈情况：

> 五月，筑西苑，周二百里。其内为海，周十余里，为方丈、蓬莱、瀛洲诸山，高出水百余尺，台观殿阁，罗络山上，向背如神。海北有龙鳞渠，萦纡注海内。缘渠作十六院，门皆临渠，每院以四品夫人主之，堂殿楼观，穷极华丽。宫树秋冬凋落，则剪彩为华叶，缀于枝条，色渝则易以新者，常如阳春。沼内亦剪彩为荷芰菱芡，乘舆游幸，则去冰而布之。十六院竞以殽羞精丽相高，求市恩宠。上好以月夜从宫女数千骑游西苑，作《清夜游曲》，于马上奏之。

仅仅这个西苑，就不知搜括多少人力和财力。

通济渠修通后，隋炀帝第一次带领一二十万人，乘船游江都，"舳舻相接，二百余里，照耀川陆。骑兵翊两岸而行，旌旗蔽野。所过州县，五百里内皆令献食，多者一州至百舆，极水陆珍奇，后宫厌饫，将发之际，多弃埋之"（《资治通鉴》卷180《隋纪四·高祖文皇帝下》）。他不断到各地巡游，还征发大批民工修驰道，筑长城，修离宫。无止境的徭役，使"天下死于役而家伤于财"（《隋书·食货志》）。开凿运河时征发民夫及死亡者更多。唐人传奇《开河记》说开通济渠和疏通邗沟时，发丁夫360万人，开到徐州附近时，已经少去350万人，"死尸满野"。数字未必正确，但死亡之多，确实惊人。为了避躲徭役，农民往往自残肢体，称为"福手""福足"（《资治通鉴》卷196，贞观十六年七月纪事）。

### 2. 发动侵略高丽的战争

隋炀帝时期发动了三次侵略高丽的战争。第一次是在大业八年（612年），分水、陆两路进攻高丽。陆路计分24军，从涿郡出发，由左翊卫大将军宇文述和右翊卫大将军于仲文率领，精兵30多万；水路由右翊卫大将军来护儿统率，从东莱（今山东莱州市）出发，浮海而进，船只相接数百里。遇到高丽人民的坚决抗击，隋军大败于萨水。《资治通鉴》卷181《隋纪五·炀皇帝上之下》记载了萨水之败："初，九军渡辽，凡三十万五千，及还至辽东城，唯二千七百人。资储器械巨万计，失亡荡尽。"第二次进攻高丽是在大业九年（613年），命大将军宇文述和杨义臣等进趋平壤，来护儿仍统水军从东莱出发。这时，隋朝不但国内有农民起义，而且统治集团内部也发生了分裂，大贵族杨素之子、礼部尚书杨玄感起兵于黎阳，进围东都。隋炀帝吓得手忙脚乱，赶快撤军。第二次进攻再告失败。第三次是在大业十年（614年），来护儿在平壤附近取得小胜，高丽因隋朝的屡次侵扰，也很困弊，送还去年逃亡其国的隋臣斛斯政，遣使议和。隋炀帝看到这时已无力进攻，只好借此收兵。

三次战争给人民造成的苦难，比大兴土木还要深重。大业七年（611年），为了准备这场战争，征发工匠在东莱海口造船三百艘，"诸州役丁，苦其捶楚，官人督役，昼夜立于水中，略不敢息。自腰以下，无不生蛆，死者十三四"（《隋书·元弘嗣传》）。河南、淮南和江南的老百姓，被差派修造兵车五万辆，送到河北高阳，江、淮以南的人民被迫自带船只，把黎阳仓、洛口仓的粮食送到涿郡。山东的农民被征调用牛车向边镇送米，由于路途遥远，一去就不得回来。牛车征完了，又征人力小车，二人共推一车，载米只有三石，运不到目的地，米就吃完了。频繁的征发使几十万民夫、士兵经常在路上往返，昼夜不息，途中病死者，尸体相枕藉，"臭秽盈路"（《资治通鉴》卷181，大业七年七月纪事）。劳动力征走了，农村自然就"耕稼失时，田畴多荒"（《资治通鉴》卷181，大业七年十二月纪事）。社会经济遭到严重的破坏。

由于苛暴的徭役和残酷的榨取搜括，人民无以为生，"父母不保其赤子，夫妻相弃于匡床"（《旧唐书·李密传》）。遇到天灾，死者更多。在这种情况下，社会经济几乎陷于停顿，故杨玄感起兵后，给民部尚书樊子盖的信说："黄河之北，则千里无烟，江淮之间，则鞠为茂草。"（《隋书·杨玄感列传》）当时无论农村还是城市，都遭受了严重的破坏，"万户则城郭空虚，千里则烟火断灭"（《旧唐书·李密传》）。人民吃着全无，只有吃树皮、树叶、草根、土浆。人民只有起义，推翻隋朝的黑暗统治，才能找到生路。正如毛泽东所说："中国人民是不能忍受黑暗势力的统治的，他们每次都用革命的手段达到推翻和改造这种统治的目的。"（毛泽东：《中国革命和中国共产党》，《毛泽东选集》第 586 页）

## （二）农民大起义推翻了隋代

### 1. 大起义的爆发和发展

以隋炀帝为首的隋代的暴政，激起了农民的起义。大业七年（611 年），当隋炀帝正在准备对高丽发动侵略战争时，王薄在长白山（今山东邹平、章丘市境内）举起了起义的旗帜。他自称"知世郎"，作了一首《无向辽东浪死歌》，鼓动农民反对进攻高丽。歌词是这样的：

> 长白山前知世郎，纯著红罗锦背裆，长稍侵天半，轮刀耀日光。上山吃獐鹿，下山吃牛羊。忽闻官军至，提刀向前荡，譬如辽东死，斩头何所伤！
> （杨慎：《古今风谣》题作《隋大业长白山》）

据《资治通鉴》卷 181 记载："避征役者，多往归之。"王薄登高一呼，天下云集响应。当时河北、山东一带起义响应者有以下几支：鄃（今山东夏津县）人张金称，蓨（今河北景县境）人高士达，相继起义。刘霸道起兵于豆子坑（今山东惠民县境），远近多来投依，部众十多万，号称阿舅军。漳南人孙安祖，因山东大水灾，其家"为水所漂，妻子馁死"（《旧唐书·窦建德传》），隋朝地方官还强迫他去当兵打高丽，因此他刺杀县令获得同县人窦建德的帮助，起义于高鸡泊（今山东平原县）。窦建德因为帮助过起义军，全家均被隋朝官吏杀害，故不久也参加起义。起义纷起，或数千人，或数万人、十多万人，声势日益浩大。

为什么大规模的农民起义首先爆发于山东地区（指太行山以东广大地区，包括今山东、河北、河南的一部分）？原因包括：①由于北朝以来这里是崔、卢、李、郑四大姓等大士族的根据地，对农民的剥削非常厉害，这里士族地主和农民的阶级矛盾一直很尖锐。②这一带严重的灾荒，如大业七年（611 年），山东、河南大水灾，漂没了 30 多郡，迫得这里的农民无法生活。③隋炀帝将这里作为进攻高丽的人力物力供应基地，这一带农民受害特别重，所以反抗也特别激烈。可以说，侵略高丽之役是起义首先爆发于山东的导火线。

自从山东农民军奋起反抗，各地风起云涌，义旗遍于南北。在这种情况下，统治阶级内部发生了分裂，其标志是大业九年（613 年）隋炀帝发动第二次进攻高丽时，隋朝大贵族杨素之子、礼部尚书杨玄感起兵黎阳，进围东都。杨玄感率众誓师说："我身为上柱国，家累巨万金，至于富贵，无所求也。今者不顾破家灭族者，但为天下解倒悬之急，救黎元之命耳。"（《隋书·杨玄感列传》）许多贵族官僚的子弟，如观王杨雄的儿子杨恭道、虞世基的儿子虞柔、来护儿的儿子来渊、韩擒虎的儿子韩世咢等，计有 40 多人，都加入了杨玄感的军队中。光禄大夫赵元淑、兵部侍郎斛斯政，都和杨玄感通谋。所以，杨玄感的起兵属统治集团的大分裂，也给隋朝政权以一定的打击。统治集团的分裂，为农民起义军的发展提供了有利条件。

自此以后，各地起义持续高涨。南到岭南，北到长城内外，西越陇右，东抵沧海，到处都是起义的熊熊烈火。起义军以汉族为主体，也包括少数族如离石刘苗王等的起义。特别是在灵武（今宁夏灵武西南），有由白瑜婆领导的起义，他们转战于甘肃西部一带；在平凉郡（今甘肃固原），有由"奴贼"领导的起义。这些被统治阶级污蔑为"奴贼"的人，是居住在甘肃一带的牧马的少数族（姜伯勤：《隋末奴军起义试探》，《历史研究》1963 年第 4 期）。

### 2. 大起义中几支重要的起义军

大业十二年（616 年）以后，在农民起义发展到高潮时，分散的起义军逐渐汇合成几支强大的队伍：一为翟让、李密领导的瓦岗军；二为窦建德领导的河北起义军；三为杜伏威、辅公祏领导的江淮义军。

（1）瓦岗军先由翟让领导，起义于河南滑县南的瓦岗寨。这支义军特别勇骁善战，活动于郑州、商丘一带。又接受徐世勣的建议，截取运河中官商船运，取得大批资粮，兵势大振，众至万人。附近的小股起义军如王当仁、王伯当、周文举、李公逸等，都联合到瓦岗军中来。

大业十二年（616 年），经王伯当的引荐，曾经参加杨玄感兵变的破落贵族李密参加了瓦岗军。接着，翟让在荥阳的大海寺消灭了隋朝在中原的反动主力军队，击毙了隋军河南道十二郡讨捕黜陟大使张须陀，瓦岗军声势大振。次年，瓦岗军攻克隋朝重要粮仓河南巩县兴洛仓，获得大量粮食，于是"开仓恣人所取，老弱襁负，道路不绝，众至数十万"（《旧唐书·李密传》），得到农民的热烈拥护，队伍更加壮大。接着瓦岗军继续击破隋军，夺取了回洛仓和黎阳仓以及金墉城（今洛阳市东）、偃师等地，形成了对隋朝东都洛阳的包围。河北、河南和淮水流域的十几支起义军都来加入瓦岗军，瓦岗军发展成为拥有几十万人的强大武装力量。这时，瓦岗军发布了讨伐隋炀帝的檄文，指出他的罪过是"罄南山之竹，书罪无穷；决东海之波，流恶难尽"(《旧唐书·李密列传》)。吓得隋炀帝躲在江都，"不敢还都"(《隋书·宇文化及列传》)。在这样的大好形势下，贵族出身的李密杀害了翟让，造成瓦岗军内部的分裂，一步一步将起义军引向失败。后来李密投降了唐朝。

(2) 窦建德领导的河北起义军。窦建德曾经参与孙安祖领导的高鸡泊起义军的组织工作，大业十二年(616年)张金称、高士达等战死后，他召集余部，转战于河北中部，兵力发展到十几万人。大业十三年(617年)，瓦岗军进攻洛阳，隋炀帝令涿郡留守薛世雄带领幽、冀精兵3万南下，妄图镇压瓦岗军。后在河间县(今河间市)遇窦建德领导的起义军，双方发生激战。窦建德设伏于河间县南水泽中，趁大雾袭击了薛世雄，隋军被击毙万余人，薛世雄率数十骑狼狈逃回。这次大胜利，既解除了瓦岗军北顾之忧，又消灭了隋朝在河北的反动主力，河北大部分为窦建德义军所有。公元618年，窦建德称"夏王"，建国号"夏"。次年初，窦建德大败宇文化及于聊城。不久，攻克洺州(今河北邯郸市永年区)，因而迁都洺州。

窦建德自起义以来，始终保持劳动人民的本色，"每平城破阵，所得资财，并散赏诸将，一无所取。又不啖肉，常食唯有菜蔬脱粟之饭。其妻曹氏，不衣纨绮"(《旧唐书·窦建德传》)。他"劝课(奖励)农桑"，使得夏政权"境内无盗，商旅夜宿"(《资治通鉴》卷187，武德二年二月纪事)。但是，起义军中混进来的隋朝官吏和地主阶级的士人日益增多，窦建德受封建意识的影响和腐蚀也日益加深，结果战败，被唐朝所俘，壮烈牺牲。河北一带人民为了纪念他，建立庙宇来祭祀他(见《全唐文》卷744，殷侔：《窦建德碑》)。他的部下刘黑闼继续起义反抗唐朝。

(3) 杜伏威、辅公祏领导的江、淮起义军。杜伏威，山东章丘人，大业九年(613年)参加长白山起义军，后转战淮南。大业十三年(617年)，隋炀帝看到江淮起义军力量日益强大，就派大将陈稜前去镇压，被起义军打得大败。于是起义军破高邮，据历阳(今安徽和县)，分遣义军攻取郡县，江淮间小股起义军多来归附，成为江、淮一带一支重要的起义力量。第二年，起义军渡江进据丹阳(今江苏南京市)。义军占据丹阳后，"尽有江东、淮南之地，南接于岭，东至于海"，"大修器械，薄赋敛，除殉葬法，其犯奸盗及官人贪浊者，无轻重，皆杀之"(《旧唐书·杜伏威传》)。这些措施是真正代表农民阶级的利益的。后来，杜伏威受唐朝高官厚爵诱引前往长安，被封为吴王、尚书令，背叛了起义军。辅公祏继续起义，后被唐朝暗害。

从王薄领导的长白山起义，到全国各地燃烧着起义的熊熊烈火，最后汇合成三支起义大军，从根本上打垮了隋代的腐朽统治。隋朝的一些官僚为了个人的野心和地位，乘机起兵割据，窃取起义军的胜利果实。这些割据势力主要有：朔方（今陕西横山）鹰扬郎将梁师都、马邑（今山西朔县）鹰扬府校尉刘武周、金城（今兰州）府校尉薛举、武威鹰扬府司马李轨、梁室后裔罗川（今湖南湘阴东北）令萧铣等，后来创建唐帝国的李渊父子起兵于太原，并很快占领了西京长安。

### 3. 隋代的灭亡

由于农民起义的发展以及隋代官僚的乘机割据，大业十三年（617年）底，隋代只占有江都、洛阳两个据点了。时隋炀帝在江都，大业十四年（618年）三月，江都粮尽，随从隋炀帝的卫士多是关中人，他们"莫不思归，人人耦语，并谋逃去"（《隋书·宇文化及传》）。在这种情况下，虎贲郎将司马德戡、元礼和直阁裴虔通等人推右屯卫将军宇文化及为首，利用卫士的怨愤情绪，打入宫中，用巾带勒死隋炀帝。隋炀帝死后，唐高祖李渊就在长安称帝。农民大起义的伟大力量，终于推翻了隋朝的腐朽统治。隋朝从公元581年到618年，一共统治了38年。

### 4. 大起义反封建斗争的伟大历史作用

隋末农民战争推翻了隋朝的腐朽统治，严重地打击了封建统治，调整了封建生产关系，推动了社会生产力的发展。

（1）从打击封建统治来说，起义军不但推翻了隋炀帝的腐朽政权，而且"得隋官及士族子弟皆杀之"（《资治通鉴·隋纪·炀皇帝下》）。如有名的士族颜之推的儿子颜愍楚，以及陆从典、路文逸等，都被起义军所镇压。特别是山东士族，所受的打击更为沉重，他们"才行衰薄，官爵陵替（衰败）"（《资治通鉴》卷195，贞观十二年正月），"名虽著于州间，身未免于贫贱。"（《唐会要》卷83《嫁娶门》）打击了士族势力，影响了唐朝时地主阶级内部的阶层升降以及唐朝科举制度的发展。在打击士族的同时，也冲击了封建统治的思想意识。所谓"经籍道息""五礼六乐，蔚焉煨烬""学者凋丧，儒教凌迟"（《册府元龟》卷597《学校部·选任》），就是当时情况的写照。

（2）从调整封建的生产关系、推动社会生产力向前发展方面来看，大起义的作用主要表现在镇压了一批官僚士族，夺回了部分土地，推动了农业生产的发展。奴隶参加起义，挣脱了奴婢身份；同时有力地打击了当时残酷的徭役制度。这些作用，在唐朝的均田制和赋役制度上反映出来。例如，唐朝没有奴婢受田的规定，一般妇人不受田，也不负担赋役，输庸代役也成为一般的制度了。同时，多少改变了农民的依附关系。两晋南朝时按官品占田，占田和荫客紧密地连在一起。隋以前的均田制，奴婢依其主子受田，田和奴婢也是紧密相连的。唐朝的均田制就没有这种规定，而出现另一种现象，即租佃制度在发展。租佃制的发展，说明了农民依附关系的松弛。这正是农民起义斗争的成果。

自魏晋南北朝以来，士族势力是最黑暗、最反动的势力。隋末农民战争给这种腐朽的反动势力以彻底的扫荡，他们的政治地位和经济力量一蹶不振。从此，中国封建社会进入一个新的繁荣发展时期。"在中国封建社会里，只有这种农民的阶级斗争、农民的起义和农民的战争，才是历史发展的真正动力。"（毛泽东：《中国革命和中国共产党》，《毛泽东选集》第 588 页）隋末农民战争在中国历史上写下了光辉灿烂的一页。

　　（3）给唐初统治者以深刻的教训，以隋亡为戒，出现了唐初"贞观之治"景象。

# 第十一章　封建经济文化繁荣的唐代

## （公元 618—907 年）

　　隋末农民大起义推翻了隋代的黑暗统治，但是大起义的胜利果实却被大贵族、大官僚李渊和他的儿子李世民所窃取，他们把大起义当作改朝换代的工具，建立了唐代。唐代在中国历史上是一个十分重要的朝代。唐代前期，鉴于隋末农民起义的教训，统治者在政治上、经济上都进行了一些改革，以缓和阶级矛盾，巩固其统治。所以，唐代前期的社会经济得到高度的发展，中央集权得到巩固。但到了唐玄宗后期，政治日益败坏。安史之乱是唐朝由盛而衰的转折点。此后，唐朝的社会经济日益萧条，方镇割据形成，最后黄巢大起义推翻了唐朝。

## 一、　唐代的建立及唐朝前期强化封建中央集权的国家机器

### （一）唐朝的建立

#### 1. 李渊父子起兵于太原

　　隋末农民战争摧垮了隋朝政权，各地贵族官僚为了本阶级的利益，面对农民起义纷纷起兵割据，李渊父子就是其中一支。

　　李渊出身于西魏、北周以来的关陇贵族集团。祖父李虎是北周的开国功臣，受封为八柱国之一，并赐姓大野氏，死后追封为唐国公。李渊的父亲李昺袭爵，官至安州（今湖北安陆市）总管柱国大将军。李渊 7 岁时就袭爵唐国公，历任刺史、郡守、中央卫尉少卿等职。大业十二年（616 年），李渊为太原道安抚大使，次年升任太原留守。最初，他站在隋朝的立场上，镇压过农民起义。后来看到隋朝的覆没之势，于是就发展自己的势力，准备夺取政权。他一方面联络对隋朝政权不满的官僚地主和地方豪强，另一方面向突厥称臣，以勾结少数族统治者，加强自己的力量。

　　一切准备就绪之后，大业十三年（617 年）六月，李渊从太原出兵，命长子李建成为左领军大都督，率领左三统军；次子李世民为右领军大都督，率领右三统军；第四子李元吉率领中军，留守太原。出兵时，计有众三万人。进展很顺利，同年十一月就攻进了长安。在准备起兵和进军的一路上，李渊做了一些收买人心、缓和阶级矛盾的工作，如"诸部曲及徒隶征战有功勋者，并从本色授勋"，"哀抚茕独，赈贷穷困"（《大唐创业起居注》卷二）。攻进长安之后，他约

法十二条，废除隋的一切苛禁。这些措施有一定的效果，关中一带的起义农民也多被骗归附，还有不少奴隶加入了他的部队。

李渊占领长安后，即将隋炀帝孙子、代王杨侑立为傀儡皇帝（隋恭帝）。直到大业十四年［武德元年（618年）］三月，隋炀帝被宇文化及缢死，李渊才废掉隋恭帝，自立为皇帝，国号唐，改元武德，都长安。他就是唐高祖。

### 2. 镇压农民起义

李渊攻入长安之后，从武德元年（618年）至武德三年（620年），先后击败薛仁杲、李轨和刘武周，平定了陇右、河西和山西，进一步巩固了关中根据地。从战略上，他处于十分有利的地位。从此以后，他逐步镇压各地的农民军和消灭地主武装割据，统一中国。

李渊首先镇压瓦岗军。瓦岗军的首领李密为了个人的权势，把翟让杀死了，瓦岗军从此由兴盛走向败亡。后来又由于李密在战略战术上犯了一系列错误，被隋将王世充打败。李密率残部投降了唐朝。李渊接到李密的来信时对其亲信说："密夸诞不达天命，适所以为吾拒东都之兵，守成皋之厄，更觅韩、彭，莫如用密。宜卑辞推奖，以骄其志，使其不虞于我。得入关，据蒲津而屯永丰，阻崤、函而临伊、洛，东看群'贼'鹬蚌之势，吾然后为秦人之渔父矣。"（《大唐创业起居注》卷2）从这里可以看出李渊利用农民军力量，窃取起义果实的阴谋诡计。李密投降唐朝，李渊坐收瓦岗军原有的关东地方。

接着，唐代开始镇压河北的窦建德。武德二年（619年），唐将袭击窦建德于行军中，于是窦建德率领河北义军攻克黎阳，俘虏了唐朝淮安王李神通和大将徐世勣。武德三年（620年），唐军围攻王世充于洛阳，王世充求助于窦建德。窦建德率军十余万进援洛阳。唐朝李世民急领精兵扼守虎牢，窦建德被阻不能前进。李世民等到窦建德兵力疲乏，所处地形又不利时，纵兵进行残酷的突击和镇压，窦建德战败被俘，壮烈牺牲。至此，唐尽有河北、山东。此后，窦建德的部下在刘黑闼的领导下，曾经在河北地区再次发动起义。但最后（武德六年）也被唐朝镇压下去。

唐代镇压了中原地区的农民起义军以后，又把屠刀伸向南方。武德五年（622年），江、淮农民军首领杜伏威被唐封为吴王、尚书令，诱至长安，辅公祏起兵抗唐，都于丹阳，自称宋王。唐派李孝恭、李靖率兵镇压。由于杜、辅旧将阚陵叛变投敌，武德七年（624年）春，辅公祏失败牺牲。江南之地，尽为唐所有。其余大大小小的农民军都被唐代镇压下去。

### 3. 削平地主武装割据，统一中国

唐代建立后，割据各地的地主武装，势力大的有金城的薛举、凉州的李轨、晋北的刘武周、洛阳的王世充和两湖的萧铣等。前面已经讲到在武德元年至武德三年（618—620年），李渊父子首先平定了薛举、李轨、刘武周的割据势力，巩

固了关中根据地。

关中形势既定，武德三年（620年）七月，唐朝派李世民率兵出关，进击洛阳的王世充。王世充原系隋炀帝派来镇压瓦岗军的，李密既败后，竟在洛阳称帝，国号郑。李世民屯军邙山，进攻洛阳，王世充战败投降。

武德四年（621年），唐又命李孝恭和大将李靖由四川出兵攻打两湖的萧铣，时萧铣迁都于江陵。这年十月，唐兵围江陵，萧铣兵败投降，两湖尽为唐境。

其余的地主武装割据也都被唐朝所平定。到武德七年（624年），唐代重新统一了中国，建成了比隋朝更加强大的中央集权的封建国家。

### （二）唐代前期强化封建中央集权的政治改革

#### 1. 唐代前期的概念

唐代从公元618年至公元907年，经历了290年，可以唐玄宗天宝十四年（755年）的"安史之乱"为限分为前后两期。唐代前期的137年历史，经历了高祖李渊、太宗李世民、高宗李治、睿宗李旦、武则天、中宗李哲、玄宗李隆基等皇帝的统治，出现了繁荣昌盛的唐太宗"贞观之治"、高宗武后统治时期、唐玄宗"开元之治"。这些皇帝都不同程度地采取了强化封建中央的政治措施。

#### 2. 强化封建中央集权的政治改革

根据马克思列宁主义理论，"国家是阶级统治的机关，是一个阶级压迫另一个阶级的机关，是建立一种'秩序'，来使这种压迫合法化、固定化，使阶级冲突得到缓和"（《列宁全集》第25卷，第375页）。唐代强化国家机关，是为了镇压农民的反抗，巩固其封建统治。但是它在客观上符合历史发展的要求，起过积极的作用。

唐代的各项集权政治措施，大体沿袭隋代而有所改变；有些措施隋代没有完成而由唐代来完成。

（1）从职官制度方面来说，中央沿袭隋代的三省六部制。三省即中书省、门下省和尚书省。中书省掌军国政令，长官中有中书令二人，中书侍郎二人，中书舍人专管进奉表章和草拟制策诏命。门下省掌管政令的善否，进行议论封驳，长官有侍中二人，门下侍郎二人，给事中则专管驳正违失。尚书省掌管行政，长官为尚书令和左右仆射，下设吏、户、礼、兵、刑、工六部，各部有尚书一人，侍郎一人或二人。吏部掌管官吏的选用、考绩等事；户部掌管户口、土地、赋税；礼部掌管礼仪、祠祭、宴飨和科举考试等；兵部掌管兵政；刑部掌管刑法狱讼；工部掌管土木兴建等工程。三省分掌议政、决政和执行之权，实际将以前汉代丞相之权分隶三省，而总于皇帝，便于皇帝的控制。

此外，还有御史台，长官为御史大夫和御史中丞，掌管监察弹劾事宜。

地方官方面，最初设州、县两级，州设刺史，县设县令。唐太宗时因山川形势之便，将全国分为 10 道，后改为 15 道，时派黜陟使或观风俗使分巡各道，最初并非行政区域，后来每道设采访使（《旧唐书·地理志》）。从此，道逐渐成为行政单位，采访使、观察使逐渐成为常驻地方长官。所以，地方机构变成了三级：道、州、县。

（2）从府兵制度来说，唐沿袭隋朝的府兵制，但进一步和均田制结合起来。唐太宗时曾对府兵组织、名号加以改定。兹将隋、唐时府兵组织系统列表于下：

| 朝代 | 府兵组织 |
| --- | --- |
| 隋大业中 | 卫将军府 —— 鹰扬府 —— 团 —— 旅 —— 队<br>（卫大将军）（鹰扬郎将）（校尉）（旅帅）（队正） |
| 唐贞观中 | 卫将军府 —— 折冲府 —— 团 —— 旅 —— 队 —— 伙<br>（卫大将军）（折冲都尉）（校尉）（旅帅）（队正）（伙长） |

折冲府是府兵制的基层单位，全国共置 634 府，其中关内就有 261 府。府分三等，上府 1200 人，中府 1000 人，下府 800 人。兵士以 300 人为团，100 人为旅，50 人为队，10 人为伙。府兵士兵须自备某些武器和粮饷。

全国的折冲府分统于中央的左右卫、左右骁卫、左右武卫、左右威卫、左右领军卫、左右金吾卫等 12 卫。每卫统兵府多则 60 府，少则 40 或 50 府。卫大将军是府兵最高军官，直接隶属皇帝。这个组织系统显然加强了中央的军权。

府兵兵士的来源是农民，白居易诗说"户有三丁点一丁"。服兵役的年龄是 20 岁入军，60 岁免征。平时，府兵在驻地从事农业生产；冬季农闲，由折冲都尉带领进行军事训练。府兵还要轮流到京师宿卫和戍边。

唐代的府兵制，进一步做到"兵农合一"，府兵制建立在均田制基础之上，府兵制下的兵士，就是均田制下的农民（当然并不是所有农民都被征点作兵士）。唐朝通过均田制来巩固府兵制。所以，唐初，中央的军权是加强了，军事力量是强大的。但因为农民负担太重，随着阶级矛盾的发展，均田制遭到破坏，到唐高宗、武后以后，府兵制也就日趋衰败了，最后被募兵制所代替。

（3）从科举制度来说，唐代继承隋代的科举制，并进一步完备化。中央设有六种学校：国子学，收三品以上高级官吏的子孙；太学，收五品以上中级官吏的子孙；四门学，收七品以上低级官吏的子弟和一般地主的子弟；律学、书学和算学，收八品以下官吏和一般地主的子弟。这六种学校，都隶属于国子监。州、县还设有州学和县学，招收一般地主的子弟。生徒学成后，由学校保送参加科举考试。除了学校的生徒以外，在家自学的地主子弟，经州、县考试合格的，也可举送中央参加科举，这叫作"乡贡"。科举考试的科目分秀才、明经、进士等科，应者多集中于明经、进士两科。进士科考试难于明经科，录取亦比明经科严格，"其进士大抵千人得第者百一二，明经倍之，得第者十一二"（《通典·选举典·历代制下》）。且进士科出身者，仕途优于明经，因而当时的士人竞趋于进士科。"其应诏而举者，多则二千人，少犹不减千人。"足见考进士科举者之多。考试合格的称为"及第"，再经吏部审查（称"释褐试"）就可以做官。唐代进士录取人数少的只有几人，多的也只三四十人，所以唐人有诗说："桂树只生三十枝。"

唐代科举制度的完备化体现在以下几个方面。首先，使选举用人权集中到中央，加强了皇权。所以唐太宗"尝私幸端门，见新进士缀行而出，喜曰：'天下英雄，入吾彀中矣'"（《唐摭言》卷一）。其次，科举制度较广泛地收罗地主阶级人才。各地地主特别是过去的所谓寒门、商人地主，亦即庶族地主，通过科举也取得了高官厚禄，参与政权，扩大了唐朝政权的基础。如孙伏伽，小吏出身，做到民部侍郎、大理卿等要职。"家代无名"的李义府，通过考试，做到宰相（《旧唐书·李义府传》）。唐高宗以后，这类事更多。庶族地主通过考试参与政权后，形成了唐代政治上一个有势力的集团，经常和北朝以来的士族势力相对抗。所以，科举考试也是封建中央压抑士族势力的一个措施。

（4）从法律方面来说，唐代和隋代一样，律、令、格、式并行，但后三者没有完整地保存下来，唯有《唐律》完整地保存下来。唐高祖李渊几次修改律令，贞观时再令房玄龄、长孙无忌等加以修订，永徽时长孙无忌对《唐律》加以疏释，编成《唐律疏议》一书。《唐律疏议》是封建专制主义国家一部较完备的法典，总结了过去各王朝的刑法，并直接沿袭《开皇律》而来。

《唐律》的本质是维护封建统治、维护封建等级制度、维护封建皇权不可侵犯，镇压和奴役广大劳动人民的工具。只要翻开《唐律疏议》，这点便暴露无遗。

据《唐律疏议》，有所谓"十恶""八议"。"十恶"是谋反、谋大逆、谋叛、恶逆、不道、大不敬、不孝、不睦、不义、内乱。"八议"是议亲、议故、议贤、议能、议功、议贵、议勤、议宾。对于在"八议"范围内的贵族官僚和一般官僚地主，可以减罪和用铜赎罪，唯在"十恶"之条者不用此法。刑名有笞刑、杖刑、徒刑、流刑、死刑五等。对于触犯户籍法私自外流、抗拒交纳租税、不服兵役的劳动人民，则加以处罚。如规定"诸脱户（指一户俱不附贯）者，家长徒三年"；脱口及增减年状（年龄与健康情况）以免课役者，一口徒一年，二口加一等（即一年半）；家有课役而全户逃亡者，一日笞三十，十日加一等（即笞四十），其中应服役的人要加一等（即笞五十）；不是有意逃亡而在外地"浮浪"者，十日笞十，二十日加一等（即笞二十）；交纳租庸调及杂税等违反了规定期限，户主要受笞四十。这些条文赤裸裸地暴露了《唐律》的阶级性：把广大农民牢固地束缚在土地上，使其遭受赋税、徭役和兵役的剥削。

《唐律·贼盗》规定："诸谋反及大逆者皆斩。"即不准农民进行反封建剥削和压迫的斗争，如果进行反抗斗争，就处以死刑，还要迫害其父母妻子。

唐代明确规定各阶级的不平等地位。如规定奴隶娶良人（地主及一般平民）为妻者徒一年半，女家减一等，并强制离婚；部曲、奴婢谋（谋而未行）杀主者斩，主对有罪奴婢不请官司而杀者只杖一百，不请官司而擅杀无罪奴婢者只徒一年。

唐律在量刑定罪的某些方面比隋律稍减轻，如减去大辟者12条，减流入徒者21条。唐太宗还规定了决死刑者，"二日中五复奏"（《旧唐书·刑法志》）。这只是形式上的条文，丝毫没有改变其镇压农民的阶级本质。

以上这几项加强封建国家机器，是由于经济基础和上层建筑之间的矛盾，特别是由于阶级矛盾而出现的，是当时生产关系在政治上的反映，反过来又维护和巩固了当时的生产关系和封建统治。

### （三）唐代前期的清明政治

#### 1. 贞观之治（627—649年）

唐太宗李世民通过"玄武门之变"射杀他的兄弟，夺得了帝位。他做了皇帝后，经常和臣下总结隋亡的历史教训。李世民常说：人君好比舟，人民好比水；水能载舟，亦能覆舟。为了避免"覆舟"之祸，他勤于政事，励精图治，使社会出现一个"太平盛世"。"贞观之治"包括以下几方面内容。

（1）重视选官，用人得当。唐太宗经过多方挑选，在周围集中了一批得力的大臣，如房玄龄、魏徵、李靖等。他们各有所长，都是一时之俊杰。唐太宗注意考察地方官的政绩，平时把各地的都督、刺史的名字写在屏风上，"得其在官善恶之迹，皆注于名下，以备黜陟"。选官得人，是贞观时期政治较好的一个重要原因。

（2）注重纳谏。唐太宗曾问大臣魏徵："人主何为而明，何为而暗？"魏徵答："兼听则明，偏信则暗。"唐太宗认为"以铜为镜，可以正衣冠；以古为镜，可以知兴替；以人为镜，可以明得失"。魏徵死的时候，他放声大哭，认为自己丧失了一面镜子。他的大臣如魏徵等人，都敢于犯颜直谏。唐太宗想修洛阳乾元殿，又想到西域市名马，都因臣下进谏而止。他对人说：魏徵"每犯颜切谏，不许我为非"。

（3）注意执法。唐太宗强调"法者非朕一人之法，乃天下之法"，要臣下按法律办事。"贞观之初，志存公道，人有所犯，一一于法。"这对安定社会秩序起了重要的作用。

（4）采取了一系列有利于恢复和发展农业生产的措施。遇到天灾，唐太宗当即命令灾区开仓救济，准许灾民到非灾区就食。他有时还拿出御府金帛，赎回因灾荒卖掉的子女，归还其父母。唐太宗还精简机构，并省州县，把中央各官府的官员从 2000 多人减到 600 多人。他整顿吏治，紧缩国家开支，减轻人民负担。并注意不夺农时，以利于恢复生产。贞观五年（631 年）二月，官吏要调动府兵当皇太子举行"冠礼"（成年礼）的仪仗队。那时正是春耕，唐太宗说："农时最急，不可失也。"下令改在十月举行。

由于这些措施，史书记载唐太宗贞观四年（630 年）："是岁，天下大稔，流散者咸归乡里，米斗不过三、四钱，终岁断死刑才二十九人。东至于海，南极五岭，皆外户不闭，行旅不赍粮，取给于道路焉。"（《资治通鉴》卷 193《唐纪九·太宗文武大圣大广孝皇帝上之中·太宗贞观四年》）可见政治清明，社会经济得到了发展。

### 2. 武则天的统治

武则天是我国历史上唯一的封建女皇。她的父亲武士彟（读 yuē），并州文水县人，原为木材商人，随唐高祖李渊起兵反隋，曾做过工部尚书等。武则天 14 岁被唐太宗召选入宫，封为"才人"。唐太宗去世后，武则天和一些宫女被送到感业寺去做尼姑。公元 654 年，唐高宗又把她召进宫中，封为"昭仪"。次年，高宗要废掉原来的王皇后，立武则天为皇后。但因武则天出身"新贵"，因而遭到许多大贵族和元老重臣如长孙无忌、褚遂良等人的反对，引起朝廷大臣的激烈争辩。

支持武则天当皇后的人有李勣、崔义玄、许敬宗和李义府等。唐高宗不顾大贵族和元老重臣的反对而决定废立。武则天于是以皇后的身份进入最高统治集团。

武则天一当上皇后就参与朝政，打击政敌，提拔自己的势力。唐高宗因病委政于她，实际上武则天已掌握了最高权力。当时朝臣称高宗与武后为"二圣"。

唐高宗为了保住李家的皇朝，想禅位给太子李弘（武则天的长子）。武则天用毒酒杀死了李弘，立次子李贤为太子。唐高宗让李贤监国，武则天又废李贤为庶人，立第三子李显为太子。公元 683 年唐高宗病死，李显即位为唐中宗，武则天以皇太后身份临朝执政。公元 684 年，武则天废唐中宗为庐陵王，立第四子李旦为帝，即唐睿宗。

于是，一场激烈的斗争便公开化了。最先起来反对的是徐敬业等人，他们以拥戴唐中宗为号召，从扬州起兵反对武则天，在中央有宰相裴炎相呼应。武则天派 30 万大军讨平徐敬业，并处死裴炎等人。公元 688 年八月，李唐皇族的一些封王相继起兵反武则天，但都很快被武则天平定下去。

公元 690 年，武则天 67 岁时，唐睿宗等 6 万人秉承武则天的旨意上表请改国号。她改国号为周，给自己起名叫曌（音同照）。以洛阳为神都，降唐睿宗为皇嗣，自立为皇帝，并进行了一些改革。

（1）打击关陇士族官僚。诛杀李元素、孙元亨等 36 家"海内名士"，其亲党连坐流窜者 1000 多人。重用索元礼、周兴、来俊臣等酷吏，专办所谓谋反大案。实际上借此来打击士族官僚。

（2）大力扶植拥护她的庶族官僚。显庆四年（659 年），武则天通过唐高宗下诏改修《氏族志》为《姓氏录》，把许多以军功得五品官者列入士族，后族武氏被定为第一等。门阀旧族在《姓氏录》中虽然有名，但与军功官僚并列，实际上是降低了他们的身份。此外，武则天还破格用人，大量选用庶族地主做官，并进一步发展科举制度。

（3）比较重视农业生产。公元 684 年，武则天下令奖励农桑，凡是做到耕地增加、家有余粮的地方，地方官可以得到奖赏；如果户口减少，就要受处分。

武则天一方面是一位有政治才干的封建政治家，另一方面是一个具有很大消极面的人物。她提倡祥瑞，立颂德天枢，筑明堂，造天堂，铸九州鼎，建三阳宫、兴泰宫等，耗费了巨大的人力和物力。

武则天共做了 15 年皇帝。神龙元年（705 年），她 82 岁，得了重病，宰相张柬之等人发动政变，拥兵入宫，强迫武则天传帝位给唐中宗李显，复唐号，并把政治中心由洛阳移回长安。不久武则天就病死了。


**附：关于武则天的评价**

武则天是新中国成立以来争论较大的人物。争论焦点在于她的出生地点及如何评价的问题。

关于她的出生地，主要有三种说法：

（1）山西文水说。（罗元贞、吕振羽）

（2）陕西长安说。（汪篯）

（3）四川广元说。（郭沫若）

关于怎样评价她，新中国成立以后，多数学者否定旧史成说，对她基本肯定，认为她代表了新兴地主阶级，打击了世族。她登基后并未乱国，内政并不黑暗。她在政治、经济、文化上采取了许多新政策。其历史作用是打击了门阀，使"平民"抬头；发展了科举制度，中小地主参政，促进了官僚政治的确立；对外屡抗外敌，巩固了唐朝国家。（罗元贞）

也有人在肯定她时有较多的保留，认为她统治期间，基本上继承了贞观以来经济发展的趋势，为后来所谓"开元之治"打下了基础，是中国古代史上杰出的女政治家。但她过于信任酷吏，在朝廷制造了恐怖的气氛，并且杀了几个良将，影响国防，外族统治者内侵，人民的生命和财产受到损失；因为时常用兵，征发严急，官吏贪暴，残害人民，在某些地区，民生还是相当痛苦的；她崇信佛教，助长了僧侣地主大量兼并土地。（缪钺）

还有人对她基本否定，认为她出身于士族中的新贵，是唐朝士族地主的代表人物。她一生搞阴谋诡计，以此夺取政权。她在政治上和经济上的措施都是倒退的、反动的，使当时政治、经济、军事乃至社会风气呈现了全面的倒退。（熊德基：《论武则天》，吉林人民出版社 1979 年版；《武则天评价问题答客难》，《历史教学》1979 年第 1 期）

### 3. 唐玄宗开元年间的改革

武则天下台（705 年）之后，唐代的政局处于动荡局面。

唐中宗昏庸懦弱，大权落入韦皇后手中。韦皇后想效法武则天当女皇，先后杀死太子李重俊，毒死唐中宗。这时武则天的第四子唐睿宗李旦和女儿太平公主还有相当势力，是韦党要消灭的对象。李旦的第三子李隆基发动羽林军抢先进攻皇宫，杀了韦皇后及其党羽。由太平公主出面，恢复了唐睿宗的帝位。李隆基被立为太子。太平公主靠拥戴唐睿宗有功，任意摆布唐睿宗。这与太子李隆基发生了冲突。先天元年（712 年）唐睿宗让位给李隆基，是为唐玄宗。太平公主阴谋发动政变不成，唐玄宗杀太平公主及其党羽数十人，依附太平公主的官吏都被黜逐。至此，动荡的局面才稳定下来。

唐玄宗先后任命干练正直的官员姚崇、宋璟、张嘉贞、张九龄、韩休等人为宰相，进行了一些改革。

（1）裁减冗官，整顿吏治。"大革奸滥，十去其九"，又停废闲散诸司、监、署十余所，精减了庞大的官僚机构。在这个基础上，他强调以功以才授官。开元四年（716 年），唐玄宗对吏部选用的县令亲自加以复试，结果有 45 人因不合格而被淘汰。

（2）抑制食封贵族。唐初食封者不过二三十家，封户多的仅千余户。到唐中宗时，食实封的增加到 140 家，封户多的达万户。封户受到的剥削很重，他们多破产逃亡。唐玄宗即位后规定：封家的租调由政府统一征收，送于京师，封家在京城领取。在征收租调时，封家不准到封地催索，并禁止放高利贷。之后又规定，凡子孙承袭实封的，户数减 1/5。

（3）压制佛教。武则天时期修建了很多佛寺，许多人出家为僧。唐中宗、唐睿宗时期，全国的僧尼人数增加到数十万。佛教势力的发展给封建政府带来危机，给人民造成痛苦。开元二年（714 年），唐玄宗接受姚崇的建议，下令淘汰天下僧尼，强使 1.2 万余人还俗。同年他下令，不得创建佛寺，并禁止民间铸佛像和抄写佛经。

（4）重视农业生产。公元 715 年、公元 716 年，山东、河南、河北等地连年蝗灾，许多官吏认为杀蝗有祸，"民于田旁焚香膜拜，设祭而不敢杀"。唐玄宗听从姚崇的建议，遣御史督州县大力捕杀蝗虫，因而减轻了虫害。他又在河东道、关内道、河南道等地大兴屯田，促进了农业的发展。大诗人杜甫在《忆昔》

诗中说："忆昔开元全盛日，小邑犹藏万家室。稻米流脂粟米白，公私仓廪俱丰实。九州道路无豺虎，远行不劳吉日出。齐纨鲁缟车班班，男耕女桑不相失。"这些反映了"开元之治"时期农业发展、粮食丰富、物价便宜、交通发达的一般情况。

## 二、 唐代前期封建经济的繁荣

### （一）均田制下的农业

#### 1. 均田制的变化

隋末的暴政，使农业生产受到严重的破坏，"黄河之北，则千里无烟，江淮之间，则鞠为茂草"。甚至到了唐高宗显庆年间，河南一带还是"田地极宽，百姓太少"（《通典·食货典·历代盛衰户口》）。唐朝政府为了保证剥削收入，设法恢复农业生产。要恢复和发展农业生产，需要掌握一定的剥削对象，于是唐朝实行过去有效的均田制。唐于武德七年（624年）统一全国后，即颁布均田制。

唐代均田制的内容：男丁18岁以上给田一顷，其中1/5为永业田，4/5为口分田。老年男子、残废人给田40亩。寡妻、寡妾给田30亩，如是户主，另外加20亩。受田人身死，永业田由继承人接受，口分田还官，另行分配。同时法令规定，授给贵族、官僚和勋官的永业田，比农民要多得多，如亲王授田100顷，一品官60顷，上柱国30顷，柱国25顷。另外，京内外职事官还占有职分田，官署留有公廨田，僧寺道观拥有常住田。

唐代的均田法，和前代相比，发生了相当大的变化：

第一，受田对象跟前代有些不同，即寡妻寡妾以外的一般妇人、官户以外的一般奴婢和牛都不受田，而增加了僧、尼、道士、女冠（女道士）和工商业者，这些人可以受田。这反映了隋末农民战争的一些作用。隋末农民起义，反对苛重徭役的特点是很明显的，它扫荡了妇人服役的苛法；到唐初时，妇人既不服役，索性也不给田了。隋末农民起义，奴婢也参加了。通过斗争，大量奴婢挣脱了原来的身份，所以奴婢不受田。由于前代以来寺院经济的发展和商贾占有大量土地，故均田令中把他们占有的土地合法化。

第二，在官吏受田方面，北魏地方官在职期间"授田"。唐代规定有官爵、官勋、职事官和散官等，自一品至九品都可受田，官越大受田越多。所以大官僚必为大地主。这显示出"均田制"是惑人的名称，实际上土地分配是不均的。而这就更有利于大土地私有制的发展。

第三，土地买卖的限制比以前松弛。北魏时，土地买卖只限于桑田；北齐时，虽然买卖露田很多，但在法律上是不允许的；唐代，在好几种情况下，口分田（即以前的露田）都可以买卖。如徙乡及贫困无资者可卖永业田，由狭乡迁往宽乡者可卖口分田。这就有利于大土地私有制的发展。

第四，唐代的均田制对府兵、官兵有优待。如规定："①诸因王事没落外藩不还，有亲属同居，其身分之地，六年乃追。身还之日，随便先给。②即身死王事者，其子孙虽未成丁，身分地勿追。③其因战伤及笃疾、废疾者，亦不追减，听终其身也。"（《通典·食货典·田制下》）府兵兵将是受田的主要对象，府兵制是通过均田制来维系和巩固的，所以对府兵官兵予以优待。

均田制实行的情况：在讨论实行均田制的情况时，有两种意见，一种认为均田制是很理想的制度，真正实行了"均田"；另一种认为均田制是"虚假的外皮"，是骗人的，有没有实行过都值得怀疑。我们认为，这两种意见各持一个极端，在考虑它的实行情况时，必须注意两点：

第一，均田制确实实行过，这不但有文献记载，而且从已发现的唐朝敦煌户籍残卷得到证明。从敦煌户籍残卷中，可看到每户内均载明户主、男女人口，各口下又载明是丁，还是中、小、黄，或丁妻，抑或寡妻寡妾，年龄若干；更载明应受田若干，已受田若干，其中口分、永业、园宅各若干。试举天宝六年敦煌户籍残卷中的一例（以下敦煌资料均见《敦煌资料》第一辑，中华书局 1961 年版）：

| 户主 | 刘智新 | 载贰拾玖岁 | 百丁 下下户，空，课户，见输。 |
| 祖母 | 王 | 载陆拾玖岁 | 老寡 空 |
| 母 | 索 | 载肆拾玖岁 | 寡 空 |
| 妻 | 王 | 载贰拾壹岁 | 丁妻 天宝三载籍后漏，附，空。 |
| 敦煌郡 | 敦煌县 | 龙勤乡 | 都乡里　　　天宝载籍 |
| 弟 | 知古 | 载壹拾柒岁 | 小男 空 |
| 妹 | 仙云 | 载贰拾玖岁 | 中女 空 |
| 妹 | 王王 | 载柒岁 | 小女 空 |

合应受田壹顷陆拾叁亩

陆拾捌亩已受，廿亩永业，卌七亩口分，一亩居住园宅，九十五亩未受。

按唐朝的均田法令，丁男应受田百亩，其中 20 亩为永业。寡妻寡妾应受田 30 亩；良口三人应受居住园宅地一亩，三口加一亩。刘智新这一户计丁男一人，寡妇二人，共有人口七人，故总共应受田壹顷陆拾叁亩，这与法令规定是一致的。又此户主为白丁，要负担租庸调，故在户主下注明为"课户，见输"，即现在负担赋役的人户。

因此，这些户籍残卷是当时实行均田制的确证。

第二，从已发现的户籍中可知，一般受田不足。韩国磐先生从已发现的户籍残卷中，就受田记载明白、没有残缺的 55 户，做过初步统计，有两户属于官僚地主，受田过限；一户有买田，恰好受足；两户全未受田；还有 50 户受田都不足额（韩国磐：《隋唐的均田制度》，上海人民出版社 1964 年版）。受田不足的现象，不但当时的户籍登记着这一情况，唐朝官府文书也不得不承认这一事实，如开元二十九年（741 年）敕："京畿地狭，民户殷繁，计丁给田，尚犹不足。"（《唐会要·内外官职田》）

所以，我们必须承认均田制是实行过的一种制度，但农民普遍受田不足。

均田制的实行，在唐朝是起过一定作用的。

第一，唐朝实行均田制，巩固了府兵制。府兵将士是受田的主要对象，唐朝为了保证兵源，不得不限制豪强，给农民一点田地。在有军府的州，唐朝比较重视均田制的实行，以此来巩固府兵制。

第二，通过均田，唐朝政府所掌握的剥削对象不断增加，因此剥削到的租调财物也不断增加。唐高宗李治看到户口增加时，对长孙无忌说："比来国家无事，户口稍多，三、二十年，足堪殷实。"（《通典·食货典·历代盛衰户口》）

第三，唐朝通过均田，垦辟了不少荒地，增加了耕地面积，有利于农业生产的恢复和发展。均田令中规定狭乡居民可以迁到宽乡土地荒闲的地方。《唐律》中还规定荒废耕地的，要予以处分。唐朝的垦田数，到天宝年间，"有一千四百三十万三千八百六十二顷十三亩"。如以当时 890 余万户平均计算，每户可得一顷 60 余亩（《通典·食货典·田制下》）。由于耕地扩大，粮食产量也大为增加。《贞观政要·论政体》谈到了贞观年间的情况：

> 马牛布野，外户不闭。又频至丰稔，米斗三四钱。行旅自京师至于岭表，自山东至于沧海，皆不赍粮，取给于路。

这里当然有歌功颂德之嫌，但农产品增加，粮食价格比较便宜，是可以肯定的。从这里可以看出唐朝封建经济空前繁荣的景象。

**2. 租庸调法和检括户口**

与均田制同时并行的租调力役剥削办法是租庸调法。唐代的租庸调，据《唐六典·尚书户部》所载，内容是，21 岁到 59 岁的男子，每年向政府缴纳粟二石（租），绢二丈、绵三两，或布二丈五尺、麻三斤（调），服徭役 20 天。如不服役，每天纳绢三尺或布三尺七寸半来代替（庸）。唐朝的这种赋役办法，正如唐人陆贽所说："有田则有租，有家则有调，有身则有庸。"（陆贽：《陆宣公集》卷 22《均节赋税恤百姓》）

唐代的租庸调法承隋而来，初期略较隋轻，主要表现在输庸代役上。这是隋末农民大起义反徭役斗争的成果。这个变化，多少减弱了个体农民对封建国家的依附关系。每个农民每年至少可以多出 20 天的时间花在自己的劳动生产上。

唐代的赋役，除以租庸调为主要税收外，还有杂徭，以及按户等高下所征收的户税（亦称资课），按每亩交纳二升的地税。

随着生产的恢复和发展，封建剥削亦与日俱增。原来的所谓减免办法都是一纸空文。如贞观十一年（637 年），马周在上疏中这样说："供官徭役，道路相继，兄去弟还，首尾不绝。远者往来五六千里，春秋冬夏，略无休时。陛下虽每有恩诏，令其减省，而有司作既不废，自然须人，徒行文书，役之如故。"（《贞观政要·论奢纵》）到唐高宗时，赋敛益重。如唐高宗时裴守真上表说："一夫之耕，才兼数口；一妇之织，不赡一家。赋调所资，军国之急，烦徭细役，并出其中。黠吏因公以贪求，豪强恃私而逼掠，以此取济，民无以堪。"（《唐会要·租税上》）到开元、天宝之际，社会经济非常繁荣，但是剥削尤其苛重，"诸州送物，作巧生端，苟欲副于斤两，遂则加其丈尺，有至五丈为匹者"（《通典·食货典·赋税下》，本来四丈为匹，五丈为端，绢用匹，布用端），所以唐人杜佑说："钱谷之司唯务割剥，回残剩利，名目万端，府藏虽富，闾阎（注：古代平民居住的地方，也泛指平民）困矣。"（《通典·食货典·赋税下》）剥削的加重，使人民陷于水深火热之中。

唐代政府为了直接控制更多的剥削对象，十分重视检括户口的工作。唐代的基层组织是乡、里、村。乡、里、村各有正，即所谓"三长"。"三长"执行的工作是均田、催缴租调和检察户口。把农民编制在基层组织里，不许随意迁徙（《唐六典·户部尚书》）。脱漏户口或逃离本籍，要受严厉的处罚（《唐律疏议·户婚律·捕亡律》）。唐玄宗还特地规定，把户口的增减作为考核地方官政绩的第一条标准。开元四年（716 年）规定："其县令在任，户口增益，界内丰稔，清勤著称，赋役均平者，先与上考，不在当州考额之限。"（《唐会要·县令》）唐朝曾多次搜括隐漏户口，规模最大的一次是唐玄宗开元年间的括户，由宇文融建议，唐朝派他为括户使，还分遣劝农官兼御史者十人到各道进行检括户口，结果"诸道括得客户八十余万，田亦称是"（《旧唐书·宇文融传》）。由于唐朝政府加强了检括户口，故户口数不断增加。贞观时，户不满 300 万，到天宝时，户数增加到 900 多万，口数增加到 5000 多万。

唐代政府不断进行括户，而广大农民亦不断进行反括户斗争。隐漏户口或逃亡就是他们斗争的手段之一。敦煌户籍残卷中也记载了户口逃亡的实事。到武则天时期，竟有"天下户口，亡逃过半"（《旧唐书·韦嗣立传》）的情况。这些逃户，"或因人而止，或佣力自资"（《唐大诏令集》卷 111 《置劝农使安抚户口诏》），亦即又转到豪强大族的荫庇剥削下，成为客户；或者相聚于山林江海之上，进行武装反抗斗争，如四川的蓬（今营山）、渠（今渠县）、梁（今南充）、合（今合川）、遂（今遂宁）等州内，有 3 万多农民逃入山林之中，一面从事生产，一面"攻城劫县"，和统治者斗争（《陈子昂集》卷 8《上蜀川安危事》）。括户和反括户斗争，是唐朝前期阶级斗争的重要形式。

### 3. 唐代前期农业的恢复和发展

唐代前期的 100 多年，由于劳动人民的辛勤劳动，到唐玄宗开元、天宝年间，呈现出"耕者益力，四海之内，高山绝壑，耒耜亦满。人家粮储，皆及数岁，太仓（朝廷粮仓）委积，陈腐不可校量"（《元次山集》卷 7《问进士第三》）的局面。

要了解农业生产的发展，必须了解生产力的发展。由于劳动人民积累了丰富的生产技术和经验，改进了生产工具，故唐代的生产力有显著的提高。

从生产工具来说，耕犁有很大改进。据晚唐陆龟蒙的《耒耜经》所载，耕犁由 11 个部件构成，铁制部件有犁镵（即犁铧）和犁壁，木制部件有犁底、压镵、策额、犁箭、犁辕、犁梢、犁评、犁建和犁槃。这是一种曲辕犁，利用"犁评"来控制深耕浅耕，可以应用自如。犁镵就是犁铧，镵和壁都以铁制，大大提高了耕地效率。用犁耕后，随即用爬（耙）、砺礋、碌碡等以打散土块、除草和平整田面。这一系列的精耕细作大大提高了农业生产率。

灌溉工具也有了很大的改进。除了继续使用和普遍推广以前已有的戽斗、辘轳、桔槔、翻车（龙骨车）外，唐朝劳动人民还创造了灌溉功能更高的筒车。筒车有用木者，有用竹者，"水车用木桶（竹筒）相连"，使用时用脚踏或以手牵挽转动，低则舀水，高则泄水（李昉等：《太平广记》卷 250《邓玄挺》）。这种筒车是用人力的，还很费力。后来又出现一种利用水力转动的筒车，《全唐文》卷 948 陈延章《水轮赋》指出，这种水车利用水力，日夜转运，不但省力，而且不受涯岸之阻，能把低处的水引灌山田，功率很大，是灌溉工具的一大进步。

农业的发达，除了表现在农业工具的改进之外，还表现在水利的兴修上。唐朝在尚书省的工部下，设水部郎中和员外郎，"掌天下川渎陂池之政令，以导达沟洫，堰决河渠，凡舟楫灌溉之利，咸总而举之"（《唐六典》卷 7《尚书工部》）。又有都水监的都水使者，掌河渠修理和灌溉事宜。唐代的《水部式》，就是规定关于河渠、灌溉、舟楫、桥梁以及水运等事的法令。

修筑河渠陂塘，是兴修水利的一项主要工程。兹根据《新唐书·地理志》，参考他书，将唐代所修水利工程，做一粗略统计如下：

| 道名 | 关内 | 河南 | 河东 | 河北 | 山南 | 陇右 | 淮南 | 江南 | 剑南 | 岭南 |
|------|------|------|------|------|------|------|------|------|------|------|
| 所修河渠陂塘堤堰数 | 25 | 39 | 16 | 58 | 9 | — | 16 | 71 | 30 | 5 |
| 总计 | 河渠陂塘堤堰工程 269 | | | | | | | | | |

农业的发达还表现在户口的增加和农产品价格的低廉与稳定上。这点上面已讲到，在此不赘。

### （二）手工业的发展和商业的繁荣

#### 1．手工业的发展

唐代的手工业也分官营和私营两种。官府手工业产品专供宫中或朝廷使用，不在市场出售。唐代中央政府有好几个机构，掌管手工业和工匠。一为少府监，"少府监之职，掌百工技巧之政令，总中尚、左尚、右尚、织染、掌冶五署之官属"（《唐六典》卷22《少府监》）。二为将作监，"将作大匠之职，掌供邦国修建土木工匠之政令"（《唐六典》卷23《将作监》）。三为军器监，掌制作军器（《新唐书·百官志》）。

当时的官府手工业工匠很多，少府监有工匠19850人，将作监有工匠15000人（《唐六典》卷7《尚书工部》注），军器匠不详。工匠当为世袭，不能随便改业，因工匠子弟入匠籍后，就不能转入他色，所以工匠的依附性很强。政府对工匠有严格的编制。"凡工匠以州县为团，五人为火，五火置长一人。"（《新唐书·百官志·工部尚书》）他们须每年为政府服役20天，称"短蕃匠"。另有"长上匠"，是因手工艺较高而被留下继续做工，他们能得到一定的报酬。蕃（番）匠是劳役制度，据唐律规定，工匠被差即须上工，若"稽留不赴者，一日笞三十，三日加一等（笞四十），罪止杖一百"（《唐律疏议》卷16《丁夫杂匠稽留》）。除番匠外，还有终年做工的"官奴婢"、一年做工3个月的"番户"和两年做5个月工的"杂户"（《唐六典》卷6《都官郎中员外郎》），这些都是身份地位最低的劳动者。

私营手工业也很发达。在城市里，有许多私人开办的手工业作坊，作坊主人称师（即师傅）或长老。官府手工机构则集中了全国"材力强壮、技能工巧"的工匠，又有细致的分工，手工业技术提高得很快。下面介绍几个官营手工业部门。

（1）纺织业。少府监下的织染署，专门掌握纺织和练染，分工很细。

在纺织业中，丝织业是中国有名的传统手工业。唐代的丝织品的品种花式很多，争奇斗艳，琳琅满目。就绫、锦来说，就有大张锦、软瑞锦、透背及大绸锦、竭凿六破以上锦、长行高丽白锦、半臂锦和杂色锦等。绫有独窠文绫、四尺幅及独窠吴绫、独窠司马绫、两窠细绫、瑞绫、白编绫等。至于绫锦的花式就更多了，有盘龙、对凤、麒麟、狮子、辟邪、孔雀、仙鹤、芝草、万字、双胜等（《唐大诏令集》）卷 109《禁大花绫锦等敕》）。近代出土的大量唐代丝织物，完全证实了当时品种样式之多和织造技术之精湛。在吐鲁番阿斯塔那唐墓中随同有唐高宗永徽四年（653 年）墓志出土的丝织品，有联珠对马纹锦、联珠对孔雀纹锦、联珠戴胜鸾鸟纹锦、龟甲"王"字纹锦等；随同唐高宗永淳二年（683 年）墓志出土的，有裁作衣物边缘装饰的四件锦条，有的是用果绿、墨绿、黄、棕、白五色丝线在木红色地上织成宝相花的，有的还加饰了白色联珠带和黄色晕綢；随同唐玄宗开元九年（721 年）郧县庸调麻布出土的，有彩条斜纹经锦，这还是人字纹织物的第一次发现，有双丝淡黄地腊缬鸳鸯花束纹纱。在时间大体相同的另外墓葬中，还发现了几件精致的腊缬绢。尤其是发现了一件晕綢提花锦裙，这是第一次出土的晕綢锦。和锦裙同出土的还有腊缬绢和腊缬纱，花纹灵巧生动，宛如妙手素描。仅在吐鲁番出土的丝织品，经过整理作为锦、绮、染缬标本的，已达 46 件之多（《吐鲁番县阿斯塔那——哈拉和卓古墓群清理简报》，《文物》1972 年第 1 期；《"丝绸之路"上新发现的汉唐织物》，《文物》1972 年第 3 期）。

当时定州是北方丝织业的中心，上贡给唐政府的丝织品数量居全国第一。〔据《通典》卷六统计，博陵郡（即定州）岁贡各种绫 1575 匹，为全国之冠。〕该州富豪何明远"资财巨万，家有绫机五百张"（《朝野佥载》卷 3）。扬州也是丝织品丰饶之地，故贡品仅次于定州。

（2）造船业。唐代工部下的水部郎中和都水监下的舟楫署令都掌管舟楫河渠等事。官府大规模造船的事也不少，如贞观十八年（644 年），"上将征高丽，秋，七月，辛卯，敕将作大监阎立德等诣洪、饶、江三州，造船四百艘以载军粮"（《资治通鉴·唐纪十三·太宗皇帝中之下》）。以后，唐太宗又曾"发江南十二州工人，造大船数百艘"（《资治通鉴·唐纪十四·太宗皇帝下之上》）。又在四川"伐木造船舰，大者或长百尺，其广半之"（《资治通鉴·唐纪十五·太宗皇帝下之下》）。大体江南各地，如扬州、常州、杭州、越州、洪州等，都是造船业发达的地方。

（3）矿冶业。少府监下的掌冶署令，"掌熔炼铜铁器物之事"（《唐六典·少府监》）。唐初除西北边境外，是允许私人开矿冶铸的。当时冶矿之处，据《新唐书·食货志》所载：

凡银、铜、铁、锡之冶一百六十八。陕、宣、润、饶、衢、信五州（校勘记："陕宣润饶衢信五州"，按州名有六而综称"五州"，必有误衍。案：此处数字有误）银冶五十八，铜冶九十六，铁山五，锡山二，铅山四，汾州矾山七。麟德二年，废陕州铜冶四十八。

开元十五年，初税伊阳五重山银锡。

据此所记开矿处所，可见唐代矿冶业发达之一斑。铸造器物的技巧也大有进步。武则天时期，铸造九鼎，其中豫州鼎高一丈八尺，可容 1800 石粮食，其他鼎高一丈四尺，能容粮食 1200 石。鼎上铸有山川物产图，共用铜 56 万 700 多斤。"夏，四月，铸九鼎成，徙置通天宫。豫州鼎高丈八尺，受千八百石；余州高丈四尺，受千二百石；各图山川物产于其上，共用铜五十六万七百余斤。"（《资治通鉴》卷 206《唐纪二十二·则天顺圣皇后中之下》，神功元年四月纪事）1970 年 10 月，考古工作者在西安南郊何家村发现了两瓮唐代窖藏的文物 1000 多件，其中金银器物有 270 件，包括碗、盘、碟、壶、缸、锅、盒、炉等。这些东西造型优美，花纹装饰精致，灿烂夺目。据鉴定，制造这些器皿的工艺极为复杂和细致。器物形成以钣金和浇铸为主，切削、抛光、焊接、铆、镀等工艺的使用已很普遍（《西安南郊何家村发现唐代窖藏文物》，《文物》1972 年第 1 期）。《朝野佥载》卷三记载唐中宗李显，曾"令扬州造方丈镜，铸铜为桂树，金花银叶，帝每骑马自照，人马并在镜中"。这是一种大型衣镜，足见制作技术之精巧。近代考古发现不少唐代铜镜，制作确实精致美观。

（4）陶瓷业。陶瓷业继承魏晋南北朝的制作技术而向前发展。这时制陶业和制瓷业也分开发展。以陶器而论，有著名的唐三彩，是用铅黄、绿、青（或蓝）三色釉涂于陶器上烧制而成。这些器物色彩艳丽，形态生动。

制瓷业成为一个专门部门，产量、产区、产品式样等都有巨大的发展。瓷器已经代替了金、银、漆器，成为日用品不可缺少的部分。据考古发现，唐代瓷窑的窑址，遍于河北、河南、陕西、安徽、湖南、四川、江西、浙江、福建、广东各省。有许多有名的瓷窑，如南方越州的越窑（在浙江绍兴和余姚市上林湖）、北方邢州的邢窑（在今河北内邱）都很著名。越窑出青瓷，陆羽《茶经》说它"类玉，类冰"。陆龟蒙《秘色越器》诗咏青瓷说："九秋风露越窑开，夺得千峰翠色来，好向中宵盛沆瀣，共嵇中散斗遗杯。"（《全唐诗》卷 629）足见其色泽之青翠。邢窑出白瓷，《茶经》说它"类银，类雪"，当时通行全国，所谓"天下无贵贱通用之"（李肇：《国史补》卷下）。杜甫《又于韦处乞大邑瓷碗》诗咏白瓷说："大邑烧瓷轻且坚（一作紧），扣如哀玉锦城传，君家白碗胜霜雪，急送茅斋也可怜。"（《全唐诗》卷 226）足见其色泽之洁白。江西的昌南镇（宋时改为景德镇）的瓷器当时称为"假玉器"（《浮梁县志》），也很有名。除青瓷、白瓷两大系外，还有黑釉、酱釉，黄釉、褐釉等瓷器。

手工业中如造纸、制茶、制盐等都有一定的成就，不一一叙述。

### 2. 商业的繁荣

除了农业和手工业的发展为商业的发展奠定了基础外，唐代也进行了一些有利于商业发展的工作。

首先是发展交通。陆路交通以长安为中心，东到宋（今河南商丘）、汴（今河南开封），以至山东半岛；西至岐州（今陕西凤翔县），入于西州；西北至凉州，以通西域；北至太原、范阳（北京）；南至荆（今湖北江陵）、襄（今湖北襄阳），达于广州（《通典·食货典·历代盛衰户口》）。水路交通也很发达，大运河贯穿南北，长江、淮水以及南方的许多河湖，构成纵横交错的水道网。在水陆交通干线上，官府设立了驿（站），全国的驿站计共有 1639 所，其中"二百六十所水驿，一千二百九十七所陆驿，八十六所水陆相兼"（《唐六典》卷5《尚书兵部》）。驿站的设置，主要是便于官吏往来和文书的传递，但对发展交通也很有利。在驿站旁边，还有招待客商的店铺。在北方，这些店铺除供应食宿外，还赁驴给客商乘骑，通行迅速，转眼数十里（《通典》卷7《食货七·历代盛衰户口》）。这些设施，为商业的发展提供了极大的便利。

其次是统一货币和度量衡。唐高祖武德四年（621 年），废去隋朝的五铢钱，通行新铸的开元通宝钱。武则天时代，为了统一货币，曾"悬样于市，令百姓依样用钱"（《旧唐书·食货志上》）。对度量衡也做了统一的规定，大抵继承隋制，有大小二种，大尺一尺为小尺的一尺二寸，大斗一斗为小斗的三斗，大称一两为小称的三两。唐朝规定："凡官私斗、秤、度尺，每年八月诣（太府）寺校印署，无或差谬，然后听用之。"（《唐六典》卷20《太府寺》）

交通的发达，货币和度量衡的统一，为商业发展提供了有利条件。所以，唐朝的商业一直向上发展，表现出空前的繁荣。这种繁荣，表现在都市发达、大商人活跃、有一整套商业管理制度等方面。

在商业都市繁荣方面，当时的京都长安、洛阳，淮南的扬州，四川的成都，岭南的广州，都是极其繁盛的商业大城市。一些离州县较远但交通便利的地方，也成了市，叫"草市"。所以，全国各地大小不等的市星罗棋布。"市"设有"市令"，管理市场的交易，中午击鼓 300 声，开始贸易，日落前三刻，击钲 300 下，贸易停止（《唐六典》卷20"京都诸市令"条）。市内的店铺叫作"肆"，出售同类货物的肆集中在一个区域内，叫作"行"，"行"有"行头"，负责对官府纳税等事务。在大城市里还设有"邸"，是客商居住和存放货物的地方。据记载，长安分东、西两市，东市"市内货财二百二十行，四面立邸，四方珍奇，皆所积集"（《长安志》卷8；徐松：《唐两京城坊考》卷3）。西市"市内店肆如东市之制，市署前有大衣行，杂糅货卖之所"（韦述：《两京新记》卷3）。两市各占两坊之地，商业极盛。扬州地处运河和长江的汇合处，"商贾如织，故谚称扬一益二，谓天下之盛，扬为一而蜀次之也"（洪迈：《容斋随笔》卷9）。广州是南方的大都市，为波斯、阿拉伯、南洋等商人的集中地，珍货充积，官吏乘机贪污，"前后作牧者，多以黩货为蛮夷所患"（《旧唐书·冯立传》）。就是仅从广州当时的贡品如生沉香70斤、甲香30斤、詹糖香25斤，以及鼊皮、鳖甲（瑇瑁之类）、石斛、蚺蛇胆等来看，也可见广州的繁荣富庶。

随着商业的发展，大商人非常活跃。唐高宗时，长安有大商人邹凤炽，"其家巨富，金宝不可胜计。常与朝贵游。邸店园宅，遍满海内。四方物尽为所收，虽古之猗、白，不是过也"。又有王元宝者，唐玄宗尝"问其家私多少，对曰：'臣请以一缣系陛下南山一树，南山树尽，臣缣未穷'"。一缣即一匹绢。故唐玄宗说："我闻至富可敌贵。朕天下之贵，元宝天下之富，故见耳。"（李昉等：《太平广记》卷495《邹凤炽》）由此可知当时豪商富贾钱财之多、势力之盛。

在对外贸易方面，主要是西北陆路和东南海路。西北陆路就是通过西域而往西亚、欧洲各国的有名的"丝绸之路"。玄奘西行取经时，曾有"同侣商旅商胡数十人"（释慧立：《大慈恩寺三藏法师传》卷一）同行。又如印度无畏三藏到唐朝来，也是和"商旅同次"（李华：《东都圣善寺无畏三藏碑》，《全唐文》卷319），足见中外商旅往来频繁。阿斯塔那墓葬中还发现了波斯银币，西安发现的唐邠王府窖藏文物中，也有波斯银币和东罗马金币，更是中外商业发达的见证。

东南海上以广州为最大的贸易港。当时东南亚各国如林邑、真腊、诃陵、室利佛逝，以至师子、波斯、阿拉伯等西方各国，都到广州来做生意。在东方，和新罗、日本的贸易也很频繁，登州（今山东蓬莱市）、扬州、楚州、明州（今浙江宁波市）是和他们进行贸易的重要都市。

随着内外商业的发达，唐代为了征收商税，制定了一整套管理制度。例如有检查往来商旅和收税的关、津；有集中管理商业贸易的市，市设有市令、市丞。对外贸易设有市舶使（到宋代发展为提举市舶司）。

### （三）农民的反抗斗争

#### 1. 经济繁荣下地主阶级的富足和农民的贫困

隋末农民战争严重地打击了当时的封建统治，较大幅度地调整了生产关系。广大农民的生产斗争，推动了社会生产的发展，形成了唐朝封建经济繁荣的局面。贞观时期是经济迅速恢复和发展阶段。唐人郑棨的《开天传信记》说开元、天宝之间是"河清海晏，物殷俗阜，……左右藏库，财物山积，不可胜数。四方丰稔，百姓殷富。管户一千万，米一斗三四文。丁壮之人，不识兵器。路不拾遗，行者不赍粮"。从这里可看出当时农业生产发达，粮食丰富，物价便宜，交通发达，确是封建社会的一番繁荣景象。但是，这时的繁荣，主要是地主阶级富足，即封建国家的仓库充实，财物堆积如山。依《通典》卷12《食货典·轻重》

所载，唐玄宗天宝八年（749 年）的库存量十分惊人，各仓库存粮情况如下：

| 仓别 | 存粮数 |
|------|--------|
| 和籴 | 1,139,530 石 |
| 诸色仓 | 12,656,620 石 |
| 正仓 | 42,126,184 石 |
| 义仓 | 63,177,660 石 |
| 常平仓 | 4,602,220 石 |
| 总存粮 | 123,702,214 石 |

　　杜甫在《忆昔》诗中说"公私仓廪俱丰实"，而这些粮食全是靠残酷榨取农民阶级而来的。

　　由上可知封建政府的富有。而一般私人地主也十分富足。例如：1970 年 10 月，在西安何家村发现了两瓮窖藏文物。这两瓮文物，是唐章怀太子之子、唐玄宗从兄李守礼邠王府的遗物。遗物中有纯金器 298 两（按唐大两计），纯银器 3700 余两，加上 10 副玉带胯，总值可折合为唐朝时 3830 万钱，按当时的粮价，可购米将近 30 万石，相当于唐朝 15 万丁男一年所交的租粟（《西安南郊何家村发现唐代窖藏文物》，《文物》1972 年第 1 期）。此外，还有许多宝石、器皿、药物没有计算在内。而且，这只是邠王府的部分财物。而邠王李守礼还不是当时最富有者。如李林甫、杨国忠等，其家产财物比邠王府还要多得多。他们的财富都是残酷剥削农民得来的。

　　可是，创造社会财富，使经济繁荣的农民阶级，却过着牛羊不如的生活。武则天时狄仁杰就指出农民阶级在残酷剥削下，"剔屋卖田，人不为售，内顾生计，四壁皆空"，家破人亡，四方逃散。即使是在"开元盛世"，农民也不得不破产流亡。《唐大诏令集》卷 111《置劝农使安抚户口诏》说：

　　　　……水旱相仍，逋亡滋甚，自此成弊，至今患之。且违亲越乡，盖非获已。暂因规避，旋被兼并，既冒刑网，复损产业。客且常惧，归又无依，积此艰危，遂成流转。或因人而止，或佣力自资。怀土之思空盈，返本之途莫遂。

　　这里描述了农民在封建剥削和灾荒下逃离家园，耕地随即被地主兼并，回乡既无田可种，在外亦难以生活的悲惨情景。

　　近代在敦煌和吐鲁番，曾发现不少租佃契约、卖地契、卖牛契、雇工契、便麦契、贷生绢契、举钱契、卖宅舍契，以至卖儿契等。这些实物资料，既是地主阶级残酷剥削农民的铁证，也是农民破产流亡的铁证。农民阶级在地主阶级的剥削下，卖田典宅，妻离子散，辗转逃亡，挣扎于死亡线上，杜甫的诗句"朱门酒肉臭，路有冻死骨"就是当时社会的真实写照。这样，农民在走投无路的情况下，势必走上反抗斗争的道路。所以，即使是在唐朝前期经济繁荣的阶段，农民的反抗斗争还是连绵不断。

### 2．农民的反抗斗争

唐朝重建的统一中央集权的封建国家，依然是剥削、压迫农民的政权，阶级矛盾和阶级斗争始终存在着。所以，即使在唐朝前期，所谓"盛世"，还有农民的武装斗争。

（1）唐初刘黑闼的反唐战争。唐代统治者杀害了河北义勇军首领窦建德以后，对窦建德的部下和起义人民以种种借口加以制裁甚至"捶挞"。窦建德的部下共推故将刘黑闼为首领，于武德四年（621年）七月聚众起义反唐（《资治通鉴》卷189—190《唐纪五》《唐纪六》），仅仅半年的时间就恢复了大夏政权的故地。第二年正月，刘黑闼称"汉东王"，改元"天造"，定都洺州（河北永年）。直到公元629年初，唐朝才把这支起义军镇压下去，刘黑闼被俘牺牲。

（2）贞观二十二年（648年）四川人民的武装斗争。这一年唐太宗要侵略高丽，强迫四川人民造大船。人民一方面要到山里伐木，另一方面要出绢雇人造船，被迫变卖田宅子女，苦不堪言。雅（今四川雅安）、邛（今四川邛崃）、眉（今四川眉山）三州獠（僚）族人民被迫举行武装起义（《资治通鉴》卷199《唐纪十五》，贞观二十二年六月、七月、八月纪事）。

（3）唐高宗时陈硕贞起义和各地人民的反抗斗争。唐高宗永徽四年（653年），睦州（今浙江建德市）女子陈硕贞和其妹夫章淑胤率众起义，部下有英勇善战的童文宝等人，起义军队达到几万人。陈硕贞称"文佳皇帝"，这是中国农民战争史上第一个称帝的女领导者。起义军连续攻下了桐庐（今浙江桐庐）、睦州、於潜（今浙江於潜）等城，又进攻歙州（今安徽歙县）、婺州（今浙江金华市）等地，声势日益浩大。起义军虽然最后被镇压下去，但影响很大，震撼了江、浙一带的反动统治。（《资治通鉴》卷199《唐纪十五·高宗皇帝上之上》；《旧唐书》卷77《崔义玄传》；《册府元龟》卷694《武功》）

唐高宗乾封年间，琼州（今广东海南岛）少数民族黎族人民举行规模较大的起义，"乾封中，山洞'草贼'反叛，都督李忠逸抚驭失所，遂致沦陷，已经一百余年"（《册府元龟》卷359《立功》）。直到唐德宗贞元年间，起义才被镇压下去。

（4）武则天期间，农民的反抗斗争继续发展。陈子昂说到在蓬、渠、果、合、遂等州山林中，有逃户3万多人，他们"结为光火大贼，依凭林险，巢穴其中。若以甲兵捕之，则鸟散山谷；如州县怠慢，则劫杀公行。比来访闻，有人说逃在其中者，攻城劫县，徒众日多"［《陈子昂集》卷8《上蜀川安危事（三条)》]。可见蜀中农民反抗斗争的日益壮大。不但在蜀中，而且在岭南的始安（今广西桂林市），有欧阳倩所领导的起义军，"拥徒数万"（《旧唐书·裴怀古传》），攻克了许多州县。

（5）唐中宗李显时期、唐玄宗李隆基时期也有多次农民武装起义。

如上所述，在繁荣的初唐、盛唐时期，农民的起义仍此伏彼起。农民的反抗斗争和武装起义，打击了封建地主，垦辟了许多山林江海的耕地，推动了生产的发展。唐朝前期社会经济的繁荣，正是农民阶级所进行的生产斗争和阶级斗争的结果。

## 三、 唐代后期的政治与经济

"安史之乱"是唐代由盛转衰的转折点。此前，唐朝经济繁荣；此后，经济衰败。此前，中央集权巩固；此后，皇权低落，方镇割据。不过安史之乱的发生并非偶然，而是唐代封建统治下社会矛盾发展的必然结果，是统治阶级内部矛盾的总爆发。

### （一）安史之乱与方镇割据

#### 1. 安史之乱

（1）安史之乱发生的原因包括以下几方面。

第一，阶级矛盾深化，统治阶级日益奢侈荒淫，政治越发腐败。唐玄宗的内宠杨贵妃一个人的衣着玩好，就要上千人来供应（《新唐书·杨贵妃传》）。唐玄宗本人过着"春宵苦短日高起，从此君王不早朝"的淫逸生活。政事外则委之李林甫、杨国忠，内则交付宦官高力士。李林甫专权自恣，杨国忠事皆"责成胥吏，贿赂公行"，选官时则于"私第暗定"（《旧唐书·杨国忠传》），生活极其奢侈，杨贵妃家"姊妹昆仲五家，甲第洞开，僭拟宫掖，车马仆御，照耀京邑，递相夸尚。每构一堂，费逾千万计。见制度宏壮于己者，即撤而复造，土木之工，不舍昼夜。玄宗颁赐及四方献遗，五家如一，中使不绝"（《旧唐书·后妃·玄宗杨贵妃传》）。这种荒淫的生活，必然加重人民的苦难。唐朝又不断进行战争，耗费大量的钱财。《通典》卷148记载："开元初，每岁边费约用钱二百万贯。开元末，已至一千万贯。天宝末，更加四五百万贯。"这样，国力日益虚耗。所以，阶级矛盾的深刻化，统治阶级的荒淫腐败，国力的虚耗，给予安禄山起兵篡夺政权的可乘之机，这是安史之乱产生的根本原因。

第二，安史之乱也是民族矛盾发展的结果。当时河北部幽州一带地方，唐太宗时曾迁徙许多突厥人居住在这里；隋、唐以来，又有不少契丹和奚族归附者居住在这一带，故这里是许多少数民族杂居之地。唐朝统治集团对少数民族，虽比前代开明一些，但民族歧视的情况仍然存在。在河北幽州一带存在着汉族与少数民族的矛盾，少数民族将领就利用这种矛盾，起兵夺取政权。安禄山在起兵前极力排斥汉将，提拔少数民族将领。天宝十三年（754年），他提拔奚和契丹人任将军者500人，任中郎将者2000人。次年，即起兵的这一年，又以胡将32人代替汉将。当时朝官韦见素看到这种情况，就指出安禄山"今又以蕃代汉，难将作矣"（《新唐书》卷118《韦凑传附韦见素传》）。所以，安史之乱在一定程度上利用了汉族和少数民族的矛盾，而安禄山又是唐朝统治阶级中的地方军政长官，因而安史之乱也就是唐朝统治阶级内部的矛盾。

第三，府兵制度破坏、节度使权力膨胀，是导致安史之乱的直接原因。

自唐高宗、武后以来，府兵制渐被破坏。府兵制之所以日益破坏，首先是因为大土地私有制的发展，均田制日趋破坏，农民失掉耕地逃亡出去，兵源出现了大问题。其次，唐初，府兵地位较高，参加征役可得勋级，死亡者家属可受抚恤。但唐高宗显庆五年（660年）以后，府兵的优厚待遇取消了。而自唐太宗末年以来，府兵戍边出征，往往逾期不得更代，府兵成为苦差。再则府兵番上宿卫京师或戍边征行都需自备粮饷器械，而且除服役时本人免租调外，家中不能免去征徭，到无法负担时，只好逃亡。大诗人杜甫的《兵车行》深刻地暴露了天宝年间府兵士兵所遭受的征役之苦："或从十五北防河，便至四十西营田，去时里正与裹头，归来头白还戍边。"从15岁被点防河起，一直到头发白了才回家，但刚回家又被点去戍边。因而使"汉家山东二百州，千村万落生荆杞。纵有健妇把锄犁，禾生陇亩无东西"。而封建政府还向兵士家中征收租调，"县官急索租，租税从何出？"在这种情况下，府兵纷纷逃亡，府兵制日趋瓦解。

由于府兵制遭到破坏，兵士不足。为了弥补兵士的不足，开元十一年（723年），张说建议改用募兵。而且开元十一年和开元二十五年（737年），朝廷分别用招募来的"长从宿卫"（后改称"彍骑"）代替了番上宿卫京师的府兵，用"长征健儿"代替了戍边征行的府兵，从此募兵制代替了府兵制。这样一来，兵士悉由招募，和均田制分离，脱离了农业生产，当兵成了专门的职业。

在实行募兵制的同时，唐代还在边疆实行了节度使制度。至唐玄宗时，共有平卢、范阳、河东、朔方、河西、安西、北庭、陇右、剑南、岭南等10个节度使。节度使统率的士兵不是征点而是招募，不是更番代役而是长期率领，军队成了将帅私人的武装力量，而且节度使所管地区，"大者连州十余，小者犹兼三、四"。"既有其土地，又有其人民，又有其甲兵，又有其财赋，以布列天下，然则方镇不得不强，京师不得不弱。"（《新唐书》卷50《兵志》）节度使最初只管边防军政，后来兼管屯田、度支、按察等工作，成了边疆的军政、财政、行政的长官，权力显然扩大和加重了。

同时，从唐太宗末年到唐玄宗，唐代内地与边镇的兵力部署也发生了变化。

以前军府近半数集中于京师所在的关内道，唐中央对边疆持居重驭轻的形势。后来由于对外战争的需要，不得不在边疆上屯驻重兵。根据记载，天宝元年（742年），全国共有军队57万多人，其中49万人驻在边疆（《资治通鉴》卷215《唐纪三十一·玄宗皇帝中之下》天宝元年正月纪事及《考异》）。而且募召来中央宿卫的彍骑兵战斗力甚差，"六军宿卫皆市人，富者贩缯彩，食粱肉，壮者为角觝、拔河、翘木、扛铁之戏。及禄山反，皆不能受甲"（《新唐书》卷50《兵志》）。在边境掌握重兵的节度使，成为威胁唐中央的重要力量，终于于天宝末年爆发了"安史之乱"。

（2）安史之乱的经过。

安禄山和史思明都是营州（今辽宁）人，都是西域胡人和突厥人的混血儿，二人生同乡里，长大后又相友善。安禄山在天宝末年做了范阳（治所在幽州，即今北京）、平卢（治所在营州，即今辽宁锦州市西）、河东（治所在太原）三镇的节度使，还兼任河北道采访处置使，统有近20万人的兵力，在各节度使中，他的力量最大。他曾几次入朝唐玄宗于长安，并被杨贵妃收为养子。他目睹了朝廷的腐败，认为有机可乘，于是在范阳招兵买马，治械储粮，并以蕃将代替汉将。在准备就绪之后，遂于天宝十四年（755年）十一月，以诛杨国忠为名，在范阳起兵叛唐。

由于唐代中央禁军都是市井之徒，毫无作战能力，地方武备也都废弛，因此安禄山军队打来时，"州县发官铠仗，皆穿朽钝折不可用，持梃斗，弗能亢。吏皆弃城匿，或自杀，不则就禽"（《新唐书·安禄山传》）。沉迷于酒色歌舞的唐玄宗知道安禄山叛唐之后，大吃一惊，急忙派将募兵在潼关、洛阳一带布防。新招募来的兵士缺乏训练，不能作战。如封常清在洛阳招募了6万人，都是"佣保市井之流"（《旧唐书·封常清传》），不能作战。安禄山很快占领了洛阳。天宝十五年（756年），安禄山在洛阳自称大燕皇帝，并分兵进攻潼关。唐玄宗与杨国忠匆忙出走四川，长安落入安禄山之手。

安禄山的军队进入长安之后，大肆抢掠，诸将亦迷恋声色，争夺权位。公元757年正月，安禄山被他的儿子安庆绪杀死。唐朝内部也发生了变化，在马嵬驿，羽林禁军杀死杨国忠，杨贵妃也被逼缢死，这样，众愤有所平息；太子李亨逃至灵武（今宁夏灵武西北），即帝位，这就是唐肃宗。他向朔方、陇右、河西、安西和西域征调援军，并向回纥借来了骑兵。公元757年九月，唐将郭子仪等率领唐军及回纥、西域兵收复长安，十月，收复洛阳。安庆绪败退邺城（今河南安阳市），安禄山的大将史思明也暂时投降了唐朝。

乾元元年（758年），唐拟消灭史思明的力量，事泄。史思明杀唐将乌承恩，再叛。郭子仪等九节度使率兵围邺，史思明带兵援助安庆绪，大败唐兵，又进陷洛阳。史思明既败唐兵，便于乾元二年（759年）杀安庆绪，自立为大燕皇帝。

公元 761 年，史思明又被他的儿子史朝义所杀，史思明的军队力量因内讧而削弱了。公元 762 年，唐肃宗死，唐代宗即位。唐代宗再次向回纥借兵，向史朝义进攻，史朝义的几个主要将领相继投降。公元 763 年，史朝义欲奔到奚族，被部将李怀仙诱杀于范阳城东。"安史之乱"至此才平定。从公元 755 年至公元 763 年，战争前后达八年之久。

（3）安史之乱的影响。

"安史之乱"是统治阶级内部的斗争，是唐中央和地方势力矛盾的结果，它产生了很大的影响。

首先，广大人民，特别是黄河中下游的人民，遭到了一场空前的浩劫，北方经济大受破坏。就户口来说，天宝末年有户 900 余万，但在战乱发生后，公元 760 年，户数只剩下 193 万 3174 户（《通典》卷七《食货典·历代盛衰户口》），损失了 3/4 以上。就人民的财产来说，"洛阳四面数百里州县，皆为丘墟"（《资治通鉴·唐纪三十八·肃宗皇帝下之下》）。"汝、郑等州，比屋荡尽，人悉以纸为衣，或有衣经者。"（《旧唐书·回纥传》）在这种情况下，中原经济受到严重的破坏，很多地区荒芜，生产停顿。

而当时长江一带的南方，未直接遭到安史兵祸，经济没有受到多大破坏，因此，南方经济的发展日益超过北方，中国经济的中心逐渐南移。

其次，"安史之乱"是唐朝由盛而衰的转折点，此后中央力量益趋衰落。地方割据势力更加强大，形成了中央和方镇、方镇相互之间连年不断的战争，这就更加破坏了唐朝的社会经济，唐朝日益走向衰落。

### 2．方镇割据的形成

安史之乱后，唐朝接受了安史部下许多大将的投降，并任之为节度使。所以方镇割据，首先起于安史降将。同时，在平定安史之乱的过程中，唐朝许多节度使的权力加强了，因而这些节度使也在内地各占一方，不听中央的调度。所以方镇割据，是包括这两部分人的。

安史之乱后割据一方的方镇，主要有下列这些：①魏博镇：从田承嗣开始，占有魏、博（今山东聊城市）、贝（今河北清河县）、洺（今河北邯郸市东北）等州，镇在魏州。②相卫镇：从薛嵩开始，传至弟薛崿时，为田承嗣所并。③镇冀镇：即成德镇，从李宝臣开始，割据恒（今河北正定县）、定（今河北定县）、易（今河北易县）、深（今河北深州市）、冀（今河北冀州市）、赵（今河北旧赵县）等州，镇在恒州。④卢龙镇：从李怀仙开始，割据幽、涿（今河北涿州市）、莫（今河北任丘市）、平（今河北卢龙镇）、檀（今北京密云区）、营（今辽宁朝阳县）等州，镇在幽州。⑤淄青镇：从侯希逸开始，割据淄（今山东淄川县）、青（今山东益都县）等 15 州地方，包括山东全境，传至李师道时，为唐所灭，分其地为三镇。⑥宣武镇：从李灵曜开始，割地时有变更，大体为汴

（今河南开封）、宋（今河南商丘）等州，唐宪宗时兵乱，唐朝派董晋为节度使，仍归唐朝掌握。⑦淮西镇：从李希烈起，割据申（今河南信阳）、光（今河南潢川县）、蔡（今河南汝南县）等州，至吴元济时，为唐所灭。

这些割据的方镇，"自置文武将吏，私贡赋，天子不能制"（《新旧书·李怀仙传》）。节度使或父子相传，或兵将拥立，既成事实之后，唐朝形式上加以任命，承认既成事实而已。

方镇之间为了争夺地盘，经常相互攻战；每个方镇内部，为了争夺节度使的职位，经常发生火并；唐朝中央与方镇之间的斗争也很频繁。所谓"方镇割据"，就是统治阶级内部争权夺利的一场混战。

在方镇割据的情况下，人民遭受极大的痛苦。一方面，唐朝直接管辖的地盘缩小了，而兵饷赋役的负担却日益加重。在元和时，江南八道 140 万户的人民，却要负担唐朝 83 万军队的粮饷，"率以两户资一兵，其他水旱所损，征科妄敛，又在常役之外"（《唐会要》卷 84《户口数杂录》）；另一方面，在方镇统治下的人民更遭受到"暴刑暴赋"（《通典·职官典》）。如田承嗣在魏博镇就是"重加税率"的。所以，在方镇割据下的唐朝，人民的灾难日益加重，社会经济的发展也大受阻碍，阶级矛盾一天比一天尖锐起来。在这种情况下，唐顺宗时出现了王叔文、柳宗元和刘禹锡等要求削弱方镇力量以达到中央集权的革新派。

### （二）均田制的破坏和两税法的实行

两税法的施行，标志着中国封建经济的发展前进了一个阶段。两税法是在从北魏以来施行了将近 300 年的均田制完全破坏、庄园经济迅速发展，建于均田制上按户、按丁征收赋税的租庸调法已无法实行的情况下出现的。所谓两税法就是按庄园、按资产征税。两税法施行后，手工业和商业还继续发展，所以唐朝还支撑了 100 余年。

#### 1. 均田制的破坏和庄园经济的发展

均田制遭到破坏的过程，就是庄园经济发展的过程，同时也是农民的耕地被掠夺兼并因而逃亡依附的过程。

均田制遭到破坏，首先是由于大土地私有制的发展。从均田制本身的演变过程我们可以看出，土地买卖的限制愈来愈松弛。到唐朝时，连口分田在某种情况下按法律规定也可以买卖，这就给大土地私有制的发达开了方便之门。同时，官吏普遍受田，勋官、职事官和散官在唐朝都可以受永业田，官吏必为地主，大官也就必为大地主。而这些大土地私有者，就成为兼并掠夺农民土地的"急先锋"。所谓"百姓田地，比者多被殷富之家、官吏吞并"（《唐会要》卷 85《逃户》）。他们还用向官府"借荒"的名义，将包括熟田在内的大片土地据为己有，有的还借口"置牧"（设置牧场），侵占山谷，无限占领"公田"。他们就是这样兼并农民的土地和将国家的公田攫为己有，而使自己的土地无限膨胀的。如唐玄宗时的卢从愿"占良田数百顷"，被称为"多田翁"（《新唐书·卢从愿传》）。同时期的李憕与吏部侍郎李彭年都号称为"地癖"（《旧唐书·李憕传》）。

兼并掠夺土地的除士族地主外，还有新兴的庶族地主。随着政治势力的上升，庶族地主反过来利用自身的政治势力巩固和扩大自己的经济利益，所以他们也是兼并掠夺土地的能手。翻开新旧唐书各传，自唐高宗、唐玄宗以来，有不少"家境清寒"的大地主，如出身寒微的元载，在长安"城南膏腴别墅，连疆接畛，凡数十所"（《旧唐书·元载传》）。各地方的地主富豪也都拥有许多田产，如河南有个屈突仲任，"资数百万，庄第甚众"（《太平广记》卷100《屈突仲任》）。相州的王叟，"庄宅尤广，客二百余户"（《太平广记》卷165《王叟》）。又如，庐州是淮南的大郡，"豪家广占田而不耕"（杨凭：《唐庐州刺史本州团练使罗珦德政碑》，《全唐文》卷478）。所以，庶族地主也是破坏均田制的一支力量。

再有，随着寺院经济的发达，僧侣地主也大量兼并土地，剥夺农民。武后时，寺院经济更加发展，正如狄仁杰所说："膏腴美业，倍取其多；水碾庄园，数亦非少。"（《旧唐书·狄仁杰传》）及至唐代宗时，"凡京畿之丰田美利，多归于寺观，吏不能制"（《旧唐书·王缙传》）。寺院大量占田，破坏了均田制。

就这样，农民的土地被兼并，封建国家的公田也落入私家之手，均田制是无法推行的了。

其次，封建国家赋役的日趋苛重也是促使均田制遭到破坏的原因。

唐代后期，由于上层统治集团的荒淫腐败，政府机构也日渐扩大，官吏日多，开支增加；安史之乱爆发后，唐代为了筹集军饷，加强了对人民的榨取，所以唐代后期的赋税是很重的。唐玄宗的敕令中曾说："重征百姓"，"江、淮之间，此事尤甚"（元宗：《禁重征租庸敕》，《全唐文》卷34）。及至安史之乱发生后，第五琦在蜀中对唐玄宗说："今方用兵，财赋为急。财赋所产，江淮居多。"（《资治通鉴》卷218《唐纪三十四·肃宗皇帝上之下》）于是政府采用各种办法，尽量索勒，"靡室靡家，皆籍其谷；无衣无褐，亦调其庸"（常衮：《刘晏宣慰河南淮南制》，《全唐文》卷414）。甚至因疾疫流行而全家死亡的绝户，他的亲邻还要承担赋税，"如闻杭、越间，疾疫颇甚，户有死绝，未削版图，至于税赋，或无旧业田宅，延及亲邻。"（代宗：《恤民敕》，《全唐文》卷48）。

这时的赋税，除经常的租、庸、调之外，还巧立各种名目，多方榨取。如"遣御史康云闲出江、淮，陶锐往蜀、汉，豪商富户，皆籍其家资，所有财货畜产，或五分纳一，谓之率贷，所收巨万计"（《通典·识货典·杂税》）。或者"州县取富人督漕挽，谓之船头；主邮递，谓之捉驿；税外横取，谓之白著。人不堪命，皆去为盗贼"（陈谏：《刘晏论》，《全唐文》卷684），采用率贷、船头、捉驿、白著等手法来加强对人民的剥削。

在繁重的赋税下，农民无以为生，只好逃亡，以躲避赋役。而唐朝又用摊逃的办法，加紧剥削，于是逃户益多。越到后期，问题越严重。天宝八年（749年），唐玄宗的敕令中就指出："籍账之间，虚存户口；调赋之际，旁及亲邻。此弊因循，其事自久。"（《唐会要》卷85《逃户》）安史之乱后，户数从900万户减至190余万户。当然，大量人口死于兵燹，但逃亡人数之多，也是事实。唐代宗宝应元年（762年）四月敕："近日以来，百姓逃散，至于户口，十不半存。"（《唐会要》卷85《逃户》）由于人民的逃亡，户籍大乱，按期制定版籍，均田也就无法进行下去。所以，均田制完全崩溃了。再次，我们知道，均田制的本质是将农民束缚在一小块耕地上，以便国家榨取赋税。现在农民被迫从耕地上纷纷逃亡，封建国家榨取赋税的目的达不到了，也就只好放弃均田制这个奴役农民的手段。均田制的破坏，同时也是租庸调法的破坏。

随着均田制的破坏，庄园经济发达起来。均田制遭到破坏后，土地以更快的速度集中在地主手里，唐德宗时的政论家陆贽曾指出："今制度弛紊，疆理隳坏，恣人相吞，无复畔限，富者兼地数万亩，贫者无容足之居。"（《陆宣公集》卷22《均节赋税恤百姓》第六条）如唐朝名将郭子仪，占地极多，"自黄蜂岭洎（音jì，到、及的意思）河池关（今陕西眉县以南），中间百余里，皆故汾阳王私田"（孙樵：《孙樵集》卷4《兴元新路记》）。官僚地主侵占的田地越来越多，说明庄园经济的发达。

唐代的庄园，大致分为皇庄、官庄、官僚地主的私庄和寺院庄园。

皇庄——皇帝私人的庄园，其土地多是籍没犯罪者的土地而来，设有内庄宅使、内园使或内宫苑使来管理。唐代宗大历年间，"内庄宅使奏：州府没入之田，有租万四千余斛"（《唐会要》卷83《租税上》），可见皇庄占地不少。这种土地，或者出租，或者以官奴婢耕作，或者雇工耕作。

官庄——封建政府所掌握的庄园，在司农寺和工部屯田郎之下，掌握着许多屯田和营田，还有许多官司的职田、公廨田等。这些土地在安史之乱后，多用于设立庄园，政府设立庄宅使、宫使、宫苑使等来管理。官庄大都是租给佃户耕种，官庄的租额"每亩约税粟三斗，草三束，脚钱一百二十文"（元稹：《元氏长庆集》卷38《同州奏均田》）。

私庄——贵族、官僚、地主和商人等私有的庄园。私庄的土地是侵夺公田和民田，特别是侵夺农民的耕地而来。这种私庄非常普遍，一般地主大都置有庄园，有的比较小，由庄主自己管理，有的由僮仆管理。大官僚大地主的庄园也很多。较著名的，有王维的辋口庄、裴度的午桥庄、李德裕的平泉庄、司空图的司空庄等。这些庄园占地面积很大，而且庄园中都有美丽的庄宅或庄院，亭台楼阁，清泉怪石，点缀其中（《唐语林》卷7；《旧唐书·裴度传》《旧唐书·王维传》；李德裕：《会昌一品集》别集卷9等）。这些庄园都设置庄吏或别墅吏来管理。庄园的田地，由庄客或庄户、佃户、客户耕种，尽管这些名称不同，但他们都是失去土地而投附庄园主的农民。私庄的剥削，一般在每亩五斗至一石之间（陆贽：《陆宣公集》卷22《均节赋税恤百姓》第六条）。私庄的剥削比官庄还要重些。但庄客在庄园主的隐占下，可免去封建国家的差徭杂役等，故失地而逃亡的农民，很多还是依附于私庄。

寺院庄园——僧侣地主的庄园。有属于僧侣个人私有的，这和世俗地主的私庄一样，有属于某个寺院所有的，通称为常住庄田。寺院设有知庄或知墅的职事僧，管理庄田。寺院庄田或由奴婢耕种，或租与佃户耕种。

由此可见，安史之乱后，均田制完全破坏，庄园经济迅速发展，从皇帝到贵族官僚、一般地主以及寺院，都广置庄园。因此，庄园这种大土地私有形式，代替了以前的均田制，成为唐朝后期土地占有的主要形态。在庄园经济下，土地主要是租给佃户、客户或庄客耕种，租佃制随着庄园的发展而日益发达起来。

在庄园经济下，庄客、佃户是庄园财富的创造者，但却遭受庄主残酷的剥削和奴役。在私庄的庄客，他们不仅种田，还需向庄主提供一定的无偿劳动，如"工部员外郎张周封，言旧庄在城东狗脊觜西，尝筑墙于太岁上，一夕尽崩，且意其基虚，工不至，乃率庄客，指挥筑之"（《酉阳杂俎》卷15）。

在庄园主的土地上，还使用了一些雇工或佣工，他们所受的剥削更多，生活比庄客、佃户等更为痛苦。敦煌地方有一首歌谣，讲述被雇客户的苦难生活："妇即客春捣，夫即客扶犁。黄昏到家里，无米复无柴。男女空饿肚，状似一食斋。"（刘复：《敦煌掇琐》上辑）

今天所发现的敦煌文件中，有不少卖地、卖宅舍、卖牛、卖儿、租地、典地、雇工和借贷等契约，这都是农民痛苦生活的见证。

### 2. 赋税制度的变更——实行两税法

随着均田制的破坏，原来建立在均田制基础之上的租庸调法，由于农民失去土地，大批逃亡，户口减少，以丁为征收对象的租庸调法是不适用了。唐代政府为了增加税收、稳定财政和缓和阶级矛盾，对赋税制度进行了改革。

从公元755年安史之乱到公元780年，唐政府没有统一的赋税制度。各地临时征收数百种杂税。"废者不削，重者不去，新旧仍积，不知其涯。"（《旧唐书·杨炎传》）赋税非常混乱。当时除了各种杂税外，有两种重要的税收：地税和户税。地税和户税在唐初就有，但是作为租庸调法的补充税收。地税从义仓纳粟而来，从王公百官到百姓，按垦田顷亩，每亩交粟二升（《唐六典·尚书户部》）。以后地税每亩税额不断在增加。户税，即量其资产，将天下户分为三等征税，其后改为九等。户税和地税，到唐玄宗天宝年间，已占了唐朝税收的很大部分。到建中元年（780年），唐德宗采纳宰相杨炎的建议，对混乱的赋税制度进行整理，就以户税和地税为主，统一各项税收，发展成为两税法，正如杜佑所说："建中新令，并入两税。"（《通典·食货典·丁中》）

两税法的主要内容是：①量出制入，中央根据财政支出，确定全国总税额，摊派各地征收。②不分主户（或土户）客户，不分定居或行商，都要交税；税额按资产和田亩确定；废去此前的租庸调和杂税。③每年分夏、秋两季纳税，夏税不得过六月，秋税不得过十一月。④两税都按钱计算。史言两税法执行之后，"天下便之，人不土断而地著，赋不加敛而增入，版籍不造而得其虚实，贪吏不诚而奸无所取。自是，轻重之权，始归于朝廷"（《旧唐书·杨炎传》）。两税法的实行，确实收到一定的效果，暂时解决了当时的财政困难，稳定了当时的唐朝统治。

两税法为什么能收到一定的效果呢？因为它扩大了纳税面。两税法规定"户无主客"都要交税。在实行租庸调时，皇亲国戚以及有名爵者，是不负担租庸调的不课户，但两税法是从户税和地税发展而来，而户税、地税，本来就规定官吏交纳，所以两税法，按规定官吏也得交纳。同时，浮户、客户和不定居的商贾都要负担两税。这样就扩大了纳税面，为封建国家增加了一大笔收入。用具体数字来说，大历时（766 年），经过刘晏的理财工作之后，"通天下之财，而计其所入，总一千二百万贯，而盐利过半"（《唐会要》卷87《盐铁总叙》）。但实行两税法的这一年（780 年），收入就增至"一千三百五万六千七十贯，盐利不在此限"（《旧唐书》卷12《德宗纪上》）。这样，国家的税收增加了一倍以上。若以《通典》的记载，则两税法施行后，每年收入 3000 余万贯，比上述数字还大得多。税入增加这样多，就是由于两税法大大扩大了纳税面，不仅官僚要交税，更重要的是将浮户、客户从豪强隐占下争夺过来，作为封建国家的法定剥削对象。从这个意义上来说，两税法对官僚豪强造成了一定的打击。

其次，两税法也有比较合理的地方，就是交税不以丁、户计算，而以资产田亩计算，亦即"以贫富为差"，正如陆贽所说："唯以资产为宗，不以丁身为本。"（《陆宣公集》卷22《均节赋税恤百姓》第一条）这从法令上看是比较合理的，也是社会经济发展的必然趋势。所以，两税法在当时还能行得通。

但是，两税法到底是统治阶级的法律，其本质是加强对农民的控制和剥削。所以有很多的局限性，即消极的一面。而且执行时间愈长，其消极面愈见显著。这种消极面，主要表现在：

第一，所谓"量出制入"，就意味着可以随意加税，在实际执行过程中也确是这样。借口"量出制入"，唐朝统治者屡次增加税额。例如唐德宗建中三年（782 年），"淮南节度使陈少游请于当道两税钱每一千加税二百。度支（朝廷掌财政的长官）因请诸道悉如之"（《唐会要》卷83《租税上》）。又如唐德宗贞元八年（792 年），剑南西川观察使韦皋，又奏请加征 2/10 的赋税。这些都是增加税额。此外，地方官多借"进奉"为名，来搜括人民，以少许贡于皇帝，其余大部分进入私囊。有的每月有"进奉"，称为"月进"；有的每日有"进奉"，称为"日进"。这实质上是朝廷让地方官非正式加税，皇帝坐地分赃。而这些分赃的比例，"十献其二三耳，其余没入，不可胜纪"（《旧唐书·食货志》）。

两税法规定取消一切杂税，而在实际执行中，苛捐杂税依然纷至沓来。如盐税、茶税、借商钱、间架税（房屋税）、除陌钱等。

茶税——建中元年（780 年）"天下所出竹木茶漆，皆什一税之，充常平本钱"（《唐会要》卷 84《杂税》）。

借商钱——富商"钱出万贯者，留万贯为业，有余官借以给军……约以罢兵后，以公钱还"（《旧唐书·卢杞传》）。

间架税——"凡屋二架为一间，分为三等，上等每间二千，中等一千，下等五百。"（《旧唐书·卢杞传》）

除陌法——"天下公私给与贸易，率一贯旧算二十，益加算为五十。"（《旧唐书·卢杞传》）

这些苛捐杂税，把人民压得喘不过气来。

第二，两税法按钱计算，农民的产品只有粟帛等实物，政府可以任意确定折缴比例，使得农民的负担愈来愈重。例如开始实行两税法时，农民缴一匹绢，折钱三千二三百文，两税法实行十几年之后，到贞元十年（794 年），减到一千五六百文，赋税实际上提高了一倍（《陆宣公集》卷 22《均节赋税恤百姓》第一条）。到唐宪宗末年，即两税法实行了 40 年后，粟帛价进一步降低，劳动人民的赋税负担，比开始实行两税法时增加了三倍（《李文公集》卷 9《疏改税法》）。

第三，按照两税法规定，资产多，负担赋税也应该多。但是实际情况是，地主勾结官府，将资产大量隐匿起来，因此，出现了地主的土地，十分中"才税二三"（《元氏长庆集》卷 38《同州奏均田》）的现象。政府的税收大部分还是出自贫苦的劳动人民。按资产计算，在当时的历史条件下并不能真正做到。故唐人陆贽说："资产之中，事情不一，有藏于襟怀囊箧，物虽贵而人莫能窥；有积于场圃屯仓，直虽轻而众以为富；有流通蓄息之货，数虽寡而计日收赢；有庐舍器用之资，价虽高而终岁无利；如此之比，其流实繁，一概计估算缗，宜其失平。"（《陆宣公集》卷 22《均节赋税恤百姓》第一条）

不过，尽管两税法有许多局限性，也不能否定它比租庸调法在促进经济发展上更加进步。

### （三）统治阶级内部矛盾的发展与地主阶级革新派的改革活动

唐代后期，随着统治阶级的日益腐朽，朝廷内部争权夺利、互相倾轧的斗争也越来越严重。宦官专权和朋党之争就是政治腐败的表现之一，也是统治阶级内部矛盾发展的表现。

### 1. 宦官专权

唐初，宦官人数不多，权力不大。以后，由于皇室生活日趋腐朽，皇帝对大臣宿将越来越疑忌，宦官人数便逐渐增多，权力也膨胀起来。唐太宗时，没有三品以上的宦官，至唐玄宗时，三品以上的宦官有1000多人。唐玄宗时，宦官高力士最得信任，权势极大，内外大臣如杨国忠、安禄山，都因跟他结纳而做了将相。不过，他还没有掌握军权。安史之乱后，宦官更加飞扬跋扈，废立皇帝，任免大臣，尽操纵在宦官手里。宦官的权力远非以前可比。为什么会这样呢？

首先，因为宦官掌握兵权，主要是掌握禁军。从唐肃宗李亨开始，宦官就掌握了中央禁军，但还没有制度化。及至朱泚之乱，唐德宗出走，宦官窦文场、霍仙鸣等从行。回京后，就确定制度，将中央禁军神策等军完全交由宦官主管了。宦官主管禁军，直到唐亡，都是如此。为何由安史之乱后宦官掌握禁军呢？因为府兵制破坏后，方镇兵强，安禄山就是以三镇节度使起兵的。自安史之乱起，手握重兵的节度使往往桀骜不驯，拥兵叛唐，所以皇帝不敢信任武将重臣，以为家奴宦官比较可靠，所以宦官专典禁军一直发展成为经常性的制度。

其次，宦官不仅掌握禁军，而且全国诸道节度使处，都派宦官担任监军使，以监视主将。唐朝以宦官监军大约起于唐玄宗时。安史之乱后，发展到凡有兵马处，莫不设有监军。监军使的设置，扩大了宦官的权力。

此外，唐中叶以来，朝廷设置了枢密使和宣徽使，均由宦官来担任。执掌机要、传宣诏令，扩大了宦官在政事上的权力。

由于宦官掌握了禁军和枢密使等机要职务，因而能窃取到政治实权，作威作福。当时的唐政权，实际上变成了宦官政权。为了争夺权力，宦官中分出派别，钩心斗角，得胜者往往废掉或杀死另一派所立的皇帝，自己另立新的。唐代的皇帝，从唐肃宗起，只有哀帝李柷是例外，其余都经过宦官的拥立。唐僖宗甚至称宦官田令孜为阿父。朝廷大臣的升降也常为宦官所操纵把持。如宦官李辅国举元载为宰相；唐代诗人元稹，也是交结宦官而成为宰相的。而宦官对不满的宰相大臣等，就尽力排挤掉，如唐文宗时宰相李石，宦官派人行刺他，把他逼下台。所以史言宦官"自贞元之后，威权日炽，兰锜将臣，率皆子蓄；藩方戎帅，必以贿成；万机之与夺任情，九重之废立由己"（《旧唐书》卷184《宦官传序》）。

在传统阶级内部，皇帝和朝官由于宦官专权太甚，出于切身的利害关系，他们好几次想消灭宦官的势力，因此唐代后期又发生了多次朝官和宦官的斗争。唐代朝官衙门多在皇城，在南面；宦官机构在宫城，在北面。南衙指向朝官，北司指向宦官。所谓"南衙北司之争"，就是指朝官和宦官的斗争。比较大的斗争有以下几次：

（1）唐文宗于太和初年，任宋申锡为相，文宗与宋申锡一起谋诛宦官。但事机不密，被宦官发觉，宦官先发制人，诬告宋申锡谋反，把他贬死。

（2）唐文宗太和九年（835年）发生了"甘露之变"。唐文宗用宋申锡除宦官事败之后，继用李训为相。李训集团坚决反对宦官。这年十一月某日，李训集团中的韩约报告金吾卫衙中石榴树上降有甘露，请皇帝去看，实即诱引宦官随皇帝到金吾卫衙中，围而杀之。但露出马脚，为宦官所知，宦官急拥唐文宗还宫，出禁军大杀朝官。李训、郑注等十余家朝官全族被杀，朝中几乎为之一空。这次谋杀宦官，失败得更惨。

（3）到唐昭宗李晔时，宰相崔胤谋去宦官，但无兵力，就勾结宣武镇节度使朱全忠，以为外援。宦官也勾结凤翔镇节度使李茂贞，以相对抗。结果朱全忠打败李茂贞，宦官700余人均被杀，派至诸道的监军使，亦在所在处被斩，宦官差不多被杀光。

**2. 地主阶级内部的改革活动和朋党之争**

唐代科举制度为庶族地主参与政权打开了方便之门，庶族地主在政治上的力量加强了，而士族地主的势力就相对衰落了。士族地主为挽回过去的特权，就和庶族相争。于是唐朝的士大夫中，科举出身的庶族地主集团和依靠门第而当官的士族地主集团不断发生冲突和斗争。这些斗争，有些纯属争权夺利的斗争，有些是具有改革意义的斗争。在当时，主张改革、要求进步的，大都是代表或出身于庶族地主；保守、复旧、反对革新的，则大都是出身于士族门阀之家。

（1）永贞革新。永贞革新是指唐顺宗永贞元年（805年），唐德宗李适死，顺宗李诵继立，趁机进行改革。其主要人物是王叔文、王伾、刘禹锡、柳宗元。

永贞革新的主要内容包括：

第一，加强中央集权，抑制方镇割据势力。浙西观察使李锜原来兼任诸道转运盐铁使，专断权酷漕运，"盐铁之利，积于私室，而国用日耗"（《唐会要》卷87《转运盐铁总叙》）。王叔文等当政后，免掉他的转运盐铁使职务，将财政大权从方镇收归中央。

第二，打击宦官势力。罢去掠夺、侵扰人民的宫市和五坊小使，裁减宫中闲杂人员，并企图从宦官手中夺回禁军兵权。但夺禁军兵权的计划没有成功。

第三，明赏罚，执行"任人唯贤"路线。例如贬专横残暴的京兆尹李实；而对有才干被贬逐的陆贽、阳城等人，则调回中央，可惜他们已死于贬所。又如任命杜佑为诸道盐铁转运使，还是用得其人的。

第四，停止苛征，缓和剥削。规定两税正税外，"不得擅有诸色榷税；常贡外，不得别进物钱"（《唐大诏令集》卷2《顺宗即位赦》）。

此外，还放出宫女300人，教坊女乐600人还家，停止一些不急之务等。

所有这些措施，打击了方镇割据势力、专横的宦官和大士族大官僚，顺应了历史的发展，在当时是有一定进步意义的。

士族、割据势力的代表、宦官，顽固地反对永贞革新，千方百计地进行破坏。大士族高郢、郑珣瑜，宦官俱文珍、刘光琦，方镇势力韦皋、裴均、严绶等结成联盟，拥立太子李纯为帝，这就是唐宪宗，他们把唐顺宗幽禁，不久顺宗死于宦官手中。王叔文等革新派全被贬、被杀。王叔文、王伾被贬后被杀。韩晔、韩泰、陈谏、柳宗元、刘禹锡、凌准、程异、韦执谊均被贬为边州司马，时称"八司马"。这次革新运动在激烈的斗争中失败了。

（2）牛李之争。"二王刘柳"（指王伾、王叔文、刘禹锡、柳宗元）的永贞革新失败之后，统治阶级内部的矛盾更为尖锐，在朝臣中发生了"牛李党争"。

牛是指以牛僧孺、李宗闵为首的代表科举出身的庶族地主的势力，李是指以李德裕、郑覃为首的代表依靠门第的士族地主的势力。这两党又跟宦官内部的派别斗争纠缠在一起，斗争非常激烈。这种斗争从唐穆宗时正式开始。哪一党得势，就将另一党贬逐。例如唐武宗时，李党当政，牛党的主要成员全被贬逐到岭南。唐宣宗时，牛党东山再起，李党的势力被驱逐出朝廷。唐宣宗以后，两党斗争才平息下去。从唐穆宗到唐宣宗，两党斗争持续40年，在历史上称为"牛李党争"。党争的中心问题，是关于选官的途径和如何对待藩镇的问题。李党主张选拔公卿子弟充当朝廷显宦，坚决打击藩镇；牛党主张通过科举考试选拔官吏。因为他们同方镇有些联系，故主张对藩镇采取姑息政策。牛李党争实质上是前期士族与庶族之间斗争的继续。

学界对于"牛李党争"有不同的看法：一种意见认为它是统治阶级内部的争权夺势的"朋党之争"；一种意见认为它是永贞革新和反革新斗争的继续，即牛党代表革新派，李党代表反动势力（韩国磐：《隋唐五代史纲》）；一种意见正好与第二种意见相反，即认为牛党是反动的，而李党是进步的（南开大学讲义；胡如雷：《唐代牛李党争研究》，《历史研究》1979年第6期）。

唐代后期，统治阶级日益腐朽反动，政治非常黑暗。中央政府内部的混乱和斗争助长了方镇割据势力的发展，削弱了唐朝中央的统治力量，加重了人民的痛苦，导致当时阶级矛盾非常尖锐。而统治阶级的改革活动也相继失败。只有农民起义来推翻唐朝的腐朽统治，才能使社会前进一步。

## 四、 唐代和边境各族关系的进一步发展

唐代，我国边疆居住着很多少数族。他们用辛勤的劳动开发祖国的边疆，并和唐朝、和汉族人民在政治、经济和文化上有密切的联系。他们为我国历史的发展和为促进我国统一的多民族国家的发展做出了重要贡献。所以，我们讲唐代的历史，必不可少地要讲唐代和边疆各族的关系史。

## （一）唐代与突厥的战和关系

### 1. 突厥汗国的建立及其分裂

突厥是匈奴的别支，最早居住在新疆阿尔泰山南部一带，是"随水草迁徙，以畜牧、射猎为务"的游牧民族，兴起于北魏末年，到北齐、北周时已很强大。在 6 世纪中叶，突厥首领土门率兵破柔然，自称伊利可汗，建立了奴隶制的突厥汗国。三传至木杆可汗，更加强大，史载当时的突厥是一个"东自辽海以西，西至西海（里海）万里，南自沙漠以北，北至北海（贝加尔湖）五六千里"（《周书·突厥传》）的强大汗国。突厥以于都斤山（亦称郁督军山或乌德鞬山，在蒙古人民共和国鄂尔浑河上游）为根据地，创立了突厥文字，这是塞外游牧部族有自己文字的开始。

土门建立的是奴隶制国家，有一定的官制，最高统治者称可汗，其下有各种官名的贵族，统称伯克（突厥语 beg，唐译作"匐"）。常掠人为奴，如阿勿思力俟斤曾"掠启民男女六千口"（《隋书·北狄列传·突厥》），唐初颉利可汗曾入汾、晋等州，"掠男女五千余口"（《通典·边防典·突厥上》）。奴隶对贵族服无偿的劳役，受残酷的剥削和压迫。突厥确立了征兵、征税和刑法制度，这些都说明突厥已进入私有制的阶级社会。

但是，由于突厥汗国建立在军事征服的基础之上，没有共同的经济基础，汗位继承问题没有一定的制度，内部充满了矛盾，因此，立国不久，在隋朝时就分裂为东突厥和西突厥两部分。

### 2. 唐代与东突厥的关系

东突厥又称北突厥，是突厥的主要部分。隋末唐初时，突厥统治者南连割据的"群雄"，北据漠北，西控西域，直到里海以东中亚诸国。一些隋朝的官僚在割据自立时也多依附突厥，向其称臣，受其封号。李渊起兵时也向其称臣求援。但到唐统一中国（武德六年）以后，突厥恃其有功，对唐态度傲慢，"言辞悖傲，求请无厌"（《通典·边防典·突厥上》），而且常派兵入边，进行骚扰。例如武德六年（623 年），颉利可汗亲率大军 15 万，自雁门入攻并州，又分兵进扰汾、潞（今山西长治）诸州，掳去男女 5000 余口。自此无岁不入。武德九年（626 年），颉利可汗又率兵十余万，进扰武功（今陕西武功县），直接威胁着唐的京城长安。唐高祖李渊甚至想迁都湖北以避其扰骚。

唐太宗即位后，对突厥采取积极抵抗的政策。当时由于东突厥内部的矛盾越来越尖锐，被奴役的少数族由于剥削的加重而怨愤，薛延陀和契丹等部投归了唐朝；颉利可汗任用西域粟特等胡商，"变更旧俗，政令烦苛"，引起本族贵族的不满；又值连年大雪之灾，六畜冻死，颉利对人民的剥削有加无减，激起了人民的反抗。加上颉利和其弟突利的矛盾加深，贞观二年（628 年）突利反请唐朝出兵进攻颉利，突厥统治者之间的矛盾，削弱了自己的力量。所有这些都给唐朝进攻突厥以可乘之机。

东突厥灭亡：贞观三年（629 年）冬，唐太宗命并州都督徐世勣为通漠行军总管，兵部尚书李靖为定襄道行军总管，大将柴绍、李道宗、薛万彻、卫孝节等，分六道大举出击，兵力十余万，由李靖统一指挥。次年二月，唐大破突厥兵，俘颉利可汗入长安，封为右卫大将军。对投降的十多万突厥人，唐把他们安置在东起幽州（今北京）、西至灵州（今宁夏灵武）一带，置顺、祐、化、长四州都督府来管理。在颉利可汗故地，则设定襄、云中两都督府来管理。突厥贵族百余人被封为将军、中郎将等五品以上官，连同他们的家属入居长安者，将近万家。

东突厥亡后，有一部被安置在云中城（今内蒙古托克托），最初只有 300 家，经过 30 多年的生息，部落渐多，东突厥重新复兴。到唐高宗调露元年（679 年），突厥首领阿史德温傅、阿史德奉职二部发动独立战争，得到漠南突厥 24 州首领的响应，有数十万人。从此，突厥和唐连年发生战争。公元 682 年，颉利可汗的族人骨笃（咄）禄称可汗，势力渐大。到武则天延载元年（694 年），骨笃禄死，其弟默啜继为可汗，国力更强，拥兵 40 万，征服了西域诸部，东西拓地万里，成为颉利可汗以来最强盛的大国。唐玄宗开元四年（716 年）默啜为拔曳固部所杀。骨笃禄的儿子阙特勤立其兄为毗伽可汗，起用年老而多智的暾欲谷为谋主，向唐请和。到开元二十二年（734 年），毗伽可汗被其大臣毒死，此后突厥陷于内部纷争之中，部属纷纷独立。天宝四年（745 年），回纥怀仁可汗杀掉最后的突厥白眉可汗，突厥余众降唐，其故地为回纥所有。东突厥亡。自公元 552 年突厥汗国建立至此，共 293 年。

### 3. 唐与西突厥的关系

西突厥汗国的始祖是土门的弟弟室点密，到其儿子达头可汗时开始独立。以新疆西部的伊犁河流域为中心，东自阿尔泰山起，西至里海，西南到兴都库什山，控制着西域的许多城郭国家。隋末唐初，在其首领射匮可汗（611—618 年）、统叶护可汗（618—628 年）的统治下，国势最强。史称统叶护可汗"北并铁勒，西拒波斯，南接罽宾，悉归之。控弦数十万，霸有西域"（《旧唐书·突厥传》）。西域诸国都向其纳税称臣。统叶护可汗死后，西突厥发生内乱，分裂为二：乙毗咄陆可汗和乙毗沙钵罗叶护可汗及其继承者乙毗射匮可汗常相攻战。到唐高宗永徽二年（651 年）时，贵族贺鲁统一了西厥各部，自号沙钵罗可汗，恢复了西突厥强盛的局面，并攻入唐朝的庭州（今新疆吉木萨尔），从此与唐发生冲突。经过六年多的战争，到唐高宗显庆二年（657 年），唐朝大将苏定方、任雅相等击破西突厥于伊丽河（今伊犁河）、碎叶水（今伊犁河南面的楚河）一带，俘贺鲁至长安，西突厥灭亡。唐于其地置二都护府：碎叶川（今中亚楚河）以东设昆陵都护府，以西设蒙池都护府，两都护府并受北庭都护府（在庭州）的统一管理（《新唐书·地理志》）。唐朝的政治力量达到了中亚，密切了内地和边疆人民的经济文化联系。

### 4. 唐与突厥的经济文化联系

唐代和突厥的统治者之间虽然发生过不少战事，但汉人和突厥人仍保持经济、文化交流。早在唐朝初年，双方就继承过去的互市关系，突厥人用马、羊等畜牧产品，和汉人交换锦、绢等丝织品。这就解决了唐初因战乱耕畜不足的困难，对唐初经济的恢复和发展起了积极作用。汉人的农业生产工具和技术也大量传入突厥。如武则天时，一次就送给突厥谷种四万斛，杂彩五万段，农器三千件，铁四万斤。"乃悉驱六州降户数千帐以与默啜，并给谷种四万斛，杂彩五万段，农器三千事，铁四万斤，并许其昏。默啜由是益强。"（《资治通鉴》卷 206《唐纪二十二·则天顺圣皇后中之下》神功元年三月纪事）可见突厥人已向汉人学习农业。唐玄宗开元九年（721 年），唐朝在西受降城（今内蒙古五原西北），开为互市区，每年用缣帛几十万匹买突厥的马以补充军骑，并以好马作种，使唐朝军马更为强壮。这种交易对双方都有利，"丙戌，突厥毗伽复使来求和。上赐书，喻以'曩昔国家与突厥和亲，华、夷安逸，甲兵休息；国家买突厥羊马，突厥受国家缯帛，彼此丰给'"（《资治通鉴》卷 212《唐纪二十八·玄宗皇帝上之下》开元九年正月丙戌纪事）。唐和突厥通过互市的渠道，增进边境和内地人民的了解，推动了社会生产的发展。

唐代的政治制度和文化对突厥的影响也很大，这从阙特勤碑的发现与阙特勤墓的发掘可以看出。1889 年，在今鄂尔浑河畔，刻有突厥文和汉文两种文字的阙特勤碑被发现。阙特勤是突厥毗伽可汗的弟弟。公元 731 年阙特勤死，唐玄宗派人吊祭，并为他立碑。唐玄宗自写碑文（汉文部分），突厥文部分是阙特勤的外甥里特勤写的。唐还派高手工匠六人前往帮助建立墓碑，又立祠庙，刻石为像，四壁画死者生前战功，"绘写精妙，其国以为未尝有"（《新唐书·突厥传》）。现存的阙特勤碑，西面是汉文，写明开元二十年（732 年）唐玄宗撰写；东、南、北三面是突厥文，用叙事诗一样的文字，叙述从突厥建国以来到阙特勤时期的历史。这不仅是突厥人的历史记录，也是最早的突厥文学作品（岑仲勉：《突厥集史》下册）。而且从这个碑文和苾伽可汗碑碑文看，突厥伯克弃去本族的称号，采用唐朝的称号。各地也都推尊唐天子为天可汗，施行唐朝的法度。又如贞观初年，玄奘西行取经时，曾得到西突厥统叶护可汗的资助，在素叶城（一称碎叶，在中亚楚河西面的托克马克）受到他的热烈款待，并派人送玄奘南行（《大唐大慈恩寺三藏法师传》卷 2）。考古工作者发掘了阙特勤的墓葬，发现墓前雕刻的少数民族首领石像，与唐高宗和武则天的合葬墓——乾陵墓前石像相同，并发现与唐代中原建筑材料相同的莲花纹瓦当。这些都说明突厥文化与汉族有极密切的关系。

### （二）唐代在西域的统治

#### 1. 唐初西域的情况

唐初由于西突厥强盛，西域暂被西突厥役属。唐代打败西突厥，恢复西域和内地的关系是有积极意义的。

唐初的西域大致分三个部分：一为吐谷浑再起，其王伏允仍再占有青海和新疆南部；二为巴尔喀什湖以东、以南的广大地区（今新疆境内），有五个较大的国家——高昌（今吐鲁番）、焉耆（音奇）、龟兹（今新疆库车）、疏勒和于阗（今新疆和田）；三为伊犁河下游，楚河、锡尔河和阿姆河流域一带，有昭武九姓，即康国、安国、曹国、石国、米国、何国、火寻国、戊地国和史国。这里我们主要介绍唐与西域几个国家的关系。

#### 2. 高昌、焉耆、龟兹、于阗相继归唐

高昌，在今吐鲁番一带，其都城在吐鲁番东约 50 公里。北魏孝文帝太和五年（481 年），敦煌人张孟明始为高昌王，其后为王的麹氏，也是汉人，故在政治、文化各方面，都模仿和学习中原的中央王朝。但在西突厥的控制下，西域各地到唐朝来而途经高昌的，高昌王麹文泰任意加以拦阻，"胡商被其遏绝"（《旧唐书·高昌传》）。故于贞观十三年（639 年），唐太宗命大将侯君集出兵进击。次年，麹文泰死，子麹智盛继立，唐兵攻破其城，麹智盛出降。唐置安西都护于高昌，以镇守其地。

焉耆，在高昌之西、龟兹之东。贞观初年，曾遣使至唐，并开通大碛商路，以便行李往来。唐灭高昌之后，于贞观十八年（644 年）派安西都护郭孝恪进击焉耆，俘其王突骑支，送于东都洛阳。

龟兹，也叫丘兹和屈兹，即今新疆的库车。自西汉以来，龟兹和内地王朝保持友好和密切的关系。唐初，龟兹与唐朝往来不绝。但旋为西突厥所控制，郭孝恪进击焉耆时，并发兵助焉耆，与唐朝断交。贞观二十一年（647 年），唐太宗命左骁卫大将军阿史那社尔和安西都护郭孝恪率兵进击。次年，俘其王诃黎布失毕，送至长安。以后仍令其还国为王。

于阗，即今和阗一带，西汉时即和内地发生联系，和唐朝亦保持友好和平的关系。贞观六年（632 年）于阗遣使者入唐。贞观十四年（640 年）以后，国王伏阇信曾到长安，以后往来不断。唐玄宗时，于阗王尉迟胜入唐，玄宗以宗室女嫁他。安史之乱起，尉迟胜使其弟尉迟曜代理国事，亲带兵五千助唐平乱。安史之乱平，尉迟胜留长安不去（《新唐书·尉迟胜传》）。

#### 3. 唐对西域的统治

唐灭高昌之后，置安西都护，以守其地。及唐破龟兹之后，西域大震，当地

各族首领都结好于唐朝，贡使通商，往来不绝。唐朝即将安西都护府自高昌移至龟兹，下统龟兹、于阗、碎叶、疏勒四镇，是为安西四镇，以控制西境，保护商路。至唐高宗初年，灭西突厥，在西突厥故地天山北路一带置北庭都护府，下统二州，昆陵、濛池二都府，以及 23 个都督府；天山南路，于唐高宗龙朔元年（661 年）分置 16 都督府，"及州八十，县一百一十，军府一百二十六"（《唐会要》卷 73《安西都护府》），尽隶于安西都护府。唐朝恢复在西域的统治，解除了西突厥统治者在西境的威胁，对于巩固西部边防、维护国家统一、发展商业交通，以及对促进这一带的经济发展和中外经济文化交流，都起了积极的作用。

唐代在西域设置都护府、都督府和州县等，有效地行使政治权力，推行唐朝中央政令。唐代的政治、经济制度都在这一带实行。文化方面也和内地一样。如武则天载初元年（689 年），利用伪造的《大云经》准备称帝，曾令"诸州各置大云寺"（《旧唐书·则天皇后本纪》）。作为唐代中国边境重镇的碎叶就依此诏令建立了大云寺（《通典》卷 193 引杜环《经行记》；卫江：《碎叶是中国唐代西部重镇》，《文物》1975 年第 8 期）。在西域也实行府兵制度，证之前引《唐会要》在安西都护府所管境内，设置军府 126 个。考古工作者在吐鲁番阿斯塔那墓葬中发现了开元三年（715 年）"西州营名籍"，列具各队火长、火内人姓名，这种队、火的编制，和内地的府兵编制一致。在均田制方面，过去已经发现唐开元三年（715 年）柳中县户籍残卷（见《敦煌资料》第一集）剩退、死退的退田文件，证明西州（唐改高昌为西州，柳中县为西州下的一个县）实行了均田制。考古工作者在阿斯塔那墓葬中，又发现了《安苦啊延手实》《牛定相辞》等文件，记载着受田、退田、口分等（《吐鲁番县阿斯塔那——哈拉和卓古墓群清理简报》，《文物》1972 年第 1 期），更是唐朝在西域实行均田的确证。"手实"是每年岁终，里民自己提出的户内丁口、年龄变动及占有多少田地的书面报告。里正根据手实编为"籍帐"——"户籍"，也就是户口册。在租田制度方面，吐鲁番发现了不少租佃文书、租田残契。所有这些都说明西域实行同唐朝一样的政治制度和经济制度。

就文化方面而论，西域与内地关系就更密切了。他们用汉字，兼用"胡书"，他们学习《毛诗》《论语》《孝经》以及其他史书和文集。"文化大革命"时，在吐鲁番阿斯塔那出土的大批文物中，有不少抄写的古籍，如 12 岁儿童卜天寿抄写的《论语郑氏注》的残卷，抄于唐中宗景龙四年（710 年），是现存最早的《论语》抄本。抄本末还附抄《千字文》的开头五句。《千字文》是唐代儿童的识字课本，说明唐代高昌的教育制度和内地一样。西域学习汉人的文化典籍，用汉人的诗歌进行表达。考古发现了坎曼尔抄写的诗歌，他不但自己会写诗，而且还手抄白居易的《卖炭翁》。正因为西域和内地所学的文化相同，所以李白虽出生碎叶城，在当地能学到丰富的文化知识，为他以后写出很好的作品打下了基础。

同时，西域和内地的人员往来很频繁。如在楚水流域的碎叶城西几百里地方，"有小城三百，本华人，为突厥所掠，群保此，尚华语"（《新唐书·龟兹传》），说明不少汉人在西域定居。也有许多西域人入居内地。如于阗的画家尉迟乙僧和他的父亲尉迟跋质那，属于凹凸画派，善画外国风物及佛像，画风有立体感（张彦远：《历代名画记》卷9；段成式：《酉阳杂俎续集》卷6《寺塔记下》）。唐代宗时有尉迟青，善吹觱篥（段安节：《乐府杂录》"觱篥"条）。唐文宗太和时，长安又有尉迟章善吹笙（段安节：《乐府杂录》"觱篥"条）。他们都是于阗移居内地者。人员的来往杂居，促进了汉族和各族人民的融合，同时也促进了经济文化的交流。汉族的丝织品绫、罗、锦、绢等输到西域；而西域的特产如高昌、龟兹的葡萄酒制法，高昌产的棉花，龟兹、焉耆的名马，于阗的玉，都传入了内地，进一步丰富了汉人和西域各族人民的经济文化生活。

以上这些事实，有力地说明了新疆自古以来是我国领土不可分割的部分。

### （三）唐代与回纥的关系

（1）早期的回纥人。回纥是古代丁零人的后裔，喜乘高轮车，所以南北朝时称为高车，又叫铁勒或敕勒。铁勒分布很广，回纥是其中的一个部落。他们过着游牧生活，活动于娑陵水（今蒙古人民共和国色楞格河）和温昆水（今鄂尔温河）流域，也有一部住在天山一带。公元809年，回纥首领遣使请求唐朝允许改为回鹘，取"回旋轻捷如鹘"的意思，所以也称回鹘。

自西汉初至南北朝，回纥同其他铁勒部落一起，先后受匈奴、鲜卑、柔然的奴役。突厥族兴起后，又为突厥人所征服。突厥可汗残酷压榨铁勒各部。隋炀帝大业元年（605年），西突厥处罗可汗在大量搜刮了他们的财物后，把各部首领数百人集中坑杀。回纥联合各部起兵，推时健俟斤为君长，共同反抗突厥，并摆脱了突厥政权的统治。在反抗压迫的斗争中，回纥逐渐壮大起来，有兵五万，人口共十万，在独乐水（今土拉河）上建立了根据地。时回纥分九部，号称九姓回纥，即药罗葛、胡咄葛、咄罗勿、貊歌息讫、阿勿嘀、葛萨、斛嗢素、药勿葛、奚耶勿。

（2）唐与回纥的关系。唐代初年，回纥杰出首领菩萨骁勇善战，每战身先士卒，深得部下拥护。贞观元年（627年），回纥与薛延陀进攻东突厥，大败突厥，回纥从此声威大振。东突厥亡后，北边就属薛延陀和回纥最强大。

公元628年，薛延陀政权建立之后，回纥依附于薛延陀。第二年，回纥遣使入唐。贞观二十年（646年），回纥首领吐迷度乘薛延陀内乱，联合各部，配合唐军灭掉了薛延陀。随后越过贺兰山，进入黄河流域，自称可汗。就在这一年，吐迷度遣使入唐，要求隶属唐朝。唐太宗亲自至灵州（今甘肃灵武县）接受回纥的要求。公元 647 年，唐朝在漠北回纥所统地设置六都督府、七州，封吐迷度为怀化大将军兼瀚海都督，其他回纥酋长接受唐朝官职的达数千人。吐迷度仿突厥制度，设立官属，正式建立回纥汗国，回纥社会前进了一大步，从此回纥与唐朝的联系大为加强。

吐迷度及其继承者对唐保持和好的政策，还时常派出军队帮助唐朝作战。唐玄宗天宝三年（744 年），唐朝封回纥骨力裴罗为怀仁可汗。天宝四年（745 年），怀仁可汗攻杀了突厥的最后统治者白眉可汗，在突厥故地建立起东起黑龙江兴安岭、西到金山（今阿尔泰山）、南控蒙古大沙漠的大汗国。安史之乱的时候，回纥两次出兵助唐平乱。自公元 758 年唐肃宗的幼女宁国公主嫁与回纥可汗开始，唐朝先后将咸安公主、太和公主嫁给回纥可汗。唐与回纥的关系是历史上罕见的和好关系。

唐和回纥经济和文化的往来十分密切。回纥经常用马匹交换唐的丝织品和茶叶，每年往往用几万匹马换回几十匹丝织品，并把其中的一部分转运至巴尔喀什湖以西的广大地区出售，以牟取厚利。回纥来唐经商的常达千人，甚至远达长江和珠江流域，也有他们的踪迹。他们中有不少人在长安建造房屋，与汉人通婚，娶妻生子。在唐朝先进文化的影响下，回纥地区的社会经济得到进一步发展。考古工作者发现回纥人已从事农耕，使用了铁犁铧。考古发掘证明，在漠北的若干城郭是在回纥汗国时期建造的，例如色楞格河畔的富贵城、鄂尔浑河畔的哈剌巴剌合孙。哈剌巴剌合孙是回纥汗国的都城，规模宏大，城址占地 25 平方公里，废墟上还残存着城堡土墙及堡中的浴池残迹。城堡的墙垣，现在残存的还高达 10 米，碉楼高达 12 米。城堡中心耸立着瞭望楼，高达 14 米。在城堡内部发掘出来的宫殿，建筑华丽，瓦当和建筑风格与唐朝中原地区的一样（《C. B. 吉谢列夫通讯院士在北京所作的学术报告》，《考古》1960 年第 2 期）。

公元 9 世纪中期，回纥内部发生了严重的变乱，可汗和贵族之间进行了八九年的战争。加上瘟疫、天灾，社会生产力受到很大的破坏。这时，居住在西北边的黠戛（音 xiá jiá）斯人（今吉尔斯人），受回纥统治者的压迫，乘机发动进攻，公元 840 年，杀回纥宰相及可汗，焚毁都城，回纥汗国从此灭亡。回纥灭亡后，大部分回纥人向西迁徙：一支迁到葱岭以西；一支奔河西走廊，叫甘州回纥；一支迁到西州（今新疆吐鲁番盆地一带），叫西州回纥；一支南下到今内蒙古。迁到西州的回纥人，曾建立高昌回纥政权，后被成吉思汗所降服，西州回纥从元朝改称"畏兀儿"，就是今天新疆维吾尔族的先人。

（四）唐代与吐蕃国的建立及其社会性质

### 1. 吐蕃国的建立

吐蕃人是藏族的祖先，原出我国古老的羌族。羌族最初居住在青海一带，后来迁移到今西藏和四川西部地区一带。南北朝时期，西藏高原的中部和北部有羌人建立的苏毗国，以逻些（今拉萨）为中心。隋朝称它为"女国"，因为它以妇女为王，男人不管政事，保留了母系氏族社会的遗风。在苏毗之南，有羌族的牦牛部建立的吐蕃国。吐蕃国王称"赞普"，意思是雄强的丈夫。隋末唐初，吐蕃赞普朗日论赞吞并了苏毗，他的儿子松赞干布又消灭了羊同（今西藏阿里一带）、孙波（今青海玉树一带）等国，统一了西藏高原，定都逻些，建立起统一的吐蕃国。

松赞干布建立的吐蕃国处于奴隶制阶段，被俘掠为奴婢者很多。例如唐德宗贞元三年（787 年）九月，"吐蕃大掠汧阳、吴山、华亭等界人庶男女万余口，悉送至安化峡西，将分隶羌、浑等，乃曰：'从尔辈东向哭辞乡国。'众遂大哭。其时一恸而绝者数百人，投崖谷死伤者千余人，闻者为之痛心焉"（《旧唐书·列传·吐蕃下》）。对待战俘，就像对待奴隶一样。《旧唐书·列传·吐蕃下》载：

> 驱掠者千余人，咸被解夺其衣。……尽驱而西。既而面缚，各以一木自领至趾约于身，以毛绳三束之，又以毛绳连其发而牵之。夜皆踣于地，以发绳各系一橛，又以毛罽都覆之，守卫者卧其上，以防其亡逸也。

吐蕃国制定了固定的官制、兵制和法律。"其国人号其王为赞普，相为大论、小论，以统理国事。无文字，刻木结绳为约。虽有官，不常厥职，临时统领。"（《旧唐书·列传·吐蕃上》）以下还有僚属。官吏由贵族担任，父死子代，无子则由近亲承袭。地方机构实行军政合一的制度。全国分成四如：藏如、右如、中如、左如。每如又分为上下两分如，每分如各有四个千户所，右如和左如又各领一下千户所（王忠：《新唐书吐蕃传笺证》，科学出版社 1958 年版，第 7—8 页）。"重壮贱老，母拜于子，子倨于父，出入皆少者在前，老者居其后。军令严肃，每战，前队皆死，后队方进。重兵死，恶病终，累代战没，以为甲门。临阵败北者，悬狐狸尾于其首，表其似狐之怯，稠人广众，必以徇焉，其俗耻之，以为次死。"（《旧唐书·列传·吐蕃上》）其刑法严峻，"小罪剜眼鼻，或皮鞭鞭之，但随喜怒而无常科"，表现了吐蕃奴隶社会的野蛮和残忍。最初没有成文法，松赞干布后来制定了成文法典《十善法律》（王忠：《新唐书吐蕃传笺证》引《布顿佛教史》，科学出版社 1958 年版）。

吐蕃最初没有文字，用刻木和结绳方法记事。松赞干布派人往克什米尔学习文字，依据于阗（和田）文，创造了吐蕃文字，就是今天的藏文。（王忠：《新唐书吐蕃传笺证》，科学出版社 1958 年版，第 11 页）

松赞干布奠定了吐蕃强盛的基础，他是我国历史上的杰出人物。他死后，继位的赞普年幼，大相禄东赞掌政。唐高宗于永徽四年（653 年），派人按吐谷浑（在青海的羌人所建国家）田制划定田界，按耕田人数分配田地，实行一种和均田制相近的田制，使吐蕃社会逐渐变成封建农奴制（王忠：《新唐书吐蕃传笺证》，科学出版社 1958 年版，第 37 页）。吐蕃国势强盛，引起统治者向外扩张的贪欲，向东北方、云南、唐不断扩张。由于不断扩张，到唐德宗时，吐蕃的疆域超过了我国西部各族历来所建国家的版图。

### 2. 吐蕃与唐朝的经济文化联系

松赞干布兴起时正是唐太宗统治时期。他对唐采取和好政策。派人向唐求婚，唐太宗以宗女文成公主嫁之，两国便成了"甥舅之国"。两国间使节往还非常频繁。据统计，自唐太宗贞观八年（634 年）到唐武宗会昌六年（846 年）的 213 年内，双方遣使达 191 次，平均一年零一月即有一次（王忠：《唐代汉藏两族人民的经济文化交流》，《历史研究》1965 年第 5 期）。使节的往返、商旅的交易促进了汉藏两族经济和文化的密切联系。

唐太宗贞观十五年（641 年），文成公主入藏，松赞干布亲自到柏海（今青海星宿海一带）迎接。文成公主带去了内地的农业、手工业技术与文化，如蔬菜种子、精致的手工艺品、纺织技术等。唐高宗时又送去蚕种和造酒、碾硙、造纸、造墨的工匠（《旧唐书·吐蕃传》）。唐中宗时，又以所养雍王李守礼的女儿金城公主嫁与吐蕃赞普弃隶缩赞。金城公主去时，唐中宗赐以"锦缯别数万，杂技诸工悉从，给龟兹乐"（《新唐书·吐蕃传上》）。这些都有助于吐蕃经济、文化的发展。

唐玄宗开元十九年（731 年），唐朝答应吐蕃的要求，在赤岭（今青海日月山）一带开设互市场所，这就更便利了两国的经济交流。唐德宗贞元三年（787 年），唐朝曾用染色的缯换取吐蕃六万多头牛，以解决边地缺乏耕牛的问题。李泌对曰："今吐蕃久居原、会之间，以牛运粮，粮尽，牛无所用。请发左藏恶缯染为彩缬，因党项以市之，每头不过二三匹，计十八万匹，可致六万余头。"胡三省注："恶缯，积于库藏年深以致脆恶者。缬，户结翻。撮彩以线结之而后染色，既染则解其结，凡结处皆元色，余则入染色矣，其色斑斓，谓之缬。"（《资治通鉴》卷 232《唐纪四十八·德宗皇帝七》贞元三年七月纪事）可见互市对两国都有好处。

唐代文化大量传入吐蕃。今天在拉萨的大昭寺和小昭寺，相传是文成公主设计修成的（《卫藏通志》卷 6），这些建筑还保留了一些唐代建筑的风格（王毅：《西藏文物见闻记》，《文物》1960 年第 6 期）。

文成公主还把佛经和佛像带入吐蕃，使佛教在吐蕃开始流行，逐渐代替了原始的巫教。

汉族的传统文化输入吐蕃。从松赞干布开始，吐蕃的贵族子弟即到唐朝的国家学校里学习《诗》《书》，出了一些能读汉文的吐蕃学者。松赞干布还请唐朝的学者到吐蕃管理文书表疏工作。唐玄宗开元十九年（731年），金城公主令吐蕃使者向唐朝请求《毛诗》《礼记》《左传》《文选》各一部，唐玄宗令各写一部送去。史载"时吐蕃使奏云：'公主请《毛诗》《礼记》《左传》《文选》各一部。'制令秘书省写与之"（《旧唐诗·列传·吐蕃上》）。

唐代的音乐也传入吐蕃，除了伴随金城公主入蕃的龟兹乐队外，唐朝三大乐舞之一的《秦王破阵乐》，以及《凉州》《胡渭》《录要》等乐曲，都传入了吐蕃，至今拉萨还保存着许多唐代的乐器。

唐玄宗时，吐蕃赞普弃隶缩赞上表说："外甥是先皇帝舅宿亲，又蒙降金城公主，遂和同为一家，天下百姓，普皆安乐。""伏望皇帝舅远察赤心，许依旧好，长令百姓快乐。如蒙圣恩，千年万岁，外甥终不敢先违盟誓。"（《旧唐书·吐蕃传上》）足见双方关系的亲切。唐代汉、藏两族和其他兄弟族密切联系，共同创造了我国的历史。

### （五）唐代与南诏的关系

#### 1. 南诏国的建立及其政治制度

南诏是云南境内白族和彝族的祖先及其他民族在公元8世纪建立的奴隶制国家。

云南的民族繁多，唐初主要有白蛮和乌蛮。白蛮居住在滇池和洱海中间一带。白蛮受汉族影响很深，文字与汉族相同，语言也相近，经济文化比较先进。白蛮就是现在白族的祖先。乌蛮居住在云南东部、东北部，贵州西北部和云南境内其他山区。乌蛮以畜牧业为主，不识耕织，很少同汉人接触，有些语言要经过四次翻译才能与汉语相通，经济文化水平低于白蛮。乌蛮就是现在彝族的祖先。

唐代初年，乌蛮不断向洱海地区移入，征服了当地的白蛮，先后成立了六个诏：蒙舍、邆睒、施浪、浪穹、越析、蒙嶲。当地称王为诏，六诏就是六个部落，其中蒙舍诏处于最南方（今云南巍山县），被称为南诏。在吐蕃的威胁下，五诏常依附吐蕃。唐朝为了削弱吐蕃在这一地区的势力，扶助倾向唐朝的南诏，以牵制吐蕃。唐玄宗开元二十六年（738年），南诏首领皮逻阁在唐朝的支持下，统一六诏，建立了南诏国，唐朝封他为云南王。次年，南诏国迁都太和城（今云南大理太和村附近）。

南诏是一个奴隶制国家。樊绰《蛮书》卷7说：耕种的"佃人"，有"监守"监督，"收刈已毕，官据佃人家口数目，支给禾稻，其余悉输官"。这应该说是一种奴隶制的生产关系。南诏把战俘没为奴婢，如郭仲翔"为蛮所奴，三逃三获，乃转鬻远酋，酋严遇之，昼役夜囚，役凡十五年"（《新唐书·吴保安传》）。不但战俘为奴的事很多，而且奴婢买卖也很盛行。所以，我们可以肯定南诏这时处于奴隶社会。

南诏在政治上有一套制度。在中央、国王以下，有清平官（相当于唐的宰相），其下设九爽（即唐朝"省"的译音）：幕爽管军事，琮爽管户籍，慈爽管典礼，罚爽管刑罚，劝爽管官吏，厥爽管工程造作，万爽管财政，引爽管接待外宾，禾爽管商业贸易。在地方，原六诏地区，分成十睑，相当于唐朝的州；外围要害地方设六节度，统治六诏以外各部落。军事制度类似唐朝的府兵制。对人民实行军事编制，百家设一总佐，千家设一治官，万家设一都督。壮丁都须服兵役，称为乡兵。服兵役时，须自备武器、军粮、鱼干等。每年11月、12月，集合队伍，操纵武艺。军法规定：作战时兵士前面受伤，允许治疗，如背后受伤，即行处死。

土地制度实行授田制，类似唐朝的均田。上官授田40双（一双相当唐的五亩），上等户受田30双，中、下等户依次减授。受田农民，每双土地每年租米二斗，并负担兵役。

### 2. 唐代与南诏的关系

南诏是在唐朝的支持下建国的，与唐朝的关系，其主流是友好的。但是由于唐朝边将以大国自居，不讲策略，南诏统治者对外掠夺的贪欲以及吐蕃统治者的挑拨，因而两国也发生过战争。

唐玄宗天宝九年（750年），南诏王阁罗凤及其妻子到云南的姚州（今云南姚安），遭到唐云南太守张虔陀的侮辱，阁罗凤愤怒，起兵攻杀张虔陀，并攻下32州。这是两国不和的开始。次年，唐剑南节度使鲜于仲通率军8万往击，阁罗凤请和谢罪，但鲜于仲通不许，结果大败，唐军死者6万人。南诏遂归附吐蕃。天宝十三年（754年），唐朝杨国忠发兵10多万人，进攻南诏，又大败，全军覆没，主将李宓被俘。两次战争责任都在唐朝。阁罗凤虽臣服吐蕃，但并不甘心。他刻碑于国门外（即南诏德化碑），表示"我世世事唐，受其封赏。以后可能再归唐，要把碑送给唐使者看，说明我叛唐不是本心"。这代表了南诏大多数人渴求与唐友好的共同愿望。

《资治通鉴》卷216《唐纪三十二·玄宗皇帝下之上》记载：

> 杨国忠德鲜于仲通，荐为剑南节度使。仲通性褊急，失蛮夷心。故事，南诏常与妻子俱谒都督，过云南，云南太守张虔陀皆私之。又多所征求，南诏王阁罗凤不应，虔陀遣人詈辱之，仍密奏其罪。阁罗凤忿怨，是岁，发兵反，攻陷云南，杀虔陀，取夷州三十二。

> 天宝十年（751年）"夏，四月，壬午，剑南节度使鲜于仲通讨南诏蛮，大败于泸南。时仲通将兵八万，分二道出戎、巂州，至曲州、靖州。南诏王阁罗凤遣使谢罪，请还所俘掠，城云南而去，且曰：'今吐蕃大兵压境，若

不许我，我将归命吐蕃，云南非唐有也。'仲通不许，囚其使。进军至西洱河，与阁罗凤战，军大败，士卒死者六万，仲通仅以身免。杨国忠掩其败状，仍叙其战功。阁罗凤敛战尸，筑为京观。遂北臣于吐蕃。蛮语谓弟为'钟'，吐蕃命阁罗凤为'赞普钟'，号曰'东帝'，给以金印。阁罗凤刻碑于国门，言己不得已而叛唐，且曰：'我世世事唐，受其封爵，后世容复归唐，当指碑以示唐使者，知吾之叛非本心也。'"［〔宋〕司马光编著、〔元〕胡三省音注：《资治通鉴》（全十册），中华书局 1956 年版，第 6901—6902页，第 6906—6907 页］

吐蕃在南诏征收重税，又夺取险要的地方为城堡，并征兵助防，使南诏困苦不堪。由于唐朝积极争取，南诏王异牟寻与西川节度使韦皋取得联系，终于在唐德宗贞元十年（794 年）与唐朝恢复了友好关系。

南诏的国王多数受唐朝的册封，通好的使臣也不断往来，所以，经济文化的交流是很频繁的。南诏王阁罗凤得唐西泸县令郑回，尊重他的学问，令教南诏子弟学习，随后郑回做了南诏的清平官。南诏不断选送子弟到成都学习，50 年中，总计不下千人。南诏子弟张志诚在成都学习时，得王羲之、王献之的字帖，每日临写，带回去广为传播，学习的人很多。南诏把晋右军将军王羲之看作圣人，特地修建了右军将军祠。公元 829 年，南诏一度攻入成都，掳去工匠数万人。这些工匠对南诏手工业的发展有着重大影响（《新唐书·南诏传》）。南诏人学会了织绫罗的技术，织工精美，与蜀地不相上下。南诏城邑建筑也大多模仿唐朝。现存的云南大理崇圣寺南诏千寻塔，就是汉族工匠恭韬、徽义设计建成的，塔高 58米，凡 16 级，形式和结构近似西安的大雁塔。巍山县垄屿山南诏宫殿遗址出土的方形花砖、莲花纹瓦当和滴水瓦，其图案形式也和唐长安兴庆宫遗址出土的极其相似（《云南巍山县岇屿山南诏遗址的发掘》，《考古》1959 年第 3 期）。

在公元 858 年至 877 年的十多年中，两国又发生过大规模的战争，给人民带来极大的灾难。到唐昭宗天复二年（902 年），南诏执政大臣郑买嗣（郑回七代孙）灭蒙氏王朝，改国号为大长和，南诏亡。南诏立国 165 年（738—902 年），对云南的开发和各民族的融合、边疆和中原的联系，都起了促进的作用。

（六）唐代与渤海国的关系

### 1. 靺鞨人与渤海国的建立

靺鞨是居住在我国东北白山（今长白山）、黑水（今黑龙江）间的一个古老的民族。先秦时称肃慎，汉代称挹娄，南北朝称勿吉，隋唐时称靺鞨。靺鞨分成若干部落，有名的有白山、黑水、粟末等部。部落名称大抵以所居地的山水命名，粟末靺鞨即以粟末水（今松花江）得名，白山靺鞨因长白山而得名，黑水靺鞨即以黑水得名。这些部落中黑水部最大。它居地最北，人民劲健善战，除以射猎为生外，还发展农业，种植粟和麦子。隋朝时有首领突地稽率部内属。唐初武德时，靺鞨继续派使者到唐朝，唐于其地置燕州，任命突地稽为燕州总管。唐玄宗时又在黑水靺鞨地设黑水都督府，以其首领为都督。唐朝在黑龙江流域建立了一套较完整的行政机构，加强了这一地区与内地的联系。

建立渤海国的是粟末部。它居地最南，"越憙靺鞨东北至黑水靺鞨，地方二千里，编户十余万，胜兵数万人。风俗与高丽及契丹同，颇有文字及书记"（《旧唐书·北狄列传·渤海靺鞨》）。武后圣历元年（698 年），首领大祚荣自立为震国王，以旧国（今吉林敦化市附近的敖东城）为都城。唐中宗时，就和唐朝通使往来。唐玄宗开元元年（713 年），唐封大祚荣左骁卫大将军渤海郡王，以其所部为忽汗州，令大祚荣兼都督。从此去靺鞨号，专称渤海，臣属于唐朝。全境划为 5 京、15 府、62 州，范围包括乌苏里江一带。

### 2．唐代与渤海国的关系

渤海王国建立后，在政治、经济、文化方面都和唐朝保持密切的联系。渤海的官制完全模仿唐朝，如中央的宣诏省、中台省和政堂省，等于唐朝的门下、中书和尚书省。政堂省有忠、仁、义、智、礼、信六司，相当于唐的吏、户、礼、兵、刑、工六部。渤海的使节不断到唐朝来，据统计，唐玄宗时有 29 次，大历时有 25 次，元和时有 16 次，大和、开成时有 12 次等。

双方的经济、文化交流也十分密切。渤海的土特产如貂鼠皮、海豹皮、鹰、马、铜、麝香、人参等，都输到内地来。唐朝在青州设有渤海馆，专管和渤海贸易的事。而唐朝也经常赠予渤海绵、绢、缯、帛和金银器皿等物。1971 年，吉林省和龙县唐时渤海古墓出土了不少金器，和内地唐墓发现的金器形制相同，是唐时和渤海关系亲密的确证（郭文魁：《和龙渤海古墓出土的几件金饰》，《文物》1973 年第 8 期）。在文化方面，内地文化大量传入渤海，渤海王"数遣诸生，诣京师太学，习识古今制度"（《新唐书·渤海传》）。不少学生在唐朝参加科举考试，如高元固、乌炤度、乌光赞等，就在唐朝进士及第（《渤海国志长编》卷 10《诸臣传》）。开元二十六年（738 年），渤海还遣使"求写《唐礼》《三国志》《晋书》《三十六国春秋》，许之"（《册府元龟》卷 999《请求》，按：此处年代误作开元三十六年，《三十六国春秋》应为《十六国春秋》之误）。渤海大量吸收内地文化，政治文化等方面和汉人是差不多的。唐诗人温庭筠送渤海王子的诗说："疆理虽重海，车书本一家。"（《全唐书》卷 583）渤海臣属于唐朝，政治、经济、文化是一家的。

## 五、 唐代的对外关系

### (一) 唐代在亚、非各国经济、文化交流中的地位

由于唐代封建经济繁荣，国力强盛，在当时国际上有很高的声誉，是当时亚洲各国进行经济、文化交流的中心。唐代与亚、非各国互派使节，商贾、学者、艺术家、僧侣等来往不绝。与唐通使友好的国家，比较重要的有 70 多国。唐政府设置鸿胪寺来接待各国使节和外宾，在不少地方设置商馆以招待外商，又设互市监、市舶使来掌管对外贸易。在太学生中，有许多外国留学生。在政府机构中也有外人供职。长安、洛阳、扬州、广州等是唐朝对外贸易的重要城市。

由于国际交往的需要，唐朝的对外交通很发达。

陆路交通，以长安为中心，北路经今蒙古地区到叶尼塞、鄂毕两河上游，往西达额尔齐斯河流域以西地区。西路经河西走廊，出玉门关、阳关西行，经新疆境内有三条路可通中亚、西亚、巴基斯坦和印度，这就是著名的"丝绸之路"。西南路经西川到吐蕃，可达尼泊尔和印度。往东经河北、辽东可到朝鲜半岛。

海路交通，有三条路去日本：由登州（今山东蓬莱）、楚州（今江苏淮安）、扬州或明州出海均可到达日本。到南亚诸国的海路，从广州经越南海岸，在马来半岛南端过马六甲海峡，到苏门答腊、爪哇、斯里兰卡和印度。到西亚的海路，从广州出发，经东南亚，越印度洋、阿拉伯海至波斯湾沿岸。在唐代，还初步开辟了到埃及和东非的海上交通。

### (二) 和朝鲜的关系

唐初，朝鲜半岛上仍然是高丽、百济、新罗三国鼎立的局面，三国分别遣使和唐朝往来。唐太宗、唐高宗时都曾对高丽用兵，并于公元 668 年攻下平壤，灭了高丽。之后由于新罗的反抗，唐朝的势力退出朝鲜，新罗于公元 675 年统一了朝鲜半岛，和唐朝的友好关系继续发展。这主要表现在几个方面：

（1）新罗商人来唐贸易的很多，许多地方设有新罗馆、新罗坊，是新罗人集中侨居之地。当时来往的船只常达数十艘。新罗商人送来新罗的土特产，运回唐朝的丝绸、瓷器、茶叶、书籍等。

（2）新罗常派大批留学生到长安学习。唐朝的外国留学生中，以新罗人为最多。公元 840 年，学成归国的新罗学生一次就达百余人。新罗留学生有的参加进士科举考试，留在唐朝做官。如崔致远年十二入唐求学，18 岁考取进士，曾任溧水县尉、侍御史、内供奉等职。

（3）唐与新罗的文化互相影响。公元 675 年，新罗开始采用唐朝的历法。公

元 8 世纪中叶，新罗仿效唐朝的政治制度改建其行政组织，并采用科举考试制度来选拔官吏，以《左传》《礼记》《孝经》为主要考试科目。中国的典籍大量传入新罗，白居易的诗歌在新罗受到广泛欢迎。唐末五代，雕版印刷术也传到了朝鲜。同时，朝鲜文化对唐朝也产生一定的影响。唐宫廷设有十部乐，其中有一部就是高丽乐。在长安居住着不少朝鲜音乐家，他们对中朝文化交流做出了贡献。

### （三）和日本的关系

唐代与日本的友好关系和文化交流达到了空前繁荣的时期。

（1）从公元 631 年到公元 838 年，日本派出遣唐使共 12 次。唐初，遣唐使团一般一次不超过 200 人，后来人数倍增，一次达到 550 人。遣唐使团组织完备，设有大使、副使、判官、录事，成员有译员、医师、阴阳师、画师、史生、射手、船师、音乐长、水手……遣唐使给唐朝带来珍珠绢、琥珀、玛瑙等。唐政府也赠给丝织品、瓷器、乐器、文化典籍等。日本奈良东大寺内正仓院所存放的唐代乐器、屏风、铜镜、大刀等珍贵文物，有一部分是遣唐使带回去的。

（2）为了吸收中国的文化成果，日本选派不少留学生来唐学习，他们在长安国子监学习各种专门知识。如阿倍仲麻吕（汉名晁衡）长期留居中国，历任司经校书、左补阙、仪王友、光禄大夫、御史中丞、秘书监等职。他与李白、王维等人有着深厚的友谊。唐玄宗天宝十二年（753 年），晁衡在回国途中遭遇风险，被误传淹死，李白为此写了《哭晁卿衡》的悼诗："日本晁卿辞帝都，征帆一片绕蓬壶。明月不归沉碧海，白云愁色满苍梧。"后来晁衡历尽艰险，复又返回到长安，继续在长安任职，直到公元 770 年，73 岁病逝于中国。日本留学生回国后，不少人担任官职，对文化的传播起了十分重要的作用。

（3）日本来唐朝学习的学问僧共 90 余人，其中最著名的是空海。他在长安青龙寺跟僧人惠果学密宗，回国时带回 180 多部佛经，在日本建立了密宗。他还编写了《文镜秘府论》和《篆隶万象名义》二书，对中日文化交流做出了重要贡献。

中国僧人也不断东渡日本，最著名的是鉴真和尚。鉴真，姓淳于，扬州人。他对律宗有很深的研究，在扬州大明寺讲律传戒。他应日本圣武天皇的邀请东渡日本，经过 6 次努力，历尽艰险，双目失明，终于在唐玄宗天宝十三年（754 年）携同弟子达日本，时已年近七十。鉴真把律宗传到日本，同时还把佛寺建筑、雕塑、绘画等艺术传入日本。日本现存的唐招提寺，就是鉴真及其弟子创建的，它对日本建筑艺术产生了重要影响。

由于上述人员的来往，中日文化交流发展到一个新的阶段。日本 9 世纪末编写的《日本见在书目录》记载当时日本所存的汉文书有 1579 部 1.6 万多卷。

日本受唐代的影响很大。在政治方面，它仿照唐代的均田制和租庸调制，施行班田收授法和租庸调制；仿照唐代的官制，改革从中央到地方的官制；参照唐律，制定了《大宝律令》。在教育制度方面，设立大学，分科和学习内容基本上和唐制相仿。在语言文字方面，日本留学生吉备真备采用汉字楷体偏旁造成"片假名"（例如：アイウエオ），学问僧空海采用汉字单体造成"平假名"（例如：あいうえお）。创造这些假名字母，大大地推动了日本文化的发展。唐代丰富多彩的文学艺术深为日本人民所欣赏。平安时代的诗集《和汉朗咏集》收录了589首诗，其中白居易的诗就有137首。用汉文写成的文学著作在日本不断出现，著名的有《怀风藻》《凌云集》《经国集》等。在艺术方面，唐朝的音乐、绘画、雕塑、书法、工艺美术等纷纷传入日本。唐代先进的科学技术、天文历法、医学、数学也陆续传入日本。甚至生活习惯，如饮茶，体育活动如打马毬、角抵、围棋等都先后传入日本。可见中日关系的密切。

## （四）和东南亚各国的经济文化交流

隋唐时期与东南亚各国的关系也是十分密切的。

### 1. 林邑

林邑在今越南南部。唐初武德六年（623 年）、武德八年（625 年），其王范梵志两次遣使来唐通好。公元 625 年，唐高祖李渊曾举行盛宴欢迎林邑使者，演奏了九部乐，并赠给使者以锦、彩等丝织物。贞观时，林邑也一再派使者来，送来驯象、镠锁、五色带、朝霞布、火珠等物。"火珠大如鸡卵，圆白皎洁，光照数尺，状如水精，正午向日以艾承之，即火燃。"又送来五色鹦鹉，唐太宗曾叫文臣李百药作《鹦鹉赋》。唐高宗、玄宗时期，林邑继续经常遣使来唐，天宝八年（749 年），曾送来珍珠 100 串、沉香 30 斤、驯象 20 头。唐肃宗至德以后，林邑改称为环王国（《唐会要·林邑国》《新唐书·环王传》），仍和唐朝往来不绝。经唐之世的近 300 年中，林邑使臣来唐达 15 次之多。

### 2. 真腊

真腊即今柬埔寨。真腊原是扶南的藩属，后以武力推翻扶南王朝，建立以吉蔑族为核心的高棉王国。我国古籍中所称的"吉蔑""真腊""文单""婆镂"，都是指这个新兴的王朝。公元 623 年，真腊派使者来唐。公元 628 年，又和林邑同派使者来唐，唐太宗回赐了很多礼物。唐中宗神龙以后，真腊分为南北二部。在北者称陆真腊，亦称文单（在今老挝），唐玄宗开元、天宝时，其王子带领部属出使唐朝，唐玄宗封其为果毅都尉。唐代宗大历中，其使者送来驯象 11 头，唐朝封使者为试殿中监，并赐名宾汉。在南者称水真腊，元和中也曾派使者李摩那来唐。真腊地多犀牛、象，多以此物送唐朝，唐则以锦、绢回赠。

### 3. 骠国

骠国即今缅甸。唐德宗贞元中随南诏使者到唐朝，送来骠国乐，"凡二十二曲，与乐工三十五人"（《唐会要·骠国》），乐曲大都是演奏佛经的词意。因为骠国人全信佛，男女出生到 7 岁时，就出家为僧尼，到 20 岁时，如还不通佛经，才还俗回家。他们不穿丝绸衣服，说是丝绸由蚕而来，不愿伤生之故。唐懿宗咸通年间，继续遣使和唐朝往来。

#### 4．室利佛逝（亦作尸利佛誓）

室利佛逝即今印尼苏门答腊。从唐高宗咸亨到唐玄宗开元时，该国屡派使者到唐，唐封其使者为折冲都尉，封其王为左威卫大将军。以后继续遣使来唐，唐曾在长安曲江池设宴招待，再封其王为右金吾卫大将军宾义王。

#### 5．堕婆登国

堕婆登国在今印尼苏门答腊。唐太宗贞观末年，该国派使者到唐朝，送来古贝（即吉贝，就是棉布）、象牙、白檀等物，唐太宗复信报聘，并赐礼物。

#### 6．诃陵（或称阇婆、杜婆）

诃陵即今印尼爪哇。出产玳瑁、黄金、白金、犀、象等，"国最富有"（《新唐书·诃陵传》）。唐太宗贞观中，该国派使者来唐。唐代宗大历中、唐宪宗元和时两国继续通好，送来鹦鹉、频伽鸟、玳瑁、生犀等物，并两次送来僧祇僮和僧祇女。唐封其使者为内四门府左果毅。

#### 7．婆利

婆利即今婆罗洲。贞观初年婆利就派使者来唐，以后使者往来不绝。

唐代和南洋各国的往来，输入的主要是香料、棉布、犀、象、珍珠和玳瑁等，输出的主要是绸丝、锦绢和瓷器等。文化典籍也传入南洋，对各国产生很大影响。

#### 8．南亚的师子国

南亚的师子国即今斯里兰卡。旧史说因善驯养狮子而得名。唐高宗咸亨元年（670 年）师子国遣使来唐，唐玄宗天宝年间送来大珠、钿金宝璎、象牙、白氍等物。唐人李肇《唐国史补》说到当时广州的外国船，以师子国为最大，每年常至。

#### 9．天竺

天竺共分东、西、南、北、中五天竺，即今印度。贞观时天竺就一再遣使唐朝，唐太宗也一再派梁怀璥、王玄策等出使天竺。天竺的火珠、郁金香、菩提树等传入中国。唐太宗曾派人到天竺"取熬糖法，即诏扬州上诸蔗，拃沈如其剂，色味愈西域甚远"（《新唐书·摩揭陀传》）。佛教的文学艺术对中国也产生很大影响。唐朝产生了变文。敦煌、云岗、麦积山、龙门石窟的壁画和雕塑都受到印度北部犍陀罗艺术风格的影响。中国的老子像、《道德经》等也传入天竺。在 7 世纪末叶，我国的纸经中亚传到了印度，随后又经尼泊尔传去了造纸术。从此，印度结束了用白桦树皮和贝叶写字的时代。

在中印文化交流史上，尤其应该提到的是我国高僧玄奘和义净。

玄奘（596—664 年），姓陈，河南缑氏（今河南偃师县南）人。唐太宗贞观元年（627 年），玄奘从长安启程去天竺游学，历尽艰辛，到达天竺。他在天竺 15 年，走遍了五天竺。主要在当时的佛教学习中心那烂陀寺从戒贤学习《瑜伽师地论》《大乘起信论》，并代戒贤为众僧讲经说法，主讲过《摄大乘论》，还发表过重要论文《会宗论》。贞观十六年（642 年），戒日王在曲女城（今印度卡诺吉城）举行了一次大型佛教经学辩论会，玄奘做主讲人，并把所著《破恶见论》按印度习惯挂在会场门口，征求答辩，深为印度各界所佩服。贞观十九年（645 年）正月，玄奘回到长安。回国时带回梵文佛经 657 部。他在长安慈恩寺专心做译经工作。前后 20 年间译出佛经 75 部（一说 74 部）、1335 卷。这些佛经后来在印度大部分失传，中译本成了研究古代印度文学、科学的重要文献。此外，玄奘还把在各国所了解到的风土、人情、物产、信仰和历史传说等，撰写成《大唐西域记》12 卷。该书是研究中亚、印度等地的历史、地理和中西交通的宝贵资料。

继玄奘之后的佛教大师义净，于唐高宗咸亨二年（671 年）搭波斯船从广州出发，浮海赴印度。先在那烂陀寺钻研佛学 10 年，后又到室利佛逝、末罗瑜（在苏门答腊）搜罗并抄写佛经，滞留南洋又 10 年，先后周游 30 余国，历时 25 年，共带回梵文经书 400 部。归国后在洛阳译佛经 12 年，译出 230 卷。还写了《南海寄归内法传》和《大唐西域求法高僧传》二书，记录了许多南亚国家的社会、文化和宗教状况。

### 10. 尼婆罗

尼婆罗即今尼泊尔。贞观时，唐朝派卫尉丞李义表出使天竺，途经尼婆罗，其王那陵提婆盛情招待，并于贞观二十一年（647 年）遣使送来波棱（即菠菜）、酢菜和浑提葱。王玄策出使天竺遭到掠夺时，尼婆罗还曾发兵，帮助王玄策打败天竺掠夺者。此后，双方往来不断。

### （五）和中亚、西亚、欧洲北非各国的经济文化交流

### 1. 中亚诸国

（1）唐时，在苏联（注：指今哈萨克斯坦等中亚国家）中亚地方的锡尔河以南至阿姆河一带，有称为"昭武九姓国"的康、安、石、曹、米、何、史、火寻和戊地九国。相传九国的祖先是月氏人，原住在祁连山北昭武城（今甘肃高台县境），为匈奴所迫，迁居于此，故总称昭武九姓。这些国家善经商。西突厥强盛时，他们为西突厥所统治。唐平西突厥以后，他们名义上内附于唐，实际上唐朝并不管他们的内政。唐太宗曾对安国使臣说："西突厥已降，商旅可行矣。"（《新唐书·康国传》）当时在中国的外商，以这些国家的人为最多。近年西安、

洛阳出土了许多昭武九姓中曹、石、米、何、康、安诸姓的墓志，他们有的为唐朝立了军功，有的担任过唐朝的军政职务，说明昭武九姓国与唐朝关系十分密切。

（2）吐火罗国，即今阿富汗。以产汗血马著称，是丝绸之路南路必经之地。唐初，吐火罗多次派使者与唐通好，唐高安亦曾派王名远出使其国，并封其王为使持节月氏等二十五州诸军事月氏都督。从此以后，双方往来尤为频繁，吐火罗曾送来玛瑙灯树（三尺多高）、名马、异药、红玻璃、碧玻璃、金精等，唐玄宗开元十二年（724 年），一次就送来药物"乾陀婆罗等二百余品"（《唐会要·吐火罗国》），可见双方关系密切。

### 2. 波斯（即伊朗）

波斯是西亚的重要国家。波斯的萨珊王朝，由北魏到隋唐跟中国的关系都很密切。公元 7 世纪中，波斯为大食所灭。波斯王卑路斯及其子泥涅斯先后定居长安，后皆客死长安。波斯虽亡，但其西部部众犹存，仍与唐保持密切联系，多次来唐通好。波斯是丝绸之路必经之地，而且南北两路在此会合。当时许多波斯人流亡到中国，在中国落户。在长安、洛阳、扬州、广州等地都有波斯胡店，以经营宝石、珊瑚、玛瑙、香料、药品而驰名。晚唐著名花间派词人李珣便是留居在四川的波斯商人后裔，著有《海药本草》，介绍了不少波斯药材。波斯的菠菜和味甘如饴的波斯枣都传入中国。中国的丝绸、瓷器、纸张等商品远销波斯，并通过波斯转运至西方。在伊朗境内发现不少唐三彩。在吐鲁番、西宁、西安、太原以及广东的英德都曾发现过波斯萨珊王朝的银币。在吐鲁番阿斯塔那出土的唐联珠对鸟、猪头等纹锦，图案风格与波斯萨珊王朝的相似，猪头纹锦在织法上也受到波斯的影响。这些都反映了唐代与波斯关系密切。

### 3. 大食（即阿拉伯）

大食亦称哈里发帝国或伊斯兰教帝国，为伊斯兰教创始人穆罕默德所建立。公元 7 世纪初，穆罕默德统一阿拉伯半岛，并东灭波斯，西败东罗马，建立了势力达到中亚、南亚和北非的阿拉伯帝国。穆罕默德用《古兰经》鼓励他的门徒："为了追求知识，虽远在中国，也应该去。"反映了阿拉伯人对中国文明的向往。

唐高宗永徽二年（651 年），大食遣使与唐通好。在此后的 148 年间，大食遣使来唐计有 36 次之多。唐玄宗时曾封其使者为果毅都尉。许多大食商人到唐朝来定居，长安、洛阳、扬州、广州、泉州等地都有他们的足迹。有的还在唐朝任职。唐宣宗大中二年（848 年），大食商人后裔李彦升在长安考中进士，堪称双方关系史上的一段佳话。

由于大食势力发展到中亚昭武九姓国一带，与唐发生矛盾。唐玄宗天宝十年（751 年），唐将高仙芝在怛罗斯战役中为大食所败，不少唐兵被俘，其中有造纸工人。大食利用他们的技术设厂造纸，于是中国的造纸术传到了中亚的撒马尔罕，又传到西亚的大马士革，最后传到了欧洲和非洲。被俘的唐军有杜佑的族侄杜环，他在大食住了十年，归国后，著有《大食国经行记》，介绍了当时大食国都城亚俱罗的盛况：有"绫绢机杼、金银匠、画匠、汉匠起作，画者京兆人樊淑、刘泚；织络者河东人乐隈、吕礼"（《通典·边防·大食》引《经行记》；《全唐文》卷956）。

近代考古工作者曾在伊拉克底格里斯河西岸的沙玛拉城遗址发掘出大批中国陶瓷，其中有唐三彩、白瓷和青瓷三种。这是唐代与阿拉伯经济、文化交流的历史见证。

### 4. 佛菻（即东罗马）

贞观十七年（643年），佛菻遣使来唐，送来"赤玻璃、石绿、金精等物"，唐太宗回信答聘，并"赐以绫绮"（《唐会要·佛菻国》）。唐朝前期，佛菻来使凡七次。东罗马的皇帝、贵族、妇女都喜爱穿中国的丝织品，所以"常利得中国缣素，解以为胡绫、绀绫，数与安息（即波斯）诸胡交市于海中"（《通典·边防·大秦》）。东罗马的医术和吞刀吐火等杂技也传到唐朝。在西安、咸阳曾发现东罗马的金币，都是双方友好交往的历史见证。

### 5. 非洲

唐代与非洲已有往来。《新唐书·佛菻传》说："自佛菻西南，度碛二千里，有国曰磨邻，曰老勃萨，其人黑而性悍。地瘴疠，无草木。"这里所指应为撒哈拉沙漠周围一带的黑人。公元9世纪的阿拉伯商人苏莱曼，在他的《印度中国游记》中谈到中国到北非的海道航程，当时中国的船只运货到波斯湾口的西拉甫港，然后换船经海运到埃及。近年在福斯特（即埃及开罗古城）遗址中，曾发掘出唐朝的青瓷器。这是中非人民友好往来的历史见证。

唐代与亚、非、欧各国人民的友好往来，开阔了中国人民的视野，丰富了中国人民的经济生活和文化生活。同时，由于唐是当时世界上文明程度较高的国家之一，对世界经济、文化的发展，也做出了应有的贡献。

## 六、 唐末黄巢领导的农民大起义

### （一）唐代末年的腐朽统治

安史之乱后的唐朝，社会阶级矛盾更加尖锐、激烈，这主要表现在两个方面。

### 1. 统治集团剥削的加强

当时从皇帝到县吏，都日益腐朽残暴，对人民横施剥削和镇压。

从皇帝方面讲，唐懿宗李漼荒淫残暴，不理政事。史载："上（懿宗）好音乐宴游，殿前供奉乐工常近五百人，每月宴设不减十余，水陆皆备，听乐观优，不知厌倦，赐予动及千缗。曲江、昆明、灞浐、南宫、北苑、昭应、咸阳，所欲游幸即行，不待供置，有司常具音乐、饮食、幄帟，诸王立马以备陪从。每行幸，内外诸司扈从省十余万人，所费不可胜纪。"（《资治通鉴》卷250《唐纪六十六·懿宗皇帝上》咸通七年纪事，中华书局1956年版，第8117页）

唐代皇帝，绝大部分是信佛的，如唐肃宗、唐代宗时都设置内道场，经常有僧人数百在宫内念佛。唐宪宗时尤甚，命人去凤翔法门寺迎佛骨，搞得长安举城若狂，"焚顶烧指，百十为群，解衣散钱，自朝至暮，转相仿效，惟恐后时，老少奔波，弃其业次"（《韩昌黎集》卷39《论佛骨表》），不知耗费了多少人力物力。唐懿宗时更甚，咸通十四年（873年）："春，三月，癸巳，上（懿宗）遣敕使诣法门寺迎佛骨，群臣谏者甚众，至有言宪宗迎佛骨寻晏驾者。上曰：'朕生得见之，死亦无恨！'广造浮图、宝帐、香舆、幡花、幢盖以迎之，皆饰以金玉、锦绣、珠翠。自京城至寺三百里间，道路车马，昼夜不绝。夏，四月，壬寅，佛骨至京师，导以禁军兵仗、公私音乐，沸天烛地，绵亘数十里；仪卫之盛，过于郊祀，元和之时不及远矣。富室夹道为彩楼及无遮会，竞为侈靡。上御安福门，降楼膜拜，流涕沾臆，赐僧及京城耆老尝见元和事者金帛。迎佛骨入禁中，三日，出置安国崇化寺。宰相已下竞施金帛，不可胜纪。因下德音，降中外系囚。"（《资治通鉴》卷252《唐纪六十八·懿宗皇帝下》咸通十四年纪事，中华书局1956年版，第8165页）

皇帝儿女的婚丧也相当豪华。唐懿宗的女儿同昌公主出嫁韦保衡，极尽奢靡之能事。咸通十年（869年）春，"丁卯，同昌公主适右拾遗韦保衡，以保衡为起居郎、驸马都尉。公主，郭淑妃之女，上（懿宗）特爱之，倾宫中珍玩以为资送，赐第于广化里，窗户皆饰以杂宝，井栏、药臼、槽柜亦以金银为之，编金缕以为箕筐，赐钱五百万缗，他物称是"（《资治通鉴》卷251《唐纪六十七·懿宗皇帝中》咸通十年纪事，中华书局1956年版，第8139页）。

苏鹗《杜阳杂编》卷下："赐钱五百万贯，仍罄内府宝货，以实其宅。至于房栊户牖，无不以珍异饰之。"及同昌公主死后送葬时，"出内库金玉驼马、凤凰、麒麟各高数尺，以为威仪"。送葬队伍，"繁华辉焕，殆二十余里"。

史载：咸通十一年（870年），"秋，八月，乙未，同昌公主薨。上（懿宗）痛悼不已，杀翰林医官韩宗劭等二十余人，悉收捕其亲族三百余人系京兆狱"。次年"春，正月，辛酉，葬文懿公主（注：同昌公主谥文懿）。韦氏之人争取庭祭之灰，汰其金银。凡服玩，每物皆百二十舆，以锦绣、珠玉为仪卫、明器，辉焕三十余里；赐酒百斛，饼餤四十橐驼，以饲体夫。上与郭淑妃思公主不已，乐工李可及作《叹百年曲》，其声凄惋，舞者数百人，发内库杂宝为其饰，以绝八百匹为地衣，舞罢，珠玑覆地"（《资治通鉴》卷252《唐纪六十八·懿宗皇帝下》咸通十一年、十二年纪事，中华书局 1956 年版，第 8159、8161 页）。

皇帝这样耽于宴乐游赏，极讲排场地迎佛骨，竭尽府库来办理女儿的婚丧仪式，可想其浪费了多少钱财。这样，必然加重对人民的剥削。

再从一般的官僚来说。举一个例子，路岩是唐懿宗时有权势的宰相，在相位八年，日趋奢靡，贿赂公行。"上（懿宗）荒宴，不亲庶政，委任路岩；岩奢靡，颇通赂遗，左右任事。至德令陈蟠叟因上书召对，言：'请破边咸一家，可赡军二年。'上问：'咸为谁？'对曰：'路岩亲吏。'上怒，流蟠叟于爱州，自是无敢言者"（《资治通鉴》卷 251《唐纪六十七·懿宗皇帝中》咸通十年纪事，中华书局 1956 年版，第 8150 页）。唐懿宗大怒，竟然把陈蟠叟流放了。路岩亲吏的家产可赡养军队两年，则其本人的财富，恐更多于此。当时宰相贪污腐化，已经成为风气。《南部新书》甲卷说：

> 曹确、杨收、徐商、路岩同秉政，外有嘲之曰："确确无余事，钱财揔被收，商人都不管，货赂几时休。"

可见人民对贪官的怨恨。

一般地方官更贪污残暴。例如，"初，南诏遣使者杨酉庆来谢释董成之囚，定边节度使李师望欲激怒南诏以求功，遂杀酉庆。西川大将恨师望分裂巡属，阴遣人致意南诏，使入寇。师望贪残，聚私货以百万计，戍卒怨怒，欲生食之，师望以计免。朝廷征还，以太府少卿窦滂代之。滂贪残又甚于师望，故蛮寇未至，而定边固已困矣"（《资治通鉴》卷 251《唐纪六十七·懿宗皇帝中》咸通十年纪事，中华书局 1956 年版，第 8150 页）。又如"怀州民诉旱，刺史刘仁规揭榜禁之，民怒，相与作乱，逐仁规，仁规逃匿村舍。民入州宅，掠其家赀，登楼击鼓，久之乃定"（《资治通鉴》卷 250《唐纪六十六·懿宗皇帝上》咸通八年纪事，中华书局 1956 年版，第 8118 页）。

又如陕州刺史崔荛，"荛自恃清贵，不恤人之疾苦，百姓诉旱，荛指庭树曰：'此尚有叶，何旱之有？'乃笞之。吏民结怨，既而为军人所逐，饥渴甚，投民舍求水，民以溺饮之。"（《旧唐书·崔宁传附崔荛传》）咸通十年"六月，陕民作乱，逐观察使崔荛。荛以器韵自矜，不亲政事，民诉旱，荛指庭树曰：'此尚有叶，何旱之有！'杖之。民怒，故逐之。荛逃于民舍，渴求饮，民以溺饮之。坐贬昭州司马"（《资治通鉴》卷 251《唐纪六十七·懿宗皇帝中》咸通十年纪事，中华书局 1956 年版，第 8144—8145 页）。

为什么不准百姓告灾呢？因为准许告灾就得减免赋税，而地方官的考绩主要依据户口、赋税的增减而定，赋税少则不得迁升。刺史如此，县令更甚。唐代诗人杜荀鹤有《再经胡城县》诗一首曰："去年曾经此县城，县民无口不冤声；今

来县宰加朱绂，便是生灵血染成。"（《全唐诗》卷693）

由此可见，整个官僚集团由皇帝到县令都是依靠剥削人民来养肥自己的，而且越来越贪残横暴，加深了人民的痛苦。唐宪宗元和宰相李吉甫说：现在"是天下以三分劳筋苦骨，奉七分待衣坐食之辈"（《唐会要》卷69《州府及县加减官》）。因此，农民转徙流亡者越来越多，唐朝政府利用摊逃的办法，以及加征各种苛捐杂税，使人民痛苦万分。

**2．人民生活的痛苦**

唐末人民生活的痛苦，表现在两个方面：

第一，农民失掉耕地，土地愈益集中。唐朝土地集中、庄园经济发展的情况，前面已说过。这里只说唐末的情况，仅举一个罢任的县令的例子，《三水小牍》卷下说：

> 许州长葛令严郜，衣冠族也。……咸通中罢任，乃于县西北境上泾山阳，置别业。良田万顷，桑柘成阴，奇花芳草，与松竹（或作柏）交错。引泉成沼，即阜为台，尽登临之志矣。

仅仅一个罢官的县令，竟有良田万顷，还有别致的庄宅，可见土地兼并与集中的情况到了何等严重的地步。故咸通末年，宰相的上书中也指出，"或富者有连阡之田，贫者无立锥之地"（《旧唐书·懿宗纪上》）。

第二，封建政府赋役日加苛重。

由于赋役重，人民交不起，被关在监牢中，以至于囚系而死。唐文宗大和末年的文告就说："应户部、度支、盐铁积欠钱物，或囚系多年，资产已尽。或本身沦殁，展转摊征。簿书之中，虚有名数；囹圄之下，常积滞冤。"（《唐大诏令集》卷10《大和八年疾愈德音》）除经常的赋税日益加重外，唐末杂税也极苛重，表现在以下几方面。

（1）和雇。唐末朝廷因对南诏用兵，南方人民受和雇之害至深。例如咸通四年（863年），政府和雇商船运米至广州，"复置安南都护府于行交州，以宋戎为经略使，发山东兵万人镇之。时诸道兵援安南者屯聚岭南，江西、湖南馈运者皆溯湘江入澪渠、漓水，劳费艰涩，诸军乏食。润州人陈磻石上言，请造千斛大舟，自福建运米泛海，不一月至广州，从之，军食以足。然有司以和雇为名，夺商人舟，委其货于岸侧。舟入海或遇风涛没溺，有司囚系纲吏、舟人，使偿其米，人颇苦之"（《资治通鉴》卷250《唐纪六十六·懿宗皇帝上》咸通四年纪事，中华书局1956年版，第8105—8106页）。这种和雇，实即封建政府对人民公开的抢掠。

（2）盐税加重。自唐德宗以来，盐税日增，原来盐一斗加时价百文，为110

文，后来加到盐一斗价至 370 文。由于盐价贵，百姓买不起食盐，很多淡食。政府对于私下刮碱煮盐和贩私盐者处罚极严，规定盗鬻两池盐一石者处死，所以引起许多盐贩的激烈反对，甚至进行了武装组织。这种盐贩武装，成为以后农民起义中一个重要组成。王仙之和黄巢都曾当过私盐贩。

（3）茶税加重。初征 1/10 的茶税，后增为值百钱者征收 50 文。封建政府为了增加税收，用毁坏人民的茶园的办法来垄断茶利。唐武宗时，诸道皆置邸店，以收茶税，称为搨地钱。到唐宣宗时，又制定了私自贩卖茶叶的严酷法律。如私贩茶叶犯过三次，数量达到 300 斤，即处死刑。"长行群旅，茶虽少，皆死。"（《新唐书·食货志》）这种"长行群旅"的私茶贩，实即有组织的武装茶贩。

（4）榷酒税也非常苛重，政府每年收入榷酒钱 156 万贯之多。盐税、茶税和榷酒钱都是商税，似乎与农民无关。实则税重则盐茶等价钱就提高，农民必须以高价来买，那么这些重税也就转嫁到农民身上。故农民除遭受两税、和雇等直接的苛重剥削外，还要间接分摊这些苛重的杂税。这使农民不得不大批逃亡，耕地荒废。农民的生活是极其痛苦的。《全唐文》卷 804 刘允章的《直谏书》说：

> 国有九破，陛下知之乎？终年聚兵，一破也；蛮夷炽兴，二破也；权豪奢僭，三破也；大将不朝，四破也；广造佛寺，五破也；贿赂公行，六破也；长吏残暴，七破也；赋役不等，八破也；食禄人多，输税人少，九破也。
>
> 今天下苍生，凡有八苦，陛下知之乎？官吏苛刻，一苦也；私债征夺，二苦也；赋税繁多，三苦也；所由乞敛，四苦也；替逃人差科，五苦也；冤不得理，屈不得伸，六苦也；冻无衣，饥无食，七苦也；病不得医，死不得葬，八苦也。
>
> 天下百姓，哀号于道路，逃窜于山泽，夫妻不相活，父子不相救。百姓有冤，诉于州县，州县不理；诉于宰相，宰相不理；诉于陛下，陛下不理。何以归哉。

这段话充分暴露了唐末腐朽统治的危机四伏，国有"九破"，说明唐朝已不能继续统治下去；民有"八苦"，说明人民不能继续生活下去。人民只有起义才能求得生存。

### （二）农民大起义打垮了唐朝

农民在忍无可忍的情况下，只有起义以推翻唐朝的腐朽统治。首先是浙东裘甫的起义，接着是桂州（今广西桂林市）戍兵起义，揭开了大起义的序幕。随后是黄巢领导的大起义。

### 1. 浙东裘甫起义

唐宣宗大中十三年十二月（859 年 1 月），浙东爆发了以裘甫为首的农民起义。起义后随即攻克象山县（今浙江象山县），进逼剡县（今浙江嵊州市），起义军发展很快。浙东观察使郑祗德派兵前来镇压，被裘甫打得大败，起义军乘势攻下剡县，打开府库，赈济农民，起义军发展到数千人。后来"山海……之徒，四面云集，众至三万"。于是成立农民革命政权，裘甫"自称天下都知兵马使，改元曰罗平，铸印曰天平"，分部众为 32 队。将领刘暀、刘庆、刘从简有勇有谋，英勇善战。起义军连续攻克上虞、余姚、慈溪、奉化、宁海等县。

唐朝政府用前任安南都护王式为帅，调遣大军前来镇压。在王式没有到之前，刘暀建议急取越州（今浙江绍兴市），守西陵，拒守钱塘江，并且采取进取的方针。可惜裘甫没有采取这个正确的路线，而采取了进士出身的王辂所提出的保守、逃跑的路线，即"拥众据险自守，陆耕海渔，急则逃入海岛"（《资治通鉴》卷 250《唐纪六十六·懿宗皇帝上》咸通元年纪事，中华书局 1956 年版，第 8082—8083 页）。这个错误路线，招致了起义的迅速失败。

王式到浙东之后，采取极其阴险狠毒的办法：①开府库救济饥民，企图用小恩小惠使贫困农民不投向起义军，瓦解起义军队伍。②不举烽火，以稳定地主、官吏内部。③用老弱士兵当候骑，又不给好的兵器，以便打听消息和保存实力。④招募住在江、淮一带的吐蕃、回纥人当骑兵，又取得当地"土团军"的配合。在这样的情况下，王式以优势的兵力，残酷地镇压了起义。这次起义，历时 7 个月而失败。

### 2. 桂州戍兵的起义

唐懿宗咸通九年（868 年）七月，爆发了桂州戍兵起义。原委是这样的：唐朝命徐州节度使孟球招募兵士 2000 人，分 800 人戍防桂州，约定三年代还。而到咸通九年已经六年，戍兵屡次请求代还，徐州这时的节度使是崔彦曾，要桂州戍兵仍旧留戍一年。于是戍兵起义，"杀都头王仲甫，立粮料判官庞勋为都将，群伍突入监军院，取兵甲，乃剽湘潭、衡山两县"，一直打回家乡徐州。这些戍兵，本从农民中招募而来，打回老家时，一路上又有许多农民参加，因此，起义虽以兵变形式出现，实质上仍是农民起义。

戍兵自桂州暴动后，经湖南，沿长江东下，转入淮南，到达徐州城下时，庞勋部下的起义军已有六七千人，并且得到人民的帮助，一举而攻克徐州，杀死了残暴的官吏崔彦曾、尹戡、杜璋等，很快控制了唐朝江、淮运输线，隔断了唐朝从江南运输财物的通路，对唐朝给予严重的打击。后来起义军发展到 20 余万人，所向克捷。

唐朝派兵镇压，命右金吾大将军康承训为义成节度使徐州行营都招讨使，又命戴可师和王晏权，分任徐州南、北面行营招讨使，大发诸道军队；并且调来少数族的部落酋长，各率其部众，助唐镇压庞勋的起义。起义军英勇奋战，杀戴可师于都梁城，屡败王晏权军。当唐军进逼徐州，形势紧张，起义军中的张玄稔叛变了起义，不但投降康承训，并引唐军围攻徐州，诱说起义军投降。结果徐州陷落。起义历经一年零两个月，最后失败。庞勋起义失败的原因，从客观上来说，唐朝因这里是江、淮转输孔道，故集中兵力前来镇压，"敌强我弱"。从主观方面来说，第一，庞勋自大败戴可师后，骄傲自满起来，"庞勋自谓无敌于天下，作露布，散示诸寨及乡村，于是淮南士民震恐，往往避地江左"。由于庞勋的骄傲自满，"又与勋同举兵于桂州者尤骄暴，夺人资财，掠人妇女，勋不能制，由是境内之民皆厌苦之，不聊生矣！"（《资治通鉴》卷251《唐纪六十七·懿宗皇帝中》咸通九年纪事，中华书局1956年版，第8136—8137页）第二，在紧要关头，出现了叛徒张玄稔，使徐州陷落，失掉了主要的据点，导致起义最终失败。

### 3. 黄巢领导的大起义

唐僖宗乾符元年（874年，一说875年）年底，濮州（今山东濮县东）人王仙芝聚众数千，于长垣（今河南长垣县东北）起义，自称天补平均大将军兼海内诸豪都统。接着冤句（今山东曹县北）人黄巢也聚众数千响应，攻克曹、濮二州。于是大规模的农民起义爆发了。

之所以起义，总的来说，是由于庄园经济发展，土地过于集中，剥削加重，再加上山东一带，连年蝗灾，而官吏还加紧剥削。《资治通鉴》卷252《唐纪六十八·僖宗皇帝上之上》说："自懿宗以来，奢侈日甚，用兵不息，赋敛愈紧。关东连年水旱，州县不以实闻。上下相蒙，百姓流殍，无所控诉。"因此，农民相聚起义。其次，唐末盐法愈严，盐价愈高，人民被迫"淡食"。许多盐贩组织武装，与政府对抗。王仙芝、黄巢曾经"共贩私盐"，所以很容易利用盐贩武装发动起义。最后，庞勋起义失败后所保存下来的力量一直散布在山东境内，他们的活动成为大起义的先驱，为大起义提供了有利条件。

大起义的过程可以分为三个阶段：

第一阶段是从起义的乾符元年（874年）到王仙芝被杀（878年）。这一阶段起义军主要转战中原。自起义后的第二年，攻克曹、濮二州之后，起义军转战于山东、河南12郡之间，各地农民纷起响应。这段时期，可以说是起义军联合各地反抗的小股农民军，起义势力发展时期。但是，由于王仙芝两次动摇要投降，起义军遭到不小的损失。公元876年，王仙芝准备降唐，但遭到黄巢及部下的坚决反对，没有成功。公元878年，王仙芝又想降唐，派部将尚君长、蔡温球、楚彦威等去联系，结果不但投降没有成功，反而损失了几位部将。于是，王仙芝一怒之下，急攻洪州，结果为唐军所败，又复为唐将曾元裕追败于黄梅，王仙芝在这次战斗中被杀。王仙芝两次动摇搞投降，使起义军遭到一定的损失，但从此起义军在黄巢的统一领导下却有更大的发展和成就。

第二阶段是从公元878年王仙芝被杀，到唐僖宗广明元年（880年）黄巢攻克长安。在这个阶段，起义军进行了空前的流动战，进军江南，大举北伐，攻占长安，势力发展到最盛的时期。王仙芝既死，其部下尚让率余众归黄巢。尚让推黄巢为冲天大将军，改元王霸，设置官属。率领河南、山东义军共十余万转入淮南，占领江西一带，这一点有很大的意义。因为这里是唐朝财赋的重心。起义军占领这一带，截断了运河漕运，使唐朝财政无法维持。于是唐朝调高骈为镇海节度使镇压起义军。黄巢军因而转入浙东，由浙东进入福建，攻克福州。次年，黄巢攻克广州。起义军在广州稍作休整后，即宣告率兵进攻关中，并发布露布，揭露唐朝宦官专权，朝官、宦官勾结，贿赂公行，政治腐败等丑行。当时，起义军因在广州一带水土不服，瘴疠疾病而死者十分之三四，于是决定回军北上。由岭南进入湖南，从贵阳编木筏数千，沿湘江而下，破潭州（今湖南长沙），进逼江陵。拿下江陵后，又渡江到淮南。起义军60万人由淮南北入河南，唐僖宗广明元年（880年）十一月，克复唐朝东部洛阳。随即西攻潼关，起义军将领"尚让、林言率前锋由禁谷（即小路）而入，夹攻潼关"（《旧唐书·黄巢传》），随即攻克了潼关。并于这年的十二月，进克唐朝都城长安，唐僖宗逃往山南，再逃至成都。起义军于十二月十三日正式建立农民革命政权，国号"大齐"。黄巢称皇帝，建年号为"金统"。起义军从公元878年三月渡江南下，至公元880年十二月打下长安建立大齐政权，共两年十个月。这是起义军发展壮大的极盛时期。

第三个阶段是从公元880年黄巢起义军进入长安，到唐僖宗中和四年（884年）。这个阶段起义军未能及时追击唐朝残余力量，使唐朝得以重整旗鼓，围剿起义军，起义军终于失败。起义军建立大齐政权之后，没有及时追击唐朝的败残力量，于是凤翔节度使郑畋积极准备反攻，唐僖宗在蜀也派各道节度使出兵围攻长安，并请沙陀族李克用和党项的拓跋思恭各率本部骑兵助唐，对长安形成包围的形势。起义军反而局限于长安一隅之地，占地既小，粮食又不足。加上起义军中的朱温叛变，投降了敌人。所以，起义军在长安不能支撑下去，只得退出长安，由蓝田东出河南，随后又退败山东，部下丧亡殆尽。退至泰山狼虎谷时，黄巢壮烈地自刎而死。起义至此失败，时唐僖宗中和四年（884年）七月。起义从开始到失败，共经历了十年。

黄巢大起义为何最终失败？应从两方面分析。

从起义军方面来说，有许多弱点：第一，起义军只是简单地进行流动战争，没有建立比较稳固的根据地。流动战有它的优点，但也有弱点，就是没有稳定的据点可依。流动战争，也就是游击战争。毛泽东曾经说过，"古代的游击战争大都是失败的游击战争"（《毛泽东选集》，第517—518页）。如果流动或游击战争是黄巢起义军光复长安前的主要特点，那么占领长安后又犯了相反的错误，即仅据守长安一地，不能及时发展。这些都是战略上的错误。第二，没有抓住时机，及时彻底打垮唐朝败退力量，给予唐朝喘息反攻的机会，最后围剿起义军。第三，起义军中混进了不少投机分子和野心家，他们动摇或叛变起义。例如王仙芝两次动摇投降，给起义力量造成一定的损失。特别是在长安处于唐军四面包围时，朱温叛变降唐，给起义军以很大的打击，故唐僖宗闻朱温投降，高兴地说："是天赐予也！"（《旧五代史·梁太祖纪》）及至黄巢退出长安后，李谠、杨能、葛从周、张归厚等更相继降唐，使义军的力量更加薄弱。这些都是导致起义军失败的主要原因。

从唐朝方面来说，有许多有利的条件：第一，唐僖宗逃入四川后，四川本是富庶之地，又得诸道贡献，因而军用不乏。正如《资治通鉴》卷254《唐纪七十·僖宗皇帝中之上》所说："诸道及四夷，贡献不绝。蜀中府库充实，与京师无异，赏赐不乏，士卒欣悦。"而起义军所占领的长安，被唐军包围抄掠，"农事俱废，长安城中斗米值三十缗"。对比之下，唐朝充实得多。第二，唐朝尽量利用方镇兵力来镇压起义军。唐朝朝廷和方镇虽有矛盾，但当农民起义威胁到他们的共同利益时，他们会联合起义，共同镇压起义军。唐朝得到方镇兵力的帮助，军事力量逐渐处于优势。第三，唐朝还勾结党羽和沙陀的骑兵，镇压起义军。第四，唐朝还尽量利用各地地主武装，袭击起义力量。大起义期间，各地有许多"土团军"和"义营兵"等地主武装。这些都是唐朝最终能镇压起义军的主要原因。

唐末农民大起义虽然失败了，但是它反封建的伟大历史意义是不可磨灭的。

大起义把斗争的锋芒直指以唐王朝为代表的封建统治阶级。黄巢起义由数千人发展到60多万人，南征北战，如狂风骤雨地横扫了半个中国，攻占唐都长安，直捣皇帝的老巢，从根本上打垮了唐朝的腐朽统治，唐代虽然没有立即灭亡，但唐政府已开始土崩瓦解。唐代腐朽统治的瓦解为封建社会的发展减轻了阻力。

起义军沉重地打击了地主阶级，使阶级关系发生了一些重要变化。

首先是士族集团"丧亡且尽"。宋人王明清在《挥麈前录》卷二中说："唐朝崔、卢、李、郑及城南韦、杜二家，蝉联珪组，世为显著，至本朝绝无闻人。"所以五代以后，"取士不问家世，婚姻不问阀阅"（《通志·氏族志》）。可见，在农民起义的打击下，腐朽的士族终于被摧毁，成为历史的陈迹。这些腐朽势力的扫除，有利于宋的统一和社会的发展。

其次，农民起义军在政治上沉重打击地主阶级的同时，也扫荡了地主阶级的田宅、财产。郑畋曾指责农民起义军"广侵田宅，滥渎货财"（《旧唐书·郑畋传》）。大官僚地主李德裕在洛阳的园亭也遭到"扫地"以尽的命运（《旧五代史·李敬义传》）。随着大土地所有制的削弱，自耕农民的增多，土地高度集中和农民大量逃亡的状况有了某种程度的缓和；同时，佃客的地位亦有某些改变。这就为五代和北宋社会经济的发展创造了有利条件。

最后，这次大起义，不但继承了过去农民革命的优良传统，而且具有自己的特色。王仙芝、黄巢先后以"天补均平大将军"和"冲天太保均平大将军"的称号发布檄文，号召广大农民群众起来推翻唐王朝的封建统治。这样打出"均平"的旗号，在我国农民战争史上是第一次。这种平均思想的萌芽对宋代农民起义所提出的"等贵贱，均贫富"的口号，具有直接的影响。当然，这种平均思想是小农经济的产物，要求在小私有制的基础上实现"平均"，只能是一种空想。然而，在封建社会的条件下，它却是最具革命意义的思想。

由于黄巢领导的农民大起义建立了伟大的历史功绩，因此，人民十分怀念他。许多地方修建了黄巢庙，供人民瞻仰。黄巢一直活在人们的心里。

## 七、 隋唐的文化

隋唐时期的文化，是中国封建社会中辉煌灿烂的文化。为什么这个时期会出现光辉灿烂的文化呢？第一，由于隋唐的统一，封建经济的繁荣，提供了文化发达的基础。第二，中外经济、文化交流更加频繁，中国文化大量外传，同时，唐朝吸收了许多外来文化，丰富了中国文化的内容，给中国文化加进了新的营养成分。第三，当时以汉族为主体的各族劳动人民，既是物质财富的创造者，又是灿烂文化的创造者，对当时文化的发展做出了卓越的贡献。所以，隋唐人民在继承南北朝时期文化发展的基础上，创造出了更加辉煌的隋唐文化。

### （一）科学和发明

#### 1. 雕版印刷术

印刷术是中国古代四大发明之一。最早的印刷是雕版印刷。雕版印刷始于何时？胡应麟的《少室山房笔丛》卷四引陆琛《河汾燕闲录》说：

> 隋文帝开皇十三年（593 年）……敕废像遗经，悉令雕板，此印书之始。……雕板肇自隋时，行于唐世，扩于五代，精于宋人。

是则在公元 6 世纪末，中国已经发明了雕版印刷。但不少人反对此说，因"雕板"二字，或作"雕撰"，"雕"是雕刻佛像，"撰"是撰写佛经，而非雕版印刷。

近年英国发表了斯坦因从我国新疆吐峪沟盗去的古物残纸一片，上印"延昌卅四年（594 年，开皇十四年）甲寅……家有恶狗，行人慎之……"外人鉴定这是中国现存最古的印刷品。但也有人反对，认为这是手迹而非印刷品。

不管怎样，到了唐代，雕版印刷已相当发达。公元 7 世纪中叶，已经有雕版印的佛像。公元8世纪80年代，作为商人纳税凭据用的"印纸"出现。公元824年，诗人元稹为白居易《长庆集》写的序文中说到，有人拿白诗的写本和印本在街头叫卖或换取酒茶。到唐文宗大和年间，四川和江淮一带民间已经每岁"以板印历日"，在市场出售，以致不等朝廷颁布新历，"其印历已满天下"（《册府元龟》卷160）。

现存公认的最早的印刷品是在敦煌千佛洞发现的唐懿宗咸通九年（868年）印的《金刚经》，卷首有图，刻印精美。1907年被斯坦因所盗，现藏于大英博物馆。国内现存的最早印刷品，是1944年在成都市内唐墓出土的龙池坊卞家印卖的《陀罗尼经》。

印刷术的发明对于文化的传播和发展，起了很大的促进作用，这是中国人民对文化发展的一个伟大贡献。

### 2. 天文历算

隋、唐时的天文、历法和算学都有很大的进步。隋朝有名的星历学家，有刘孝孙、庾季才、庾质、卢太翼和耿询等。唐朝政府设有太史局（这个机构的名称屡变，浑天监、浑仪监、司天台、太史监皆是），长官为监或令，下有天文博士、历博士和天文观生、历生等，掌管天文，制定历法。唐朝有名的天文历算家有傅仁均、李淳风、僧一行等。傅仁均曾制订戊寅历，李淳风曾用铜制成黄道浑仪。僧一行（即张遂）和工人合作，创造了一架黄道游仪，用来观测日、月、五星的位置和运动情况。僧一行通过观察，发现了恒星位置移动的现象。这比英国天文学家哈雷在1718年提出恒星自行的观点早了将近一千年。

公元724年，僧一行还测得子午线一度长为351里80步（合现在129.22公里）。它与现代测量子午线的长度111.2公里相比，虽还有较大的误差，但这是世界上第一次实测子午线，比外国早了约90年。

僧一行从公元725—727年修订新历，取名《大衍历》。这部历法系统周密，结构合理，是当时先进的历法。后来的历法家几乎都是按照它的结构来编写历法的，直到明朝末期吸收西洋编历法才有所改变，可见其影响之深远。

### 3. 医学

隋、唐的医学有很大的发展。隋朝设有太医署，唐朝因之。隋、唐又均有尚药局。这是政府设置的医药机构，并有医博士、助教和学生，这可说是世界上最早的医学院。

隋代许智藏、许澄均是著名的医学家。巢元方著的《诸病源候论》分析各种病症的原委，对医学的贡献很大。

唐代更是名医辈出，许胤宗、张文仲、李虔纵、孟诜、韦慈藏、孙思邈等都是名医。其中以孙思邈的贡献最大。

公元652年，孙思邈写成《备急千金要方》30卷。30年后，又写成《千金翼方》30 卷，以补前书之不足。这两部书通常被称为《千金方》，是孙思邈一生辛勤劳动的结晶。他总结了历代医家的医学理论和治疗经验，收集了 5300 多个方子。他注意到病源，更注意到临床经验。他主张药物配伍和辨证施治，首创复方，提出一方治多病或多方治一病的方法。他用昆布、海藻、羊和鹿靥（甲状腺）等治疗缺碘造成的瘿病（甲状腺肿大），用含有多种维生素的杏仁、吴茱萸、蜀椒、谷皮等预防和治疗脚气病，这在当时十分先进。欧洲人第一次论述脚气病是在 1642 年，几乎比他晚了一千年。他对药物的采集和应用也有突出的成绩，所以被后世称为"药王"。他居住和采集过药物的五台山，也被称为"药王山"。现在陕西还有药王庙，就是为纪念孙思邈而建的。

唐代医学的另一个杰出成就，是唐高宗显庆年间苏敬等人奉命集体编修成的一部药物学专著《唐新本草》。此书共 53 卷，收集药物 844 种，是世界上第一部由国家颁定的药典。它比西欧最早的 1494 年意大利佛罗伦斯药典要早 800 多年。

此外，王焘编成的《外台秘要》40 卷，也是一部综合性医学著作。蔺道人著的《仙授理伤续断秘方》一卷，是我国现存最早的一部伤科专书。咎殷著的《经效产宝》是我国现存最早的妇产科专书。

## （二）宗教和哲学

### 1. 许多西方宗教的传入

由于中外经济文化交流的发达，许多西方宗教在这时传入中国。

（1）景教。景教是基督教的一个教派，后来也称也里可温教。据《景教流行中国碑》所记，景教系大秦阿罗本于唐贞观九年（635 年）传入中国，以后两京和诸郡有不少景教寺庙，可见信者不乏其人。《景教流行中国碑》为唐德宗建中二年（781 年）在长安的景教徒宁恕等人所立，其后碑埋土中，明朝时始再掘出。唐时景教流行，到唐武宗会昌年间禁止佛教时，才同时被禁。

（2）摩尼教。摩尼教系波斯人摩尼所创，于周武则天延载元年（694 年）传入中国。特别是回纥人，很多信摩尼教。唐武宗既败回纥，故在禁断佛教时，摩尼教亦在禁断之列，天下摩尼寺尽废。摩尼教虽被严禁，但因该教很能互助，且主张明暗相争，易为人民接受，故转入地下，仍有不少人信奉。并且，它还成为农民用以组织起义的斗争工具，北宋方腊起义，即以摩尼教来组织和发动群众。

（3）袄教。亦名拜火教，为波斯人琐罗亚斯德所创，后成为波斯的国教。北朝时传入中国，唐时袄教颇盛，长安和洛阳都有袄祠。唐武宗会昌毁佛时，袄教亦同被禁止。

（4）伊斯兰教。伊斯兰教为阿拉伯人穆罕默德所创。唐高宗永徽二年（651 年），伊斯兰教徒建立大食国后，即遣使来到唐朝。安史之乱爆发后，唐朝借用大食力量，镇压安史之乱。这些大食兵士，有不少落籍中国。故此时伊斯兰教亦传入中国。由海路到中国的伊斯兰教徒也很多，沿海城市如广州、泉州、扬州等，都有许多伊斯兰教徒。著名的伊斯兰教徒瓦哈伯曾在广州传教。

### 2. 道教和佛教

道教是中国土生土长的，追尊老子为教祖的宗教。北朝以来，皇帝素信道教。唐朝皇帝姓李，道教教祖老子李耳也姓李，依托附会，因而大力提倡道教。唐高宗追尊老子为太上玄元皇帝。当时两京和天下州府都置有玄元皇帝庙，信者颇多。皇帝的女儿也借口相信道教，出家当女冠，实际上是借道观过着荒淫无耻的生活。唐玄宗时命人画老子像颁布天下，令王公以下皆习老子。又封庄子为南华真人，文子为通玄真人，列子为冲虚真人，庚桑子为洞灵真人，科举中增设庄、老、文、列四子科。据记载，道观长安有 30 所，全国有 1900 余所，道士1.5 万余人。当时佛、道两教斗争很激烈。唐高祖和唐太宗把道教置于佛教之上。武则天为了反李唐皇室，便把道教贬在佛教之下。唐武宗为了打击佛教寺院的经济力量，听从道士的话，下令灭佛。唐宣宗继位后，又下令扶植佛教。由于二教在当时都有生存的社会根源，因此谁也搞不垮谁。

佛教从东汉传入中国，南北朝以来，由于新的佛经的不断传入，以及人们对教义的不同解释，因此在唐代形成了许多佛教宗派。在诸派别中，以天台宗、法相宗、华严宗和禅宗影响较大，这些宗派都讲一些哲理。而密宗专讲迷信法术，净土宗主张专心念佛即得救，他们没有什么系统的佛教哲理，但也是佛教的一些宗派。

天台宗以智颛（音 yǐ）为代表。它崇奉的经典叫《法华经》，故又称法华宗。这一派着重宣传一切"皆由心生"，世界本体是空无的，故又被称为空宗。

法相宗以玄奘为代表。以论证"万法唯识""心外无法"为宗旨，故又称唯识宗。它说的"识"是指精神本体，而宇宙万物即由"识"幻化而成。

华严宗以法藏为代表。以崇奉《华严经》而得名，主要是通过论证所谓"尘是心缘，心为尘因。因缘和合，幻相方生"，以及"里"与"事"的关系，宣扬客观世界是依赖主观世界而存在的唯心主义。

禅宗以惠能为代表。兴起较晚，但影响却远远超出其他各派。"禅"是梵语音译"禅那"的简写，意思是静虑。静坐沉思，称为"坐禅"或"禅定"，是佛教修养的重要途径之一。"禅宗"相传是由南印度僧人达摩在北魏创立的。武则天时，禅宗分为南、北二宗。禅宗五祖弘忍有两个大弟子，一为神秀，一为慧能，神秀创立北宗，慧能创立南宗。北宗主张通过长期苦修，排除杂念，然后才能渐悟成佛。南宗反对北宗的渐悟说，认为佛在心内，不在心外，只要净心、自悟，不必苦修，不必背诵大批的经卷，就可以顿悟成佛。从哲学上说，渐悟说是客观唯心论，顿悟说是主观唯心论。慧能的这种简单速成的方法，对于那些陷于水深火热之中而看不到出路的劳动人民，有着极大的欺骗性；对于剥削阶级，这种廉价的进入天堂的方法，可以使他们空虚的灵魂得到寄托，故亦非常合口味。因此，南宗最终战胜了北宗，得到广泛流传。到唐朝后期，南宗几乎取代了佛教的所有各宗派，垄断了佛坛。

佛教各派虽有差异，但本质是相同的。按照马克思主义的观点，宗教是麻醉人民的鸦片烟。佛教宣传灵魂不灭、因果报应、六道轮回等迷信说教，引导人民逆来顺受，安心做奴隶。所以，它们都是为维护封建剥削制度服务的。

由于封建统治者大力宣传佛教，同时由于残酷的封建剥削，因此大量的劳动人手出家为僧或投靠寺院为寺户、佃户等。这样，寺院经济大为发展，控制了许多土地和劳动人口，而封建政府的纳税户却大为减少。因而封建政府虽要利用佛教作为精神的统治工具，但在经济上却和寺院发生冲突，最终爆发了唐武宗会昌时的禁断佛教事件。中国历史上"三武一宗"（"三武"指北魏太武帝拓跋焘、北周武帝宇文邕、唐武宗李炎，"一宗"指五代的周世宗柴荣）进行毁佛，根本原因是封建政府和寺院在经济上的矛盾。当经济利益上的矛盾略为缓和后，统治者马上又重兴佛法，来麻醉人民。

### 3. 反佛斗争

佛教的流行，造成寺院经济的恶性膨胀，因此引起世俗地主与僧侣地主在政治经济利益上的矛盾冲突。唐朝的反佛斗争有两种情况：一种是唐朝前期的傅奕、吕才、姚崇等，从唯物论出发反对佛教和禄命迷信；另一种是唐朝后期的韩愈和李翱，他们站在传统的儒家立场上，用唯心论来反对佛教。

例如唐代初期的傅奕，他反佛的理由，第一，他认为僧尼是"游手游食，易服以逃租赋"，减少了国家的税收；第二，他认为佛本西域胡神，"汉译胡书，恣其假托"；并认为"逾城出家，逃背其父，以匹夫而抗天子，以继体而悖所亲"，违背了传统的君臣、父子等伦理道德。因此他主张坚决除去佛教。他提出的办法是令僧尼匹配，生育儿女，以便益国足兵。可见傅奕的反佛是从维护儒家的伦理道德和地主阶级政权的利益出发的。但却具有唯物主义思想，他认为"生死寿夭，由于自然；刑德威福，关之人主。……而愚僧矫作，皆云由佛"（《旧唐书·傅奕传》）。这就揭穿了佛教徒的由佛决定一切的欺骗宣传。傅奕还把魏晋以来的反佛人物汇编为《高识传》，作为反佛斗争的武器。

唐代中期以后反佛斗争的主将是韩愈。他在《原道》和《谏迎佛骨表》中对佛教进行了尖锐的抨击：第一，指责佛道耗费大量财富，加重百姓负担，使民"穷且盗也"。第二，"佛本夷狄之人"，让佛教凌驾于儒学之上，有被同化为狄夷的危险。第三，指责佛教自外于天下国家，灭弃封建伦常，使得"子焉而不父其父，臣焉而不君其君，民焉而不事其事"，伦理道德为之荡然。为此，他主张废掉佛道，令僧道还俗，烧掉佛经道书，把寺观改为民房，用儒家的理论来取代佛道的宗教理论。唐宪宗元和十四年（819年），陕西凤翔法门寺有一块所谓佛骨，唐宪宗要把它抬到宫中供奉，在皇帝的带动下，全国掀起了一场迎佛骨的宗教热潮。对此，韩愈上书反对，指出这种迷信风气如不制止，将造成严重恶果。韩愈的反佛言论触怒了唐宪宗，后遭贬谪。韩愈的反佛不是以唯物主义的无神论去反对佛教，而是以儒学的唯心主义（孔孟之道）去反对佛教的唯心主义，因而不可能从根本上给佛教以打击。

### 4. 柳宗元、刘禹锡的唯物主义思想

柳宗元，字子原，河东（今山西永济市）人，他的著作编为《柳河东集》。其中，《天说》《天对》《答刘禹锡天论书》《非国语》等篇集中地反映了他的唯物主义思想。他的唯物主义思想主要表现在：

第一，他认为宇宙是由混沌的、运动着的元气构成的。宇宙没有起点，也没有极限，是自生自灭、运动、变化的。一切昼夜交替、节气变换、山崩地震等自然现象，都是元气运动的结果。天地、元气、阴阳就像瓜果、草木一样，都是自然物质，没有意志。

第二，他反对天命论。他认为有人以为天能主宰世界、天能赏罚，是极端错误的。有人向天喊冤叫屈，希望得到它的怜悯和仁慈，更是错误的。他还揭露了宣扬天命论的社会根源。他说："古之所以言天者，盖以愚蚩蚩者耳。"（《断刑论下》）谈论天命的目的，不过是愚弄人民。借助天命鬼神，是力量虚弱的表现。"力不足者取乎神。"（《非国语·神降于莘》）这是对天命的有力批判。

但是，柳宗元的唯物主义观点是不彻底的。他在政治上失败了，遭到贬谪之后，忧郁消沉，企图从佛教中寻找精神上的安慰，因而他的思想掺杂了不少唯心主义成分。

刘禹锡的唯物主义思想主要表现在他的"天人相交胜"观点上。他认为，自然界（天）和人类社会各有自己独特的职能和规律。自然界的职能是"生万物"，人类社会的职能是"治万物"。自然界的规律是弱肉强食的生存竞争，人类社会的规律是用礼法制度所规定的准则来维持社会秩序。他们之间既相互区别，又相互作用。因为存在区别，所以"天人不相预"，"天之能，人固不能也；人之能，天亦有所不能也"。天不能干预人间的治乱祸福，人也干预不了气候的寒暑。因为存在互相作用，所以天与人又能够"交相胜，还相用"。当社会法制畅行、是非清楚、赏罚分明的时候，"人理"就战胜了"天理"，人们就相信自己而不相信天命，这是人胜天。反之，当法制破坏、是非颠倒、赏罚不明时，人们感到无法掌握自己的命运，这是"是非亡"而"天理胜"，人们就会把社会的祸福归于"天命"，从而产生宗教迷信，这就是天胜人。刘禹锡相信，只要人类能够维持法制和是非，就一定能胜天。这些都是可贵的唯物主义思想。他并且力图从社会现象中去寻找天命论和宗教迷信产生的根源，这也是深刻的见解。但是，他所说的"法制"和"是非"，是指封建的礼法制度和道德标准，从上层建

筑的角度去解释人类社会的规律和宗教迷信产生的根源，实际上仍然是一种唯心主义观点。刘禹锡和柳宗元一样，在政治上失意之后，转向佛教求归宿。这些都说明，他们的唯物主义思想是不彻底的，反映了他们的时代和阶级的局限。

### （三）经学和史学

#### 1. 经学

隋代由于南北统一，南北经学逐渐合流。原来治经，南北有别，"大抵南人简约，得其英华；北学深芜，穷其枝叶"。隋初的学者有牛弘，著有《五礼》100 卷，行于当世。后期刘焯、刘炫并称"二刘"，知名当代。

唐代科举都要考儒经，因而推动了经学的发展。唐代的经学有三方面应特别注意：

第一，考订经文。唐太宗以儒经"文字多讹谬"，不利于学生学习，令颜师古考订五经（《易》《书》《诗》《礼记》《左传》）经文。颜师古撰成《五经定本》，颁布全国，成了官定的统一课本。唐文宗开成二年（837 年），郑覃又以"经籍讹谬，博士相沿，难为改正。请召宿儒奥学，校定六籍，准后汉故事，勒石于太学，永代作则"（《旧唐书·郑覃传》），刻成了著名的《开成石经》。《石经》现存陕西省博物馆，共 114 石，65.252 万字。

第二，与《五经定本》的宗旨相反，陆德明撰《经典释文》一书，详列各经本之异同，每字各有音切、训义，汉魏六朝儒经音训，基本上借此保存。此书采集了诸儒 230 余家的音切和训诂，工程浩大，真正完成了汉魏六朝经学的总结性工作。

第三，虽然《五经定本》《五经正义》是纯粹的汉学系统，它们对儒学的影响，与汉武帝罢黜百家独尊儒术有同样重大的意义，但是在儒学发展史上，唐代儒学是由汉学系统转入宋学系统的一个重要阶段。有些学士摆脱《五经正义》的束缚，不尊经师旧说，创自由解经的学风。如唐朝后期的啖助，撰《春秋统例》之卷。他置《春秋三传》于不顾，完全"凭私臆决"，穿凿附会，还宣称符合孔子的本意，旨在借《春秋》发抒自己的政治见解。啖助的弟子赵匡、陆质继续治《春秋》学，完全和他们的老师一样，不顾经学家法，独立发抒见解。他们虽不合汉学规矩，却开创了空言说经、任意附会的宋儒学风。这一点值得注意。

#### 2. 史学

隋唐时期的史学有比较重大的发展，表现在：一是官修史书制度的确立，二是史学领域有了新的创作。

唐代以前，史书大都为私家著作。唐太宗时开始设立史馆，指定专人编修前代和本朝国史，并令宰相监修。从此，官修正史作为一种制度一直沿袭下来。这样，就使得各封建朝代的正史连续不断，保存了较为完整的史料。

唐代编修的正史特别多，共有八部：

（1）《晋书》，署名唐太宗御撰，而由房玄龄等监修。

（2）《梁书》，姚思廉等修。

（3）《陈书》，姚思廉等修。

（4）《北齐书》，李百药等修。

（5）《周书》，令狐德棻等修。

（6）《隋书》，魏徵监修。

此外，李延寿私人编修的《南史》和《北史》，获得政府批准而成为正史。

唐代史学发展的另一个标志是史学领域出现了新的创作——《史通》和《通典》。

《史通》20卷，刘知几撰，于唐睿宗景云二年（711年）写成。在这部书中，刘知几对过去的史学著作，从体例、史料、语言文字和人物评价、史事记述，进行了全面的分析与批判，提出了自己独特的见解，是我国第一部系统的史学理论专著。

《史通》分内外两篇，内篇的《六家》《二传》两篇总结了过去史书著作的类别和体制，"六家"指《尚书》（纪言）、《春秋》（纪事）、《左传》（编年）、《国语》（国别）、《史记》（通史）、《汉书》（断代），叙述各家的源流兴废和优劣所在。"二体"即编年体和纪传体，指出各有优劣，不可偏废。外篇的《史官建置》和《历代正史》两篇，概括了过去政府编纂史书机构的变化，和历朝正史写作的过程。这几篇实即对此前中国史学史的概述。

刘知几对史家和写史都提出了一些标准。他提出一个优秀的历史家必须具备才（技术）、学（资料）、识（观点）"三长"，缺一不可。有学无才，好似愚拙的商人，拥有大批资金，但不能营运生利；有才无学，则如巧匠而无木材和工具，建造不成房子。至于史识，他认为必须秉心正直、善恶必书，使骄主贼臣，知所畏惧。他认为写史必须"直笔"，"良史以实录直书为贵"，做到"不掩恶，不虚美""不避强御""无所阿容"。怎样才能做到直笔？综括《史通》所述，约有四端：不畏强暴（史德）、分清邪正是非（史识）、鉴别史料真伪（史学）、不为浮词妄饰（史才）。对于为迎合权势或个人恩怨而进行讳饰的史书，他进行了严厉的批判。特别对被奉为儒家经典的《尚书》《春秋》，指责它们讳恶虚美，爱憎由己，歪曲历史真相。这是有一定进步意义的卓越见识，在中国史学发展史上有一定的影响。

《通典》，杜佑著。他在刘秩《政典》的基础上扩充和改编，用了30年时间，于公元801年完成，共200卷，分为食货、选举、职官、礼、乐、兵、刑、州郡、边防九门，记载上自黄帝下迄唐代宗年间各种典章制度的沿革，是我国第一部专门论述典章制度的专史，为史学开辟了新途径，尔后发展为三通、十通。《通典》开创之功，不可抹杀。

杜佑研究历代典章制度的沿革是为了吸取历史经验，解决当时的政治经济问题。杜佑把《食货》列为首位，认为"教化之本，在手足衣食"，这种对社会经济的重视，是他卓越的史识。他反对"非今是古"，主张"随时立制，遇事变通"。朱熹说："是一部非古是今之书。"《通典》的精华就是"理道"（治理国家）的"要诀"，足见杜佑研究历史，是为了古为今用。这种治学精神是可贵的。

唐代的地理著作也获得了很大的成就。李吉甫的《元和郡县图志》40 卷，是一部历史地理专著。它记述了各郡县的户口、物产、山川古迹、地理沿革等。原书附有地图，宋朝时已佚，因此，后人又称此书为《元和郡县志》。

唐懿宗时樊绰著的《蛮书》（一名《云南志》）10 卷，记载了南诏和其他少数民族的历史情况、政治制度、社会经济、山川地理、风土人情等，也是一部重要的地方史著作。

## （四）文学

### 1. 诗歌的发达

唐代文学中，诗歌最为光彩夺目。清人所编的《全唐诗》，收集了 2300 多位诗人的 48900 多首诗，数量之多，内容之丰富，是其他朝代无法比拟的。

唐代诗歌发达的原因，除了社会经济繁荣的物质条件之外，还有它特殊的社会条件。

第一，科举考试以诗赋取士，封建帝王提倡诗歌、文辞。当然，这种"应试诗""应制诗"不是当时诗歌的主流，只不过是宫廷宴会的点缀，但刺激了当时文人对诗歌创作的重视。

第二，隋朝以来南北统一，南方绮丽的文风和北方质朴的气息日益合流。两种不同的文风互相影响融合，终于发展成为唐朝既有文采又有内容的唐诗。

第三，音韵学的发展，直接促进了诗歌音律的发展。唐初的沈佺期、宋之问等，在以前诗歌音律发展的基础上，进一步完善了律诗的音韵格律的规格。

第四，以汉族为主体的各族大融合，促使诗歌题材中加入了少数族和边疆的风光。岑参和高适，就是以"边塞诗人"闻名。

第五，大量民间口语和民歌被吸收到诗中来，给诗歌增加了新鲜血液，加强了诗歌的生命力。

唐代的诗，分初唐、盛唐、中唐、晚唐四期。初唐以王勃、杨炯、卢照邻、骆宾王"四杰"和沈佺期、宋之问等为代表。盛唐以王维、李白、杜甫等为代表。中唐以"大历十才子"和李贺、元稹、白居易等为代表。晚唐以杜牧、李商隐、温庭筠等为代表。

## 2. 古文运动

魏晋以来，特别是南北朝时，骈文盛行，一味追求声律、词藻、用典，文风萎靡，形式僵化，内容空洞，无非是流连良辰美景，描写风花雪月。这种文风成为表达思想的障碍，越来越不能适应社会的需要，于是出现了提倡古文的运动。所谓古文运动，名义上是提倡恢复"六经"、秦汉古文，实质是在复古的口号下改革文风和文体，革去淫丽的文风和骈偶的文体，采用比较通俗的、有内容的散文体。所以，这是一次企图使文体和文风适应时代要求的革新运动。唐初的陈子昂是这个运动的奠基者。此后，唐玄宗天宝年间至中唐前期，经过李华、萧颖士、独孤及、元结等人的努力，进一步奠定了古文以儒家思想为内容、以两汉散文为形式的理论基础。但他们在创作实践中的成就不大。一直到韩愈、柳宗元时期，古文运动才取得了巨大的成功。

韩愈和柳宗元对古文运动都做出了重要贡献，但主将是韩愈。他力图在古代散文的基础上，创造出一种更便于表达思想的新散文体。他提倡继承和吸收先秦、两汉古文的成果，但反对只学古文的形式而不学精神。他强调写文章要有创造性，反对因袭模仿。他对自己的文体改革理论身体力行，先后写出了300多篇具有高度艺术技巧的散文，是古文写作的集大成者。柳宗元在文体和文风改革上的作用虽然不及韩愈，但他的400多篇的散文都有很高的成就，而且写出了一批揭露当时社会黑暗的作品。

为什么韩、柳在古文运动中能取得这样大的成就呢？

第一，由于社会发展的需要。唐朝封建经济发展，庶族地主势力日益上升，原来适应士族地主需要的骈体文体，已不能适应社会的需要。而古文能适应庶族地主的需要。可见社会的需要是一种巨大的动力。

第二，文学上的"复古"和反对艳丽的骈文运动，从北周、隋开始到唐初的陈子昂，都断断续续有人提倡，并身体力行去做。到韩、柳时已有一个长期的发展过程，这时人们找到了改变文体和文风的途径，取得了一定的成就。韩、柳在这个基础上取得了成就。

第三，韩、柳都出身于封建官僚的家庭，有学文的财力和时间，又有古文造诣很深的老师进行教育，加上自己的勤学，所以在古文运动中取得了重大成就。

唐代的古文运动取得很大成绩。但唐代的制诰表章仍流行骈体文。直到北宋时欧阳修等再倡古文，散体古文才大行于世。

### 3. 传奇小说、俗讲和变文（略）

### （五）艺术（略）

**本学期总结**

**一、本学期所学内容**

原始社会的产生、发展和衰亡，奴隶社会的产生、发展和衰亡，封建社会的前期。

原始社会：人类是怎样产生的？为什么说"劳动创造了人"是科学真理？人类怎样由原始人群而产生氏族？为什么首先产生母系氏族公社？母系怎样转变到父系氏族？公社是怎样瓦解的？

奴隶社会：夏、商、西周、春秋（前21世纪—前475年）。

奴隶社会是怎样产生的？为什么说夏朝是奴隶制国家？

目前学术界对二里头文化的讨论。商朝社会生产力的发展水平。商朝的政治制度及阶级关系。西周奴隶制经济的发展。西周的政治制度和国家机构。周公对西周历史发展的贡献。春秋大国争霸的性质和意义。春秋的社会生产力有哪些发展。封建的生产关系是怎样产生的。在奴隶制向封建制过渡中奴隶、平民反抗奴隶主贵族的斗争及新兴地主阶级政治势力的兴起。孔子和老子。

封建社会前期：战国、秦、汉、三国、两晋、南北朝、隋、唐。

战国时代地主阶级夺取政权的斗争和各国的变法运动、内容、历史意义。战国时代的社会各阶级及政治制度。战国时代社会经济的迅速发展及其原因。"百家争鸣"中各家的阶级属性及其政治主张。秦统一中国的原因及其历史意义。秦加强中央集权的政治、经济政策。对秦始皇的评价。秦末农民战争。西汉前、中、后期政治和思想的变化及其原因。西汉的赋税制度、阶级结构、社会经济的发展。西汉与边疆各族的关系。西汉末年的赤眉、绿林起义。东汉的豪族政治及阶级关系。东汉社会经济的发展。东汉与边疆各少数族的关系。东汉末年的黄巾大起义。秦汉时期的经学和史学。三国时魏、蜀、吴各国的政治与经济。

两晋南北朝的政治与经济。"五胡十六国"时期的北方。淝水之战。东晋祖逖、桓温的北伐及其失败。东晋的阶级关系。士、庶族地主的形成。南朝政权的更替。刘宋初年政治、经济改革。南朝经济发展的原因及其特点。北魏的均田制、三长制、汉化政策。北齐、北周的政治。北魏末年各族人民大起义。三国两晋南北朝的思想和文化。隋统一的原因及历史意义。隋加强中央集权的政治、经济措施。隋末农民起义。唐代前期的封建政治。均田制和租庸调制及其对唐朝前期社会经济的影响。安史之乱及唐代后期的腐败政治。"两税"产生的历史背景、内容、意义。二王刘柳政治革新的内容及其意义。唐与边疆各族的关系。唐朝的中外关系。唐朝的文化成就。

二、复习方法——全面复习。为了巩固知识，不是为了应付考试，背课堂上所讲的内容。

看教科书。

思考题的内容都需要掌握，但思考题并不是考试的题目。必须全面复习，不要猜题。读书要有厚—薄—厚的过程。

注意历史纵的联系、横的联系。融会贯通。

概念清楚、准确，不能模棱两可。

三、考试形式

名词解释（含时间、地点、人物、内容、影响、意义）。

问答题。

时间：2 月 1 日上午，两个小时。22 日（星期三）考完世界史。

辅导、解答问题时间及地点：星期一、三、五下午办公室的教师休息室。

作业成绩与考试成绩的关系。

作业评分标准。

附 录

# 中国古代史（上）·先秦至唐代教学大纲

## 导　言

我国是世界上最大国家之一。从很早的古代起，我们的祖先就劳动、生息、繁殖在这块广大的土地之上。

我国现有 10 多亿人口，是世界上人口最多的国家。其中主要是汉族。此外，还有蒙古族、回族、藏族、满族、维吾尔族等五十多个民族，我国各民族在古代虽然文化发展程度不同，但是都有悠久的历史。我国各民族共同创造了祖国古代灿烂的文化。

我国的汉族和一些少数民族，与世界上许多民族一样，都经过了原始社会、奴隶社会和封建社会。

本课程即以马克思列宁主义、毛泽东思想为指导，以古代史为教学内容，要求以一学年的时间，通过具体的历史事实着重阐明中国原始社会、奴隶社会和封建社会产生、发展和衰亡的过程。

通过学习中国古代史，可以认识和掌握社会发展规律，特别是了解中国历史发展的规律，从而增强实现"四个现代化"和向共产主义前进的信心。

通过学习中国古代史，可以知道中国有悠久的历史，有光辉灿烂的文化，中国人民对世界历史做出了伟大的贡献，以此培养民族自尊心，培养爱国主义和国际主义精神。

通过学习中国古代史，可以知道中国历史是各族人民共同创造的，人民群众创造了社会物质财富和精神财富，他们是历史的真正创造者，是历史的主人，从而树立劳动观点、群众观点、阶级观点和加强各民族友好团结的观念。

通过学习中国古代史，可以知道阶级斗争是推动阶级社会发展的动力；特别是学习中国封建社会的历史，可以知道"只有这种农民的阶级斗争、农民的起义和农民的战争，才是历史发展的真正动力"。

为了学习好中国古代史，必须以马克思列宁主义、毛泽东思想为指导，坚持无产阶级的立场、观点和方法，系统地占有材料，坚持科学性和革命性的统一，坚持理论联系实际、实事求是的学风，刻苦钻研，独立思考。通过学习，牢固地掌握专业知识，为"四个现代化"的社会主义建设事业服务。

# 中国古代史（上）·先秦至唐代教学大纲

## 第一编 原始社会

一、中国历史的开端——原始人群

元谋猿人；蓝田猿人；北京猿人；北京猿人的体质特征；"劳动创造了人"是科学真理；原始人群的劳动与生活；使用火的意义；原始人群的婚姻关系。

二、氏族的产生和以妇女为中心的母系族公社

山顶洞人；人类现代体型的形成；采集和狩猎经济；人工取火；劳动工具；思想意识；氏族的产生。

繁荣的母系氏族公社；仰韶文化；西安半坡遗址；彩陶；生产工具；住室；公共墓地。

浙江余姚河姆渡遗址；生产工具；农业；畜牧业；手工业。

母系氏族公社的婚姻关系。

三、父系氏族公社和原始社会的解体

从母系到父系氏族公社的转变；龙山文化；大汶口文化；红山文化（东山嘴、牛河梁遗址）；父系氏族公社的经济发展；农业、畜牧业和手工业的分工；私有制和阶级的出现；氏族公社的解体；我国古代传说中的氏族和部落。

## 第二编 奴隶社会

### 第一章 奴隶制国家的建立——夏代
（公元前 21—前 16 世纪）

一、夏代奴隶制国家的建立

关于夏代的历史传说；关于夏代文化的讨论；马克思主义论私有制和国家的生产。

二、夏代的社会生产和阶级关系

农业和手工业；夏代奴隶的增加；奴隶、平民的反抗斗争；夏桀的暴政和夏代的灭亡。

### 第二章 奴隶社会的发展——商代
（公元前 16 世纪—前 1027 年）

一、商族的兴起和商代奴隶制国家的建立

商族的兴起；商汤灭夏及奴隶制国家的建立；商代的疆土。

二、商代的社会经济

农业是主要的生产部门；土地占有形态；农具；主要农作物；畜牧业。

手工业的发展；青铜业；陶瓷业；纺织业；

商业的萌芽和交通工具。

三、商代的政治制度及阶级关系

商代的统治机构；刑罚；军队；神权观念。

奴隶的来源及其生产劳动；残酷的人牲和人殉；奴隶平民的反抗斗争。

四、商代与诸方国的关系

五、商代的文化

甲骨文；"商书"。

历法；艺术。

## 第三章　强盛的奴隶制国家——西周

### （公元前 1017—前 771 年）

一、周族的兴起和西周的建立

周族的兴起及其文化；武王伐纣及商的灭亡；三监和武庚叛周；周公东征及西周的巩固。

二、西周奴隶制经济的发展

西周的土地制度——井田制；农业工具和技术；主要农作物。

"工商食官"；青铜业；瓷器制造。

商业与交通。

三、西周的国家机构和政治制度

周初的分封；宗法制度；国家的官僚机构；刑罚；军队。

四、奴隶起义、国人暴动和宗周的灭亡

西周的衰微；奴隶起义和国人驱逐厉王；共和行政；"宣王中兴"；平王东迁和宗周灭亡。

五、西周与各少数民族

六、思想与文化

统治阶级的敬天保民思想；政治思想家周公；制礼作乐。

文学和史学；《诗经》《尚书》《周易》。

## 第四章　奴隶社会的逐渐解体和封建制的出现——春秋

### （公元前 770—前 476 年）

一、春秋时期大国的改革与争霸

春秋时期的政治形势；齐桓公创霸；管仲的政策；宋襄公争霸；晋、楚并霸；城濮之战；秦穆公霸西戎；弭兵运动；吴、越北上争霸。争霸战争的意义。

二、春秋时期社会经济的新发展

铁器的发明；牛耕的推广；农业的发展。

手工业；青铜业；错金技术；纺织。

商业和金属货币的出现；新兴的商业都市。

三、封建生产关系的产生

井田制的崩溃；私有土地的发展；农民与地主阶级的出现；新的封建剥削关系。

独立手工业者和独立商人的出现。

四、奴隶、平民反抗奴隶主的斗争和新兴地主阶级政治势力的兴起

各国奴隶主贵族的腐朽与残暴，役人、工匠等奴隶的反抗斗争；国人暴动；跖领导的奴隶起义。

新兴地主阶级政治势力的兴起；私门与公室的斗争。

五、春秋时期的科学技术成就和思想领域的斗争

数学；天文历法；医学。

新思想对"天""礼"的批判。

老子。

孔子。

## 第三编　封建社会（上）

### 第一章　　封建社会的开端——战国

（公元前 475—前 221 年）

一、地主阶级夺取政权的斗争和各国的变法运动

齐国的田氏武装夺取政权；齐威王的变法；魏文侯、李悝在魏国的变法；赵烈侯在赵国的变法；申不害在韩国的变法；吴起在楚国的变法；燕国禅让；商鞅在秦国的变法；各国先后确立了封建制度。

二、战国时期的社会各阶级

地主阶级；封建国家地主；食封地主；军功官僚地主；豪强地主。

农民阶级："公民"；佃农；自耕农；雇农。

大工商业主；个体手工业者；小商贩；封建官营手工业中的工匠。奴隶制残余。

三、战国时代的政治制度和赋税徭役制度

郡县制和分封食邑制并存；官僚制度逐渐形成；军队；法律。

赋税徭役制度：田税；户口税；山泽税；关市税；徭役。

四、战国时期社会经济的迅速发展

农业的发展：铁工具的普遍使用；水利事业的发展；耕作技术的改进。

手工业内部分工的发展；冶铁技术和钢的出现；青铜新工艺；采矿技术；纺织业。

商业的发展；各国货币；列国城市的发展。

五、封建兼并战争和秦统一六国

齐魏争霸和魏的下降、齐的兴起。

秦灭巴蜀和东进。

齐、楚、秦三强；合纵、连横和秦远交近攻的胜利。

秦统一六国；秦统一中国的原因及其历史意义。

六、思想领域中的"百家争鸣"与文学、史学、科学技术的进步

前期法家思想；墨家；儒家思孟学派；孙武和孙膑的军事思想；庄周；《十大经》《经法》等篇的黄老思想；名家惠施与公孙龙子、荀况；韩非。

史学：《左传》《国语》《世本》《竹书纪年》。

文学：屈原与楚辞；艺术。

科学技术：农学；天文；医学。

## 第二章　统一多民族专制主义中央集权的封建国家的建立——秦

### （公元前221—前206年）

一、健全和巩固封建中央集权的措施

皇帝；郡县制；中央和地方的官僚制度；

统一法律：兵役制度；迁徙豪富；销毁兵器；出巡和刻石。

二、秦代的经济、文化政策

令黔首自实田及赋税制度；统一货币和度量衡；统一和简化文字；修驰道和车同轨；焚书和坑儒。

三、统一多民族国家的发展

统一西南；统一百越；北击匈奴和修筑长城。

四、陈胜、吴广领导的秦末农民战争

繁重的赋徭；苛酷的刑法；"沙丘之变"。

陈胜、吴广领导的大泽乡起义；张楚农民政权的建立；起义军的胜利发展；六国贵族乘机阴谋复辟；起义的失败。

项羽领导的起义；刘邦领导的起义；巨鹿之战；刘邦攻占咸阳，秦王朝的灭亡。

秦末农民战争的历史作用。

## 第三章　统一多民族封建国家的进一步发展——西汉

### （公元前206—公元25年）

一、楚汉之争与西汉王朝的建立

刘邦进入咸阳后的政策；项羽分封；楚汉对峙；垓下之役；西汉的建立；项

羽失败、刘邦胜利的原因。

二、西汉的政治

汉初维护封建统一的各项措施；恢复和健全封建国家机器；铲除异姓诸侯王；分封同姓王与功臣侯；迁豪。

惠、文、景时期的黄老政治：黄老"无为"政治的历史背景；同姓王的强大；贾谊的剖分王国策；晁错的削藩策；吴楚七国之乱；诸侯王权力的削弱。

武帝时期封建中央集权制进一步强化；尊崇儒术；董仲舒维护封建秩序的理论；对王、侯的"削、夺"政策；设内朝官和监察制；察举；设五经博士招揽人才。

三、西汉的赋税、徭役制度

汉初恢复农业生产的各项措施：分给复原军吏士卒田宅和免除徭役；重农抑商；释放奴隶；鼓励增殖人口。

户籍制度；田赋；献费；正卒；戍卒；更卒。

汉武帝时期的财经政策：国家垄断铸钱；盐铁官营；平准、均输；算缗、告缗。

四、西汉的阶级结构

封建国家地主；食封贵族地主；豪族地主；中小地主。

工商业主势力的抬头和发展。

自耕农；佃农。

奴婢。

五、西汉社会经济的发展

耕地面积的扩大；铁器和牛耕的广泛推广；水利灌溉；代田法和区种法；水碓和风车等技术的发明；主要农作物。

冶炼铁钢的新技术；食盐生产；铸币和采铜；精美的纺织品；造船技术。

商业和城市的发展。

六、西汉与边疆各族的关系

匈奴族的军事活动；平城之役与"和亲"政策；汉武帝时期对匈奴奴隶主贵族的反击；设河西四郡；匈奴族隶属西汉王朝。

西域的形势；张骞通西域；西域都护府的建立。

西南各族的生活；汉与西南各族的交换关系；西南七郡的设置。

汉与南越的关系；岭南郡县的设置；东瓯和闽越。

东北地区乌桓校尉和玄菟郡的设立。

七、西汉时期的对外关系

与东方邻国朝鲜、日本的关系。

与南方邻国越南、印度的关系；南部中国的海外交通。

与中亚、西亚各国的关系；"丝绸之路"。

八、经学、史学、文艺和科技

儒家内部今文学派与古文学派之争。

司马迁与《史记》；《史记》对中国史学的影响。

散文；赋；乐府诗。

艺术。

"盖天"说与"浑天"说；历法；《周髀算经》；医学；造纸术的发明。

九、西汉后期的阶级矛盾与赤眉、绿林农民起义

西汉后期阶级矛盾的加深；王莽新朝的建立；王莽复古改制的措施及其阶级实质。

樊崇领导的赤眉起义；王匡、王凤领导的绿林起义；河北的"铜马军"，地主分子刘玄、刘秀等混入农民军与绿林军"更始"政权的建立；昆阳大战；王莽政权的覆灭。

"更始"政权的变质和赤眉军进入关中；刘秀建立东汉政权；刘秀对起义军的镇压及农民胜利果实的丧失。

西汉末农民起义的历史作用。

## 第四章　豪强地主势力的膨胀和统一国家走向瓦解——东汉
### （公元 25—220 年）

一、东汉的豪族政治与阶级关系

封建皇权的强化；设尚书台，削弱相权；加强中央军，削弱地方军；通过刺史对地方进行控制。

培植新贵族；分封功臣；察举、征辟制度、任子制度。

阶级结构：国家地主和皇权地主；食封贵族地主；豪族地主；大商人地主；世族地主的开始形成；自耕农民；徒附、宾客、客佣和奴婢；地主庄园。

豪族集团的黑暗统治；外戚执政；宦官专权；太学清议；党锢。

二、东汉社会的经济发展

东汉初期的度田令；解放奴婢。

牛耕和铁制农具的普遍使用；兴修水利；垦地面积扩大；农作物增多。"水排"冶铁的发明；造纸技术的改进和推广；纺织业遍布全国；利用天然气"井火"煮盐。

商业和城市。

三、东汉与边疆各少数民族的关系

匈奴分裂为南北两部；东汉对匈奴的用兵；汉人与匈奴族人民联系的加强。

班超在西域的活动；西域都护的重新设立；东汉在西域的屯田；乌桓内迁；

设"护乌桓校尉"。

檀石槐时期鲜卑的强大；鲜卑在东汉边疆的活动。

羌人的悠久历史；东汉对羌的长期战争。

东汉与夫余、高句丽的关系。

四、东汉的对外关系

东汉与朝鲜的关系。

东汉与日本的关系。

东汉与东南亚诸国的交往。

东汉与中亚、西亚、印巴地区诸国的经济文化交流。

五、东汉的文化与科技

儒学；谶纬神学；《白虎通义》；马融、郑玄的古文经学；熹平石经。

朴素唯物论者王充；政论家王符、崔寔、仲长统。

原始道教与《太平经》；佛教的开始流行。

班固与《汉书》；族谱之学的兴起；方志体裁史书的出现。

赋；乐府诗；许慎与《说文解字》；艺术。

张衡与浑天仪、候风地动仪；《九章算术》；张仲景的《金匮要略》和《伤寒论》；《圣农本草经》。

六、黄巾农民起义

东汉末年阶级矛盾的尖锐化；张角的宣传和组织活动；太平道。

黄巾起义的爆发与"苍天已死，黄天当立"的战斗口号；各地的黄巾军；统治阶级对于起义军的残酷屠杀。

起义军的继续奋战。

张修领导的"五斗米道"起义；张鲁起义及其建立的汉中政权。

东汉政权的名存实亡；东汉末年农民战争的特点及失败的原因。

## 第五章　秦汉时期的思想文化与中外经济文化交流

（内容略）

## 第六章　三国鼎立和西晋的短期统一
### （公元 220—316 年）

一、魏、蜀、吴三国鼎立的形成

军阀割据的形势；曹操势力的发展；官渡之战；曹操统一北方。

孙权在江东的扩展。

刘备势力的兴起和诸葛亮的隆中对策。

赤壁之战和三国鼎立的形成。

二、魏国的政治和社会经济

九品官人法的设立和曹丕称帝；司马氏势力的兴起。

屯田制；户调制；兴修水利；手工业和商业的发展。

三、诸葛亮治理下的蜀国

刘备称帝与诸葛亮治蜀；统一政令；打击豪强；任人唯贤；实行屯田；盐铁官营。

诸葛亮的少数民族政策；促进民族间的融合。

东联孙吴与北伐曹魏。

四、吴国的政治和社会经济

屯田制、复客制和世袭领兵制；农业生产的发展；手工业和商业的发展。

对山越的用兵。

和台湾联系的加强。

中国和南洋经济文化交流的发展。

五、西晋的短期统一

司马氏在魏的专权；魏灭蜀；西晋的建立；西晋灭吴。

西晋门阀世族的腐朽统治；分封制；八王之乱；生活的腐败；政治的残暴。

西晋的占田制、课田制和户调制及其阶级实质。

各地流民起义；西晋统治者对内迁的匈奴、鲜卑、羯、氐、羌族的奴役；各少数民族的反晋斗争；匈奴刘渊的起兵；西晋灭亡。

## 第七章　北方各族建立的割据政权和东晋在江南的统治
### （公元 317—439 年）

一、匈奴、鲜卑、氐、羌、羯等族政权纷争下的北方

北方各族建立的政权；前秦统一北方与淝水之战，淝水之战后北方的大分裂；鲜卑族拓跋部的强大和北魏的建立。

二、世家豪族统治下的东晋

东晋政权的建立；祖逖的北伐；桓温灭蜀和三次北伐。

东晋的阶级关系；士族、庶族地主等级森严；士族地主经济实力的膨胀；佃客和奴婢；自耕农民；繁重的赋税、徭役。

孙恩、卢循领导的农民起义及其历史意义。

## 第八章　南北对峙的南朝和北朝
### （公元 420—589 年）

一、南朝的政治和江南经济的发展

宋、齐、梁、陈四个政权的更替；刘宋初年的政治、经济改革；梁武帝萧衍

的统治和侯景之乱；士族地主的腐朽和庶族地主势力的抬头。

南朝的阶级关系；大地主庄园的进一步发展；佃客和部曲；奴婢；寺院地主和白徒、养女；自耕农民的赋税、徭役。

南朝农民的起义；刘宋时期的农民起义；萧齐时期的检查户籍和唐寓之领导下的农民起义；梁朝的农民起义。

江南经济的发展；东晋以来劳动人民的南迁；江南耕地的开发；水利的兴修；蚕桑业和纺织业的发展；冶铁、造纸、造瓷手工业、商业和城市的发展。

南方的少数民族：蛮、俚、僚、爨各族和汉族人民经济文化生活的联系；各族对开发南方的重大贡献；南朝统治者对各少数民族人民的剥削和压迫。

二、北朝的政治、经济和各族人民的融合

北魏的强大；拓跋部的封建化过程；拓跋焘的统一北方；盖吴等领导的各族人民反魏斗争。

北魏孝文帝的改革；均田制和三长制的实行及其意义；汉化政策；马克思、恩格斯论野蛮的征服者被文明的被征服者的文明所征服。

北魏统治集团的腐化；寺院中的高级僧侣对僧祇户、佛图户的残酷剥削；僧人的反抗和斗争。

北魏末年的各族人民大起义；六镇人民起义；关陇氐羌人民起义；河北人民起义；各族人民起义的意义。

北魏政权的分裂；东魏北齐和西魏北周的并立；均田制的重建；府兵制度；北周武帝的军事、政治改革；北周灭北齐。

各族人民的大融合。

## 第九章　三国两晋南北朝的文化和中外文化交流

一、科学技术

算学：祖冲之的数学成就。

天文学：虞喜发现了岁差；祖冲之创造的大明历。

地理学：裴秀的《禹贡地域图》；郦道元的《水经注》。

医学：皇甫谧的针灸学；王叔和脉学；陶弘景的药学。

农业科学：贾思勰的《齐民要术》

机械制造：马钧的发明创造。

二、宗教和哲学

佛教；道教；魏晋玄学。

鲍敬言的《无君论》。

范缜的《神灭论》。

三、史学、文学和艺术。

陈寿的《三国志》和裴松之的《三国志注》；刘宋时范晔的《后汉书》；梁时沈约的《宋书》；梁时萧子显的《南齐书》；北齐时魏收的《魏书》；常璩的《华阳国志》。

五言诗的成熟：民歌《木兰辞》《敕勒歌》；《昭明文选》；刘勰的《文心雕龙》；钟嵘的《诗品》。

石窟雕塑；绘画；书法。

四、中外文化交流

与印度的文化交流；印度僧人来中国；法显到印度取经及其所著《佛国记》。

与斯里兰卡（师子国）的文化交流。

与东南亚各国的文化交流；康泰的《外国传》；朱应的《扶南异物志》。

与朝鲜的文化交流。

与日本的文化交流。

## 第十章　封建统一国家的再建——隋代

（公元581—618年）

一、隋代的建立及加强中央集权的措施

隋代的建立；设置三省；地方行政由州、郡、县三级制改为州、县两级制；加强对地方官吏的控制；创立科举制度。

加强中央集权的经济措施：均田制的延续；大索貌阅和输籍法；租调力役制；开通大运河及其历史意义。

隋灭陈，南北统一；府兵制的改革；镇压江南豪族的叛乱。

二、隋代封建经济文化的发展

农业的发展：耕地面积的扩大；产量的增加。

手工业的发展：白瓷的出现；安济桥的建筑；纺织业。

文化上的成就：陆法言的《切韵》；巢元方的《诸病源候论》。

三、隋代与边疆各族的关系

隋对突厥的斗争；突厥的分裂。

隋和吐谷浑、西域的关系。

台湾和大陆经济文化联系的加强。

四、隋末农民战争

隋炀帝的残酷统治；大兴土木，巡游无度；对高丽的侵略战争。

王薄领导的长白山起义；山东、河北的义军；杨玄感的起兵；反隋起义的广泛发展；翟让、李密领导的瓦岗军；窦建德领导的河北义军；杜伏威领导的江淮起义军；隋政权的动摇和李渊军进占关中；李渊集团窃夺农民起义军的胜利果实；隋末农民大起义的意义和作用。

## 第十一章　封建经济文化繁荣的唐代

（公元 618—907 年）

一、唐代前期的封建政治

封建统治的强化；中央和地方的行政机构；府兵制；唐律；科举制。

均田制和租庸调。

唐太宗的政治思想和贞观之治。

武则天称帝及对武则天的评价。

二、唐代前期的阶级关系和阶级斗争

士族地主；庶族地主；商人地主；寺院地主。

均田制下的农民；佃农和雇农；部曲和奴婢；工匠。

刘黑闼的反唐起义；辅公祏的反唐起义；四川少数民族人民起义；农民女英雄陈硕贞起义；反括户的斗争。

三、唐代前期经济发展

开垦耕地；兴修水利；改进耕作技术；户口的增加。

官府手工业；机械的庞大，分工的细密；私营手工业作坊的发达；金银工艺；丝织业；陶瓷。

商业的繁荣；城市的发展；"行头"的出现；驿站和水运。

四、唐代中后期社会的矛盾和危机

均田制的破坏；府兵制的破坏和募兵制的实行；节度使权势的增长；唐玄宗后期的腐朽统治。

安史之乱；北方社会经济的破坏。

两税法的实行，两税法的意义；地主田庄的发达；榷盐法。

藩镇割据势力的膨胀；中央对藩镇和藩镇间的战争；宦官专权；二王柳刘的政治革新；"牛李党争"。

五、唐代与边疆各族的关系

唐对东突厥的战争；薛延陀和燕然都护府的设立；突厥和唐的经济联系；西突厥的兴亡和昆陵、濛池都护府的设立。

回纥与唐代的关系。

高昌和安西都护府的设立；龟兹和安西四镇；

吐蕃的经济文化；松赞干布和文成公主；唐与吐蕃的经济文化联系。

南诏的制度和文化；南诏和唐的和战关系。

靺鞨人的生活；黑水都督府的设立。

渤海的强盛；忽汗州都督府的设立。

六、唐代与亚洲各国的经济文化交流

唐代的长安是唐代与亚洲各国经济文化交流的中心。

与朝鲜的文化交流。

日本遣唐使的西来与鉴真的东渡。

与印度的文化交流；造纸法传入印度；玄奘和义净的贡献。

与尼泊尔、斯里兰卡、伊朗的友好往来。

七、唐代的文化科学技术

科学技术的发展：雕版印刷术的发明；僧一行的天文学成就；贾耽的《海内华夷图》；李吉甫的《元和郡县图志》；孙思邈的医学成就。

哲学和宗教：佛教的盛行和新宗派的创立；傅奕、韩愈的反佛斗争；祆教、景教、摩尼教、伊斯兰教的传入；儒、道、佛的互相影响和斗争；朴素的唯物主义思想家吕才、刘禹锡、柳宗元。

史学：官修史书制度的确立；刘知几的《史通》；杜佑的《通典》。

文学：唐代诗歌的发达；古代运动的兴起；传奇小说；变文；词。

艺术：绘画；雕塑；敦煌艺术；书法；音乐；舞蹈。

**教学计划时间安排表**

| 章别 | 课时数 | 附注 |
|---|---|---|
| 导言 | 1 | |
| 第一编　第一章（原始社会） | 5 | |
| 第二编　第一章（夏） | 1 | |
| 第二章（商） | 3 | |
| 第三章（西周） | 6 | |
| 第四章（春秋） | 6 | |
| 第三编　第一章（战国） | 6 | |
| 第二章（秦） | 3 | |
| 第三章（西汉） | 9 | |
| 第四章（东汉） | 5 | |
| 第五章（三国、西晋） | 5 | |
| 第六章（五胡十六国、东晋） | 5 | |
| 第七章（南北朝） | 5 | |
| 第八章（三国至南北朝的文化） | 4 | |
| 第九章（隋） | 3 | |
| 第十章（唐） | 10 | |

（续上表）

| 章别 | 课时数 | 附注 |
|------|--------|------|
| 课堂讨论 | 3 | |
| 合计 | 80 | |

## 各章思考题

**第一编**

（1）为什么说"劳动创造了人"是科学真理？

（2）氏族是怎样产生的？为什么首先产生母系氏族公社？

（3）母系氏族公社怎样转变到父系氏族公社？

（4）氏族公社是怎样瓦解的？

**第二编**

第一章

（1）目前学术界对夏文化有些什么看法？

（2）试以马克思主义关于国家生产的学说说明夏代是奴隶制国家。

第二章

（1）商代的社会生产力发展水平怎样？

（2）商代的阶级结构怎样？商代是怎样灭亡的？

第三章

（1）西周分封制和宗法制的主要内容是什么？如何评价这两种制度？

（2）你对西周的社会性质有什么看法？

（3）怎样评价周公？

第四章

（1）试叙述春秋大国争霸的政治形势、大国争霸的性质和意义。

（2）春秋时期的社会生产力有哪些发展？封建生产关系是怎样产生的？

（3）怎样评价孔子？

**第三编**

第一章

（1）试述战国时代各国变法的内容及历史意义。

（2）战国时代的社会经济有哪些发展？发展的原因是什么？

（3）战国七雄中，秦国为什么能战胜六国，统一中国？

（4）战国时代思想领域中呈现出"百家争鸣"的形势，请叙述主要各家的阶级属性和主要政治主张。

第二章

（1）秦始皇健全和巩固封建中央集权的措施是什么？怎样评价秦始皇？

（2）为什么秦朝在短短十四年后就迅速覆灭？试述秦末农民起义的阶级成分、发展阶段及其结果。

第三章

（1）楚汉战争中，为什么刘邦能取得胜利而项羽却失败？

（2）试述西汉初期实行"黄老无为之治"的历史背景及其结果。

（3）汉武帝加强封建中央集权的措施是什么？怎样评价汉武帝？

（4）汉初对匈奴的和亲政策是怎样的？为什么到汉武帝时由和亲转入大举反攻？对匈奴反击战争胜利的原因是什么？

（5）王莽改制产生的原因是什么？为什么失败？

（6）董仲舒的政治思想内容是什么？为什么被汉武帝所采纳？

（7）试述西汉末年农民战争的经过、失败的原因和历史意义。

第四章

（1）在农民起义和地主武装割据斗争中，刘秀为什么能取得胜利？

（2）东汉初年地主阶级政权的特点是什么？

（3）东汉后期外戚、宦官专权的原因是什么？

（4）试述黄巾起义的特点及失败的原因。

第五章

（1）试分析三国鼎立形成的原因。

（2）东汉末年军阀混战，曹操为什么能战胜群雄，统一北方？

（3）简述三国鼎立时期魏国、蜀国和吴国的政治、经济情况。

（4）试述西晋占田制的内容及其阶级实质。

（5）西晋为什么能统一中国？为何很快又灭亡？

（6）试述西晋末年各族人民起义的原因及其特点。

第六章

（1）试述祖逖、桓温北伐失败的原因。

（2）淝水之战，何以苻秦失败而东晋胜利？

（3）试述孙恩、卢循起义的特点及失败原因。

第七章

（1）简述宋、齐、梁、陈政权的更替。刘宋初年政治、经济改革的内容。

（2）试分析南朝士族地主与庶族地主的区别并叙述其地位的升迁变化。

（3）试述南朝经济发展的原因及其特点。

（4）试述唐寓之起义的性质及其作用。

（5）试述北魏均田制、三长制生产的历史条件、内容及历史意义。

（6）简述魏孝文帝改革的原因、内容及其评价。

（7）试述北魏末年各族人民大起义的作用。

第八章

（1）试述魏晋玄学的主要代表人物及其政治主张。

（2）三国两晋南北朝时期史学上有哪些成就？

第九章

（1）南北朝分裂，为什么最后由北方而不是南方统一中国？

（2）隋代加强封建中央集权的措施是什么？

（3）试述隋末农民起义的原因及历史作用。

第十章

（1）试述唐代均田制、租庸调制的内容及对唐代前期社会经济的影响。

（2）怎样评价唐太宗和武则天？

（3）试述"两税法"产生的历史背景。"两税法"的内容及实施的意义。

（4）试述藩镇割据形成的原因。

（5）试述二王刘柳政治革新的内容及其意义。

（6）试述"牛李党争"的性质。

（7）唐代在文学和史学上有哪些成就？

# 附参考书·论文目录

第一编

一、必读书目：

1．中国社会科学院历史研究所编：《马克思、恩格斯、列宁、斯大林论资本主义以前诸社会形态》，文物出版社 1979 年版。

2．黎澍主编：《马克思、恩格斯、列宁、斯大林论历史科学》，人民出版社 1980 年版。

3．《劳动在从猿到人转变过程中的作用》，《马克思恩格斯选集》（第三卷），人民出版社 1995 年版。

4．《家庭、私有制和国家的起源》，《马克思恩格斯选集》（第四卷），人民出版社 1995 年版。

5．朱绍侯主编：《中国古代史》（上册），福建人民出版社 1982 年版。

6．洪焕椿主编：《大学中国史论文选读》（第一册），江苏古籍出版社 1986 年版。

二、参考书目：

1．刘泽华等编著：《中国古代史》（上册），人民出版社 1979 年版。

2. 郭沫若主编：《中国史稿》（第一册），人民出版社 1976 年版。

3. 吴汝康：《人类的起源和发展》，科学出版社 1976 年版。

4. 吕振羽：《史前期中国社会研究》，生活·读书·新知三联书店 1980 年版。

5. 尹达：《新石器时代》，生活·读书·新知三联书店 1979 年版。

6. 徐旭生：《中国古史的传说时代》（增订本），文物出版社 1985 年版。

7. 宋兆麟等：《中国原始社会史》，文物出版社 1983 年版。

8. 林耀华主编：《原始社会史》，中华书局 1984 年版。

9. 翦伯赞、郑天挺主编：《中国通史参考资料》第一册，中华书局 1965 年版。

三、参考论文：

1. 林耀华：《试论原始社会史的分期问题》，载《文史哲》1978 年第 4 期。

2. 《世界上古史纲》编写小组：《原始社会史和奴隶社会史若干问题》，载《吉林师范大学学报》1977 年第 5—6 期。

3. 贾兰坡：《氏族公社在山顶洞人时期已形成》，载《历史教学》1959 年第 8 期。

4. 冯天瑜：《从神话传说透视上古历史——上古史研究方法的一种探索》，载《民族论丛》1982 年第二辑。

第二编

一、必读书目：

1. 中国社会科学院历史研究所编：《马克思、恩格斯、列宁、斯大林论资本主义以前诸社会形态》，文物出版社 1979 年版。

2. 黎澍主编：《马克思、恩格斯、列宁、斯大林论历史科学》，人民出版社 1980 年版。

3. 《反杜林论》，《马克思恩格斯选集》（第三卷），人民出版社 1977 年版。

4. 《论国家》，《列宁选集》（第四卷），人民出版社 1972 年版。

5. 《国家与革命》，《列宁选集》（第三卷），人民出版社 1972 年版。

6. 《〈政治经济学批判〉序言》，《马克思恩格斯选集》（第二卷），人民出版社 1972 年版。

7. 朱绍侯主编：《中国古代史》（上册），福建人民出版社 1983 年版。

8. 洪焕椿主编：《大学中国史论文选读》（第一册），江苏古籍出版社 1986 年版。

二、参考书目：

1. 刘泽华等编著：《中国古代史》（上册），人民出版社 1979 年版。

2. 郭沫若主编：《中国史稿》（第一册），第二编奴隶社会，人民出版社 1976 年版。

3. 翦伯赞主编：《中国史纲要》（第一册），人民出版社 1965 年版。

4. 郭沫若：《奴隶制时代》，人民出版社 1973 年版。

5. 金景芳：《中国奴隶社会史》，上海人民出版社 1983 年版。

6. 吕振羽：《殷周时代的中国社会》，生活·读书·新知三联书店 1980 年版。

7. 李亚农：《李亚农史论集》，上海人民出版社 1979 年版。

8. 田昌五：《古代社会断代新论》，人民出版社 1982 年版。

9. 田昌五：《古代社会形态析论》，学林出版社 1986 年版。

10. 田昌五：《古代社会形态研究》，天津人民出版社 1980 年版。

11. 李民：《夏商史探索》，河南人民出版社 1985 年版。

12. 赵光贤：《周代社会辨析》，人民出版社 1980 年版。

13. 中国先秦史学会编：《夏史论丛》，齐鲁书社 1985 年版。

14. 河南省考古学会、河南省博物馆编：《夏文化论文选集》，中州古籍出版社 1985 年版。

15. 林甘泉等：《中国古代史分期讨论五十年》，上海人民出版社 1982 年版。

16. 翦伯赞、郑天挺主编：《中国通史参考资料》第一册，中华书局 1962 年版。

三、参考论文

1. 胡厚宣：《中国奴隶社会的人殉和人祭》，载《文物》1974 年第 7、8 期。

2. 金景芳：《奴隶社会的阶级结构》，载《历史研究》1959 年第 10 期。

3. 束世澂：《夏代和商代的奴隶制》，载《历史研究》1956 年第 1 期。

4. 殷纬璋：《有关夏文化探索的几个问题》，载《文物》1984 年第 2 期。

5. 韩连琪：《殷代的社会生产和奴隶制特征》，载《文史哲》1982 年第 6 期。

6. 黄中业：《西周分封制在历史上的进步作用》，载《社会科学战线》1986 年第 3 期。

7. 吴浩坤：《西周和春秋时代宗法制度的几个问题》，载《复旦学报》（社会科学版）1984 年第 1 期。

第三编

一、必读书目：

1. 中国社会科学院历史研究所编：《马克思、恩格斯、列宁、斯大林论资本主义以前诸社会形态》，文物出版社 1979 年版。

2. 黎澍主编：《马克思、恩格斯、列宁、斯大林论历史科学》，人民出版社 1980 年版。

3. 《中国革命和中国共产党》，《毛泽东选集》（第一卷），人民出版社 1951

年版。

4.《中国社会各阶级的分析》，《毛泽东选集》（第一卷），人民出版社 1951 年版。

5.《矛盾论》，《毛泽东选集》（第一卷），人民出版社 1951 年版。

6.《湖南农民运动考察报告》，《毛泽东选集》（第一卷），人民出版社 1951 年版。

7. 毛泽东：《关于帝国主义和一切反动派是不是真老虎的问题》，人民出版社 1977 年版。

8.《德意志意识形态》，《马克思恩格斯文集》（第一卷），人民出版社 2009 年版。

9.《德国农民战争》，《马克思恩格斯文集》（第七卷），人民出版社 2009 年版。

10.《资本论》（第三卷），人民出版社 1975 年版。

11.《俄国资本主义的发展》，《列宁全集》（第三卷），人民出版社 2013 年版。

12.《给农村贫民》，《列宁全集》（第六卷），人民出版社 2013 年版。

13. 朱绍侯主编：《中国古代史》（上、中册），福建人民出版社 1983 年版。

14. 洪焕椿主编：《大学中国史论文选读》（第一册），江苏古籍出版社 1986 年版。

二、参考书目：

1. 刘泽华等编著：《中国古代史》（上册），人民出版社 1979 年版。

2. 郭沫若主编：《中国史稿》（第二、三册），人民出版社 1979 年版。

3. 范文澜：《中国通史简编》第二、三编，人民出版社 1964 年、1965 年版。

4. 翦伯赞：《秦汉史》，北京大学出版社 1983 年版。

5. 林剑鸣：《秦史稿》，上海人民出版社 1981 年版。

6. 杨宽：《战国史》（修订本），上海人民出版社 1980 年版。

7. 张传玺：《秦汉问题研究》，北京大学出版社 1985 年版。

8. 吕思勉：《先秦史》《秦汉史》，上海古籍出版社。

9. 韩国磐：《魏晋南北朝史纲》，人民出版社 1983 年版。

10. 吕思勉：《两晋南北朝史》（全二册），上海古籍出版社 1983 年版。

11. 王仲荦：《魏晋南北朝史》（上、下册），上海人民出版社 1980 年版。

12. 韩国磐：《隋唐五代史纲》（修订本），人民出版社 1979 年版。

13. 吕思勉：《隋唐五代史》，上海古籍出版 1984 年版。

14. 岑仲勉：《隋唐史》（全二册），中华书局 1982 年版。

15. 唐长孺：《魏晋南北朝史论丛》《魏晋南北朝史论续编》《魏晋南北朝史论拾遗》，三联书店 1955 年、1959 年版。

16. 周一良：《魏晋南北朝史札记》，中华书局 1985 年版。

17. 汪篯：《隋唐史论稿》，中国社会科学出版社 1981 年版。

18. 邓拓：《论中国历史的几个问题》，生活·读书·新知三联书店 1979 年版。

19. 翦伯赞：《翦伯赞历史论文选集》，人民出版社 1980 年版。

20. 侯外庐：《中国封建社会史论》，人民出版社 1979 年版。

21. 胡如雷：《中国封建社会形态研究》，生活·读书·新知三联书店 1979 年版。

22. 林甘泉等：《中国古代史分期讨论五十年》，上海人民出版社 1982 年版。

23. 刘泽华：《先秦政治思想史》，南开大学出版社 1985 年版。

24. 安作璋等：《秦汉官制史稿》（上册），齐鲁书社 1985 年版。

25. 中华书局编辑部：《云梦秦简研究》，中华书局 1981 年版。

26. 高敏：《云梦秦简初探》（增订本），河南人民出版社 1981 年版。

27. 钱剑夫：《秦汉赋役制度考略》，湖北人民出版社 1984 年版。

28. 陈直：《居延汉简研究》，天津古籍出版社 1986 年版。

29. 甘肃省文物工作队、甘肃省博物馆编：《汉简研究文集》，甘肃人民出版社 1984 年版。

30. 高敏：《秦汉魏晋南北朝土地制度研究》，中州古籍出版社 1986 年版。

31. 陈守实：《中国古代土地关系史稿》，上海人民出版社 1984 年版。

32. 林剑鸣等：《秦汉社会文明》，西北大学出版社 1985 年版。

33. 韩养民：《秦汉文化史》，陕西人民教育出版社 1986 年版。

34. 汤用彤：《汉魏两晋南北朝佛教史》，中华书局 1983 年版。

35. 任继愈：《汉唐佛教思想论集》，人民出版社 1973 年版。

36. 汤用彤：《隋唐佛教史》，中华书局 1982 年版。

37. 陈寅恪：《隋唐制度渊源略论稿》，中华书局 1963 年版。

38. 陈寅恪：《唐代政治史述论稿》，上海古籍出版社 1997 年版。

39. 向达：《唐代长安与西域文明》，生活·读书·新知三联书店 1979 年版。

40. 贺昌群：《汉唐间封建土地所有制形式研究》，上海人民出版社 1964 年版。

41. 朱维铮编：《周予同经学史论著选集》，上海人民出版社 1983 年版。

42. 傅筑夫：《中国封建社会经济史》（第一、二、三、四卷），人民出版社 1981 年版。

43．左言东等：《中国政治制度史》，浙江古籍出版社 1986 年版。

44．谷霁光：《府兵制度考释》，上海人民出版社 1978 年版。

45．沈福伟：《中西文化交流史》，上海人民出版社 1985 年版。

46．漆侠等编：《秦汉农民战争史》，上海人民出版社 1985 年版。

47．朱大渭主编：《魏晋南北朝农民战争史》，人民出版社 1985 年版。

48．胡如雷：《唐末农民战争》，中华书局 1979 年版。

49．诸葛计：《唐末农民战争战略初探》，天津人民出版社 1985 年版。

50．中国社会科学院考古研究所编著：《新中国的考古发现和研究》，文物出版社 1984 年版。

51．翦伯赞、郑天挺主编：《中国通史参考资料》（第二、三、四册），中华书局 1964 年版。

三、参考论文：

1．韩连琪：《春秋战国时代政治的变化》，载《文史哲》1984 年第 2 期。

2．徐扬杰：《秦统一中国的原因的再探索》，载《武汉大学学报》（社会科学版）1982 年第 1 期。

3．刘泽华等：《论秦始皇的是非功过》，载《历史研究》1979 年第 2 期。

4．郭人民：《陈涉起义和六国的复国斗争》，载《河南师大学报》（社会科学版）1982 年第 3 期。

5．赵文润：《重评刘邦、项羽的成败原因及其是非功过》，载《人文杂志》1982 年第 6 期。

6．江泉：《试论汉代的土地所有制形式》，载《文史哲》1957 年第 9 期。

7．王瑞明：《试论统治阶级"让步"的方式与实质》，载《历史教学》1979 年第 5 期。

8．张维华：《西汉初年黄老政治思想》，载《中国社会科学》1981 年第 5 期。

9．吴光：《论董仲舒的政治学说及其进步历史作用——兼论其王道理论与天道观的关系》，载《浙江学刊》1982 年第 4 期。

10．杨生民：《两汉士族地主兴起试探——从士族地主兴起看汉代社会性质》，载《北京师范学院学报》（社会科学版）1983 年第 1 期。

11．杨曾文：《试论东汉时期的豪强地主》，载《文史哲》1978 年第 3 期。

12．张道英等：《王莽改制的历史地位》，载《聊城师范学院学报》1982 年第 2 期。

13．贺昌群：《论黄巾农民起义的口号》，载《历史研究》1959 年第 6 期。

14．熊德基：《〈太平经〉的作者和思想及其与黄巾和天师道的关系》，载《历史研究》1962 年第 4 期。

15. 柯友根：《夷陵之战决定三国分立局面》，载《光明日报》1983 年 6 月 15 日版。

16. 万绳楠：《曹魏的政治派别的分野及其升降》，载《历史教学》1964 年第 1 期。

17. 陈守实：《论曹魏屯田》，载《学术月刊》1960 年第 2 期。

18. 马植杰：《刘秀论》，载《兰州大学学报》1985 年第 4 期。

19. 万绳楠：《从南北朝社会经济与政治的差异看南北门阀》，载《安徽大学学报》1963 年第 1 期。

20. 唐长孺：《南朝士族的衰落》，载《历史教学》1957 年第 2 期。

21. 方国瑜：《南北朝时期内地与边境各族的大迁移及融合》，载《民族研究》1982 年第 5 期。

22. 谭惠中：《关于北魏均田制的实质》，载《历史研究》1963 年第 5 期。

23. 王希恩：《五胡政权中汉族士大夫的作用及历史地位》，载《兰州学刊》1986 年第 3 期。

24. 薛登：《"北魏改革"再探讨》，载《中国史研究》1984 年第 2 期。

25. 蒋福亚：《淝水之战前夕北方的形势及淝水之战的性质》，载《北京师范学院学报》1981 年第 4 期。

26. 刘学沛：《论隋末农民战争的历史作用》，载《光明日报》1967 年 5 月 24 日。

27. 万绳楠：《从陈、齐、周三方关系的演变看隋的统一》，载《安徽师大学报》1985 年第 4 期。

28. 胡如雷：《唐宋时期中国封建社会的巨大变革》，载《史学研究》1960 年第 7 期。

29. 陈寅恪：《论唐代之李武韦杨婚姻集团》，载《历史研究》1954 年第 1 期。

30. ［日］谷川道雄：《魏晋南北朝及隋唐的社会和国家》，载《中国史研究》1986 年第 3 期。

31. 杨志玖：《试论唐代藩镇割据的社会基础》，载《历史教学》1981 年第 6 期。

32. 王仲荦：《唐代两税法研究》，载《历史研究》1963 年第 6 期。

33. 宁可：《唐代宗初年的江南农民起义》，载《历史研究》1961 年第 3 期。

34. 孙达人：《对唐至五代租佃契约经济内容分析》，载《历史研究》1962 年第 12 期。

35. 杨廷福：《〈唐律〉的社会经济基础及其阶级本质》，载《中国史研究》1979 年第 1 期。

# 井田制问题参考资料

　　使毕战问井地。孟子曰：子之君将行仁政，选择而使子，子必勉之。夫仁政，必自经界始。经界不正，井地不均，谷禄不平。是故暴君污吏，必慢其经界。经界既正，分田制禄，可坐而定也。夫滕壤地褊小，将为君子焉，将为野人焉。无君子莫治野人，无野人莫养君子。请野九一而助，国中什一使自赋。卿以下必有圭田，圭田五十亩，余夫二十五亩。死徙无出乡，乡田同井，出入相友，守望相助，疾病相扶持，则百姓亲睦。方里而井，井九百亩，其中为公田，八家皆私百亩，同养公田，公事毕，然后敢治私事，所以别野人也。此其大略也，若夫润泽之，则在君与子矣。

——《孟子·滕文公上》

　　夏后氏五十而贡，殷人七十而助，周人百亩而彻，其实皆什一也。彻者彻也，助者藉也。龙子曰："治地莫善于助，莫不善于贡。"贡者，校数岁之中以为常。乐岁粒米狼戾，多取之而不为虐，则寡取之。凶年粪其田而不足，则必取盈焉。为民父母，使民盻盻然，将终岁勤动，不得以养其父母，又称贷而益之，使老稚转于沟壑，恶在其为民父母也。夫世禄，滕固行之矣。《诗》云："雨我公田，遂及我私。"惟助为有公田。由此观之，虽周亦助也。

——《孟子·滕文公上》

　　己巳、王剅（锄），至田。

——《殷契粹编》1221 片

甲子、贞于下尸剅至田。【甲】子、贞于囗方至田

——《殷契粹编》1223 片

王令多乂至田

——《殷契粹编》1222 片

王令至田陇

——《殷契粹编》1544 片

田

——《殷虚文字乙编》1525 片

《敔毁》："锡于敔五十田，于早五十田"。

——《两周金文辞大系》

《盬卤》："王自穀使赏毕土方五十里。"

——《两周金文辞大系》

《不嬰敦》："锡汝臣十家，田十田。"

——《两周金文辞大系》

改邑不改井，无丧无得，往来井井。

——《周易·井卦》

子产使都鄙有章，上下有服，田有封洫，庐井有伍。

——《左传》襄公三十年

楚蔿掩为司马，……蔿掩书土田：度山林，鸠薮泽，辨京陵，表淳卤，数疆潦，规偃猪，町原防，牧隰皋，井衍沃，量入修赋。赋车籍马，赋车兵、徒卒，甲楯之数，既成，以授子木，礼也。

——《左传》襄公二十五年

晋于是乎作爰田。

——《左传》僖公十五年

初税亩，非礼也。谷出不过籍，以丰财也。

——《左传》宣公十五年

十二年春王正月，用田赋。

——《左传》哀公十二年

郑子产作丘赋，国人谤之。

——《左传》昭公四年

先王制土，籍田以力，而砥其远迩；赋里以入，而量其有无，任力以夫，而议其老幼，于是乎有鳏寡孤疾。有军旅之出则征之，无则已。其岁收，田一井出稯禾、秉刍、缶米，不是过也。

——《国语·鲁语下》

山泽各致其时，则民不苟；陆、阜、陵、墐、井、田、畴均，则民不憾。

——《国语·齐语》

断方井田之数，乘马甸之众，制之，陵谿立鬼神而谨祭。

——《管子·侈靡》篇

鲁哀公问于有若曰："年饥，用不足，如之何？"有若对曰："盍彻乎？"曰："二，吾犹不足，如之何其彻也。"

——《论语·颜渊》

乃经土地而井牧其田野。九夫为井，四井为邑，四邑为丘，四丘为甸，四甸为县，四县为都。以任地事而令贡赋，凡税敛之事。

——《周礼·地官·小司徒》

乃均土地，以稽其人民，而周知其数，上地家七人，可任也者，家三人；中地家六人，可任也者，二家五人；下地家三人，可任也者，家二人。

——《周礼·地官·小司徒》

凡造都鄙，制其地域而封沟之，以其室数制之。不易之地，家百亩；一易之地，家二百亩；再易之地，家三百亩。

——《周礼·地官·大司徒》

以土均平政，辨其野之土：上地、中地、下地，以颁田里。上地夫一廛，田百亩，莱五十亩；余夫亦如之。中地夫一廛，田百亩，莱百亩；余夫亦如之。下地夫一廛，田百亩，莱二百亩，余夫亦如之。

——《周礼·地官·遂人》

匠人为沟洫，耜广五寸，二耜为耦。一耦之伐，广尺深尺，谓之畎。田首倍之，广二尺深二尺，谓之遂，九夫为井，井间广四尺深四尺，谓之沟。方十里为成，成间广八尺深八尺，谓之洫。方百里为同，同间广二寻深二仞，谓之浍，专达于川，各载其名。

——《周礼·考工记》

凡治野，夫间有遂，遂上有径，十夫有沟，沟上有畛。百夫有洫，洫上有涂。千夫有浍，浍上有道。百夫有川，川上有路，以达于畿。

——《周礼·地官·遂人》

理民之道，地著为本。故必建步立亩，正其经界。六尺为步，步百为亩，亩百为夫，夫三为屋，屋三为井。井方一里，是为九夫，八家共之。各受私田百亩，公田十亩，是为八百八十亩，余二十亩以为庐舍。出入相友，守望相助，疾病相救，是以和睦而教化齐同，力役生产可得而平也。

民受田：上田，夫百亩；中田，夫二百亩；下田，夫三百亩。岁耕种者为不易上田，休一岁者为一易中田，休二岁者为再易下田。三岁更耕之，自爰其处。农民户人已受田，其家众男为余夫，亦以口受田如此。士工商家受田，五口乃当农夫一人，此谓平土，可以为法者也。若山林、薮泽、原陵、淳卤之地，各以肥硗多少为差。

——《汉书》卷24《食货志》

殷、周以兵定天下矣。天下既定，戢藏干戈，教以文德，而犹立司马之官，设六军之众，因井田而制军赋。地方一里为井，井十为通，通十为成，成方十里。成十为终，终十为同，同方百里；同十为封，封十为畿，畿方千里。有税有赋，税以足食，赋以足兵。故四井为邑，四邑为丘。丘十六井也，有戎马一匹，牛三头。四丘为甸，甸六十四井也。有戎马四匹，兵车一乘，牛十二头，甲士三人，卒七十二人，干戈备具，是谓乘马之法。一同百里，提封万井，除山川、沈斥、城池、邑居、园囿、术路，三千六百井，定出赋六千四百井，戎马四百匹，兵车百乘，此卿大夫采地之大者也，是谓百乘之家。一封三百一十六里，提封十万井，定出赋六万四千井，戎马四千匹，兵车千乘，此诸侯之大者也，是谓千乘之国。天子畿方千里，提封百万井，定出赋六十四万井，戎马四万匹，兵车万乘，故称万乘之主。戎马、车徒、干戈素具。春振旅以搜，夏拔舍以苗，秋治兵以狝，冬大阅以狩，皆于农隙以讲事焉。

——《汉书》卷 23《刑法志》

## 参考书目

### 赞成派

1. 徐喜辰：《井田制度研究》，吉林人民出版社 1982 年版。

2. 郭沫若：《奴隶制时代》，人民出版社 1973 年版。

3. 郭沫若：《郭沫若全集·历史编》（第三卷），人民出版社 1984 年版。

4. 王玉哲：《有关西周社会性质的几个问题》，载《历史研究》1957 年第 5 期。

5. 杨向奎：《有关中国古史分期的若干问题》，载《历史研究》1956 年第 5 期。

6. 徐中舒：《试论周代田制及其社会性质》，载《四川大学学报》1955 年第 2 期。

7. 范义田：《西周的社会性质——封建社会》，载《文史哲》1956 年第 9 期。

8. 刘毓璜：《试论农村公社的过渡性质与中国农村公社的发展》，载《南开大学学报》1956 年第 4 期。

9. 杨宽：《试论中国古代的井田制度和村社组织》，载《占史新探》，中华书局 1965 年版。

10. 张博泉：《关于井田制度问题的探讨》，载《文史哲》1957 年第 7 期。

11. 唐兰：《春秋战国是封建割据时代》，载《中华文史论丛》第 3 辑，1963 年。

12. 朱本源：《论殷代生产资料的所有制形式》，载《历史研究》1956 年第 6 期。

13. 金景芳：《中国古代史分期商榷》（上），载《历史研究》1979 年第 2 期。

14. 金喜辰：《论井田制的崩坏——中国古代公社的解体》，《中国古代史参考论文集》，复旦大学历史系中国古代史教研室 1980 年版。

15. 田昌五：《古代社会断代新论》，人民出版社 1982 年版。

16. 韩连琪：《西周土地所有制与剥削形态》，载《中华文史论丛》1979 年第 1 期。

17. 徐喜辰：《贡助彻论释》，载《吉林师大学报》1979 年第 1 期。

18. 李诞：《试论中国古代农村公社的延续和解体》，载《思想战线》1979 年第 3 期。

19. 赵俪生：《有关井田制的一些辨析》，载《历史研究》1980 年第 4 期。

20. 金景芳：《论井田制度》，《吉林大学社会科学学报》1981 年第 1 - 4 期。

21. 陈昌远：《周代井田制度简论》，《人文杂志》专刊《先秦史论文集》。

22. 李仲立：《农村公社和井田制》，《人文杂志》专刊《先秦史论文集》。

23. 赵光贤：《西周井田制争议述评》，《西周史研究》，《人文杂志丛刊》第 2 辑。

24. 王明阁：《从金文中看西周土地王权所有制的变化》，《人文杂志丛刊》第 2 辑

**反对派**

1. 范文澜：《中国通史简编》（修订本）（第一编），人民出版社 1964 年版。

2. 李亚农：《中国的奴隶制与封建制》，《李亚农史论集》（上），上海人民出版社 1978 年版。

3. 齐思和：《孟子井田说辨》，《中国史探研》，中华书局 1981 年版。

4. 范文汉：《中国奴隶制度的探讨》，上海社会科学院出版社 1984 年版。

5. 胡寄窗：《关于井田制的若干问题的探讨》，载《学术研究》1981 年第 4—5 期。

6. 高光晶：《"井田"质疑》，载《华中师范学报》（哲学社会科学版）1982 年第 3 期。

附录三

# 中国古代史（上）教学幻灯片（图略）目录

1. 北京猿人复原像。

2. 北京猿人使用过的石头器。旧石器时代初期，北京周口店出土。北京猿人用火烧过的动物下颌骨、石头和泥块，旧石器时代初期，北京周口店出土。

3. 原始人类丁村人使用过的石器，旧石器时代中期，山西襄汾丁村出土。

4. 石斧与桂叶形石器，黑龙江饶河出土，骨制捕鱼工具。

5. 石铲和有段石锛，山东宁阳出土。

6. 兽面纹石锛，山东日照出土。石锄，江苏南京出土。

7. 七孔石刀，江苏南京出土。石匕首，江苏邳县出土。

8. 蓝田猿人复原头骨模型。北京猿人的下颌骨和头盖骨。

9. 人面网纹陶盆，西安半坡村出土。彩陶钵，西安半坡村出土。

10. 兽形红陶壶，山东宁阳出土。

11. 陶鬶（水器），山东潍坊出土。

12. 半坡遗址记号陶文。

13. 刻画符号，半坡、马家窑、姜寨出土。

14. 商代甲骨文，河南安阳出土。

15. 铜斝（酒器），河南安阳出土，商代。

16. 提梁铜卣（酒器），安阳出土，商代。

17. 人面钺，山东益都出土，商代后期。

18. 铜尊，湖北汉阳出土，商代。

19. 龙纹铜觥（酒器），山西石楼出土。下图为细部，商代。

20. 铜觚（酒器），河南辉县出土，商代。

21. 人面纹铜方鼎（烹饪器），湖南宁乡出土，商代。

22. 饕餮纹铜尊（酒器），安徽阜南出土，商代。

23. 饕餮纹铜尊（酒器），陕西宝鸡出土，西周。

24. 铜壶（酒器），陕西扶风出土，西周。

25. 鸟盖铜盉（水器），陕西眉县出土，西周。

26. 铜罍（酒器），四川彭县出土，西周。

27. 提梁铜卣（酒器）安徽屯溪出土，西周。

28. 铜毁（食器），安徽屯溪出土，西周。

29. 铜方彝（酒器），河南洛阳出土，西周。

30. 兽形铜觥（酒器），陕西扶风出土，西周。

31. 铜方觥（酒器），陕西眉县出土，西周。

32. 大盂鼎铭文，周康王时代，内壁有铭文十九行，共计291字。

33. 毛公鼎，周宣王时代，腹内刻铭文499字，为已发现铭文字数最多的青铜器，陕西岐山出土。

34. 铜尊（酒器），江苏武进出土，春秋。

35. 铜簠（食器），河南潢川出土，春秋。

36. 铜鼎（烹饪器），河南郏县出土，春秋。

37. 铜匜鼎（烹饪器），山西侯马出土，春秋。铜牺鼎（烹饪器），安徽舒城出土，春秋。

38. 铜盉，辽宁宁城出土，春秋。

39. 错金樂书缶。错金技法，始于春秋中期，有铭错金器以戈、矛、剑等兵器居多，铭文往往只有数字，像"樂书缶"这样长篇错金铭文十分罕见。五行40字。

40. 双镰铸铁范，河北兴隆出土，战国。

41. 越王勾践铜剑，湖北江陵楚墓，战国。

42. 楚国金币：郢爰，安徽六安出土，战国。

43. 曾侯乙编钟，湖北随县擂鼓墩战国一号墓出土，共65件，总重2500多公斤。

44. 秦统一六国货币简图。

45. 鄂君启铜节，此物为楚怀王是发给受封在湖北鄂城的"鄂君启"的水陆通行符节。错金铭文中之精品，战国。

46. 漆豆：湖北战国墓出土。豆是中国重要礼器。彩漆木雕、小座屏：湖北江陵出土，战国。刻有凤、雀、蛙、鹿、蛇、蟒等。

47. 孔子，春秋人。

48. 吴起（大），韩非（小），战国人。

49. 荀子，战国人。

50. 秦始皇。

51. 秦始皇陵兵马俑。

52. 《纪泰山铭》，东汉竹简。

53. 战国战车复原模型。

54. 商代战车（下），金戈戈头，楚国兵器，安徽舒城出土。

55. 金缕玉衣，河北满城刘胜墓发现，下为刘胜妻窦绾，西汉。

56. 长信宫灯，刘胜妻窦绾墓随葬品鎏金铜器，西汉。

57. 铜骑马武士俑，甘肃武威出土，东汉。

58. 铜马车，甘肃武威出土，东汉。

59. 踏飞燕铜奔马，武威出土，东汉。

60. 东汉乐俑。

61. 汉代陶制猪圈模型。

62. 居延汉木简，额济纳河流域出土，古称"居延"。

63. 简策，中国历史博物馆藏。

64. 悬棺葬，四川出土。

65. 赤壁，湖北蒲圻县出土。

66. 魏指南车模型。

67. 阿房宫遗址（上）。秦宫复原建筑（下）。

# 中国古代史（上）电视教学片目录

1. 仰韶文化
2. 半坡遗址
3. 西樵山文化
4. 安阳殷墟
5. 鲁国故城与鲁文化
6. 南越王墓的发掘
7. 秦始皇兵马俑
8. 六朝古都
9. 李冰与都江堰
10. 古剑之谜
11. 汉字的演变
12. 唐大明宫——三清殿遗址
13. 西安碑林
14. 西汉京师仓遗址

附录五

# 课堂讨论提纲及参考资料

**讨论提纲：**

一、题目：《论项羽》

二、思考题：

1. 为什么说项羽是农民起义领袖？

2. 为什么说项羽是没落贵族的代表？

3. 楚汉战争中项羽失败的原因是什么？

4. 如何从历史的角度来正确评价项羽的功过是非？

**参考资料：**

基本史料：《史记》卷七《项羽本纪第七》。

**参考论文：**

1. 杨翼骧：《为甚么项羽是农民起义领袖？》，载《历史教学》1954 年第 5 期。

2. 张传玺：《项羽论评》，载《文史哲》1954 年第 10 期。

3. 徐良骥：《略论项羽》，载《历史教学》1958 年第 6 期。

4. 王文海等：《"项羽本纪"评论》，载《西南师范学院学报》1959 年第 2 期。

5. 林元：《读〈项羽本纪〉》，载《新观察》1959 年第 17 期。

6. 吴幼源等：《〈史记〉中的项羽形象》，载《光明日报》1961 年 4 月 23 日。

7. 李正中：《项羽是没落贵族的代表吗？》，载《天津日报》1961 年 5 月 10 日。

8. 史文丁：《项羽是农民起义的领袖还是没落贵族的代表？》，载《天津日报》1961 年 6 月 6 日。

9. 杨威民等：《评项羽中的几个问题》，载《天津日报》1961 年 9 月 2 日。

10. 徐德麟：《从项羽军成分来看钜鹿战争》，载《光明日报》1961 年 11 月 22 日。

11. 朱大昀：《略谈项羽》，载《中国青年》1962 年第 13 期。

12. 郭双成：《从〈项羽本纪〉谈到评价项羽》，载《文汇报》1962 年 4 月

12 日。

13．马平沙：《也来谈谈评价历史人物的问题》，载《新华日报》1962 年 4 月 24 日。

14．何兹全：《司马迁和项羽》，载《光明日报》1962 年 5 月 5 日。

15．理言：《关于评价项羽的一些问题》，载《文汇报》1962 年 6 月 23 日。

16．李清怡：《怎样理解"何兴之暴也"——读〈史记·项羽本纪〉后》，载《文汇报》1962 年 9 月 4 日。

17．金家栋：《读〈史记·项羽本纪〉》，载《扬州师范学院学报》（社会科学版）1962 年第 15 期。

18．谢天佑：《项羽的政治实践和他的动机》，载《文汇报》1964 年 6 月 4 日。

19．孙生玮：《在楚汉战争中，项羽为什么最后失败？》，载《历史教学》1965 年第 4 期。

20．朱诚如：《试论项羽——兼批"四人帮"实用主义史学》，载《辽宁师范学院学报》（社会科学版）1978 年第 2 期。

21．曹伯言等：《项羽略论——批判"四人帮"对项羽的歪曲》，载《上海师范大学学报》1979 年第 1 期。

22．郑达炘：《项羽的农民起义领袖地位应予肯定》，载《福建师大学报》1979 年第 3 期。

23．熊铁基：《评项羽的功过是非》，载《华中师范学报》（哲学社会科学版）1979 年第 4 期。

24．黄留珠：《项羽封王是"权宜之计"吗？——与熊铁基同志商榷》，载《华中师范学报》1980 年第 2 期。

25．何继梁等：《关于项羽失败的原因问题》，载《广州师院学报》（社会科学版）1981 年第 2 期。

26．杨天堂：《项羽为什么失败？——与齐子义同志商榷》，载《南阳师专学报》1982 年第 1 期。

27．赵文润：《重评刘邦、项羽的成败原因及其是非功过》，载《人文杂志》1982 年第 6 期。

28．霍雨佳：《论西楚霸王的兴亡》，载《海南大学学报》（社会科学版）1984 年第 1 期。

29．李永田：《论楚汉战争中刘项之成败》，载《徐州师范学院学报》1985 年第 1 期。

30．宋公文：《论楚汉战争时期项羽和刘邦的分封》，见《秦汉史论丛》第一辑，陕西人民出版社 1981 年。

31．韩养民：《略论项羽的分封》，见《秦汉史论丛》第一辑，陕西人民出版社 1981 年版。

32．漆侠等：《秦汉农民战争史》，生活·读书·新知三联书店 1979 年版。

33．田昌五：《中国古代农民战争史》第一册，上海人民出版社 1979 年版。

34．孙达人：《中国古代农民战争史》第一卷，陕西人民出版社 1980 年版。

# 历史系历史专业八〇级中国古代史（上）
# 课堂讨论题目及有关资料

一、题目：试论曹魏屯田制度的历史作用

要求：每人写一份发言提纲，字数在两千至三千字之间。要求观点明确、叙述清楚。

讨论时间：第十三周。

二、曹魏屯田制资料

又以为宜复井田。往者以民各有累世之业，难中夺之，是以至今。今承大乱之后，民人分散，土业无主，皆为公田，宜及此时复之。议虽未施行，然州郡领兵，朗本意也。

——《三国志·魏书·司马朗传》

帑藏岁虚而制度岁广，民力岁衰而赋役岁兴，不可谓节用。今大魏奄有十州之地，而承丧乱之弊，计其户口不如往昔一州之民。

——《三国志·魏书·杜畿传》

建安元年（公元196年），……是岁用枣祗、韩浩等议，始兴屯田。［裴松之注引《魏书》曰：自遭荒乱，率乏粮谷。诸军并起，无终岁之计，饥则寇略，饱则弃余，瓦解流离，无敌自破者不可胜数。袁绍之在河北，军人仰食桑椹。袁求在江、淮，取给蒲蠃（同螺）。民人相食，州里萧条。公（指曹操）曰："夫定国之术，在于强兵足食，秦人以急农兼天下，孝武以屯田定西域，此先代之良式也。"是岁乃募民屯田许下，得谷百万斛。于是州郡例置田官，所在积谷。征伐四方，无运粮之劳，遂兼灭群贼，克平天下。］

建安十四年……置扬州郡县长吏，开芍陂屯田。

——《三国志·魏书·武帝纪》

是时岁饥旱，军食不足，羽林监颍川枣祗建置屯田，太祖以峻为典农中郎将，募百姓屯田于许下，得谷百万斛，郡国列置田官，数年中所在积粟，仓廪皆满。官渡之战，太祖使峻典军器粮运。贼数寇钞绝粮道，乃使千乘为一部，十道方行，为复陈以营卫之，贼不敢近。军国之饶，起于枣祗而成于峻。［裴松之注引《魏武故事·褒封枣祗令》：……及破黄巾定许，得贼资业。当兴立屯田，时议者皆言当计牛输谷，佃科（即佃耕之法）以定。施行后，祗白以为傺（即租赁）牛输谷，大收不增谷，有水旱灾除，大不便。反复来说，孤犹以为当如故，大收不可复改易。祗犹执之，孤不知所从，使与荀令君（即荀彧）议之。时故军祭酒侯声云："科取官牛，为官田计。如祗议，于官便，于客不便。"声怀此云云，以疑令君。祗犹自信，据计画还白，执分田之术。孤乃然之，使为屯田都尉，施设田业。其时岁则大收，后遂因此大田（即屯田等官田），丰足军用，摧毁群逆，克定天下，以隆王室。]

———《三国志·魏书·任峻传》

（卫觊）使益州，……至长安，道路不通，觊不得进，遂留镇关中。时四方大有还民，关中诸将多引为部曲，觊书与荀彧曰："关中膏腴之地，顷遭荒乱，人民流入荆州者十万余家，闻本土安宁，皆企望思归。而归者无以自业，诸将各竞招怀，以为部曲。郡县贫弱，不能与争，兵家遂强。一旦变动，必有后忧。夫盐，国之大宝也，自乱来散放，宜如旧置使者监卖，以其直益市犁牛。若有归民，以供给之。勤耕积粟，以丰殖关中。远民闻之，必日夜竞还。又使司隶校尉留治关中以为之主，则诸将日削，官民日盛，此强本弱敌之利也。"或以白太祖，太祖从之。

———《三国志·魏书·卫觊传》

时欲广田畜谷，为灭贼资，使艾行陈、项已东至寿春。艾以为"田良水少，不足以尽地利，宜开河渠，可以引水浇溉，大积军粮，又通运漕之道。"乃著《济河论》以喻其指。又以为"昔破黄巾，因为屯田，积谷于许都以制四方。今三隅已定，事在淮南，每大军征举，运兵过半，功费巨亿，以为大役。陈、蔡之间，土下田良，可省许昌左右诸稻田，并水东下。令淮北屯二万人，淮南三万人，十二分休，常有四万人，且田且守。水丰常收三倍于西，计除众费，岁完五百万斛以为军资。六七年间，可积三千万斛于淮上，此则十万之众五年食也；以此乘吴，无往而不克矣。"宣王善之，事皆施行。

———《三国志·魏书·邓艾传》

建安十八年，州并属冀州，更拜议郎、西部都督从事，统属冀州，总故部曲。又使于上党取大材供邺宫室。习表置屯田都尉二人，领客六百夫，于道次耕种菽粟，以给人牛之费。后单于入侍，西北无虞，习之绩也。

———《三国志·魏书·梁习传》

太祖征汉中，以浑为京兆尹。浑以百姓新集，为制移居之法，使兼复者与单轻者相伍，温信者与孤老者为比，勤稼穑，明禁令，以发奸者。由是民安于农，而盗贼止息，及大军入汉中，运转军粮为最。又遣民田汉中，无逃亡者。太祖益嘉之，复入为丞相掾。文帝即位，为侍御史，加驸马都尉，迁阳平、沛郡二太守，郡界下湿，患水涝，百姓饥乏。浑于萧、相二县界，兴陂遏，开稻田。郡人皆以为不便，浑曰："地势洿下，宜灌溉，终有鱼稻经久之利，此丰民之本也。"

遂躬率吏民，兴立功夫，一冬间皆成。比年大收，顷亩岁增，租入倍常，民赖其利，刻石颂之，号曰郑陂。转为山阳、魏郡太守，其治放此。

——《三国志·魏书·郑浑传》

（袁涣）拜为沛南部都尉。是时新募民开屯田，民不乐，多逃亡。涣白太祖曰："夫民安土重迁，不可卒变，易以顺行，难以逆动，宜顺其意，乐之者乃取，不欲者勿强。"太祖从之，百姓大悦。

——《三国志·魏书·袁涣传》

建安中，太祖开募屯田于淮南，以慈为绥集都尉。……太和中，迁敦煌太守。……慈到，抑挫权右，抚恤贫羸，甚得其理。旧大族田地有余，而小民无立锥之土；慈皆随口割赋，稍稍使毕其本直。

——《三国志·魏书·仓慈传》

文帝践阼，徙黄门侍郎，出为济阴相，梁、谯二郡太守。帝以谯旧乡，故大徙民充之，以为屯田。而谯土地硗瘠，百姓穷困，毓愍之，上表徙民于梁国就沃衍，失帝意。虽听毓所表，心犹恨之，遂左迁毓，使将徙民为睢阳典农校尉。毓心在利民，躬自临视，择居美田，百姓赖之。

——《三国志·魏书·卢毓传》

后为大司农。先是诸典农各部吏民，末作治生，以要利入。芝奏曰："王者之治，崇本抑末，务农重谷。《王制》：'无三年之储，国非其国也'。……国家之要，惟在谷帛。武皇帝特开屯田之官，专以农桑为业。建安中，天下仓廪充实，百姓殷足。自黄初以来，听诸典农治生，各为部下之计，诚非国家大体所宜也。……今商旅所求，虽有加倍之显利，然于一统之计，已有不赀之损，不如垦田益一亩收也。……今诸典农，各言'留者为行者宗田计，课其力，势不得不尔。不有所废，则当素有余力。'臣愚以为不宜复以商事杂乱，专以农桑为务，于国计为便。"明帝从之。

——《三国志·魏书·司马芝传》

咸熙元年（公元264年），……是岁，罢屯田官以均政役，诸典农皆为太守，都尉皆为令长。

——《三国志·魏书·陈留王纪》

泰始四年，以为御史中丞。时颇有水旱之灾，玄复上疏曰：……上便宜五事：其一曰，耕夫务多种而耕暵不熟，徒丧功力而无收。又旧兵持官牛者，官得六分，士得四分；自持私牛者，与官中分，施行来久，众心安之。今一朝减持官牛者，官得八分，士得二分；持私牛及无牛者，官得七分，士得三分，人失其所，必不欢乐。臣愚以为宜佃兵持官牛者与四分，持私牛与官中分，则天下兵作欢然悦乐，爱惜成谷，无有损弃之忧。……其四曰，古以步百为亩，今以二百四十步为一亩，所觉过倍。近魏初课田，不务多其顷亩，但务修其功力，故白田收至十余斛，水田收数十斛。自顷以来，日增田顷亩之课，而田兵益甚，功不能修理，至亩数斛已还，或不足以偿种。非与昔时异天地，横遇灾害也，其病正在于务多顷亩而功不修耳。……

——《晋书·傅玄传》

三、必读论文

1. 赵幼文：《曹魏屯田制述论》，载《历史研究》1959 年第 4 期。

2. 陈守实：《论曹魏屯田》，载《学术月刊》1960 年第 2 期。

3. 郑佩鑫：《关于曹魏屯田的若干问题》，载《文史哲》1961 年第 3 期。

4. 束世澄：《曹魏屯田制》，载《学术月刊》1959 年第 8 期。

四、选读著作论文

1. 《五个月来曹操评价问题的讨论》，载《文汇报》1959 年 7 月 30 日。

2. 王仲荦：《魏晋南北朝史》（上），上海人民出版社 1979 年版。

3. 曹佩瑾：《试论曹魏的屯田制度》，载《内蒙古大学学报》（哲学社会科学版）1960 年第 1 期。

# 历史系历史专业八〇级中国古代史（上）
# 期末考试试题

一、解释下列名词。（任选五题，每题 8 分，共 40 分）

1. 氏族

2. 西周宗法制

3. 平籴法

4. 丝绸之路

5. 徒附

6. 九品中正制

7. 淝水之战

8. 三省六部

二、问答题。（每题 30 分，共 60 分）

1. 汉武帝加强封建中央集权的政治、经济措施是什么？怎样评价这些措施？

2. 唐代均田制度与北魏均田制度相比有些什么变化？为什么会有这些变化？

附录八

# 中国通史（唐朝部分）期中考试试题

一、解释下列名词。（每题 8 分，共 40 分）

1. 永贞革新

2. 安西四镇

3. 鉴真

4. 《史通》

5. 古文运动

二、试分析唐代均田制的历史作用。（30 分）

三、简述"两税法"产生的历史背景、内容及历史意义。（30 分）

# 历史系历史专业八二级第一学期
# 课堂讨论题目及资料

题目:《试论汉武帝时期的经济政策》

一、有关资料

1. 汉大兴兵伐匈奴,山东水旱,贫民流徙,皆卬(仰)给县官,县官空虚。汤承上指,请造白金及五铢钱,笼天下盐铁,排富商大贾,出告缗令,钼豪强并兼之家,舞文巧诋以辅法。(《汉书·张汤传》)

2. 山东被水灾,民多饥乏。于是天子遣使,虚郡国仓廪以振贫。犹不足,又募豪富人相假贷。尚不能相救,乃徙贫民于关以西,及充朔方以南新秦中,七十余万口,衣食皆仰给于县官,数岁,贷与产业,使者分部护,冠盖相望,费以亿计,县官大空,而富商贾或滞财役贫,转毂百数,废居居邑,封君皆氏(低)首仰给焉。冶铸鬻(煮)盐,财或累万金,而不佐国家之急,黎民重困。于是天子与公卿议,更造钱币以澹(赡)用,而摧浮淫并兼之徒。(《汉书·食货志下》)

3. 商贾以币之变,多积货逐利。于是公卿言:郡国颇被灾害,贫民无产业者,募徙广饶之地。陛下损膳省用,出禁钱以振元元,宽贷,而民不齐出南亩,商贾滋众。贫者畜积无有,皆仰县官。异时算轺车贾人之缗钱皆有差,请算如故。诸贾人末作贳贷卖买,居邑贮积诸物,及商以取利者,虽无市籍,各以其物自占,率缗钱二千而算一。诸作有租及铸,率缗钱四千算一。非吏比者、三老、北边骑士,轺车一算;商贾人,轺车二算;船五丈以上一算。匿不自占,占不悉,戍边一岁,没入缗钱。有能告者,以其半畀之。贾人有市籍,及家属,皆无得名田,以便农。敢犯令,没入田货。(《汉书·食货志下》)

4. 孔仅使天下铸作器,三年中至大司农,列于九卿。而桑弘羊为大司农中丞,管诸会计事,稍稍置均输以通货物。始令吏得入谷补官,郎至六百石。自造白金五铢钱后五岁,而赦吏民之坐盗铸金钱死者数十万人。其不发觉相杀者,不可胜计。赦自出者百余万人。然不能半自出,天下大氐无虑皆铸金钱矣。犯法者众,吏不能尽诛,于是遣博士褚大、徐偃等分行郡国,举并兼之徒守相为利者。(《汉书·食货志下》)

5. 天子既下缗钱令而尊卜式,百姓终莫分财佐县官,于是告缗钱纵矣。郡国铸钱，民多奸铸，钱多轻，而公卿请令京师铸官赤仄，一当五。赋官用非赤仄不得行。白金稍贱，民弗宝用，县官以令禁之，无益，岁余终废不行。是岁，汤死而民不思。其后二岁，赤仄钱贱，民巧法用之，不便，又废。于是悉禁郡国毋铸钱，专令上林三官铸。钱既多，而令天下非三官钱不行；诸郡国前所铸钱皆废销之，输入其铜三官。而民之铸钱益少，计其费不能相当，唯真工大奸乃盗为之。

杨可告缗遍天下，中家以上大氏（抵）皆遇告。杜周治之，狱少反者。乃分遣御史廷尉正监分曹往，即治郡国缗钱，得民财物以亿计，奴婢以千万数，田大县数百顷，小县百余顷，宅亦如之。于是商贾中家以上大氏（抵）破。民偷甘食好衣，不事畜藏之业，而县官以盐铁缗钱之故，用少饶矣。（《汉书·食货志下》）

6. 而桑弘羊为治粟都尉，领大农，尽代（孔）仅榦天下盐铁。弘羊以诸官各自市相争，物以故腾跃，而天下赋输或不偿其僦费。乃请置大农部丞数十人，分部主郡国，各往往置均输盐铁官，令远方各以其物如异时商贾所转贩者为赋，而相灌输。置平准于京师，都受天下委输。召工官治车诸器，皆仰给大农。大农诸官尽笼天下之货物，贵则卖之，贱则买之。如此，富商大贾亡所牟大利，则反本，而万物不得腾跃，故抑天下之物，名曰"平准"。天子以为然而许之。于是天子北至朔方，东封泰山，巡海上，旁北边以归。所过赏赐，用帛百余万匹，钱金以巨万计，皆取足大农。弘羊又请令民得入粟补吏，及罪以赎。令民入粟甘泉各有差，以复终身，不复告缗。它郡各输急处，而诸农各致粟，山东漕益岁六百万石。一岁之中，太仓、甘泉仓满，边余谷，诸均输帛五百万匹，民不益赋而天下用饶。（《汉书·食货志下》）

7. 御史曰：……夫理国之道，除秽锄豪，然后百姓均平，各安其宇。张廷尉论定律令，明法以绳天下，诛奸猾，绝并兼之徒，而强不凌弱，众不暴寡。大夫各运筹策，建国用，笼天下盐铁诸利，以排富商大贾，买官赎罪，损有余补不足，以齐黎民。是以兵革东西征伐，赋敛不增而用足。夫损益之事，贤者所睹，非众人之所知也。（《盐铁论·轻重》）

二、参考书目及论文

1. 张维华：《论汉武帝》，见张维华《汉史论集》，齐鲁书社 1980 年版。

2. 吴慧：《桑弘羊研究》，齐鲁书社 1981 年版。

3. 吴象图：《试论汉武帝时期的财经政策——读〈盐铁论〉的一些体会》，载《中山大学学报》1979 年第 1 期。

4. 何清谷：《关于汉武帝的抑商政策》，载《学术月刊》1964 年第 7 期。

附录十

# 历史系历史专业八二级中国古代史（上）期末考试试题及基本答案要点

一、解释下列名词。（每题8分，共40分）

1. 井田制度

2. 李悝变法

3. 赤壁之战

4. 瓦岗军

5. 经今古文之争

二、试分析东汉豪强地主庄园经济（或叫田庄经济）的特点。（30分）

三、试分析安史之乱的原因及对唐代政治经济的影响。（30分）

基本答案要点

一、解释下列名词。（每题8分，共40分）

1. 井田制度

中国殷周时代的一种土地制度。因为这种土地划作"井"字形，故名。始见于《孟子·滕文公上》："方里而井，井九百亩，其中为公田。八家皆私百亩，同养公田。公事毕，然后敢治私事。"《周礼》《礼记》《汉书》以及汉代经学家传、注中都有详细记载，基本内容均与《孟子》相同，即古代土地为国家公有，由国家将每方里土地按"井"字形划作九区，分配农民耕作；中一区为公田，余八区为私田，分授八夫（即八家）；公田由八夫助耕，全部收获均缴给统治者；男子成年受田，老、死还田。至于具体分配、耕作及缴纳办法，则自汉以至清，意见分歧，迄无定论。对其性质尚多争论，主要有三说：①村社的土地制度；②榨取奴隶劳动的工作单位和赏赐奴隶管理者的报酬单位；③领主经济下的封建份地制度。这种制度到春秋时代就开始瓦解了。

2. 李悝变法

战国初年，魏文侯任用李悝为相进行变法。变法的主要内容有以下几点：

（1）废除奴隶主贵族的"世卿世禄"制，按照"食有劳而禄有功"的原则，根据功劳和能力选拔官吏，使地主阶级的代表得以牢固地掌握政权。

（2）推行"尽地力之教"，目的在于挖掘土地的潜力，提高农作物产量，增加田租收入。

（3）实行"平籴法"，以稳定小农经济、巩固封建的经济基础。

（4）作《法经》六篇，确立封建法制，以镇压破坏封建秩序的行为，维护地主阶级专政。

李悝变法，使魏国经济得以迅速发展，地主政权逐渐巩固，国力逐渐强大，成为战国初年一个强盛的封建国家。

### 3. 赤壁之战

赤壁之战是刘备、孙权联军在赤壁打败曹操的一次战争，是我国历史上以弱胜强的著名战例。东汉末年，曹操初步统一北方后，于建安十三年（208 年）率兵 20 万（号称 80 万）南下，企图一举消灭刘备、孙权，统一中国。刘备、孙权联军 5 万，共同抵抗。曹兵进到赤壁，小战失利，退驻江北，与孙、刘联军隔江对峙。孙、刘联军利用曹军远来疲惫，疾疫流行，不习水战，后方又不稳定等弱点，用火攻击败曹操水师，孙权大将周瑜和刘备水陆并进，大破曹兵。战后，曹操无力南下，只持守势；孙权据有江东，地位更加巩固；刘备据有荆州大部地区，旋又取得益州。这场战争后形成曹、孙、刘三方鼎峙的局面。

### 4. 瓦岗军

瓦岗军是隋末河南农民起义军，由翟让领导起义，以瓦岗寨（今河南滑县南）为根据地，故名。起义军多渔猎手，骁勇善战。大业十二年（616 年）李密投瓦岗军，参与计谋划策，合并附近各支起义军，在荥阳大海寺设伏杀隋将张须陀，声威大振。次年攻克兴洛仓（在今河南巩义市），开仓赈饥，农民纷纷参加，发展到几十万人，占有河南大部分郡县。李密取得全军领导权，称魏公，年号永年；并发布檄文，声讨隋炀帝。因李密重用隋降官降将，杀害翟让，部众离心。永平二年（618 年）起义军在沉重打击了宇文化及的军队后，为王世充所败。瓦岗军曾多次击败隋军主力，围困洛阳，在推翻隋朝的斗争中起了重大作用。

### 5. 经今古文之争

经今古文之争是两汉时代今文经学派与古文经学派之间的斗争。汉武帝接受董仲舒的建议，罢黜百家，独尊儒术，立五经博士。博士教弟子的经书，都是用当时通行的隶书写成，故称为"今文经"。今文经学在西汉盛行。汉武帝末年，鲁恭王刘余拆毁孔子宅，得《尚书》《礼》《论语》《孝经》等数十篇，都用汉以前的小篆写成，这些经书称为"古文经"。古文经学在民间流传。

经今古文学之争，不仅是书写文字和读法的问题，而且传授方法和对经义的解释也不同，因而形成两种不同的思想体系和政治派别。经今文学派对儒家经典任意发挥，以迎合统治阶级的政治需要。而经古文派则把儒家经典看成古代的历史材料，按字义解释经文，训诂简明，不凭空臆造，提倡实行儒家的道德教义。

经今古文之争，是儒家内部争夺"禄利之路"的斗争，是统治阶级内部斗争的一种表现。他们都是为封建统治阶级政治服务的。不过，他们双方互相辩难，对学术发展有一定的促进作用。西汉时以今文经学派占上风。东汉时，郑玄是古文经学的集大成者。郑玄之学兴起之后，今文经学退居次要地位，古文经学占了上风。

二、试分析东汉豪强地主庄园经济（或叫田庄经济）的特点。（30分）

从西汉后期以来，由于土地兼并激烈，形成一种豪强地主。到东汉时，豪强地主都占有大量土地，他们大都采取庄园的经营形式。这种庄园经济具有下列几个特点：

（1）具有强烈的自给自足性质。在庄园中，有农、林、牧、渔各业，还从事某些手工业的生产，或进行一定的商业和高利贷活动。刘秀母舅樊宏在湖阳经营的田庄就是一个典型。庄园的经营情况，崔寔的《四民月令》描述得很具体，这种进行多种经营的地主庄园，各类生活资料基本上都可以自给自足，不需要依赖外界供应。

（2）庄园里主要的劳动者是宗族、宾客、徒附和奴隶，他们对豪强地主有极强的依附性。从身份地位来说，宗族、宾客显得略微尊贵一些，徒附是典型的农奴，奴隶则更为卑贱。他们所受的剥削是很重的。除实物地租外，他们还得无偿地为田庄主服劳役；而且世代都为庄园主的依附农民，生活是非常悲惨的。

（3）为了保卫庄园，庄园主还把依附的农民编成私人武装，平时替豪强看家护院，巡警守卫，战时则跟随豪强打仗。这种豪强地主的私兵，史书称为"部曲"。

（4）豪强地主还有意识地利用宗亲关系分化农民队伍，消弭农民的反抗。每逢春耕秋收前后或节日，庄园主通过各种宗族婚姻关系的拉拢，施以小恩小惠，用宗族的关系掩盖阶级关系，以维持其统治。

一般来说，在当时的封建田庄内部，阶级关系相对比较缓和。正因为这样，每当遇到社会动荡，战乱频仍之际，就会出现一个一个豪强地主，率领着大群的宗族宾客，徒附义从，或择地以避乱，或筑坞以自保。在农民起义的年代里，豪强地主的田庄也表现出它的反动性，田庄的地主武装就成了农民起义的死对头。

三、试分析安史之乱的原因及对唐代政治经济的影响。（30分）

1. 原因：

（1）首先由于阶级矛盾深化，统治阶级日益奢侈荒淫，政治愈发腐败。唐玄宗宠爱杨贵妃，委政于李林甫、杨国忠、高力士等。由于政治腐败，国力虚耗，阶级矛盾尖锐，给安禄山起兵以可乘之机。这是最基本的原因。

（2）安史之乱是民族矛盾发展的结果。当时河北北部幽州一带居住着突厥人、契丹、奚族等。这一带存在着汉族与各少数民族的矛盾。少数民族的将领就利用这种矛盾，起兵夺取政权。

（3）府兵制度遭到破坏，节度使权力膨胀，是导致安史之乱的直接原因。由于唐代实行募兵制，边疆节度使的军队成了将帅的私人武装力量。节度使最初只管边防军政，后来兼管屯田、度支、按察等工作，成为边疆的军政、财政、行政长官，权力显然扩大和加重了，为他们反唐提供了可能。

（4）唐玄宗时，内地与边镇的兵力部署也发生了变化。据载，天宝元年（742年）全国共有军队57万多人，其中49万人驻在边疆。这样，局势由"内重外轻"逐渐变成了"外重内轻"。

因此，天宝十四年（755年）爆发了安史之乱。

2. 影响：

安史之乱达八年之久，是统治阶级内部的矛盾斗争，是唐中央和地方势力矛盾的结果，产生了很大的影响：

（1）广大人民特别是黄河中下游的人民遭到了一场空前的浩劫，北方经济大受破坏，土地荒芜，生产停顿。而当时长江一带的南方，未直接遭到安史之祸，经济没有受到多大破坏，因此，南方经济的发展日益超过北方，中国经济重心逐渐南移。均田制和租庸调破坏，转而采用"两税法"。

（2）是唐代由盛而衰的转折点。此后中央力量日益衰落，地方割据势力愈加强大，造成了中央和方镇、方镇之间连年不断的战争。这就更加破坏了唐代的社会经济，唐代日益走向衰落，形成方镇割据、中央朋党之争。

# 历史系历史专业八二级中国古代史（上）
# 补考试题

一、解释下列名词。（每题 8 分，共 40 分）

1. 盘庚迁殷
2. 巨鹿之战
3. 张骞通西域
4. 门生义故
5. 两税法

二、试分析隋末农民起义的原因和历史作用。（30 分）

三、试分析秦统一六国的原因和历史意义。（30 分）

附录十二

# 历史系历史专业八三级中国古代史（上）补考试题

一、简单回答下列问题。（每题 2 分，共 10 分）

1. 古人类的体质发展经过哪几个阶段？

2. 关于夏文化的讨论，目前学术界有哪几种意见？

3. 什么叫人祭、人殉？

4. 何谓楚汉战争？

5. 何谓"贞观之治"？

二、解释下列名词。（每题 6 分，共 30 分）

1. 宗法制

2. 党锢之祸

3. 九品中正制

4. 三省六部

5. 输籍定样（或称输籍法）

三、秦始皇实行了哪些巩固政权的措施？（30 分）

四、试分析唐代均田制的具体内容、实施情况及对唐朝政治、经济的影响。（30 分）

# 历史系历史专业八四级中国古代史（上）
# 课堂讨论题目及参考书目

题目：1. 西周社会性质之我见。

2. 西周社会性质讨论述评。

要求两题任选一题，写一篇三千字左右的文章，参加课堂讨论。文章要观点鲜明、材料准确、文字流畅。讨论时间暂定于第十周。

参考书目：

1. 马克思、恩格斯、列宁、斯大林《论资本主义以前诸社会形态》（文物出版社 1979 年版）第三部分《关于奴隶社会》中的《奴隶制生产关系》一节（第 163—170 页）和第四部分《关于封建社会》中的《封建制生产方式》一节（第 206—225 页）。

2. 林甘泉、田人隆、李祖德：《中国古代史分期讨论五十年》（上海人民出版社 1982 年版）上编的第二章、中编的第四章、下编的第三章。

3. 郭沫若：《奴隶制时代》（人民出版社 1973 年版）。

4. 田昌五：《古代社会断代新论》（人民出版社 1982 年版）第一篇《理论与方法》。

5. 赵光贤：《周代社会辨析》（人民出版社 1980 年版）。

6. 孙作云：《诗经与周代社会研究》（中华书局 1979 年版）中的《从诗经中所见的西周封建社会》一文。

7. 范文澜：《中国通史简编》第一编（现改名为《中国通史》第一册）的《绪言》部分。

8. 翦伯赞、郑天挺主编：《中国通史参考资料》第一册（中华书局 1962 年版）。

附录十四

# 关于王莽评价的读书札记

［八五级历史学专业、民族学专业、考古学专业学生中国古代史（上）课程作业］

要求：每人写一篇二三千字的文章。要求观点鲜明、材料准确、文字通顺。

参考书及论文目录：

1. 马克思、恩格斯、列宁、斯大林：《论历史人物评价》，人民出版社 1912年版。

2.《汉书·王莽传》（中华书局《汉书》标点本第十二册）。

3. 孟祥才：《王莽传》，天津人民出版社 1982 年版。

4. 任强：《王莽变法》，上海人民出版社 1956 年版。

5. 程有为：《建国以来王莽改制问题讨论综述》，载《中国史研究动态》1983 年第 12 期。

6. 韩玉德：《关于王莽研究中的几个问题》，载《齐鲁学刊》1983 年第1 期。

7. 陈绍棣：《试论王莽改币》，载《中国史研究》1983 年第 2 期。

8. 程有为：《论王莽改制中的"私属"身份》，载《中州学刊》1983 年第3 期。

9. 竺培升：《王莽"王田"制的实质》，载《中南民族学院学报》（哲学社会科学版）1983 年第 1 期。

10. 肖立岩：《略论王莽及其改制》，载《齐鲁学刊》1981 年第 6 期。

11. 葛承雍：《王莽的悲剧》，载《西北大学学报》1981 年第 1 期。

12. 徐志祥：《王莽改制的再评价》，载《齐鲁学刊》1980 年第 5 期。

13. 张志哲等：《王莽与刘秀》，载《中国史研究》1980 年第 2 期。

14. 翦伯赞：《秦汉史上的若干问题》，载《历史学》1979 年第 1 期（又见《翦伯赞历史论文选集》）。

# 中国古代史课程自评报告

1994 年 12 月，中国古代史被列为中山大学第三批重点建设课程。两年多来，在教务处学校教学巡视组和历史系领导的支持、指导下，负责本课程教学的全体教师齐心协力，进一步完善课程内容和教学方法，收到较好的教学效果。

现将本课程建设情况汇报如下。

一、教师队伍状况

（一）课程负责人与主讲教师（93 分）

直接参加中国古代史课程建设的有四位教师。其中教授二人、副教授一人、讲师一人。

课程负责人原来是张荣芳教授（博士生指导教师）和曾琼碧教授。因为曾琼碧于 1996 年退休，现在课程负责人只有张荣芳教授一人。

主讲教师为张荣芳教授、曾琼碧教授、李绪柏副教授、黄国信讲师，他们有的在我系担任本科生教学工作 35 年以上，最少的也有 5 年以上，有丰富的教学经验，教学效果良好。

（二）教师队伍的年龄结构（100 分）

四名教师中，60 岁以上一人，50 岁以上一人，45 岁以上一人，40 岁以下一人。老、中、青三结合，都是教学骨干，教学梯队完整。

（三）教师队伍及培养措施（88 分）

本课程一直实行新教师上课前至少跟班听课一年，并兼任助教的制度。在授课之前，要试讲 1～2 次，广泛听取有经验的教师和学生的意见，然后才正式开课。

（四）教师素质（95 分）

所有教师都在本系担任教学工作 5 年以上，都主讲过三门以上本科生或研究生课程，具体情况如下：

张荣芳：主讲过"中国古代史""战国秦汉考古""秦汉史与简牍学""秦汉历史与文化""秦汉史籍选读与研究"等。

曾琼碧：主讲过"中国古代史""宋史专题研究""宋史籍选读与研究"等。

李绪柏：主讲过"中国古代史""经典著作选读""旅游地理"等。

黄国信：主讲过"中国古代史""中国古代专卖制度研究""旅游经济"等。

　　获奖及社会学术职务情况：

　　曾琼碧老师 1992 年被评为优秀硕士研究生导师。1993 年获国务院颁发的表彰在高等教育事业中做出特殊贡献的证书，并享受国务院政府特殊津贴。1993 年获中山大学优秀教学成果奖。并多次被评为中山大学、广东高校优秀党员。

　　张荣芳老师的《西汉屯田与"丝绸之路"》一文获广东省社科研究优秀成果三等奖，《南越国史》（合著）一书获广州市社科研究优秀成果一等奖。1993 年获国务院颁发的表彰在高等教育事业中做出特殊贡献的证书，并享受国务院政府特殊津贴。被评为广东省高教战线先进工作者、优秀共产党员等。任国家教委直属高等学校专业设置评议委员会委员、第二届全国高等教育自学考试指导委员会委员、广东省高校设置评议委员会委员、中国秦汉史研究会会长、广东炎黄文化研究会副会长等职。

　　黄国信老师参编的《广州简史》获广州市社会科学研究优秀成果二等奖。

二、课程建设

（一）教学文件（100 分）

　　本课程使用的教学大纲十多年来经过多次修改充实，尤其是作为重点课程建设之后，我们做了重大修改，内容完整，重点突出，要点、难点明确，并有详细的教学参考书目录。各章附有思考题及教学进度表。其他教学文件也比较齐备，能严格按照教学进度要求授课。同时，结合教学实践，撰写若干教学研究文章并已发表。

（二）教材建设（91 分）

　　朱绍侯主编、十院校《中国古代史》编写组撰写的《中国古代史》是高等院校文科指定教材，而且经过重大修订，曾获国家教委优秀教材奖。本课程一直以该书作为主要教材。

　　此外，翦伯赞、郑天挺主编的《中国通史参考资料》，郭沫若主编的《中国史稿地图集》是重要辅助教材。

　　历史系利用"文科基础学科人才培养和科学研究基地"的建设费建立了本科生图书室，为本课程提供了大量参考资料。

（三）多媒体教学手段及教具（86 分）

　　本课程多年来结合教学内容重点，利用中山大学电教中心设备，组织学生观看电视录像，形象生动，效果良好。同时，利用学校重点课程提供经费，结合教学特点，自己动手拍摄制作了一套教学幻灯片。在教具方面，配有相关历史图片、地图等。

（四）教学改革与管理（90 分）

　　本课程是历史系重点基础课，一直受到历史系领导的重视。每年都组织教师前来听课，每年教学检查也常被列为检查和总结重点。听课和检查之后，提出整改意见，促进教学质量水平不断提高。任课教师之间经常相互交流教学经验和体会，协调教学进度。

教学改革上，重点是改进授课方法，注重启发性，突出重点。每学期都布置课堂作业与课堂讨论发挥学生学习的主动性与积极性。结合教学进度，组织学生参观历史博物馆、纪念馆，并与西汉南越王墓博物馆（后改名为"西汉南越王博物馆"）达成协议，共同建设爱国主义教育基地，该馆成为本课程教学基地。历史系学生担任该博物馆义务讲解员，提高学生参与实践能力。

三、课堂教学质量

本课程属于理论课教学，设有实验课。

课堂教学质量检查，以百分之百的回收率收到学生填写的"教学质量评估表" 35 份，其中 90～100 分 23 人，80～89 分 11 人，70～79 分 1 人，平均得分为 90.3 分；收到本学科同行专家"课堂教学质量问卷"调查表 5 份，"量化评估"结果均为优，平均分为 92.9 分。

四、教学与科学研究

（一）教学研究（82 分）

本课程任课教师都参加教学研究工作，注意国内外史学研究的最新动态，并及时反映到教学内容中。

曾琼碧老师发表《在专业课教学中加强学生综合素质的培养》一文（载《教学撷英》，由中山大学出版社出版）。

李绪柏老师在《高教研究》1996 年第 1 期发表《教好中国古代史（上）的几点体会》一文。

（二）科学研究（98 分）

本课程任课教师均主持国家或国家教委人文社会科学基金项目研究。

张荣芳主持国家教委社会科学基金项目"秦汉时期的岭南"，并已完成结项，出版了《南越国史》一书。李绪柏主持国家社会科学基金项目"清代广东朴学研究"，黄国信主持国家教委社会科学基金项目"明清两广盐区的食盐专卖制度"的研究。

近三年来，张荣芳发表学术论文 10 篇、专著 2 本。曾琼碧发表学术论文 2 篇。李绪柏发表学术论文 8 篇。黄国信发表学术论文 6 篇。

课程特色（附加分：3 分）：本课程为历史专业的基础课。中山大学历史系的中国古代史课程有着优良的传统和雄厚的师资力量。"文革"前，中国古代史教研室有著名的陈寅恪、岑仲勉、梁方仲、刘节等八大教授，在史学界享有很高声誉，高教部组织的由翦伯赞、郑天挺主编的《中国通史参考资料》的第四册隋唐分册，就是由本教研室董家遵教授主编的。老一辈史学家培养了胡守为（前副校长）、姜伯勤（国务院学位委员会历史学科评议组副组长、博士研究生指导教师）、曾庆鉴等教授，后辈继承了他们的事业。现在青年教师也茁壮成长，后继有人。现有教授八人，其中三人是博士生导师。在这样一个师资力量雄厚的学术环境中的中国古代史课程，呈现出老中青结合、团结合作的特色，所以 1993 年该课程被评为校级优秀教学成果。

# 中国古代史申报省级重点课程汇报提纲

## （1997 年 12 月 9 日）

中国古代史课程是实现历史学专业培养目标的基础课之一。本课程以马克思列宁主义、毛泽东思想、邓小平建设有中国特色的社会主义理论为指导，用一年的时间，通过具体的历史事实，着重阐明中国原始社会、奴隶社会、封建社会产生、发展和衰亡的历史过程。通过学习中国古代史课程，可以认识和掌握社会发展规律，特别是了解中国历史发展的规律，从而增强实现社会主义现代化的信心；可以知道中国有悠久的历史，有光辉灿烂的文化，中国人民对世界历史做出过伟大的贡献，从而培养民族自尊心，培养爱国主义和国际主义精神；可以知道中国历史是各族人民共同创造的，人民群众创造了社会物质财富和精神财富，从而树立正确的世界观、人生观、价值观。为了加强对学生基本理论、基础知识和基本技能的训练，本课程还包括一系列子课程，如"中国历史文选""中国历史文献学""中国古代社会经济史""传统中国的社会与文化""秦汉历史与文化""隋唐五代史"等。通过上述课程来达到我们的培养目标。所以，中国古代史课程在历史学专业的教学计划中占有十分重要的地位。这门课程不但是历史学专业学生的必修基础课，而且也作为人类学系的考古学专业、民族学专业的学生必修的基础课。

本课程历来由对中国古代史有较深造诣的、有丰富教学经验的教师担任。1994 年被列为中山大学第三批重点课程进行建设。在学校和历史系领导的支持、指导下，根据面向 21 世纪历史学专业教学内容与课程体系改革的目标，本课程全体教师共同努力，在课程内容和教学方法方面都进行了更新与改革，取得了显著的成绩，收到较好的教学效果。1997 年学校组织专家组对本课程进行评估、验收，被专家组评为优秀课程。

经过几年的重点建设，本课程具有下列特色：

（一）教师队伍年龄结构和知识结构合理，教师素质高

本课程由张荣芳教授（博士生导师）负责，由两部分教师组成，一部分主讲"中国古代史"，三人（一名教授、博士生导师，一名副教授，一名讲师）；一部分主讲"中国古代史"系列课程，四人（两名教授，一名副教授，一名讲

师）。这7人中，有6人具有博士、硕士学位，有两位是广东省和中山大学的重点培养教师。年龄结构方面，50～60岁两人，40～50岁两人，30～40岁三人。教师的知识结构合理，都能用一门外语阅读本专业的资料，并有翻译作品发表。年轻教师中有三名能在教学和科研中熟练地运用计算机。由于他们在教学和科研中成绩卓著，有一名获得1997年广东省师德建设先进奖，一名获得1996年中山大学黄桂清教学奖，一名获得1997年中山大学马应彪优秀教职工奖。这些教师的教龄有的有20多年，最少的也有5年。每人都为本科生开设两门课以上，都有较丰富的教学经验，都是教学骨干，教学梯队完整，形成老中青三结合的群体。中国古代史党支部1995年被评为广东省先进基层党支部。

（二）教学条件和课程建设基础好

本课程教学文件齐全。教学大纲经过多次修改充实，特别是作为中山大学重点课程建设之后，面向21世纪，课程内容和教学方法都做了重大修改，内容完整，重点突出，要点、难点明确，有详细的教学参考书目，并附有教学进度表和各章的思考题。教师严格按教学进度表授课，并完成包括课堂讨论、教学参观实习、批改作业等各个教学环节。

本课程一直使用福建人民出版社出版的国家教委指定的文科教材《中国古代史》，该教材由朱绍侯主编，十院校组织编写，曾获国家教委优秀教材奖。以翦伯赞、郑天挺主编的《中国通史参考资料》，郭沫若主编的《中国史稿地图集》作为辅助教材。国家教委最近组织力量重新编写《中国通史》教材，本课程的一位教授参与主编其中的一册。

历史系利用"文科基础学科人才培养和科学研究基地"的建设费建立了本科生图书室，为本课程提供了大量参考资料供学生借阅。历史资料室所藏图书及期刊供教师使用。与广州西汉南越王墓博物馆共建爱国主义教育基地。历史系学生担任该馆义务讲解员，既为社会服务，又亲身接受爱国主义教育。该馆成为本课程的教学实习基地。实践证明，这是一个学校与社会结合，共同培养学生的一种好形式。

在多媒体教学手段和教具方面，历史系多年来结合教学内容，利用中山大学电教中心设备，组织学生观看录像（见《录像片目录》），形象生动，效果良好。同时，历史系利用学校提供的重点课程建设费，结合教学特点，自己动手拍摄制作了一套教学幻灯片（见《幻灯片目录》）。教学所需的挂图、地图一应俱全。尤其是有三位教师能在教学和科研中熟练地使用计算机，具有较强的文字处理、数据处理能力和图像处理能力，可以使用计算机制作多媒体互动式教学软件。最近历史系建立了一个多媒体影视教学课室，为本课程走向现代化教学奠定了坚实的基础。

（三）教师科研力量强，科研成果丰硕，教学内容扎根于雄厚的科研成果之中，因而教学水平和学术水平都比较高

本课程的任课教师都十分重视教学工作，教学质量较高，每学期同行教师听课及学生所填写的教学质量问卷调查表，认为教学效果都比较好（见教学检查表）。因而自1989年以来获得两项校级教学优秀成果奖（一项是曾琼碧教授的《在专业课教学中加强学生综合素质的培养》，曾琼碧教授原是本课程主讲教师，1996年退休；一项是曾宪礼副教授的《"中国历史文选"课堂教学中提高学生解决问题的能力》）。

本课程的教学改革主要环绕三个方面进行：

（1）面向21世纪，根据国内外历史科学发展的趋势，改革教学内容，在讲授政治、经济、文化等传统史学内容的基础上，增加有关生态、拓殖、人口、社会思潮、民众心态等国际学术界普遍关注的内容，扩大学生知识面，增强其社会适应性。

（2）在教学方法上，重点改进授课方法，注重启发性，突出重点。每学期都布置作业和课堂讨论，发挥学生的学习主动性与积极性。结合教学进度，组织学生参观历史博物馆、纪念馆，并与西汉南越王墓博物馆达成协议，共同建设爱国主义教育基地，该馆成为本课程教学基地。历史系学生兼任该馆义务讲解员，提高学生参加实践的能力。

（3）完善多媒体教学手段。利用中山大学电教中心的设备和历史系的电脑室，根据教学内容，应用录像、幻灯片、计算机进行教学，辅以各种文物照片、挂图、历史地图等，使教学更加形象生动，富有立体感。

全体教师都参与改革，取得良好效果。

本课程的教学管理主要有下列制度：

（1）每学期都组织教师听课，由听课教师填写听课表，提出整改意见，促进教学质量的提高。

（2）不定期召开会议，研讨教学中的一些共性问题。

（3）年轻教师开课，在上课前至少跟班听课一年，并兼任助教工作。在正式授课之前，要试讲1～2次，广泛听取有经验的教师和学生的意见，然后才正式上讲台开课。

（4）鼓励教师积极撰写教学研究论文，并主动向报刊推荐发表。注意国内外史学研究的最新动态，并及时反映到教学内容之中。近三年来在公开书刊上发表教学研究文章6篇，在内部刊物发表教学论文2篇。有一位教师同时承担国家教委的"史学概论"教学研究课题。

本课程任课教师科研能力强，近年来均主持国家、国家教委、广东省人文社

会科学基金项目的研究，有的已经完成，有的正在进行中。据统计，公开发表论文36篇，出版专著5本，共99万字，折合成论文50篇。在这些科研成果中，获得省部级一等奖的有一项，获得市级一等奖的有两项。教师把研究成果充实到教学内容中，教学与科研结合得很好。教师的学术水平为社会所承认，有几位教师在全国性的或广东省的各种学术团体中担任会长、副会长、理事等职务。

如果"中国古代史"能评上省级重点课程，省高教厅有经费投入，我们将做两项重大改革：

（1）面向21世纪，课程内容将做重大修改。

（2）更新教学手段，将把整个中国古代史的内容制成多媒体CAI教学软件，争取在运用多媒体教学方面处于全国领先地位。